THE EUROPEAN DREAM

유러피언 드림

THE EUROPEAN DREAM
How Europe's Vision of the Future Is Quietly Eclipsing the American Dream
by
Jeremy Rifkin

Copyright ⓒ 2004 by Jeremy Rifkin

All rights reserved including the right of reproduction in whole or in part in any form.

Korean Translation Copyright ⓒ 2005 by Minumsa

Korean translation edition is published by arrangement with
Jeremy P. Tarcher, a member of Penguin Group (USA) Inc.
through Shin Won Agency.

이 책의 한국어 판 저작권은 신원 에이전시를 통해
Jeremy P. Tarcher, a member of Penguin Group (USA) Inc.와
독점 계약한 (주) 민음사에 있습니다.

저작권법에 의해 한국 내에서 보호를 받는 저작물이므로 무단 전재와 무단 복제를 금합니다.

제러미 리프킨
유러피언 드림

이원기 옮김

민음사

아내 캐럴에게, 그리고
유럽의 "에라스무스" 세대를 위하여

THE EUROPEAN DREAM
CONTENTS

서문 · 9

"구세계"에서 얻는 새로운 교훈

1 아메리칸 드림의 퇴색 · 21

2 새로운 기회의 땅 · 55

3 소리 없는 경제 기적 · 82

"현대"의 형성

4 공간, 시간, 그리고 모더니티 · 119

5 개인주의의 발달 · 156

6 사유 재산 개념의 발달 · 174

7 자본주의 시장과 민족국가의 확립 · 210

THE EUROPEAN DREAM
CONTENTS

다가오는 글로벌 시대

8 세계화된 경제의 네트워크 상거래 · 235

9 유럽 "합중국" · 257

10 중심 없는 정부 · 278

11 시민사회에 대한 구애 · 303

12 이민 딜레마 · 319

13 다양성 속의 조화 · 345

14 평화 유지를 위한 노력 · 365

15 제2의 계몽주의 · 406

16 유러피언 드림의 보편화 · 461

감사의 말 · 499
주(註) · 501
참고 문헌 · 541

일러두기
본문에서 옮긴이의 설명은 〔 〕에 넣었습니다.
이 책에 쓰인 본문 용지 e-Light(이라이트)는 국내 기술로 개발된 최신 종이로, 기존에 쓰이던 모조지나 서적지보다 더욱 가볍고 안전하며, 눈의 피로를 덜도록 한 단계 품질을 높인 고급지입니다.

서문

1960년대에 나는 피 끓는 운동권 젊은이들 가운데 한 명이었다. 같은 세대의 다수가 공감했듯 나는 '미국 사회 격동기'의 산 증인이었다. 흑인들은 앨라배마 주 몽고메리에서 버스 앞 좌석에 앉을 수 있는 권리를 요구했고, 시카고에서는 힘찬 주먹을 뻗어 '흑인 파워'를 외치며 시가 행진을 벌였다. 미국 젊은이들은 베트남에서 시체가 되어 돌아왔다. 돌아오는 미군의 시신은 처음에는 몇 명씩이었지만 곧 수없이 많아졌다. 대학생들은 동남아시아에서의 정의롭지 못한 전쟁이 종식돼야 한다고 주장하는 동시에 학사 결정에서 자신들이 소외되는 비민주적 교육 시스템에 항의하며 캠퍼스에서 바리케이드를 쳤다.

대세가 '해방'이었다. 어디서든 속박의 굴레가 풀리고 있는 것이 느껴졌다. 민방공 훈련, 냉전, 회색 정장, 점잔 빼는 교외 삶의 따분함에 신물이 난 젊은이들은 너도나도 기성 체제에 반기를 들었다. 표현의 자유, 성 개방, 로큰롤, 마약, 히피 스타일이 미국의 구석구석으로 퍼져 나갔다. 반항의 양상도 추세를 따라잡기조차 힘들 정도로 변화무쌍했다. 계급 투쟁이 문화 투쟁으로, 그 다음에는 성(性) 정치로, 그리고 마침내 환경 정치로 바뀌었다. 쿠바 혁명가 체 게바라와 흑인 과격 집단 지도자 휴이 뉴턴의 포스터가 벽에 붙었다가는 비틀스와 롤링 스톤스의 포스터로 대체됐고, 그 다음은 우주에서 찍은 지구 사진이 들어간 환경 보호론자들의 포스터가 전면에 나섰다.

구시대의 좌익은 신좌익에 자리를 내 줬다. 역사 의식과 변증법, 물질주의, 제국주의에 관한 추상적 주장이 '집단 치료 의식'에 의해 밀려났다. 정치가 집단 치료의 수단으로 부상하면서 미국의 젊은이들은 카를 마르크스의 「공산당 선언」이나 마오쩌둥(毛澤東)의 「어록」을 인용하는 대신 자기 내부의 느낌을 서로 나누며 대인 관계의 역학을 논했다. 정치 혁명의 주장이 개인의 정신적 변혁 추구로 바뀌었다. 1970년대 초가 되면서 이념은 거의 퇴색했다. 그러나 그 주변에서 새로운 운동이 움텄다. 여성 운동, 환경 운동, 인권 운동 및 동물 권리 보호 운동, 동성애자 권리 옹호 운동 등이 우후죽순처럼 돋아나 대중의 관심을 끌기 시작했다.

모두가 인정받을 수 있는 권리를 요구하는 듯했다. 미국인들은 그동안 처박혀 있던 자기만의 세계에서 나와 담과 바리케이드를 허물었다. 그들은 집단 흥분 상태로 마이크와 카메라 앞에서 모든 것을 드러냈다. 때로는 모든 종류의 경계와 벽을 허무는 것이 유일한 목적인 듯했다. 그것은 특정 부류의 광기였다. 그 폭풍의 눈 속에서 두 조류가 서로 맞닥뜨렸다. 하나는 물질주의로 치닫는 세상에서 더 고매한 개인적 소명을 끊임없이 추구하려는 힘이었다. 다른 하나는 점차 무관심해지고 소원해지는 사회에서 일종의 공동체 의식을 찾아야 한다는 당위성이었다. 미국인 모두는 개인의 권리가 존중되고, 아무도 소외되지 않으며, 문화의 차이가 장려되고, 모두가 양질의 삶을 누리면서도 환경을 보존할 수 있으며, 사람들이 평화와 조화 속에서 공존할 수 있는 새로운 시대를 꿈꾸었다.

대다수 미국인들은 사회의 모든 병폐를 제국주의 탓으로 돌렸다.

일부는 미국의 체제를 전복하려는 헛된 꿈에서 테러 활동을 펼쳤다. 유럽과 세계 곳곳에서 그와 비슷한 사회 격변이 동시에 진행되고 있었다.

그러나 내가 아는 거의 모든 젊은 사회 운동가들은 근본적 변화가 일어난다면 미국에서 먼저 시작하여 세계 다른 지역으로 전파되리라고 마음속 깊이 믿었다. 아무리 불신이 팽배한 시기에도 미국인들은 "미국의 정신American Spirit"에 대한 믿음을 버리지 않았다. 그것은 미국이 특별한 소명 의식을 가진 특별한 나라라는 확신이었다. 운동권 친구들 가운데 아무도 인정하려 들지 않겠지만, 우리 모두는 변화의 필요성을 강력하게 느끼고 굳은 결의로 임하면 이 땅에서는 모든 것이 성취 가능하다는 독특한 미국적 관념을 마음속 깊이 간직하고 있었다. 반면 유럽의 젊은이들은 자신들의 행위가 실제 변화를 이룰 수 있다는 확신을 미국인들만큼 갖지 못했다. 유럽의 정치는 개혁보다는 저항에 의해 이끌렸다.

그로부터 30년 이상이 흐른 지금 형세가 반전되고 있다. 이 세상의 병폐와 그 치료 방법에 대해 미국인들이 가졌던 초기 생각 대부분이 미국에서 뿌리를 내리는 데 실패했다. 물론 지금도 미국에는 한 세대 이상 전에 빈민가와 대학 캠퍼스에서 끓어올랐던 이념과 대의명분을 주창하는 공공이익 단체들이 많이 있다. 그러나 희한하게도 1960년대 세대의 생각이 실생활에서 새롭고 대담한 실험을 일으키고 있는 곳은 미국이 아니라 유럽이다. 당시 미국인들은 그 실험의 윤곽을 겨우 어렴풋이 인식했을 따름이었다.

이처럼 유럽인들이 새 시대를 이끌고 있는 듯한 이유에는 여러 가지가 있을 수 있다. 그러나 모든 가능한 설명 가운데서 한 가지가 돋보인다. 미국을 현재의 막다른 골목으로 밀어 넣은 것은 미국인들이 애지중지했고 한때 세계인들에게 선망의 대상이었던 "아메리칸 드림 American Dream" 그 자체다. 아메리칸 드림은 성공하기 위해 개인에게 주어지는 무한한 기회를 강조한다. 미국인들에게 성공이란 주로 물질적인 부를 의미한다. 아메리칸 드림은 개인의 물질적 출세를 지나치게 강조하고 리스크, 다양성, 상호 의존성이 증가하는 세계에 걸맞은 더 넓은 사회복지에는 전혀 관심을 두지 않는다. 그것은 개척 시대의 사고방식에 젖은 케케묵은 꿈으로 오래전에 폐기돼야 했다. 그에 따라 "미국의 정신"이 과거에 사로잡혀 쇠퇴하고 있는 반면 새로운 "유러피언 드림 European Dream"이 태동하고 있다. 그것은 차세대 인류 여정에 훨씬 적합한 꿈으로, 점점 서로 연결되고 가까워져 가는 상황에 알맞은 세계화 의식을 가져다 줄 수 있을 것으로 전망된다.

유러피언 드림은 개인의 자유보다 공동체 내의 관계를, 동화보다는 문화적 다양성을, 부의 축적보다 삶의 질을, 무제한적 발전보다 환경 보존을 염두에 둔 지속 가능한 개발을, 무자비한 노력보다 온전함을 느낄 수 있는 "심오한 놀이 deep play"〔완전한 몰입을 통해 삶의 의미를 깨닫고 희열을 느낄 수 있는 활동〕를, 재산권보다 보편적 인권과 자연의 권리를, 일방적 무력 행사보다 다원적 협력을 강조한다.

유러피언 드림은 포스트모더니즘과 세계화 시대의 교차 지점에 위치하며 두 시대 사이의 간극을 이어 주는 가교를 제공한다. 포스트모더니즘은 새 시대라기보다 모더니즘의 많은 결점들을 되짚어 보며 평가하는 모더니즘의 황혼기를 의미했다. 1960년대 세대의 거센 반발과 새로운 실험이 인간 정신을 구속하는 낡은 경계선을 없애고 새로운 현실을 실험하는 것 두 가지 모두를 목표로 했다면 그것은 포스트모던 사상과 같은 편이라고 볼 수 있다.

포스트모더니스트들은 왜 우리 세계가 죽음의 나락에 떨어지게 됐는지 물었다. 일본 나가사키(長崎)와 히로시마(廣島)에 원자폭탄이 투하되고, 유럽에 나치의 학살 수용소, 굴라그 군도에 강제 수용소, 중국에 마오쩌둥주의 재교육 수용소가 세워진 이유가 무엇인가? 빈부의 격차는 왜 갈수록 벌어지기만 하는가? 여성과 유색인종, 소수민족들이 왜 차별을 받으며 심한 경우 노예 신세가 되었는가? 왜 인간은 환경을 파괴하고 생물권을 오염시켰는가? 왜 일부 국가들은 다른 나라를 계속 괴롭히고 전쟁을 통해 패권을 잡고 정복하려 했는가? 왜 인류는 타고난 "심오한 놀이" 감각을 잃어버리고 끊임없이 일하는 것이 사람의 존재 이유가 될 정도로 기계처럼 일만 하게 되었는가? 도대체 언제부터, 그리고 왜 물질주의가 이상주의를 대체하게 되었고, 소비가 악이 아니라 미덕이 되었는가?

포스트모더니스트들은 모더니즘 자체가 세상을 그렇게 만든 장본인이라고 판단했다. 그들은 모더니즘 사상 이면에 경직된 가설이 깔려 있다고 보고, 그것이 바로 세계 병폐 대부분의 주범이라고 생각했다. 특히 18세기 유럽의 합리주의 계몽 운동은 무한한 물질적 진보에 대한 비전 때문에 많은 비난을 받았다. 시장 자본주의, 국가 사회주의, 그리고 민족국가 이념도 마찬가지로 성토의 대상이었다. 포스트모던 사상가들은 모더니즘이 그 자체에 심각한 결함을 갖고 있었다고 주장했다. 인식 가능한 객관적 현실, 돌이킬 수 없는 직선적 진보, 인간의 완벽할 수 있는 능력 등의 개념이 지나치게 융통성이 없고 역사적으로 편향되었으며, 인간의 조건과 역사의 목적에 대한 다른 시각을 전혀 고려하지 않았다는 것이다.

신세대 학자들은 인간 행동의 통일된 비전을 만들려고 했던 장대한 논리와 한결같은 이상향 목표를 비판했다. 포스트모더니스트들은 모더니즘 사상이 인간성을 '단 하나의 올바른 방식'으로 세계관에 담으려 함으로써 다른 시각이 완전히 무시되었으며, 궁극적으로 어떤 식의 반대 개념도 용납되지 않았다고 주장했다. 자본주의자든, 사회주의자든, 보수주의자든, 진보주의자든, 정권을 잡은 자들은 그런 논리를 계속 내세워 국민들을 억누르고 통제했다는 지적이었다. 비판자들에 따르면 모더니즘 사상은 세계 도처의 식민지 확장을 정당화하고 국민들을 분열시키며 국민들이 권력자에 이롭게 움직이도록 하기 위해 사용되었다.

1960년대의 세대가 반발한 것은 우리의 행동과 행위에 대한 너무도 거창한 비전과 다른 시각을 용납하지 않는 이상주의의 숨막히는 답답함이었다. 포스트모더니스트들은 이 세계에는 단 한 가지의 관점만 있는 게 아니라 개인에 따라 수많은 다른 시각들이 있을 수 있다고 주장함으로써 그런 반란을 정당화했다. 포스트모던 사회학은 완전한 인간 경험을 이루는 다양한 시각들에 대한 포용과 다원주의를 강조했다. 그들은 이 세상에서 우리가 지향해야 할 단일한 이상적 체제가 있는 것이 아니라 각각 가치를 지닌 다양한 문화 경험이 혼재한다고 생각했다.

포스트모더니스트들은 모더니즘의 이념적 기초에 대해 전면 공격을 퍼부었다. 심지어 역사가 속죄와 구원의 이야기라는 아이디어마저 부정했다. 그런 철저한 파괴 과정 결과 모더니즘은 지적 파편으로만 남게 됐고, 우리 세계는 모두의 이야기가 똑같이 중요하게 인정받아야 하는 무정부 상태가 됐다.

포스트모더니스트들이 모더니즘의 이념적 벽을 허물어 그 속의 포로들을 해방시키긴 했지만 그 해방된 포로들이 갈 만한 장소를 마련해 주는 데는 실패했다. 그 결과 우리는 존재론적 방랑자가 되어 무엇인가 의지하고 믿을 수 있는 것을 애타게 찾으며 경계 없는 세계를 방황하게 됐다. 인간 정신이 구식 사상의 틀에서 해방되긴 했지만 이전보다 더 혼란하고 분열된 사회에서 각자 나름대로의 길을 찾을 수밖에 없어진 것이다.

　포스트모던 사상은 미국의 주류에는 대단한 영향을 미치지 못했다. 그 사상은 유럽에서 위세를 떨쳤다. 미국인의 절반 이상은 독실한 기독교인이다. 다른 어떤 선진국보다 기독교인의 비율이 높다. 또 그들은 상대론을 받아들이지 않으며 여전히 하나님의 원대한 계획을 믿고 매일매일 신앙에 따라 생활한다. 두 번째 그룹인 세속적인 미국인들은 대개 종교와는 다른 포괄적 비전을 추구한다. 그것은 역사를 점진적이고 돌이킬 수 없는 물질적 발전으로 보는 합리적 계몽주의 비전을 말한다. 그러나 그 외에 미국에는 세 번째의 작은 그룹이 있다. 그 그룹은 1960년대의 반문화 사회 운동가들과 포스트모던 사상을 더욱 편하게 생각하는 그 후손들로 구성돼 있다. 그들은 절대적 가치와 엄격한 진실보다는 상대적인 가치와 끊임없는 변화를 중시하며 일반적으로 자신들과 다른 견해나 다문화적 관점에 훨씬 관대하다.

　이와는 대조적으로 유럽인들은 모더니즘의 기본 가정을 더욱 열렬히 비판하며 포스트모던 사상을 추구해 왔다. 특히 두 차례의 세계대전이 가져온 황폐화, 그리고 이상주의에 맹목적으로 집착한 결과 1945년 유럽 대륙이 거의 폐허로 남게 된 데 대한 두려움이 그들의 그런 열의를 부추겼다.

　당연하겠지만 모더니즘에 대한 공격을 주도한 것은 유럽의 지식인들이었다. 그들은 구식 도그마로 인해 파멸의 길로 내몰리는 일이 다시는 없도록 철저한 사전 예방을 원했다. 그 결과 그들은 다문화주의를 옹호하게 되었고, 궁극적으로 보편적 인권과 자연의 권리를 주창하게 되었다. 포스트모더니스트들은 교조적인 단일 기준 틀에 대해 다양한 관점으로 맞서야 한다고 주장하며 다문화주의를 모더니즘에 대한 일종의 교정 수단으로 간주했다. 각종 권리를 중시하면서 단일 시각에 대한 공격의 폭은 더욱 넓어졌다. 보편적 인권과 자연의 권리는 모든 개인의 주장이 동등한 가치를 가지며 지구 자체가 중요하다는 것을 인정하는 한 가지 수단이었다. 그러나 포스트모던 사상의 논리도 내부적인 모순에 직면하기 시작했다. 보편적 인권과 자연의 권리를 인정하는 것 자체가 변명에 불과한 것으로 드러났기 때문이다. '보편적'이라 함은 모두가 기본적이고 분할 불가한 것으로 받아들인다는 의미다. 포스트모더니스트들은 "모든 인간의 생명이 동등한 가치를 가지며 자연도 존중받을 가치가 있다."는 모두가 동의할 수 있는 하나의 보편적 사상이 존재한다는 것을 인정함으로써 의도치 않게 스스로 무덤을 판 것이다.

이렇게 자가당착에 빠진 포스트모더니즘을 대신해 등장한 것이 바로 유러피언 드림이다. 유러피언 드림의 기본은 구식 서양 이념의 멍에에서 개인을 해방시킬 수 있을 뿐 아니라 "보편적 인권과 자연의 내재적 권리"라는 개념으로 포장된 세계화 의식을 인류가 포용하도록 하는 새로운 역사 기준을 세우려는 노력이다. 이것은 모더니즘과 포스트모더니즘을 초월해 인류를 세계화 시대로 이끌어 주는 꿈이다. 요컨대 유러피언 드림은 새 역사를 창조하는 것이다.

최근 들어 미국의 보수 지식인들 사이에서 역사의 종말에 대해 논하는 것이 유행이다. 프랜시스 후쿠야마 같은 학자들은 소련 공산주의의 붕괴로 시장 지향적 자유민주주의가 최종적 승리를 거두었으며 앞으로 다른 대안이 나올 가능성이 없다고 주장한다. 역사의 종말에 대한 논쟁은 현 시대 다수의 역사가들이 가진 편견을 잘 보여 준다. 그들은 자원이 어떻게 이용되는지, 자본과 재산이 어떻게 통제되고 분배되는지, 사람들이 어떻게 통치되는지에 관한 서로 다른 경제, 정치적 이념이 투쟁하는 것을 역사라고 본다. 그중 일부는 민주적으로 통치되는 사회에서 개인이 속박당하지 않고 부를 축적하는 것을 강조하는 아메리칸 드림이 역사의 종말을 가장 잘 대변하고 있다고 생각한다.

새로운 유러피언 드림이 강력한 힘을 발휘하는 이유는 삶의 질, 환경과 조화를 이룬 개발, 평화와 조화에 초점을 맞춘 새 역사를 시사하기 때문이다. 개인의 무제한적인 부 축적보다는 삶의 질에 기초한 문명에서는 현대의 발전을 가져온 물질적 바탕이 더 이상 통하지 않을 것이다. 평형 상태와 안정을 유지하는 세계 경제라는 것은 사실 매우 급진적인 제안이다. 자연 자원을 이용하는 전통적 방식을 거부할 뿐 아니라 역사를 꾸준한 물질적 발전으로 보는 사고방식 자체를 부인하기 때문이다. 평형 상태를 이루는 세계 경제의 목표는 재순환을 통해 자원을 채워 줄 수 있는 자연의 능력과 인간의 생산 및 소비 사이의 균형을 맞춤으로써 높은 질의 삶을 끊임없이 재생산하는 것이다. 이런 지속 가능하고 평형을 이룬 경제는 무한한 물질적 진보만으로 규정되는 역사의 진정한 종말이다.

유러피언 드림은 하나의 역사가 종식됨을 뜻하는 동시에 또 다른 새로운 역사의 시작을 의미한다. 미래에 대한 유럽인들의 새로운 비전에서는 개인의 부 축적보다 개인적인 변혁이 더 중요하다. 이 새로운 꿈은 부의 축적이 아니라 인간의 정신 고양에 초점을 맞춘다. 유러피언 드림은 영토보다는 인간적인 공감대의 확장을 추구한다. 이 꿈은 18세기 합리주의 계몽 운동 이래 물질주의의 족쇄에 갇힌 인간성을 해방시켜 이상적인 새로운 미래로 이끈다.

이 책은 오래된 아메리칸 드림과 새로 부상하는 유러피언 드림에 관한 내용이다. 이런 노력에 필히 수반되는 미흡한 점 때문에 이 책은 어떻게 보면 개론(槪論)에 지나지 않는다.

나는 본능적으로 아메리칸 드림에 대한 애착이 강하다. 그중에서도 특히 개인 책임의 중요성에 대한 확고한 신념에 매료되어 왔다.

그러나 미래에 대한 희망 때문에 나는 사회적 집단 책임과 세계화 의식을 강조하는 유러피언 드림 쪽에 끌리고 있다. 나는 양쪽 꿈의 최선을 통합하고 싶은 열망에서 이 책을 통해 둘 사이의 시너지 효과를 찾으려고 노력했다.

태동하고 있는 유러피언 드림이 더 나은 내일을 향한 인류 최선의 노력이라고 나는 어느 정도 장담할 수 있다. 유럽의 신세대는 바로 그 꿈에 세계의 희망을 담고 있다. 따라서 유럽인들은 아주 특별한 소명 의식을 가져야 한다. 세계가 미국을 희망의 등대로 생각했던 200여 년 전 미국 건국의 아버지들이 가졌던 바로 그런 책임감이다. 우리의 믿음이 헛되지 않기를 바라 마지않는다.

"구세계"에서 얻는
새로운 교훈

THE EUROPEAN DREAM

1 아메리칸 드림의 퇴색

내 아버지 밀턴은 1908년 미국 콜로라도 주 덴버에서 출생했다. 어머니 비베트는 1911년 미국과 멕시코로 양분된 도시 엘파소의 텍사스 주에서 태어났다. 두 분은 그 수가 많이 줄어들긴 했지만 카우보이들이 여전히 목장을 돌아다녔고 신개척지가 아직도 사람들의 마음속에 생생했던 시대에 성장한 마지막 세대에 속한다. 내 부모님은 둘 다 서부 사람들이다. 그들은 우리가 "미국의 정신 American Spirit"이라고 부르는 아주 특별한 도그마에 젖어 있었다. 그들의 세계관은 단순했으며 개척 시대 사고방식을 그대로 물려받았다. 어머니는 밤이 되면 늘 나를 침대에 누이고는 도깨비와 요정이 나오는 동화를 읽어 주는 대신 그날 하루에 있었던 일을 이야기해 주었다. 나는 어머니로부터 일이 어디까지 진척됐고 남은 일이 무엇인지에 대한 이야기를 듣고 다음 날 있을 흥미진진한 일에 대한 기대감에 부풀어 잠들곤 했다. 어머니는 모든 사람이 운명을 갖고 있다고 믿었다. 우리는 모두 이 세상에 무엇인가를 기여하기 위해 태어난다는 것이었다. 그러나 어머니는 운명을 단순한 숙명이 아니라 적극적으로 활용해야 하는 기회로 생각했다. 사람이 자신의 운명을 실천했는지 여부는 세상에 영향을 줄 수 있는 자신의 능력을 얼마나 철저히 믿느냐에 달려 있다는 것이었다.

어머니는 무슨 상황이든 자신의 삶과 동시대의 많은 미국인들의 삶을 인도한 원칙을 나에게 납득시키기 위한 수단으로 활용했다. "제러미, 미국에서는 말이야 어떤 것이든 네가 택하면 할 수 있고 네가 원하는 어떤 사람도 될 수 있어. 그걸 정말 간절히 원한다면 말이야." 어머니에게는 개인의 의지력이 미래의 모든 가능성으로 통하는 문을 열어 주는 원동력이었다. "너 자신을 믿으면 거대한 산도 옮길 수 있어."라고 어머니는 내게 말씀하시곤 했다. 물론 미국의 개척 시대가 아직도 생생했던 어머니의 세대에게는 이 모든 것이 당연한 상식이었다. 약 50년 뒤 그런 원칙이 집단 기억에서 희미해지기 시작하자 교육자, 정신학자, 그리고 부모들은 반드시 인위적이지는 않다고 해도 "자긍심 고취" 세미나와 교육 등 더욱 조직화된 방법으로 그 원칙들을 재도입하기 시작했다. 그러나 새로 고안된 상황에서는 그런 훈계가 크게 공감을 얻지 못했다. 역사적인 맥락이나 별다른 의무감이 없었기 때문이었다. 그 결과 '자긍심'은 종종 특정 목표 없이 그냥 "자신에 대해 좋게 생각하는 것"을 의미하게 됐다.

내게 상상력의 비약을 부추긴 것은 어머니였지만 내 꿈의 실현에 필요했던 미국적 현실주의와 실용주의를 가르쳐 준 것은 내 아버지였다. "얘야, 많은 사람들이 위대한 일을 이루려고 꿈을 꾸지만 몽상가와 실행가의 차이는 극기력과 근면성 여부란다." 아버지는 내게 그렇게 말하고는 늘 나름대로 생각한 성공 요인들의 비율을 제시했다. "얘야, 출세란 99퍼센트의 노력과 1퍼센트의 재능으로 이뤄진다는 걸 명심하거라…… 이 세상엔 공짜란 없어. 아무도 거저 성공을 네게 주지 않아. 너 자신이 이뤄야 해."

꿈꾸는 사람들의 나라

그것이 바로 "미국의 신조 American Credo"다. 사실 얼마 전까지만 해도 대다수의 미국 남자아이들은 그 격언을 들으며 자랐다. 나는 여러 유럽인 친구들에게 부모로부터 그런 가르침을 받았는지 물었지만 그들은 하나같이 어리둥절한 표정만 지었다. 그래서 나는 그것이 미국 고유의 유산이라고 생각하게 됐다.

이것이 가장 기초적인 의미에서의 아메리칸 드림이다. 흥미로운 사실은 미국인들이 아메리칸 드림을 지난 200여 년 동안 꿈꿔 왔지만 그것이 대중 용어로 자리 잡은 것은 겨우 70여 년 전인 1931년이었다. 역사가 제임스 트루슬로 애덤스가 『미국의 서사시』라는 책을 펴내면서 "아메리칸 드림"이라는 용어를 처음 사용한 것이다.[1] 애덤스는 처음에는 그 용어를 책 제목으로 사용하려 했지만 편집자 엘러리 세지윅이 "혈기 있는 미국인치고 꿈을 위해 3달러 50센트를 지불하려는 사람은 없다."고 반대했다.[2] 그때 애덤스는 "혈기 있는 미국인들은 꿈에 마지막 한 푼까지 걸고 기꺼이 도박을 하려고 한다."고 반박했지만 편집자의 뜻을 따를 수밖에 없었다.[3] 그러나 결국은 미국인의 심리에 대한 애덤스의 통찰력이 훨씬 정확한 것으로 판명됐다. 오늘날에는 세계 어디에 사는 사람들이든 아메리칸 드림에 대해 알고 있고, 그 의미를 명확히 설명할 수 있다. 그 용어는 너무나 잘 알려져 대다수 언어에서 영어 발음을 그대로 사용하는 외래어로 굳어졌다.

미국인들은 다른 나라 사람들의 경우 아메리칸 드림에 상응하는 꿈을 갖고 있지 않다는 사실을 기이하게 여긴다. 내가 다른 나라 사람들에게 꿈이 무엇이냐고 물으면 그들은 대개 당황한다. 아메리칸 드림에 대해서는 그렇게 잘 알면서 자기들의 꿈은 없다는 것이 웬

말인가? 그러나 이제 상황이 달라지기 시작했다. 나는 지금 유러피언 드림이 태동하기 시작했다고 믿는다. 아직은 발생 단계에 있지만 이미 그 윤곽이 뚜렷해지고 있다. 여러 모로 유러피언 드림은 아메리칸 드림을 거울에 비친 것처럼 대조적인 요소를 많이 갖고 있다.

둘은 기본적으로 '자유 freedom'와 '안전 security'에 대한 개념에서 판이한 시각을 보인다. 미국인들은 자유로움의 의미에 대해 부정적인 개념을 견지한다. 오랫동안 미국인들은 자유를 '자율 autonomy'과 연관지어 생각해 왔다. 자율적인 사람은 타인에게 의존하지 않고 자기 영역 밖의 상황에 영향을 받지 않는다. 자율적이기 위해서는 재산을 가져야 한다. 부를 많이 축적할수록 더욱 독립적이 될 수 있다. 미국인들은 자주적이고 스스로 하나의 고립된 섬이 됨으로써 자유로워진다고 믿는다. 부에서 배타성이 생겨나고, 배타성으로 안전이 보장된다.

그러나 새로운 유러피언 드림은 자유와 안전을 구성하는 요소에 관해 그와는 다른 개념을 바탕으로 한다. 유럽인들은 자유가 자율보다는 어딘가에 '소속되어 있음 embeddedness'으로 인해 보장받는다고 생각한다. 자유롭다는 것을 타인과의 수많은 상호 의존 관계를 가질 수 있다는 의미로 파악하는 것이다. 더 많은 공동체에 소속될수록 충만하고 의미 있는 삶을 살 수 있는 선택권이 넓어진다. 상호 관계에서 포괄성이 생겨나고, 포괄성으로 안전이 보장된다.

아메리칸 드림은 경제 성장, 개인의 부, 독립을 중시하지만 새로운 유러피언 드림은 지속 가능한 개발, 삶의 질, 상호 의존 관계에 초점을 맞춘다. 아메리칸 드림이 근로 윤리를 높이 사는 반면 유러피언 드림은 여가 활동과 "심오한 놀이 deep play"를 선호한다. 아메리칸 드림은 미국의 종교 전통 및 굳건한 신앙과 불가분의 관계에 있는 반면 유러피언 드림은 철저히 종교와 분리되어 있다. 아메리칸 드림은 동화주의를 표방한다. 미국인들은 이전의 문화 관계를 탈피하고 미국이라는 거대한 용광로 속에서 '자주적 행위자free agent'가 돼야 성공할 수 있다고 믿는다. 그와는 대조적으로 유러피언 드림은 자신의 문화적 정체성을 보존하고 다문화 세계를 수용하는 데 그 기반을 두고 있다. 아메리칸 드림은 애국주의에 집착하는 반면 유러피언 드림은 세계주의적인 색채가 강하다. 미국인들은 중요한 국익으로 인식되는 것을 보호하기 위해 필요하다면 세계 어디든 병력을 파견하려 한다. 유럽인들은 군사력 사용을 꺼리며, 주로 외교와 경제 원조를 통해 분쟁을 피하려 하고, 치안 확립보다는 평화 유지 작전을 선호한다. 미국인들은 대개 자기 나라만 생각하는 경향이 있는 반면 유럽에는 자기 나라만 생각하는 사람들에서부터 국제적인 마인드를 가진 사람들까지 매우 다양한 부류가 뒤섞여 있다. 아메리칸 드림은 철저히 개인적이기 때문에 다른 나라 사람들의 복리에 관심이 거의 없다. 그러나 유러피언 드림은 포괄적이고 총체적인 성격을 띠기 때문에 지구 전체의 복리를 좀더 중시하게 된다.

그렇다고 유럽이 갑자기 유토피아가 됐다는 얘기는 아니다. 포괄성, 다양성, 문화 정체성 보존 등에 관한 수사(修辭)에도 불구하고 유럽인들은 새로 도착하는 이민자들과 난민들에 대해 점점 더 적대적이 되어 가고 있다. 유럽 곳곳에서 민족과 종교 갈등에 따른 투쟁이 벌어지고 있다. 반유대주의가 다시 고개를 들고 있고 이슬람 및 소수 종교 신자들에 대한 차별이 강하게 표출되고 있다. 유럽의 각국 정부와 국민들은 미국의 군사력 패권과 호전적인 외교 정책을 비난하면서도 때로는 미군이 유럽의 안보 이익을 지켜 주기를 바란다.

게다가 브뤼셀의 유럽연합(EU) 집행기구가 구태의연한 관료주의에 젖어 있다는 비판을 받고 있다. EU 비판자뿐만 아니라 지지자들도 그에 대해서는 한목소리다. EU 집행위원들은 당연히 봉사해야 할 유럽인들의 요구에 무관심하다는 비난을 자주 받는다. EU 집행기구 직원들은 금융 스캔들에 휘말리기도 한다. 특별 이익 단체들, 특히 농장들의 로비는 EU 보조금의 할당에 부당한 영향력을 행사한다는 비난을 받고 있다. 군소 회원국들은 독일과 프랑스가 자국의 이익에 불리한 조약과 규정을 마음대로 뜯어고치고 심지어 불편하다 싶으면 EU의 기존 행정명령까지 무시함으로써 EU 내에 이중 잣대를 만들고 있다고 불평한다. 최근 독일과 프랑스는 예산 적자가 국내총생산(GDP)의 3퍼센트를 넘을 수 없다는 EU의 규정을 따르지 않겠다고 선언했다. 두 나라는 수년 동안 자신들로부터 경제 지원을 받은 데 대해 전혀 감사하지 않는다고 군소 회원국들을 비난한다. 영국은 유럽인들의 강력한 연합을 만들려는 노력에 늘 찬물을 끼얹는다는 비난을 받는다. 사실 영국인들은 자국의 장기적인 이익을 위해 독자 노선을 걷는 게 좋을지 더 큰 유럽의 일부분이 되는 게 좋을지 확신하지 못하고 모호한 태도를 취하고 있다. 게다가 EU 내 경제 개혁이 최근 들어 시들해지면서 2010년까지 세계에서 가장 경쟁력 있는 경제 세력이 되겠다는 유럽의 꿈이 과연 실현될지 의문시되고 있다. 이런 불평불만, 좌절, 멸시, 스캔들 등을 열거하면 지루할 정도로 길다. 그러나 세계 어느 나라 정부나 모두 그만 한 문제는 안고 있다.

그러나 내가 말하고자 하는 요점은 유럽인들이 자신들의 꿈을 실천하고 있는지 여부가 아니다. 미국인들도 아메리칸 드림을 완벽하게 구현한 것은 결코 아니다. 중요한 것은 유럽이 미래의 새 비전을 명확히 밝히고 있다는 사실이다. 그 비전은 가장 기본적인 면에서 아메리칸 드림과 다르다. 21세기의 양대 초강대 세력 사이에서 펼쳐지는 역학을 이해하는 데 필수적인 것이 바로 미래에 대한 유럽인과 미국인의 기본적인 시각 차이다.

우리는 이 책의 나머지 부분에서 긴밀하게 연결되고 상호 의존적인 세계화 시대를 열어 가는 여러 동인들을 수용하는 데 있어서 유러피언 드림이 더 유리한 입장에 있는 이유에 초점을 맞춰 서로 판이한 두 꿈을 심층 분석할 것이다.

그러나 새로운 유러피언 드림을 이해하기 위해서는 먼저 아메리칸 드림이 두 세기가 넘도록 미국인들뿐만 아니라 세계의 많은 사람들의 마음까지 사로잡은 이유를 더 잘 알아야 할 필요가 있다. 수많은 사람들에게 그토록 강력하고 매력적이었던 아메리칸 드림이 세계화에 따른 새로운 현실로 인해 미래 비전의 수정이 불가피하게 되면서 지금은 그 광채를 잃어 가고 있다. 그것은 어쩌면 오랜 세월을 거치면서 피로 현상을 겪게 됐기 때문일지도 모른다. 아메리칸 드림의 으뜸가는 미덕으로 여겨졌던 것이 점점 더 약점으로 비치고 있고 심지어 인류의 염원을 성취하는 데 장애로 간주되고 있다. 그것은 얼마 전까지만 해도 거의 아무도 상상하지 못한 현실이다. 아메리칸 드림의 쇠퇴는 여러 면에서 새로운 유러피언 드림의 부상과 불가분의 관계에 있다. 옛 비전의 미흡한 점이 바로 새 비전을 더욱 매력적으로 보이게 만들기 때문이다.

이 꿈의 교체를 탐구하기 전에 먼저 고백할 게 있다. 나 자신은 아메리칸 드림에 깊은 애착을 갖고 있다. 나는 아메리칸 드림을 내 평생의 정신적, 철학적 등대로 간주한다. 내가 지금까지 이룬 모든 것은 내가 어릴 때 부모님으로부터 물려받은 아메리칸 드림을 따른 덕분이라고 생각한다. 그러나 다른 한편으로는 지금까지 살아온 데 대해 내가 지금 느끼는 회의가 아메리칸 드림의 허구와 깊이 얽혀 있다는 사실 또한 인정할 수밖에 없다. 앞으로 이 책에서 우리가 한 가지 인류 대역정의 종말과 다른 역정의 시작을 탐구하는 가운데 아메리칸 드림의 허구가 분명히 드러날 것으로 기대한다.

나에게 또 다른 삶을 살 수 있는 기회가 주어진다고 해도 나는 여전히 미국인이 되고 싶다. 미국은 좋은 점이 너무도 많은 나라다. 외국인들이 미국에 첫발을 디디면 가장 먼저 느끼는 것이 대륙의 아름다움과 장대함이다. 오랫동안 미국은 인간의 자유 의사에 따라 되고 싶은 사람이 될 수 있는 곳으로 고난받는 세계에 희망의 등대 역할을 해 왔다.

미국의 체제와 그 이전에 있었던 모든 정치 실험의 진정한 차이점은 무한한 희망과 열의다. 그런 낙관주의가 때로는 주체할 수 없을 정도로 강렬하다. 무한한 가능성의 나라, 끊임없는 발전만이 유일하게 의미 있는 삶의 지침이고, 진보가 아침에 떠오르는 태양처럼 당연시되는 나라가 미국이다. 미국인들은 압제의 굴레를 벗어던지고 어떤 독단적인 엘리트층에 의해서도 결코 지배당하지 않겠다고 맹세했다. 미국인들은 구시대 유산의 세습과 계급 차별을 거부하고 민주 정신을 수용하며 모든 국민이 자신의 장점에 의해서만 평가받아야 한다고 믿는다.

오래전부터 미국인들은 자신들의 특수 상황을 인식해 왔다. 더 나은 삶을 꿈꾸고 그곳에 와서 새로운 삶을 시작하기 위해 기꺼이 자신의 전부를 거는 모든 사람들에게 위안을 주는 곳이 미국이라고 생각하는 것이다. 냉소주의, 회의주의, 염세주의는 미국적 사고방식에 전혀 어울리지 않으며 미국인들은 그런 비관주의를 외면한다. 과연 유럽도 그럴 수 있을까?

바로 그 때문에 나는 미국이 더 이상 위대한 나라가 아니라고 말하면서 슬픔을 금할 길이 없다. 물론 미국은 세계에서 가장 막강한 경제 대국이며, 세계 역사에서 유례를 찾을 수 없는 강력한 군사력을 갖고 있다. 그러나 위대한 국가가 되기 위해서는 좋은 나라가 되는 것이 필수적이다. 세계 모든 사람들이 미국 문화와 미국 상품을 좋아하는 것은 부인할 수 없다. 세계 각국은 미국 브랜드 의류뿐 아니라 랩 음악, 액션 영화 등의 오락 산업을 수입하기 위해 안달이다. 심지어 미국은 부러움을 사기도 한다. 그러나 과거처럼 존경받지는 못하고 있다. 한때 그토록 갈망의 대상이던 아메리칸 드림이 점점 조롱의 대상이 되고 있다. 미국인들의 생활방식은 더 이상 다른 세계 사람들에게 영감을 주기보다는 시대에 뒤진 것으로 간주되며 심한 경우 두려움 또는 혐오의 대상이 되기도 한다.

대다수의 미국인들도 스스로 진지하게 생각해 본다면 자신들이 나아가야 할 방향을 잃었다고 말할 수밖에 없을 것이다. 자신이 누구인지, 목표가 무엇인지, 개인적 또는 집단적 차원에서 무엇을 추구해야 하는지에 대해 과거처럼 확신할 수 없기 때문이다. 미국인들이 지금과 같은 무기력증을 갖게 된 것은 어느 정도는 아메리칸 드림 그 자체 때문이라고 말할 수 있다. 지금의 글로벌화된 세계에서는 아메리칸 드림의 핵심 개념이 어울리지 않는다. 이 점에 대해서는 앞으로 계속 심도 있게 다뤄질 것이다. 아울러 아메리칸 드림은 허리가 잘려져 핵심이 빠져나간 꼴이 됐다. 이 두 번째 포인트에 대해서는 여기서 좀더 자세히 알아보기로 하자.

선택받은 사람들

아메리칸 드림에 대해 가장 먼저 이해해야 할 것은 그것이 처음부터 미국에 국한될 수밖에 없었다는 점이다. 아메리칸 드림은 전 세계가 공유하거나 다른 나라로 이식될 수 있는 꿈이 아니었다. 그 힘은 보편주의가 아니라 배타주의에 있다. 아메리칸 드림은 미국 땅에서만 추구될 수 있는 꿈이다. 아메리칸 드림은 미국적인 맥락에서만 적용된다는 점이 그것을 그토록 매력적으로 만들었으며, 미국이 성공한 것도 바로 그 때문이다. 그러나 세계화 의식이 형성되기 시작하면서 아메리칸 드림은 그런 배타성 때문에 시대에 뒤지게 되고 외면받게 된 것이다.

　영국 청교도들은 1620년 플리머스록에 도착하면서 자신들이 유럽의 압제자들이 씌운 멍에로부터 하나님에 의해 구원받았다고 철저히 믿었다. 청교도 운동의 마지막 개혁 세력이었던 그들은 자신들을 새로운 이스라엘인으로 간주했다. 그들은 그곳에 도착하기까지 자신들의 험난했던 여정을 이집트에서 탈출한 뒤 40년 동안 사막에서 헤매다가 여호와(기독교 유일신의 이름)에 의해 인도되어 약속의 땅 가나안에 이른 옛 유대인들의 역정에 비유했다. 그들의 정신적 지도자 존 윈스롭은 하선하기 전 "여러분들은 하나님에 의해 '선택받은 사람들' 입니다."라고 말하며 이 세상의 빛과 소금이 돼야 한다고 역설했다. "우리는 우리가 건설하는 곳이 성서에서 말하는 '언덕 위의 도시'라고 생각해야 한다. 모든 사람의 눈이 우리에게 쏠려 있다."[4] 이어 그는 다음과 같이 경고했다. "주님을 올바로 섬기지 못하면…… 하나님의 많은 훌륭한 종들의 얼굴을 부끄럽게 만들 것이며 어디를 가든지 이 좋은 땅에서 우리가 사라질 때까지 그들의 기도가 우리에게 저주가 될 것이다."[5] 그러나 자신의 운명을 더 낫게 개척함으로써 주님을 올바로 섬기면 하나님이 그들을 굽어 살피고 상을 내릴 것이라고 그는 말했다.

　요즘의 어린 학생들은 그 용감하고 겸허했던 주님의 종들이 이룬 업적과 희생에 대해 배우지만, 그 청교도들이 동시대 사람들에게 반드시 좋게 받아들여진 것은 아니었다. 리처드 후커 대주교를 위시한 몇몇 사람들은 그들이 '청교도식' 사고방식 때문에 일반인들과 어울리지 못하고 "스스로의 선택에 의해 황무지에서 사는" 경향이 있다고 지적했다.[6]

청교도들과 그 이후 도착한 다른 억압받은 종파와 교단의 신자들은 미국의 거대한 황무지를 하나님의 영광을 위해 자신들이 정복하고 되찾아야 할 파괴된 자연으로 간주하고, 자신들을 신앙과 인내심을 통해 황무지를 개척해 젖과 꿀이 흐르는 약속의 땅인 새로운 에덴 동산을 건설하는 하나님의 사자로 여겼다.

'선택받은 사람들'이라는 개념은 미국 역사를 통해 계속 이어져 아메리칸 드림의 중심 사상이 됐다. 허먼 멜빌은 소설 『화이트 재킷: 군함 내부의 세계』에서 미국인들이 위대한 업적을 이룰 '선택받은 사람들'로서 느끼는 충만함과 열의를 이렇게 묘사했다.

> 우리 미국인들은 특별히 선택받은 사람들로서 우리 시대의 이스라엘인이며, 이 세상의 '자유의 방주'를 이끌고 있다. 70년 전 우리는 속박에서 탈출했다. 지구의 한 대륙을 갖는 첫 생득권 이외에 하나님은 우리에게 미래의 계승을 위해 다양한 이교도들을 주셨다. 그들은 온순하게 우리 방주의 그늘 아래 와서 쉴 것이다. 하나님은 우리를 위해 위대한 일을 예정해 주셨다. 우리는 마음 깊이 그 임무를 느낀다.[7]

많은 미국인들은 아직도 자신들을 선택받은 사람들로 보고 있으며 미국을 약속의 땅으로 간주한다. 그들은 미국이 위대한 나라가 될 운명을 지니고 있고 미국이 가는 길이 하나님의 길이라고 믿는다. 지금까지 미국이 이룬 성공은 미국인들이 실제로 선택받은 사람들이라는 증거로 비친다. 그들은 자신들의 신앙과 주님을 섬긴 보답으로 하나님께서 지구상에서 가장 풍요롭고 강력한 나라를 만들어 주셨다고 생각한다. 대다수 유럽인들은 아메리칸 드림의 그런 면을 기이하게 보며 심지어 약간의 두려움마저 갖는다. 미국인들이 하나님에 의해 선택받은 사람들이며 미국이 약속의 땅이라는 개념 자체는 종종 유럽인들, 특히 이미 오래전에 개인적 신앙을 버린 세속적인 유럽인들로부터 비웃음을 산다. 그러나 유럽인들이 미쳐 깨닫지 못하는 것은 하나님이 자기 편에 있는 한 누구든지 "산을 움직일 수 있다."는 미국인들의 자신감(대다수 유럽인들은 그것을 오만이라고 말할지 모른다.)을 이끄는 원동력이 바로 그 점이라는 사실이다.

미국인들의 자녀들은 학교에 가면 매일 "하나님 아래 한 국가"(one nation under God)에 대해 충성을 맹세한다. 미국의 화폐에는 "하나님이 살아 계신 것을 믿습니다."(In God we trust)라는 모토가 들어 있다. 미국인들은 공식적으로는 정교(政敎) 분리를 보장하려고 노력하지만 대다수 미국인의 사생활은 종교의 지배를 받는다. 미국은 선진국 가운데서 가장 신앙심이 독실한 나라다.

미국인들의 신앙은 정치에도 자주 영향을 미친다. 예를 들어 미국인의 48퍼센트는 미국이 하나님의 특별한 보호를 받고 있다고 믿는다.[8] 일부 유명한 복음주의 지도자들은 세계무역센터 쌍둥이 빌딩과 펜타곤(국방부 청사)이 테러 공격을 받아 약 3,000명이 희생된 데 대해 하나님이 미국의 잘못된 방식에 분노해 자신이 선택한 사람들에게 더 이상 특별한 보호를 제공하지 않기 때문이라고 말했다.

미국인의 58퍼센트는 미국 사회의 힘이 "국민들의 신앙심에 입각한 것"이라고 본다.[9] 건전한 가치관을 갖기 위해서는 하나님을 믿는 것이 필수적이라고 말하는 미국인도 거의 절반이나 된다.[10] 또 60퍼센트는 신앙이 삶의 모든 면과 관련되어 있다고 생각하며,[11] 40퍼센트는 심오한 종교적 경험으로 인생의 방향을 바꾸었다고 말한다.[12]

미국인들은 매일 신앙을 실천한다. 36퍼센트는 하루에 여러 번 기도를 하며, 22퍼센트는 하루에 한 번, 16퍼센트는 일주에 여러 번, 그리고 8퍼센트는 일주에 한 번 기도를 한다.[13] 미국인의 61퍼센트는 한 달에 적어도 한두 번 예배에 참석하며 45퍼센트는 적어도 일주에 한 번씩 예배를 본다.[14] 또 71퍼센트는 자녀의 학교가 매일 아침 기도로 수업을 시작하는 데 찬성한다.[15] 미국인들의 깊은 신앙심을 감안하면 충분히 이해가 가는 사고방식이다.

유럽인들에게 더욱 놀라운 것은 미국인들이 성서를 문자 그대로 믿는다는 점이다. 68퍼센트가 악마의 존재를 믿는다.[16] 대졸 학력자의 68퍼센트, 대학원 이상을 졸업한 고학력자의 55퍼센트가 악마의 존재를 믿는다.[17] 또 미국인 전체의 3분의 1 이상이 성서의 모든 내용을 영감 받은 해석이나 꾸며낸 이야기가 아니라 하나님의 실제 말씀으로 믿는다.[18] 게다가 93퍼센트가 성서를 갖고 있다.[19]

미국인들의 독실한 신앙심은 공립학교 운동 초기부터 세속적 교육과 충돌해 왔다. 특히 공립학교에서 진화론을 가르쳐야 하는지 창조론을 가르쳐야 하는지를 두고 가장 논쟁이 치열했다. 미국인의 45퍼센트는 "하나님이 지난 약 1만 년 내의 어느 시점에 거의 현재의 모습으로 인간을 창조했다."고 믿는다.[20] 25퍼센트의 미국인은 공립학교에서 창조론이 필수과목이 돼야 한다고 믿으며, 56퍼센트는 창조론이 적어도 교과 과정에는 포함되어야 한다고 생각한다.[21]

미국과 유럽의 무신론자들을 더욱 불안케 하는 것은 예수와 적그리스도 간의 아마겟돈 전투로 세상의 종말이 온다고 믿는 미국인들이 40퍼센트나 된다는 사실이다. 또 그 가운데 47퍼센트는 적그리스도가 이미 이 세상에 존재한다고 믿으며, 45퍼센트는 자기 생애에 예수가 재림한다고 믿는다. 종말이 다가온다고 믿는 사람들 중 절반 이상은 자연 재앙과 에이즈 같은 전염병이 성서에서 예언된 붕괴와 혼란의 징조라고 지적한다.[22] 그나마 다행스러운 것은 82퍼센트의 미국인이 천국의 존재를 믿으며, 63퍼센트는 자신이 천국에 갈 확률이 높다고 생각한다는 사실이다. 자신이 지옥에 간다고 믿는 사람은 1퍼센트에 불과했다.[23]

미국인과 유럽인들이 크고 작은 문제에 관해 승강이를 벌이지만 기본 태도와 사고방식에 있어서는 서로 유사한 점이 훨씬 많다고 말한 논평가들이 한둘이 아니다. 그러나 종교 문제에 관한 여론 조사 결과는 전혀 그렇지 않다. 미국인 열 명 가운데 여섯 명은 종교가 자신의 삶에 "매우" 중요하다고 말하는 반면 유럽인들에게는 일상생활에서 종교가 겨우 한 가지 요소로만 간주될 뿐이다.[24] 가톨릭 국가인 이탈리아와 폴란드에서조차 3분의 1만이 종교가 자신들에게 매우 중요하다고 생각한다.[25] 독일의 경우 그 비율은 21퍼센트, 영국은 16퍼센트, 프랑스는 14퍼센트, 체크는 11퍼센트에 불과하다.[26] 스웨덴에서는 그 비율이 10퍼센트이고 덴마크의 경우는 겨우 9퍼센트다.[27] 유럽만이 그런 것이 아니다. 한국에서는 인구의 25퍼센트만이 종교가 자신의 삶에 매우 중요하다고 생각하며, 일본의 경우는 12퍼센트만이 자신을 신앙인으로 간주한다.[28] 미국인의 절반이 매주 교회에 나가는 데 비해 네덜란드, 영국, 독일, 스웨덴, 덴마크 국민의 10퍼센트 미만이 한 달에 한 번 정도 예배에 참석한다.[29] 서유럽 전체로 보면 거의 절반은 거의 교회에 나가지 않으며, 동유럽에서는 교회에 나가는 사람이 더 적다.[30]

많은 유럽인들이 더 이상 신을 믿지 않는다. 미국인의 82퍼센트는 하나님이 자신에게 매우 중요하다고 말하는 반면, 덴마크, 노르웨이, 스웨덴인의 약 절반은 신이 자신에게 중요하지 않다고 말한다.[31] 신앙에 관한 한 미국인들의 견해는 개도국 사람들의 견해에 훨씬 가까우며 다른 선진국 사람들의 견해와는 크게 다르다.

과연 그런 차이가 중요할까? 사람이 이 세상에서 어떻게 생각하고 행동하느냐는 문제에 있어서 개인의 가치관보다 더 중요한 것은 없다. 미국인 대다수의 경우 종교적 가치관이 국내 문제뿐 아니라 국제 문제에 대한 대응에 영향을 미친다. 예를 들어 선과 악의 본질에 대한 미국인들의 태도는 유럽인들의 태도와 크게 다르다. '월드 밸류스 서베이'는 여러 나라 사람들을 대상으로 도덕성에 대한 다음 두 가지 견해 가운데서 자신들의 태도를 반영한 것을 선택하도록 주문했다. 하나는 "선과 악에 대한 절대적인 구분이 있으며, 그것은 어떤 상황에서든 모든 사람들에게 적용된다."는 견해이고 다른 하나는 "선과 악을 구분하는 절대적인 잣대는 있을 수 없으며 무엇이 선이고 무엇이 악인지는 전적으로 시대 상황에 달려 있다."는 견해였다.[32] 대다수 유럽인들과 심지어 캐나다, 일본인들은 두 번째 견해를 택한 반면 미국인들은 첫 번째 견해를 선호하는 것으로 나타났다.[33]

미국인들은 선과 악에 대한 절대적인 기준이 있으며 어떤 상황에서도 그 기준이 흔들리지 않는다는 종교적 확신을 갖기 때문에 이 세계를 선과 악이 끊임없이 싸우는 전장으로 파악하는 경향이 있다. 미국의 외교 정책이 적어도 부분적으로는 악에 대한 선의 견제 수단으로 실행되어 온 것도 바로 그 때문이다. 다른 나라 사람들은 미국의 군사적 개입을 물질적 개념으로 파악할지 모른다. 그들은 미국인들도 자기 이익과 실리적 이득을 주목적으로 한다고 믿는다. 물론 그럴 수도 있다. 그러나 적어도 전쟁의 명분을 국민들에게 설득할 때는 미국 정부는 언제나 선과 악의 대결 개념을 설파해 왔다. 냉전 당시 공산주의의 팽창을 막으려는 미국의 노력은 "하나님을 믿지 않는 공산주의"에 대한 도덕적 성전(聖戰)으로 간주됐다. 냉전이 쇠퇴할 즈음 레이건 대통령은 소련을 "악의 제국 evil empire"이라고 불렀다. 공산주의가 붕괴되고 나자 미국인들은 "불량 국가들 rogue regimes"과 테러 단체들을 도덕적 공격 목표로 삼았다. 미국 본토에 대한 테러 공격인 9·11 사태 직후 조지 W. 부시 대통령은 테러리스트 색출을 위대한 성전(聖戰)이라고 부르며 미국 국민들의 단결을 호소했다. 나중에 부시 대통령은 이라크, 이란, 북한을 "악의 축

axis of evil"이라고 불렀다. 미국이 종교적 용어로 국제적 갈등을 규정하는 데 대해 유럽인들은 눈살을 찌푸리지만 대다수 미국인들은 백악관의 그런 수사(修辭)에 박수를 친다.

미국인들은 자신들이 선택받은 사람들이라고 믿기 때문에 세계 전체에서 가장 애국심이 높은 국민이 되었다. 시카고 대학교의 '전국여론조사센터'(NORC)가 23개국을 대상으로 실시한 조사에 따르면 국민들의 국가적 긍지에서 미국이 1위였다.[34] 미국인의 72퍼센트는 조국이 매우 자랑스럽다고 말한다.[35] 다른 어떤 선진국 국민들도 그런 긍지를 내세우지는 않는다. 영국, 프랑스, 이탈리아, 네덜란드, 덴마크를 포함한 서유럽 국가 국민 가운데서 "자신의 국적에 대해 '매우 자랑스럽게' 느낀다."는 비율은 절반에도 못 미친다.[36] '갤럽'의 조사에 따르면 미국인들의 경우 조국을 위해 기꺼이 전쟁터에 나가겠다고 응답한 비율이 다른 30개국 국민들보다 훨씬 높다.[37] 미국인들의 애국적 열정을 감안하면 당연한 결과다.

유럽인들은 미국인들의 애국심과 국가적 긍지, 특히 문화적 우월성에 놀라워한다. 미국인 열 명 가운데 여섯 명은 "우리 국민이 완벽하지는 않지만 우리 문화는 다른 나라보다 우수하다."고 믿는다.[38] 그와는 대조적으로 영국인의 경우 37퍼센트, 독일인의 경우 40퍼센트만이 자국 문화가 다른 나라보다 우수하다고 생각한다.[39] 콧대 높다는 프랑스인의 경우에도 세 명 가운데 한 명만이 자국 문화의 우월성을 믿는다.[40]

많은 유럽인들이 가장 우려하는 것은 세계인들 모두가 미국적 생활 방식을 따라야 한다고 미국인들이 믿는다는 점이다. '퓨 리서치 센터'의 "세계관 조사" 결과에 따르면 미국인의 79퍼센트는 "미국의 사상과 풍습이 전 세계에 전파되는 게 바람직하다."고 생각한다. 반면 유럽인들 중 미국의 사상과 풍습이 전 세계에 전파되는 것을 지

지하는 비율은 40퍼센트 미만이다.[41]

애국심, 국수주의, 문화적 우월성 등에 관한 이런 여론 조사에서 특히 흥미로운 것은 미국을 제외한 유럽 및 다른 지역의 경우 세대가 거듭될수록 국가적 긍지가 쇠퇴한다는 점이다. 그러나 미국은 예외다. 미국의 청소년 가운데 무려 98퍼센트가 자신의 국적에 대해 자부심을 갖는다고 말했다. 그에 비해 영국 청소년의 경우 자신의 국적에 자부심을 갖는다는 비율이 58퍼센트, 독일 청소년의 경우는 65퍼센트다.[42] 대다수 미국인들은 바로 그것이 미국의 활력을 드러내는 표시라고 본다. 반면 유럽인 다수는 미국이 지나치게 과거에 몰두하고 있는 게 아닌가 하고 생각한다. 지금과 같은 세계화 시대에는 개인 및 집단적 정체성을 확보하는 데 있어서 국가 개념이 점점 중요성을 잃을 수밖에 없다. 그런데도 미국인들이 기존의 국가관에 그토록 집착하는 것은 전통적 지정학 개념에 빠져 있는 것을 웅변하며 새로운 세계화 의식 운동에서 결코 선봉에 설 수 없다는 의미다.

대다수 미국인들이 신앙에서 위안을 찾고 자신들이 선택받은 사람들로 하나님의 은총에 의해 보살핌을 받고 보호받는다고 믿는 한 그들의 국수주의와 애국심이 쇠퇴할 가능성은 거의 없다. 그렇다고 해서 미국을 제외한 다른 지역에서 국수주의가 사라지고 있다는 얘기는 아니다. 그러나 분명한 것은 거의 모든 선진국, 그리고 많은 개도국 국민들의 경우 이제는 자신의 신념을 표출하고 포부를 이룰 수 있는 기반이 국가만이 아니라는 사실이다. 앞으로 계속 논하겠지만 유러피언 드림은 세계화 시대에 처음으로 등장하고 있는 범국가적 꿈이다. 유럽에서 국가적 긍지가 쇠퇴하고 있는 것이 분명하다면 그것은 조국에 대한 애정이 식어서라기보다 더 넓고 깊이 있는 상호 의존성을 포용하기 위해 국가 경계선을 초월한 정체성과 소속 의식을 추구하고 있기 때문일 것이다.

모든 사람들이 인터넷과 네트워크로 서로 연결되고 개인 및 집단적 복지를 위해 상호 의존하는 '경계 없는' 세계에 미국인들이 적응하기는 매우 힘들 것이다. '배타성'이 점차 '포괄성'으로 교체되어 가는 세계에서 미국인들의 선민 의식이 과연 지속될 것인가? 과연 하나님이 자신이 똑같이 창조한 다른 사람들보다 미국인들을 더 많이 굽어 살필 것인가? 유럽인들은 그런 생각 자체를 우스꽝스럽게 여기겠지만 많은 미국인들은 실제로 자신들이 선민으로서 특별한 지위를 부여받았다고 굳게 믿는다. 미국인들이 그런 신념을 포기한다거나 그 진실성에 회의라도 갖는다면 그들의 자신감과 아메리칸 드림은 회복 불가능한 타격을 받을 것이다.

미국의 인기 운동선수들, 스타들, 정치 지도자들, 사업가들은 텔레비전 인터뷰에서 종종 자신들이 극복한 역경, 이룬 업적과 성공을 신앙과 하나님의 은총으로 돌린다. 유럽의 저명 인사들이 그런 말을 하는 것은 내가 아직까지 한번도 들어 보지 못했다.

물론 미국에 온 사람들 모두가 종교적인 신념 때문에 이민을 택한 것은 아니다. 사실 다른 이유 때문에 이민을 택한 사람이 대다수다. 물론 일부는 미국에 도착해서 신앙을 찾았지만 많은 사람들은 신앙을 추구하지 않고서도 아메리칸 드림을 실천할 수 있었다. 요즘도 상당히 많은 수의 소수민족이 전혀 종교와는 거리가 멀지만 그들도 아메리칸 드림을 추구하고 있다. 그것은 지난 두 세기 동안 선민 의식이 미국 문화에 너무도 깊이 스며들어 초기의 종교적 뿌리의 일부를 탈피하고 미국인들의 심리로 굳어졌기 때문이다.

신앙이 있든 없든 대다수 미국인들은 자신들이 세계에서 특별한 지위를 누리고 있다고 확신한다. 그런 확신이 왜 그토록 중요한가? 유럽인들은 자신들이 '선택받은 사람들'이라고 생각하지 않지만 이 세계에서 당당하게 처신하고 있는 듯하다. 그러나 거기에는 분명히 차이가 있다. 유럽인들은 종종 내게 미국인들이 미래에 대해 늘 낙관적인 이유가 도대체 무엇이냐고 묻는다. 대부분의 경우 미국인들이 영원한 낙관론자인 것은 선민 의식 때문이다. 미국인들은 개인으로서나 국민으로서 자신들이 위대한 업적을 남길 수밖에 없는 운명을 타고났다고 확신한다. 그들은 하나님의' 은총으로 보호받고 있으며 성공하도록 돼 있다고 믿기 때문에 다른 나라 사람들보다 더 많은 위험 부담을 기꺼이 감수하려고 한다.

미국적 근로 윤리의 쇠퇴

미국인들은 선민 의식 덕분에 자신의 삶에서 무엇인가를 이룰 수 있다는 자신감을 갖게 된 것은 분명하다. 그러나 아메리칸 드림에는 또 다른 중요한 요소가 있다. 그것이 없었다면 아메리칸 드림은 그처럼 강력한 비전이 될 수 없었을 것이다. 존 윈스롭이 아메리칸 드림의 정신적 지주였다면 거기에 실용적인 지침을 제공한 사람은 벤저민 프랭클린이었다. 미국에 대한 프랭클린의 비전은 물질주의, 실용주의, 시장에서의 개인 이익을 강조한 유럽의 합리주의적 계몽 운동에서부터 나왔다. 프랭클린은 미국의 원시적인 자연에서 개척에 의해 생산적이 될 수 있는 거대한 미개발 자원을 보았다. 그는 미국을 과학·기술 탐구를 위한 거대한 실험실로 간주했다. 아메리칸 드림에 대한 프랭클린의 비전은 끊임없이 부를 창출하고 시장을 확장할 수 있는 독창적 천재들의 국가를 건설하는 것이었다. 그는 신성 불가침보다 실용주의를 선호했으며, 영원한 구원보다 물질적 풍요를 추구했다. 그가 생각한 미국은 실용주의에 입각한 근면한 국민들로 구성된 나라였다.

윈스롭이 구원을 제공했다면 프랭클린은 개인의 발전을 제공했다. 개척자들은 새로운 노력을 할 때마다 실용적 합리성을 내세웠다. 미국인들이 이 세계에서 가장 신앙심이 깊은 동시에 가장 실용적인 사람이 된 것도 바로 그 때문이었다. 프랭클린은 「미국 독립 선언문」에서 "모든 인간은 삶과 자유뿐만 아니라 행복을 추구할 수 있는 양도 불가의 권리를 가졌다."는 토머스 제퍼슨의 급진적 주장을 진지하게 받아들였다. 세계 역사상 그 이전의 어느 정부도 개인의 행복 추구권을 거론한 적이 없었다. 그렇다면 개인이 어떻게 행복을 추구할 것인가? 프랭클린은 행복이 끊임없는 개인적 진보, 즉 자신의 삶에서 무엇인가를 이뤄 내는 것에 의해 얻어진다고 믿었다.

그 결과 아메리칸 드림은 유럽의 양대 전통을 위대한 연합으로 통합할 수 있었다. 두 전통은 표면상 서로 상반되기는 하지만 역사상 유례 없이 강력한 인류의 비전에 불을 댕겼다. 그로써 아메리칸 드림은 천국과 영원한 구원에 계속 초점을 맞추는 동시에 자연과 시장의 힘에 집중하는 강력한 비전으로 등장했다. 종교적 열정과 현실적 실용주의의 독특한 결합은 미국의 황무지 개척에서 막강한 힘을 발휘했고, 나아가 나중에는 고도로 발달한 산업 사회, 도시 사회, 교외 사회 건설의 밑거름으로 작용했다.

아메리칸 드림이 그토록 오랫동안 강력한 힘을 발휘할 수 있었던 이유는 가장 기본적인 인간 욕구 두 가지, 즉 현세의 행복과 내세의 구원을 추구했기 때문이다. 현세의 행복을 얻기 위해서는 인내, 자기 개선, 자립이 필요하고 내세의 구원을 얻기 위해서는 흔들림 없는 신앙심을 가져야 했다. 그 이전에는 현세와 내세 양쪽 세계의 최선을 얻을 수 있는 가능성을 제시한 꿈이 없었다.

지금 미국인들의 신앙은 여전히 강하지만 아메리칸 드림의 두 번째 요소는 약화되기 시작했다는 증거가 많아지고 있다. 최근 젊은 미국인들은 「미국 독립 선언문」에서 제퍼슨이 말한 "모든 인간은…… 행복을 '추구할' 수 있는 양도 불가의 권리를 가졌다."에서 '추구할'을 삭제하고 그 자리에 '얻을'이라는 용어를 끼워 넣은 듯하다. 프랭클린은 『가난한 리처드의 연감』에서 끊임없는 근면을 훈계했다. "한가하면 나쁜 일을 도모한다." "오늘 할 수 있는 일을 내일로 미루지 마라." "제때 한 바느질 한 번이 아홉 땀을 절약해 준다." 등 자제와 근면의 미덕을 강조한 프랭클린의 격언들은 지금은 거의 다 잊혀졌다. 아메리칸 드림은 전력투구하고 융통성을 살리고 자립함으로써 성공할 수 있다는 개념을 기초로 했다. 프랭클린의 격언은 계몽 운동의 실용주의와 칼뱅주의의 종교 전통을 한데 묶은 단일 동아줄이 해어지면서 남은 마지막 가느다란 실이었다. 독일의 사회학자 막스 베버는 그 두 가지가 어우러진 것을 "청교도적 근로 윤리"라고 불렀다.(개혁 신학에 대해서는 제4-5장에서 자세히 살펴보기로 한다.) 지금 점점 더 많은 미국의 젊은이들이 근로 윤리를 무시하고 있다. 그들에게 아메리칸 드림은 신앙과 근면보다는 운과 뻔뻔스러움을 추구하는 것으로 변질되고 있는 듯하다.

나는 지금까지 수많은 여론 조사 결과를 검토해 왔지만 30세 미만의 미국 젊은이들을 대상으로 장차 부자가 될 것으로 믿느냐고 묻는 《뉴스위크》의 설문 조사만큼 흥미로운 것은 별로 없었다. 그 조사에서 젊은이의 55퍼센트가 장차 부자가 될 것으로 믿는다고 응답했다.[43] 아무튼 호레이쇼 앨저[아무리 가난하더라도 근면, 절약, 정직의 미덕으로 성공할 수 있다는 미국적인 성공담으로 유명한 소설가]의 소설이 바로 아메리칸 드림의 핵심이 아닌가? 그러나 무엇보다 더 흥미로운 것은 그 다음의 후속 질문에 대한 응답이었다. 부를 이루는 방법에 관한 질문에서 직장을 갖고 있는 사람의 71퍼센트가 현재의 직장으로는 부자가 될 가능성이 없다고 응답했다.[44] 그렇다면 미래 직장에서의 가능성은 어떨까? 18-29세의 76퍼센트가 현재 어떤 직장에 다니든 "출세하기 위해 과거처럼 직장에서 그렇게 열심히 일하지 않을 것"이라고 응답했다.[45]

《뉴스위크》는 그렇게 응답한 사람들에게 열심히 노력해서가 아니라면 투자, 상속, 또는 행운으로 부자가 될 가능성을 어떻게 보느냐고 물었다. 이 설문은 주가가 하늘 높은 줄 모르고 치솟고 투자자들이 기록적인 수익을 실현하던 1999년 실시됐기 때문에 당연히 투자를 꼽는 응답자가 많았다. 그러나 지금은 주식 시장의 침체로 투자에 희망을 걸 수 없다. 유산 상속도 하나의 가능성이 될 수 있지만 베이비붐 세대 대다수가 빚더미에 올라앉아 있기 때문에 막대한 재산을 물려줄 상황이 아니다. 적어도 부자가 될 것이라고 믿는 55퍼센트의 젊은이들을 충족시켜 주지는 못할 것이다.[46] 그렇다면 남는 것은 행운이다. 사실 투자, 상속, 행운 이 세 가지 전부 다 프랭클린이 미국에서 출세하는 데 필수적인 요소로 꼽았던 근면과 인내와는 상관이 없다. 내 생각에는 대다수 젊은이들이 아무런 근거 없이 그냥 운이 좋을 것이라고 믿는 것 같다. 열심히 일하지 않고도 요행으로 부자가 될 수 있다고 생각하는 것이다.

여기서 나는 미국의 사회비평가 고(故) 크리스토퍼 래시가 쓴 『나르시시즘의 문화』를 거론하지 않을 수 없다. 그 책에서 래시는 미국인들의 심리에 소비주의적 정신이 깊이 뿌리 내린 결과 대다수의 미국인들, 특히 미국 젊은이들이 덧없는 쾌락과 하찮은 추구에 빠져들고 있다고 지적했다. "자기 이익의 추구가 과거에는 합리적인 이익과 부의 축적을 말하는 것이었지만 지금은 그것이 쾌락과 심리적 생존을 의미하고 있다…… 이제는 순간의 삶을 즐기는 것이 대다수 사람들의 주된 목표다. 선조나 후손이 아니라 자신을 위해 사는 것이다."[47]

래시의 이런 분석이 나온 직후 뉴욕 대학교 교수였던 고(故) 닐 포스트먼은 정도를 벗어난 미국인들의 자아 도취를 고유의 시각으로 분석한 『죽도록 즐기기』를 펴냈다. 미국 문화를 날카로운 시각으로 해부한 이 두 석학들은 한결같이 미국의 젊은이들이 "욕구의 즉시 만족"을 설파하는 미디어 문화에 젖어들고 있다고 우려했다. 그 결과 세대가 흐를수록 열심히 노력할 능력도 없어지고 의사도 없어지며, 즉시 만족보다 미래의 보상을 추구하려는 생각도 없어지고 있다는 것이다. 나르시시스트들은 즉각적이고 자기중심적인 시간의 틀을 갖고 있다. 과거의 약속과 미래의 의무는 불필요한 제한이며 즉시 만족의 방해물로 간주된다. 이런 새로운 자아 도취의 문화에서는 모두가 권리를 앞세우며 미래를 위해 현재의 행복을 미루려 하지 않는다. 3,300억 달러 규모인 미국의 광고 산업은 누구나 원하는 모든 것을 지금 당장 얻을 수 있다는 점을 설파하기 위해 안간힘을 쓰고 있다. 기다릴 필요가 어디 있는가? 바로 그 목표를 위해 미국은 지금 즐기고 나중에 대가를 지불할 수 있도록 해 주는 소비자 신용카드 문화를 만들어 냈다. 현재 많은 미국인들이 자신의 수입을 훨씬 초과해서 지출함으로써 소비자 부채에 허덕이고 있다. 이 모든 것은 래시와 포스트먼이 미국 사회에 급속도로 번지고 있다고 지적한 자아 도취 문화를 부추긴다.

아메리칸 드림이 기독교 종말론과 계몽 운동의 실용주의 및 합리적 행동을 아우른 고매한 이상에서 격하되어 한낱 요행을 바라는 형편없는 꿈으로 전락한 것인가? 많은 미국인들의 경우 이미 그 대답은 "예스"이며 그런 미국인의 수가 점점 증가하고 있는 것이 현실이다.

불로소득

미국인들은 늘 모험을 즐기는 사람들이다. 사실 그것이 아메리칸 드림의 일부 요소다. 과거에는 미국인들의 위험 감수가 신천지에서 새로운 삶을 시작하거나, 황무지를 개척하거나, 새로운 아이디어에 투자하거나, 새 사업을 일으키려는 의지와 동일시되었다. 그러나 지금은 위험 감수를 도박 정도로 인식하는 미국인들이 점점 많아지고 있다.

2002년 미국인 열 명 가운데 일곱 명은 어떤 형태로든 합법적 도박을 했다. 2003년에는 미국인의 57퍼센트가 복권을 구입했으며, 31퍼센트가 카지노에서 도박을 했다.[48] 지난 10년 동안 미국의 도박 산업은 연간 9퍼센트씩 성장했다. 도박이 미국의 전체 경제보다 훨씬 빨리 성장했다는 뜻이다.[49] 현재 미국인들이 도박에 쓰고 있는 돈은 영화, 비디오, DVD, 음악, 책 등을 구입한 금액을 합한 것보다 많다.[50] 2002년 미국인들은 경마, 카지노, 복권 등의 합법적 도박에 680억 달러를 지출했다. (1991년에는 270억 달러였다.)[51] 내가 어렸을 때인 1950년대에는 네바다 주만이 도박을 허용했다. 그러나 지금은 마흔일곱 개 주가 도박을 합법화했다. 그런 주들은 복권과 카지노로 총 세입의 4퍼센트가 넘는 200억 달러 이상을 거둬들인다.[52]

도박은 미국의 국가적인 오락으로 급속히 자리 잡고 있으며 많은 미국인들의 경우 거의 중독 증상을 보이고 있다. 파워볼 잭폿 당첨금은 3억 달러가 넘을 수 있다. 사람들이 때로는 500명에 이르는 긴 줄에 서서 복권 한 장을 사기 위해 하루 종일을 소비하는 경우도 드물지 않다.[53]

현재 주립 복권이나 다른 도박을 광고하는 데 연간 4억 달러 이상이 투입되고 있다.[54] 그 광고의 대부분은 "가난뱅이에서 부자로"

(rags to riches)라는 아메리칸 드림의 주제를 이용하는 데 사용된다. 뉴욕 복권은 "1달러에 꿈 하나"(a Buck and a Dream)라는 슬로건으로 고객을 유혹한다. 시카고 복권의 슬로건은 "인생 역전의 기회"(This could be your ticket out)다.[55]

수백만 명의 미국인들이 마약과 마찬가지로 도박에 중독되고 있다. 마약과 도박은 둘 다 즉시 만족의 욕구를 충족시킨다. 미국국립연구위원회(NRC)는 300만 명 이상의 미국인들이 "평생" 병적인 도박꾼이며, 180만 명이 "지난해"의 병적 도박꾼이고, 780만 명이 "평생" 문제 있는 도박꾼이고, 400만 명이 "지난해"의 문제 있는 도박꾼으로 추정했다.[56] 더욱 한심한 것은 '지난해'의 병적인 또는 문제 있는 도박꾼에 속하는 청소년의 수가 늘고 있다는 점이다. 그 비율은 현재 미국 청소년의 약 20퍼센트에 이른다.[57]

"즉시 성공"의 욕구는 미국 문화 전체에 스며들고 있다. 합법적 도박은 미국인들이 아메리칸 드림을 실현하기 위해 추구하는 많은 경로 가운데 하나일 뿐이다. 1990년대 말에는 한동안 사람들이 주식 투자에 열광했다. 수백만 명의 미국인들이 즉시 백만장자가 되고 싶은 열망에 평생 저축한 돈을 주식에 투자했다. 첨단 기술주가 성공의 길로 가는 새로운 티켓이었다. 영리한 투자자들은 호레이쇼 앨저 소설류의 미국 성공담에서 새로운 주인공이 되었다. 다만 열심히 일해서 역경을 극복하고 성공하는 원래의 주인공과 달리 새로운 주인공은 길거리에 나도는 주식 정보에 귀를 기울이고 유망주를 선택해 주식 거래 중개업자에게 전화를 걸기만 하면 만사형통이었다. 그러나 결국 주식 시장이 붕괴되면서 베이비붐 세대 및 X세대 수백만 명이 노후를 위한 저축금을 다 날리고 생계 유지를 위해 일흔 살 이후까지 일해야 하는 지경에 놓였다.

미국의 많은 젊은이들에게는 "리얼리티 쇼 reality show"라는 새로운 TV 장르가 자신들의 꿈을 담는 수단이 되었다. 수천 명의 젊은이들이 「올 아메리칸 걸」, 「아메리칸 아이돌」, 「아메리칸 주니어스」, 「미국의 차기 톱 모델」, 「어프렌티스」, 「서바이버」, 「30초 만에 유명해지기」, 「누가 백만장자와 결혼하기를 원하는가」 등등의 리얼리티 프로그램의 오디션을 위해 줄을 섰다. 2004년 미국의 각 TV 방송사는 170가지 이상의 리얼리티 쇼를 방영했다.[58]

이런 프로그램의 참여자들은 연예인으로 발굴되고, 유명해지기를 원한다. 이런 프로그램 가운데 일부는 재능과 기술 면에서 어느 정도 수준이 요구되지만 대다수는 그냥 있는 그대로를 보여 주는 것으로 족하다. 이미 30년 이상 전에 앤디 워홀은 모든 미국인들이 15분간의 명성을 누릴 것이라고 선견지명 있는 예언을 내놓았다. 이제 일반인들이 자신의 삶을 수백만 명의 시청자들 앞에 그대로 보여 줌으로써 그 예언이 미국 텔레비전에서 매일 밤마다 펼쳐지고 있다.

이런 리얼리티 쇼에 출연하는 극소수의 행운아들에게 명성은 실제로 한순간의 덧없는 현상일 뿐이다. 대다수는 프로그램 출연이 끝나고 나면 곧바로 평범한 일상생활로 돌아간다. 그러나 수백만 명의 시청자들은 자신과 다를 바 없는 일반인이 텔레비전에 나와 순간적으로나마 유명해지는 것을 보고는 자신들에게도 그런 일이 일어날 수 있다고 생각한다. 운만 따른다면 얼마든지 가능하다고 믿게 되는 것이다. 결국 시청자들은 운 좋게 쇼에 출연한 사람들을 봄으로써 대리 만족을 느끼고 아메리칸 드림이 아직도 건재하며 자신의 기회도 곧 오리라고 확신한다.

사회 비평가들은 대다수 미국인들이 실제로 추구하고 있는 것이 아메리칸 드림이 아니라 "아메리칸 백일몽 American daydream"이라고 주장한다. 진정한 아메리칸 드림은 기독교 신앙과 미래를 위한 근면과 희생에 대한 믿음이 합해진 것이다. 그러나 최근 그 요소들을 대체하고 있는 합법적 도박, TV 리얼리티 쇼 등은 공상 및 환상을 바탕으로 한다. 사회 비평가들에 따르면 미국인들은 비만해지고 게을러져 허구한 날 가만히 앉아 성공을 바라면서도 스스로 무엇인가 이뤄 내는 데 필요한 개인적 헌신 등 "정당한 대가"를 치르려 하지 않는다.

물론 그것이 가혹한 평가라고 말할 수 있다. 그러나 미국의 많은 중산층 젊은이들에게 그것은 점점 더 사실이 되어 가고 있다. 그들은 베이비붐 세대 부모들로부터 돈으로 살 수 있는 모든 쾌락과 경험을 어릴 때부터 받아 버릇 없이 자란 세대다. 즉시 만족에 길든 이런 젊은이들은 진정한 아메리칸 드림을 살려 나가는 데 필요한 개인적인 헌신과는 거리가 멀 수밖에 없다. 요즘 미국 중산층 젊은이들에게 신앙, 자제, 근면, 자립, 희생이라는 개념은 잘 어울리지 않는다. 감정 및 정신 상태를 묘사하는 더 정확한 표현이 '권태 ennui'인 미국 젊은이들의 수가 점점 많아지고 있다. 청소년들조차 "거기도 가 봤고 그것도 해봤다."는 말을 곧잘 한다. 이런 청소년들이 성인기에 접어들면 못 가 본 곳도 없고 안 해본 것도 없으며 못 본 것도 없고 못 가진 것도 없어진다. 그들에겐 기대할 것도 바랄 것도 거의 없다. 그들이 꿈꿀 기회를 갖기도 전에 꿈이 이뤄진 것이다. 미국의 이런 젊은이들에게 삶의 가장 어려운 과제는 "동기 유발" 그 자체다. 그러니 술, 마약, 도박에 빠지는 젊은이들이 많아지는 게 당연할 수밖에 없다. 미래가 노력해서 이룰 수 있는 것이 아니라 이미 경험한 것이라면 순간적 쾌락만이 권태를 물리치고 계속 살아갈 수 있는 수단이기 때문이다.

미국 사회를 관찰해 온 일부 학자들에 따르면 아메리칸 드림이 퇴색하고 있는 이유 가운데 하나는 부모들이 자녀에게 모든 것을 허용해 그들의 자만심을 부풀려 놓았고, 그에 따라 젊은이들이 자신에게는 많은 "특성"이 있으며 성공할 권리가 있다고 믿게 되었기 때문이다. 한 학계 인사는 "요즘 학생들은 강의에 출석하는 것만으로 A학점을 얻을 권리가 있다고 믿는다."고 말했다. 나는 최근 젊은 재계 지도자반을 가르친 적이 있다. 학생의 절반은 유럽 출신이고 나머지는 미국인이었다. 유럽 학생들은 비즈니스 미팅에서 미국인이 프리젠테이션을 하면 주제가 별로 흥미롭지 않고 전달 방식이 평범해도 그 자리에 참석한 미국인들이 그 프리젠테이션에 대해 입에 침이 마르도록 칭찬을 하는 게 이해가 가지 않는다고 말했다. 그들은 미국인들이 서로를 너무 칭찬해 주기 때문에 성과 기준이 계속 낮춰져 우수한 업적이 나올 수 없다고 불평했다. 별로 노력을 하지 않아도 아주 잘했다는 칭찬을 늘 듣는다면 더 열심히 할 이유가 어디 있겠는가?

과도하게 자신감을 부추기면 사람들은 자신이 모든 것에 대해 권리를 갖는 것이 마땅하다고 생각한다. 다른 사람들로부터 계속 칭찬을 들으면 모든 좋은 것을 자신이 가질 수 있다고 믿게 된다. 이런 젊은이들에게 아메리칸 드림은 노력으로 쟁취하는 꿈이 아니라 하나의 권리로 간주된다.

즉시 만족에 대한 욕구는 과도한 자신감과 권리 의식과 합쳐져 정서적 혼란을 일으킬 수 있다. 자아 도취형 인간은 대개 살면서 겪게 되는 좌절을 잘 감당하지 못하며 반사회적 행동을 표출하기 쉽다. 그런 사람은 자신이 가질 권리가 있다고 느끼는 것을 얻기 위해 폭력을 사용하기도 한다.

한때 고매한 이상이던 아메리칸 드림이 신세대의 손에서 어둡고 불길한 꿈으로 변질되고 있는 것인가? 1992년에서 2000년까지 8년간에 걸친 캐나다인과 미국인의 인생관 및 가치관 조사는 그 질문에 대한 개략적인 대답을 제시한다. "극도로 긴장하거나 좌절할 때 약간의 폭력이 위안이 될 수 있다고 생각하는가?"라는 질문에 1992년에는 미국인과 캐나다인 각각의 14퍼센트가 '그렇다'고 대답했다.[59] 1996년에는 캐나다인의 경우 그 비율이 10퍼센트로 떨어진 반면 미국인의 경우는 27퍼센트로 치솟았다.[60] 2000년이 되자 캐나다인의 비율이 14퍼센트로 다시 약간 올라갔지만 미국인의 경우는 31퍼센트로 올랐다. 전체 미국인의 약 3분의 1에 해당하는 비율이다.[61]

같은 조사에서 "원하는 것을 얻기 위해 폭력 사용이 용인될 수 있는가?"라는 질문에 대한 응답의 추이는 더욱 불길하다. 1992년에는 캐나다인 9퍼센트와 미국인 10퍼센트만이 그렇다고 대답했다.[62] 그러나 1996년에는 미국인의 경우 그 비율이 18퍼센트로 오른 반면 캐나다인의 경우는 9퍼센트 그대로였다.[63] 2000년이 되자 비율의 격차는 더욱 벌어졌다. 캐나다인의 12퍼센트가 원하는 것을 얻기 위한 폭력 사용이 정당화될 수 있다고 생각했고 그렇게 생각하는 미국인의 비율은 24퍼센트였다.[64] 미국인 네 명 가운데 한 명 꼴로 원하는 것을 얻기 위해 폭력을 사용할 수 있다고 믿는 것이다.

이 조사를 실시한 '인바이로노믹스'의 마이클 애덤스는 "미국인들은 자기 나름으로 생각하는 아메리칸 드림을 이루기 위해 캐나다인들보다 훨씬 많은 것을 기꺼이 걸려고 한다."고 결론지었다. 필요하다면 폭력 행위도 불사할 정도로 그렇다는 얘기다.[65]

미국인들의 공공의식

잠깐! 미국의 현황이 그토록 비관적이란 말인가? 미국인들이 다른 어느 나라 국민들보다 부자가 되는 데 전념하고 있다는 것은 사실이다. 세계 다른 어떤 나라 국민들보다 미국인들이 자기중심적이며 호강에 젖어 있다는 점 역시 부인할 수 없다. 그러나 미국인들 기질의 다른 면인 공공의식은 어떤가? 1831년 프랑스의 석학 알렉시스 드 토크빌은 신천지 미국을 돌아본 뒤 미국인들의 공공의식을 극찬했다. 토크빌은 미국인들의 공공복지 증진을 위한 자발적인 참여 의식에 특히 감명 받았다. 그런 의식은 당시 유럽에서 거의 찾아볼 수 없었다. 그는 이렇게 적었다.

　　미국인들은 연령, 계층, 성향을 불문하고 전부 결사체를 구성한다. 모두가 참여하는 상업적, 산업적 결사체뿐만이 아니라 종교, 도덕, 진지함, 하찮음, 포괄적인 것, 제한적인 것, 대규모, 소규모 등 수천 가지 형태의 결사체가 존재한다. 미국인들은 힘을 합해 축제를 열고, 학교를 세우고 교회를 건설하고 책을 배포하고, 세계 전역에 선교사를 파견한다. 병원, 감옥, 학교 등의 조직이 이러한 식으로 세워졌다. 내 생각으로는 미국의 지적 및 도덕적 결사체보다 더 나은 것은 없다.[66]

　미국인들이 이 세계에서 가장 지독한 개인주의자인 것이 분명하지만 그들은 자신들이 거주하는 공동체를 위해 어느 국민보다도 더 많은 시간을 투자한다. 친목회, 청년 클럽, 지역 및 공공단체, 예술 및 교육 단체, 스포츠 및 오락 단체 등등은 오랫동안 미국인들의 일상생활에서 기본이 되어 왔다. 미국인들은 언제나 공공의식을 가진 자원 봉사자들의 나라라는 긍지를 갖고 있다. 과연 미국인들이 자기중심적인 동시에 공공의식을 가질 수 있을까?
　모순인 듯하지만 미국인들의 공공의식은 개인의 자유라는 뿌리 깊은 믿음을 반영하고 있다. 미국인들은 늘 국가에 너무 많은 권력을 양도하는 데 대해 깊은 우려를 가져 왔다. 그들에게 자유란 개인적으로 부를 축적하고 자립하는 능력을 의미한다. 또 그들은 정부의 역할이 개인의 재산권을 보호하는 것이라고 생각해 왔으며, 정부가 국민 전체의 복지를 도모하고 가난한 사람들에게 부를 재분배해야 한다는 개념을 거부해 왔다.(이 점에 대해서는 제2장에서 자세히 논하기로 한다.) 처음부터 미국인들은 개인의 부 축적을 극대화하고 재산 운용에 대한 개인의 자율권을 보장받기 위해 세금을 적게 내고 지역 사회에 대한 중앙정부의 개입을 최소화하려고 했다. 그에 따라 가난한 사람을 돕는 것은 개인의 선택 문제로 여겨졌다.

미국 존스홉킨스 대학교의 시민사회연구센터 소장으로 비영리 부문과 사회복지 정책 연구의 선도적 역할을 해 온 레스터 샐러몬은 미국의 독특한 시민사회 전통이 개인주의 역사에서 비롯된 것이라고 말했다. 그는 "개인주의 성향이 강한 문화 기질이…… 권력 집중에 대한 깊은 반감을 만들어 냈다."고 지적했다. 그 결과 미국인들은 "사회 및 경제 문제에 대처하는 데 있어서 정부에 과도하게 의존하기를 꺼리게 되었으며, 그런 중대한 문제들을 개인의 자의적 노력으로 해결해야 한다고 생각하게 되었다."는 것이다.[67] 유럽과 달리 미국에서는 대학과 병원의 절반, 사회 서비스 단체의 3분의 2가 공공기관이 아니라 비영리 사회 단체인 이유가 바로 그것이다.[68]

시민의 사회 단체 확산에는 미국의 깊은 종교적 뿌리도 한몫하고 있다. 미국의 비영리 보건, 교육, 사회 서비스 단체 가운데 다수는 종교 단체의 연장으로 세워졌다. 예를 들어 초기 미국인들은 시민들에 대한 의료 서비스를 정부에 의존하기보다는 비영리 단체로 병원을 세웠다. 오늘날에도 비영리 분야 종사자의 46퍼센트는 의료 부문에서 일한다.[69]

미국인들은 대다수 유럽 국가의 경우와 같은 단일 공식 국교 설정을 막기 위해 철저한 정교 분리 원칙을 선택해 다양한 종파가 번성하도록 했다. 미국의 각 종파는 일반 교육과 함께 교리 교육을 제공하기 위해 직접 대학 등의 교육 기관을 설립했다.

미국 비영리 부문의 본질은 종교 공동체다. 유럽과는 판이한 현상이다. 미국의 비영리 부문 종사자의 11퍼센트와 자원봉사자들의 거의 3분의 1이 종교 단체에 소속되어 있다. 반면 서유럽의 경우 비영리 부문 유급 종사자의 3.5퍼센트만이 종교 단체에 소속되어 있고 종교 단체의 자원봉사자도 전체의 11퍼센트밖에 차지하지 않는다.[70]

물론 종교 단체의 자원봉사 활동 가운데 상당 부분은 빈민층에 대한 식사 제공, 노숙자들에 대한 숙소 제공, 빈곤층에 대한 의료 봉사 등 사회 서비스 부문에 치중되어 있다. 그렇지만 자원봉사 시간의 태반은 선교 등 종교 활동에 사용되고 있다.

비영리 단체 지지자들은 사회 서비스를 제공하는 데 있어서 시민 단체가 정부 기관보다 유리한 입장에 있다고 주장한다. 시민 단체는 봉사 대상이 있는 지역사회 내에 같이 존재함으로써 누구보다도 현황을 더 잘 알기 때문에 봉사 의욕이 높다는 것이다. 물론 옳은 이야기이지만 문제는 미국의 비영리 부문 자원봉사가 빈민 구제에 있어서 유럽처럼 정부가 더 적극적인 역할을 할 때 이룰 수 있는 수준에 크게 못 미쳤다는 점이다. 사회 서비스를 제공하려는 미국 시민 단체에 대한 칭찬에도 불구하고 미국 내 비영리 사회 서비스 단체의 유급 고용율은 22개국을 대상으로 한 비교 조사에서 평균치보다 낮다. 조사 대상이 된 22개국에 대한 평균을 내 보면 비영리 부문 유급 직원의 25퍼센트가 사회 서비스 단체 소속인 반면 미국의 경우는 13.5퍼센트에 불과하다.[71]

그렇다고 해서 미국의 시민사회가 미약한 세력이라는 얘기는 아니다. 그러나 미국인들의 공공의식을 유발하는 요인 가운데 많은 부분이 개인주의와 종교에 그 뿌리를 두고 있다. 그와 대조적으로 대다수 유럽 국가의 경우 시민사회는 훨씬 세속적인 목표를 추구하며 "개인의 자선"이라는 기독교 개념보다는 공동체의 복지에 대한 "집단 책임"이라는 사회주의적 개념에 바탕을 두고 있다.

아울러 미국의 비영리 단체 가운데 다수는 전통적으로 비즈니스 부문의 사회 지원 역할을 해 왔다. '키와니스 클럽 Kiwanis Club', '루리탄 Ruritan' 같은 성인 단체와 '주니어 어치브먼트 Junior Achievement' 같은 청소년 단체, 그리고 '4-H'도 엄밀히 구분하자면 비영리 자원봉사 단체이긴 하지만 기본적으로는 재계의 부속 단체다.

몇 년 전부터 미국의 비영리 부문에 대한 자발적인 참여는 꾸준히 줄어들거나 심지어 급감하는 추세마저 보이고 있다. 하버드 대학교의 사회학자 로버트 퍼트넘 교수는 2000년에 펴낸 책 『홀로 볼링하기』에서 미국 시민사회의 쇠퇴를 지적하여 많은 논란을 일으켰다. 그는 미국인들의 자원봉사 참여가 줄어든 이유를 여러 가지로 분석했다. 자원봉사 참여율 감소 가운데 약 10퍼센트는 시간과 돈 때문이라는 것이다.(특히 맞벌이 가정.) 또 10퍼센트는 도시의 비대화와 교외화 현상으로 통근 시간이 늘어나면서 퇴근 후 비영리 단체의 활동에 참여할 시간이 적어진 탓이다. 세 번째 이유는 여가 시간 오락의 개인화, 특히 TV 시청 시간이 늘어난 탓이다. 퍼트넘은 자원봉사 참여율 감소의 25퍼센트 이상이 전자 기기를 활용한 모든 종류의 오락과 관련이 있는 것으로 추정했다. 마지막으로 퍼트넘은 자원봉사 참여율 감소의 절반이 세대 교체 때문이라고 주장했다. 과거와 달리 요즘의 젊은이들은 다른 사람을 위해 시간을 할애하거나 비금전적인 사회 목표를 추구하는 데 별 관심이 없다는 것이다.[72] 퍼트넘의 지적이 옳다면 그것은 미국인들이 심적으로 냉담해지고 있고 시간 및 돈의 압박, 개인의 쾌락 추구 때문에 이웃의 사회복지에 무관심해지고 있다는 점을 시사한다.

물론 퍼트넘을 비롯한 몇몇 학자들이 주장하는 만큼 미국인들의 공공의식이 쇠퇴한 것은 아니라는 사람들도 있다. 그러나 퍼트넘의 주장이 옳다면 아메리칸 드림은 편협한 이기주의로 더욱 깊이 빠져들어 사회복지의 붕괴라는 비참한 결과를 가져올지도 모른다.

그러나 다른 면도 있다. 모든 미국인들이 이기적이고 게으르며 무엇이든 대가를 치르지 않고 얻으려 하고 주위의 다른 사람들에게 무관심한 것은 결코 아니다. 물론 그런 사람들도 있지만 나머지 수백만 명은 열심히 노력함으로써 아메리칸 드림을 이뤄 가고 있고, 개인적 자선 사업과 지역사회에 대한 자원봉사 활동을 통해 불운한 사람들과 부를 나누고 있다. 반면 착실하고 친절한 미국인들 가운데서도 아메리칸 드림을 포기한 사람이 점차 늘고 있다. 그들도 미래를 믿었고, 신앙을 굳건히 지켰으며, 열심히 일했고, 늘 자신의 능력을 향상시켰으며, 자손들의 더 나은 미래를 위해 저축하고 희생했고, 지역사회에 봉사했지만 무엇인가 부족함을 느꼈다. 그들은 아메리칸 드림의 각본을 그대로 따랐지만 결국 실망만 하는 꼴이 되고 말았다. 미국 유권자를 대상으로 한 여론 조사에서 51퍼센트는 아메리칸 드림을 이룰 수 있다고 믿었지만 놀랍게도 미국인 전체의 3분의 1인 34퍼센트는 아메리칸 드림을 이룰 수 있다고 생각하지 않았다.[73] 그런 비관적인 미국인 가운데 다수에게는 복권이 아메리칸 드림을 이룰 수 있는 유일한 기회가 되고 있다.

불행하게도 최근 들어 즉시 만족과 쾌락에 탐닉하고 경시받는 부류가 늘어나는 반면 아메리칸 드림을 정당하게 성취할 수 있다고 믿고 열심히 노력하는 미국인의 수는 줄어들고 있다. 그 결과 아메리칸 드림은 치명적인 타격을 입어 한때 미국인들을 단결시킨 상징적 성공담으로서 가졌던 힘의 대부분을 잃어버리고 말았다.

2 새로운 기회의 땅

나에게 다오, 지치고 가난한 사람들을.
자유롭게 숨쉬기를 갈망하는 무리들을.
부둣가에 몰려든 가엾은 난민들을.
거처도 없이 폭풍에 시달린 이들을 나에게 보내다오.
나는 황금빛 문 옆에 서서 그대들을 위해 횃불을 들어 올리리라.[1]

위의 인용문은 19세기 미국 시인 에마 래저러스가 쓴 시의 일부로 미국에 입국하는 모든 이민자들이 볼 수 있도록 뉴욕 자유의 여신상 좌대에 새겨져 있다.

수백만 명의 낙담한 유럽인들, 그리고 나중에는 세계 여타 지역의 난민들에게 미국은 절망적인 과거를 묻어 두고 새로운 삶을 시작할 수 있는 땅이었다. 바로 위대한 기회의 나라였다. 미국 역사 첫 200여 년의 대부분에 걸쳐 '기회'에 대한 신화와 현실은 아무도 문제 삼지 않았을 정도로 별 차이가 없었다. 새로 이민 온 사람들 모두에게 삶은 매우 고달팠다. 그 신세계에서 정착할 수 있도록 도움을 주는 사회 지원 프로그램도 없었다. 그러나 다른 한편으로는 성공하려고 굳게 결심하고, 모든 일에 열심이며, 미국적 근로 윤리로 훈련된 사람들에게는 자기 세대에서는 아니더라도 적어도 후손들에게는 더 나은 삶을 물려줄 수 있는 가능성이 충분했다.

사회·경제적 신분 상승

1960년대까지는 사회·경제적 신분 상승이 아메리칸 드림의 핵심이었다. 그 뒤 아메리칸 드림은 힘을 잃는 듯하다가 1970년대에서 1990년대까지 다시 추진력을 얻었다. 지금은 미국이 더 이상 사회·경제적 신분 상승의 세계적인 본보기가 아니다. 그렇다고 해서 미국에서 태어난 사람들이나 이민 온 사람들 모두에게 아예 기회가 없다는 의미는 아니다. 그러나 세계의 부러움을 사던 미국의 자유로운 신분 상승은 더 이상 존재하지 않는다.

현 상황에서 정말 기이한 것은 25년도 채 안 되는 기간에 신세계와 구세계의 역할이 뒤바뀌었다는 점이다. 100년 전 수백만 명의 가난한 유럽인들이 자신의 운명을 새로 개척하기 위해 모든 것을 걸고 신대륙으로 몰려들었다. 이들에게는 모든 것이 불확실했지만 희망도 그만큼 컸다. 그들 대부분은 빈자가 아무리 노력해도 부자가 될 수 없는 세습 제도와 사회 계급 체제의 오랜 역사로부터 탈출한 사람들이었다. 그들은 모두가 자신의 지위를 알고 인정해야 하는 구대륙을 떠나 각자가 마음대로 살 수 있고 저마다 자신의 꿈을 추구할 수 있는 신대륙에 도착했다.

그러나 지금은 신분 상승이 둔화되고 있고 많은 사람들이 꿈을 이루기가 점점 어려워진다고 생각하는 곳이 바로 미국이다. 한때 위대했던 꿈이 많은 사람들에게 냉혹한 악몽이 되고 있다는 증거가 많아지고 있다. 그런데도 불구하고 신분 상승에 대한 미국인들의 믿음은 계속되고 있다. 그렇다면 수많은 사람들이 미국의 에덴 동산에서 삶을 다시 시작하기 위해 탈출한 구세계는 어떻게 되었는가? 계급과 신분에 얽매어 있던 그 구세계는 지금 서서히 새로운 기회의 땅으로 탈바꿈하고 있다. 어느 때보다 점점 더 많은 이민자들이 미국 대신 유럽을 택하고 있다. 그들은 유럽의 풍조가 바뀌었으며 삶의 질과 더 나은 삶을 이룰 수 있는 기회가 유럽에서도 적어도 미국만큼은 된다고 느낀다. 바로 이 신분 상승의 최전선에서 옛 아메리칸 드림과 새 유러피언 드림을 구분하는 많은 차이점 가운데 일부가 드러나고 있다. 결국 숫자가 모든 것을 말해 주고 있는 것이다.

신분 상승이 아주 부자와 아주 가난한 사람의 격차가 적은 사회에서 가장 잘 이뤄질 수 있다면 출세를 열망하는 사람들에게 더 유망한 곳은 유럽이 될 것이다. 소득 분배에 대한 데이터베이스로 세계에서 가장 권위 있는 '룩셈부르크 소득 연구소'(LIS)에 따르면 소득 불균형 면에서 미국은 선진국 가운데 24위다. 미국 아래에는 러시아와 멕시코만이 있을 뿐이다.[2] 유럽 선진국 18개국은 전부 빈자와 부자 사이의 소득 격차가 미국보다 적다. 미국의 경우는 전형적인 고소득자가 전형적인 저소득자의 5.6배를 벌어들인다.(세금 및 가족 수에 맞춰 계산한 것이다.)[3] 그와는 대조적으로 북유럽의 경우 고소득자가 저소득자의 3배, 중유럽의 경우 3.18-3.54배다.[4] 유럽에서도 소득 격차가 커지고 있지만 지난 30년간 미국에서 나타난 급격한 격차 확장에 비하면 별것 아니다.(영국은 예외.)[5]

신분 상승을 가장 잘 보여 주는 기준은 임금과 관련 소득이다. 1980년대 근로자들의 임금 총액 상승률 조사에서 미국은 선진국 20개국 가운데 꼴찌였다. 1980년대 10년 동안 미국의 평균 임금은 연 0.3퍼센트씩 하락했다. 1990년대 초 미국의 평균 임금 상승률은 연 0.1퍼센트로 약간 높아졌다. 거의 모든 유럽 국가들의 임금 상승률이 그보다 높았다. 1995-2000년 미국의 평균 임금 상승률은 유럽의 7개국보다는 낮았지만 연 1.6퍼센트로 올랐다. 그러나 2000년 증시 추락으로 그런 미미한 상승률마저 사라졌다.[6]

2003년 하반기의 급속한 경제 회복 기간 동안에도 미국 노동통계국(BLS)에 따르면 비관리직의 평균 시간급(時間給)은 겨우 3퍼센트 올랐다. 그 정도면 겨우 인플레이션을 만회하는 정도다. 그것은 미국이 40여 년 만에 기록한 최하의 임금 상승률이었다.[7] 더구나 구조 조정으로 사라지는 일자리의 평균 시간급은 약 17달러인 반면 새로 생겨나는 일자리의 평균 시간급은 14.5달러다.[8] 게다가 기업의 수익은 국가 전체 소득에 대한 비율로 볼 때 1960년대 이래 최고치에 도달했다.[9]

신분 상승의 조짐을 찾기에 가장 좋은 분야 가운데 하나가 제조 부문이다. 비숙련직, 준숙련직, 숙련직은 소득 사다리를 올라가는 데 있어서 출발점이 된다. 1979년 미국의 제조직 임금은 세계 어느 선진국에서보다 많았다. 그러나 2000년이 되자 미국을 제친 유럽 국가가 5개국이나 되었고 나머지 대다수의 유럽 국가들도 격차를 크게 줄인 것으로 나타났다.[10]

고소득자(노동 인구 전체 임금의 90퍼센트 이상을 버는 사람들)와 저소득자(노동 인구 전체 임금의 10퍼센트 정도를 버는 사람들) 사이의 임금 불균형에 있어서는 현재 미국이 톱 18개국 가운데서 1위다. 미국 경제정책연구소(EPI)의 로렌스 미셀, 제어리드 번스타인, 히서 부시는 이 모든 수치를 종합한 결과 "소득 수준 상승률이 미국의 경우 다른 경제협력개발기구(OECD) 국가들보다 낮은 것 같다."고 결론지었다.[11]

결국 미국은 소수의 고소득자들에게는 기회의 땅이고 많은 다른 사람들에게는 불행의 땅인 듯하다. 빈곤층은 데이터가 나와 있는 유럽 16개국보다 미국에 더 많다. 현재 미국인의 17퍼센트가 빈곤층이다.(여섯 명에 한 명 꼴.) 그에 비해 핀란드는 5.1퍼센트, 스웨덴은 6.6퍼센트, 독일은 7.5퍼센트, 프랑스는 8퍼센트, 네덜란드는 8.1퍼센트, 벨기에는 8.2퍼센트, 스페인은 10.1퍼센트, 아일랜드는 11.1퍼센트, 이탈리아는 14.2퍼센트가 빈곤층이다.[12]

"가라앉지 않으려면 헤엄을 쳐라"

어떻게 기회의 땅인 미국이 소득 불균형과 빈곤 측면에서 선진국 가운데서 꼴찌일 뿐 아니라 유럽 국가들보다 한참 아래로 전락하게 되었을까? 그에 대한 답은 부자가 되는 사람이 있는가 하면 어떤 사람은 가난에서 벗어나지 못하는 이유에 대한 미국인들의 인식에서 찾을 수 있을지 모른다. 대다수 미국인들은 비즈니스와 상업 활동에 대해 '자유방임주의laissez-faire' 태도를 취한다. 교육받을 기회를 주고, 자유 시장이 지배할 수 있는 여건을 마련하고, 거기에 정부가 지나치게 간섭하지 못하도록 한다면 의욕 있고 재능 있는 사람은 자력으로 성공할 수 있다고 생각하는 것이다. 의욕이 없거나 능력이 부족한 사람들은 성공할 수 없지만 그것이 세상의 이치다. 미국은 언제나 '기회 균등'의 나라였지 '결과 균등'의 나라가 아니었다. 미국의 격언처럼 "가라앉지 않으려면 헤엄을 쳐야 한다."(Sink or swim)는 것이다.

미국인들은 자신의 운명에 대한 책임은 결국 자신에게 있다고 믿는다. 그 개념은 개척 정신의 핵심으로 미국의 국가적 의식에 확고히 뿌리 박고 있다. 즉각적 성공과 명성을 추구함으로써 진정한 아메리칸 드림을 엉터리 꿈으로 변질시킨 미국인들조차 자신의 운명은 자신이 결정한다고 믿는다. 미국이 이 세계에서 가장 좋은 기회의 땅이라는 대다수 미국인들의 확신은 아무리 그에 반하는 세계적인 통계 수치가 나오더라도 결코 흔들리지 않을 것이다.

'퓨 리서치 센터'는 세계관 조사를 위해 미국과 유럽 등 여러 나라 사람들에게 어떤 사람들은 부자고 어떤 사람들은 가난한 이유를 물었다. 그 결과는 많은 점을 시사한다. 미국인의 3분의 2는 "성공이 자신의 통제력 밖에 있지 않다."고 믿었다. 독일인의 경우 68퍼센트는 그 반대라고 응답했다. 영국, 체코, 슬로바키아를 제외한 나머지 모든 유럽 국가의 대다수 국민들은 "개인의 통제력 밖에 있는 힘이 성공 여부를 결정한다."고 믿었다.[13] 미국인들의 경우는 성공하지 못하는 사람은 사회가 아니라 자신의 결점 때문에 실패한다고 믿는 비율이 6대 1 이상으로 높았다.[14] 다른 여론 조사도 퓨 리서치 센터의 조사를 뒷받침한다. 사람들이 부자가 되는 이유를 묻는 설문에서 미국인의 64퍼센트는 개인적인 욕구, 위험 감수 의지, 근면, 자발성 때문이라고 대답했다.[15] 사람들이 실패하는 이유에 대해서는 64퍼센트가 절약정신 결여, 53퍼센트가 노력 결여, 또 53퍼센트가 능력 결여라고 응답했다.[16] 월드 밸류스 서베이에서도 71퍼센트의 미국인들은 "빈자들에게 가난에서 벗어날 기회가 있다."고 믿는 것으로 나타났다. 유럽인들의 경우 그렇게 믿는 사람의 비율은 40퍼센트에 불과했다.[17] 선진국 가운데서 인구 대비 빈곤층 비율이 가장 높은 미국의 국민들이 그렇게 믿는다는 게 이상할 따름이다.

믿음과 현실 사이에 왜 이토록 큰 괴리가 있는 것일까? 그것 역시 아메리칸 드림의 핵심 개념, 다시 말해 간섭하지 않고 내버려둔다면, 특히 정부의 간섭이 지나치지 않는다면, 누구나 자기의 꿈을 추구하고 이룰 수 있다는 강인한 개척 정신에서 그 이유를 찾을 수 있다. "정부의 간섭 없이 개인 목표를 추구할 자유를 갖는 것이 더 중요하다."고 응답한 미국인이 58퍼센트나 되는 반면 "정부가 모든 국민들의 복리를 보장하는 것이 더 중요하다."고 말한 미국인이 34퍼센트에 불과한 것도 바로 그 때문이다.[18]

불평등과 빈곤에 대한 미국인들의 태도를 이해하는 데 있어서 미국의 개척 신화가 중요한 역할을 하는 것은 분명하다. 그러나 이 문제에는 좋지 않은 면도 있다. 이런 조사 결과에서 인종 차별주의가 전적으로 배제될 수 없을지 모른다는 것이다. 실제로 그렇게 보는 사회 비평가들이 점점 늘고 있다. 조금 더 깊이 파 들어가면 빈곤을 흑인 사회와 연관시키는 미국인들이 많다는 것을 알 수 있다. 인원 수만으로 따지자면 빈곤선 아래에 있는 백인이 흑인보다 많다. 그러나 인종별 백분율로 따져 보면 빈곤선 아래에 있는 흑인의 비율이 백인보다 훨씬 높다. 2002년 미국 인구 조사에 따르면 백인의 8퍼센트와 흑인의 24.1퍼센트(2001년에는 22.7퍼센트)가 빈곤선 아래에 있다.[19]

미국에 첫 노예들이 도착한 지 300년이 지난 지금 인종 문제는 아직도 미국인들의 심리를 지배하고 있다. 미국을 방문하는 사람들은 누구든 인종 간의 긴장을 피부로 느낄 수 있다. 미국 전체에 그런 긴장이 스며들어 있기 때문이다. 속마음을 있는 그대로 털어놓는다면 흑인들이란 잘해 봤자 게으르고 최악의 경우 주어진 환경을 뛰어넘을 능력이 원래 없다고 생각하는 백인들이 적지 않다.

일부 학자들에 따르면 가난이란 개인의 잘못이 아니라 사회적 요인 때문에 찾아온다고 믿는 경향이 유럽에서 강한 이유는 최근까지 유럽의 빈자들이 인종적으로 소수가 아니라 백인들이었고, 따라서 국민 대다수가 그들과 자신을 동일시하고 "동포에게 닥친 불운이 내게도 닥칠 수 있다."고 믿으며 그들의 곤경을 공감할 수 있었기 때문이었다. 미국의 경우 다수 인종인 백인이 200년 이상 노예를 부려왔다는 과거를 아직 완전히 청산하지 못하고 있기 때문에 인종이

'우리'와 '그들'을 구분하는 분계선으로 작용하고 있다. 빈곤층에 속하는 사람이 우려할 정도로 많다는 사실도 그들이 인종적으로, 심지어 생물학적으로 우리와 같은 부류가 아니라고 인식되면 무시하기가 쉽다. 미국의 백인들은 많은 흑인들이 처한 궁핍한 상황이 어쩌면 미국적인 생활방식 때문일지 모른다고 인정하지 않는다. 그러나 미국의 흑인 대다수가 가난한 집안에서 태어나 비참한 상황을 벗어날 수 있는 기회가 거의 없는 도심의 황량한 빈민가에서 성장하고 있다는 것이 엄연한 현실이다. 그 결과 미국의 흑인 남성 20-34세 연령층의 12퍼센트가 현재 교도소에 있다.[20] 그런데도 대다수 미국인들은 그들의 곤경을 계속 외면하면서, 미국이 기회로 가득 찬 나라라는 잘못된 믿음을 고치려 하지 않는다.

'기회 균등'에 관해 미국인들과 유럽인들의 시각 차이가 그토록 크다는 점을 감안하면 미국과 유럽이 소득 격차와 빈곤 문제를 해결하기 위해 취하는 조치가 판이한 이유도 쉽게 이해할 수 있을 것이다. 미국인들은 빈곤에서 벗어나는 데 있어서 개인의 노력을 권장하는 반면 그런 일에 세금을 사용하는 것을 달가워하지 않는다. 능력이 뛰어나고 노력을 많이 해서 부자가 되고, 게으르고 능력이 없어서 가난하게 된다고 믿기 때문에 정부의 역할은 개인의 빈곤 탈피에 별 영향을 주지 않는다고 생각하는 것이다. 게다가 세금으로 빈민들을 구제한다면 열심히 일해서 부자가 된 사람들이 게으르고 능력이 없는 사람들을 도와주기 위해 힘들여 번 소득의 일부를 희생해야 한다는 '잘못된' 메시지를 전달할 수 있다. 부의 재분배는 아메리칸 드림의 기본 정신을 해치며, 미국적인 성공담의 핵심에 있는 개척정신을 조롱하는 꼴이라고 말하는 사람들도 있다. 많은 미국인들은 사회가 생산하는 부를 분배하는 가장 공평한 수단이 시장이라고 굳게 믿고 있다.

반면 유럽인들은 유산 계승의 오랜 전통을 갖고 있는 관계로 사회를 계급 구조로 파악하는 데 더 익숙해져 있다. 몇몇 EU 국가들에는 아직도 왕과 왕비가 있지 않은가? 또 그들은 부의 불균형을 시정하는 데 있어서 정부의 개입을 훨씬 선호하는 입장이다. 영국에서는 덜한 편이지만 유럽 대륙에서는 시장이 미국에서만큼 대단한 권위를 갖지 못한다. 유럽인들은 시장을 자율적으로 내버려두면 불공정함이 발생하기 때문에 제재를 가해야 한다고 믿는다. 정부가 빈민들에게 보조금을 제공하는 등 부를 재분배하는 것은 시장 자본주의의 횡포에 대한 적절한 교정 수단으로 간주된다. 시장과 정부의 세력 균형을 잡는 복합 시스템인 사회민주주의 건설이라는 아이디어가 2차 대전 이래 유럽에서 번성한 것도 바로 그 때문이다.

OECD에 따르면 미국이 국내총생산(GDP)의 11퍼센트만을 사회 보조금 등에 의한 소득 재분배에 사용하는 반면, 유럽 국가들은 GDP의 26퍼센트 이상을 사회복지에 할애한다.[21] 미국은 형편이 어려운 근로자들을 돕는 데 있어서 특히 인색하다. 1990년대 미국의 합법적 최저 임금은 평균 임금의 39퍼센트에 불과했다. 반면 EU의 경우 같은 기간의 최저 임금은 평균 임금의 53퍼센트였다.[22] 실업 수당도 미국이 EU보다 낮다.

부의 불균형을 해소하고 삶의 질을 높이는 데 있어서 미국과 유럽의 접근 방식이 확연히 차이를 보이는 부분은 가족과 관련된 복지 혜택이다. 여성 또는 남성의 출산 및 육아 휴가를 의무로 규정하지 않는 선진국 세 나라 가운데 하나가 미국이다. 더구나 대다수의 미국인들은 출산이나 질병 등 가정 상황에 따른 '무급' 휴가조차 받지 못한다. 유럽에서는 유급 출산 휴가를 3개월 반에서 6개월까지 받을 수 있다. 스웨덴에서는 어머니들이 64주의 출산 및 양육 휴가를 갈 수 있고 그동안 급여의 63퍼센트를 지급 받는다. 독일, 프랑스, 오스트리아, 덴마크, 네덜란드, 노르웨이, 포르투갈, 스페인의 여성 근로자들은 출산 휴가를 가면 적어도 3개월 동안 자기 급여의 100퍼센트를 받을 수 있다.[23] 미국의 근로자들이 이런 유럽의 이야기를 듣는다면 놀라지 않을 수 없을 것이다.

미국의 경제학자들과 공직자들은 유럽 지도자들이 그런 관대한 복지 프로그램을 시행하는 데 대해 계속 불만을 표해 왔다. 사회복지를 위해 세금을 인상하면 새로운 시장에 투자가 줄어들고, 기업에 대한 인센티브가 사라지며, 근로자들과 그 가족들의 근로 의식이 해이해지고, 생산성이 낮은 데 대해 보상을 해 주며, 인건비가 너무 비싸지고, 정부에 대한 의존도를 높여 국민들의 자립 의욕을 꺾는다는 논리다. 그들은 미국에도 많은 단점이 있지만 그럼에도 불구하고 경제가 활기를 띠며, 근로자들의 생산성이 높고, 실업률도 낮다고 주장한다. 따라서 유럽이 미국 경제를 모델로 삼아야지 미국이 유럽 경제를 모델로 삼는 것은 어불성설이라는 것이다. 과연 그들의 말이 얼마나 옳은 것일까?

생산성

경제학자들이 미국의 성공과 EU 경제에 대한 미국의 우월성을 설명하는 데 가장 자주 사용하는 기준이 생산성이다. '생산성'이란 노동 시간당 생산되는 상품과 용역의 양을 말한다. 1820년에서 2차 대전이 끝난 1945년 사이에 미국의 노동 시간당 생산량은 실제로 유럽뿐만 아니라 세계 어떤 나라에서보다 훨씬 빨리 증가했다. 그 결과 미국 경제는 세계 최강으로 부상했다. 이 점에서 보면 미국의 성공 이유 가운데 대부분은 기꺼이 리스크를 감수하려는 태도, 기업가의 통찰력, 혁신 정신, 뛰어난 기술, 간섭받지 않는 자본주의 시장의 미덕에 대한 확고한 믿음 등이라고 말할 수 있다. 물론 그런 장점들은 미국의 성공에 매우 중요한 역할을 했다. 그러나 미국에는 유럽보다 유리한 다른 점도 분명히 있었다. 그것은 무엇보다도 지리적 조건과 관련이 있었다.

우선 미국 대륙의 거대함 자체가 세계 최대의 내부 단일 시장을 형성할 수 있는 기본이 되었다. 또 단일 언어를 사용함으로써 상거래가 쉽게 이뤄질 수 있었다. 많은 이민자들이 미국에 계속 몰려들었지만(특히 1890년 후) 노동력이 늘 부족했기 때문에 임금이 유럽보다 높을 수밖에 없었다. 인건비가 비쌌기 때문에 노동 절약 기술이 발달하게 되었고 노동 시간당 생산 비용을 줄이는 방법을 연구하게 되었다. 대륙 전체를 거미줄처럼 연결하는 철도 시스템과 전화선 설치로 상거래는 더욱 활기를 띠었다.

그와 마찬가지로 미국 경제의 성장과 생산성 향상에 중요하게 작용한 것은 북아메리카 대륙에 존재한 풍부한 천연자원이었다. 광대한 산림은 주택과 공장을 짓고 도시를 건설하는 데 필요한 목재를 싸게 공급해 주었다. 미네소타 주 북부의 메사비 산맥에서 생산된 방대한 철광석은 세계에서 가장 저렴한 비용으로 강철을 생산할 수 있게 해 주었다. 인디애나 주에서 캘리포니아 주까지 펼쳐진 비옥한 땅은 세계에서 가장 저렴한 농산물을 공급해 주었다. 게다가 미국 남서부에서 발견된 거대한 유전은 미국을 20세기 초 논란의 여지가 없는 경제 대국으로 만들어 주었다. 마지막으로 유럽은 끊임없이 전쟁에 시달렸지만 대서양과 태평양이라는 거대한 대양 때문에 상대적으로 고립된 미국은 끔찍한 전화를 겪지 않았다. 또 미국은 높은 관세를 유지함으로써 내부 시장의 발전을 도모했다.

이런 지리적, 자연적 이점에도 불구하고 유럽에 대한 미국의 생산성 우위는 2차 대전 후부터 점차 줄어들기 시작했다. 1945년 2차 대전이 끝났을 때 유럽은 반세기에 걸친 두 차례의 세계대전으로 폐허가 된 상태였다. 유럽은 마셜 플랜이라는 미국의 재정 원조로 붕괴된 경제를 재건하기 시작했다.

여기서 놀라운 것은 유럽이 그토록 빨리 미국을 따라잡았다는 사실이다. 1960년 미국 경제의 생산성은 프랑스와 영국의 거의 두 배였다. 그러나 2002년이 되자 유럽은 미국과의 생산성 차이를 거의 없앴다. 노동 시간당 생산성이 미국의 97퍼센트에 이른 것이다.[24]

유럽의 생산성 성장률은 2차 대전 후 반세기 동안 미국을 앞질렀다. 1950-1973년 유럽의 생산성이 4.44퍼센트 증가한 반면 미국의 생산성은 2.68퍼센트 올랐다. 1973-2000년 유럽의 생산성은 2.4퍼센트 올랐지만 미국은 1.37퍼센트 증가에 그쳤다.[25] 1990-1995년 EU 12개국의 생산성 성장률은 미국보다 높았다. 1990년대 하반기 미국의 생산성이 유럽보다 약간 더 빨리 성장했지만(미국의 성장률이 1.9퍼센트였고 유럽의 성장률이 1.3퍼센트) EU 7개국의 생산성 성장률은 미국보다 높았다. 2002년이 되자 미국의 생산성이 크게 올랐지만 유럽 6개국의 성장률은 미국보다 높았다.[26]

오랫동안 미국인들은 자신들이 세계에서 가장 생산성이 높은 국민이라고 믿어 왔다. 1990년대 초 일본인들의 생산성이 미국을 따라잡을지 모른다는 보도가 나왔을 때 미국인들은 적잖이 당황했다. 결국 일본의 성장세는 단기적인 것으로 끝나 미국인들이 안도할 수 있었다. 그러나 적어도 일부 유럽 국가가 미국의 기업과 근로자들보다 생산성이 더 높아질 수 있다는 것은 미국인들로서는 도저히 용납할 수 없다. 그런데도 2002년 노르웨이의 평균 근로자가 시간당 45.55달러어치를 생산한 데 비해 미국의 평균 근로자는 시간당 38.83달러어치를 생산했다. 벨기에, 아일랜드, 네덜란드도 시간당 생산량이 미국보다 많았다. 사실 이들은 작은 나라들이다. 그렇다면 주요 국가들은 어떨까? 독일은 2002년 근로자들이 시간당 39.39달러어치를 생산함으로써 노동 시간당 생산성이 미국보다 높았다. 더욱 충격적인 것은 프랑스 근로자들이 시간당 41.85달러어치를 생산했다는 사실이다. 미국보다 3.02달러어치가 많아 생산성이 7퍼센트나 더 높았다. 프랑스는 2002년 말 기준 시간당 생산성에서 노르웨이와 벨기에 다음으로 세계 3위를 차지했다. 덴마크, 오스트리아, 이탈리아, 스위스, 핀란드도 생산성 경쟁에서 미국과 막상막하의 접전을 벌였다. (한편 일본은 한참 떨어진 17위였다.)[27]

미국인들은 프랑스 업계라고 하면 무조건 계급 의식이 강하고 관료주의적이라고 생각하며 프랑스 근로자들을 나태하고 천하태평인 사람들로 간주하기 때문에 구체적인 통계 수치를 증거로 갖다 대도 그럴 리가 없다며 고개를 젓는다. 그럴 경우 프랑스를 비롯한 유럽 6개국의 생산성이 실제로 미국보다 높다면 미국 업계와 미국 근로자들은 과연 어떠하다고 말할 수 있겠는가?

물론 2002년 이후 미국의 생산성은 크게 올랐다. 미국이 이처럼 50여 년 만에 가장 높은 생산성 상승률을 기록하자 앞으로 유럽의 생산성 상승률이 미국을 따라갈 수 있을지 의문이 제기되기도 했다. 그러나 아직도 많은 부문의 생산성에서 유럽은 미국에 견주어 유리하거나 훨씬 앞서고 있다.[28]

지금까지 생산성 향상은 늘 기초 과학 연구에 대한 투자에서 시작되었다. 이 점을 잘 아는 미국은 오랫동안 꾸준히 순수 과학 연구에 투자해 왔다. 그러나 최근 들어 유럽 과학자들이 여러 분야에서 미국 과학자들을 능가하기 시작했다. 특히 유럽은 소립자 물리학 분야에서 미국에 앞서고 있으며, 현재 세계 최대 규모의 원자 분쇄기까지 건설하고 있다. 아울러 대다수 미국인들에게는 놀라운 일이겠지

만 유럽은 이미 1990년대 중반에 과학 논문 발간량에서 미국을 따돌리고 세계 최고로 부상했다.[29]

유럽 기업들은 특히 소프트웨어와 통신 기술 부문에서 경쟁력이 높다. 유럽은 무선 기술에서 선두에 나섰고, 그 기술의 채택과 시장 침투 면에서 미국을 계속 앞서고 있다. 기업 분석가들은 무선 기술이 점차 통합되면서 향후 10년간 유럽의 생산성이 높아져 전체적으로 미국에 대한 비교우위를 유지할 수 있을 것으로 내다본다.

또 유럽 기업들은 차세대의 기술 혁명으로 알려진 "그리드 컴퓨팅"에서 미국보다 앞서고 있기 때문에 생산성의 질적 도약을 이룰 가능성마저 보인다. 그렇게 되면 미국은 10년 후에는 유럽에 한참 뒤질지 모른다.

그리드 컴퓨팅이란 개별 컴퓨터를 그리드로 연결해 각 컴퓨터에서 사용되지 않고 있는 정보 처리 능력을 한데 모아 고도로 복잡한 컴퓨팅 업무를 처리할 수 있도록 하는 서비스를 말한다. 과학자들은 머잖아 수백만 대의 컴퓨터가 지역, 국가, 세계적 그리드로 연결되어 "컴퓨팅 능력의 세계적인 원천"이 만들어질 것으로 내다본다.[30] 그리드 전문가 이언 포스터와 칼 케설먼은 "그리드는 컴퓨팅에 대한 우리의 생각과 활용도를 근본적으로 바꾸게 될 차세대 인프라"라고 말했다.[31] 이 분야의 연구자들은 "마우스 한 번 클릭함으로써 수퍼컴퓨터의 10만 배 능력을 가진 컴퓨터를 사용할 수 있는 시대가 열리면 지금의 데스크톱 컴퓨터가 어떻게 보일지 상상해 보라."고 말한다.[32]

스위스 제약회사 노바티스는 의약품 개발을 위해 새로운 수퍼컴퓨터가 필요하자 많은 돈을 들여 새 컴퓨터를 구입하지 않고 미국 회사 유나이티드 디바이시스가 개발한 소프트웨어를 사용해 2,700대의 데스크톱 PC를 한데 연결함으로써 수퍼컴퓨터 한 대와 같은 컴퓨팅 능력을 얻었다. 노바티스는 이 그리드를 이용해 새로운 화학물질을 이미 많이 발견했으며 보유한 PC 7만 대를 전부 연결함으로써 그리드 능력을 어마어마한 규모로 확장할 계획이다.[33]

유럽의 과학자들과 업계 관측통들에 따르면 유럽은 그리드 기술 도입에서 미국보다 18개월 앞서 있다. 또 EU는 2004년 두 가지 대형 그리드 프로젝트를 개시했다. 하나는 'EGEE'(Enabling Grid for E-Science in Europe)로 세계 최대의 국제 그리드 인프라가 될 전망이다. 이 그리드는 유럽 전역의 일흔 개 기관에서 운영되며 현재 가장 강력한 PC 2만 대의 컴퓨팅 능력을 합한 것과 맞먹는다. 두 번째 프로젝트는 프랑스 국립과학연구소(CNRS)가 주관하는 것으로 유럽에 있는 일곱 대의 수퍼컴퓨터를 초고속 광케이블 네트워크로 연결하는 것이다. EU 집행위원회의 연구 인프라 국장 마리오 캄포라르고는 "프로젝트의 목표는 그리드 인프라 구축에 있어서 유럽을 세계에서 가장 역동적이고 창의적인 곳으로 만드는 것"이라고 말했다.[34]

EU는 그리드 기술 분야를 선점함으로써 유럽 기업들이 얻을 수 있는 생산성 향상이 지대하다는 것을 인식하고 이 혁명의 선두에 서기로 결심했다. EU는 이미 5-10개년 전략 계획을 세웠으며, 그리드 인프라를 업그레이드하기 위해 2002-2006년 4억 2800만 달러 이상을 지출할 예정이다.[35] EU는 통합 운용 표준을 확립하고 경쟁을 조정하며 공공기관과 민영업체의 파트너십을 구축할 수 있는 능력을 갖추었기 때문에 미국에 앞설 수 있는 유리한 입지를 확보한 셈이다. 반면 미국의 경우 '독자적 전략'으로 나가기 때문에 여러 가지 경쟁적인 표준이 난립하고, 신기술을 계획성 없이 개발하며, 그로 인해 시장 잉여 현상이 나타나는 경우가 많다. 무선 기술 혁명에서 바로 그런 현상이 나타났으며, 이제는 그리드 기술에서도 같은 현상이 벌어질 전망이다.

유럽 기업들은 신기술 개발을 위한 공공-민간 합작, 그리고 점점 정착되어 가는 내부 시장 운용을 바탕으로 생산성이 새로운 차원으로 도약하면 미국에 대한 EU의 경쟁력을 유지할 수 있으리라 기대한다.

일하기 위해 사느냐 살기 위해 일하느냐

유럽 전체의 생산성이 미국 수준의 92-97퍼센트(수치를 어떻게 조정하느냐에 따라 다르다.)에 해당하지만 EU의 개인당 소득은 미국의 72퍼센트에 불과하다. 이런 차이를 어떻게 설명할 것인가? 일부는 유럽의 낮은 고용 참여율(전체 인구에 비해 고용율이 낮다.)과 은퇴 연령 차이, 실업률과 관련이 있다. 그러나 그 차이의 75퍼센트는 EU의 근로 시간이 미국보다 적다는 데서 비롯된다.[36]

프랑스를 비롯해 거의 모든 EU 회원국의 경우 근로자들은 근로 시간을 늘여 임금을 많이 받는 것보다 여가 시간을 많이 갖는 쪽을 택하고 있다. 프랑스 정부는 1999년부터 주 35시간 근무제를 시행하고 있다.

프랑스의 이런 실험은 특히 흥미롭다. 그것은 생산성 향상과 근로자들의 삶의 질을 높이기 위해서는 근로 시간이 많아야 한다는 미국적 논리에 배치되기 때문이다. 이미 언급했듯이 2002년 프랑스의 생산성은 미국보다 높았다. 그런데도 프랑스 근로자들은 미국인들보다 더 많은 여가 시간을 누렸다.

프랑스가 주 35시간 근무제를 택한 이유는 부분적으로는 더 많은 일자리를 만들기 위해서였다. 그 논리에 따르면 근로자의 근무 시간이 줄어들면 더 많은 사람들이 고용될 수 있고, 그에 따라 실업률이 줄어든다. 프랑스는 임금에서 손해가 발생하지 않도록 하기 위해 과거의 주 39시간 근무제의 임금 수준을 그대로 유지하도록 법으로 정했다. 대신 정부는 기업체들이 주 35시간 근무제를 시행하더라도 수익에 손실이 없도록 기업체의 사회보장 분담금을 줄여 주고 있다.[37] 아울러 정부는 신규 채용하는 저임금 근로자들의 복지 수당(퇴직 수당, 의료비, 근로 수당, 실업 보험금)을 보조해 주기로 함으로써 기업들이 신규 고용을 창출하도록 인센티브를 주고 있다.[38] 프랑스 정부의 기업 보조금은 연간 약 106억 달러에 이른다.[39] 이 보조금의 많은 부분은 담배와 술 등에 대한 일종의 "죄악 세 sin taxes"에서 나온다. 보조금의 나머지 부분은 고용되는 근로자가 많아짐으로써 상쇄될 수 있기를 프랑스 정부는 기대한다. 일자리를 갖는 사람이 늘어난다는 것은 정부의 보조를 받는 실업자가 줄어든다는 것을 의미하기 때문이다. 새로 고용되는 사람들이 임금을 받아 시장에서 그 돈을 쓰고 세금을 내면 이 모든 것이 프랑스 경제 전체를 튼튼하게 만든다는 것이다. 주 35시간 근무제로 인해 지금까지 28만 5000개 이상의 일자리가 생겨났다.[40]

프랑스 기업들은 처음에는 회의적이었지만 곧 주 35시간 근무제를 수용했다. 그들은 생기 있고 의욕 있는 근로자가 하루 7시간 동안 생산하는 양이 지치고 의욕 없는 근로자가 하루 8시간 동안 생산하는 양과 맞먹는다는 것을 깨달았기 때문이다. 게다가 부수적인 혜택도 있다. 주 35시간 근무법으로 고용주들은 근무 시간 배정에서 더 많은 융통성을 확보하게 된 것이다. 이제 그들은 주말 근무, 밤 근무, 공휴일 근무도 시행할 수 있을 뿐 아니라 직원들에게 생산 일정에 맞춰 휴가를 분산해서 가도록 요구할 수 있게 되었다.[41] 또 주 35시간 근무법은 노사 양쪽에 다른 융통성도 확보해 주고 있다. 예를 들어 주 35시간은 주 단위로 계산될 수도 있고, 월 단위나 연 단위로 합산해서 계산될 수도 있다. 경영진은 근무 시간에 제한을 받지 않을 수 있다. 또 새 법에 따르면 초과 근무 수당은 시간당 정규 근무 임금의 10퍼센트 이상이 되어야 한다. 더구나 단체협상 합의가 없는 경우 직원들은 연간 180시간 이상의 초과 근무를 할 수 없다. 180시간을 초과하는 추가 근무에는 시간당 20퍼센트를 더 지급해야 한다.[42] 2001년 프랑스 기업체 임원들을 대상으로 한 조사에서 응답자의 60퍼센트는 새 법으로 인해 근무 일정이 더욱 탄력적으로 운용될 수 있고 직원들 간에 사기 진작에 도움을 주는 대화가 이뤄짐으로써 생산성 향상에 도움이 되었다고 말했다.[43]

프랑스 근로자들이 더 많은 여가 시간을 가지면서 카페, 영화관, 스포츠 경기 등에서 소비자 지출도 늘고 있다. 여론 조사 결과 대다수의 프랑스인들이 주 35시간 근무제에 만족하고 있는 것으로 나타났다. 목요일 저녁부터 쉬기 시작해 화요일에 출근하는 근로자들도 적지 않다. 직장을 가진 어머니들은 대다수의 프랑스 학교가 쉬는 수요일에 출근하지 않고 집에서 자녀를 돌볼 수도 있다.[44]

지난 2년간 미국을 비롯한 세계 거의 모든 국가에서 "고용 없는 경기 회복" 현상이 일어나면서 프랑스의 고용 전망도 기세가 꺾였지만 프랑스가 주 35시간 근무제를 채택하지 않았다면 실업률은 지금보다 분명히 높았을 것이다.

다른 여러 유럽 국가들에서도 주 근무 시간이 이미 평균 39시간 이하로 적어졌고 대다수는 프랑스처럼 주 35시간 근무제로 점차 나아가고 있다. 한편 유럽 전체의 평균 휴가 기간은 연 6주이며 대다수의 유럽 국가에서 연방법으로 휴가를 의무화하고 있다.[45] 미국에서는 고용주가 직원에게 휴가를 제공하는 것이 법적 의무가 아니다. 그러나 대다수 선진국에서는 연간 2주의 휴가가 표준이다.

2000년 OECD 통계에 따르면 프랑스 근로자들은 연간 약 1,562시간을 일했다. 그와는 대조적으로 미국 근로자들은 연간 약 1,877시간을 일해 주요 선진국 가운데서 근로 시간이 가장 많았다. 연간 평균으로 볼 때 현재 미국 근로자는 독일 근로자보다 10주, 영국 근로자보다 4.5주를 더 일한다.[46] 긴 근무 시간으로 유명한 일본의 경우도 연간 근무 시간이 1,840시간으로 미국 근로자보다 37시간을 더 적게 일한다.[47]

유럽은 짧은 근무 시간제를 도입하는 데서만이 아니라 근로자들에게 직장과 가정 생활을 둘 다 무리 없이 잘할 수 있도록 더 많은 융통성을 주는 인적 자원 관리의 혁신에서도 미국보다 훨씬 앞서 있다. 예를 들어 벨기에는 2002년 1월 '타임 크레딧 time credits'이라는 새로운 법을 도입했다. 그 법은 과거의 '휴직제'(career breaks: 자녀 양육 등을 위해 장기 휴직을 허용한 법)를 개선한 것으로 직장과 가정 생활 사이의 균형을 잡는 데 더 많은 융통성을 부여한다.[48]

타임 크레딧 제도 아래에서는 근로자가 고용 계약을 유지하고 복지 수당도 받으면서 최대 1년간 휴직을 하거나 그 기간 동안 하루 절반씩만 일할 수 있다. 근로자가 일반 휴직을 하려면 고용주에게 3개월 전에 통보를 해야 하지만 휴직 이유를 밝힐 필요는 없다. 타임 크레딧은 회사와의 합의에 의해 5년까지 연장될 수 있다. 5년 미만을 일한 근로자들은 휴직 기간 동안 정부로부터 월 379유로의 수당을 받는다. 5년이 넘으면 505유로로 수당이 올라간다.[49] 근로자들은 가족이나 질병에 걸린 친척을 돌보거나 자녀를 양육하기 위해 '테마 휴직'을 신청할 수도 있다. 이런 휴직은 목적에 따라 정부에서 지급되는 수당과 허용되는 기간이 각각 다르다. 또 근로자들은 근무 시간을 20퍼센트 줄이는 제도(주로 주 4일 근무제)를 채택할 수도 있다. 50세 이상의 근로자들은 근무 시간을 기간 제한 없이 5분의 1에서 2분의 1까지 줄일 수 있다.[50]

미국의 고용주들은 직원들에게 휴직제나 타임 크레딧을 제공한다는 생각 자체에 회의를 가지며 그런 느슨한 근무제로 벨기에 기업체들이 어떻게 경쟁력을 유지할 수 있을지 의아해할 것이다. 그러나 흥미롭게도 프랑스의 경우와 마찬가지로 2002년 벨기에 근로자들의 시간당 생산성은 미국보다 높았다.[51]

유럽인들은 "미국인들이 일하기 위해 사는 반면 우리는 살기 위해 일한다."고 말한다. 돈을 쓰며 즐길 여가 시간도 없는데 더 많은 돈을 버는 것이 무슨 의미가 있느냐는 것이다. 한 조사에 따르면 현재 미국인의 37퍼센트는 주 50시간 이상 일하며 남자 근로자의 80퍼센트는 주 40시간 이상 일한다. 또 많은 미국인들의 경우 근로 시간이 계속 늘어나는 반면 유럽에서는 근로 시간이 계속 줄어드는 추세다. 따라서 미국인 부모의 70퍼센트가 자녀들과 함께 보내는 시간이 충분치 않다고 불평하고, 미국인의 38퍼센트가 "늘 쫓기는 느낌"이라고 말하며, 61퍼센트가 남는 시간이 거의 없다고 말하는 것도 놀랄 일이 아니다.[52] 미국인들에게는 퇴근 후에 이용할 수 있는 시간이 적기 때문에 그 남는 시간의 대부분이 청구서 요금 납부, 집안 일에 사용된다.

건강 전문가들에 따르면 근로 시간 증가는 미국인들의 건강에 큰 타격을 준다. 미국인들 사이에서 심장마비, 뇌졸중, 암 등 스트레스 관련 질병이 증가 추세다. 의학 전문지 《사이코소매틱 메디슨》이 실시한 조사에서 미국 근로자들이 휴가를 자주 거를수록 건강 위험이 높아지는 것으로 나타났다. 매년 휴가를 간 남자들의 경우 그렇지 않은 남자들보다 관상동맥 질환으로 사망할 확률이 32퍼센트나 낮았다.[53]

'좋은 경제'에 대한 미국인들과 유럽인들의 인식 차이는 일하는 시간에 반영된다. 평균 임금은 미국인들이 유럽인들보다 29퍼센트 더 많다.[54] 그러나 여가 시간은 유럽인들이 미국인들보다 연간 4-10주나 많다.[55] 부가 29퍼센트 많다고 해서 연간 이삼 개월 이상의 휴가를 포기할 정도로 기쁨과 행복을 그만큼 더 많이 살 수 있을까? 나 역시 일 중독에 걸린 미국인이기에 내 아내는 나에게 "임종 때 사무실에서 좀더 시간을 보내지 않았다고 후회하는 사람은 아무도 없었어요."라고 충고하곤 한다.

여기에 아이러니가 있다. 미국인들이 여가보다 일을 선호하기 때문에 임금을 많이 받아 GDP를 높인다. 그러나 유럽인들은 일보다 여가를 선택하기 때문에 줄어든 임금과 지출이 GDP를 낮춘다. 더 많은 여가 시간을 택하는 것은 더 긴 근무 시간을 선택하는 것처럼 매우 중요한 경제적 결정이지만 GDP는 그런 삶의 질과 관련된 요인을 전혀 감안하지 않는다. (어떤 요인이 '좋은 경제'를 구성하느냐는 개념을 GDP가 왜곡하고 있는 현황에 관해서는 제3장에서 더 자세히 살펴보기로 한다.)

일자리

그러나 전통적인 통계 수치가 아직도 유효한 분야가 하나 있다. 바로 일자리다. 미국 경제가 많은 분야에서 비난을 받아 마땅할지는 모르지만 공평성이나 삶의 질에 관해 가질 수 있는 의문에도 불구하고 일자리가 건실한 경제의 기본이라는 것에 이의를 제기하는 미국의 경제 전문가는 없다. 실제로 미국은 지난 10년 동안 거의 모든 선진국보다 훨씬 많은 일자리를 창출하고 인력을 고용해 왔기 때문에 미국 경제가 그렇게 정도에서 많이 벗어난 것은 아니라고 말할 수 있다. 미국은 1980년대 말과 1990년대 초의 경기 후퇴가 끝난 뒤 수백만 명에게 일자리를 만들어 주었다. 그에 따라 실업률은 1992년 7.5퍼센트에서 2000년 4퍼센트로 낮아졌다. 어떤 기준으로 따져서라도 대단한 성공이다. 2000년 주식시장 붕괴의 여파로 2003년 12월에는 실업률이 5.7퍼센트로 다시 올라갔지만 미국 경제가 일자리 창출의 원동력이었고 유럽이 본받아야 할 모델이었다는 데 대해서는 미국의 경제 전문가들이 한목소리를 낸다.[56]

지난 8년간 미국과 유럽의 재계 지도자, 경제 전문가, 정치인들이 가진 수많은 세미나와 회의에서 미국인들은 한결같이 "미국의 기적"을 자찬하며 틈만 나면 1990년대에 그렇게 많은 일자리를 창출한 미국 비즈니스 노하우의 우월성에 대해 유럽인들을 훈계했다. 그러나 좀더 자세히 들여다보면 창출된 일자리 가운데 많은 부분이 뛰어난 기업가적 재능이나 관리 기술 또는 신기술의 신속한 채택과는 관련이 없으며, 잠시 고용율을 올렸다가 주식시장의 거품이 꺼지면서 곧바로 고용율을 떨어트린 다른 요인들과 상관이 있다는 것을 알 수 있다.

1990년대 후반 경제 붐이 최고조에 달했을 때 미국의 공식 실업률은 4퍼센트였지만 최근의 조사에 따르면 그 기간 실질적 실업률은 EU 수준에 육박할 정도로 높았다. 그 이유는 200만 명 이상의 미국 근로자들이 낙담하고 아예 구직을 포기해 버려 근로 인력에서 제외됨으로써 공식 집계에 포함되지 않았기 때문이다. 게다가 교도소 수감자 수도 1980년 50만 명에서 현재 200만 명으로 늘어났다. 일할 수 있는 미국 남자 성인 가운데 거의 2퍼센트가 현재 교도소에 수감되어 있다.[57] 더구나 1995-2000년 호경기 때 일자리를 구한 사람들 가운데 다수는 복지 수당이 없는 임시직이나 시간제로 일했고, 대다수는 능력 이하의 일을 한 불완전 고용이었다. 그들 중 다수는 현재 실업자 대열에 다시 합류했다. 미국 노동부는 2003년 공식 실업률을

6.2퍼센트로 집계했지만 구직을 포기한 사람들까지 포함한 실질 실업률은 근로 가능 인력의 9퍼센트에 이른다.[58]

일시적으로 일자리를 창출한 1990년대 말의 소위 "미국 경제 기적"은 허상인 것으로 판명되고 있다. 경기 팽창을 이끈 것은 비즈니스 통찰력이라기보다는 미국인들의 방만한 지출을 부추긴 신용카드, 할부 등 "소비자 신용"의 무절제한 확대였다. 소비자 지출이 폭발적으로 증가하면서 미국인들은 신용으로 구입되는 그 모든 상품을 만들고 그 모든 서비스를 제공하기 위해 겨우 몇 년 동안 일자리를 얻었다. 그 결과 1990년대 초 약 8퍼센트에 이르렀던 가계 저축률이 2001년에는 약 2퍼센트로 떨어졌다.[59] 많은 미국인들이 실제로 번 것보다 더 많은 돈을 썼다. 신용이 한도에 이르자 많은 미국인들은 기록적으로 낮은 금리를 이용해 주택 저당 재융자를 받아 긴급 현금 수혈로 지출을 계속할 수 있었다. 그러나 주식시장의 거품이 꺼지면서 미국인들은 지출을 줄이게 되었고, 일시적으로 하락하던 실업률은 다시 오르기 시작해 거의 10년 전의 수준에 이르렀다.

현재 미국 경제는 20여 년 만에 가장 심한 고용 침체를 겪고 있다. 2002년 경제가 2.7퍼센트 성장했고 노동 생산성이 4.7퍼센트 증가했지만(1950년 이후 최고의 증가율) 150만 명 이상의 근로자들이 추가적으로 노동 시장을 떠났다.[60] 그들은 구직을 포기했기 때문에 더 이상 실업자에 포함되지 않는다. 기술 발달과 생산성 향상이 과거의 일자리를 없애지만 그만한 수의 새로운 일자리를 창출한다는 논리는 더 이상 유효하지 않다. 《USA 투데이》가 미국 대기업의 생산성에 대해 조사한 보고서에 따르면 2001년 3월에는 열 명의 직원이 한 일의 양을 지금은 아홉 명으로 충분히 감당할 수 있다. 프루덴셜 증권사의 수석 경제 전문가 리처드 D. 리프는 "미국은 현재 많은 인력을 추가로 투입하지 않고도 더 많이 생산할 수 있다."고 말했다.[61]

현재 EU에서는 '일'의 미래에 관한 토론이 한창이다. 유럽의 정부, 업계, 시민단체의 비판자들은 높은 실업률, 높은 세금, 부담 많은 복지 시스템, 복잡한 규제(일부에서는 경기 둔화의 주범이라고 본다.) 등을 해결하기 위해 고용과 비즈니스, 무역을 관장하는 규칙을 개혁해야 할지, 개혁한다면 어떤 방향으로 해야 할지를 두고 치열한 이념적 대결을 벌이고 있다. 정치인들과 재계 및 노동계 지도자들은 탄력적 노동 정책 시행, 세금 인하, 복지 수당 및 연금 규정 개혁, 미국과 같은 경제 정책 도입 등을 두고 승강이를 벌이고 있다.

그러나 위에서 말한 개혁으로만 고용이 창출될 수 있다면 미국의 실업률은 크게 줄어들어야 마땅할 것이다. 미국은 EU가 현재 시행하려고 하는 거의 모든 개혁을 이미 완성했다. 그런데도 미국 근로자들의 상황은 매우 힘들며, 미국 경제도 아직 침체를 완전히 벗어나지 못하고 있다. 생산품 재고가 쌓이고, 대다수 공장들이 최대 생산 능력 이하로 가동되고 있으며, 소비자 저축율이 낮고, 개인 파산이 어느 때보다 높으며, 수출이 저조하고, 주식시장도 2000-2001년 거품 붕괴 때 잃은 기반을 아직 회복하지 못하고 있다. 세계 전체가 비슷한 어려움을 겪고 있다.

이런 암울한 소식들을 감안하면 당연히 다음과 같은 질문을 던지게 된다. 과연 EU가 노동, 복지, 무역 등의 개혁에서 미국의 선례를 따른다면 앞으로 경제 상황이 크게 향상될 것으로 믿는 것일까? 가장 중요한 문제는 EU 근로자들의 사회복지를 희생시키지 않고 기업의 능률을 올리는 것이지만 미국과 같은 개혁이 불필요하다고 주장하는 사람은 없다.

사회 통념은 쉽게 사라지지 않는다. 미국의 "고용 기적"이 단명한 것으로 판명되고 선전된 것보다 효과가 적었다는 사실에도 불구하고 유럽의 많은 정책 지도자들과 공직자들은 계속 미국식 모델에서 영감과 나아갈 방향을 찾고 있다. 그러나 그것은 방향을 잘못 잡은 것이다. 유럽 지도자들은 미국이 잘한 것이 무엇이고 유럽이 못한 것이 무엇인지 따지기를 좋아하지만 그보다는 자본주의에 대해 어느 누구보다도 인간적으로 접근하려고 한 자신들의 노력에 긍지를 갖고, 유럽의 기존 모델을 바탕으로 어떻게 개선점을 찾아야 하는지 연구하는 것이 올바른 방향이다. EU는 진정으로 지속 가능한 경제 수퍼 파워가 되려는 노력에 적절한 사회복지 수준을 유지하고 높은 삶의 질을 추구하는 것을 통합해야 한다.

 EU가 좀더 자유로운 시장을 위해 사회 안전망의 많은 부분을 포기한다면 4억 5000명의 EU 인구는 심각한 사회 불평등, 빈곤, 범죄 등 미국인들이 현재 겪고 있는 것과 같은 깊은 사회적 병폐에 빠질지 모른다. 미국식 모델이 진정한 고용 창출에 실패했을 뿐 아니라 많은 미국인들을 장기 채무자와 파산자로 만들었다는 사실을 감안하면 그것은 너무 큰 대가를 치르는 것이다.

 앞으로 몇 년 동안 EU가 직면해야 할 진정한 도전은 방대한 천연 자원과 인적 자원을 효율적으로 활용하고, 공정하고 지속 가능한 장기 성장 잠재력을 갖춘 강력한 범유럽 경제 시스템을 구축하는 것이다.

 그러나 분명한 것은 아메리칸 드림과 유러피언 드림이 개인에게 성공할 수 있는 기회를 어떻게 보장해 주느냐는 문제에 있어서 크게 다르다는 점이다. 아메리칸 드림은 처음부터 무료 교육의 기회를 제외하고는 다른 사회적 지원이 거의 없이 시장에서의 성공과 실패에 관한 모든 책임을 개인에게 부과했다. 반면 유럽인들은 치열한 적자생존의 시장에서 균형을 잡는 책임이 사회에 있다고 믿는다. 따라서 뒤쳐지는 사람들이 없도록 불운한 사람들을 사회가 지원해야 한다고 생각하는 것이다.

아메리칸 드림과 유러피언 드림은 둘 다 나름대로 강점과 약점을 갖고 있다. 종종 미국인들은 유럽인들이 자신의 운명을 스스로 책임지는 의식이 부족하다고 비판한다. 반면 유럽인들은 미국인들이 냉혹하며 어려운 동포들에 대한 적절한 책임을 지려 하지 않는다고 비난한다.

희한하게도 유럽인들은 미국인들의 충고를 받아들이기 시작했지만 미국인들은 유럽인들의 지적을 무시한다. 유럽은 이제 개인과 사회의 책임 사이에서 균형을 잡는 쪽으로 개혁을 진행하고 있다. 그러나 미국이 사회의 집단적 복지에 대한 책임에 신경을 좀더 쓰려 한다는 증거는 없다. 아메리칸 드림은 서부 개척 시대 신화에서 그토록 칭송되던 거친 개인주의를 더욱 강조하는 쪽으로만 나아가고 있다. 그 결과 대다수의 미국인들이 점점 가난해지고 있지만 일부는 더욱 부자가 되어 가고 있다. 어느 쪽이든 아메리칸 드림은 손해를 볼 수밖에 없다. 부유한 미국인들의 자녀들은 사치와 풍요 속에서 성장해 행복해질 권리와 자격이 있다고 느끼며 근면과 희생, 노력을 점점 멀리한다. 그들은 인생의 원대한 목표 없이 그냥 순간적인 쾌락만 끝없이 추구하는 것을 아메리칸 드림으로 간주한다. 한편 미국적인 약속을 믿고 근면과 희생으로 자수성가했지만 예측 불가한 시장 경제와 불리한 사회적 여건으로 계속 아래로 밀리는 사람들은 아메리칸 드림이 잔인한 속임수이며 실체 없는 허구적 신화일 뿐이라고 생각한다. 또 최상층이나 최하층에 있는 사람들은 아메리칸 드림이 고유의 의미를 잃고 있으며 그 과정에서 미국인들을 표류하게 만들고 있다고 본다. 미국인들에게 남은 것은 종교적 열정뿐이다. 이제 미국인들이 정당성을 잃은 '선민'이 됨으로써 미국은 더 위험하고 외로운 땅이 될 처지에 놓였다.

과거 종교적 열정이 개인의 성공과 통합되었을 때는 선민 의식이 미국인들의 지위 상승과 민주주의 발전에 기여할 수 있었다. 그러나 이제 아메리칸 드림의 개인적인 성공은 부유한 젊은이들에게는 당연하거나 별것 아니거나 따분함의 대상이 되고 있고, 나머지 대부분의 가난한 미국인들에게는 넘볼 수 없는 꿈이 되고 있다. 그렇다면 남은 것은 '선택받은 사람들' 이라는 선민 의식뿐이다. 그렇다면 도대체 무엇을 위해 선택되었다는 것인가? 사명을 구하는 종교적 열정이 하나님의 눈에서 특별한 지위를 누린다는 생각과 합쳐지면 미국인들이 생각지도 않았던 위협적인 방식으로 변할 수 있다. 이미 그런 조짐이 보였다. 9·11 미국 본토에 대한 테러 공격이 있은 뒤 미국의 복음주의 종교 지도자들, 보수주의 정치인 및 지식인들 사이에서는 서방의 문명화된 기독교 세계와 야만적인 이슬람교 세계 사이의 대결이 다가오고 있다는 이야기가 있었다. 물론 대다수의 독실한 미국 기독교인들은 적어도 아직까지는 그런 견해를 수용하지 않으며 신앙심이 깊지 않은 미국인들은 아예 그런 생각을 해본 적조차 없다. 그러나 만약 제2의 9·11 사태가 발생한다면 그런 미국인들의 마음도 순식간에 바뀔 수 있다.

현재 꿈틀거리며 태동하고 있는 유러피언 드림이 경제의 세계화, 실업률 증가에서부터 종교 테러리즘의 확산에 이르기까지 오늘날의 세계에서 일어나는 격변에 더 잘 대처할 수 있는 대안적 비전을 제시할지 여부는 앞으로 두고 봐야 할 것이다. 그러나 유러피언 드림이 우리가 나아갈 새로운 길을 열어 줄 가능성을 좀더 깊이 있게 이해하기 위해 지금부터 여러 각도와 관점에서 그 꿈을 심층 해부해 보기로 한다.

3 소리 없는 경제 기적

　미국인들은 유럽에서 휴가 보내기를 좋아한다. 그들은 유럽 곳곳에서 자신들의 과거를 느낀다. 여전히 미국인 다수는 유럽에 깊은 뿌리를 두고 있다. 그들은 유럽에 가면 거대한 야외 박물관을 방문한 느낌을 갖는다. 때로는 끔찍하고 때로는 고상한 문화재들과 기억들……. '구세계'를 찾은 미국인들은 편안함을 느낀다. 냄새도 더 친숙하고 생활의 세세한 면에 더욱 정성이 들어간 듯 느껴진다. 프랑스의 치즈 가게 앞을 지나면 백여 가지의 치즈에서 풍기는 황홀한 냄새가 코를 찌른다. 각각의 치즈마다 독특한 역사를 갖고 있고 전부 미국의 슈퍼마켓에서 찾을 수 있는 어떤 치즈보다 낫다. 게다가 런던의 옥스퍼드 스트리트, 이탈리아의 밀라노 대성당 주변의 골목들, 파리 샹제리제 거리에 있는 상점들의 진열창을 보자. 모든 진열창이 그 자체로 예술 작품이다. 그 앞을 지나가는 미국인들은 상점 안에 있는 것이 단순히 판매를 위한 상품이 아니라 모두가 나눠 가져야 할 선물이라고 생각할 수밖에 없다.
　대다수 미국인들에게 유럽은 느긋하게 쉬고, 감각을 일깨우고, 원기를 회복하고, 정서를 풍요롭게 하는 곳이다. 초여름 저녁 스위스 바젤의 라인 강을 따라 걸으면서 젊은 남녀와 가족들이 튜브를 타고

빠른 물살 위를 떠가는 모습을 지켜보고, 겨울이면 추위를 피해 프랑스 남부 프로방스의 언덕 마을에 있는 14세기 교회의 어두컴컴하고 따뜻한 예배당을 찾는다. 그 얼마나 아름다운 추억들인가?

그러나 소득과 지출, 투자와 수익, 생계 수단 등의 '현실 세계'와 관련된 문제에 관한 한 미국인들은 유럽을 안중에도 두지 않는다. 일반적으로 미국인들은 경제적인 측면에서는 일본과 동남아시아 신흥 국가들에 주목한다. 최근 들어 미국인 기업가들은 중국으로 눈을 돌렸다. 풍부한 자원과 거대한 인구, 교육 열기, 추진력을 감안할 때 차세대 경제 강대국이 될 가능성이 충분하다고 판단한 것이다.

미국인들이 경쟁력에서 추격을 당할지를, 그리고 어떻게 하면 더 큰 이익을 얻을 수 있을지를 고심하면서 아시아-태평양 지역 국가들을 계속 주시하고 있는 동안 그와는 전혀 다른 종류의 조용한 경제 혁명이 유럽에서 일어나고 있다. 미국인들은 그 혁명에 대해 거의 알지 못하며 그에 대응할 준비도 돼 있지 않다.

미국인들은 유럽에서 새로운 경제적, 정치적 현실이 나타나고 있다는 것을 어렴풋이 알고 있긴 하지만 따져 물으면 그것이 정확히 무엇인지 대답하지 못한다. EU에 단일통화 유로가 사용되고 있기 때문에 이전처럼 유럽의 다른 나라를 갈 때마다 환율 계산에 골머리를 썩힐 염려가 없다는 것은 미국인들도 안다. 유로는 달러화와 거의 대등한 가치를 갖는다. (실제로는 달러보다 강세다.) 따라서 미국인들은 이제 유럽에서 쇼핑할 때 헐값에 샀는지 바가지를 썼는지 알기 위해 복잡한 계산을 할 필요가 없다. 과거 1달러가 1,700이탈리아 리라였을 때는 계산이 얼마나 복잡했겠는지 짐작이 가고도 남을 것이다.

또 미국인들은 런던, 프랑크푸르트, 파리, 밀라노의 입국 심사대를 통과하면서 모든 유럽인들이 푸른 바탕에 열두 개의 별이 원형으로 배열된 유럽연합 국기 표시 앞에 줄을 서는 것을 볼 수 있을 것이다. EU 회원국 국민들은 모두 단일 EU 여권을 사용한다. 이제 미국인들도 입국 심사를 받으며 옆줄에 선 사람들을 프랑스인, 이탈리아인, 독일인이 아니라 '유럽인'으로 생각하기 시작했다.

그러나 미국인들은 아직도 옛 유럽의 기억에서 완전히 벗어나지 못하고 있다. 서로 엇물려 있는 수십 개의 국경선 안에 한때 성곽에 둘러싸였던 도시들과 주변 교회 지역으로 구성된 옛 유럽의 모습을 쉽게 떨쳐 버릴 수 없는 것이다. 인구 밀도가 낮은 거대한 대륙에서 충분한 "숨쉴 공간"을 누리던 미국인들은 옛 유럽을 심한 경우 폐쇄공포증까지 생길 정도로 갑갑하게 느낀다. 15-16년 전 가까운 이탈리아 친구의 10대 아들과 가졌던 대화가 생각난다. 난생처음 미국 구경을 하고 막 돌아온 그 아이에게 나는 미국의 무엇이 가장 좋았는지 물었다. "미국은 너무 넓다."는 것이 그의 대답이었다.

이제 유럽은 장벽과 국경, 그리고 2,000년 이상 이방인들과 자민족을 구분해 온 경계선을 허물고 있다. 이제는 렌터카를 빌려 국경에서 한 번도 멈추지 않고 유럽 대륙을 횡단할 수 있다. 어쩌면 예를 들어 프랑스를 지나 스페인에 들어갔다는 것조차 모를 수도 있다. 갑자기 모든 것이 더 개방적이고 더 넓어진 듯하다. 물론 미국의 넓은 하늘과 광활한 대지가 주는 장엄함은 없지만 이제 유럽은 과거처럼 너무 작고 폐쇄적인 느낌을 더 이상 주지 않는다. 다시 말해 "숨쉴 공간"이 충분해진 것이다. 문제는 이 새롭게 얻은 공간을 어떻게 사용할 것이지 확실히 아는 사람은 아무도 없다는 것이다.

그러나 이것만은 확실하다. 유럽에 새로운 실험이 진행되고 있다는 점이다. 유럽 전체가 상거래 및 정치 시스템에 대한 재검토, 대인 관계의 재설정 등을 위한 시험대가 되고 있다. 피상적인 통계만 봐도 그 실험이 얼마나 폭넓고 깊이 있게 진행되고 있는지 알 수 있다. 유럽 전역의 크고 작은 나라들 25개국이 방대한 인적 자원과 자연 자원을 한데 모아 공동으로 사용하고 있으며 적어도 부분적으로는 공동 운명체에 동의했다. 미국인들은 아직도 EU를 일종의 자유무역 지대 정도로만 생각한다. 북미자유무역협정(NAFTA)과 비슷하지만 좀더 발전한 상태라는 것이다. 그러나 그것은 큰 착각이다.

현재 유럽의회는 이전에 민족국가가 가졌던 권한 중 다수를 갖고 있고, 유럽법원은 회원국 각국의 법을 대체하고 있으며, 유럽 집행위원회는 무역과 상거래를 비롯해 과거 각국 정부가 독자적으로 처리한 수많은 일들을 떠맡고 있다. EU는 자체적인 군대도 설립했다.(유사시 동원되는 신속대응군.) 또 EU는 공동 외교 정책 수립에 합의했으며, 곧 유럽 전체를 대표하는 외무장관을 임명할 것이다. 25개 회원국 정부는 향후 2년 내에 EU 헌법을 비준해 연합을 공식 승인하게 된다. 물론 아직은 어느 정도의 주권이 각국에 남아 있어야 하고 어느 정도를 연합에 넘겨 줘야 할지를 두고 갈등이 많다.(영국이 가장 미온적이다.) 그러나 미국 연합의 첫 100년이 그랬듯이 연합의 길을 선택한 것은 유럽인들 사이에서 피할 수 없는 운명으로 간주되고 있다.

새로운 경제 수퍼파워의 탄생

유럽인들은 자신들의 연합을 "유럽 합중국 United States of Europe"이라고 부르기를 거부한다. EU는 약 200년 전 미국의 실험과 실제로 유사한 점이 적지 않지만 유럽인들은 둘이 혼동되는 것을 우려한다. 그런데도 차이점은 적어도 유사점만큼이나 중요하다. 그 차이점은 앞으로 차근차근 알아보기로 한다. 현재 우리는 새로운 정치적 실체와 새로운 상업 세력이 세계 무대에 탄생하고 있는 것을 목도하고 있다. 몇몇 관측통이 "미온적 제국reluctant empire"이라고 부르는 EU는 아직 초기 단계에 있지만 이미 거인으로 부상하고 있다. EU의 인구는 4억 5000만 명으로 세계 전체의 약 7퍼센트를 차지한다. 물론 중국과 인도(각각 인구 10억이 넘는다.)에는 못 미치지만 EU는 미국(2억 9000만 명, 세계 인구의 4.6퍼센트)과 일본(1억 2000만 명, 세계 인구의 약 2.1퍼센트)을 가볍게 제쳤다.[1]

EU는 최대 단일 시장이며 상품 무역뿐만 아니라 용역 무역에서도 세계 1위다. 2000년 EU의 용역 거래 규모는 5908억 유로로 세계 전체의 24퍼센트를 차지했다. 2위 미국은 5509억 유로로 세계 전체의 22퍼센트에 해당했다. 3위 일본은 2016억 유로로 세계 전체 시장의 8퍼센트를 차지했다.[2] 더구나 수출보다 수입이 많아 무역적자에 시달리는 미국과 달리 EU는 수입보다 수출을 많이 한다.[3]

2003년 EU의 국내총생산(GDP)은 10조 5000억 달러로 미국의 10조 4000억 달러를 넘어섰다. 게다가 GDP에는 EU가 갖고 있는 미국보다 유리한 조건이 반영돼 있지 않다.(GDP는 1년에 생산된 상품과 용역의 전체 가치를 화폐로 환산한 것일 뿐이다.)[4] 결론은 EU의 GDP가 이미 세계 전체 GDP의 약 30퍼센트를 차지함으로써 세계 시장에서 미국에 강력한 경쟁 세력으로 떠올랐다는 사실이다.[5](EU의 GDP는 중국 GDP의 약 6.5배다.)[6]

EU는 아직 형성되고 있는 중이다. 현재 회원국 수는 25개국이지만 향후 10년에 걸쳐 4-5개국이 추가로 합류할 전망이다. 그렇게 되면 EU의 영토는 남북으로는 지중해에서 핀란드까지, 동서로는 흑해에서 아일랜드까지로 확장될 것이다. EU의 잠재력 대부분은 능률적이고 통합된 내부 시장을 형성할 수 있는 자체의 능력에 달려 있다. 대륙 전체를 잇는 운송 네트워크, 통합 전기 및 에너지 공급 네트워크, 공동 통신 네트워크의 구축, 그리고 단일 금융 서비스 시장, 상거래에 관한 통합 규정 마련 등이 현재 초기 단계에 있다. EU는 운송, 에너지, 통신 부문에서 유럽 전체를 단일 첨단 네트워크로 연결하는 "트랜스 유러피언 네트워크"(TEN) 프로젝트를 시작했다. 이런 식으로 유럽을 통합하는 데는 5000억 달러 이상이 소요될 것으로 예상되며 그 비용은 정부와 민간 부문이 공동으로 부담할 것이다.[7]

 범유럽 교육 프로그램도 구상되고 있다. EU는 "소크라테스", "레오나르도 다 빈치", "청소년"이라는 세 가지 교육 프로그램을 시행하고 있다. "소크라테스"는 유아원에서 성인 교육까지 포함하는 일반 교육 프로그램으로 공동 교육 프로젝트를 만들고 EU 회원국 사이의 교사 및 학생 교환을 장려하고, 교과 과정을 일치시킨다. "소크라테스"의 "에라스무스" 프로젝트는 100만 명 이상의 유럽 학생들이 다른 회원국에서 공부할 수 있도록 보조금을 지급했고, "코메니우스" 프로젝트는 EU 전역의 학교 1만 개 이상을 연결시켜 교육 협력을 도모한다. "레오나르도 다 빈치" 프로그램은 20만 명 이상의 젊은이들이 다른 회원국에서 직업 훈련을 받을 수 있도록 해 주었다. "청소년" 프로그램은 15-25세 연령층의 젊은이들에게 자기 나라에서나 다른 회원국에서 자원봉사를 할 기회를 제공한다.[8]

 유럽 통합에서 가장 어려운 과제는 서-북유럽 근로자들과 새로 가입한 중-남-동유럽 근로자들 사이의 소득과 직업 기술의 큰 격차를 조절하는 일일 것이다. 동-남유럽의 7500만 명 인구가 새로운 EU 시민이 되자 서유럽에서는 이미 어려움을 겪고 있는 나라들로 값싼 노동력(숙련 및 비숙련 전부 포함)이 대거 유입할 가능성에 대한 우려가 높아졌다. 또 서유럽을 바탕으로 한 기업체들이 인건비가 훨씬 싼 동유럽으로 제조와 서비스 사업을 옮길 것이라는 우려도 있다. 이미 그런 현상이 나타나고 있다.

컨설팅 회사 카트너는 사업의 일부를 값싼 노동력 시장에 아웃소싱하기를 원하는 서유럽 기업체들에게 특히 인기가 좋은 곳이 체코, 폴란드, 슬로바키아, 헝가리라고 밝혔다. DHL 같은 몇몇 회사들은 동유럽에 직접 사업장을 짓고 있다. DHL은 2004년 IT 사업 센터를 체코 프라하에 설립했다.[9] 미국 회사 질레트는 2004년 1억 4800만 달러를 들여 폴란드에 공장을 짓겠다고 발표했다. 인건비가 비싼 영국과 독일에 있는 제조 및 유통 사업을 폴란드로 옮기겠다는 계획이다. 폴란드에 들어서는 공장은 1,150명의 직원을 채용하게 된다. 질레트는 구조조정의 일환으로 영국에 있는 두 공장을 폐쇄하고 베를린 공장의 제조 물량 및 인원을 삭감할 예정이다.[10]

또 서유럽인들은 동유럽에서 몰려드는 가난한 이민자들이 이미 과세 부담이 큰 복지 시스템에 추가적인 짐이 될 것으로 우려한다. EU의 초기 회원국 15개국 대다수는 자국에 동유럽 근로자들이 수년 동안 들어오지 못하도록 다양한 제한을 이미 가하고 있다. 한편 동유럽인들은 서유럽의 제품들이 유입되면서 자국의 제조업이 타격을 입고 소비자 물가가 올라갈 것을 우려한다.

유럽에 응집력 있는 내부 시장을 형성하는 데는 아직 많은 어려움이 남아 있지만 그런 장애물보다는 긍정적인 성과가 훨씬 많다. 마찬가지로 중요한 것은 영어가 점차 유럽의 공통어로 자리 잡으면서 (이미 영어는 유럽의 여러 대학 및 대학원, 특히 비즈니스와 과학 과정에서 공식 언어로 사용되고 있다.) 유럽인들도 미국의 내부 시장처럼 손쉽게 노동, 상품, 용역을 교환할 수 있을 것이라는 점이다. 물론 그런 일이 하룻밤 사이에 일어나지는 않겠지만 단일시장으로 유럽을 통합하는 과정은 이미 순조롭게 진행되고 있으며 향후 25년 정도에 걸쳐 계속 탄력을 받으면 현재의 미국과 같은 수준의 내부 시장 통합에 도달할 수 있을 것으로 전망된다.

이런 일이 가능하지 않을 것이라고 생각하는 회의론자들도 적지 않다. 그러나 유럽 지도자들은 바로 몇 년 전만 해도 미국의 경제 전문가 및 정치 논평가들을 포함한 많은 사람들이 EU의 단일 통화 도입이 실패할 것이라고 확신했다는 점을 지적한다. 유로화 도입은 예상을 뛰어넘는 성공을 거두었으며, 현재 달러보다 강하다.(2004년 2월 1유로에 1.27달러, 2005년 1월 현재 1유로에 1.35달러.) 이제 유로는 세계 금융 시장에서도 달러의 라이벌로 부상했다.[11] 러시아 중앙 은행은 2003년 외환 보유고의 일부를 달러에서 유로로 바꾸겠다고 발표했다. 중국도 유로를 배려하는 작은 변화를 주기 시작했다.[12] 최근 석유수출국기구(OPEC)의 고위 관리인 자바드 야르자니는 산유국 회원들이 석유를 유로로 팔 수도 있다는 뜻을 내비쳤다. 유럽이 중동의 주요 무역 파트너이고 중동 석유를 미국보다 훨씬 많이 수입하고 있다는 것이 그 이유였다. 또 앞서 말했듯이 EU는 세계 무역에서 차지하는 비중이 미국보다 크다. 야르자니는 유럽의 주요 산유국인 노르웨이와 영국이 유로화를 채택한다면(그럴 가능성이 높다.) "석유 가격 시스템을 유로로 바꾸는 계기가 될 수 있을지 모른다."고 말했다.[13] 만약 그렇게 되면 석유 수입국들로서는 석유를 사는 데 더 이상 달러가 필요하지 않으며, 그 결과 달러에 대한 수요가 크게 줄어 미국 경제에 심한 타격을 줄 수 있다.

2001년 7월에서 2003년 12월 사이에 유로의 가치가 44퍼센트 오르고 달러 가치가 31퍼센트 떨어진 주된 이유는 미국의 대외 채무가 늘어났기 때문이다.[14] 국제통화기금(IMF)은 미국의 부채(예산 적자 증가와 무역 불균형의 결과다.)가 심각한 수준이라고 판단하고 현 추세를 역전시킬 수 있는 조치가 취해지지 않는다면 세계 경제의 안정을 위협할 수 있다는 보고서를 내놓았다. IMF의 경제 전문가들은 미국의 대외 부채가 몇 년 안에 미국 경제 전체의 40퍼센트에 해당될 수 있다고 말한다. 그들은 미국의 부채가 과도해질 수 있고, 그렇게 되면 세계 전체의 금리가 올라 투자와 경제 성장을 둔화시킬지 모른다고 우려한다.[15]

미국의 재정 적자는 2003년 무려 3740억 달러였으며 2004년에는 5210억 달러를 넘어설 것으로 예상된다.[16] IMF 보고서는 미국의 장기 재정 전망은 더욱 어둡다고 결론지었다. IMF 경제전문가들은 미국의 소셜 시큐리티[Social Security: 사회보장 기금]와 메디케어[Medicare: 고령자 의료보장 기금] 재원은 향후 70년 동안 47조 달러나 부족할 것으로 전망했다.[17] 미쯔호 USA 증권의 수석 전략가 존 베일은 달러 가치에 대한 외국 투자가들의 느낌을 "근년 들어 달러는 과거에 누렸던 '안정 통화' 지위를 잃었다."는 표현으로 요약했다.[18] 5년 전만 해도 2003년 말이 되면 유로가 달러보다 강해지리라고 예측한 사람은 없었다.

그렇다면 대서양 건너편에서 일어나고 있는 극적인 변화에 주목하는 미국인이 거의 없는 이유는 무엇일까? 대부분은 인식 차이 때문이다. 미국인들이 유럽을 생각할 때는 문화나 역사적인 배경을 떠올린다. 그러나 미국인들이 무역이나 정치를 생각할 때는 독일, 영국, 프랑스, 이탈리아 등 유럽 개별 국가로 사고의 틀이 바뀐다. 무역과 정치를 유럽의 개별 국가와 연관짓는 이런 옛 사고방식은 대륙 전체로서 하나의 수퍼 파워가 된 유럽의 새로운 현실과 모순된다. 이제 유럽의 경제 저력은 더 넓은 세계 무대에서 실제로 발휘되기 시작했다.

미국과 유럽의 특정 국가들 사이의 비교가 적어도 정치 분야, 특히 외교 정책 문제에서는 아직 어느 정도 의미가 있지만 경제 부문에서는 점점 그 의미가 사라지고 있다. 내가 개인적으로 잘 아는 유럽의 회사들은 자신들을 유럽 회사로 생각하는 경향이 늘고 있다.

그것은 오래전에 미국의 회사들이 자신들을 뉴욕 회사나 캘리포니아 회사로 보지 않고 미국 회사이며 국제적인 회사로 생각하기 시작한 것과 마찬가지다.

이제 미국인들은 미국의 50개 주를 아메리카 합중국의 일부로 생각하는 것처럼 유럽 각국을 보는 사고의 틀도 바꿔 그들을 EU의 일부로 생각해야 한다. 이것은 상호 비교 방식을 근본적으로 바꿔 놓고 있다. 예를 들어 이제는 독일을 미국과 비교할 게 아니라 캘리포니아 주와 비교해야 한다. 독일이 EU 경제에서 최대이고 캘리포니아 주가 미국 경제에서 최대이기 때문이다. 비교 방식을 바꾸면 모든 것이 갑자기 달라 보이고 새로 펼쳐지고 있는 현상의 거대함과 그것이 미국에 미칠 잠재적 영향을 인식할 수 있게 된다. EU 25개 회원국 가운데 최대 경제국인 독일의 GDP는 1조 8660억 달러로 미국의 최대인 캘리포니아 주의 1조 3440억 달러보다 많다. EU 2위인 영국의 GDP는 1조 4000억 달러인 데 비해 미국의 2위인 뉴욕 주의 GDP는 7990억 달러다. EU의 3위인 프랑스의 GDP는 1조 3000억 달러인 데 비해 미국의 3위인 텍사스 주의 GDP는 겨우 7420억 달러다. EU의 4위 경제국인 이탈리아의 GDP는 1조 달러가 약간 넘는 반면 미국의 4위 주인 플로리다의 GDP는 4720억 달러에 불과하다. EU의 5위인 스페인의 GDP는 5600억 달러인 반면 미국의 5위 주 일리노이는 4670억 달러다. 네덜란드의 경제가 뉴저지 주보다 크고, 스웨덴의 경제가 워싱턴 주보다 크며, 벨기에의 경제가 인디애나 주보다 크고, 오스트리아의 GDP가 미네소타 주보다 많으며, 폴란드의 경제가 콜로라도 주보다 크고, 덴마크의 경제가 코네티컷 주보다 크며, 핀란드의 GDP가 오리건 주보다 많고, 그리스의 GDP가 사우스캐롤라이나 주와 맞먹는다.[19]

미국과 유럽에 있는 내 동료들과 친구들은 세계적인 기업체를 칭찬하거나 비난할 때 늘 미국 기업을 떠올린다. 그들이 미국이 아니라 다른 곳에 본부를 둔 다국적 기업들의 존재를 몰라서가 아니다. 일본의 도요타와 혼다, 한국의 삼성, 유럽의 BMW, 비방디, 네슬레 등은 잘 알려진 업체들이다. 그러나 그들은 세계 시장을 지배하는 대기업들은 미국 회사라고 믿는다. 몇 년 전 독일의 자동차 대기업 다임러-벤츠가 미국의 3위 자동차 메이커 크라이슬러를 인수하자 대다수의 미국인들은 충격을 받긴 했지만 그것을 하나의 요행으로 간주했다. 지금도 유럽의 다국적기업이 갖는 힘을 인식하고 있는 미국인은 거의 없다. 그러나 《포춘》이 선정한 "글로벌 500대 기업"의 140개 대기업 가운데 61개가 유럽 회사이고, 50개가 미국 회사, 29개가 아시아에 본사를 둔 회사다.[20]

로열 더치/셸과 BP는 세계 랭킹 4위와 5위다. 핀란드 회사 노키아는 휴대폰 제조업체로서 세계 1위이며 280억 달러의 매출을 올린다. 현재 세계 휴대폰 시장의 거의 40퍼센트를 점유하고 있는 노키아는 30년 전만 해도 화장지와 고무장화를 판매했다. 1998년 노키아의 휴대폰 부문은 전통 깊은 모토로라를 제치고 세계 최고가 되었다.[21] 영국의 텔레콤 대기업 보다폰은 28개국에서 1억 명 이상의 가입자를 확보하고 있으며 영국, 프랑스, 스위스, 네덜란드, 이탈리아, 미국 등 열두 개의 세계 최대 무선통신 시장에서 1위 아니면 2위를 지키고 있다. 미국 최대의 무선통신 회사 베리존와이어리스도 보다폰이 45퍼센트 지분을 갖고 있는 합작회사다.[22]

대다수 미국인들은 베르텔스만이라는 회사를 잘 알지 못할 것이다. 167년 전통의 독일 회사 베르텔스만은 타임워너와 월트디즈니 다음으로 세계 3위의 미디어 회사이며 세계 최대의 출판사다. 물론 미국인들은 오랜 전통을 가진 미국 출판사 랜덤하우스가 낸 책을 많이 사 본다. 그러나 그들이 모르고 있는 것은 랜덤하우스를 베르텔스만이 소유하고 있다는 사실이다. 펭귄, 퍼트넘, 바이킹 등 다른 잘 알려진 미국 출판사들은 어떨까? 그 회사들은 전부 영국의 출판 대기업 피어슨이 소유하고 있다.[23]

미국인들은 보잉 사를 자랑스러워하며 비행기 제조에 관한 한 어떤 나라도 미국의 노하우를 능가하지 못한다고 생각하는 경향이 있다. 그러나 사실은 그렇지 않다. 유럽의 컨소시엄인 에어버스가 지난 3년 동안 보잉보다 더 나은 실적을 올렸고 현재 세계 비행기 시장의 76퍼센트를 점유하고 있다.[24]

네덜란드의 로얄아홀드 사는 미국에서 브랜드 인식도가 '제로'라고 해도 과언이 아닐 것이다. 그러나 로얄아홀드는 2002년 매출이 약 600억 달러로 세계 2위의 식품점이다. 로얄아홀드는 지난 10년 동안 애팔래치아 산맥 동쪽의 거의 모든 대형 식품점 체인을 사들여 현재 바이-로, 스톱&숍, 자이언트, 브루노 등 원래 체인점의 이름으로 1,400개 이상의 점포를 운영하고 있다. 로얄아홀드는 현재 북아메리카 동부 해안 최대의 식품 소매점이다.[25]

최근 민영화된 독일 우체국인 도이체포스트는 미국 최대의 항공 화물 운송 회사 에어엑스프레스를 10억 달러에 사들이는 등 지난 몇 년 동안 전 세계에서 스무 개 이상의 기업을 인수함으로써 세계 유수의 운송 회사로 발돋움하고 있다. 도이체포스트는 미국을 제외한 지역의 최대 운송 회사인 브뤼셀 소재 DHL 인터내셔널의 과반수 지분을 소유하고 있다. 미국의 유나이티드 파슬 서비스(UPS)와 페더럴 익스프레스는 미국에 확고한 발판을 마련하려는 도이체포스트의 야심을 우려한 나머지 오랜 라이벌 의식을 버리고 공동 명의로 미국 교통부에 항의 서류를 접수하는 등 도이체포스트의 미국 진출을 막기 위해 공동 전선을 펴고 있다. 《월 스트리트 저널》은 이 소동에 대해 이렇게 꼬집었다. "지난 20년 이상 동안 미국의 소포 배달 트

럭이 유럽의 자갈 깐 거리를 덜컹거리며 누볐지만 이제는 유럽의 운송업자들이 미국과 유럽 사이의 '투명한 국경'이 일방적이 아니라 실제로 양쪽으로 작동하는지 알아보기 위해 출사표를 던졌다."[26]

세계화를 둘러싼 논의에서 유럽 기업들이 거의 주목받지 못하고 있다. 세계무역기구(WTO) 회의, 세계은행 연차대회, G8 정상회의 등에서 벌어지는 반세계화 시위에서 거리의 관심은 주로 미국 다국적기업의 "사악한 음모"에 맞춰진다. 세계정책포럼에서도 초점은 거의 미국 기업 일색이다. 그러나 세계의 주요 산업 여러 부문에서 비즈니스와 무역을 지배하는 회사는 유럽의 다국적기업들이다.

유럽의 금융 기관들은 세계적 은행들이다. 현재 세계 20대 시중은행 가운데 열네 개, 특히 4대 은행 가운데 셋이 유럽 은행이다.(도이체방크, 크레디스위스, BNP 파리바.)[27] 화학 산업에서는 유럽 회사 바스프(BASF)가 세계 최대이며, 톱6 회사 가운데 세 개가 유럽 회사다.[28] 엔지니어링과 건설 부문에서는 톱5 회사 가운데 셋이 유럽 회사(부이그, 빈치, 스칸스카)이고 나머지 둘이 일본 회사다. 세계 9대 엔지니어링 및 건설 회사에는 미국 업체가 하나도 없다.[29] 식품 및 소비자 상품 부문에서는 유럽의 양대 대기업 네슬레와 유니레버가 세계 1, 2위다.[30] 식품 및 약품 소매점 부문에서도 두 유럽 회사 카르푸와 로얄아홀드가 1, 2위이며 톱10 회사 가운데 다섯 개가 유럽 업체이고, 미국 회사는 네 개뿐이다.(크로거, 앨버트슨스, 세이프웨이, 월그린.)[31]

보험 산업에서도 유럽 업체들이 세계 시장을 지배하고 있다. 톱10 재보험사 가운데 여덟 개가 유럽 업체다.(뮌헨 재보험과 스위스 재보험사가 1, 2위.)[32] 생명 및 건강보험 분야에서는 톱5 업체가 전부 유럽 회사들이다.(ING, AXA, 아비바, 아시쿠라지오니 제네랄리, 프루덴셜.)[33] 재산 및 상해보험에서는 유럽의 알리안츠가 세계 1위이며 톱9

가운데 다섯 개가 유럽 보험사다.[34]

텔레콤 산업에서도 유럽 업체들이 톱11 가운데 여섯 개를 차지하고 있다.[35] 의약품 산업에서는 근년 들어 미국 회사들이 유럽의 라이벌을 제쳤다. (미국의 머크, 존슨&존슨, 파이저가 각각 세계 1, 2, 3위.) 그런데도 영국의 글락소스미스클라인이 4위, 스위스의 노바티스가 5위, 프랑스의 아방티가 6위 등 유럽 업체들이 톱10의 다섯 개를 차지하고 있다.[36]

자동차와 부품 산업에서는 미국의 제너럴모터스(GM)와 포드가 세계 1, 2위를 차지하고 있지만 다임러크라이슬러가 3위, 폴크스바겐, 피아트, 푸조, BMW, 르노 등의 유럽 자동차 메이커들이 세계 톱12 업체에 들어 있다.[37]

《글로벌 파이낸스》가 최근 실시한 세계 최고 쉰 개 회사 조사에서 하나를 제외한 모든 회사가 유럽 업체였다. 리스트에 든 유일한 미국 회사는 힐튼이었다. 시그램스와 스미르노프를 소유한 유럽의 프리미엄 드링크 대기업 디아지오, 런던 소재 광업 회사 앵글로아메리칸, 아일랜드의 신생 할인 항공사 라이언에어, 독일의 비즈니스 소프트웨어 회사 SAP, 뒤셀도르프 소재 에너지 회사 E.ON, 스웨덴의 엘렉트로룩스, 프랑스의 화장품 대기업 로레알, 영국의 유통 및 아웃소싱 회사 디버시파이드 서비시즈, 유럽 최대의 가전제품 회사 필립스, 스웨덴의 소매 체인 헤르메스&마우리츠 등의 유럽 기업들이 혁신적 리더십과 기업가적 통찰력으로 높이 평가받았다.[38]

유럽 기업들이 미국의 경쟁사들을 갑자기 능가하게 된 것은 아니다. 일부 산업에서는 유럽 기업들이 시장의 선두 주자인 것이 분명하며 다른 산업은 미국 회사들이 여전히 지배하고 있다. 중요한 것은 유럽에 본부를 둔 다국적기업들이 종종 미국 기업에 필적할 수 있는 능력을 갖추게 되었다는 점이다. 또 많은 사례에서 보듯 미국

기업들이 세계 시장에서 경쟁력을 유지하기 위해서는 유럽 기업의 성공에서 교훈을 얻을 필요가 있다.

유럽은 다국적기업 분야에서 미국에 뒤지지 않을 뿐 아니라 중소기업도 미국보다 많다. 미국의 비즈니스 업계는 중소기업이 미국 경제의 중추라고 말하고 있지만 실제로는 중소기업이 미국보다 EU에 훨씬 많다. 현재 중소기업은 EU 전체 고용의 3분의 2를 떠맡고 있다. (미국은 46퍼센트.)[39]

더구나 중소기업들은 산업공단과 협동조합 등 넓은 네트워크를 통해 자원과 인력을 공유함으로써 수익성에서 대기업에 뒤지지 않는다. 규모의 경제가 주는 혜택을 최대한 이용하는 동시에 소규모 사업에서 유리한 혁신성과 융통성을 살리는 것이다.

EU는 중소기업의 이익을 중시해 왔으며 지난 2000년 중소기업의 성장과 발전을 목표로 하는「중소기업을 위한 유럽 헌장」을 채택했다. 그 헌장은 무엇보다도 EU 회원국 정부와 EU 집행위원회로 하여금 중소기업의 경쟁력 제고, 직업 기술 향상, 성공적인 e비즈니스 모델 활용 등을 위한 법률 및 규정 교육을 지원하도록 하는 데 주안점을 두고 있다. EU는 중소기업들의 세계 시장 진출을 위해 국경을 넘어 제품, 기술, 인적 자원에 대한 정보를 교환할 수 있도록 "중소기업을 위한 세계 정보 네트워크"도 구축했다.[40]

성공 측정 잣대의 신뢰성

전반적으로 EU가 미국 경제와의 격차를 좁히고 있고 가까운 라이벌인 일본 경제보다 훨씬 몸집이 큰 것은 사실이다. 그러나 EU가 2010년 세계에서 가장 경쟁력 있고 역동적인 지식 기반 경제가 되겠다는 야심만만한 목표에 도달하려면 아직 갈 길이 멀다.(그 목표는 지난 2000년 리스본에서 열린 EU 정상회담에서 채택되었다.) EU는 그 목표 달성을 위한 진척도의 기준을 세우기 위해「유럽 혁신 스코어보드(EIS)」보고서를 매년 발표한다. 열일곱 가지 주요 경제 지표에 대한 EU의 상황을 명시하는 것이다. 그 지표는 혁신을 위한 인적 자원, 신지식 개발, 지식의 전수와 응용, 금융·생산·시장의 혁신 등 크게 네 가지로 분류된다. 그 보고서에 따르면 EU는 데이터가 나와 있는 열 가지 지표 가운데 과학 및 공학을 전공한 대졸자 수, 공공 연구 및 개발(R&D) 비용, 확보된 신규 자본, 이 세 가지에서만 미국을 앞서고 있다. 그 나머지 중요한 일곱 가지 지표에서는 EU가 미국에 뒤지고 있다. 거기에는 제조 분야에서 첨단기술이 올리는 부가가치 비율, 첨단기술 특허 건수, 대학 이상의 학력을 가진 근로자의 비율 등이 포함된다.[41] 그러나 흥미로운 것은 덴마크, 핀란드, 네덜란드, 스웨덴, 영국 등 유럽의 주요 국가들이 비교 가능한 열 가지 지표 가운데 일곱 개에서 미국과 일본을 훨씬 앞선다는 점이다. 더구나 EU 전체로 볼 때 비교 가능한 여덟 가지 지표 가운데 인터넷 이용 비율, 미국에서의 특허 등록, 개인당 정보기술(IT) 지출, 고등 교육 참여 등 다섯 가지에서 미국보다 더 빨리 발전하고 있다. 또 EU는 비교 가능한 데이터가 있는 일곱 가지 지표 전부에서 일본을 바짝 추격하고 있다.[42] 보고서는 "전반적으로 긍정적인 추세로 볼 때 EU가 주요 경쟁국들을 따라잡고 있는 것 같다."고 결론짓는다.[43]

미국의 대다수 경제 전문가들은 유럽의 눈부신 경제 발전을 인정하는 데 인색하다. 일부 유럽 경제 전문가들도 마찬가지다. 국제통화기금(IMF)에서 세계 경제 성장 예측을 담당했고 현재 워싱턴 D. C.의 국제경제연구소(IEI)에서 활동하는 마이클 무사는 2004년도 미국의 성장률을 약 4.5퍼센트, 서유럽의 성장률을 2퍼센트로 예측했고,

2005년의 경우 서유럽이 2.25퍼센트, 미국이 3.5퍼센트에 이를 것으로 내다봤다. 유럽의 성장률이 미국에 비해 떨어진다는 것이 세계 최고의 경쟁력을 가진 경제 세력이 되려는 경주에서 EU가 더욱 뒤지고 있다는 증거로 지적된다.[44]

미국의 경제 전문가들에 따르면 유럽의 성장률이 저조한 것은 정부의 경직된 노동 정책, 반기업가 정서, 지나친 과세, 부담 큰 복지 프로그램 등 소위 "유럽 경화증" 때문이다. 그러나 그들이 간과하고 있는 것은 미국의 최근 경제 성장에 기록적인 소비자 및 정부 부채라는 가혹한 대가가 따른다는 점이다. 경기 부양의 대가가 너무 큰 것이다. 미국은 2000-2004년 1조 5000억 달러라는 추가적인 부채를 안아야 하며, 2004년 한해만 해도 정부의 연간 재정 적자는 5000억 달러로 늘어났다. 또 미국인 일반 가정의 저축률은 2퍼센트 대를 맴돌고 있다. 어떤 면으로 보면 미국은 적어도 부분적으로는 미래에 갚아야 하는 빚을 내어 단기적인 경제 실적 향상을 도모했다고 말할 수 있다.[45]

많은 유럽 회사들이 미국 회사들과 어깨를 나란히 하고, EU 경제의 경쟁력이 미국 경제를 거의 따라잡고 있다고는 하지만 갑부는 미국에서 계속 더 많이 배출되고 있지 않은가? 그렇지 않다. 캡 제미니 언스트&영이 메릴린치 사와 함께 작성한 보고서에 따르면 백만장자(주택을 제외하고 100만 달러 이상의 재산을 가진 사람들)가 유럽에는 260만 명, 북아메리카에는 220만 명이 있다. 특히 유럽에서는 2000년 10만 명의 백만장자가 늘어난 반면 북아메리카의 경우 같은 해 백만장자 수가 8만 8000명이 줄었다는 사실은 시사하는 바가 크다.[46] 놀랍게도 세계 전체의 백만장자 720만 명 가운데 32퍼센트가 유럽에 살고 있을 뿐 아니라 유럽의 부자 수는 다른 어떤 지역보다 더 빨리 늘어나고 있다.[46]

EU 경제가 미국 경제와 대접전을 벌이고는 있지만 숫자가 모든 것을 말해 주는 것은 아니다. 그것은 EU와 미국의 비교가 각각의 GDP를 기준으로 하고 있기 때문이다. 이런 비교의 문제점은 GDP가 진정한 경제 상황을 말해 주지 않는다는 데 있다. 바로 그 때문에 최근 들어 경제 개혁가들뿐만 아니라 세계 유수 경제 기관 내부의 정책 입안가들조차 이런 비교법을 비난하고 있다.

GDP는 1930년대 대공황의 절정기에 미국 상무부가 만들어 처음에는 미국의 경제 회복을 측정하는 잣대로 사용되었고, 그 다음은 2차 대전 동안 전시 물자 생산 능력 측정에 사용되었다. GDP의 단점은 국민들의 생활 수준을 실제로 향상시키는 경제 활동과 그렇지 않은 경제 활동을 구분하지 않는다는 데 있다.

몇 년 전 정책 분석가들인 클리퍼드 코브, 테드 홀스테드, 조너선 로는 《애틀랜틱 매거진》 기고문에서 "GDP는 더하기는 하지만 빼기는 못하는 계산기"라고 신랄하게 비판했다.[48] '생산' (모든 종류의 생산)이 복지 측정의 필수조건으로 인정되는 시대에 GDP는 경제 전문가, 재계 지도자, 정치인들에게 중요한 평가 기준으로 자리 잡았다. GDP는 모든 경제 활동을 유효한 것으로 간주한다. 따라서 만약 실업과 빈곤 때문에 범죄가 증가해 경찰력 확충 비용, 법원 비용, 교도소 비용, 개인 감시 및 보호 시스템 비용이 늘어난다면 그로 인해 발생하는 경제 활동도 GDP에 포함된다. 유독 폐기물 정화, 석유 유출 봉쇄, 오염 지하수 정화가 필요할 때도 그에 따르는 경제 활동은 GDP에 추가된다. 화석 연료 사용이 늘어나 재생 불가능한 에너지가 고갈된다고 해도 그것은 GDP에 들어간다. 또 수백만 명의 미국인들이 비만, 흡연, 음주, 마약 등으로 건강이 나빠진다고 해도 그에 따르는 의료비 증가가 GDP에 더해진다. 테러로부터 국민들을 보호하는 데 드는 비용도 마찬가지다. 미사일, 전투기, 전차, 폭탄을 더 많이 구입하는 것이 전부 GDP에 포함된다. 과연 이런 활동이 우리 삶의 질을 순수하게 증진시키는가? 바로 여기에 문제가 있다. 미국의 GDP와 매년의 증가치 가운데 너무도 많은 부분이 미국인들의 복지를 확실히 증진시키지 않는 경제 활동으로 이뤄져 있는 것이다.

고(故) 로버트 케네디 상원의원은 한 국가의 경제 복지 측정에 GDP를 기준으로 사용하는 것이 어떤 맹점이 있는지 다음과 같이 요약했다.(케네디는 GNP(국민총생산)라는 용어를 사용했지만 GDP와 같은 개념으로 간주된다. 둘 다 한 나라의 경제 활동 결과를 종합적으로 보여 주는 경제 지표다. 다른 점은 GDP가 일정 기간에 한 나라에서 생산된 부가가치의 총계를, GNP는 영토에 관계 없이 한 나라의 인력이나 자본 등 생산 요소들이 일정 기간에 생산해 낸 부가가치의 합계를 가리킨다는 점이다.)

GNP에는 대기 오염과 담배 광고, 고속도로에서 사상자를 치우는 앰뷸런스가 포함된다. 또 일반 가정에 침범하거나 교도소를 탈출하는 사람들을 막기 위해 특수 자물쇠를 설치하는 것도 포함된다. GNP는 아메리카 삼나무 숲의 파괴와 수피리어 호의 죽음을 포함한다. 네이팜탄, 미사일, 핵탄두를 생산하면 GNP는 늘어난다. ······ 그러나 가족의 건강, 교육의 질, 놀이의 즐거움은 포함되지 않는다. GNP는 공장의 청결성이나 거리의 안전에는 전혀 무관심하다. 미국 시의 아름다움이나 건전한 결혼관, 공론의 수준, 관리들의 청렴성 등은 포함되지 않는다. ······ 결론적으로 말해 GNP는 다른 모든 것을 포함하지만 삶을 가치 있게 만드는 것은 제외된다.[49]

GDP 개념을 직접 만들어 낸 사이먼 쿠즈네츠(1971년 노벨 경제학상을 수상했다.)도 1934년 미국 연방의회에 낸 첫 보고서에서 "한 나라의 복지 상태는 국가 소득 합계에서 추정될 수 있는 경우가 거의 없다."고 적었다.[50] 자신이 발명한 도구인 GDP를 30여 년 동안 정치인들과 경제 전문가들이 남용하는 것에 지켜본 쿠즈네츠는 1960년대에 그 문제에 관해 이렇게 다시 견해를 표명했다. "성장의 양과 질, 비용과 이익, 단기와 장기 이익을 확실히 구분해야 한다. '더 높은' 성장을 목표로 설정한다면 무엇을 어떻게 성장시키겠다는 것인지 확실히 명시해야 한다."[51]

GDP가 계속 문제가 많은 것으로 드러나자 그것을 대체할 적절한 도구를 찾기 위한 노력이 지난 수년간 계속되어 왔다. 그 결과 참진보지표(GPI: Genuine Progress Indicator), 지속 가능한 경제복지지수(ISEW: Index of Sustainable Economic Welfare), 포드햄 사회건강지수(FISH: Fordham Index of Social Health), UN의 인간개발지수(HDI: Human Development Index), 경제복지지수(IEWB: Index of Economic Well-Being) 등이 좀더 인기 있는 지표로 사용되고 있다. 이 지표들은 전부 인간 복리에서 '진정한' 경제적 향상을 측정하는 데 그 목적을 둔다.

그중에서도 가장 먼저 GDP의 대안으로 나온 것이 ISEW였다. ISEW는 세계은행의 경제 전문가 허먼 댈리와 신학자 존 코브가 1989년 창안한 개념이다. 먼저 개인 소비 지출을 기준으로 하고 거기에 무급 가사 노동을 더한 다음 다시 거기서 범죄, 오염, 사고 등에 사용된 지출 같은 손실 완화 비용을 공제한다. ISEW는 소득 불균형과 천연자원 고갈도 감안한다.[52] 한편 GPI는 ISEW와 거의 같은 기준을 사용하지만 지역사회에 대한 봉사 활동의 가치를 더하고 여가 시간의 손실을 제하는 것이 다르다.[53] FISH는 유아 사망률, 아동 학대, 아동 빈곤, 10대 자살, 약물 남용, 고교 중퇴율, 평균 주급, 실업률, 건강보험, 고령자 빈곤 수준, 살인, 주택, 소득 불균형 등

열여섯 가지 사회·경제 지표를 측정한다.[54] IEWB는 미래 안전 의식을 측정하는 가족 저축률과 주택 같은 유형 자본 축적 등을 감안한다.[55]

나 개인으로서는 삶의 질에 대한 진정한 향상과 퇴보를 측정하는 데 있어서 GDP가 과연 얼마나 정확한지에 대한 문제를 지난 20년에 걸쳐 확실히 깨닫게 되었다. 1980년대 중반부터 나는 내 삶의 3분의 1 이상을 유럽에서 보내면서 유럽의 거의 모든 지방을 방문했고 소도시, 시골 마을, 대도시에서 두루 숙박해 봤다. 나는 때로는 한 달에 두 번씩 미국과 유럽을 오갔기 때문에 늘 미국과 유럽의 차이를 피부로 느낄 수 있었다. 사소한 것들도 내 눈에 들어왔다. 예를 들어 유럽에서 남자 화장실에 들어가면 전등이 자동으로 들어왔다가는 내가 볼일을 끝내든 끝내지 못했든 9–10분 뒤에는 자동으로 꺼진다. 또 대개 호텔 방에 들어갈 때는 전등을 켜기 위해 카드키를 꽂아 둬야 한다. 방을 나올 때 카드키를 빼면 전등불이 자동으로 꺼진다. 마찬가지로 유럽에서 에스컬레이터를 탈 때면 불빛이 나의 존재를 알려 줌으로써 기계가 작동된다. 이 모든 작은 장치들은 에너지 절약을 위해 고안되었다.

또 유럽의 길거리에서는 노숙자나 정신장애자들이 거의 눈에 띄지 않는다. 물론 유럽에서도 노숙자나 정신장애자가 존재하며 그 수가 늘어나고 있지만 뉴욕, 워싱턴, 시카고, 로스앤젤레스 등 미국 대도시의 거리에 비하면 거의 없는 편이다. 유럽에서 사람들은 밤에 거리를 산책한다. 때로는 빈민가에서도 밤에 걸어다니는 사람들이 있다. 여성들이 해가 진 뒤에도 공원에서 혼자 걷는 모습도 자주 볼 수 있다. 경찰들도 있지만 미국 도시의 거리에서처럼 그렇게 많아 보이지도 않고 위압적이지도 않다.

유럽에서는 뚱뚱한 사람들이 많이 보이지도 않는다. 때로는 하루 종일 다녀도 비만인 사람을 단 한 명도 만나지 못할 때도 있다. 그러나 미국에서는 거의 모두가 과체중인 듯하다. 더 놀라운 것은 미국인들이 자신의 외모가 어떤지 모르거나 관심이 없다는 사실이다.

유럽에서는 사람들이 식당이나 야외 카페에서 음식과 음료를 놓고 몇 시간이나 머문다. 내게 좀 이상하게 보이는 것은 미국에서처럼 사람들이 점심이나 저녁에만 그곳을 찾는 게 아니라 이들이 그곳에 늘 죽치고 있는 것 같다는 사실이다. 나는 그들을 보면 '이들이 모두 실업자들인가 아니면 단지 조금 늦게 사무실에 들어가는 것일까?' 라는 의문을 갖는다.

그리고 유럽에서는 아무도 서두르지 않는 것 같다. 거기서는 사람들이 아직도 한가롭게 거닌다. 노인들은 종종 뒷짐을 지고 걷는다. 요즘 미국의 대도시에서는 많은 사람들이 한가롭게 거니는 것을 눈을 씻고 찾아봐도 볼 수 없다. 또 유럽 도처에 황폐한 주택지와 빈민가가 있지만 내가 자라난 시카고의 사우스사이드나 내가 대학원 과정을 마친 뒤 VISTA(빈곤 퇴치 봉사단)의 유급 자원봉사 직원으로 일하며 살았던 뉴욕 브루클린의 부시위크/브라운스빌 같은 곳의 빈민가에 비하면 대개는 그런대로 괜찮은 편이다.

이탈리아의 밀라노를 비롯해 유럽의 일부 도시에는 건물에 낙서가 만연하고 있지만 대다수의 미국 도시들이 앓고 있는 병폐는 찾아보기 힘들다. 유럽에서는 모든 것이 배치되는 방식에 있어서 훨씬 균형이 잘 잡혀 있다. 주거 환경의 경우 주거지, 학교, 상가가 주로 걸어서 갈 수 있거나 전철을 타더라도 이삼 분이면 충분한 거리에 있다. 또 미국인들이 부러워할 만한 것은 직장 출근 시간이 20분 미만인 유럽인이 열 명 중 거의 여섯 명 꼴이라는 사실이다.[56]

유럽에서 일반 가정집을 방문하면 가구나 첨단 기기가 미국의 일반 가정에 있는 것보다 훨씬 적다는 점을 알 수 있다. 그러나 그들이 갖고 있는 가구나 기기는 품질이 아주 우수하며 보수도 잘되고 있다. 개인의 외모도 마찬가지다. 내가 아는 유럽의 남자와 여자들(대다수 중년 이상)은 미국에 있는 내 일부 친구들처럼 많은 옷을 갖고 있지는 않다. 그러나 그들이 갖고 있는 옷은 아주 고급이며 그 옷을 입고 외출하면 멋져 보인다. 그렇게 차이가 나는 이유는 '스타일' 때문인 듯하다. 사실 모든 것에서 가장 변덕스럽고 모호한 것이 스타일이다. 유럽에서는 누가 얼마나 가졌느냐보다는 삶을 어떻게 즐기느냐가 더 중요하다. 대다수 유럽인들은 이 점에서는 매우 확실하다.

내가 말하고자 하는 요점은 유럽과 미국에서 경험하는 '삶의 질'에 명백한 차이가 있다는 것이다. 나는 다양한 일을 하는 수많은 미국인들과 유럽인들을 만나 이야기를 해봤지만 그들 대부분은 이 문제에 대해 비슷한 생각을 갖고 있었다. 그러나 이상하게도 재계 지도자, 경제 전문가, 정부의 정책 입안가, 선출된 공직자들과 만나면 (특히 미국에서) 나는 미국이 얼마나 부유한지에 대한 이야기만 듣는다. 또 미국적 생활방식의 우월성에 대한 증거가 필요할 때면 어김없이 GDP가 거론된다.

그러나 GDP에 대한 비난을 진지하게 받아들여 삶의 질을 측정할 수 있는 대체 기준을 적용한다면 그 결과는 어떨까? 나는 객관적인 관찰자라면 누구에게나 다음 사실이 분명할 것으로 믿는다. "유럽합중국"은 아직 유아기에 있지만 여러 면에서 이미 미국을 능가하면서 새로운 종류의 슈퍼파워로 부상하고 있다는 사실이다.

앞에서 EU의 GDP가 현재 10조 5000억 달러에 근접하고 있고 미국은 10조 4000억 달러라고 설명한 바 있다. 그러나 삶의 질 향상에 기여하지 않는 부정적인 경제 활동을 반영해 GDP를 조정한다면 그 차이는 더욱 벌어질 것이다. 먼저 국방비의 불균형부터 살펴보자.

2002년 EU 25개 회원국들은 모두 합해 1550억 달러를 국방 관련 지출에 할애했다. 같은 해 미국의 국방비는 3990억 달러로, 유럽 전체를 합친 국방비보다 2440억 달러나 많이 지출했다.[57] 미국의 GDP에서 2440억 달러를 빼야 한다면 미국과 유럽의 GDP 차이는 3440억 달러로 벌어지게 된다.

미국의 GDP에서 국방비를 제외하는 것이 불공평하다고 말하는 사람들이 있을 수 있다. 2차 대전 이래 유럽을 방어하는 부담을 미국이 져 왔기 때문이다. 미국의 군사력이 없었다면, 그리고 북대서양조약기구(NATO)를 통해 유럽의 보호자로 활동할 의지가 미국에 없었다면 유럽은 지역 및 국제적 이익을 보호하기 위해 이미 오래전에 자체 군사력을 증강할 수밖에 없었을 것이라는 주장이다. 물론 옳은 지적이다. 그러나 다른 측면에서도 살펴보자. 많은 유럽인들은 미국의 군사력이 탈냉전 시대에 필요한 수준을 훨씬 넘어섰다고 지적한다. 또 그들은 소위 말하는 "평화 배당금"[베를린 장벽 붕괴와 냉전 종식에 따른 군비 삭감 예상치]의 이익이 아직 실현되지 않았다고 미국 측에 상기시키고 있다. 현재 국제 테러 위협이 10년 전에는 예상치 못했던 새로운 안보 문제로 떠오르고 있지만 유럽인들은 이런 문제가 경찰력 동원, '소프트' 외교, 더욱 정교하고 관대한 개발 원조를 혼합함으로써 가장 효과적으로 처리될 수 있다고 주장한다. 아울러 유럽의 분석가들은 현재 EU 25개국이 전체 국방비로 지출하고 있는 1550억 달러를 유럽 차원에서 재분배함으로써 능률적인 단일 신속대응군을 설립한다면(이미 부분적으로 진행되고 있다.) 앞으로 있을 군사적 위협을 막아 내고도 남을 것이라고 말한다.

미국의 터무니없는 에너지 낭비도 제대로 반영된다면 유럽과 미국의 GDP 차이는 더욱 벌어질 것이다. 지난 2000년 전체 15개국이었던 EU 회원들은 6만 3300조 BTU(영국 열량 단위)의 에너지를 소비했다. 그것은 그해 세계 전체의 에너지 소비 가운데 16퍼센트에 해당했지만 미국보다는 3만 5500조 BTU나 적게 사용했다. 다시 말해 2000년 미국은 9만 8800조 BTU의 에너지를 소비했다.(EU 15개국 전체보다 약 3분의 1이나 더 많다.) 당시 EU 15개국 전체의 인구는 3억 7500만 명으로 미국 인구보다 1억 200만 명이 더 많았다.[58]

그 이후 미국은 계속 EU보다 에너지를 3분의 1 가량 더 많이 소비했다.(2000년 미국의 에너지 관련 지출은 7030억 달러가 넘었다.) 다시 말해 7030억 달러의 3분의 1인 2340억 달러가 낭비된 에너지 대금인 것이다. 그것을 GDP에서 제외한다면 EU와 미국의 GDP 차이는 5780억 달러로 늘어나게 된다.[59] 게다가 유럽보다 연료를 3분의 1이나 더 많이 태움으로써 증가하는 오염을 처리하기 위한 부정적인 비용까지 감안한다면 미국의 GDP는 더욱 낮아져야 할 것이다.

또 미국은 범죄 퇴치 및 사법 집행, 교도 행정에서도 어느 유럽국보다 돈을 훨씬 많이 쓴다. 1999년 미국은 경찰 보호, 법원 행정, 교도소 관리 등에 1470억 달러 이상을 지출했다.(GDP의 1.58퍼센트.)[60] 미국과 유럽이 범죄 퇴치에 사용한 금액의 차이를 반영해 1470억 달러 가운데 일부를 미국의 GDP에서 공제한다면 유럽과 미국의 GDP 차이는 더욱 벌어질 것이다.

그 외 다른 항목들도 이 리스트에 추가될 수 있다. 분명한 것은 생활 기준을 개선하는 데 도움이 되지 않거나 오히려 해를 끼치는 경제 활동 부분에 대한 조정이 이뤄지면 미국이 EU에 약간 못 미친다는 GDP 차이가 더욱 벌어질 수밖에 없다는 사실이다.

삶의 질

이처럼 부정적 경제 활동을 GDP에서 제외하는 것보다 경제 복지와 삶의 질을 측정하는 특정 기준 자체만 따져 보면 EU가 미국보다 훨씬 앞서 있다는 것을 알 수 있다. 삶의 질을 결정하는 기준이라면 경제 전반이 관련이 있지만 가장 먼저 생각할 수 있는 것이 교육, 건강, 자녀 양육, 치안 등이다. 이런 기준 대부분에서 EU는 이미 미국을 앞섰다.

예를 들어 교육을 살펴보자. 미국인들은 공립 교육 시스템에 자부심을 갖는다. 사실 정당한 자부심이다. 17세기 매사추세츠 식민주는 신세계에서 어린이들에게 무료로 교육받을 권리를 가장 먼저 부여했다. (1635년 보스턴 라틴 스쿨이 미국 최초의 공립학교가 되었다.) 오랫동안 기회 균등을 신봉해 온 미국으로서는 만인을 대상으로 한 공립 교육을 가장 소중한 시스템이며 하나의 상징으로 간주한다. 아메리칸 드림은 미국에 있는 모든 사람들이 태어난 곳 및 상황과는 관계없이 자신의 삶을 최대한 이용할 수 있도록 교육을 받을 권리가 있다는 아이디어를 기초로 발전했기 때문이다.

따라서 미국의 교육자들이 1990년대 중반 세계 각국 성인들의 지적 능력을 비교하기 위해 실시된 '국제 성인 문자 해독력 조사'(IALS) 결과를 보고 충격받은 것은 당연한 일이었다. 이 조사에서 초등학교에서 중학교 수준까지의 미국 어린이들이 "거의 모든 다른 나라의 어린이들보다 뒤지는 것"으로 나타났다.[61] 이것은 미국 어린이들이 고등학교에 들어갈 때 다른 나라 어린이들에 비해 학습 준비가 덜 되어 있다는 뜻이다.

2000년 OECD는 여러 나라의 문자 해독률에 대해 조사한 '국제 학업 성취도 비교 프로그램'(PISA) 보고서를 발표했다. 그 프로그램은 "학교 안팎에서 접할 수 있는 다양한 종류의 글을 읽고 그 내용을 파악하고 재구성하고 발전시킬 수 있는 능력을 측정하는 데 초점을 맞췄다."[62] 여기서도 미국 어린이들은 읽기 분야에서 15위를 차지해 서유럽 8개국보다 뒤졌다.[63]

미국의 GDP에서 교육비가 차지하는 비율은 EU 국가들과 거의 같다.(3.6퍼센트.) 그런데도 수리 분야에서 유럽 12개국의 어린이들이 미국 어린이들보다 높은 점수를 얻었고, 과학 탐구 분야에서도 유럽 8개국이 미국보다 앞섰다. 마찬가지로 놀라운 것은 EU의 학생들은 평균 17.5년의 교육 과정을 이수하는 반면 미국의 학생들은 평균 16.5년의 교육을 받는다는 사실이다. 또 대학 이상의 교육을 받는 학생 수도 유럽의 9개국이 미국보다 많다.[64]

국민들의 건강보다 사회의 복지 상태를 더 잘 보여 주는 지표는 없다. 미국인들은 자신들이 세계 최고의 의료 시스템을 갖고 있으며 세계에서 자신들이 가장 건강하다고 믿는다. 수백만 명의 미국인들이 개인 건강보험에 들지 못하며 공공지원도 받지 못하는 실정이지만 대다수 미국인들은 미국의 의료 시스템이 최고라고 생각한다. 그러나 불행하게도 그런 믿음은 사실이 아니다. EU와 미국의 의료 분야를 비교해 보면 그것이 확실해진다.

EU의 경우 인구 10만 명당 의사 수가 약 322명인 반면 미국에서는 인구 10만 명당 의사 수가 279명이다.[65] 미국에 숙련된 의사가 적다는 것은 이야기의 시작일 뿐이다. 유아 사망률의 경우 미국은 출산 1,000건당 일곱 명으로 선진국 가운데서 26위이며 EU 평균보다 훨씬 낮다.[66]

고령자 의료 부문에서도 미국은 마찬가지로 EU에 뒤진다. 신규 회원 10개국을 제외한 EU 15개국의 평균 수명은 여성의 경우 81.4세, 남성의 경우 75.1세로 전체 평균 78.2세다. 미국은 여성의 경우

79.7세, 남성의 경우 74.2세로 전체 평균 76.9세다. EU에 최근 가입한 중-동유럽 10개국을 포함하면 EU의 전체 평균 수명은 미국보다 약간 낮아진다.[67] 그렇지만 대다수의 미국인들은 서-북유럽의 평균 수명이 미국보다 높다는 것을 믿지 못할 것이다. 더구나 세계보건기구(WHO)에 따르면 "장애를 감안한 수명"에서 미국은 현재 24위로 유럽국들보다 훨씬 떨어진다.[68]

WHO는 국민의 전반적 건강 상태에 대한 순위도 매겼는데 미국은 37위로 순위가 더욱 떨어졌다. 게다가 국민들이 받는 의료 수준의 공평성에 있어서 미국은 54위로 OECD 국가 중 꼴찌를 차지했다.[69]

서글프게도 선진국 가운데서 모든 국민들에게 의료 서비스를 제공하지 않는 나라는 미국과 남아프리카공화국뿐이다.[70] 현재 미국인 4600만 명 이상이 의료보험에 가입되어 있지 않으며 자신의 의료비를 지불할 수 없는 실정이다.[71]

그러나 아이러니컬하게도 OECD에 따르면 미국은 세계 어떤 나라보다 개인당 의료비 지출이 높다.(2001년 개인당 4900달러였다.)[72] 다른 나라와 차이가 나는 액수의 대부분은 높은 행정 및 관리 비용과 영리 의료보험 회사의 마진이 차지한다. 더구나 수백만 명의 미국인들이 의료보험에 가입되어 있지 않기 때문에 질병 예방과 초기 치료를 받지 못해 질병이 위기로 번져야 겨우 손을 쓴다. 그 결과 의료비 지출이 높아지며 이것이 GDP에 추가된다.[73] 현재 미국 GDP의 10퍼센트 이상이 의료비다.[74] 이것 역시 GDP에 반영된 경제 활동과 국민들이 누리는 삶의 질이 일치하지 않는 것을 보여 주는 좋은 예다. 미국 의료의 질과 미국인들의 건강이 형편없는데도 불구하고 높은 의료비 때문에 미국 GDP가 10퍼센트 이상 높아진 것이다.

GDP와 국민의 건강 상태는 경제 전문가들이 거론하지 않는 다른 여러 흥미로운 면에서도 서로 일치한다. 예를 들어 미국의 비만율은 거의 전염병 수준이다. 미국인의 30퍼센트 이상이 만성 비만으로 간주되고 있다. 세계적으로는 3억 명 이상이 비만으로 분류된다.[75] 허리 치수 증가의 주범은 미국에서 장려되고 있으며 현재 미국 기업들이 전 세계에 전파하고 있는 정크 푸드[열량만 높고 영양가 없는 음식]와 스낵 문화다. 비만은 제2형 당뇨, 심혈관 질환, 암 발병의 주요 원인이다.[76]

물론 유럽의 비만율 증가도 만만치 않다. 유럽인들의 식단에서도 패스트 푸드가 점점 더 많은 비중을 차지하고 있기 때문이다. 그런데도 미국의 비만율은 여전히 유럽의 두 배 이상에 이른다. 데이터 확보가 가능한 EU 15개국에서 인구 대비 비만인 사람의 비율은 11.3퍼센트다.[77] 미국의 비만율이 높아질수록 GDP도 많아진다. 패스트 푸드, 정크 푸드, 가공 식품이 미국인의 전체 음식 소비에서 점점 더 많은 비율을 차지하고 있다. 이런 가공 식품의 마진은 비가공 식품보다 훨씬 높다. 이것 역시 GDP를 증가시킨다. 거기에다가 의료비도 있다. WHO는 일부 국가의 경우 비만 한 항목만 해도 의료비를 7퍼센트 정도 증가시키는 것으로 추정한다.[78] 따라서 미국의 GDP는 미국인들의 허리 치수와 함께 계속 증가하는 반면 미국인들이 누리는 삶의 질은 계속 낮아만 가고 있다.

미국은 오랫동안 기회의 땅으로 간주되어 왔다. 그러나 기회란 것이 처음부터 충분한 재정 자원을 갖고 경쟁에 뛰어들어 성공하는 것을 의미한다면 EU 국가에서 태어나는 아이들이 미국 아이들보다 더 유리한 입장이다. 미국의 아동 빈곤 수준은 선진국 가운데서 가장 높은 축에 든다. 국제연합아동기금(UNICEF)은 "개인적으로 갖고 있는 물질적, 문화적, 사회적 자원이 너무 빈약해 자신이 살고 있는 나라에서 용인할 수 있는 최저 삶에서조차 제외된 상태"를 빈곤으로 정의한다.[79] 반면 EU는 빈곤을 좀더 구체적으로 규정한다. "빈곤층이란 소득이 자신이 살고 있는 나라의 평균 소득(중앙치)의 절반 미만인 경우에 해당하는 사람들을 말한다."[80] 이 기준으로 따지면 미국 어린이의 22퍼센트가 빈곤 상태에서 살고 있다. 미국의 아동 빈곤 수준은 선진국 가운데서 꼴찌 멕시코의 바로 앞인 22위다. EU의 기존 회원국 15개국은 전부 빈곤 상태에 있는 어린이 수가 미국보다 적다.[81] 미국식 빈곤 정의인 '절대 빈곤'을 기준으로 해도 미국 어린이들은 유럽 9개국의 어린이들보다 더 빈곤한 상태에 있다.[82] 미국이 규정하는 '빈곤선' 아래에 포함되는 18세 미만의 미국 어린이 수는 현재 약 1170만 명이다. 게다가 미국의 빈곤 어린이 수는 30년 전보다 지금이 더 많다.[83]

안전한 환경도 삶의 질을 측정하는 기준 가운데 하나다. 사회가 풍요로울수록 더 평화롭다는 것이 통설이다. GDP를 기준으로 한다면 미국이 지구상에서 가장 안전한 나라가 되어야 마땅하다. 그러나 사실은 유럽에서 혼자 걸어다니는 것보다 미국에서 거리를 나다니는 것이 훨씬 위험하다. 통계 수치를 보면 섬뜩할 정도다.

1997-1999년 EU의 평균 살인률은 인구 10만 명당 1.7명이었지만 미국은 약 6.26명으로 거의 네 배였다.[84] 더욱 끔찍한 것은 미국 질병통제센터(CDC)에 따르면 미국 어린이들의 살인 희생, 자살, 총기 관련 사망률이 세계 26대 부유국(유럽 14개국 포함) 가운데서 가장 높다는 사실이다. 미국 어린이들의 살인 희생률은 나머지 25개국 전체를 합한 것의 다섯 배, 자살률은 두 배에 이르렀다.[85]

따라서 미국의 투옥률이 EU보다 훨씬 높은 것도 놀랄 일이 아니다. 제2장에서 언급했듯이 200만 명 이상의 미국인들이 현재 교도소에 수감되어 있다. 세계 전체의 죄수 가운데 약 4분의 1을 차지한다.[86] EU 회원국의 수감자 비율은 인구 10만 명당 여든일곱 명이지만 미국의 경우는 685명이나 된다.[87]

유럽 집행위원회는 4억 5000만 명에 이르는 EU 인구의 '진정한' 경제 진보 수준을 측정할 수 있는 좀더 정확한 도구를 만들어 내기 위해 "유럽 사회 조사 및 복지 측정 시스템" 개발에 착수했다.[88]

이 과제를 맡은 유럽 집행위원회 실무 그룹은 "사회 회계"에 포함되어야 할 모든 항목들을 체계적으로 나열한 뒤 "삶의 질" 개념을 바탕으로 연구를 시작했다. 그들은 삶의 질을 "건강, 사회적 관계, 자연 환경의 질 같은 비물질적 생활 상황"으로 규정한다.[89] 또 삶의 질에는 "실질적인 생활 조건"뿐만 아니라 "개인의 주관적 복지"도 포함되어야 한다고 최초 연구 보고서 작성에 참여한 한 인사는 말했다.[90]

미국인들은 모든 사람이 "삶, 자유, 행복 추구 등의 양도할 수 없는 권리"를 부여받았다고 생각하면서도 다른 한편으로는 경제적인 성장이 삶의 질을 보장해 준다고 굳게 믿는다. 그러나 유럽에서는 대다수의 사람들이 그렇게 생각하지 않는다. 그들은 경제적 성장 그 자체는 더 나은 삶을 보장해 주지 않는다고 말한다. 유럽 집행위원회는 행복도를 측정하기 위한 다른 수많은 지표들을 참조하고 있다. 거기에는 사회 결속력 강화 정도, 사회 배타성 약화 정도, 사회적 자본 성장 정도 등이 포함된다. 그들은 "지속 가능한" 경제를 원한다. "지속 가능한 경제"란 "후세대가 자신들의 욕구에 부응할 수 있는 능력에 타격을 주지 않으면서 현재의 욕구에 부응하는 것"을 말한다.[91]

아직 유럽은 구식 GDP 기준을 완전히 단념할 준비가 되어 있지 않다. 그러나 EU라는 세계적인 수퍼파워가 경제 성장을 측정하고 '좋은' 경제의 기본을 규정하는 데 사용되는 기준을 진지하게 재고하고 있다는 사실은 가히 혁명적이다. 미국에서는 1995년 민주당의 바이런 도건 상원의원의 의회 연설을 제외하면 경제 발전을 측정하는 방식에 대한 재고 논의가 연방 차원에서는 한 번도 없었다.[92] 실제로 대통령의 경제팀 가운데 누구라도 그 문제를 끄집어내면 동료들의 비웃음을 살 것이 뻔하다. 그러나 유럽에서는 정부가 앞장서서 구식 기준에 이의를 제기하고 경제 발전을 측정하는 기본 요소의 일부를 재구성하는 데 앞장서고 있다.

그렇다면 이 모든 것이 아메리칸 드림 및 유러피언 드림과 무슨 상관이 있을까? 옛 아메리칸 드림이라면 누구나 가난을 딛고 부자가 될 수 있다는 생각이 가장 먼저 떠오를 것이다. 그러나 새 유러피언 드림은 그와는 대조적으로 삶의 질 증진을 강조한다. 아메리칸 드림이 개인의 기회를 중시한다면 유러피언 드림은 사회의 집단적 복지에 초점을 맞춘다. 현재 개인의 기회에 관한 문제에 있어서도 유럽은 빠른 속도로 미국과의 격차를 좁혀 가고 있다. 그러나 삶의 질에 관한 문제에서는 단연코 유럽이 미국보다 앞서 있다.

비단 개인적인 기회와 삶의 질 문제에서만 유럽과 미국이 대조되는 것은 아니다. 더 근본적인 문제에서도 양쪽은 크게 대비가 된다. 오늘날 유럽과 미국의 현실이 확실하게 차이를 보이는 점이라면 미국이 구시대에 필사적으로 매달리는 반면 유럽은 신시대를 준비하느라 바쁘다는 것이다. 지금 유럽 전역에는 새로운 가능성에 대한 인식과 활기가 넘친다. 물론 나라에 따라, 지역에 따라, 심지어 세대에 따라 그 인식의 강도는 다르다. 또 유럽 통합에 대한 정치적 저항도 아직 군데군데 남아 있다. 그러나 유럽인들은 자신들이 새롭고 대담한 것을 만들어 내고 있으며 전 세계가 자신들을 지켜본다는 것을 의식하는 듯하다. 다시 말해 유럽은 세계화 시대에 적합하도록 인간 조건을 재고하고 사회 제도를 재조정하기 위한 거대한 실험실 역할을 하고 있는 것이다.

많은 전문가들(특히 미국인)은 현재 유럽에서 전개되고 있는 상황에 대해 조롱이나 경멸, 무관심으로 반응한다. 강경 냉소주의자들은 "유럽 합중국" 형성을 위한 노력을 비현실적이며 궁극적으로는 무익한 발상이라고 일축한다. 200여 년 전 유럽의 비판자들도 아메리카 합중국을 만들려던 미국인들의 실험에 대해 비슷한 반응을 보였다. 당시에는 유럽의 비판자들이 오판한 것으로 판명되었다. 그러나 이번에는 미국인들의 생각이 틀렸을 가능성이 높을지 모른다.

새로운 유러피언 드림이 그럴듯한 정치 슬로건에 지나지 않는 것은 결코 아니다. 지금 유럽에서는 개인적, 사회적 차원뿐만 아니라 심지어 철학적 차원에서도 심오한 변화가 일어나고 있다. 대다수의 유럽인들도 자신들이 일으키고 있는 변화가 무엇인지 잘 알지 못한다. 미국의 건국 아버지들도 그렇게 느꼈을 것이 분명하다. 그 과정에서 설혹 의심과 불안, 좌절과 당혹이 있다고 해도 그것은 역사가 다시 쓰여지는 한가운데 있는 사람들로서는 당연한 것이다.

더 나은 내일을 찾는 세계 수백만 명의 사람들에게 유럽이 새로운 기회의 땅이 되고 있는 것은 사실이다. 유럽이 삶의 질을 강조하는 것은 경제 성장과 개인 부의 축적에만 치중한 옛 미국식 모델과 분명히 차이가 있다. 그러나 유러피언 드림은 그것으로 그치지 않는다. 원대한 비전보다 사적인 이야기에 편안함을 느끼는 요즘 세상에서 유러피언 드림은 대담하게도 새로운 '합synthesis'을 만들어 냈다. 다원적인 시각 및 다문화주의에 대한 포스트모던적인 감수성에다 인류 전체의 새로운 비전을 통합한 것이다. 새 유러피언 드림은 인류를 세계화 시대로 이끄는 꿈이다.

유럽에서 일고 있는 변화의 깊이를 정확히 파악하기 위해서는 먼저 유럽의 과거를 알아야 한다. 새로운 유러피언 드림은 과거에 대한 부인(否認)이라기보다 과거를 바탕으로 새롭게 거듭나는 것을 의미한다. 꿈은 우리가 원하는 곳으로 우리를 데려다 주지만 그곳에 도달하기 위해서는 먼저 우리가 뒤에 무엇을 남겨 두고 떠나는지 올바로 알아야 한다. 모든 여정에는 목적지뿐만 아니라 출발점도 반드시 있다. 유러피언 드림의 경우 그 출발점은 2000년대의 시작도 2차 대전 이후의 시대도 아니다. 그 출발점은 중세 말과 현대 초 사이의 여명기로 계몽 운동, 현대 과학의 태동, 개인주의의 개화, 개인 재산 개념의 확립, 시장 자본주의의 형성, 민족국가의 탄생 등 "현대 modernity"라는 제목이 붙는 사상과 관념이 확립되기 시작했을 때였다. 이제 세계화 시대로 진입하면서 그 관념과 사상들에 대한 재고가 불가피하게 되었다. 새로운 길에는 길잡이가 필요하듯 유럽의 새 꿈이 나아갈 길을 알기 위해서는 먼저 유럽이 걸어온 옛 길을 다시 찾아가는 것이 필요하다.

유럽 역사를 다시 거슬러 올라가면서 우리가 발견하게 되는 것은 제1장에서 다뤘던 아메리칸 드림의 뿌리다. 역사가들은 거의 언급하지 않지만 아메리칸 드림이란 유럽 역사에서 얼어붙어 있다가 18세기에 미국의 해안으로 고스란히 옮겨져 지금까지 많은 사람들에게 꿈을 심어 주고 있는 한순간의 사상을 대변한다. 미국 독립전쟁은 쇠퇴해 가던 종교 개혁이 계몽주의의 새로운 힘에 마지막으로 기세를 올리던 바로 그 시기에 일어났다. 유럽의 대부분 지역이 궁극적으로 종교 개혁과 계몽주의를 한데 아울러 "민주 사회주의"로 포장한 새로운 '합'을 만들어 냈지만 미국은 그렇지 않았다. 수세대에 걸쳐 미국인들은 종교 개혁 이념과 계몽주의 전통을 둘 다 그대로 동시에 실천했다. 그 결과 미국인들은 이 세계에서 가장 독실한 신교도인 동시에 과학 탐구, 개인 재산, 시장 자본주의, 민족국가 이념을 가장 신봉하는 국민이 되었다. 완벽하게 구현된 아메리칸 드림은 중세 말에 유럽 대륙을 뒤흔들어 현대를 앞당긴 종교 개혁과 계몽주의라는 이 초기 두 세력이 혼재하는 형태다. 더욱 현실적으로 말하자면 아메리칸 드림은 대부분 유럽에서 만들어진 다음 미국 땅으로 옮겨 와 미국의 독특한 상황에 맞도록 개조된 것이다.

미국인들은 스스로 먼 지평선을 보며 전진적인 사고를 한다고 생각한다. 그러나 미국인들의 세계관은 이상하게도 유럽 역사에서 오래전에 지난 한 특정 기간에 갇혀 있다. 다시 말해 아메리칸 드림은 너무 케케묵어 새로운 세계화 시대에 점점 어울리지 않는 꿈이 되어 가고 있는 것이다.

이제 우리는 유럽의 과거와 거기서 만들어진 아메리칸 드림을 더 잘 이해하기 위해 현대를 일으킨 철학적, 사회적 변화를 거슬러 올라가 보기로 한다. 지금 유럽은 세계화 시대에 적합한 새 꿈을 준비하고 있다. 그 꿈이 어디로 향하고 있는지 알기 위해서는 유럽의 과거를 아는 것이 필수적이다.

"현대"의 형성

THE EUROPEAN DREAM

4 공간, 시간, 그리고 모더니티

　인류 역사의 위대한 전환점은 시간과 공간에 대한 개념이 달라짐으로써 나타나는 경우가 많다. 때로는 단 하나의 기술을 채택함으로써 우리의 세계관이 바뀔 수도 있다. 예를 들어 휴대폰을 생각해 보자. 이동통신 기술을 가장 먼저 적극적으로 수용한 사람들은 유럽인들이었다. 수년 전 이탈리아 밀라노의 근사한 고급 식당에 내가 아내와 함께 앉아 있었을 때의 이야기다. 우리 바로 옆 테이블에서 전화벨이 울렸다. 그 테이블에 앉아 있던 한 중년의 남자가 양복저고리 호주머니에서 휴대폰을 꺼내더니 큰소리로 오랫동안 통화를 했다. 그러자 아내가 나를 돌아보며 "미국의 10대들이 저 작은 장난감을 손에 넣으면 더욱 가관일 거예요."라고 말했다.

화성에서 온 미국인, 금성에서 온 유럽인

　곧 이어 미국에서도 휴대폰이 보편화되었다. 그러나 요점은 무선혁명이 대규모로 가장 먼저 일어난 곳이 유럽이라는 사실이다. 지난 2000년 미국의 휴대폰 서비스 가입자는 인구 1,000명당 308명이었지만 EU에서는 661명이었다. 무선통신 기술의 초기 도입이라는 점에서 유럽이 세계의 나머지 지역보다 훨씬 앞섰다는 뜻이다.[1] 수세기 동안 성벽에 둘러싸여 살아온 관계로 "요새 사고방식"에 젖어 있던 유럽인들이 갑자기 벽을 허물고 스스로를 해방시킬 방법을 찾은 것이다. 휴대폰은 새로운 종류의 자유를 가져다 주었다. 물론 그 자유는 이동성이지만 거의 100년 전 수백만 명의 미국인들이 헨리 포드의 저렴한 자동차 모델T를 구입하여 얻었던 것과는 종류가 다른 이동성이었다.

미국인들에게 자동차는 거대한 대지를 장악하기 위한 수단이었다. 땅을 자기 것으로 만들어 다루기 쉽도록 개척하기 위해서였다. 자동차를 가리키는 영어 'auto-mobile' 자체가 시사하는 바가 컸다. 세계 어느 나라 국민들보다 미국인들은 안전을 '자율 autonomy'과 '이동성 mobility'의 개념으로 파악해 왔다. 인적 교류가 드물고 자연 환경이 위협적인 신개척지에서는 자율과 이동성을 가져야 안전을 확보할 수 있었다. 미국에서는 자율, 이동성, 자유, 이 세 가지가 늘 함께 붙어 다닌다. 자율이란 남에게 의존하지 않고 독립적으로 살아간다는 의미다. 또 이동성은 끝없이 새로운 기회를 가져다 주었다. 미국의 카우보이와 그의 말이 좋은 예다. 독립심이 강하고 한곳에 붙어 있지 않는 카우보이는 미국인들의 사고방식을 사로잡은 자유 정신의 상징이었다. 서부 개척 시대가 끝나고 카우보이가 사라지자 헨리 포드는 말을 대체할 기계를 팔았다. 모든 미국인들은 자동차를 구입함으로써 카우보이들이 말에 올라타고 황야를 달리며 느꼈던 것과 똑같은 자유로움을 만끽할 수 있었다.

유럽은 사정이 달랐다. 유럽에도 일종의 개척 정신이 존재했지만 그것은 주로 대리 경험이었다. 유럽 강대국들의 식민지 건설로 유럽인들은 세계 각지를 방문했다. 그중 일부는 미국, 오스트레일리아,

남아프리카에 정착하면서 개척 정신을 수용했다. 그러나 대다수는 식민지 관리, 군인, 그리고 본국의 상업적, 정치적 이해 관계를 대변하는 중개업자들이었다. 그들은 구세계 사람들로 유럽인이라는 틀에서 벗어나지 못했다.

유럽인들은 봉토를 얻거나 성안에서 동업자 조합에 들거나 지역사회에 확고히 소속되어야 안전을 확보할 수 있다고 생각했다. 한 지역사회에 확고히 자리 잡으면 내부적으로도 안전하고 외부의 침입으로부터도 안전하다. 도개교(跳開橋), 해자(垓字)〔성곽 둘레를 판 못〕, 망루 등은 전부 유럽인들의 공간 감각을 드러내는 건축적 상징들이다. 요즘도 유럽인들은 끝없는 황무지를 혼자 자유롭게 돌아다니는 것을 잘 이해하지 못한다.

휴대폰 기술이 유럽에서 먼저 성공했다는 것은 많은 사실을 시사한다. 휴대폰은 개인을 지역사회와 연결시켜 준다. 그러나 휴대폰은 또 지리적인 제한에서 벗어나 공간적으로 자유롭게 다닐 수 있으면서도 시간적으로는 다른 사람과 연결될 수 있게 해 준다. 바로 여기서 공간과 시간에 대한 유럽인들과 미국인들의 기본적인 인식 차이가 드러난다. 미국인들은 독점적인 공간을 갈망한다. 각자가 자조, 자립을 추구하는 것이다. 미국인들이 프라이버시를 중시하는 것도 바로 그 때문이다. 유럽인들은 포괄적인 공간을 추구한다. 가족, 친척, 종족 등으로 구성된 넓은 공동체의 일원이 되려는 것이다. 따라서 유럽인들에게는 프라이버시가 서로 관계를 맺는 것보다 덜 중요하다. 또 미국인들에게는 시간이 미래 지향적이며 새 기회를 탐구하는 도구로 간주된다. 반면 유럽인들에게는 시간이 과거 및 현재 지향적이며 서로간의 관계를 재확인하고 돈독히 하는 데 사용된다.

6개국 국민들을 대상으로 휴대폰 사용 행태를 조사한 결과는 이동통신 기술에 대한 유럽인들과 미국인들의 시각 차이를 잘 보여 준다. 예를 들어 스웨덴인들은 "휴대폰 통화 상대를 마치 바로 앞에 있는 사람인 것처럼 생각한다."[2] 그 결과 식당에서 혼자 점심식사를 하며 휴대폰으로 수다 떠는 것이 충분히 용인된다. 이탈리아인들은 항시적인 연결성을 중시하며 늘 연락이 되는 것을 좋아한다. 또 그들은 어떤 공공장소에서도 휴대폰을 사용하는 데 대해 거부감을 갖지 않는다. 반면 미국인들은 휴대폰 사용에 좀더 신중한 입장이다. 예를 들어 뉴요커들은 휴대폰을 업무에 더 많이 사용하지만 공공장소에서 휴대폰으로 떠드는 것은 남에게 방해가 되며 다른 사람의 프라이버시를 침해하는 것이라고 생각한다. 샌프란시스코 시민들은 휴대폰을 업무와 오락 관련 활동에 같이 사용하며 친구와 통화를 자주 하지만 늘 연락이 닿을 수 있어야 하는 데 대해 부담을 느끼며 혼자 있을 수 있는 시간이 적어질 수 있다고 우려한다.[3]

몇몇 논평가들은 "미국인들은 화성 출신, 유럽인들은 금성 출신"이라고 말했다. 아주 기초적인 차원에서 양쪽의 사고방식이 완전히 다르기 때문에 서로의 생각을 진정으로 이해하는 것은 불가능하다는 의미다. 일리 있는 주장이다. 미국인들의 의식이 구세계에 깊이 뿌리 박고 있다고는 하지만 자신의 운명을 새로운 방법으로 개척하기 위해 대양을 건넜다는 사실 그 자체가 양 대륙을 가르는 대양처럼 넓고 깊은 심리적 격차를 말해 주기 때문이다.

미국으로 건너간 사람들은 자기 나라에서 강제로 쫓겨났거나 기존의 상호 관계에서 더 이상 안전을 보장받을 수 없었던 사람들이었다. 일부는 지리적인 속박에서 벗어나려는 모험가들이었고, 또 일부는 새롭고 더 안전한 삶을 위해 자신의 이익을 희생하거나 심지어 목숨까지 바치려고 마음먹었던 가난한 사람들이었다. 아무튼 자기 나라를 떠난 사람들은 새로운 종류의 안전을 원했다. 그들은 그 안전을 미국의 황야에서 발견했다. 반면 자기 나라에 남은 사람들은 빈틈없이 짜여진 공동체에서 계속 위안을 찾았다.

오늘날 유럽인들과 미국인들의 안전에 대한 이런 판이한 태도는 시장, 시민사회, 정부 등에서 매우 다양한 방식으로 나타나고 있다. 유럽인들은 빈민 구제를 위해 사회민주주의와 공동 참여를 선호하는 반면 미국인들은 자립의 미덕을 강조하며 시장 자본주의적 접근법을 좋아한다. 유럽인들은 아직도 카를 마르크스의 "능력만큼 일하고 필요만큼 받는다."는 말에 공감한다. 반면 미국인들은 스코틀랜드의 경제학자 애덤 스미스의 논리를 신봉한다. 스미스는 유명한 저서 『국부론 The Wealth of Nations』에서 완벽하게 운영되는 자본주의 시장 경제에서는 개인이 사리와 사욕만 추구한다는 혁신적인 주장을 내놓았다. 다만 개인이 사리와 사욕을 추구하는 과정에서 의도치 않게 전체적인 자본이 늘어나 다른 사람들의 복지까지 향상된다는 것이다.

안전에 대한 정의의 시발점부터가 이처럼 상충되기 때문에 미국과 유럽은 세계화 시대로 접어들면서 서로 완전히 다른 길을 걷게 되었다. 소프트웨어, 컴퓨터 혁명, 인터넷, 이동통신 혁명, 중앙 집중적 화석 연료 시대에서 분산적 수소 에너지 미래로의 역사적 이동, 생명공학 및 나노 기술의 확산 등은 전부 우리 인간이 공간과 시간을 인식하는 방법에 있어서 기본적인 변화를 가져오고 있을 뿐 아니라 세계관 변화에 따르는 제도적 장치의 수정도 불가피하게 만들고 있다. 세계화 시대의 공간과 시간적 현실을 대처하는 데 있어서 옛 아메리칸 드림보다 새롭게 부상하고 있는 유러피언 드림이 훨씬 적합한 것 같다.

시공(時空)에 대한 유럽의 집착

중세 말부터 지금까지 유럽인들은 세대를 이어 점진적으로 자신들의 공간을 넓히고, 속도와 흐름을 빠르게 했으며, 연결성과 인적 교류의 밀도를 높여 왔다. 그들의 활동 무대도 작은 마을에서 지역으로, 그리고 국가로 확장되어 지금은 전 세계로 넓혀졌다. 오늘날의 유럽은 인간의 조건과 세계화 시대에 필요한 질서를 재정의하려는 노력의 최전선에 서 있다.

또 유럽은 근대가 태동하던 시기, 다시 말해 기존의 공간 및 시간 의식을 바꾼 기술과 철학의 혁명적 변화에 모든 관심이 집중되던 시기에 다양한 개념이 한데 어우러지는 장소였다. 당시의 유럽인들이 그런 도전에 대처한 방식과 그들이 특정 철학적, 경제적, 정치적, 사회적 노선을 택한 이유를 알면 차세대의 공간 및 시간 모델을 실험하는 과정에서 일어나는 심오한 변화를 이해하는 데 큰 도움이 된다.

인간의 공간 및 시간 의식을 변화시킨 것은 신기술이다. 신기술로 개발된 도구들은 인간 존재의 연장으로서, 공간을 확대하고 시간을 줄이며 안전을 지키기 위해 인간의 감각을 증폭시키는 수단이다. 총은 인간의 팔 힘을 강화해 주고, 자동차는 인간 다리의 연장이며, 컴퓨터는 인간의 기억력을 확장해 준다.

중세가 끝날 무렵 유럽에는 시공에 대한 인간의 통제력을 크게 강화해 준 여러 혁명적 신기술이 도입되었다.

13-14세기 초 북유럽에 무거운 바퀴로 끄는 쟁기가 도입되고, 소가 말로 대체되고, 이모작(二毛作)에서 삼모작(三毛作)으로 바뀌면서 더 많은 땅을 경작할 수 있게 되었고 면적당 수확량도 크게 늘어 농산물 생산이 배로 증가했다.[4] 잉여 농산물로 인구가 급팽창했고 그

에 따라 도시화가 급속히 진행되었다. 작은 촌락이 성으로, 성이 도회지로 변해 갔다. 도시에 숙련 직공들과 상인들이 모여들면서 로마제국의 몰락 이래 처음으로 지속적인 상거래와 무역이 자리 잡았다.[5]

유럽 전역 수천 곳에 물레방아와 풍차가 세워져 기계적인 동력으로 곡물을 빻고, 맥주를 만들며, 목재를 손질하고, 종이를 만들며, 직물을 짜고, 용광로 송풍기를 작동시켰다. 14세기가 되자 유럽인들은 기본적인 공업 대부분에서 인력을 기계 동력으로 교체하는 데 큰 진전을 이뤘다.[6]

1436년 독일인 요한네스 구텐베르크가 최초의 활판인쇄기를 발명해 정보 교환 부문에서 혁명을 일으켰다. 그것은 근대식 상업과 무역을 일으키고 거래와 교류를 촉진하는 데 필수적인 수단이 되었다.

훨씬 먼 거리에서 급속히 이뤄지는 상거래를 따라잡기 위해서는 구술 또는 필기 문화에서는 불가능한 기록 수단이 필요했다. 근대식 상거래에 필수적인 부기(簿記), 명세서, 선하 증권, 인보이스, 수표, 약속어음 등은 모두 인쇄술의 산물이다. 또 인쇄술로 근대적 시장 개념에 필수적인 동일 가격 시스템이 가능케 되었다.

아울러 인쇄술은 또 다른 중요한 면에서 공간과 시간적 관계를 변화시켰다. 고(故) 월터 J. 옹에 따르면 구술 문화에서는 학습이 말로 이뤄지기 때문에 이야기나 속담이 지식을 이어 가는 수단이었다. 특정 기술들은 입을 통해 부모에게서 자식으로, 장인으로부터 도제로 전수되었다. 실용 지식이 글로 쓰여진 경우는 거의 없다. 거의 말을 통해 의사가 전달되었기 때문에 말하는 사람과 듣는 사람이 가까이 있어야 했다. 속성상 구술 문화는 더욱 친밀하고 공동체 성격을 띤다.

그러나 인쇄 문화는 그것과 크게 다르다. 기사나 책의 저자가 물리적인 거리상으로 독자와 가까이 있는 경우는 거의 없다. 글을 쓰고 읽은 것은 주로 자신만의 공간에서 이뤄진다. 인쇄술은 공동체 내부의 유대를 무너뜨리고 서로 먼 거리에 떨어져 있는 사람들 사이의 의사 소통을 혁신적으로 개선했다.

또 인쇄된 책은 모든 가정에 이 세상의 모든 일을 알려 주는 수단이 되었다. 사람들은 책을 통해 멀리 떨어진 곳에 있는 사람들에 관해서도 알 수 있었다. 그에 따라 인간의 상상력은 자신이 몸담고 있는 지역의 편협성에서 벗어나 전 세계를 대상으로 확장되었다.

개선된 나침반과 정확한 해도 덕분에 유럽의 탐험가들과 모험가들은 아프리카 대륙을 주항(周航)하고 대서양을 횡단해 아메리카 대륙에 닿을 수 있었다. 유럽인들은 새로 발견한 거대한 땅들을 식민지화함으로써 공간 감각에 큰 변화를 겪게 되었다.[7] 갑자기 세계가 이전보다 훨씬 커진 것이다. 유럽인들은 그 넓은 공간을 채우는 것이 임무라고 믿었다. 수세기에 걸쳐 수백만 명의 유럽인들이 지구 구석구석을 찾아가 원시적이고 낙후된 사람들을 문명의 빛으로 개화시킨다는 확신을 갖고 자신들의 종교, 경제, 정치적 신념을 전파했다. 영국에서만 1815-1840년 단 25년 동안 100만 명 이상이 미국, 오스트레일리아, 뉴질랜드로 갔다.[8]

18세기 후반 주요 에너지원이 나무에서 석탄으로 바뀌고 스팀 엔진이 발명되자 경제 활동의 속도와 흐름이 가속화되면서 산업 혁명의 터전이 갖춰졌다. 거의 1만 년 동안 사람과 동물의 힘, 바람과 조수에 의존해 오던 동력이 스팀 엔진으로 질적인 비약을 이뤘다. 원거리를 이동하는 시간이 단축되면서 사회적 및 상업적 교류가 활발해졌다. 몇백 년 전만 해도 보통 사람은 오지 마을이나 성 같은 좁은 공간에서 생활했기 때문에 일생 동안 겨우 몇백 명 정도와 교류할 수 있었다. 그러나 1863년이 되자 로마제국의 멸망 이래 인구가 100만 명을 넘은 첫 도시였던 런던에서는 하루에 여러 차례 배달되는 우편 제도가 실시되었다. 런던 내부의 주소로 아침 일찍 편지를 부치면 답장을 받고 다시 편지를 써서 날이 저물기 전에 상대방에게 배달되도록 할 수 있었다.[9]

증기선과 기차의 발명으로 더 빨리, 더 저렴하게, 더 안전하게 여행할 수 있게 되면서 인간의 공간적 시야는 더욱 넓어졌다. 예를 들어 1830년의 이주자는 단돈 2파운드의 요금으로 증기선을 타고 유럽에서 미국으로 갈 수 있었다.[10] 과거에는 원거리 여행이 매우 위험했다. 여행을 뜻하는 영어 단어 'travel'의 어원이 'travail'(고통, 고난)이었을 정도였다. 그러나 19세기에 이르자 여행은 오락의 한 형태가 되었다. 진취적인 영국의 사업가 토머스 쿡은 기차로, 나중에는 배로, 여행객들을 매혹적이고 흥미로운 곳으로 안내했다. 그는 자신의 사업을 "유람excursion"이라고 불렀다.

공간과 시간 인식의 변화는 중세 말 유럽 사회를 혼란에 빠뜨렸다. 유럽인들의 삶을 바꿔 놓은 극적인 시공 의식의 변화를 수용하기에는 너무 편협하고 굼뜬 것으로 판명된 교회, 봉건 경제, 왕국은 서서히 근대 과학, 시장 경제, 민족국가로 대체되어 갔다. 이 새로운 제도와 개념은 과거와는 크게 다른 공간 및 시간적 배경에서 삶을 꾸려 나가는 데 훨씬 적합했다.

요즘도 그와 비슷한 변화가 일어나고 있다. 정통 현대 과학이 자연을 이해하고 활용하는 새로운 방법이 등장하면서 그 뿌리에서부터 흔들리고 있다. 시장 경제도 상거래와 무역의 새로운 네트워크 모델에 의해 도전받고 있다. 아울러 민족국가도 세계화 시대에 따른 인간 의식의 변화와 신기술적 현실을 더 잘 수용할 수 있는 지역적, 전 지구적 통치 제도에 서서히 자리를 내주고 있다.

현재 유럽에서 진행되고 있는 이런 실험의 중요성을 완벽하게 인식하기 위해서는 시공적 의식 변화가 마지막으로 크게 일어난 중세 말 직후 현대 과학, 시장 경제, 민족국가가 등장한 이유와 그 과정을 한 걸음 뒤로 물러서서 되돌아볼 필요가 있다. 그래야만 새 시대를 맞아 다시 한번 변신하기 시작한 유럽이 얼마나 방대하고 어려운 과제를 안고 있는지 알 수 있다.

자연의 개척과 이용

중세가 끝나고 근대가 시작되면서 유럽인들이 자연 세계와 관계를 형성하는 방식에서 중요한 여러 변화가 일어났다. 바로 그런 변화가 오늘날 우리가 알고 있는 '현대 과학'을 낳았다.

우선 자연 세계가 합리주의를 선호하는 사람들에게는 그 신비성을 잃어버렸고, 낭만주의를 따르는 사람들에게는 세속화되었다. 과거에는 자연이 그 자체로 존재한다거나 원시적인 세계라거나 타락한 에덴으로 간주되었지만 근대에 들어서는 자연이 과학에 의해 처리되어 시장에 놓이기를 기다리는 천연자원의 보고라는 실용주의적 개념으로 파악되기 시작했다.

르네상스(문예부흥)의 화가들은 이 땅에서 신을 쫓는 대리인이 됐다가 자신도 모르는 사이에 새로운 실세인 과학자들에게 자리를 내주었다. 그들은 새로 발명한 '원근법'이 1,000년간 교회의 지배를 무너뜨리는 데 일조하리라고는 상상조차 하지 못했다.

그 이야기는 중세 유럽의 대성당에서 시작된다. 미국인 관광객이 유럽의 유명한 종교 유적지를 방문할 때 가장 먼저 깨닫게 되는 것이 어느 거리에서든 그 건축물을 앵글에 멋지게 담을 방법이 없다는 사실이다. 유럽의 주요 성당 대다수는 오래된 도시의 심장부에 깊숙이 자리 잡고 있으며 동심원의 빌딩 고리로 겹겹이 둘러싸여 있다.

물론 파리의 노트르담이나 밀라노의 두오모 성당 같은 유적지들은 현관 앞에 광장이 있다. 그러나 대부분은 성당이 인간이 만든 주변 환경에 묻혀 있다. 마치 자석처럼 주변에서 모두를 끌어들이도록 만들어져 있는 것이다. 중세의 성당들은 의도적으로 공동체의 한가운데 위치했다. 사람들이 서로 관계를 형성해 그 속에서 안락을 찾았으며 성당이 그 정신적 기둥이었다.

미국인들은 높은 곳에서 내려다보는 전망을 좋아한다. 경제적 여유가 있다면 미국인들은 자율성을 매일 상기할 수 있도록 언덕 꼭대기나 이웃과 멀리 떨어진 곳에 집을 지으려 한다. 그런 배타성이 미국인들에게 안전하다는 느낌과 자유를 준다. 그러나 유럽에서는 모든 것이 서로 맞물려 있다. 도시의 구시가지뿐만 아니라 일부 신시가지도 이웃과 구분되는 공간이 거의 없이 다닥다닥 붙어 있다. 물론 이것은 인구 밀도가 높고 대지가 부족한 탓이기도 하다. 그러나 그 전례는 사람들이 성벽에 둘러싸인 도시나 봉토에서 살던 시대로 거슬러 올라간다. 도시 성곽이나 봉토 밖은 불확실성과 위험으로 가득 찬 세계였다. 중세 말까지 북유럽 및 중유럽의 많은 지역에서는 경작지와 목초지 너머로는 나무가 빽빽한 산림지였다.

옛 유럽의 건축은 공간과 안전에 대한 유럽인들의 독특한 인식을 반영한다. 중세에는 안전이 수직 방향으로 인식되었다. 사람들은 영구한 구원을 얻기 위해 하늘을 쳐다보았고, 전통과 공동체 관계 속에서 안전을 찾기 위해 자신들 아래 있는 조상 전래의 땅을 내려다보았다.

봉건 유럽에서는 땅이 사람을 소유했지 사람이 땅을 소유하지 않았다. 사람들은 정해진 신분을 부여받고 태어났으며 공동체를 위해 그 신분에 해당하는 의무를 다해야 했다. 당시 기독교인들의 삶은 그보다 넓은 무대에서 펼쳐진 드라마였다. 공간은 대형 사다리로 인식되었다. 사다리의 맨 아래 가로대에는 세상에서 가장 신분이 낮은 생명체가, 맨 위에는 하나님이 존재했다. 모든 생명체는 삶의 사다리에서 고유의 가로대를 할당받았고 자신보다 위에 있는 모든 이를 섬겨야 하며 아래에 있는 모든 이에게 베풀어야 했다. 계급과 신분이 세습에 의해 결정되던 사회였다.

유럽 성당 벽에 걸린 아름다운 그림과 융단을 자세히 살펴보자. 동물이든 사람이든 모든 생명체는 위로 층층이 이어지는 평면에 위치하고 있다. 그들 모두가 삶의 사다리를 묘사하고 있는 것이다. 거기에는 원근법이란 찾아볼 수 없다. 그것은 당시의 화가들이 원근법을 표현하지 못해서가 아니라 그때는 원근법이 의식의 일부가 아니었기 때문이다. 수직으로 확고히 짜여진 조직 속에서 안전을 찾던 세계에서는 원근법이 거의 필요 없었다.

르네상스 초기의 미술에 원근법이 도입되면서 인간의 공간 개념에 일대 혁명이 일어났다. 처음으로 '사람'의 시선이 위쪽의 하늘에서부터 멀리의 '풍경'으로 옮아갔다. 원근법으로 사람들은 처음으로 자신을 중심으로 세상을 보게 되었다. 처음으로 사람들은 그림을 화가의 시각으로 보았고, 하나님의 은총으로서가 아니라 사람의 눈으로 이 세상을 바라보았다. 그리고 시야에 들어오는 모든 것이 관심의 대상이 되었다. 원근법을 통해 사람들은 주체/객체 관계의 새로운 공간 개념을 갖게 되었다. 그것은 독일의 사회학자 막스 베버가 말한 "세상에 대한 각성"의 시발점이었다.

이 이야기의 요지는 유럽의 대성당들이 원거리에서 잘 보이도록 지어지지 않았다는 점이다. 중세인들은 성당을 원근법에 의해 전체적 시각에 어울리도록 지으면 성당의 권위가 떨어져 성당이 인간의 판단 대상으로 전락한다고 생각했다. 그 결과 대성당들은 신도들이 안에 들어오는 순간 시선이 위로 고정되도록 설계되었다. 지금도 관광객들이 유럽의 대성당에 들어서면 위만 쳐다본다.

그런 상황에서 원근법이 가져온 의식의 변화를 한번 상상해 보자. 중세의 기독교인들은 이 세상을 내세의 영구한 구원을 얻기 위해 준비하는 임시 거처에 불과한 것으로 간주했다. 따라서 중요한 것은 신도들의 공동체였고 대다수 중세 그림에서 묘사되듯 떼지은 군중이 주 예수 그리스도의 재림을 기다리는 것이었다. 그러나 원근법은 인간의 의식을 수평적으로 바꿔 현세를 중시하고 각자가 속세의 삶에서 스스로의 주인이 되도록 만들어 놓았다.

원근법은 르네상스 화가의 캔버스에서 계몽주의 이전의 철학자들의 책상으로 옮아갔다. 거기서 원근법은 '사람의 시각'으로 자연 세계를 개조하기 위한 주된 수단이 되었다. 현대 과학의 아버지 프랜시스 베이컨은 17세기 초 중요한 두 권의 저서 『신 오르가논 Novum Organum』과 『신 아틀란티스 Nova Atlantis』를 썼다. 공간적 관계와 사람의 역할에 대한 그의 선구적인 생각에는 원근법 개념이 중요한 영향을 미쳤다.

베이컨은 특히 사물과 현상의 이유에 대한 숙고를 중시한 고대 그리스 과학을 강하게 비판했다. 그는 그리스인들이 "인간의 조건을 완화하고 개선하는 데 도움이 되는 실험을 단 한 가지도 하지 않았다."고 적었다.[11] 베이컨은 자연을 관찰하고 숙고하는 것보다는 자연을 이용하는 데 관심이 있었다. 그는 '왜'보다 '어떻게'를 알려고 했다. 그는 탁월한 저서 『신 오르가논』에서 자연 세계를 체계화하는 급진적인 새 도구인 "과학적 방법론"을 설명했다. 과학적 방법론은 화가들의 원근법 개념을 빌려와 관찰자와 관찰 대상을 구분하는 것을 바탕으로 "객관적 지식" 발달을 위한 중립적 포럼을 구성하는 것이었다. 과학적 방법론은 미술의 원근법처럼 인간을 우주의 중심에 두고 그 인간의 시야에 들어오는 모든 것을 이용 대상으로 삼았다.

화가가 캔버스 위에서 자연의 형상을 이용했다면 과학자도 실험실 탁자 위에서 거의 비슷한 일을 했다. 그에 따라 자연은 더 이상 경외의 대상이 아니라 인간의 생각에 따라 개조되기를 기다리는 자원으로 지위가 낮아졌다. 베이컨은 객관적 지식으로 무장하면 "모든 것에 영향을 줄 수 있을 정도로 인간의 지배력 경계를 넓히는 것이 가능할 것"이라고 주장했다.[12]

고대인들은 지식을 신과 연결될 수 있는 창구로 간주한 반면 베이컨은 지식을 자연에 대해 힘을 행사할 수 있는 수단으로 보았다. 과학적 방법을 통해 인간은 자연을 "원래의 상태에서 꺼내 반죽을 한 다음 원하는 모양으로 만들 수 있다."는 것이었다.[13] 베이컨은 자신의 저서 전반을 통해 자연에 대한 전면 공격의 필요성을 강조했다. 그는 과학적 방법으로 "인간은 자연을 정복하고 그 근본부터 바꿔 놓을 수 있다."면서 이런 신과학의 목표는 "우주에 대한 인간의 지배력을 확립하고 확장하는 것"이라고 선언했다.[14]

베이컨이 자연을 이용하는 방법론을 제공했다면 자연을 자원으로 변환하기 위한 개념적 틀을 제공한 사람은 17세기의 위대한 프랑스 철학자 르네 데카르트였다. 그는 수학의 보편적 법칙에서 자연의 비밀을 해독하고 조절할 수 있는 열쇠를 발견했다. 그는 이렇게 적었다.

나는 모든 문제를 계수와 측정을 목표로 하는 수학으로 풀 수 있으며, 측정 대상이 숫자든 모양이든 별이든 소리든 상관없다는 것을 알게 되었다. 따라서 나는 그것을 전체적으로 설명할 수 있는 보편적인 과학이 반드시 있어야 한다는 것을 깨달았다. 이것이 바로 보편수학이다. 거기에는 인간 이성의 기초가 들어 있어야 하며 그 범위는 모든 문제에서 진실된 결과를 얻을 수 있는 데까지 확장되어야 한다.[15]

데카르트는 자연에서 주관성과 활력성을 합리적이고 계산 가능한 영역으로 대체했다. "자유롭게 말하자면 나는 우리에게 전해 내려온 어떤 학문보다도 수학이 더 강력한 지식 도구라고 확신한다."[16]

수학적 방식으로 자연을 합리적으로 설명함으로써 자연은 활용 가능한 자원이 되는 데 한 걸음 더 다가갔다. 거기에다가 영국의 정치철학자 존 로크의 사상이 더해지면서 자연을 자원으로 보는 관념이 완전히 정착했다. 로크에게는 자연의 내재적 가치에 관한 주장이 전부 '헛소리'에 불과했다. 그는 "자연 그대로 둔 땅은 황무지라고 불리며 실제로 아무짝에도 쓸모 없다."고 말했다.[17] 로크는 자연의 용도가 더 윤택한 삶을 추구하는 인간에 의해 사용되는 것 외에는 없다고 주장했다. 그는 이렇게 적었다.

담배나 사탕수수를 심고, 밀 또는 보리의 씨를 뿌린 1에이커의 땅과 아무런 경작도 없이 방치된 동일한 크기의 공유지 간의 차이가 무엇인지 생각해 봐라. 노동에 의한 개량이 가치의 훨씬 더 큰 부분을 차지한다는 점을 금방 알게 될 것이다.[18]

실용주의자였던 로크는 "자연을 부인하는 것이 행복의 지름길"이라고 믿었다.[19] 그는 인간이 자연의 힘에 좌지우지되는 한 안전은 확보될 수 없다고 판단했다. 로크를 비롯한 계몽주의 사상가들은 "인간이 자연의 속박에서 해방되어야만" 진정한 안전이 확보될 수 있다고 생각했다.[20] 그 해방을 이룰 수 있는 열쇠는 자연이 주는 보상을 계속 더 많이 활용하고 축적하며 소비하는 것이었다.

자연이 수학적으로 파악되고 자원의 보고로 간주된 것은 중세에서 근대로 옮아가는 과정의 중요한 전환점이었다. 중세 사람들이 생존을 위해 자연을 활용하는 데 관심이 없었던 것은 결코 아니다. 구약성서 「창세기」에서 하나님은 아담과 이브에게 생육하고 번성하여 땅 위의 모든 생물을 다스리라고 이른다. 앞에서 언급했지만 중세 말의 유럽인들은 자연으로부터 더 많은 혜택을 얻기 위해 모든 종류의 신기술에 점점 더 많은 관심을 가졌다. 그런데도 그들의 시공적 기준의 초점은 대부분 내세의 구원으로 가는 과정으로 수직적으로 맞춰져 있었다. 하나님의 왕국을 현세의 풍요로운 땅으로 만들려는 생각은 거의 없었다.

자연의 모든 것을 수학적으로 파악하게 된 것은 유럽 사회에 더욱 미묘한 영향도 미쳤다. 인간이 이 땅에 살기 시작했을 때부터 공간은 장소와 같은 뜻으로 사용되었다. 어디에 있다는 것은 고유한 역사와 이야기를 가진 유일무이한 장소에 있다는 의미였다. 그러나 계몽주의 철학자들은 이 세상과 우주의 모든 것을 수학적으로 파악함으로써 장소의 구속으로부터 해방되는 데 성공했다. 새로운 사고방식에서는 중요한 것이 '위치'와 '이동'이었다. 데카르트는 "내게 확장할 수 있고 움직일 수 있는 능력만 주면 우주를 재창조할 수 있다."고 말했다.[21]

그에 따라 장소의 중요성이 서서히 줄어들다가 결국 장소라는 용어가 지적 대화에서 거의 사라졌고 '위치', '사이트', '포인트' 등이 그 자리를 대신했다. 장소란 것은 위치, 사이트, 포인트 사이의 상대적인 관계를 의미할 뿐이었다. 측정하고 계산할 수 있는 개념이었다. 그 이후의 세대는 자연, 심지어 인간 본성, 그리고 인간의 행동을 관장하는 제도마저도 수학적으로 파악하는 사고방식을 갖게 되었다. 20세기의 수학자 겸 철학자였던 버트런드 러셀은 수학을 "차갑고 엄격한 미녀"에 견주었다.[22]

데카르트가 우주의 원리를 푸는 열쇠는 수학이라고 확신했지만 자연 세계를 재구성하는 수학적 공식을 제공한 사람은 아이작 뉴턴이었다.

뉴턴은 기계적 운동을 설명하는 수학적 방법을 발견했다. 그는 행성이 움직이고 사과가 나무에서 떨어지는 이유를 한 가지 법칙으로 설명할 수 있다고 주장했다. "자연의 모든 현상은 어떤 힘에 의해 일어나고 있는 것 같다. 그 힘에 의해 물체의 입자들이 지금까지 알려지지 않은 어떤 이유로 인해 서로 끌어당기거나 서로 밀어낸다."[23] 뉴턴은 세 가지 운동 법칙을 제시했다. 제1법칙은 외부에서 힘이 작용하지 않으면 물체의 운동 상태는 변하지 않는다는 관성의 법칙이다. 정지해 있는 물체는 그대로 정지해 있고, 움직이던 물체는 일정한 속도로 움직이게 된다. 제2법칙은 가속도에 관한 것으로 가속도는 작용한 전체 힘에 비례하며 질량에 반비례한다는 것이다. 제3법칙은 작용과 반작용에 관한 것으로 모든 힘에는 크기가 같고 방향이 반대되는 힘이 있다는 것이다.[24] 이 세 가지 운동 법칙은 뉴턴이 발표하자마자 학자들을 열광시켰으며 곧 유럽 전역의 학생들이 그의 수학적 모델을 배웠다.

그에 따라 삶의 혼란스럽고 임의적이며 예측 불가능한 모든 일들이 밀려나고, 그 자리에 깨끗하고 질서 정연하며 계산 가능한 '물질과 운동'의 새로운 세계가 들어섰다. 계몽주의의 수학적 세계에서는 기쁨, 열정, 충일함, 공감, 믿음, 슬픔이 들어설 여지가 없었다. 이런 감정들은 수량화되거나 수학 공식으로 설명될 수 없기 때문이었다. 과학자 겸 철학자인 앨프리드 노스 화이트헤드는 텅 빈 공간과 움직이는 물체로 요약되는 계몽주의 세계관이 "지루하며, 소리도 냄새도 색깔도 없고, 끝없이 무의미하게 물질들이 부닥치는 것일 뿐"이라고 표현했다.[25]

계몽주의 철학자들의 이런 추상적이고 합리적이며 수학적인 자연 개념은 인간보다는 기계적 세상에 더 잘 어울리는 듯했다. 따라서 당시의 학자들이 자연의 원리를 설명하면서 기계를 비유로 든 것은 당연했다. 실제로 계몽주의 철학자들은 기계의 힘에 매료된 나머지 초기 현대 기술을 빼닮은 우주론을 구상했다. 데카르트와 뉴턴은 자연의 모든 것을 정확한 법칙에 따라 움직이는 거대한 기계로 보았다. 자비롭고 인간을 사랑하는 하나님은 질서 정연하고 예측 가능하며 자율적인 우주를 만든 기술자 하나님으로 교체됐다.

곧 계몽주의 사상가들은 데카르트의 기계론적 세계관을 경제에 적용함으로써 인간 자신을 상업적으로 이용하는 데 대한 철학적 근거를 마련했다. 애덤 스미스는 데카르트의 은유법을 차용해 "보이지 않는 손invisible hand"이 시장을 통치한다며 경제는 저절로 올바른 기능을 찾아간다고 주장했다. 이 "보이지 않는 손"은 수요와 공급, 노동력, 에너지, 자본을 정확하게 조절하고 생산과 지구 자원의 소비 사이에 적절한 균형을 자동적으로 보장하는 시계추에 비유되었다. 외부의 방해와 규제가 없다면 자본주의의 이 "보이지 않는 손"이 영구 운동 기계처럼 움직여 자율적 경제 내에서 각 개인의 자유를 보장한다고 믿었다. 지금도 경제학자들은 '시장 메커니즘'을 말할 때 데카르트식으로 경제를 본다.

새로운 사고방식 속에서 "보이지 않는 손"은 감독자가 되었고, 시장은 자연 및 동료 인간에 맞서 싸우는 전쟁터가 되어 버렸다. 공평하고 자율적으로 시장을 통치하는 새로운 신(神)은 숫자로 된 언어만 이해할 뿐이다. 그 영역에서는 모든 현상이 단위당 비용, 파운드당 가격, 시급, 주급, 월세, 분기별 수익, 6개월마다 복리로 불어나는 이자 등 상품 가치로 파악된다.

시간의 비신성화

공간이 신성한 영역에서 실용적인 영역으로, 신의 창조물에서 자원의 보고로 바뀌면서 시간에 대해서도 유사한 비신성화 현상이 일어났다. 시간은 단 몇 세기 동안 완전히 세속화해 공간 활용에 사용된 것과 똑같은 과학적 기준에 맞추었다. 계절의 변화, 느긋한 일일 리듬, 영구 구원을 위한 긴 기도 시간을 중시했던 중세인들의 시간관은 객관성, 합리성, 수학적 계산, 초연함, 활용도에 기초해 철저히 현대적이고 과학적으로 변했다. 시간의 자연에서 떨어져 나와 과학화된 것이다.

시간의 의미와 본질을 둘러싸고 벌어진 큰 싸움은 흥미롭게도 중세 말과 근대 초에 초기 상인 계급과 교회 사이에서 일어났다. 싸움의 계기가 된 것은 고리대금업이었다. 당시 안전에 대한 두 가지의 서로 다른 개념이 충돌했다. 하나는 성스럽고 영구 구원을 축으로 한 것이었고, 다른 하나는 세속적이고 물질적 풍요를 지향한 것이었다. 교회는 고리대금업을 금했다. 신약성서 「마태복음」 6장 24절에는 이렇게 나와 있다. "한 사람이 두 주인을 섬기지 못할 것이니, 혹 이를 미워하고 저를 사랑하거나, 혹 이를 중히 여기고 저를 경히 여김이라, 너희가 하나님과 재물을 겸하여 섬기지 못하느니라."

중세 초반에는 고리대금업이 거의 없었다. 당시 유럽의 대부분 지역은 교역을 주로 물물교환에 의존했다. 그러다가 12세기에 이르러 인구, 도시, 교역이 팽창하면서 상거래를 규제하는 데 돈이 더 중요하게 되었다. 새로운 상인 계급과 돈을 가진 사람들이 높은 이자를 받고 돈을 빌리기 시작했다.

교회는 고리대금업이 지옥에 떨어지는 벌을 받는 대죄라고 주장했다. 성직자들은 신구약 성서의 내용으로 그런 주장을 뒷받침했다.

구약성서 「출애굽기」 22장 25절에서 하나님은 자신이 선택한 사람들에게 이렇게 경고한다. "네가 만일 너와 함께한 나의 백성 중에서 가난한 자에게 돈을 꾸어 주면 너는 그에게 채권자같이 하지 말며 이자를 받지 말 것이며……."

바티칸의 교황청은 '정당한' 이자를 받는 데는 반대하지 않았지만 고리대금은 부당한 이익으로 도둑질과 마찬가지로 간주했다. 성 토마스 아퀴나스는 이렇게 적었다.

> 돈이 만들어진 주된 목적은 상거래가 가능해지도록 하는 것이었다. 따라서 평상적인 거래에서 돈을 사용하는 것이 가장 적절하다. 고리대금처럼 빌려준 돈에 대한 이자를 요구하는 것은 원칙적으로 잘못된 일이다.[26]

고리대금업을 둘러싼 논란의 핵심에는 시간 사용의 문제가 자리잡고 있었다. 상인들은 "시간이 돈"이라고 주장했다.[27] 상인들에게는 시간이 절대적으로 중요했다. 장사로 성공하려면 시간을 유리하게 사용하는 방법을 알아야 했다. 싸게 사서 비싸게 팔 수 있는 시간을 아는 것, 재고를 유지할 수 있는 기간이 얼마나 되는지 아는 것, 상품 도착에 걸리는 시간과 상품을 목적지까지 운송하는 데 걸리는 시간을 예측하는 것, 교환율의 변화, 가격의 상승과 하락, 일손 가용 범위의 변화, 제품 제조에 걸리는 시간을 예측하는 것이 성패를 좌우했다. 이런 다양한 시간들을 예측하고 사용하고 조절하는 방법을 가장 잘 아는 상인이 가장 높은 수익을 올릴 수 있었다.

교회는 시간의 유일한 주인은 하나님이고 하나님이 이 세상 사람들에게 무료로 시간을 나눠준다고 주장했다. 시간은 인간이 미래의 구원을 준비하는 데 사용할 수 있도록 하나님이 주시는 선물이라는 것이었다. 상인, 금융업자, 임대자, 기업가들이 시간을 부당하게 사용함으로써 하나님의 권위를 침해한다고 교회는 강조했다. 바티칸의 공식 입장을 요약하면서 토마스 초브햄은 이자를 부과함으로써 "고리대금업자는 돈을 빌리는 사람에게 자신의 소유는 아무것도 팔지 않는다. 그는 하나님의 소유인 시간만 판다. 따라서 다른 사람의 재산을 팔아 이익을 얻는 것은 옳지 못하다."[28]

그러나 만약 시간이 사고 팔 수 있는 상품으로 변질된다면 돈을 많이 벌수록 시간을 더 많이 살 수 있다. 빌려준 돈에 대해 더 높은 이자를 부과함으로써 더 많은 이익을 얻는다면 다른 사람의 시간까지 사들여 더 많은 시간을 자신이 사용할 수 있을 것이다.

그렇다면 인간은 자신의 영속과 생존을 어떻게 확보했을까? 신앙으로? 아니면 돈으로? 중세 역사가 자크 르 고프는 인간의 미래를 결정한 위대한 투쟁의 중요성에 대해 "교회의 시간과 상인들의 시간이 충돌한 것은 당시의 정신적 역사에서 주요 사건 가운데 하나"라고 요약했다.[29]

결국 시간 문제에 관해 굴복한 쪽은 교회였다. 상인이 승리함으로써 돈을 기반으로 한 경제가 태동했다. '공정가격'은 '시장가격'으로 교체되었고, 시장 자본주의가 부상했고 교회의 권력이 점차 쇠퇴하기 시작했다.

시간의 개념은 중세 말과 근대 초 사이에 또 다른 방향으로도 변했다. 13세기 베네딕투스 수도사들에 의한 근대적 시계의 발명과 '스케줄'의 도입은 인류의 시간 개념을 근본적으로 바꿔 놓아 시장 경제와 민족국가 통치로 가는 과정에서 또 하나의 중요한 발전을 제공했다.

기록된 역사의 대부분에서 인간사를 지배한 것은 달력이었다. 달력은 기간, 순서, 리듬, 삶의 속도를 조절하고 문화적인 면에서 집단 행동을 일치시킴으로써 사회 통제의 주요 수단이 되었다. 달력은 과거 지향적이며 특정 사건의 기념이 주요 목적이다. 달력 문화는 신화, 전설, 역사적 사건, 신들의 영웅적 업적, 위인들의 삶, 천문학적인 현상의 주기적 변화 등을 기념한다. 달력 문화에서는 미래가 과거에서 의미를 얻는다. 인간은 과거 경험을 끊임없이 되살리고 존중함으로써 미래를 구상한다.

물론 현대 문화에서도 달력은 중요한 역할을 하고 있다. 그러나 그 정치적 중요성은 스케줄의 등장으로 크게 약화되었다. 스케줄은 시간 할당에서 달력보다 훨씬 큰 통제력을 갖는다. 달력은 1년 전체에 걸친 '매크로' 시간을 규제하는 반면 스케줄은 초, 분, 시간 등 '마이크로' 시간을 통제한다. 스케줄은 과거가 아니라 미래 지향적이다. 스케줄 문화에서는 미래가 과거와 단절되어 독립적인 시간 영역을 형성한다. 스케줄 문화는 과거사를 기념하지 않고 그 대신 미래를 계획하며, 과거를 되살리는 데 관심이 없고 미래를 조종하는 데 관심이 있다. 새로운 시간의 틀에서는 과거가 미래의 서막일 뿐이다. 중요한 것은 어제 행해진 일이 아니라 내일 행할 수 있는 일이다.

달력과 스케줄은 또 다른 중요한 면에서도 차이가 난다. 현대 달력은 종교의 색채를 띠지 않지만 역사 대부분에서 달력의 사회적 의미는 종교적 의미와 불가분의 관계에 있었다. 전통적 달력 문화에서 중요한 날짜는 성스러운 날이었으며 그날은 특정 성일로 지켜졌다. 반면 스케줄은 생산성과 관련이 있다. 스케줄을 짜는 데 있어서는 종교의 역할이 거의, 아니면 전혀 없다. 중세가 끝나면서 시간은 생산을 확보할 수 있는 수단이 되었다. 시간에는 종교적으로 성스러운 의미가 완전히 사라지고 순전히 실용적 의미만 남았다.

조지 우드콕은 "한 문화나 문명이 무엇인가를 고안했다가 나중에 그것에 의해 멸망하는 것을 역사에서 흔히 볼 수 있다."고 말했다.[30] 종교적이고 성스러운 시간의 개념이 사라지고 세속적인 시간 개념이 생긴 데는 다른 어떤 단일 요인보다 스케줄의 영향이 컸다. 베네딕투스 수도사들은 자신들이 발명한 스케줄이 영구 구원을 준비하기 위해 이 세상에서의 시간을 더 잘 활용하는 데 이용되기를 원했을 뿐 그 외 다른 목적으로 쓰이리라고는 기대하지 못했다. 특히 스케줄이 현대 상업의 으뜸가는 도구가 되리라고는 꿈도 꾸지 않았다.

6세기에 설립된 베네딕투스 수도회는 한 가지 중요한 면에서 다른 교단과 차이가 났다. 성 베네딕투스는 늘 활동을 강조했다. "게으름은 영혼의 적"이라는 그의 말이 베네딕투스 회의 슬로건이 되었을 정도였다.[31] 베네딕투스 수도사들은 회개의 형태로서만이 아니라 영구 구원을 확보하는 수단으로서도 끊임없이 일했다. 성 베네딕투스는 수도사들에게 이렇게 경고했다. "우리가 지옥의 고통을 면하고 영원한 삶에 도달할 수 있다면, 우리에게 영원히 이익을 줄 수 있는 일을 시간이 있는 지금 서둘러 해야 한다."[32]

베네딕투스 수도사들은 그 뒤에 등장한 상인 계급처럼 시간을 진귀한 자원으로 간주했다. 그러나 그들에게 시간이 무엇보다 중요했던 것은 그것이 하나님의 소유이기 때문이었다. 그들은 시간이 하나님의 것이기 때문에 하나님의 영광을 기리기 위해 그 시간을 최대한 사용하는 것이 자신들의 성스러운 의무라고 생각했다. 그래서 그들은 하루의 매 순간을 공식 활동으로 채웠다. 기도, 식사, 목욕, 노동, 독서, 명상, 취침 등 모든 활동에는 정해진 시간이 있었다. 규칙성과 단체 결속을 위해 그들은 다른 중세 사회에서 거의 사용하지 않았던 로마식 시간 개념을 재도입했다. 모든 활동은 하루 중 정해진 시간에 하도록 했다. 『성 베네딕투스의 규율』에 나오는 다음 대목을 보자.

형제들은…… 정해진 시간에 육체 노동을 해야 하고, 또 다른 정해진 시간에 성서를 읽어야 한다. 그러기 위해 매일의 시간은 다음과 같이 정해져야 한다…… 형제들은 아침에 일을 시작해야 하고 첫 시간에서 거의 넷째 시간까지 맡은 노동을 해야 한다. 넷째 시간에서 여섯 째 시간까지는 성서를 읽어야 한다. 여섯 째 시간 후에는 식사를 하고 난 뒤 조용히 침대에서 쉬어야 한다.[33]

정해진 시간에 모두가 함께 활동을 시작하도록 하기 위해 베네딕투스 수도사들은 종을 도입했다. 하루 종일 종이 울려 수도사들의 정해진 일과를 재촉했다. 가장 중요한 종소리는 하루 여덟 차례의 기도 시간을 알리는 것이었다.

그들은 주(週)와 계절도 하루 일과처럼 규칙적으로 구분했다. 머리를 밀고, 방혈(放血)하고, 매트리스 속을 보충하는 것 같은 세속적 활동도 연간 정해진 시기에 행해졌다.[34]

베네딕트투스 수도사들이 처음 도입한 '스케줄'은 단순히 새로운 시간 개념인 것만이 아니었다. 에비아타 제루바벨은 특정 활동을 위한 시간을 정하고 그것을 철저히 따르게 함으로써 그들은 "인간사에 기계의 규칙적이고 집단적 리듬을 주입했다."고 지적했다.[35] 정치학자 라인하르드 벤딕스는 베네딕투스 수도사들을 "서양 문명의 최초 프로페셔널"이라고 불렀다.[36]

베네딕투스 수도사들은 정해진 하루 일과를 잘 지킬 수 있도록 하기 위해 종과 종 치는 사람에게 의지하는 것보다 훨씬 정확한 시간 측정 도구를 고안해 냈다. 그것은 바로 기계식 시계였다. 루이스 멈퍼드는 "근대의 핵심 기계는 스팀 엔진이 아니라 시계"라고 말한 적이 있다.[37] 사상 최초의 자동 기계인 시계는 탈진기(脫進機)에 의해 작동되었다. 탈진기는 에너지 방출과 기어의 회전 속도를 고르게 함

으로써 "하중의 힘을 규칙적으로 방해하는" 장치였다.[38]

처음에 시계는 하루 일과를 더 잘 지킬 수 있도록 하기 위한 수단으로 베네딕투스 수도사들만 사용했다. 시계는 시간의 길이를 표준화할 수 있게 해 주었다. 수도사들은 시간 길이의 통일된 단위를 확립함으로써 활동 순서를 더욱 정확하게 짜고 집단 활동을 더욱 효과적으로 행할 수 있었다.

그러나 시계라는 놀라운 발명품에 관한 이야기는 머잖아 사방으로 퍼져 나갔다. 15세기 후반 수도원에서 시계가 도난당하면서 곧 도시 곳곳에 시계가 등장했다. 거대한 시계는 도시 생활을 중심으로 자리 잡았다. 도시의 광장 중앙에 세워진 시계들은 교회의 종을 대신해 도시인들의 복잡한 삶을 인도했다.

그 한 세기 전만 해도 고딕 성당의 위엄이 도시의 지위를 상징했지만 이제 마을 시계탑이 도시 자부심의 상징이 되었다. 1481년 프랑스 리옹의 시민들은 시장에게 시계탑 건설을 탄원했다. 그들은 "더 많은 사람들이 축제에 참가해 흡족해하고 행복하게 되면 사람들이 더욱 법을 잘 지킬 것"이라며 예산 지출을 정당화했다.[39]

초기 시계에는 문자반(文字盤)이 없었고 단지 시간마다 종이 울렸다. 시계를 의미하는 영어 단어의 'clock' 도 '종'을 뜻하는 중세 네덜란드어 'clocke'에서 나왔다. 16세기가 되자 시계는 15분마다 종을 울리도록 고안되었고 일부는 문자반을 갖춰 매 시간의 흐름을 표시할 수 있었다. 17세기 중반 진자가 발명되어 시간이 더 정확해졌다. 곧 이어 분침이 도입되었다. 초침은 18세기 초부터 천문학자, 항법사, 의사들이 더 정확한 시간 측정을 위해 사용하기 시작했다.

시간을 시, 분, 초 단위로 세분화한다는 것은 중세의 농노에게는 기이하고, 심지어 무시무시하기까지 한 아이디어였을 것이다. 당시에는 하루가 아침, 정오, 저녁 이 세 부분으로 나뉘었다. 로렌스 라이트는 시간을 알리는 다른 것이라고는 "파종과 추수 종소리, 예배 종소리, 소등 종소리뿐"이었다고 말한다.[40] 가끔씩 "이삭 줍기 종소리, 빵을 굽기 위해 장원의 화로에 불을 지필 때 치는 종소리, 시장 종소리, 축제나 화제 또는 장례식에 사람을 부르는 종소리"가 들릴 때도 있었다.[41] 그런 경우에도 시간은 미리 정해진 것이 아니었고, 외부 사건과 무관한 객관적인 것이 아니었다. 중세의 시간은 임의적이었고, 융통성이 많았으며, 예측할 수 없었다. 또 추상적 숫자보다는 경험에 근거했다.

"시계는 그 속성상 시간을 인간사에서 분리시킬 수밖에 없었다."고 루이스 멈퍼드는 말했다.[42] 또 하버드 대학교 역사학자 데이비드 랜즈는 시계가 "인간사를 자연으로부터 분리시켰다."고 말했다.[43] 늘 생명체 및 물리적 현상, 해의 뜨고 짐, 계절의 변화에 따라 측정되던 시간이 순전히 기계적으로만 기능하게 된 것이다. 새로운 시간 개념은 질을 양으로 대체했고, 자연 세계의 리듬을 기계적 자동 작용으로 바꿔 놓았다.

상인으로 이뤄진 신흥 부르주아 계급은 기계식 시계를 적극 수용했다. 도시 생활과 상업 활동이 점점 복잡해지면서 규제 및 시간을 일치시킬 필요가 생겼고, 그 수단은 오직 시계만이 제공할 수 있었다.

산업에서 가장 먼저 시계를 도입한 분야는 방직이었다. 직물 제조는 다른 산업 혁명보다 200년 정도 앞섰지만 다가올 시대를 특징짓는 근본 속성의 대부분을 이미 갖고 있었다. 우선 방직에는 대규모 집중 노동력이 필요했다. 또 복잡한 기계와 많은 에너지도 필요했다. 도시의 프롤레타리아 계급은 매일 아침 염색 공장이나 바래기 공장에 모였다. "그런 공장에는 에너지 소비량이 많기 때문에 대규모 집중 작업이 유리했다."[44] 복잡하고, 고도로 집중적이며, 에너지 소비가 많은 이런 제조 분야에서는 작업이 시작되고 끝나는 시간을 정해 두고 그대로 유지하는 것이 필수적이었다.

상인과 공장 주인들은 일꾼과 직공들의 근무 시간을 통제하기 위해 작업종을 사용했다. 역사가 자크 르 고프는 이것을 두고 하층민들에게 세력을 과시하면서 그들을 통제할 수 있는 급진적 새 도구가 등장했다고 말했다. "읍내의 시계탑은 그 지역을 주도하는 상인들이 경제적, 사회적, 정치적 지배권을 행사하기 위한 수단이었다."[45]

수공업에서나 농장에서는 일꾼들이 작업 속도를 정했지만 새로운 공장 시스템에서는 기계가 작업 속도를 결정했다. 그 속도는 외부의 요인과는 무관하고, 끊임이 없으며, 냉정하고, 정확했다. 모든 생산과 제조가 조직적으로 이뤄졌다. 산업 현장의 리듬은 시계의 리듬을 그대로 따랐다. 근로자들은 자기 시간을 공장의 리듬에 일임해야 했다. 정해진 시간에 출근하고, 기계가 정한 속도로 일하며, 정해진 시간에 퇴근해야 했다. 공장에서는 주관적인 시간 개념이 설 자리가 없었다. 그곳에서는 객관적 시간, 다시 말해 기계적 시간이 최고였다.

시계가 새로운 중요한 역할을 맡은 것은 공장에서뿐이 아니었다. 부르주아 계급은 일상생활의 거의 모든 면에 시계를 도입했다. 그것은 다른 어떤 것보다 더 가혹하고 엄격한 시간 규제 방법이었다. 그들은 집, 학교, 클럽, 그리고 사무실에서 시계를 사용했다. 사회와 문화의 모든 구석구석까지 시계의 영향력이 미쳤다. 루이스 멈퍼드는 시간 의식에 대한 이런 급진적 변화를 이렇게 평가했다.

신흥 부르주아 계급은 자신들의 삶을 철저히 짜여진 일과의 연속으로 축소시켰다. 일하는 시간, 저녁식사 시간, 오락 시간 등 모든 것이 정확히 정해졌다. …… 대금 지불, 계약, 근무, 식사 등 모든 일이 기한과 정해진 시간을 따라야 했다. 그때부터 어느 누구도, 어떤 것도 달력이나 시계에서 자유로울 수 없었다.[46]

이 새로운 산업 시대에는 "시계처럼 규칙적이고 정확한 것"이 최고의 가치였다.[47] 시계가 없었다면 산업 시대는 오지 않았을 것이다. 시계로 인해 사람들은 시간을 외부적이고, 자율적이며, 연속적이고, 정확하며, 수량으로 측정 가능하고, 나눌 수 있는 것으로 인식하게 되었다. 아울러 그런 시간 기준에 의해 움직이는 생산 및 제조 방식이 등장할 수 있는 기반이 마련되었다.

자연이 신의 창조물에서 인간의 자원으로 변하고, 고리대금업 법규가 달라지고, 돈 경제의 탄생과 함께 공정가격이 시장가격으로 대체되고, 스케줄과 시계가 도입됨으로써 유럽인들의 공간 및 시간 개념은 큰 변화를 겪었다.

공간과 시간에 대한 미국인들의 기여

공간과 시간에 대한 새로운 개념은 초기 이주민들과 함께 미국 땅으로 옮아갔다. 그러나 그 미국에서는 계몽주의가 약간 다른 성격을 띠게 되었다. 개척 정신에 적합하게 조정된 것이다. 미국인들은 공간과 시간을 제어하기 위한 새로운 도구를 개발했다. '효율성'에 대한 개념은 고대부터 있었지만 현대식 효율성은 19세기 미국 땅에서 생겨나 곧 전 세계로 전파되어 인류의 일상생활방식을 바꿔 놓았다. 인간이 도구를 사용한 지는 수천 년이 넘었지만 19세기 들어 석탄과 증기를 이용한 동력원이 등장하면서 인간은 공간과 시간의 지배자로 부상했다. 그로써 인간은 역사상 최초로 자연이 만든 장벽을 무너뜨리고 물질적 발전을 위해 공간과 시간을 효율적으로 사용하게 되었다.

유럽인들, 특히 영국인들과 독일인들이 증기 기관을 먼저 활용했지만 인간의 행동을 그 새 기계의 리듬에 맞추는 지적, 개념적 메커니즘을 만든 것은 미국인들이었다. 미국 엔지니어들은 효율성을 조직적이고 규칙적인 실행 방법으로 변화시켰고, 그것이 결국 공간과 시간을 통제하는 포괄적인 도구가 되었다. 현대 미국의 특징을 형성하고 아메리칸 드림의 원동력을 제공한 것은 무엇보다도 바로 그 현대식 효율성 개념이었다.

18세기 초에는 효율성이 그와는 상당히 다른 의미로 사용되었다. 1755년에 편찬된 새뮤얼 존슨의 영어 사전에 수록된 '효율성 efficiency'의 정의는 여전히 신학적 견지를 내포하고 있다. 거기서는 하나님이 가장 효율적인 조물주로 정의된다. 성서의 「창세기」에서 하나님은 하늘과 땅이 있으라고 명한다. 그것이야말로 완벽하게 효율적인 행위가 아닌가?

효율성이 현대적인 의미를 갖게 된 것은 19세기 후반이었다. 당시 과학자와 엔지니어들은 기계에서의 에너지 인풋과 아웃풋, 엔트로피를 측정함으로써 열역학의 새 분야를 개척했다. 그 과정에서 그들은 효율성을 재정의했다. 효율성을 순전히 기계적 가치로 변형시킨 것이다. 그 이후 효율성은 최소한의 시간, 노동, 에너지, 자본을 들여 얻을 수 있는 최대한의 생산량을 의미하게 되었다. 효율성의 새 정의는 기계 선반에서 곧바로 공장, 사무실, 가정, 개인 생활로 전파되어 인간의 실적을 측정하고 인간 행동의 가치를 결정하는 기준으로 자리 잡았다. 그뿐이 아니라 효율성은 개인적 성공과 아메리칸 드림의 실현에 필수적인 도구가 되었다. 그 논리에 따르면 가장 효율적인 사람(생산성이 가장 높은 사람)이 최고의 위치에 오르고 자수성가할 가능성이 가장 높다. 효율성에 대한 새로운 관심은 유럽, 아시아로 전파되었지만 그곳에서는 현대식 효율성 개념이 작업장 내에서만 선별적으로 수용되었다. 반면 미국에서는 효율성이 삶의 거의 모든 면에 영향을 주면서 포괄적인 행동 기준으로 굳어졌다.

미국인들은 효율성을 정말 좋아한다. 효율성은 미국인들의 특질이 되었고 인간으로서의 존재 자체에 각인되어 있다. 미국인들이 기계 시간의 가치를 인간 행동 기준으로 변화시킨 과정을 이해하려면 미국의 칼뱅주의의 뿌리와 '선민' 의식부터 살펴야 한다.

16-17세기의 종교 개혁가들은 헌신과 근면을 "구원의 대상으로 선택받은 사람"의 표시라고 주장했다. 프랑스의 개혁신학자 장 칼뱅은 선행, 고해, 사면을 통한 구원이라는 교회의 교리를 비난했다. 칼뱅은 천당에 가기 위해 하나님께 로비할 수는 없는 일이라고 말했다. 모든 인간은 정해진 운명을 갖고 태어나며, 선행을 한다고 해서 그 운명이 달라지지는 않는다고 종교 개혁가들은 믿었다. 그러나 모든 기독교인들이 떨칠 수 없는 의문은 하나님의 은총으로 자신이 구원받았는지 여부를 어떻게 알 수 있느냐는 것이었다. 사실 그것을 알 수 있는 사람은 없을 것이다. 그런데도 칼뱅은 하나님의 계명을 열정적으로 이행하는 사람이 구원받은 자라고 주장했다. 그 이유는 계명을 이행하여 구원이 확고히 보장되기 때문이 아니라 그것이 하나님의 뜻이기 때문이라는 것이었다. 더구나 모든 사람들에게는 자신이 선택받았다고 믿고 그에 따라 행동해야 할 의무가 있다고 그는 주장했다. 그 결과 부단한 노력은 자신이 구원받았는지를 말해 주는 부분적 증거 또는 표시로 간주되었다.

사실 칼뱅은 신자들로부터 그 이상을 요구했다. 마르틴 루터는 이 세상에서 하는 일을 최선의 방법으로 열심히 계속하면 된다고 말했지만 칼뱅은 그것만으로는 충분하지 않다고 주장했다. 칼뱅은 하나님의 영광을 섬기려면 생산성을 올려 자신의 신분을 높임으로써 끊임없이 자신의 처지를 개선해야 한다고 말했다.

칼뱅의 교리에 따르면 각 개인은 끊임없이 하나님의 의지를 실천함으로써 마음속의 의심을 불식하는 동시에 구원에 대한 확신을 갖고 순간순간을 살아가야 한다. 만일 순간적으로라도 금욕 약속을 어기면 구원의 확신이 손상될 수 있다.

존 윈스럽과 청교도 신자들, 그리고 뒤를 이어 미국 땅을 밟은 다른 개신교 신자들은 여러 면에서 개혁신학을 가장 철저히 따른 사람들이었다. 유럽에서 종교적 열정이 식은 지 한참 뒤에 그 불꽃이 신앙의 순수성을 유지하려는 종교 난민들에 의해 미국 땅에 와서 계속 유지된 것이다.

이 열정적 신자들이 거대한 미국 대륙에서 부딪힌 난관은 길들여지지 않은 야생 환경이라는 엄연한 현실이었다. 거기서는 현실적 생존이 영구 구원만큼이나 중요했다. 그들은 끊임없는 생산을 강조한 칼뱅의 교리에다 계몽주의에서 강조된 합리적 행동, 기술적 우수성, 실용주의를 혼합함으로써 어려운 상황 아래서도 생존을 유지하는 동시에 신앙도 실천할 수 있었다.

효율성에 대한 새로운 개념은 개혁신학과 계몽주의 과학을 동시에 강조한 미국적 특이성과 이상적으로 맞아떨어졌다. 효율성은 생산성을 계속 올릴 수 있는 합리적이고 기술적인 방법이기 때문이다. 효율성이 높아질수록 하나님의 영광을 위해 자신의 처지를 개선하고 있다는 확신을 더 많이 가질 수 있다. 아울러 효율성 추구는 자신이 하나님의 구원 대상으로 선택되었다는 것을 확신할 수 있는 길이었다.

19세기 말과 20세기 초 개신교에서 "구원의 대상으로 간택되었다."는 개념이 시들해진 뒤에도 미국에서 효율성과 생산성 향상은 구원의 의미를 내포하고 있었다. 그러나 유럽 등 세계 다른 지역은 그런 의미가 제외된 현대식 효율성 기준을 받아들였다. 미국인들은 아직도 효율성을 높은 도덕적 가치와 동일시하며, 효율성이 지나치게 떨어지는 사람을 좋지 않게 보는 경향이 있다. 비효율적인 것은 나태로 간주된다. 그리고 나태는 7대 죄악 가운데 하나다. 바로 그런 구원적 의미 때문에 미국인들은 현대식 효율성 개념을 최초로, 그리고 가장 적극적으로 받아들였을 뿐 아니라 20세기 내내 효율성을 가장 열렬히 주창할 수 있었다.

유럽인들은 종종 왜 미국인들이 살기 위해 일하기보다 일하기 위해 살까 하고 궁금해한다. 그 대답은 효율성에 대한 미국인들의 깊은 애착에서 찾을 수 있다. 미국인들은 효율성이 높을수록 더욱 하나님께 가까워진다고 믿는다. 앞에서 말했듯이 하나님은 가장 효율적인 조물주다. 하나님은 시간, 노동, 에너지, 자본을 전혀 들이지 않고 그냥 명령으로 "있으라" 해서 이 세상을 창조했다. 무(無)에서 하늘과 땅이 만들어진 것이다. 인간이 시간, 노동, 에너지, 자본을 점점 적게 들여 생산성을 높이고, 그래서 나름대로의 세속적 에덴동산을 만들어 간다면 인간은 하나님의 경외로운 힘에 더욱 가까이 다가갈 수 있다고 생각하는 것이다.

미국인들은 효율성을 새로운 지침으로 삼고 복음주의자의 열정으로 공간과 시간의 재조정에 나섰다. 프레더릭 W. 테일러는 현대 효율성의 아버지로 널리 알려져 있다. 그의 "과학적 관리" 원칙은 19세기 말 미국 산업계에 가장 먼저 채택되었고, 곧 이어 미국 사회 전반으로 퍼졌으며, 효율성 정신의 기초가 되어 궁극적으로는 전 세계의 변화를 이끌었다.

읍내에 설치된 공동 시계가 유럽의 새 시대를 알리는 상징이었다면 스톱워치는 미국의 새 시대를 알리는 상징이었다. 테일러는 직공들의 업무를 작은 단위로 나눈 다음 스톱워치를 이용해 최적의 상태에서 각 업무 단위를 가장 효율적으로 수행할 수 있는 표준 작업 시간을 결정했다. 테일러는 직공의 세부적인 행동까지 조사함으로써 효율성 제고를 위해 어떤 행동을 고쳐야 하는지 권고할 수 있었다. 그에 따른 시간 절약은 종종 몇 분의 1초까지 측정되었다.

테일러는 인간의 행동을 기계 수준으로 낮추었고 실적도 최소한의 시간에 최소한의 노동, 에너지, 자본을 투입함으로써 생산량을 극대화하는 능력을 기준으로 평가했다. 결국 사람과 기계가 사실상 하나가 된 것이다. 20세기가 되자 미국인들은 새로운 기계 가치를 너무도 완벽하게 일상생활에 통합하여 자신의 행동과 기분마저 기계적 용어로 표현하기 시작했다. 의욕이 넘칠 때는 'geared up'(기어를 고속으로 넣었다: 준비를 갖추다) 또는 'revved up'(엔진의 속도를 올렸다: 활발해지다), 낙담했을 때는 'stressed'(기계에 압력이 가해졌다: 정신적 부담을 느끼다) 또는 'overloaded'(과부하) 또는 'burned out'(다 타 버렸다)이라는 표현을 사용한다. 또 흥미로운 것에는 'tune in'(주파수를 맞추다), 싫어하는 것에는 'turn off'(시동을 끄다)라는 용어를 쓴다. 적극적 관심을 갖는 것을 'connected'(연결된), 무관심한 것을 'disconnected'(단절된)라고 표현한다.

곧 효율성 전문가들이 미국 전역에서 공장, 사무실, 대형 상점에 효율성을 높일 수 있는 최신 방법을 계속 도입했다. 효율성 열풍은 곧 사회의 다른 분야로도 퍼져 나가 삶의 모든 면에서 진보를 측정하는 기준으로 자리 잡았다. 진보주의자들은 정치에 효율성을 적용해 정부의 탈정치화와, 모든 정부 기관과 정책에 과학적 관리 원칙 도입을 요구하기 시작했다.(이 문제에 대해서는 제10장에서 좀더 자세히 알아보기로 한다.)

효율성 운동은 심지어 가정과 학교에서까지 일어났다. 1912년 크리스틴 프레더릭은 《레이디스 홈 저널》에 실린 "새로운 살림살이"라는 제목의 기고문에서 미국의 주부들에게 좀더 효율적인 가계 운영 방법을 채택하라고 촉구했다. 그녀는 자신도 비효율적인 살림살이로 소중한 시간을 불필요하게 낭비하고 있다고 고백했다. 그녀는 "분류하고 닦고 치우는 것은 제외하더라도 빨래하는 데만 내가 잘못된 동

작을 여든 개나 한다는 것을 이전에는 전혀 알지 못했다."고 썼다.[48]
그러면서 프레더릭은 독자들에게 이렇게 물었다. "구조가 잘못된 주방에서 일함으로써 시간을 낭비하고 있지는 않는가?…… 집안 일을 좀더 체계적으로 할 수는 없을까?"[49]

미국의 교육 시스템은 효율성 운동에 의해 완전히 개조되었다. 교육 관리, 교장, 교사, 학생들은 모두 비능률적이고 시간과 돈을 낭비한다는 비난을 받았다. 《새터데이 이브닝 포스트》는 "많은 학교가 비효율적으로 경영되고 있다. 그런 경영은 사무실이나 가게에서는 절대로 용납되지 않는다."고 지적했다.[50] 1912년 전미 교육장 연례회의 참석자들은 회의가 시작되기 전에 이런 사전 경고의 메시지를 받았다. "미국 어디서나 효율성을 요구하는 목소리가 높아지고 있으며 그 요구는 날이 갈수록 강해지고 있다. …… 기업체뿐만 아니라 학교도 효율성 테스트를 받아야 한다."[51]

테일러 시대 이후 행동은 언제나 거의 효율성에만 초점을 맞췄다. 효율성은 물질적 부와 경제 발전을 위해 천연자원과 인적 자원 둘 다를 이용하는 데 있어서 최상의 도구가 되었다. 세상의 모든 것이 효율성을 높이기 위한 생산 요인으로 변했다. 미국인들은 스스로 기계처럼 행동할 수 있도록 자신을 재조정하면서 사실상 인간 활동의 모든 면에 엄격한 효율성 기준을 적용했다. 데카르트, 뉴턴, 스미스 등 많은 초기 근대 철학자들에게는 기계가 은유로 간주되었지만 이제는 더 이상 그렇지 않았다. 효율성 전문가들, 그리고 나중에는 인적 자원 관리자와 경영 컨설턴트들은 그들 앞에 있는 모든 것을 기계의 기준으로 바꿨다. 그렇게 함으로써 미국인들은 유럽 계몽주의의 기계론적 가치를 초월해 지구상에서 가장 완벽한 '현대' 국민이 되었다.

미국 대중이 효율성의 마술 같은 힘에 지나칠 정도로 매료되자 일부 지식인들이 맹목적인 효율성 강조를 비판하고 나섰다. H. L. 멩컨은 미국 국민 전체가 엔지니어가 되어 버렸다고 개탄했다. 매트리스 제조자는 '수면 엔지니어', 미용사는 '외모 엔지니어', 쓰레기 수거인은 '공중위생 엔지니어'가 되고 있다는 것이었다.[52]

아무튼 엔지니어들은 미국인들을 약속의 땅으로 인도할 새 구원자가 되었다. 작가 세실리아 티치는 이렇게 적었다. "엔지니어들은 두 세기 반 동안 미국인들의 마음속에 깊이 묻혀 있던 정신적 사명을 부활시켰다. 엔지니어들은 산업화된 미국을 곧바로 2000년대로 끌어가기로 약속이나 한 듯했다."[53] 1922년 미국 고교 졸업반 6,000명을 대상으로 한 조사에서 세 명에 거의 한 명 꼴로 엔지니어를 가장 선호하는 직업으로 꼽았다.[54]

테일러와 그 뒤를 이은 학자들은 효율성 운동을 유럽에 전파했다. 유럽의 사업가들은 효율성 운동을 그럭저럭 수용했지만 유럽 사회의 다른 부분은 그 운동에 시큰둥한 반응을 보였다. 유럽인들은 공장과 회사 사무실에서 생산성을 높이기 위해 과학적 관리 원칙을 사용하려 했지만 거기서도, 특히 아직도 유럽에서는 흔히 볼 수 있는 가족 경영 회사들에서는 그것이 달갑게 받아들여지지 않았다. 인정 많은 온정주의, 전통 수공예에 대한 존중, 계급간 적대심 등이 어우러진 유럽의 옛 경영 관행이 미국에서 테일러주의를 따랐던 열광을 유럽에서는 제어하는 역할을 했다. 유럽인들은 효율성을 개인적, 사회적, 문화적 측면에 도입하는 데 대해서는 더욱 미온적이었다. 이것 역시 현대의 공간과 시간에 대한 유럽인들과 미국인들의 접근법 차이를 극명히 보여 주는 요소 가운데 하나다.

유럽인들은 읍내 광장에 걸린 시계에 이끌렸다. 그들은 시계가 사람들 사이의 관계에서 동시성을 갖도록 만들어 주는 수단이라고 생각했다. 그것은 공동 사회의 집단적 행동을 통제하는 방법이었다.

반면 미국인들은 스톱워치에 이끌렸다. 높은 생산성을 유지하는 것이 최고의 평가를 받았기 때문이다. 그렇다고 해서 효율성이 유럽에서는 중요하게 간주되지 않았다는 뜻은 아니다. 유럽에서도 효율성은 중요했고 지금도 마찬가지다. 그러나 미국에서는 효율성이 행동의 주된 특징인 반면 유럽에서는 효율성이 하나의 중요한 보조적 특질로만 간주된다. 유럽인들이 개인 생활에 효율성 도입을 혐오하는 이유는 효율성이 본질적으로 보조적인 가치만 갖고 있기 때문이다. 효율성으로 따지면 기계든 인간이든 모든 활동은 생산을 최대화하기 위한 요소일 뿐이다. 그럴 경우 인간은 그 자체로서 목적이 되는 것이 아니라 다만 생산을 촉진하기 위한 수단으로 전락한다.

유럽인들은 이렇게 물을 것이다. 진정으로 사랑하는 이를 "효율적으로" 대하는 사람이 어디 있는가? 사랑하는 이에게 "최소한의 시간과 최소한의 노동, 에너지, 자본으로 생산을 최대화함으로써 나의 사랑을 보여 주겠소."라고 말하는 사람이 어디 있는가? 미국인들도 그런 것은 끔찍하다고 말할지 모른다. 그러나 실제로는 "퀄러티 타임"〔quality time: 하루 중에 미리 정해진 시간에 짬을 내어 자녀와 의미 있는 시간을 갖는다는 개념〕이 미국 국민 정서에 너무도 깊이 스며들어 모든 바쁜 부모들에게 자녀 양육을 위한 실용적 지침이 될 정도가 되었다. 유럽의 부모들에게는 '퀄러티 타임'이라는 개념이 아예 없다.

유럽인들은 대인 관계에서 미국인들보다 덜 이기적인 경향이 있다. 유럽인들은 이렇게 묻는다. 사람이 어떻게 효율적으로 정서를 나누거나 사랑할 수 있는가? 사람이 기쁨이나 행복, 또는 감동을 어떻게 효율적으로 누릴 수 있는가?

미국인들은 공간과 시간을 더 실용적으로 사용하는 경향이 있다. 전체적으로 볼 때 미국인들은 유럽인에 비해 덜 느긋하다. 유럽에서는 'meander'(우회적으로 이야기하다), 'ponder'(묵묵히 생각하다), 'muse'(묵상하다) 같은 어휘가 존중받지만 미국에서는 그렇지 않다. 미국인들은 끊임없이 생산적인 것을 가장 행복하게 생각하며 게으름을 도덕적인 문제로 간주한다. 그러나 그와 반대로 유럽인들은 게으름을 탐내고 부러워한다. 그들은 느긋하게 장미꽃 향기를 맡으려 한다. 유럽인 친구들은 내게 인생을 진짜 즐기려면 모든 욕심을 포기하고 제3자의 입장에서 자기에게 무슨 일이 일어날 수 있는지 그냥 지켜봐야 한다고 말했다. 미국인들은 재산과 행복을 운명에 맡길 생각이 별로 없다. 대다수 미국인들은 행복이란 스스로 우리에게 다가오는 것이 아니라 우리가 계속 노력해서 다가가야 하는 것이라고 믿는다. 그러나 내가 아는 유럽인들은 전혀 그렇게 생각하거나 느끼지 않는다.

이 모든 것은 아메리칸 드림과 유러피언 드림의 근본적 차이로 귀결된다. 미국인들은 일을 함으로써 행복을 구한다. 반면 유럽인들은 존재함으로써 행복을 구한다. 미국인들에게 행복이란 개인적 성취, 물질적 성공과 결부되어 있다. 반면 유럽인들에게 행복은 서로간의 돈독한 관계 및 공동체 유대감과 결부되어 있다. 나의 유럽인 친구들은 긴밀한 대인 관계와 결속감이 형성되려면 시간이 많이 걸린다고 말한다. 인간 관계와 사회 결속감은 시계나 효율성 원칙의 지배를 받지 않는다.

미국인들은 종종 자신들이 유럽인들처럼 높은 삶의 질을 누리지 못한다고 안타까워한다. 그러나 미국인들은 공간 및 시간적 관계를 형성하는 데 가장 중요한 수단이 효율성인 한 결코 유럽인들처럼 양질의 삶을 즐길 수 없을 것이다. 약속의 땅이 높은 삶의 질을 상징한다면 '스톱워치'라는 길잡이만 갖고서는 그곳에 결코 도달할 수 없기 때문이다.

5 개인주의의 발달

대다수 미국인들은 강인하고 자율적이며 독립심 강한 개인의 전형이 미국에서 만들어졌다고 믿는다. 미국인들은 다른 사람에게 신세를 지지 않으며, 이 세상에서 원하는 것을 얻기 위해 상당히 큰 개인적 리스크(위험 부담)를 기꺼이 감수하려는 데 대해 자부심을 갖고 있다. 그 자부심은 '강건한 개인주의'와 결부되어 있다. 그런 자기 인식은 대부분 정당하다. EU 집행위원회가 2003년 실시한 기업가 가치에 대한 조사에 따르면 미국인의 경우 세 명에 두 명 꼴로 자영업을 선호한 반면 EU 인구의 절반은 다른 사람 밑에서 일하는 것을 좋아했다. 더욱 흥미로운 것은 개인적 리스크에 대한 미국인과 유럽인의 인식 차이였다. 미국인의 경우 세 명에 두 명 꼴로 실패할 위험이 있다고 해도 사업을 시작해 보겠다고 대답한 반면, 유럽인의 경우 거의 절반이 실패할 가능성이 높다면 사업을 하지 않겠다고 응답했다.[1] 미국인 자신들과 세계의 다른 나라 국민들 모두 미국인이란 어떤 사람을 의미하느냐는 질문에 가장 먼저 떠올리는 이미지가 독립적 리스크 감수 정신일 가능성이 높다.

지금은 다른 어떤 나라에서보다 미국에서 '개인'이 가장 존중받지만 사실 그 뿌리는 미국이 아니다. 현대에서 말하는 '개인'은 유럽에서 싹튼 개념이다. 그 기원은 중세가 저물어 가던 시기로 거슬러 올라간다. 당시 공간과 시간에 대한 개념의 변화는 유럽인들의 일상생활과 행동에 심오한 변화를 일으켰다. 그에 따라 종교적인 색채가 적어진 반면 과학적인 세계관을 가진 새로운 유럽인들이 등장했다. 19세기에 이르자 신흥 부르주아 계급은 중세적 사고방식에서 거의 완전히 탈피해 철저히 현대식으로 사고하고 행동했다. 합리적인 '개인'이라는 급진적인 신개념은 철학, 과학, 경제, 정치 분야에서 일어난 변화에 발맞추어 수백 년에 걸쳐 서서히 형성되었다.

그런 자아에 대한 인식은 너무도 혁명적이어서 오랫동안 그것을 설명할 수 있는 비유조차 찾기 힘들었다. 물론 그 이전에도 사람들은 일종의 '개인' 개념을 갖고 있었지만 대부분 공동적, 집단적인 삶을 살았다. 중세에는 도시를 둘러싼 성벽 밖이나 시골길을 혼자 거니는 사람이 거의 없었다. 프랑스의 중세 역사가 조르주 뒤비는 이렇게 적었다. "중세에는 혼자 돌아다니는 것이 정신 이상의 증세로 간주되었다. 미쳤거나 성격 이상자가 아니라면 그런 위험을 감수하려 하지 않았다."[2]

당시에는 모두들 비좁은 장소에서 생활할 수밖에 없었다. 성벽, 밭, 목초지 너머는 뚫고 들어가기 힘든 울창한 숲과 먹이를 찾는 야생동물들, 그리고 산적들의 세상이기 때문이었다. 밀집 생활은 오랜 세월을 거치며 그 가치가 입증된 생존 전략이었다. 19세기에 이르자 숲은 거의 개간되었고, 야생동물은 길들여졌으며, 산적들도 설 땅을 잃었다. 그제야 사람들은 지평선 멀리까지 바라볼 수 있게 되었다. 그들이 본 것은 주인을 기다리는 새로운 가능성의 세계였다. 더 중요한 것은 당시 유럽인들이 셰익스피어가 『폭풍우』에서 "멋진 신세계 this brave new world"라고 부른 것에 자신의 노동으로 얻은 재산만 갖고 개인적으로 접근했다는 사실이다.

중세 사람들의 삶을 현대인의 삶과 비교해 보면 15세대에 조금 못 미치는 기간 동안 경천동지의 변화가 일어났다는 것을 알 수 있다. 정신적 가치는 대부분 물질적 가치로 대체되었다. 신학은 이념에 밀려났고, 신앙은 이성에 자리를 내주었다. 구원보다는 진보가 중시되었다. 매일 반복되는 일은 직장 근무로 교체되었고, 생산보다 생산성이 중요해졌다. 장소는 위치로 격하되었다. 계절 변화로 측정되던 순환적인 시간 개념은 무시되고 시간, 분, 초로 측정되는 직선적 시간 개념이 삶을 지배하게 되었다. 개인적 관계는 영주에 대한 충성이 아니라 계약에 의해 형성되었다. 남을 배려하고 선량한 행동을 하는 것은 근로 윤리로 변했다. 신성은 실용주의에 자리를 양보했다. 신화는 오락으로 전락했으며, 역사적 의식이 중시되었다. 시장 가격은 그냥 가격으로 대체되었다. 구원보다 운명이 중시되었다. 지혜는 지식으로 그 범위가 좁혀졌다. 그리스도의 사랑은 사랑 그 자체에 가려져 버렸다. 계급은 계층으로 변했다. 계시는 발견에 의해, 예언은 과학적 방법에 의해 빛을 잃게 되었다. 사람들은 예속적 자세에서 벗어나 더욱 적극성을 띠게 되었다. 유럽인들은 스스로 변했다. 새롭게 태어난 유럽에서, 그리고 갓 태어난 미국에서는 소속보다 소유가 인적 교류의 조건을 좌우했다. 실로 머리가 어지러울 정도의 엄청난 변화였다.

그 결과 집단에서 개인이 떨어져 나오고 새로운 자의식이 싹튼 것은 평범하다 못해 진부할 정도로 당연한 일이었다. 데카르트, 뉴턴, 로크가 새로운 합리적 세계의 형이상학을 논하느라 바쁜 동안 더욱 현실적인 변화가 보통 사람들의 습관과 행동에서 일어나고 있었다. 그로 인해 후세대 유럽인들이 객관적인 견지에서, 자의식적으로, 그리고 자율적으로 사고하고 행동할 수 있는 기반이 마련되었다.

계몽주의 철학자들은 자연에서 '인간'을 떼어 내는 것을 강조했다. 또 제어하고, 이용하고, 재산으로 만들 수 있는 대상으로 현실을 변화시키는 것을 중시했다. 계몽주의에서는 자연이 사납고 위험하고 원시적이며 심지어 사악한 힘으로 간주되었다. 다스려지고, 길들여지고, 생산적이 되어 인간을 위해 사용되어야 할 대상이었던 것이다. 여러 면에서 자연 길들이기는 '인간' 자신의 길들이기로 시작되었다. 자연에서 인간을 분리해 내려면 먼저 인간이 동물적 본능에서 탈피해야 하기 때문이었다. 아울러 사람들을 더욱 합리적이고, 계산적이고, 초연하게 만들기 위해서는 사람들의 생각을 고쳐야 했다. 자의식을 가진 자율적인 개인을 만드는 것은 매우 힘든 일이었다.

인간성의 문명화

요즘 우리는 사람들의 성향을 진보와 보수의 잣대로 판단한다. 그러나 몇 세대 전만 해도 우리는 사람들을 현대식과 구식으로 구분했다. 중세 말과 근대 초에는 그와는 다른 분류법이 사용되었다. 야만과 개화가 그것이었다. 야만적 행동은 저급한 본성으로 간주되었다. 야만적이라는 것은 동물과 같이 행동한다는 것이었고, 동물과 같은 행동은 점차 게으르고 탐욕스럽고 위협적이고 비열한 것으로 묘사되었다.

중세 사람들은 여전히 길들였든 야생 그대로이든 동물들 사이에서 살았으며 흙과 가까이 지냈다. 당시의 농민들은 주택과 마구간이 나란히 붙어 있는 일잣집에서 살았다. 사람과 가축이 한 집에서 같은 출입구를 사용했고 안에서는 벽 하나를 사이에 두고 같이 지냈다.[3]

15세기 들어 도시 생활이 번창하면서 처음으로 도시와 시골 사이에 거리가 생겼다. 곧 도시인들은 시골 사람들이 동물 및 자연과 가까이 지내는 데 대해 혐오감을 가졌다. 엘리자베스 여왕 시대 후반이 되자 영국인들은 가축을 집에서 완전히 몰아내고 마구간과 헛간에 격리시켰다. 당시 영국인들은 아일랜드인, 웨일스인, 스코틀랜드인을 '경멸했다'고 알려져 있다. 그들이 여전히 가축과 같은 지붕 아래서 잠을 잤기 때문이었다.[4]

새로 생겨난 공민층[burgher class: 중산층이라고도 하며 근대에 들어와서는 부르주아 계급이 된다.]은 하층민들의 '우둔한' 가축과 같은 야만적인 행동을 비난했다. 영국, 그리고 곧이어 프랑스와 유럽의 다른 지역에서 행동의 문명화는 신흥 상인층의 사명이자 집념이 되었다. 거기에는 교회, 그리고 어느 정도는 귀족층의 도움을 주었다. 문명화는 태도와 몸치장에서 거부감을 주지 않고, 행동을 자제하고, 무엇보다 합리적이고 냉정한 것을 의미했다. 인간이 자신의 동물적 본성을 억제할 수 있어야 자연을 지배할 수 있다고 생각했다. 문명화 과정은 인간을 자신의 야성뿐만 아니라 다른 사람의 야만적 성격과도 분리시켰다. 그 결과 인간은 자치적인 하나의 '섬'이 되어 자주적 행위자로서 자신의 몸과 개인 공간을 통치하게 되었다. 비로소 인간이 '개인화' 된 것이다.

미국에서도 18-19세기 서부 개척 지대에서 그와 비슷한 문명화가 일어났다. 목사, 사회 개혁가, 여성들은 산악 지대와 황야에서 외톨이로 사는 사람들, 유랑자, 카우보이들을 특별 관리하며 그들의 행동을 길들여 올바르고 생산적이고 자기 행동에 스스로 책임을 지는 시민으로 변화시키려고 노력했다.

유럽에서는 문명화에 대한 집착이 여러 형태로 나타났다. 예를 들어 과거에는 벌거벗고 다니는 것이 별것 아닌 것으로 여겨졌지만 문명화 운동이 일면서 갑자기 그것이 중요한 공공의 우려 사항으로 변했다. 개혁 운동가들은 사람과 짐승이 구별되는 것이 옷이라고 역설했다. 머리를 길게 기르는 것도 비난의 대상이 되었다. 베이컨은

"짐승들은 인간보다 털이 더 많다. …… 그리고 야만인도 문명인들보다 털이 더 많다."고 주장했다.[5] 밤에 일하는 것도 수상한 행동으로 간주되었다. 영국의 재판관이며 법학자였던 에드워드 코크는 "밤이 되면 인간은 쉬지만 짐승들은 먹이를 찾아 돌아다닌다."고 말했다.[6] 다른 사람을 비난할 때 동물과 관련된 용어도 더 자주 사용되었다. 존 밀턴은 자신의 적들을 '뻐꾸기', '당나귀', '원숭이', '개'라고 불렀다.[7]

인간의 행동을 문명화하고 개인 의식을 형성하는 데 있어서 가장 중요한 교실이 된 곳은 바로 저녁 식탁이었다. 1526년 에라스무스는 올바른 식사 예절에 관한 책을 펴냈다. 그 책은 곧 신흥 부르주아 계층 사이에서 문명화를 위한 '바이블'로 자리 잡았다.[8]

중세 유럽에서 식사는 공동체 행사였다. 저녁식사는 외설스럽기도 했다. 적어도 귀족들의 집에서는 그랬다. 음유시인, 어릿광대, 곡예사, 각종 애완동물이 식탁 주위를 누비고 다녔다. 현대의 기준으로 보면 중세의 저녁식사는 로마 시대 바쿠스 축제의 느낌을 주는 소란하고 예측 불가능한 모임이었다. 사람들은 긴 벤치에 앉아 식사를 했고 일부는 한쪽 구석에 모여 시끄럽게 농담을 했다. 바닥은 그때의 식사뿐 아니라 저번 식사 시간에 떨어진 음식 찌꺼기들로 어질러져 있었다. 에라스무스는 "맥주, 기름, 빵 부스러기, 뼈, 침, 개와 고양이 배설물 등등 역겨운 모든 것이 오랫동안 쌓여 있었다."고 묘사했다.[9]

음식은 특별한 순서 없이 겉모습도 주로 도살한 상태 그대로 요리되어 나왔다. 참새, 해오라기, 왜가리가 거대한 접시 위에 한꺼번에 뒤섞여 손님들에게 제공되었다. 스튜는 토끼와 다른 작은 동물들을 통째로 채소 및 꽃들과 뒤섞어 넣고 끓여 한꺼번에 나왔다.[10] 커스터드나 과일 타트는 스튜 또는 조류 구운 것 이전에, 또는 같이, 또

5 개인주의의 발달 161

는 나중에 나오기도 했다. 그것은 준비되는 시간과 주인의 기분에 따라 달랐다.[11]

식사 도구는 거의 없었다. 사람들은 손이나 딱딱하게 마른 빵 조각을 이용해 음식을 먹었다. 식사가 끝나면 사람들은 기다리고 있는 개들이 먹을 수 있도록 젖고 지저분해진 남은 빵을 바닥에 떨어뜨렸다.[12]

에라스무스를 비롯한 지식인들은 식사 습관을 "야만적 행사"에서 문명화된 단계로 끌어올리려고 애썼다. 그들은 식사하는 사람들과 그들이 잡아먹는 동물들을 분리하고 식사하는 사람들 사이에도 경계를 짓기 위한 개혁안을 여러 차례 내놓았다.

양이나 돼지 등 도살한 동물을 통째로 요리해 식탁에 내와 주인이 손님들 앞에서 자랑스럽게 고기를 썰어 나눠 주는 관습은 손님들이 보지 못하게 주방에서 하인들이 고기를 썰어 내오는 문명화된 관습에 밀려났다.[13] 1859년 발간된 『점잖은 사회의 습관』의 저자들은 식사에 초대받은 손님들 앞에서 통째로 요리된 동물을 해체하는 "꼴사나운 야만 행위"를 비난했다.[14]

유럽인들이 오랫동안 유일하게 사용해 온 식사 도구인 나이프는 동물을 사냥하고 도살하는 행위와 너무 밀접하게 연관되어 있었다. 중국인들은 유럽인들이 나이프로 식사하는 것을 처음 보고 대경실색했다. "유럽인들은 야만인이다. 어떻게 칼로 식사를 하는가?"라고 그들은 말했다.[15]

포크는 중세 말부터 사용되었다. 베네치아에서 처음 도입되어 나중에 독일, 영국 등 유럽 각지로 전파되었다.[16] 사람들은 포크를 사용함으로써 자신들이 먹는 동물과 약간이나마 거리를 둘 수 있다고 생각했다.

변화는 식사 방식에서도 일어났다. 중세 사람들은 공동 냄비를 돌려 가며 먹다가 입에 걸리는 뼈를 다시 냄비에 뱉기도 했다. 중세 말에 이르러 사람들의 입이 직접 냄비에 닿지 않도록 공동 국자가 사용되었다. 그러다가 근대 초가 되면서 공동 냄비가 완전히 사라졌다. 스푼도 사용되기 시작했고 각자는 개인 접시에 음식을 담아 먹었다. 아울러 이전에는 손과 입에서 기름과 국물을 닦아 내는 데 공동 식탁보가 사용되었지만 점차 개인 냅킨이 사용되기 시작했다.[17]

19세기가 되자 부르주아 계층의 식탁은 잘 갖춰진 수술대처럼 보일 정도였다. 각 세팅에는 특정 와인에 맞춘 크기가 다른 여러 잔들, 음식에 따라 달리 사용되는 여러 종류의 포크, 나이프, 스푼이 포함되었다.[18] 또 식사 자체도 아페리티프〔식욕 촉진을 위해 식전에 마시는 술〕에서 시작해, 수프, 생선, 고기, 샐러드, 디저트, 커피 순서로 질서 정연하고 합리적으로 제공되었다. 혼란스럽고 지저분하고 뒤죽박죽이던 중세 식탁이 질서 정연하고 효율적이고 합리적인 식사로 변했다. 음식에 사람의 손이 직접 닿지 않게 되었고 식사가 준비되는 과정에서도 사람과 도살되는 동물의 관계를 시사하는 것이 거의 사라졌다.

프라이버시의 탄생

중세 말과 근대 초 사이에 일어난 생활방식의 변화는 자율적인 개인의 등장에서도 중요한 역할을 했다. 중세에는 주거 공간이 거의 전부 공개되어 있었다. 가족과 친척, 이웃을 구분하는 경계선도 거의 없었다. 18세기가 되자 공개적인 주거 공간이 개인화했다. 가족들도 정해진 기능에 따라 칸막이나 자신의 방에서 별도로 생활하기 시작했다. 그에 따라 각자가 자신만의 공간과 소유물을 지키기 시작했다. 중세에는 들어 보지도 못한 일이 벌어진 것이다. 개인 공간이 확보됨으로써 사람들은 개성과 자율성을 더욱 강하게 인식했다. 중세 후반까지만 해도 전혀 새로운 개념이었던 프라이버시가 어느새 새로운 자율적 개인주의의 상징으로 자리 잡았다. 프라이버시는 다른 사람의 접근을 허용하지 않을 수 있는 능력을 의미하게 되었고, 인류의 시작부터 지배적인 사회 단위였던 대가족 관계를 부인하고 개인 생활에 우선권을 두는 계기로 작용했다.

생활방식의 급진적 변화는 중세 장원의 영주 저택의 기능적, 건축학적 변화와 함께 시작되었다. 중세 영주 저택은 오늘날 우리가 잘 아는 개인 주거 공간과 다른, 공동 주택의 개념이었다. 거기에는 언제나 수십 명의 친척과 하인들, 그리고 친구와 친지들이 들끓었다. 방 자체도 넓고 칸막이가 없었다. 친척들과 손님들이 같은 방에서 자고 먹고 즐기는 경우가 많았다.

빈민들의 집은 "누추한 가축 우리"와 다름없었다. 다섯 평 남짓한 단칸방에서 스무 명 이상이 생활하는 경우가 빈번했다. 3세대가 같은 침대에서 자기도 했다. 사람들은 혼자 있는 순간이 전혀 없이 평생을 살았다. 나폴레옹 이전 시대의 유럽에서는 인구의 4분의 3 이상이 이런 끔찍한 환경에서 생활했다.[19]

그러나 19세기에 이르자 적어도 부유층 사이에서는 프라이버시 개념이 뿌리를 내렸다. 영주 저택들은 서로 다른 기능을 가진 개인적 공간으로 구분되었다. 거실, 식당, 개인 침실, 창고, 하인방이 생겨났다. 공간의 개인화로 인해 은밀함과 자기 반성의 개념이 더욱 발달했다. 중세 말 주거지의 공개된 삶에서는 거의 찾아볼 수 없던 개념이었다. 빈민들도 어느 정도의 프라이버시를 얻었다. 16세기 중반에서 17세기 중반 사이에 노동자 주택은 절반 이상이 방을 적어도 셋은 갖추게 되었다.[20]

주택 구조의 변화는 가족 생활의 변화를 가져왔다. 요즘 우리가 아는 '핵가족'은 상대적으로 새로운 개념이다. 중세에는 가족 단위 자체가 훨씬 느슨한 개념이었다. 부부 관계가 일체감을 제공하긴 했지만 당시의 가족이란 조부모, 숙모, 삼촌, 사촌들이 함께 살거나 지척에 사는 폭넓은 개념이었다. 유년기라는 관념도 없었다. 아이들도 작은 성인으로 간주되었고, 대가족 전체에 경제적으로 얼마나 기여하느냐에 따라 가치가 매겨졌다. 일고여덟 살 된 아이들을 다른 집에 도제로 보내는 부모들도 많았다.

근대 초기에 경제 및 사회 생활이 복잡해지고 정교해짐에 따라 어린이들에 대한 추상적인 교육과 특수 훈련이 필요하게 되었다. 그런 것들은 정식 교육에 의해서만 가능했다. 그에 따라 중세에는 거의 전적으로 성직자 양성에 이용되어 온 학교가 더욱 보편적인 교육까지 담당하게 되었다. 학교는 어린이들과 어른들의 세계를 구분해 주었다. 이제 부모들은 자녀 교육이라는 새로운 의무를 지게 되었으며, 자녀들의 성장을 위해 도움을 주어야 했다. 역사학자 필리프 아리에스는 "사상 최초로 가족이 자녀 중심이 되었다."고 설명했다.[21] 19세기에 이르자 중세의 공동 가족 생활은 개인 가족 제도로 완전히 대체되었다.

공동체의 집단 생활에서 개인이 점차 분리됨에 따라 어휘에도 변화가 나타나기 시작했다. 18세기 초부터 문학에서 'I'('나')라는 1인칭이 더욱 자주 나타났고 'self-'('자기-' 또는 '자아-')라는 접두어도 많이 사용되기 시작했다. 곧, '자기애 self-love', '자기 연민 self-pity', '자각 self-knowledge'라는 표현이 대중 어휘에서 자리 잡았다. 자서전이 새롭게 인기를 얻는 문학 형식이 되었다. 미술에서는 자화상이 인기를 얻었다. 더욱 흥미로운 것은 중세에는 거의 사용되지 않았던 소형 개인 거울이 16세기 중반부터 대량 생산되기 시작했다는 사실이다. 벽에 거는 거대한 전신 거울이 부르주아 계층의 주택에서 인기 있는 장식품으로 자리 잡았다. 거울은 자아에 대한 새로운 관심을 반영했다. 역사가 모리스 버먼은 "중세 사람들은 자신이 다른 사람들의 눈에 어떻게 비치는지에 크게 신경 쓰지 않았다."고 설명했다.[22] 자아 인식이 높아지면서 자기 반성이 유행했고, 거울 앞에서 혼자 오랜 시간을 보내는 사람들이 많아졌다.

자아와 개인 자율의 강조는 가구 스타일의 변화에서 두드러졌다. 의자는 1490년경 이탈리아 피렌체의 스트로치 궁전에서 처음 사용되었다.[23] 그 이전에는 사람들이 벽에 붙여 놓은 등 없는 나무 벤치나 세 발 걸상, 아니면 바닥의 쿠션 위에 함께 붙어 앉았다. 중세 궁전에 있었던 유일한 의자는 왕의 높은 지위를 상징하는 왕좌였다. 균일한 형태의 의자들이 처음 유행한 것은 르네상스 절정기 프랑스에서였다. 그것은 개인의 상승된 지위를 반영했다. 의자의 개념은 명실공히 혁명적이었다. 그것은 막 생겨난 부르주아 계급 사이에서 싹튼 자율적, 독립적 존재로서의 '개인' 의식을 상징했다. 역사학자 존 루카치는 "집안의 가구와 함께 '마음의 가구'(교양)도 발달했다."고 표현했다.[24] 의자가 유럽 전역에 널리 도입되면서 근대의 자율적 개인이 실제로 도래했다고 말하는 것도 무리가 아닐 것이다.

공동 생활에서 개인 생활로 변하고 개인이 강조되는 과정은 침실에서도 잘 드러난다. 중세에는 다른 사회 활동과 마찬가지로 잠도 여럿이 한 방에서 함께 잤다. 지주 부부, 친척, 친구, 심지어 시종과 하녀들도 임시로 만든 침대를 나란히 놓고 잠을 잤다. 남자들은 남자들끼리, 여자들은 여자들끼리 여럿이 한 침대를 사용하기도 했다. 미켈란젤로도 일꾼 세 명과 한 침대에서 잤다.

영구 침대는 16세기가 되어서야 등장했다. 17세기가 되자 닫집을 단 사주식 침대가 귀족 및 공민층 사이에서 보편화되었다. 약간의 프라이버시를 위해 침대에 커튼도 달렸다. 그런데도 친척과 친지들을 겨우 커튼 하나 사이에 두고 남녀가 사랑을 나누는 것이 다반사였다. 결혼 첫날밤에는 친척과 손님들이 신혼 부부의 침실에서 초야 치르는 것을 구경하는 것이 관례였다. 초야 다음 날 아침 신혼 부부는 육체 결합의 증거로 더럽혀진 침대 시트를 집안 식구들에게 보여 줘야 했다.[25]

서서히 닫힌 문 뒤에 놓인 하나의 침대에서 혼자 자는 습관이 보편화되었다. 중세 말에는 난잡한 육체 접촉이 너무나 성행해 사회 문제가 되었다. 중세에는 흔했던 성욕의 공공연한 과시는 점차 금기로 굳어졌다. 성관계는 점차 은밀한 사적인 행위로 변했다.[26]

과거에는 공개적으로 행해졌던 목욕도 개인적인 행위로 바뀌었다. 중세 후반에 중부, 서부, 북부 유럽 대부분 지역의 마을에서는 공동 목욕탕이 일반적이었다. 15세기 피렌체의 작가 포조 브라치올리니는 독일 바덴의 공중 목욕탕을 처음 가 보고는 깜짝 놀랐다. 당시 르네상스를 꽃피운 이탈리아는 이미 공동 생활을 탈피한 상태였던 것이다. 포조는 이렇게 적었다.

욕탕 위에는 회랑이 있고 남자들은 거기에 앉아 주변을 둘러보며 한담을 나눈다. 누구나 다른 사람들이 들어 있는 욕실에 들어가 사색하고, 잡담하고, 장난치고, 고민을 이야기할 수 있다. 그들은 여자들이 알몸으로 들어와도 그대로 있다. 누가 들어가는지 감시하는 사람도 없고 문도 없다. 음란성은 전혀 찾아볼 수 없다. …… 전라의 남자와 반라의 여자들이 서로 마주친다. …… 사람들은 탕 속에서 음식을 먹기도 한다. …… 남편들은 낯선 사람이 아내를 건드려도 개의치 않는다. 모든 행동을 선의로 해석하고 신경을 쓰지 않는다. …… 그들은 매일 서너 차례 목욕을 하고 하루의 많은 시간을 노래하고 마시고 춤추며 보낸다.[27]

신교도 개혁주의자들은 공중 목욕탕을 경멸했다. 그들은 알몸을 공공연히 드러내면 음탕한 행동이 나올 수밖에 없다고 생각했다. 18세기가 되자 유럽의 많은 지역에서 목욕이 개인적인 행위로 정착되었다.

이 시기에 인간의 대소변도 개인적인 영역으로 들어갔다. 중세에는 사람들이 종종 공개적인 장소에서 대소변을 보았다. 루이 14세 시절에 루브르 궁전 방문자들은 "안뜰뿐만 아니라 발코니, 계단, 문 뒤에서 대소변을 보았다."[28] 근대 초가 되자 인간 배설물이 눈에 띄고 냄새가 나는 것이 혐오감의 대상이 되었다. 그에 따라 유럽 전역의 도시에서 대소변을 볼 때는 보이지 않는 곳을 이용하도록 조치가 취해졌다. 19세기 후반 세계에서 처음으로 런던에 지하 하수 시스템과 수세식 변소가 생겼다.[29]

몸에서 가축의 냄새가 나는 데 대한 혐오감도 부자와 가난한 사람 사이의 격차를 더욱 벌려 놓았다. 마르크스가 계급 이론을 쓰기 오래전에 이미 신흥 부르주아들은 계급 구분을 위한 자기 합리화 논리를 세웠다. 도시든 시골이든 빈민들은 동물의 체취를 풍기는 것으로 알려졌고 그것은 그들이 동물 수준에서 거의 탈피하지 못했기 때문인 것으로 간주되었다. 신흥 중간층은 빈민층을 말할 때 "똥 인간 dung man"이라는 표현을 사용하기 시작했다.

냄새로 빈민과 노동자들을 상위 계층과 차별한 것은 계급을 구분하고, 신흥 사업 엘리트의 대중 착취를 정당화하는 데 있어서 철학 논문보다 훨씬 더 효과적이었다. 빈민이 짐승과 다를 바 없다면 소에 수레나 쟁기를 매달 때 느끼는 정도의 기분으로 빈민들을 착취하지 못할 이유가 없다는 논리였다.[30]

부르주아 계급의 탄생

식사 관행, 주거 스타일, 가정 생활, 성생활, 위생 분야에서의 변화는 합리적이고 독립적이고 자율적인 개인 개념을 형성하는 데 있어서 계몽주의 철학자들의 모든 논문을 합한 것보다 더 효과적이었다. 또 개인 행동의 변화는 인간의 의식에 심오한 변화를 가져왔다. 인간의 의식은 사람들이 늘 충분한 관심을 쏟는 분야는 아니지만 그것 없이는 현대가 탄생할 수 없었다. 모순으로 보이긴 하지만 그런 기본 행동 양식 변화의 산물인 신흥 부르주아 계급은 더욱 개인적이고 자율적인 동시에 역사상 어느 시대 사람들보다 더욱 체제 순응적 문화에 철저히 동화되었다. 어떻게 그런 해괴한 일이 일어날 수 있었을까?

역사에서 시대가 흘러가는 과정도 개인이 일생의 여정을 따르는 것과 크게 다르지 않다. 인간의 일생은 전체에서 자아를 분리해 나가는 과정이다. 먼저 유아가 자신의 정체성을 주장함으로써 어머니와 분리된다. 그 다음 청소년기에는 가족과 분리되고, 성인 초기에는 완전히 독립적 개인이 되려고 애쓴다. 그러나 이 분리 과정의 각 단계에는 개인이 점차 넓어지는 사회적, 환경적 관계에 새롭게 동화하려는 노력이 따른다. 다시 말해 인생 여정은 점점 강해지는 개인화 노력과 더욱 커지는 사회적 의무 사이에서 미묘하게 균형을 맞춰 나가는 과정인 것이다.

부르주아 계급의 탄생이 그 같은 과정의 좋은 예다. 분리화는 문명의 시초부터 인류 발달의 중요한 요소이긴 하지만 개인의 독립 요구가 본격화된 것은 근대 초다. 그러나 부를 축적하고 자신의 물질적 영역에서 타인을 배제할 수 있는 능력으로부터 자유를 얻는다는 자율적 개인의 개념은 너무도 극단적이어서 인간의 사회성이 토머스 홉스의 악몽 같은 "만인에 대한 만인의 투쟁"으로 전락할 위기를 불러왔다. 계몽주의 철학자들이 분리화의 이점만 강조했을 뿐 사회 체제의 붕괴를 막기 위해 그런 무정부적 행동이 어떻게 규제될 수 있는지에 대해서는 아무런 비전을 제시하지 않았다. 루소와 그의 후계자들을 포함해서 당시의 학자 대다수는 애덤 스미스의 그럴듯한 학설을 그대로 받아들였다. 스미스는 시장 경제에서는 개인 각자가 사리를 추구해야 하며, 그런 행동이 이기적으로 보일지언정 사회 전체의 복지가 향상되는 것은 그런 사리를 극대화함으로써 이뤄질 수 있다고 주장했다. 미덥지 않은 설명이다.

사실 신흥 부르주아 계급의 진정한 업적은 무정부주의로 흐를 수 있는 개인주의를 사회 의무에 대한 인식과 균형을 맞추었다는 데 있다. 20세기의 위대한 사회학자 막스 베버는 그런 정신적 곡예의 중요성을 인식했다. 그는 신교의 개혁신학이 사회 질서를 희생시키지 않고 자유로운 자본주의가 번성할 수 있게 만든 내부적 통제 시스템을 형성하는 데 큰 역할을 담당했다고 보았다.

종교개혁 신학자 장 칼뱅은 각 개인에 대해 교회가 강요한 외부 질서를 그보다 훨씬 엄격한 내부 질서로 대체했다. 매 순간 신앙인의 모든 행동은 하나님의 영광에 부합해야 했다. 그에 따라 개인의 모든 행동이 완벽하게 제어되어야 했다. 정도에서 벗어나거나 일을 연기하는 것, 의심하는 것 전부가 하나님의 영광에 부응하지 못하는 행위로 금기시되었다. 칼뱅의 교리는 중세 유럽인들의 혼란하고 태평스러운 삶을 조직적으로 계획된 삶으로 바꿔 놓았다. 조직적으로 계획된 생활방식이 바로 신흥 부르주아 계급의 특징이었다. 일상생활에서 교회의 통치가 개인 스스로의 통치에 밀려난 것이다.

부르주아 계급은 자신의 행동에 대해 스스로 제재를 가하는 시스템을 만들었다. 그들은 자제하고, 자기를 희생하며, 초연하고, 근면한 생활방식을 취했다. 처음에는 이런 가치들이 신앙을 실천하는 방법이었지만 궁극적으로 유럽에서는 종교적 취지가 밀려나고 그 가치들만 남게 되었다. 바로 그 가치들이 자본주의 정신을 확립하는 데 중요한 역할을 했다. 역사상 그처럼 자신에 대해 철저한 제재를 기꺼이 가한 사람들은 없었다. 과거에는 사람들의 행동에 대한 통제는 주로 대가족, 정부, 지도층이 외부에서 폭력적 수단을 통해 강요하는 식으로 이뤄지는 경우가 많았다. 그러나 자율적 개인이 탄생한 시대에 와서는 각 개인이 스스로 자신을 통제하게 되었다. 외부에서 강요되었다면 무자비하거나 가혹하다고 여겨졌을 법한 엄격함과 열정으로 자신의 행동을 스스로 다스린 것이다. 부르주아 정신의 교육 효과는 매우 컸다. 누구나 할 것 없이 새로 얻은 자율권과 독립을 사회에 대해 스스로 부과한 책임으로 균형을 맞추는 방법을 깨쳐 나갔다.

반면 미국에서는 유럽과 달리 사회 체제에 동화하는 과정이 계속 종교에 뿌리를 두었다. 자신을 '선택받은 사람들'로 확신한 미국인들은 사회에 대한 책임보다는 더 높은 하나님의 권위에 대한 공동 복종으로 개인적 자율성의 균형을 잡아 나가는 방식을 선호했다. 미국인들은 자제, 자기 희생, 근면을 사회 의무의 이행보다는 하나님과 자신을 기쁘게 하기 위한 방편으로 여기는 경우가 더 많았다. 이 점에서 유럽인들이 오래전에 버린 청교도 윤리를 많은 미국인들은 계속 충실히 따랐다고 말할 수 있다. 아메리칸 드림의 특이성이 바로 그런 차이에서 비롯되었다.

미국인들은 겉보기에 상반되는 두 가지 영역에서 동시에 생활하는 것에 대해 아무런 거부감을 갖지 않았다. 하나는 존 윈스럽이 설파한 종교적 열의와 영구 구원에 대한 믿음이 특징이고, 다른 하나는 벤저민 프랭클린이 강조한 실용적 세속주의, 합리적 행동, 물질적 발전에 대한 믿음이 특징이다. 개혁신학과 계몽주의 철학이 어우러질 수 있었던 것은 둘 다 개인의 자율성을 강조했기 때문이다. 종교 개혁 신학자들은 교황의 권위를 비난하고, 성직자들도 다른 모든 인간처럼 불완전하기 때문에 신성한 중재자가 될 수 없다고 기독교인들을 훈계했다. 마르틴 루터와 장 칼뱅, 그리고 그들의 후계자들은 교회의 교리 해석이 일반 교인들의 해석보다 더 높은 권위를 갖지 않으며, 교인과 하나님의 관계는 궁극적으로 개인적인 경험이라고 주장했다. 종교 개혁은 교회의 권위를 깎아내리고 일반 교인들의 지위를 치켜올려 같은 수준에 맞추려 했다. 반면 계몽주의 철학자들이 개인의 지위를 끌어올린 것은 인간의 합리적 행동을 강조하기 위해서였다. 아무튼 자율적 개인의 지위는 오늘날까지 그대로 유지되어 양대 역사적 흐름 사이의 연결 고리가 되고 있다.

논쟁의 여지는 있지만 미국인들은 지구상에서 가장 개인주의적인 국민이다. 그것은 독실한 신앙과 물질주의적 욕심 때문이다. 미국인들이 언제나 권위주의에 반대하는 것도 바로 그 때문이다. 그들은 '보스'라면 어떤 유형이든 싫어하며 정치인이나 유력한 사업가들에게 몸을 낮추려 하지 않는다. 사실 하나님을 제외하고 어떤 높은 권위에도 도전하려고 한다. 미국인들은 자신이 어떤 사람과도 동등하다고 생각한다.

미국인들은 자율적 개인 개념을 통해 종교적인 동시에 세속적일 수 있고, 신앙 지향적이면서 합리성을 추구할 수 있다. 그러나 그 두 개의 상반되는 세계를 동시에 사는 것은 삶의 목적에 혼란을 줄 수 있다. 종교 개혁적 측면은 영원한 구원을 위해 이 세상에서 그리스도의 고통을 경험할 것을 강조하지만, 계몽주의의 실용적, 합리적 측면은 바로 이 세상에서 인류 발전의 이름으로 행복을 추구하라고 유혹하기 때문이다.

유럽인들은 이 점에 있어서 미국인들만큼 혼란을 겪지 않았다. 결국 그들은 종교적 열의를 포기하고 계몽주의의 이념만 갖게 되었다. 아울러 곧 그 이념 자체도 제한 없는 시장의 힘이 자동적으로 사회 전체에 무한한 물질적 발전을 가져다 준다는 아이디어와 인간의 완벽성에 대한 회의(懷疑)로 인해 빛을 잃어 갔다.

따라서 청교도 개혁신학을 열성적으로 따르는 동시에 계몽주의 이념을 열렬히 지지할 뿐 아니라 개인의 자율을 가장 강력하게 주창한 쪽은 미국인들이었다. 유럽인들은 좁은 공간에서 거주했고 온정적이며 공동 생활을 선호한 오랜 역사 때문에 인적이 드문 거대한 신대륙에서 미국인들이 그랬던 것만큼 독자적인 생활 방식을 수용하지 못했다. 반면 미국인들은 건국 이래 설화나 문학, 그리고 거의 모든 일에서 개인주의를 떠받들어 왔다. 아메리칸 드림은 공동 경험이 아니라 개인의 탐구를 목표로 했다. 어떤 점에서 미국적 생활방식은 유럽에서 16-18세기에 생겨나 전성기를 구가하다가 19-20세기에 와서 과거 유럽의 온정적, 집단적 사고방식의 뿌리가 반영된 반작용의 힘에 의해 시들해진 유럽식 사고방식을 극단적으로 압축해 실천에 옮긴 것이라고 할 수 있다.

그렇다면 '신세계'라는 용어는 잘못 붙여진 이름일지 모른다. 미국인들은 유럽의 과거에 깊이 뿌리 박고 있는 꿈을 계속 추구하고 있기 때문이다. 원래 그 꿈은 유럽에서 생겨났지만 더 이상 유럽에서는 영향력이 없다. 유럽은 그 꿈이 생겨난 역사적 상황에서 시·공간적으로 너무도 멀어졌기 때문이다.

6 사유 재산 개념의 발달

　공간과 시간 의식에서의 거대한 변화, 그리고 합리적이며 자율적인 개인의 탄생은 수백 년에 걸쳐 유럽인들의 생활을 변화시켰다. 그러나 그런 개념적 변화와 함께 나타난 다른 제도적인 발전도 있었다. 그 제도는 사회 전반의 여러 개념에 구체적인 형태와 의미를 부여하면서 자본주의 경제와 민족국가 형성의 밑거름이 되었다.

　중세 말에서 근대 초 사이의 사유 재산제 발달과 법제화는 무한한 물질적 진보에 대한 계몽주의의 이상적 비전을 추구하는 데 기본 바탕이 되었다. 사유 재산권은 개인을 집단뿐만 아니라 자연과 분리하는 법적 근거 역할을 했다. 사유 재산 개념은 새로운 시공간 의식을 굳건히 다졌고, 자율과 이동성에 대한 현대식 관념과 개인의 독립과 자주로서 파악하는 자유의 개념을 낳았다. 이런 개념의 발달과 그에 대한 반발은 얼마 전까지만 해도 치열하게 이어지면서 근현대 유럽 및 세계 전체의 정치를 규정짓는 결정적인 역할을 했다.

　사유 재산 제도의 확립은 유럽이 인류 문명 발달에 기여한 것 가운데 가장 중요한 요소로 평가받을 만하다. 성숙하고 잘 규정된 사유 재산 제도가 없었다면 시장 자본주의는 존재할 수 없었을 것이고 민족국가도 살아남지 못했을 것이다. 이 점은 아무리 강조해도 지나치지 않다. 현대적인 시장과 민족국가의 개념은 사유 재산 제도와 불가분의 관계에 있다. 시장의 목적은 재산의 자유로운 교환에 있다. 국가의 주된 기능은 국민들의 사유 재산권을 보호하는 것이다.

유럽은 국가의 새로운 역할을 고안했지만 그런 새로운 경제 시스템에서 낙오할 수밖에 없는 빈민층이 너무 많다는 것을 깨닫자 방향을 수정했다. 그러나 미국인들은 처음부터 국가의 새 임무를 전폭 수용했고, 정부의 주된 기능이 국민의 사유 재산권 보호라는 것을 조금도 의심치 않았다. 토크빌은 짧은 미국 방문에서 사유 재산권에 대한 미국인들의 유별난 집착을 접하고는 그 인상을 이렇게 표현했다.

> 민주주의가 크게 발달한 미국에서 아무도 유럽에서처럼 사유 재산권에 대해 항의의 목소리를 높이지 않는 이유가 무엇인가? 그 이유를 구태여 설명할 필요가 있을까? 그 이유는 미국에 무산 계급(프로레타리아)이 없기 때문이다. 모두가 스스로 지킬 재산을 어느 정도는 갖고 있기 때문에 원칙적으로 재산권을 인정할 수밖에 없는 것이다.[1]

유럽인들은 사유 재산권 개념을 자신들이 처음 만들어 냈지만 사회주의 개혁을 위해 그 일부를 포기할 수밖에 없었다. 그러나 미국인들은 바로 그 유럽의 아이디어를 신대륙에 이식해 고스란히 지켜 나가고 있는 것이다. 사유 재산 제도가 어떻게 생겨났으며, 그것이 자본주의 시장과 민족국가의 탄생에서 어떤 역할을 했고, 미국과 유럽이 그 제도를 어떻게 달리 수용했는지를 이해하는 것은 현재 유럽에서 일어나고 있는 변화의 의미를 올바로 파악하는 데 필수적인 요소다. 지금 유럽은 근현대의 양 기둥인 시장과 국가 개념을 초월해 네트워크로 연결된 세계 경제 속에서 최초의 범대륙적 통치 체제로 옮아가기 위해 준비하고 있기 때문이다.

중세의 재산 개념

재산에 대한 중세의 개념은 지금 우리가 생각하는 것과 판이했다. 봉건 제도 아래서는 재산권이 조건에 따라 달라지는 것으로 파악되었다. 그러나 현대의 산업화 사회에서는 국가가 부과하는 약간의 제한이 있을 뿐 재산권이 소유주에게 독점적으로 주어지는 절대적인 개념으로 인식된다. 바로 이것이 재산 개념에 대한 중세와 현대의 결정적인 차이점이다.

중세 봉건 사회는 "거대한 존재 사슬"의 일부분으로 간주되었다. 거대한 존재 사슬이란 최하층의 짐승에서부터 최고층의 교회 성직자에 이르는, 철저히 계층화된 피라미드식 자연 및 사회를 아우르는 표현이었다. 그 사슬은 하나님이 창조했고, 각 피조물이 자신의 지위와 신분에 따라 위와 아래를 섬기는 것을 포함해, 하나님이 할당한 고유 역할을 수행할 수 있도록 만들어진 것이다.

봉건 사회의 사회적 구조는 자연의 거대한 계급 구조와 비슷한 기능을 수행했다. 사회 사다리의 각 가로대마다 특정한 역할과 기능을 수행하는 부류가 포진되어 있었다. 또 각 부류는 복잡한 상호 관계로 이루어진 사슬에서 아래위로 연결되어 있었다. 농노에서부터 기사, 영주, 그리고 교황에 이르기까지 각 계층은 확실히 구분되는 동시에 주종 관계에 따른 서로간의 의무를 갖고 있었다. 하나님이 창조한 이 세상을 그대로 반영한 시스템이었다.

재산의 개념은 교회의 세계관이라는 더 넓은 맥락에서 고찰되어야 한다. 교회 지도자들은 시간이 흐름에 따라 조금씩 사회 시스템 유지에 사유 재산의 필요성을 인정했지만 재산 자체는 위탁 보관 형태의 소유라고 인식했다. 하나님이 모든 창조물의 주인이기 때문에 이 세상의 모든 것은 궁극적으로 하나님의 소유이며, 인간이 의롭게 처신하고 하나님을 잘 섬기고 하나님이 정해 준 사회 계층의 사다리에서 아래위로 갖는 의무를 충실히 이행하면 하나님은 자신의 재산을 사용할 수 있는 권한을 인간에게 부여한다는 논리였다.

따라서 봉건 사회에서의 재산 개념은 매우 복잡했고, 각 계층 간의 소유 관계에 얽매어 있었다. 땅이나 물건을 개인이 독점적으로 소유한다기보다 신분에 의해 정해지는 엄격한 조건에 따라 다양한 방식으로 공유한 것이다. 역사학자 리처드 슐래터는 이렇게 설명했다. "군주가 영주에게 영토를 하사할 때 군주는 자신이 포기한 특정 이익을 제외하고는 그 땅에 대한 권리를 고스란히 유지했다. 그 결과 어느 누구도 땅을 소유한다고 말할 수 없었다. 군주에서부터 영주, 그리고 그 땅을 경작하는 농노에 이르기까지 모두는 그 땅에 대해 일정한 지배권을 갖고 있었지만 절대적인 소유권을 갖지는 못했다."[2] 또 역사학자 찰스 H. 매킬웨인은 이렇게 말했다. "그 개념의 핵심은 똑같은 물건이나 사람에 대해 갖는 권리와 세력의 계층화다. 이 계층 사다리에서 세력 간의 기본 관계는 한 세력이 다른 모든 세력에 대해 완전한 지배권을 행사하는 것이 아니라 한 단계 높은 세력이 한 단계 낮은 세력에 대해 조건적인 지배권을 갖는 식이다."[3]

18세기 말이 되자 개인 재산을 사용할 수 있는 조건부 권리가 현대식의 절대적 소유권으로 바뀌었다. 이런 급진적 변화를 가져온 요인은 여러 가지이지만 그중에서도 봉건 제도가 해체되면서 공유지가 사유 부동산으로서 시장에서 팔고 살 수 있게 된 것이 가장 중요한 계기가 되었다.

영토의 변화는 영국에서 가장 먼저 일어나 유럽 대륙 전역으로 퍼졌다. 사람들이 땅에 예속된 지 약 1,000년이 지난 뒤 "인클로저 Enclosure"[공유지의 사유지화 법령]라는 새로운 법령이 공간과 시간의 개념을 역전시켰다. 그 이후 땅은 사람에게 예속되었고, 시장에서 사유 재산의 형태로 교환될 수 있었다. 또 부동산은 자본으로도 변환되어 경제 활동에 투자되는 신용 수단으로 활용될 수 있었다.

영국의 인클로저가 일으킨 의식의 변화는 상상하기 어려울 정도로 대단했다. 수세기 동안 사람들은 선조의 땅, 그리고 아래로는 그들이 돌보는 공동 경작지에서부터 위로는 그리스도의 옥좌에 이르기까지 체계적으로 연결된 피라미드식 사슬에 의해 주어진 의무에 속박되는 데서 안전을 찾았다. 그러나 공유지가 쪼개져 사유지로 변하면서 사람들은 땅과 단절되었다. 자력으로 사유지를 구입할 수 없는 사람들은 땅에서 쫓겨났다. 일부는 새 주인이 소유한 땅에서 머슴살이를 했고, 일부는 새로 들어서는 공장에서 '일자리'를 찾기 위해 가까운 도시로 이주할 수밖에 없었다.

그에 따라 노동력도 재산의 한 형태가 되었다. 사람들은 자신의 시간을 시장에서 팔았다. 매일 반복되는 일은 공장 근무로 변했고, 공동체 내에서의 지위는 계약으로 바뀌었다. 원하든 원하지 않든 모든 사람들은 스스로 자신의 운명에 책임을 지게 되었다.

여기서 중요한 것은 사유 재산 제도로 현대 시장이 형성된 것이지 그 반대가 아니라는 점이다. 중세에는 모든 거래가 대개 친척들 사이, 친지들 사이, 이웃들 간의 물물교환 식으로 이루어졌다. 공동으로 적용되는 법규가 확립되지 않은 상황에서 교환되는 물건의 질과 소유권의 평화적 이전을 보장하는 방법은 판매자와 구매자가 서로를 잘 알거나 같은 공동체 일원 사이에서 거래를 하는 길밖에 없었다. 바로 그 이유 때문에 시장은 늘 같은 지역 내에서만 형성되었다. 그와는 대조적으로 성숙한 사유 재산 제도에서는 신뢰 같은 주관적 기준이 소유권 증서 같은 객관적인 기준으로 대체되었고, 판매자와 구매자가 계약을 이행하도록 하기 위한 경찰, 법원 같은 제도적 장치가 생겨났다. 그런 법적 장치가 마련되고 국가의 권위로 그것이 시행될 수 있는 경우에만 시장이 시공간적으로 확장되어 낯선 사람들 사이에서도 재산의 교환이 이루어질 수 있었다.

재산과 종교 혁명

종교 개혁은 사유 재산 관계를 정립하는 데 있어서 중요한 역할을 했다. 마르틴 루터를 위시한 종교 개혁가들은 교황의 권위와 교황청이 관장한 봉건 사회 질서에 대해 전면전을 선포했다. 루터는 교회의 성직자들이 지상에서 유일한 하나님의 사자라는 아이디어를 반박하고, 성직자들도 다른 모든 사람들과 마찬가지로 죄인이기 때문에 하나님과 신자들 사이에 중재자 역할을 할 수 없다고 주장했다. 루터는 신앙 문제에서 유일한 무류(無謬)의 권위는 성서이며 신자들은 성서를 읽음으로써 하나님의 뜻을 알 수 있다고 충고했다. 그는 모든 인간은 하나님 앞에 홀로 서야 한다고 말했다. 루터의 교리는 교황 권위의 근본, 하나님이 임명한 지상의 대리자라는 주장에 도전했다. 그렇게 함으로써 루터 등의 종교 개혁가들은 신성로마제국과 봉건 제도의 정통성을 부인했다.

루터는 특히 교회의 재산에 대해 강력하게 비판했다. 교황청이 수 세기에 걸쳐 교인들을 착취해 어마어마한 부를 축적함으로써, 금욕을 장려하고 세속적 사치를 삼가야 하는 기독교 신앙을 정면으로 위반했다는 것이었다.

종교 개혁은 하나의 유산 계급을 다른 유산 계급으로 교체했다. 서유럽과 북유럽, 특히 가톨릭 국가인 스페인과 오스트리아에서 교회의 땅은 몰수되었고, 봉건 영주의 땅은 압류되거나 팔렸다. 봉건 질서의 붕괴는 상인, 무역업자, 가게 주인 등 부유한 신흥 부르주아 계급이 확립될 수 있는 여지를 제공했다.

　루터는 직업을 하나님으로부터 받은 '소명 calling'으로 파악함으로써 재산에 대한 자연법의 기초를 놓았고, 산업 시대를 낳은 자본과 부의 축적에 대한 정신적 버팀목을 제공했다. 루터는 아무리 비천하다고 해도 모든 직업은 주님의 눈에 똑같이 신성하다고 주장했다. 그는 "집안에서 하는 일도 천국에서 주 하나님을 위해 하는 일과 똑같은 가치를 갖는다."고 말했다.[4] 루터는 성직자들의 엘리트주의적 고행을 비판하고, 신도들은 어떤 직업이든 지상에서의 의무를 충실히 이행함으로써 하나님의 종으로서, 그리고 하나님이 창조한 만물의 관리인으로서 주어진 역할을 다할 수 있다고 주장했다.

　장 칼뱅은 사실 그보다 한 걸음 더 나아갔다. 그는 교인들에게 살아가면서 자신의 운명을 끊임없이 발전시킬 것을 촉구했다. 원래 칼뱅은 상업의 개념을 전혀 염두에 두지 않았지만 의도치 않게도 신흥 자본주의 계급의 이익을 옹호하는 셈이 되고 말았다. 그가 강조한 근면, 생산성, 신분 향상을 위한 노력은 열심히 일해 생산을 늘리고, 검소한 생활을 하며, 시장에서 인간의 활동을 합리적으로 조절함으로써 이익을 얻는 신흥 계급의 뜻에 그대로 들어맞았다.[5] 칼뱅의 교리는 비록 의도하지는 않았지만 현대식 재산 제도와 자본주의적 생활 방식의 주 요소인 자본과 부의 축적을 정당화하는 데 일조했다. R. H. 토니와 막스 베버는 신교도의 근로 윤리와 현대 자본주의 부상 사이의 철학적 관계를 깊이 고찰했다. 그들에 따르면 종교 개혁가들은 개인을 교회의 계급 체제에서 해방시키고, 물질적 발전이라는 새로운 심리로 무장시킴으로써 종교적 유산보다 훨씬 큰 업적을 남겼다. 유럽인들은 종교적 열정이 식은 뒤에도 현대의 재산 축적 개념과 부합하는 새로운 자아 의식을 유지했다.

　그에 따라 개인이란 소유 관계와 의무로 구성된 복잡한 사회 조직의 일부분일 뿐이라는 관념이 차츰 사라지면서 하나님과 다른 사람들 앞에서 자신의 의지력으로 이 세상에 독특한 족적을 남기는 자율적인 존재라는 현대적인 개인 개념이 뿌리를 내렸다. 개인이 '거대한 존재 사슬'에 얽매인 충실한 종에서 각자 독특한 소명을 갖고 하나님의 더 큰 영광을 위해 늘 물질적 부를 축적하는 자율적 행위자로 변한 것과 함께, 재산의 개념도 조건부 사용권에서 독점적 소유권으로 변했다. 한때 복잡한 사회 관계에서 조건부 사용권에 불과하던 재산이 자율적이고 독특하고 온전한 존재로서의 새로운 개인과 거의 동격으로 간주되기 시작한 것이다. R. H. 토니는 봉건 사회의 질서가 붕괴하자 "개인의 권리와 개인의 이익, 사회 자체보다는 사회를 구성하는 요소만 남게 되었다."고 적었다.[6] 이 새로운 세계에서는 재산권이 사회적 접착제가 되었다. 개인의 재산과 속박 없는 경제적 자유는 "조직의 기초로 당연시 되었고 그에 대한 반론은 더 이상 용인되지 않았다."고 토니는 말했다.[7]

신교 윤리는 유럽 땅에서 생겨났지만 그것을 가장 철저히 따르는 사람들 가운데 다수가 미국으로 이주했다. 그들은 미국 땅에서 칼뱅의 종교적 비전을 과학, 사유 재산권, 자본주의 시장이라는 계몽주의 개념에 접목시켜 유일무이한 아메리칸 드림을 만들어 냈다.

사유 재산의 정당화

사유 재산이 사회 조직의 원칙으로 자리 잡자 학자들은 그에 걸맞은 철학적 해석을 내놓아야 했다. 그들은 재산의 자연법 이론에서 그 해답을 찾았다. 재산의 자연법 이론은 중세 말에 서서히 생겨나기 시작해 종교 개혁과 그 직후 신속하게 발달했다.

먼저 프랑스의 정치철학자 장 보댕은 공동 소유제가 자연의 법칙에 어긋나며 신성한 하나님의 법을 위반하는 것이라고 주장했다. 보댕은 플라톤이 찬양한 공동 소유제가 "하나님과 자연의 법에 반한다. 하나님과 자연의 법은 근친상간과 간통, 여성들이 공동 소유가 될 경우 불가피하게 발생하는 살인을 혐오할 뿐 아니라 훔치거나 다른 사람의 것에 욕심을 내는 것도 금한다."고 적었다.[8] 그는 절도가 하나님이 금한 행위라는 것을 지적했다. 보댕은 하나님이 재산에 대한 개인 소유라는 개념을 수용하지 않을 심사였다면 "왜 십계명에 '도적질하지 말지니라.'를 포함시켰겠는가?"라고 물었다.

보댕은 한 걸음 더 나아가 가장 자연적인 조직인 가족이 사유 재산을 바탕으로 이뤄졌으며, 국가도 가족의 기반 위에 세워진 것이라고 지적했다.[9] 따라서 국가의 주된 책임은 하나님으로부터 부여받은 개인, 그리고 가족의 재산 소유권을 보호하는 것이라고 그는 주장했다.

정부의 주된 역할이 개인의 양도할 수 없는 재산 소유권을 보호하는 것이라는 믿음은 매우 급진적인 개념이었다. 그 개념은 나중에 군주제를 민주 정부로 교체하려던 개혁가들의 슬로건으로 채택되었다. 보댕은 줄기차게 그 점을 강조했다. 국가가 사유 재산의 보호라는 주된 존재 이유를 포기한다면 존재할 근거가 없다는 것이었다. "내 것이니 네 것이니 하는 개념을 없애 버린다면 국가의 기초가 손상된다. 국민들의 재산을 보호하고 도둑질을 막는 것이 국가의 기본이다."[10]

보댕의 주장은 로마제국 멸망 이후 유럽을 뒤덮은 '교회/국가'라는 베일을 꿰뚫었다. 국가를 신앙의 지원 체제로 보는 정통적 신념이 여전히 지배적인 상황에서 보댕은 국가의 주된 임무가 "자연적 사유 재산권 보호"라는 너무도 세속적인 일이라고 과감히 주장했다.

사유 재산제의 핵심인 개인의 권리가 귀족의 특권과 교회에 대한 복종보다 우선이라는 것이었다. 그런 새로운 구도 아래서는 국민이 왕족의 이익을 위해 존재하는 것이 아니라 통치자가 개인의 재산권을 보호하기 위해 존재해야 한다. R. H. 토니는 개인과 국가의 새로운 관계에 관해 이렇게 묘사했다.

그것이 시사하는 바는 사회의 기초가 기능이 아니라 권리에 바탕을 둔다는 것이다. 권리는 기능 수행의 결과로 따라오는 것이 아니다. 부를 획득하고 재산을 누리는 것이 기능 수행에 따르는 보상이 아니라는 의미다. 오히려 개인은 자신의 재산을 자유롭게 사용할 수 있고 경제적 사리를 추구할 수 있는 권리를 갖고 이 세상에 태어났다. 이 권리는 그 자신이 행하는 기능 수행과는 별개일 뿐 아니라 기능보다 우선한다.[11]

새롭고 대담한 사유 재산 개념을 위한 폭넓은 지적 기초 작업이 15-16세기에 대충 완성되자 재산 소유권에 대한 현대 개념의 세부적인 살을 채우는 작업은 17세기의 정치철학자 존 로크를 위시해 그 뒤 애덤 스미스, 데이비드 흄, 제러미 벤담, 존 스튜어트 밀, 게오르크 빌헬름 프리드리히 헤겔 등의 이론가들에 의해 완성되었다.[12]
 존 로크의 재산권 이론은 1690년 두 편의 논문으로 발표되었다. 『시민정부론 Of Civil Government』은 출간되자마자 영국에서 정치 무대에 오르기 시작한 중간 계급의 '바이블'이 되었다. 로크의 논문들은 영국 의회 개혁의 이론적 근거가 되었고 나중에는 프랑스 혁명과 미국 독립전쟁의 철학적 기초를 제공했다.
 로크는 그 앞의 여러 사상가들과 마찬가지로 사유 재산이 자연의 법이며 변경될 수 없다고 주장했다. 그러나 그것을 전개하는 논리는 그 이전 사상가들과 달랐다. 로크는 개인이 자연의 천연자원에 자신의 노동을 추가해 가치 있는 것으로 전환시킴으로써 개인 재산을 만든다고 주장했다. 로크는 이 세계와 그 속에 있는 모든 자연 사물이 자연 상태에서는 모든 사람에게 공통으로 사용될 수 있지만 각자는 "재산을 개인 자격으로 소유하며…… 그것에는 자신 외에는 아무도 손댈 수 없다."고 말했다. 또 그는 "자기 몸의 노동과 자기 손의 작업은…… 자신만의 것"이라고 주장했다. 로크는 이렇게 결론짓는다.

자연이 준 것 가운데서 무엇이든 채택해 거기에 자신의 노동을 보태고 자기 고유의 것을 접합시키면 그것은 자기 재산이 된다. 공통의 상태에서 그것을 분리해 내어 자신의 노동으로 변형시켰다면 그것에 대한 다른 사람들의 공동 권리는 없어진다. 그 '노동'은 그 일을 하는 사람의 것이 확실하므로 그에 따라 만들어진 것에는 그 사람만이 권리를 가질 수 있다. 물론 그것은 다른 사람들을 위한 공동 상태의 것이 충분히 남아 있을 경우에 한한다.[13]

개인이 자기 재산으로 합당하게 주장할 수 있는 한도에 관해서 로크는 "한 사람이 경작해서 그것의 생산물을 사용할 수 있는 규모의 땅이라면 그의 재산이 될 수 있다."고 말했다.[14]

영국인들의 삶을 변화시키고 영국에서 봉건주의적 특권의 잔재를 없애는 데 앞장선 독립적인 농민, 상인, 가게 주인, 소규모 자본가들 사이에서 재산에 관한 로크의 자연권 이론은 큰 인기를 끌었다. 그의 논문은 단순히 재산의 자연권을 설명하는 것 이상을 제공했다. 로크는 노동의 가치를 고양하고 재산 취득을 인간 존재의 최고 업적으로 칭송했다. 노동을 필수 의무로 간주한 중세 성직자들과 달리 로크는 노동에서 모든 인간이 추구해야 할 성공의 기회를 보았다.

데이비드 흄(그리고 나중에 제러미 벤덤과 존 스튜어트 밀)은 재산 소유권에 실리적 가치 개념을 추가했다. 흄은 개인의 재산 소유권이 효용성으로 정당화될 수 있다고 주장했다. 그는 이렇게 적었다.

    자연의 법칙을 만든 사람들을 자세히 조사해 보면 그들이 어떤 원칙을 내세웠든 마지막에는 그들이 만든 모든 규칙의 궁극적인 이유로 인간의 편의와 필요성을 강조했다는 것을 알 수 있다. 실제로 내 것과 네 것이 있어야 할 이유가 그 외에 어떤 것이 될 수 있겠는가?[15]

    재산에 대한 공리주의적 이론은 신흥 상인 및 무역업자 계급들이 자신의 사적이고 정치적 목적을 위해 이용할 수 있는 또 다른 이론적 근거를 제공했다. 공리주의 이론은 재산을 그 자체가 목적이 아니라 인류의 행복을 증진하기 위한 도구로 제시함으로써 로크의 노동 이론이 주는 거부감을 어느 정도 누그러뜨렸다. 당시의 철학자들은 "사회의 최대 행복은 모든 사람이 자신의 노동으로 생산할 수 있는 양을 최대화할 수 있도록 보장함으로써 얻어진다."고 믿었다.[16]
    공리주의자들은 현대 이론가들 가운데 최초로 사물 그 자체에 대한 소유권과 인간의 행복 증진을 위한 도구로서의 소유권을 확실히 구분했다. 독일의 철학자 게오르크 프리드리히 헤겔은 이 구분을 약간 다른 방식으로 받아들였다. 헤겔의 재산 이론(일부에서는 인성론 또는 인격론이라고 부른다.)은 현대 사회에서의 사유 재산 개념을 확립하는 데 있어서 로크의 노동 이론과 마찬가지로 중요한 역할을 했다.
    헤겔은 재산이 그 이전의 대다수 철학자들이 인정하려고 했던 것보다 훨씬 중요한 역할을 한다고 주장했다. 재산은 물질적, 공리적 가치보다 더 심오한 기능을 한다는 것이었다. 헤겔은 "인간이 '사물'에 자기 의지를 불어넣을 수 있게 해 주는 것이 재산"이라고 말했다.[17] 사람은 자신이 소유한 것에 자신의 인격을 새겨 자신의 의지를 외부 세계의 사물에 덧붙임으로써 다른 사람들 사이에서 자기 존재를 표현한다는 것이다. 헤겔의 우주론에서는 일이란 노동의 수행이라기보다는 창조적인 자기 표현이며, 일을 함으로써 얻는 결과물은 일하는 사람이 이 세계를 수용한다는 의미인 동시에 자신의 인격을 사물에 불어넣는 과정이다. 헤겔은 이렇게 적었다.

> 인격이란 자기 실현화를 위해 투쟁한다. 다시 말해 외부 세계를 자신의 것으로 만들려는 노력이다. 외부 세계를 자신의 인격으로 만들려면 재산 제도가 필요하다.[18]

한 사람이 소유한 사물 속에 그의 인격이 늘 존재한다면 재산은 개인 인격의 연장이 되어야 한다. 그렇다면 다른 사람들은 그가 소유한 사물을 통해 그의 인격을 알고, 또 인정하게 된다. 따라서 헤겔은 재산을 욕구 충족의 수단 이상으로 간주했다. 더 깊은 차원에서 살펴보면 재산은 개인의 자유의 표현이다. 사람은 재산을 확보함으로써 시간과 공간에서 자신의 인격을 확장하고, 자신의 영향력이 미치는 범위를 넓혀 간다. 다시 말해 이 세계에서 자신의 존재를 넓히는 것이다.[19]

헤겔의 마음속에서는 재산과 인간성이 거의 동격이다. 각각이 서로의 표현이기 때문이다. 헤겔이 재산의 인격론을 주창한 지 거의 한 세기가 지나서 미국의 심리학자 윌리엄 제임스는 "주관의 객관화"에 익숙한 세대가 쉽게 이해할 수 있는 방식으로 그 이론을 보강했다. 제임스는 이렇게 적었다.

한 사람이 나라고 부르는 것과 나의 것이라고 부르는 것 사이에 확실한 선을 긋기는 어렵다. 우리가 자기 소유물에 대해 느끼고 행동하는 것은 우리 자신에 대해 느끼고 행동하는 것과 거의 같다. 우리의 명성, 우리의 자녀, 우리가 하는 일은 우리 몸만큼이나 소중하며, 그것이 공격받으면 우리 몸이 공격받는 것과 똑같이 느끼고 그에 대해 반격한다. ……고래로 사람은 자기 자신을 자신이 소유하는 모든 것의 총체라고 생각해 왔다. 거기에는 자신의 몸과 정신력뿐만 아니라 옷과 집, 아내와 자녀, 조상과 친구, 명성과 업적, 땅과 집, 요트와 은행 구좌도 포함된다. 이 모든 것이 그것을 소유한 사람에게는 똑같은 감정을 일으킨다. 사람은 자신이 소유한 그 모든 것이 불어나면 의기양양해지고, 줄어들면 낙담한다. ……우리가 소유물에 대해서 그렇게 느끼는 이유는 우리가 그것과 늘 한 몸처럼 지내기 때문이다.[20]

윌리엄 제임스는 한 걸음 더 나아가 우리가 소유물을 도둑질 당했거나 소유물이 파손되었거나 그냥 잃어버렸을 경우 우리는 "우리 인격이 줄어든 것"으로 느낀다고 말했다. 소유물이 자신의 연장이라고 생각했기 때문이다.[21]

헤겔의 재산 이론이 로크의 이론보다 더 현대적인 것으로 느껴지는 이유는 자본주의 체제의 중심이 세월이 지남에 따라 생산에서 소비 지향으로 크게 달라졌기 때문이다. 로크의 노동론은 초점이 근면, 저축, 자본 축적에 맞춰진 시대에 적합한 철학적 배경을 제공했다. 상인을 중심으로 한 신흥 부르주아 계급은 재산의 노동 이론을 자신들의 행동을 정당화하는 수단으로 받아들였다. 로크의 사상이 사유 재산의 본질을 설명하는 이론만이 아니라 지켜 나가야 할 가치로 자리 잡은 것이다. 오늘날에는 소비와 개인 경험의 상품화가 훨씬 중시된다. 따라서 재산이 인격의 연장이며 표현이라는 개념이 당시보다 사회적으로 더 큰 가치를 지니게 된 것은 조금도 이상한 일이 아니다. 인격과 재산의 긴밀한 관계를 일찌감치 간파한 마케팅 전문가들은 재산이 자신의 정체성이라는 개념을 수세대에 걸쳐 소비자들에게 주입시켜 왔다.

내 것 vs. 네 것

재산의 속성에 관한 사고의 변화는 유럽 대륙을 봉건 경제에서 시장 경제로, 왕권 통치에서 민족국가로 이끈 다른 많은 변화와 함께 일어났다. 재산에 대한 새로운 개념은 유럽인들이 공간 및 시간과의 관계를 재정립하기 위한 수단이었다. 신기술은 광대한 새로운 공간에 접근할 수 있는 문호를 개방했고 삶의 속도를 크게 증가시켰다. 오랫동안 성벽과 숲에 둘러싸여 있고 수직적인 개념으로 파악되어 오던 공간이 갑자기 수평적으로 열리면서 끝없이 개방되었다. 아울러 그때까지 순환적이고 상대적으로 한정된 것으로 알았던 시간도 갑자기 직선형으로 무한히 이어졌다. 공간적인 장벽과 시간적인 한계로 유지되어 오던 봉건 제도는 무한한 미래와 함께 끝없이 펼쳐지는 듯한 사고의 혁신에 의해 무너져 내렸다. 사유 재산 개념의 발달은 새로운 공간과 시간을 개척하는 데 필수적인 정신적 도구 역할을 했다.

그에 따라 모든 현실은 "내 것 vs. 네 것"이라는 간단한 공식으로 변했다. 유럽인들은 이 공식을 무기로 공간과 시간을 사유화하기 시작했다. 그들은 태동하는 새로운 미래에서는 모든 사람이 스스로 자신의 신이 되어야 하고, 그 신성은 재산을 축적하고 자신의 존재를 부풀리며 공간과 시간에 더 긴 그림자를 드리우는 데서 나온다고 믿었다. 모두들 네 것보다는 내 것을 늘리기에 바빴다. 실력이든 간교함이든 수단과 방법을 가리지 않고 재산을 가장 많이 모으는 사람이 그것을 자본으로 전환시켜 자연뿐만 아니라 다른 사람의 삶까지 좌지우지할 수 있었다. 그런 사람들은 '자본가'로 불렸다.

  시장 경제와 민족국가는 이런 세계 질서의 재편에 뒤쳐지지 않기 위한 제도적 장치가 되었다. 시장은 각 자본가들이 공평한 조건 아래 공간과 시간을 사유 재산으로 만들기 위해 한 치의 양보 없이 서로 각축전을 벌이는 전쟁터 역할을 했다. 한편 초기 단계의 민족국가는 법률을 제정하고 집행함으로써 국민들의 사유 재산을 보호하고, 그것을 통해 개인의 자유를 보장해 주었다.

  사유 재산권의 신성함에 기초한 사회라는 개념은 유럽 특유의 산물이다. 사유 재산권 주창자들은 재산이 개인의 자유를 보장해 줄 수 있는 유일한 수단이라고 생각했다. 그러나 나중에 마르크스주의자들은 사유 재산이 개인의 자유를 보장해 주기는커녕 자유를 얻는 데 있어서 가장 큰 장애물이라고 주장했다.

  계몽주의 철학자들과 18-19세기 법학자들은 자유를 부정적인 개념으로 정의했다. 다른 사람들을 배제할 수 있는 권리라는 것이었다. 근대 초기는 교회, 봉건 영주, 기술 길드의 속박에서부터, 그리고 지위와 계급에 기초한 군주제로부터 비롯되는 다양한 의무와 계약으로부터 개인을 분리해 내는 시기였다.

  사유 재산은 개인의 해방에 이르는 일종의 '승차권'으로 간주되었다. 자유는 당시의 의미로는 자율성 및 이동성과 동격이었다. 다시 말해 다른 사람에게 의존하거나 신세를 지지 않고 주변 상황에 예속되지 않는 것을 뜻했다. 재산이 많을수록 자율성과 이동성이 증가했고, 그것은 결국 더 많은 자유를 누릴 수 있었다. 당시에는 재산이 자신과 다른 사람 사이의 경계선 역할을 했다. 재산이란 "네 것이 아니라 내 것"을 의미했다. 재산과 부를 많이 축적할수록 이 세상에 미칠 수 있는 자신의 영향력이 더 커졌다. 든든한 재산만 갖고 있으면 프라이버시뿐만 아니라 남의 압제로부터 자유로울 수 있는 권리 등 다른 모든 권리가 저절로 따라왔다. 법에 의해 보호받는 재산권은 재산을 가진 사람들이 괴롭힘을 당하거나 탄압 받거나 다른 사람의 의지에 굴복하지 않을 수 있도록 해 주었다.

18세기에 미국 버지니아 주에 살았던 아서 리는 유럽과 미국 양쪽에서 재산이 그토록 존중받는 것에 대해 이렇게 말했다. "재산권은 모든 다른 권리를 보장해 준다. 사람에게 재산권을 박탈하는 것은 사실상 그에게서 자유를 빼앗는 것이나 마찬가지다."[22] 존 로크는 정부의 진정한 용도가 무엇이냐는 수사적인 질문을 던지고는 스스로 이렇게 답했다. "정부는 우리의 삶, 자유, 그리고 일반적으로 '재산'이라고 부르는 것을 상호 보호하기 위해 설립되었다." 또 그는 사람들이 국가 아래 뭉치는 진짜 이유는 "자기 재산을 보호하기 위해서"라고 지적했다.[23]

오늘날 우리는 사유 재산을 현대 사회 생활의 핵심으로 보호하기 위한 모든 규약, 성문율, 불문율, 입법부의 감독, 사법 심사 등을 너무도 당연하게 여긴다. 그러나 18-19세기에는 사유 재산 제도가 여전히 생소한 개념이었기 때문에 그것을 두고 격렬한 공개 토론이 벌어지기도 했다. 당시 거의 모든 유럽 국가는 무력 위협과 신성한 권리를 앞세우는 왕족과 귀족들에 의해 다스려졌다. 따라서 국가의 유일한 합법적 기능이 법에 따라 개인의 사유 재산을 공평무사하게 보호하는 것이라는 개념은 일대 센세이션을 일으켰다. 토머스 페인과 토크빌은 미국 독립전쟁과 프랑스 혁명이 재산권의 시발점이 아니라 재산권의 산물이라고까지 주장했다.[24]

군주제가 무너진 뒤 주권 국가의 중심 역할은 당연히 사유 재산권을 보호하고 재산의 축적과 교환이 번성하도록 관리하는 것이었다. 이런 새로운 국가는 초기 자본주의 경제의 흐름을 원활히 하기 위해 존재한다는 것이 점차 분명해졌다. 프랑스의 고전 경제학자 장 밥티스트 사이는 정부가 "직접 도둑질을 한다거나 국민들의 도둑질을 막지 못한다거나 복잡한 법령으로 재산 소유가 불확실하도록 계속 방치한다면" 시장은 제 기능을 할 수 없다고 지적했다. 재산권이 법에 의해 지켜지고 국가에 의해 보호될 때만이 "생산의 원천인 토지, 자본, 노동의 생산력이 극대화될 수 있다."고 그는 말했다.[25]

이것이 단순히 18세기 특유의 논쟁에 불과한 것인가? 아니면 장 밥티스트 사이를 비롯한 계몽주의 철학자들의 주장에 심오한 진리가 들어 있는 것인가? 남아메리카 페루의 경제학자 에르난도 데 소토는 신저 『자본의 미스터리』에서 사이를 비롯한 당시 유럽의 경제학자들의 생각이 돈에 관한 한 옳았다고 적고 있다. 데 소토는 이렇게 묻는다. "제3세계의 경우 자본주의의 성공에 필요한 자산을 이미 갖고 있는데도 국민들이 왜 그렇게 가난한가?"[26] 데 소토는 제3세계의 빈민들이 소유하고 있는 부동산의 전체 가치만 해도 9조 3000억 달러가 넘는 것으로 추정한다.[27] 그러면서 그는 이렇게 설명한다. "그러나 명확한 재산권 체제가 확립되어 있지 않기 때문에 그런 자산이 자본화될 수 없으며, 사람들이 서로를 알고 신뢰하는 좁은 동네를 벗어나서는 거래될 수 없고, 땅이나 집을 가진 사람이 그것을 담보로 대출할 수 없으며, 투자로 출자될 수 없다."[28]

데 소토는 빈자와 부자, 후진국과 선진국의 차이는 "공식 재산법 체제를 확립하고 그 법을 기초로 자본을 창출할 수 있는 전환 과정을 만들어 내는 데 있다."며 미국과 유럽은 널리 통용될 수 있는 그런 법 체제와 자본 유동화 과정을 확립했다고 지적한다.[29] 또 그는 "미국인들과 유럽인들은 공식 재산권 체제를 너무도 당연한 것으로

받아들이기 때문에 그것의 존재조차 인식하지 못하게 되었다."고 말한다.[30]

데 소토를 비롯한 제3세계 경제학자들은 사유 재산 제도가 시장 자본주의의 원천이라는 사실을 깨달았다. 그러나 18세기 공리주의 철학자들은 사유 재산 제도를 그 이상으로 받아들였다. 그들은 신학을 기초로 한 교회의 구식 유토피아 비전을 물질주의에 기초한 새로운 비전으로 대체하기 위해서는 사유 재산 제도가 반드시 필요하다고 믿었다. 내세의 영적 구원보다는 현세의 물질적 구원이 우선한다는 생각이었다. 1852-1869년 프랑스 상원의장을 지낸 레몽 테오도르 트로프롱은 "재산은 물질적 자연에 대해 인간이 행사하는 자유"라고 적었다.[31] 과학적 방법을 사용하면 자연의 모든 것을 제어하고 길들여 생산적인 사유 재산으로 전환할 수 있다는 것이다. 자연의 자원에 자신의 노동을 추가함으로써 그것을 자기 재산으로 만들 수 있을 뿐 아니라 더욱 생산적으로 변화시켜 그 가치를 더욱 높일 수 있다고 그는 설명했다.

재산의 축적과 교환은 물질적 풍요의 꿈이 실현될 수 있게 해 주었다. 당시는 지구 표면의 많은 부분이 아직 미개척지로 남아 있던 시절이었기 때문에 이 새 비전을 주창한 사람들은 재산 축적이 거의 영원히 계속될 수 있다고 믿었다. 유럽에서 자그마치 열한 세기 이상 높은 이상으로 군림해 왔던 영구 구원은 물질적 진보라는 급진적 비전에 자리를 내주었다. 프랑스 혁명 당시 귀족 사상가 콩도르세는 이렇게 예측했다.

인간의 능력에는 정해진 한계가 없다. …… 인간은 무한하다. …… 인간 능력의 진보는 그것을 방해하는 모든 힘의 통제를 초월하며, 자연이 우리에게 준 지구가 존재하는 한 계속될 것이다.[32]

모든 사람이 그의 말에 동의한 것은 아니었다. 비판자들도 많았다. 그들은 사유 재산 제도와 "내 것 vs. 네 것"이라는 태도에 거의 전적으로 의존하는 사회는 문명을 파멸시킬 것이라고 주장했다. 그들은 무자비한 경쟁과 투쟁의 세계를 상상했다. 좀더 힘이 센 자가 지배하고 나머지는 그 아래 종속되거나 버림받는다는 것이었다. 장 자크 루소는 1755년 발간한 논문 『인간 불평등 기원론』에서 이렇게 적었다.

    빈 땅에 울타리를 치고 "이건 내 것"이라고 순진한 다른 사람들 앞에서 선언할 생각을 처음 해낸 사람이야말로 시민사회의 창립자다. 그때 누군가 나서서 경계선의 말뚝을 뽑고 도랑을 메워 버린 뒤, 다른 이들에게 "사기꾼의 말에 속지 마라. 대지의 열매는 우리 모두의 소유이고 대지는 누구의 것도 아니라는 생각을 잊으면 안 된다."고 외쳤다면, 인간은 얼마나 많은 죄악과 전쟁과 살인, 그리고 고통과 공포를 덜 수 있었겠는가![33]

그의 100년 뒤 카를 마르크스는 「공산당 선언」을 발표했다. 그는 사유 재산을 문명에 대한 재앙이라고 부르며 그 철학적, 역사적 뿌리를 비난했고 동시에 유럽인들에게 사유 재산의 폐지를 촉구했다.

유럽이 사유 재산 제도의 발원지였음에도 불구하고 처음부터 반대가 심했다. 존 로크의 추종자만큼이나 루소를 따르는 사람도 많았다. 어떤 사람들은 사유 재산 제도가 이상향으로 가는 길이라고 믿었고 다른 사람들은 사유 재산이 지옥으로 가는 길이라고 생각했다. 유럽은 두 가지의 서로 판이한 사회 개념 사이에서 극심한 분열을 겪었다. 구시대의 전통에 익숙한 사람들은 경제 활동, 사회 생활, 정치에 있어서 좀더 공산주의적인 접근을 선호했다. 반면 신흥 부르주아 계급은 각 개인에게 자율적으로 성취할 수 있는 자유를 주어야 한다고 생각했다. 중간에 낀 귀족 계급은 부르주아 편을 들었다. 귀족 계급은 예상 밖으로 새로운 제도에 잘 적응했고, 심지어 시장에서 자신의 이익을 위해 자금력과 사회 연줄을 자주 이용했다.

그러나 노동 계급은 계몽주의 사상가들과 그 후계자들이 약속한 물질적 이득을 별로 얻지 못했다. 도시 산업 지대 공장의 삶은 비참했다. 위험하고 열악한 작업 조건, 작업대와 나중의 조립라인 앞에서 긴 근무 시간, 박봉, 지저분하고 초만원인 주거 환경 등은 콩도르세가 제시한 세계와는 전혀 달랐다. 참다 못한 수백만 명의 유럽인들은 좀더 나은 삶을 찾기 위해 짐을 꾸려 미국으로 탈출했다. 유럽에 남은 사람들 가운데 다수는 자본주의에 대한 사회주의적 비판을 일리가 있는 것으로 받아들이게 되었고 일부는 완전히 사회주의에 몰입했다. 19세기와 20세기 초 유럽 전역의 노동자 계급 가운데 노조, 협동조합, 사회주의 정당을 지지하는 사람들이 점점 늘었다.

복지국가 개념이 유럽에서 수용된 것도 이때쯤이었다. 복지국가 개념은 한쪽에는 부상하는 부르주아 계급과 귀족들이, 다른 한쪽에는 노동자 계급과 빈민들이 대립하는 가운데 양쪽을 모두 달랠 수 있는 타협의 길이었다. 시장 자본주의에서 발생하는 과도한 부 가운데 일부를 재분배하는 대신 사유 재산 제도를 유지한다는 것이 그 핵심이었다. 복지국가는 부의 균형을 잡고 계급 간의 갈등이 거리 혁명과 노골적인 투쟁으로 비화하는 것을 막는 수단으로 자리 잡았다. 유럽인들의 그런 대타협은 대부분의 경우 성공했다.

사유 재산에 대한 미국인들의 애착

미국은 유럽의 대타협을 따르지 않았다. 사회주의는 미국 땅에서 제대로 뿌리를 내릴 수 없었다. 독일의 경제학자 베르너 좀바르트는 미국 노동자들이 먹는 쇠고기 양이 독일 노동자의 세 배나 된다는 사실이 그 이유라고 지적했다. "로스트 비프와 애플파이 더미 위에서는 사회주의 이상향이 허물어질 수밖에 없다."[34]

개인 재산의 보호를 핵심으로 형성된 유럽인들의 초기 이상향 비전은 신세계인 미국에서 가장 열렬한 지지를 받았다. 여기에는 지리적 여건이 중요한 역할을 했다. 일단 헐값이나 무상으로 개척할 수 있는 거대한 땅이 있었다. 유럽에서 미국에 도착해서 마차를 타고 애팔레치아 산맥을 넘어 비옥한 중서부 땅과 그 너머의 대평원을 향한 수백만 명에게 미국 땅은 에덴 동산과 다름없어 보였다. 그들은 유럽에 남아 있는 가족들에게 편지를 쓰면서 마음대로 개척할 수 있는 땅이 그토록 넓은 데 대해 놀라움을 표했다. 미국에 갓 도착한 한 유럽인은 원시 상태의 아메리카 대륙을 이렇게 표현했다.

눈앞에 펼쳐지는 끝없는 숲, 주변의 무한한 광야, 사람의 발길이 들어간 적이 없고 깊이를 알 수 없을 정도로 수북히 쌓인 낙엽들. 나뭇잎 사이로 간간이 비치는 정오의 태양이 그 낙엽들 위를 비추면 색깔이 변하면서 신비한 아름다움을 자아낸다. 들꽃들의 경이로운 광채와 신비로움, 끊임없이 나지막이 들리는 새 소리, 벌레 윙윙거리는 소리, 거대한 황소개구리의 철벙댐과 울음소리…… 그 속을 우리가 조용히 지나는 동안 사람 한 명, 집 한 채도 보이지 않는다.[35]

미국은 처음부터 이주자들에게 넓은 땅을 거의 무상으로 배분했다.

1796년의 '공유지 불하법'(Public Land Act)에 따라 이주자들은 1에이커(약 1,200평)당 2달러에 토지를 구입할 수 있었고 전체 구입가의 절반을 1년 뒤에 갚을 수 있었다. 1800년 미국 정부는 320에이커의 땅을 매각하면서 구입자들에게 매입 가격의 25퍼센트만 먼저 지불하게 하고 나머지는 4년에 걸쳐 갚아 가도록 했다. 이주자들은 160달러도 안 되는 돈으로 수백 에이커의 비옥한 땅을 구입할 수 있었다. 유럽에서는 거부 상인들이나 귀족들을 제외하고는 꿈도 꾸지 못하는 일이었다. 1811년 300만 에이커 이상의 토지가 이주 농민들에게 매각되었다.[36]

정부의 공유지 매각은 19세기 내내 계속되었다. 1862년 링컨 대통령 시절 만들어진 '자작농법'(Homestead Act)은 모든 농민들에게 각각 160에이커[약 19만 6000평]의 공유지를 무상으로 불하했다. 이 법 하나로 2억 7000만 에이커(미국 전체 면적의 10퍼센트) 이상의 공유지가 이주 농민들의 손에 넘어갔다. '무상 토지'의 외침은 미국 동부 해안으로 메아리쳐 유럽까지 울려 퍼졌다. 자작농법으로 사상 최대의 이주가 시작되었다. 미국에 갓 도착해 동부에 사는 사람들과 노예 신분에서 해방되어 새로운 기회를 찾으려는 사람들 모두가 서부 개척지로 몰려들었다. 이주자들은 등록비 10달러, 토지 권리증 발부 수수료 6달러, 토지 중개인에게 주는 커미션 2달러만 있으면 160에이커의 땅을 소유할 수 있었다. 조건은 5년 내에 집을 짓고 살면서 농토를 개간해야 한다는 것뿐이었다. 그 요구 조건이 충족되면 그 땅의 권리증은 정부에서 개인으로 넘어갔다.[37] 수백만 명의 미국인이 순식간에 부동산 소유자가 된 것이다. 미국은 1873년에는 '산림개간법'(Timber Culture Act), 1887년에는 '사막개간법'(Desert Land Act), 1916년에는 '목초지 자작농법'(Grazing Homestead Act)을 실시했다.[38]

1890년 미국 인구통계청은 토지 개척의 마감을 이렇게 공식 발표했다.

1880년까지 미국은 이주를 위한 개척이 있었지만 현재는 정착되지 않은 지역이 각각의 정착지에 의해 작은 부분으로 너무 많이 나뉘어 있기 때문에 더 이상 개척 대상지로서의 의미를 잃게 되었다. 따라서 서부 개척을 위한 이주는 인구 통계 보고서에 더 이상 포함될 수 없다.[39]

한 세기도 채 지나기 전에 수백만 에이커의 공유지가 개인 소유지로 변했다. 개척의 공식 마감이 선언되고, 세계 각지로부터 매년 점점 많은 이민자들이 몰려들어도 미국의 인구 밀도는 여전히 유럽에 비해 훨씬 낮았다. 지금도 미국은 유럽에 비해 사람은 더 적고 사용되지 않는 땅은 더 많다. 그 결과 미국인들은 갑갑함을 덜 느끼면서 더 자율적이 되었고, 다른 사람에게 의존하기보다는 독립을 선호하며, 공산주의보다 개인주의를 지향하게 되었다. 미국에서 가장 인구밀도가 높은 뉴욕 시도 1평방마일당 인구가 독일 프랑크푸르트의 3분의 1밖에 되지 않는다.[40]

이런 인구 밀도의 차이는 미국인들과 유럽인들의 세계관 형성에 큰 영향을 미치고 있다. 유럽을 여행하는 미국인들은 모든 것이 조밀하며, 길이 좁고, 건물이 다닥다닥 붙어 있으며, 카페가 늘 붐비고, 식당에서 주는 1인분의 양이 너무 작다고 느낀다. 미국인들의 기준에는 유럽은 엘리베이터도 너무 좁다. 뚱뚱한 미국인 한 명이 겨우 들어갈 정도의 엘리베이터도 있다. 미국인들은 유럽에 가면 모든 것이 작고, 빽빽하며, 빈약하다는 인상을 받을 수밖에 없다.

미국인들은 훨씬 넓은 공간에 익숙해져 있다. 미국이 개척 마감을 공식 선언한 지 한 세기가 넘었지만 미국인들은 아직도 개척 정신을 실천하고 있다. 그들은 자유를 갈구하며, 그들에게 자유란 스스로 통제할 수 있는 개인적 공간의 확장을 의미하는 경우가 많다.

20세기 들어서는 미국의 도시 교외에 집을 소유하는 것이 아메리칸 드림을 이루는 길이었다. 한적한 곳에 넓은 정원과 잔디밭에 둘러싸인 집을 소유한다는 것은 유럽의 도시 거주자들에게는 생소한 개념이었고, 그 점은 지금도 마찬가지다. 중세에는 좁은 곳에 밀집해 사는 것이 상호 안전을 보장하는 길이었다. 18세기 말경에도 네덜란드인들은 집들을 연립식으로 붙여 지었다. 그것은 로마제국 시절부터 내려오는 유럽의 관습이었다. 미국에서도 초기 유럽 이주자들은 그런 유럽식 주택 모델을 선호했다. 1920년대의 워싱턴 D. C.의 주민 가운데 71퍼센트 이상이 길게 이어진 유럽식 연립주택에서 살았다. 여러 유럽 도시에서는 2차 대전 말까지도 그런 연립주택이 표준이었다.[41]

그와 대조적으로 교외 지역은 다른 식의 안전을 제공했다. 공동생활보다는 개인주의에 입각한 안전이었다. 사회학자 케니스 잭슨은 이렇게 말했다. "1870년 이후 긴밀한 공동체의 일원이 되는 것이 아니라 여타 세계와 담을 쌓고 자급자족하는 개인 공간을 갖는 것이 새로운 생활방식으로 유행했다."[42]

교외 주택은 자유를 자율과 자치로 파악하는 미국인들의 믿음을 구현했다. 그것은 다른 사람을 배제하고 자기 영역에 대해 거의 전적인 통제력을 행사할 수 있는 권리를 말한다. 미국을 여행하는 유럽인들은 미국의 교외 지역이 유럽의 동네와는 너무도 다르다는 것을 인식하지 않을 수 없다. 유럽인들은 같은 동네 사람들끼리 서로 긴밀한 관계를 유지하며 살기 때문이다.

또 유럽인들은 미국 주택의 크기에도 놀란다. 평균으로 볼 때 미국 주택의 건평은 유럽 주택의 두 배 이상이다. 미국 주택의 평균 건평은 약 2,300평방피트(약 64평)다. 그에 비해 프랑스 주택의 평균 건평은 946평방피트, 독일은 932평방피트, 스페인은 917평방피트, 영국은 817평방피트다.[43]

유럽인들은 미국의 각 주택이 차지하는 대지의 크기를 보면 더욱 놀란다. 인구 증가에도 불구하고 미국의 현재 거주지 인구 밀도는 85년 전보다 낮다. 거주 면적이 더 넓어진 것이다. 어떻게 그럴 수 있었을까? 시골 지역으로 퍼져 나가고 농지와 목초지를 교외 주택지로 개발했기 때문이다. 1920년도 미국 인구통계청 보고서에 따르면 대도시, 교외 지역, 소도시를 포함한 도시화 지역의 평균 인구 밀도는 1에이커당 열 명 미만이었다. 1990년에는 그 비율이 1에이커당 네 명으로 낮아졌다. 더 중요한 것은 1960년 이후 미국 신규 주택 개발지의 평균 인구 밀도가 1에이커당 두 명 남짓한 수준을 유지하고 있다는 사실이다. 1920년도 인구 밀도의 4분의 1도 채 안 되는 것이다. 그것은 개발된 택지를 80여 년 전보다 여덟 배나 늘림으로써 나타난 결과다.[44]

가구당 차지하는 토지 면적도 계속 늘고 있다. 가족 수가 줄어들고 있는데도 대지는 더 넓어지고 있는 것이다. 이혼해서 혼자 자녀를 키우는 가정, 싱글 가정, 다 큰 자녀를 내보낸 가정이 많아지면서 가족 수는 1940년 가구당 3.28명에서 2000년 2.48명 이하로 줄어들었다.[45] 가구 수는 많아지는데도 한 가구가 차지하는 면적이 넓어지고 있다. 예를 들어 매사추세츠 주의 경우 1950년대에는 1인당 거주 면적이 0.5에이커였지만 1985년에는 1.83에이커였다.[46] 메릴랜드 주의 경우 가구당 1에이커 이상의 주택 개발지가 가장 인기 있었으며 그런 개발지가 1980년대에 같은 주에서 택지로 전환된 면적의 4분의 3을 차지했다.[47]

반면 유럽의 대도시 지역은 평균으로 볼 때 인구 밀도가 미국의 서너 배다. 유럽의 교외 지역의 인구 밀도도 미국의 네 배다.[48]

토지 소유에 대한 미국인들의 집착은 주택 소유에 대한 집착으로 이어졌다. 미국 연방정부는 오래전부터 부동산 시장에서 주택의 임대보다는 소유를 장려해 왔다. 미 연방주택청(FHA)과 원호청(VA)은 지난 반세기 동안 미국 내에서 지어진 주택 가운데 4분의 1에 대한 건축 자금 대출을 보증했다.[49] 주택 건축 융자금에 대한 연방 세금 공제, 감가상각 가속화 등의 정책도 주택 소유를 장려했다.

유럽 국가들의 정책은 개인 주택보다 공동주택을 선호하며 소유보다 임대를 권장한다. 독일, 이탈리아, 스페인에서는 전체 가구의 50퍼센트 이상이 공동주택에 살고 있고, 프랑스에서는 그 비율이 41퍼센트다.[50] 대다수 유럽 국가의 주택 소유 비율은 미국보다 훨씬 낮다. 미국의 경우 전체 가구의 68퍼센트가 자기 집을 소유하고 있는 반면 프랑스에서는 54퍼센트, 독일에서는 43퍼센트, 네덜란드에서는 44퍼센트가, 스위스에서는 30퍼센트 이하가 집을 소유하고 있다.(EU 국가 중 영국, 이탈리아, 스페인만이 미국과 주택 소유율이 비슷하다.)[51]

주택 공급에 공공자금을 지원하는 비율은 미국보다 유럽이 높다. 미국과 달리 유럽에서는 2차 대전 이후 공공주택 자금이 빈민뿐만 아니라 상당수의 중간층에도 지급되었다. 유럽에서 공공자금으로 건축된 집에 사는 사람들의 수는 미국의 두세 배다. 예를 들어 영국과 프랑스에서는 전체 가구의 약 20퍼센트가 공영주택에서 산다.[52]

미국에서는 자유가 독립을 의미하며 독립은 공간에 대한 개인적인 통제력을 의미한다. 자립과 자조는 미국 독립전쟁 훨씬 전부터 미국 정신의 주제였다. 미국인들은 이웃과 거리를 두고 싶어 한다. 따라서 대부분의 미국 교외 지역에서 공동체 의식이 떨어지는 것은 당연하다고 볼 수 있다. 유럽 도시 주변의 주택가에 비하면 분명히 그렇다. 잭슨은 "무더운 날 오후 미국 교외의 거리만큼 황량하고 쓸쓸한 곳은 이 세계에서 거의 찾아볼 수 없다."고 신랄하게 지적했다.[53]

미국 대도시 거주자들의 60퍼센트 이상이 교외에 살고 있으며 그 숫자는 계속 늘고 있다.[54] 유럽인들에게는 충격적이겠지만 미국의 단독 가구 주택은 8640만 호나 된다.[55] 그리고 미국인들이 교외의 널찍한 집에서 자율을 추구하기는 하지만 그들에게는 부단히 움직이려는 에너지가 넘친다. 그것이 미국 정신의 또 다른 큰 부분이다. 미국인들에게 자유는 자율과 이동성 둘 다를 의미한다. 따라서 전체 가구의 25-35퍼센트가 5년에 한 번씩 이사를 하는 것도 전혀 놀라운 일이 아니다.[56]

유럽인들은 가만히 있지 못하는 미국인들의 성향과 달리 한곳에 머물기를 좋아한다. 그들이 사는 곳이 집뿐이 아니라 전체 공동체이기 때문이기도 하다. 유럽인들은 공동체 생활에 익숙하다 보니 뿌리 의식이 강하고 생소한 곳으로 이사하는 것을 꺼린다. 평균으로 볼 때 유럽인이 이사하는 횟수는 미국인의 절반 정도다.[57] 나의 한 이탈리아 친구는 30대 초반의 여성으로 밀라노에서 수년간 살았다. 얼마 전 그녀는 자신이 자랐고 부모가 아직도 조상들의 집을 갖고 있는 북부 볼로냐 외곽의 작은 마을로 다시 돌아갈 계획이라고 말했다. 미국에서는 자기가 어린 시절을 보낸 곳으로 돌아가 성인기를 보내는 것이 특이한 일로 간주된다. 그러나 이탈리아와 유럽의 다른 지역에서는 절대로 그렇지 않다. 그 이탈리아 친구에 따르면 그녀의 동창생 가운데 다수가 사회 생활 초기에는 유럽의 대도시에서 몇 년을 지냈지만 자신의 가정을 꾸리기로 결심하면 옛 고향으로 돌아갔다.

미국에는 "세상에는 공짜가 없다."는 속담이 있다. 미국인들은 자율과 이동성을 누리기 위해 그만 한 대가를 치렀다. 그들은 더 큰 집, 더 넓은 개인 공간에 대한 욕구와 뿌리 의식 결여 및 잦은 이주로 일상생활의 우아함을 많이 희생해 왔다. 대도시 중심에서 약 100킬로미터까지 뻗어 있는 넓은 땅 위에 판에 박은 듯 똑같은 넓이로 구획된 곳에 사는 미국인이 점점 많아지고 있다. 그 대부분은 예전의 농지를 택지로 전환한 것이다. 6000만 명 이상(알래스카와 하와이를 제외한 마흔여덟 개 주 인구의 4분의 1)의 미국인이 현재 '준교외 exurbs'〔교외보다 더 떨어진 반 전원의 고급 주택지〕에서 살고 있다. 대도시 도심에서 교외와 준교외로의 대규모 인구 이동은 장기적인 조절 계획도 거의 없이 급속도로 진행되고 있다. 지금까지 미국의 전체 택지 개발 가운데 거의 6분의 1이 1980년대 초에서 1990년대 사이의 10년 내에 이루어졌다.[58] 이런 혼란스럽고 방향 없는 인구 분산의 결과가 바로 '스프롤 sprawl'〔도시가 공간적으로 불규칙하게 뻗어 나가는 것〕현상이다. 그것이 이제는 미국 도시 경관의 특징이 되어 버렸다.

    스프롤 현상의 특징은 누구라도 쉽게 알아볼 수 있다. 여러 주택 단지들이 서로 떨어져 있을 뿐 아니라 직장, 학교, 상업 지역과도 멀고, 고속도로에 바짝 붙은 간선도로를 따라 쇼핑몰이 형성되어 있으며, 주택 단지를 연결하는 인도와 대중 교통 수단이 거의 없고, 교통 체증이 자주 빚어지는 것이 그 특징이다. 특히 이런 주택 단지들에는 체계적인 개발도 동네 역사도 없다. 전부 다는 아니라고 해도 일부 주택 단지들은 이름만 공동 사회일 뿐이다. 이런 "숙박용 동네 bedroom community'에 사는 미국인들이 점점 많아지고 있다. 개성이 없고 문화적으로 황폐한 미국의 교외는 격리된 섬과 같은 주거지다. 어떤 면에서 그것은 아메리칸 드림의 마지막 장을 상징한다. 각자는 자신이 소유한 땅과 물건에 둘러싸여 주변과는 격리된 상태에서 살고 있다. 그런 자율적인 개인 공간 수백만 개가 서로 단절된 채 존재하는 것이다. 자기 집에서 걸어서 3분 거리 안에 있는 이웃 집 사람들의 이름을 절반 정도라도 아는 미국인은 거의 없는 듯하다.

도시 개발의 제한이 있다고 해도 그것은 주로 넓은 주택 및 상업 단지의 규제를 위해서만 존재한다. 인접 구역들 사이나 주 및 연방 차원에서 조절된 장기적 도시 개발 계획은 거의 찾아볼 수 없다. 모두가 독자적이며 그 결과 미국의 경관 전체가 황폐화하고 있다.

그러나 유럽은 그렇지 않다. 주택이든 회사든 가게든 부동산을 소유한 사람들의 권리가 관습과 사회 규범, 공동 사회 전체의 목표에 의해 계속 견제되기 때문이다. 유럽을 둘러본 미국인이라면 누구나 그 차이를 거의 즉시 피부로 느낀다. 유럽의 각 공동 사회는 고유한 역사와 내력을 갖고 있다. 그 공동 사회들은 모두 하나의 체계적인 계획을 따르는 듯하다. 거기에는 목표 의식과 질서가 엄연히 존재한다. 대도시뿐만 아니라 그 외곽 지역에서도 공동체 의식이 흐른다. 사람들이 독자적이 아니라 공동체의 일원으로 행동하는 것을 느낄 수 있다.

이런 경향이 우연히 생긴 것은 결코 아니다. 유럽의 도시 개발은 미국보다 훨씬 발달해 있다. 현재 유럽의 각국 정부는 한 걸음 더 나아가 대륙 전체를 아우르는 야심적인 개발 계획을 짜고 있다. 2000년 9월 유럽지역개발장관회의(CEMAT)는 "유럽 대륙의 지속 가능한 공간 개발을 위한 원칙"을 채택했다. "장기적이고 균형 잡힌 폭넓은 공간 개발"을 바탕으로 각 지역의 경제와 사회 발전이 환경 및 문화 유산과 조화를 이루도록 한다는 것이 그 목표다.[59] 유럽회의의 45개 회원국은 유럽 대륙 전체의 공간 개발이 포괄성, 다양성, 지속 가능성, 삶의 질, 보편적 인권, 자연의 권리, 평화라는 유럽의 꿈과 일치할 수 있도록 지역, 국가, 대륙 전체 차원에서 협력하기로 합의했다.

과연 미국인들이 그와 유사한 북아메리카 대륙의 장기적 개발 계획에 합의할 수 있을까? 아직도 개발이 안 된 땅이 많이 남아 있고, 휘발유 가격이 상대적으로 저렴하며, 주택 융자를 쉽게 받을 수 있고, 융자 상환금에 대한 세금 공제가 계속된다면 미국인들이 현재의 개발 방향을 역전시킬 가능성은 거의 없다. 다만 형편이 되는 미국인들은 가끔 유럽에 여행을 가서 잠시나마 사람이 살고 있다는 느낌을 받음으로써 그런 공허함을 메울 것이다.

사유 재산권과 민주주의의 충돌

1893년 7월 12일 미국의 젊은 역사가 프레더릭 잭슨 터너는 미국 역사학회의 연차대회에서 1890년 인구통계청이 선언한 서부 개척 종료와 관련한 자신의 논문을 발표했다. 터너는 짧은 미국 역사에서 국민들의 삶을 역동적으로 만든 두 가지 꿈에 대해 이야기했다. 첫째 꿈은 "대륙의 풍요로운 자원을 차지하기 위해 무제한 경쟁할 수 있는 개인의 자유"였다. 터너는 "개척자에게 정부는 악"이라고 지적했다.[60] 미국인들이 정부를 불신하며 정부가 자신들의 재산권과 자유를 침해하거나 제한할지 모른다고 우려한다는 것이었다. 미국의 혁명가들이 영국의 지배에 반기를 들었을 때 그들의 모토 가운데 하나가 "우리를 간섭하지 마라."(Don't tread on me.)였다. 그 정신은 미국 독립 후에도 지속되었다.

터너가 말한 두 번째 꿈은 "국민에 의한 국민을 위한 국민의 정부라는 민주주의의 이상"이었다.[61] 이 두 가지 꿈이 "공유지와 천연자원의 사유화 과정"에서 공존했다는 것이 터너의 설명이었다. 그러나 그는 이렇게 경고했다. "미국의 민주주의는 헐값이나 무료로 차지할 수 있는 땅이 넓다는 것을 바탕으로 이루어졌다. 바로 그런 조건이 미국의 민주주의를 형성했고 그 기본 특징을 이루고 있다."[62]

무상이나 헐값으로 차지할 수 있는 땅이 있는 한 미국인들은 계급 간의 갈등에 관해 크게 우려할 필요가 없었다. 새로 이주해 왔든 현지에서 태어났든 가난하고 착취당하는 사람들은 서부로 이주함으로써 동부 지배층의 억압에서 벗어날 수 있었다. 미국의 서부는 사실상의 안전 밸브 역할을 했다. 서부는 기회 균등을 보장하는 통로였다. 서부 개척지에서는 정부의 법령이나 동부 상권의 구속을 받지 않고 자립할 수 있다는 점에서 모든 사람이 동등했다. 그러나 개척이 종료된 시점에서는 "주인 없는 자원을 두고 벌어지는 무제한 경쟁의 시대가 종언을 고하고 있다."고 터너는 지적했다.[63] 그는 "가만히 있지 못하는 에너지"를 가진 개인들이 거대한 야생 환경을 길들이고 그 풍요로운 자원을 사유 재산으로 변형시키는 데 거의 전적으로 매달려 왔을 때는 문제가 없지만 이제 개척이 종료되고 있는 시점에서는 그들이 어떻게 될 것인지 우려된다고 말했다.

1920년대 캘빈 쿨리지 대통령은 "미국의 일은 미국인들이 알아서 할 문제"라고 말했다. 그러나 그로부터 30여 년 전 터너 같은 미국의 지성인들은 이미 미국의 미래를 우려하기 시작했다. 터너는 그 논문에서 프랑스의 지식인 에밀 가스통 부트미의 언급을 인용했다. 다음은 논문에 인용된 부트미의 말이다.

> 미국 사회의 특이한 점은 민주주의 체제라기보다 방대한 대륙의 자원을 발견하고 개발하고 자본화하는 하나의 거대한 회사처럼 보인다는 것이다.[64]

터너는 다음과 같은 한탄으로 논문을 맺었다. 그의 지적은 100년 이상이 지난 지금 섬뜩할 정도로 맞아떨어지고 있다.

개인의 지위 향상을 위해 부를 축적하는 것이 성공의 주요 척도인 한, 그 대가가 무엇이든 그 결과 문명이 어떻게 되든 물질적인 풍요가 구호인 한, 개척자들에게 소중했던 보통 사람에 대한 믿음과, 그것에 바탕을 둔 미국의 민주주의는 위험에 처한다. 그런 사회가 세우는 최상의 목표는 가장 강한 의지를 가진 사람만이 달성할 수 있기 때문이다.[65]

내가 아는 유럽인들 대다수는 "막강한 달러"에 대한 미국인들의 집착을 비웃는다. "당신네 미국인들이 생각하는 것은 돈뿐이야."라고 그들은 말한다. 그런 지적은 미국인들의 특성과 생활방식에 관한 거의 모든 공개 토론에서 빠지지 않고 등장한다. 그러나 실제는 미국인들의 생각은 그보다 훨씬 더 복잡하다. 돈 자체가 문제가 아닌 것이다. 미국인들은 재산을 소유함으로써 얻는 개인적 안전을 추구하며, 재산이 있어야 자유를 누릴 수 있다고 믿는다. 돈을 적게 벌어도 여가를 많이 가질 수 있는 것이 좋다고 생각하는 유럽인들에게 재산 축적에 대한 미국인들의 집착은 병적으로 보이기도 한다. 유럽인들은 "미국인들의 소유욕이 결국 자신마저 소유하게 될 것"이라고 말한다.

그러나 여기서 내가 말하고자 하는 것은 사유 재산을 자유와 동격시하는 유럽의 계몽 사상을 가장 순수하게 따른 사람들이 결국 미국인들이었다는 점이다. 미국인들의 그런 믿음이 얼마나 강했느냐는 것은 1894년의 한 사건에서 극명히 드러난다. 당시 미 의회는 개인 소득에 대한 세금 부과를 법으로 처음 통과시켰지만 사법부에서 그것을 위헌으로 판결했다. 그에 따라 새로운 소득세법이 채택되기 전에 헌법이 수정되어야 했다.[66] 강인한 개인주의와 자립이라는 개척 정신의 전통에 익숙해진 많은 미국인들은 정부가 다른 목적에 사용하기 위해 개인이 모은 재산 가운데 일부를 가져갈 수 있다는 발상 자체를 혐오한 것이다.

20세기 초 서부 개척이 완전히 종식되고 헐값으로 매입할 수 있는 공유지가 바닥나자 경제 정의와 부의 재분배 문제가 거론되기 시작했다. 특히 동부와 중서부 대도시의 공업 단지에서 일하는 사람들 사이에서 그런 의식이 강하게 표출되었다. 유럽의 귀족 가문들에 버금가는 부를 축적한 앤드루 카네기, 존 D. 록펠러, 코넬리어스 밴더빌트 등 거부들과 막강한 권력을 가진 악덕 자본가들이 부상하자 그들이 운영하는 공장에서 착취당하던 수백만 명의 미국인들이 불만을 가질 수밖에 없었던 것이다.

시어도어 루스벨트 대통령은 재산에 대한 미국인들의 집착을 처음으로 지탄한 첫 대통령이었다. 그는 1911년 연설에서 이렇게 말했다.

> 우리는 지금 재산과 복지 사이의 관계에서 새로운 개념에 직면하고 있다. 인권에 반해 재산권을 주창하는 일부 인사들이 지나친 주장을 하고 있기 때문이다. 인권보다 자신의 이익이 우선이라고 잘못된 생각을 가진 사람들은 사회복지를 주장하는 사람들에게 양보해야 한다. 사회복지 주창자들은 재산권보다는 공동 사회의 일반적인 권리가 우선이며 공공복지에 필요한 수준으로 재산을 규제해야 한다는 올바른 주장을 펼치고 있다.[67]

부의 재분배에 관한 미국인들의 일시적 관심은 1930년대의 세계적인 공황 시기에 더욱 힘을 얻었다. 프랭클린 D. 루스벨트 행정부의 뉴딜 정책은 재산권과 인권의 균형을 맞추려는 미국 최초의 진정한 시도였다. 그런 노력은 1960년대까지 계속되었지만 린든 B. 존슨 대통령이 내세운 빈곤 퇴치를 위한 "위대한 사회 Great Society" 정책이 중단되면서 갑작스럽게 끝나 버렸다.

1980년이 되자 미국은 부의 재분배를 통한 경제 정의를 거의 포기했다. 이주한 서부 출신인 로널드 레이건이 대통령에 당선된 것은 원래 아메리칸 드림으로의 복귀를 의미했다. 개천에서 용이 날 수 있으며, 재산이 있어야 자유를 누릴 수 있다는 신념을 되찾은 것이다.

그러나 지금 인간의 공간과 시간에 대한 인식을 또다시 근본적으로 바꿔 놓고 있는 첨단 신기술의 여파로 사유 재산권의 논리적 근거가 무너지기 시작했다. 인터넷과 첨단 통신 기술을 통해 지구상의 모든 사람들이 더욱 빨리 연결되면서 공간은 세계 전체로 넓어지고 시간은 모든 것이 동시에 일어나는 실시간이 되고 있다. 그 결과 21세기에 들어서면서 국가 내 시장에서의 거래가 방대한 글로벌 네트워크에 대한 접근성 확보에 밀려나고 있다.

사유 재산 제도에 대한 애착이 줄어든 것은 유럽의 경제와 정치 미래에 중대한 의미를 갖는다. 시장 자본주의란 재산을 상품과 용역의 형태로 서로 교환한다는 개념에 바탕을 두고 있기 때문이다. 사유 재산에 대한 심리적인, 그리고 이념적인 애착이 계속 약해지면 앞으로 시장은 과연 어떻게 되겠는가?

재산의 개념이 소유에서 접근성으로 바뀌는 것은 민족국가의 통치 방식에도 지대한 영향을 미친다. 계몽주의 사상가와 경제학자들은 사유 재산 제도가 국가에 합법성을 부여한다고 주장했다. 국가의 주요 임무는 국민들의 사유 재산을 보호하는 것이라고 간주되었다. 그러나 지금 부상하고 있는 새로운 상거래 관계는 영토로 규정되는 정치 단위 내부의 시장 거래보다는 범국가적 글로벌 네트워크에 대한 접근성에 초점을 둔다. 따라서 사유 재산 관계가 새로운 상거래 관계에 흡수된다면 민족국가 자체의 미래는 어떻게 될 것인가?

문제는 지금 세계적으로 일어나고 있는 변화 때문에 새로운 공간적, 시간적 현실을 수용하려는 경제 및 정치 제도 자체의 미래가 불투명해졌다는 점이다. 봉건주의 질서가 중세를 규정했듯이 자본주의 시장과 민족국가는 근대와 현대를 정의하는 핵심 패러다임이다. 근대 직전의 새로운 공간적, 시간적 변화가 중세의 종언을 불렀듯이 지금의 또 다른 극적인 시공 변화는 기존의 시장 경제와 민족국가 체제를 약화시키는 동시에 세계적인 상업 네트워크와 EU 같은 대륙적인 정치 영역의 부상을 가속화하고 있다. 자본주의 시장과 민족국가를 초월하는 세계를 재구성하는 것은 중세의 교회 권위와 봉건 사회를 무너뜨릴 때만큼 많은 갈등을 부를 것이다. 헝가리의 역사가 칼 폴라니가 말한 "위대한 변환Great Transformation", 다시 말해 자본주의와 민족국가 형성에 이른 우여곡절은, 세계화된 공간과 시간에 더 적합한 새로운 경제 및 정치 모델과 새로운 의식을 찾기 위해 몸부림치는 현 세대에 많은 점을 시사한다.

7 자본주의 시장과 민족국가의 확립

　시장 경제는 현대인의 모든 생활에 영향을 미치기 때문에 우리는 그것을 그냥 자연의 힘인 것처럼 느낀다. 사실 미국인들은 시장이 존재의 중심이 아니었다면 벌써 방향을 잃었을 것이다. 그들은 시장 경제가 인류 역사에서 상대적으로 새로운 제도라는 사실을 까마득히 잊고 지낸다. 물론 시장은 고대로부터 존재했다. 그러나 그런 시장은 언제나 사회 생활의 주변에 머물렀다. 대다수의 경제 활동은 전통적으로 집안에 기초를 두었다. '경제'의 영어 단어 'economy'의 어원도 '집'을 뜻하는 라틴어 'ecos'다. 대가족의 구성원들은 스스로 필요한 것을 생산했고, 이웃과 그것을 물물교환했으며, 남는 것을 어쩌다 한 번씩 열리는 야외 시장에 내다 팔았다. 중세 말의 프랑크푸르트 메세 같은 대규모 시장은 1년에 한 번씩 열렸고 먼 지역에서부터 행상들이 찾아왔다. 시장이 클수록 더 이국적인 상품을 살 수 있었다. 비단, 책, 양피지, 약품, 향료 등 대부분 동방에서 생산된 이국 상품들이 인기가 있었다.
　그러나 완전히 통합된 현대적 시장 경제의 개념은 상인들이 노점을 세우고 현지인 구매자들에게 상품을 파는 정도와는 크게 다르다. 현대 시장이 굴러가려면 토지, 노동, 기술 등 상품 생산에 필요한 요소들이 전통적인 집안 배경에서 떨어져 나와 합리화, 추상화, 수량화될 수 있는 형태로 변화되어야 하고, 또 시장에서 가격 흥정이 가능한 재산이 되어야 한다.

현대적 시장 경제의 개념은 유럽에서 처음 만들어졌지만 그것이 완전한 형태로 발달한 것은 미국이었다. 유럽인들은 처음부터 자본주의에 대해 양면적인 생각을 갖고 있었지만 미국인들은 그렇지 않았다. 미국은 오래전부터 자본주의의 최후 보루로 간주되어 왔다. 미국인들의 자본주의에 대한 믿음은 너무도 확고하기 때문에 '미국'과 '자본주의'라는 용어는 거의 동의어로 취급될 정도다.

이제 미국인들은 이 세상에 남아 있는 유일한 순수 자본주의자일지도 모른다. 애덤 스미스가 제시했듯이 개인 구매자와 판매자가 자신의 재산권을 극대화하기 위해 경쟁하는 속박 없는 시장이 아메리칸 드림을 실천하는 주된 무대다. 자본주의의 무대가 손상되면 아메리칸 드림이 타격을 받는다. 미국인들이 자본주의 이론의 원칙에 그토록 집착하는 이유가 바로 그것이다. 자본주의 이론은 미국인들의 생활방식에서 핵심을 이루며, 그것이 없었다면 아메리칸 드림은 불가능한 꿈이 되고 말았을 것이다.

반면 유럽인들은 자본주의 시장을 크게 존중하지 않았다. 이처럼 자본주의에 대한 유럽인들의 열정은 식었지만 미국인들이 자본주의의 가장 열렬한 주창자가 된 것은 서로 다른 역사적 상황 때문이었다.

자유 시장을 위한 투쟁

앞서 언급했듯이 근대 초 유럽에서 신기술이 대거 쏟아져 나오면서 장거리 여행 시간이 짧아지고, 거래가 촉진되었으며, 거래 시간도 줄어들어 훨씬 큰 시장의 형성이 가능해졌다. 봉건적 통치 제도는 너무 작고 편협해 새로운 인간 활동의 잠재적 범위를 관리하기에는 역부족이었다. 그런 제도의 대부분은 대규모 시장을 잠재적인 위협 세력으로 보고 견제했다.

중세 말이 되자 유럽 전역에 1,000개 이상의 도회지가 생겨났다. 도회지에는 방앗간, 가게, 여인숙 등이 있었고 현지 기능공들이 거기서 일했다. 그들은 독특한 기술이 필요한 다양한 상품과 서비스를 생산했다. 석공, 직조공, 염색공, 금속세공인, 병기공, 그리고 나중에는 수 놓는 사람, 장갑 제조인, 가구 장식인, 모자 제조인 등이 현대 도시의 원조인 도회지에 모여들었다. 그것이 바로 현지 영주의 관할권에서 벗어난 독립 지역을 가리키는 "자유 도시"였다. 예를 들어 영지를 탈출한 농노가 도회지에서 1년 이상 머물면 자유의 몸으로 간주되었다. 영주의 영향력에서 벗어나 도회지 공민들의 관할권에 들어왔다는 의미였다.[1]

각 기술 분야는 '길드guild'를 만들어 조합원들의 활동을 조정했다. 길드들은 자기 산업 분야에서 질적 수준을 유지하고, 생산량과 판매량을 결정하며, 상품과 서비스에 대한 적정 가격을 확정했다. 그들은 현대 경제의 특징이라고 할 수 있는 개방 시장, 자유 노동, 토지의 상품화, 가격 경쟁에 반대했다. 길드들은 4세기 이상에 걸쳐 법과 규정을 이용해 자본주의 계급을 견제함으로써 자신들의 의지를 관철시켰다. 길드들은 프랑스에서는 1791년, 영국에서는 1813년과 1814년, 오스트리아와 독일에서는 1859년과 1860년, 이탈리아에서는 1864년이 되어서야 폐지되었다.[2]

길드 경제는 시장의 힘이 아니라 관습에 의해 움직였다. 길드는 이익 추구보다는 전통의 유지가 목적이기 때문이었다.

16세기 영국에서 독립적인 상인 계급이 상품과 서비스 생산에 대한 길드의 통제에 도전하기 시작했다. 영국, 그리고 나중에는 유럽 대륙 전역에서 일어난 경제 상황의 변화로 길드 시스템이 무너져 갔다. 토지의 사유지화로 자유의 몸이 된 농부들이 새로운 노동력으로 등장했다. 도로와 수로의 발달은 시골과 도시 사이에 원자재와 완제품 수송을 더 용이하게 해 주었고, 인구 증가로 더 싼 가격에 더 많은 상품이 공급되어야 했다.

이런 새로운 시장의 힘에 가장 먼저 타격을 받은 쪽은 방직 길드였다. 일부 상인들이 시골의 값싼 노동력에 직조 일을 나눠 줌으로써 길드의 통제와 도시의 관할권을 우회하기 시작했다. 신기술과 작업의 체계화로 '분업'이 이뤄져 직물 제조의 원가와 제조 시간이 크게 줄어들었다. 이 새로운 생산 모델은 소비자라는 수요의 급증에 더 잘 부응할 수 있었다.[3]

새 사업 방식은 그보다 더 큰 효과도 가져왔다. 길드 체제 아래서는 직인의 우두머리와 도제 수습을 마친 기술자들이 방직 기계를 독점함으로써 생산을 통제했다. 그러나 새로 등장한 독립 상인 계급이 시골의 노동력에 도구와 기계를 공급함으로써 생산을 주도하기 시작했다.[4] 자본주의 사업 방식의 효과를 가장 먼저 실감한 사람들은 방직 분야에서 상인들로부터 일감을 받은 가난한 농민들이었다. 원자재를 구입할 자금력이 없던 농민들은 고용주인 상인에게 대부를 받아야 했다. 대개는 직조 기계를 담보로 했다. 빌린 돈을 갚지 못하면 직조 기계를 몰수당했다. 그런 식으로 생산 수단을 직접 관장하게 된 상인들이 길드에 대한 입지를 더욱 강화할 수 있었다.[5]

신흥 상인 계급은 생산에 필요한 원자재와 생산 도구를 시골 농민들에게 직접 제공하고 시골과 도시 사이의 유통을 장악함으로써 인건비를 더욱 강력하게 통제할 수 있었다. 이미 빈곤한 상태에서 다른 생계 수단이 없었던 농민 출신 근로자들로서는 갓 생겨난 자본주의 계급이 제시하는 고용 조건을 수용할 수밖에 없었다. 길드들로서는 생산량과 생산 속도에 있어서나, 제품의 가격에 있어서 상인 계급을 도저히 따라잡을 수 없었다.

그러다가 공장이 도입되면서 장인들과 길드의 힘은 더욱 약해졌다. 16세기 후반 영국에서 처음 공장이 등장했다. 제지 공장, 철공소, 대포 제조 공장, 그리고 나중에 방직 공장이 생겼다. 생산에 필요한 모든 작업을 한 지붕 아래로 모아 공동 에너지원(처음에는 물레방아와 풍차, 나중에는 석탄과 증기 동력)을 사용해 효율성을 높이는 것이 공장의 목적이었다. 공장 운영에는 대규모 자본이 필요했다. 대개 수천 파운드 이상이 들었기 때문에 장인들로서는 아무리 부자라고 해도 감당할 수 없었다. 신흥 상인 자본가들만이 이 새로운 제조 모델의 비용을 댈 수 있었다.[6] 역사가 모리스 도브는 "생산이 자본에 예속되면서 자본가와 생산자가 계급 관계가 된 것이 생산 모델 변화의 결정적인 분수령으로 간주되어야 한다."고 지적했다.[7]

장인들은 자본가들의 힘을 막기에 역부족이었다. 많은 장인들이 길드를 포기하고 자본가들이 운영하는 공장의 직공으로 들어갔다. 나머지는 자본가들에 맞서기 위해 가능한 많은 장애물을 설치함으로써 신흥 상인 자본가들이 시골을 벗어나 더 큰 시장으로 진출하는 것을 막으려 했다. 경제학자이자 역사가인 고(故) 로버트 하일브로너는 "상인들이 100마일을 다니는 동안 서로 다른 법과 규정, 도량형, 화폐를 사용하는 10여 개의 자치 공동체를 만날 수도 있었다."고 설명했다.[8]

통행세 징수소는 상인들이 더 큰 시장으로 진출하는 데 강력한 장애물 역할을 했다. 모든 마을 경계에는 통행세 징수소가 있었다. 하일브로너는 이렇게 설명했다. "14세기에는 독일 베저 강을 따라 서른 개 이상, 엘베 강에 약 서른다섯 개의 통행세 징수소가 있었다.

한 세기 뒤 라인 강을 따라 그런 징수소가 예순 개 이상이 있었다."[9]
15세기 말 프랑스 센 강에는 통행세 징수소가 너무 많아 "곡물을 강으로 200마일 운송한다면 판매가의 절반은 통행세로 내야 했다."[10] 하일브로너는 중세 말에는 영국에만 통합된 내부 시장이 형성되었다고 설명했다. 그것은 영국이 유럽의 첫 경제 대국으로 부상할 수 있었던 중요한 이유 가운데 하나다.[11]

길드와 각 도시들이 성벽 내부와 인접 지역에 대해서는 봉쇄 조치와 보호 전략으로 상권을 어느 정도 장악할 수 있었지만 외부 거래에 대해서는 거의 손을 쓸 수 없었다. 도시와 길드는 새로운 자본가 기업주들이 시골 지역에서 번성하는 것을 막기 위해 서로 힘을 합쳤지만 상인 자본가들도 모든 수단을 다 동원해 그들이 친 장벽을 허물고 범국가적 시장을 만들었다.

그로 인해 새로운 상업 질서와 옛 경제 제도 사이의 투쟁이 격화되었다. 신기술은 공간적, 시간적 현실을 크게 바꿔 놓았다. 생산 통제, 가격 규제, 외부 경쟁 배제를 바탕으로 구축된 옛 경제 체제는 더 멀리 있는 더 많은 사람들 사이에 상품과 용역의 교환을 가능하게 만드는 신기술을 수용하기에 적합하지 않았다. 신기술은 모든 잠재력을 최대한 활용하려는 자본가 계급을 낳았다. 그들은 자율적인 자유 시장에서 신기술에 적합한 새로운 상업 모델을 발견했다.

이제 필요한 것은 수천 개의 지방 도시 당국을 통제하고 비시장적 경제를 유지해 온 통행세, 관세, 그리고 수많은 법규들을 폐지할 수 있는 새로운 정치 체제였다. 또 범국가적 시장이 유지될 수 있도록 공통 언어, 통합된 교육 체제, 단일 치안도 필요했다. 경제사학자 칼 폴라니는 "국가가 시장 단일화 및 내부 상거래 확립을 위한 수단으로 전면에 나선 것도 바로 그런 필요성 때문이었다."고 말했다.[12]

민족국가의 부상

인간 사회를 통치하는 데 있어서 민족국가는 상대적으로 새로운 제도다. 일부 학자들은 민족국가의 기원을 18세기 말 프랑스 혁명과 미국 독립혁명으로 보지만 다른 일부에서는 그 뿌리가 12-13세기 영국으로 거슬러 올라간다고 주장한다. 민족국가는 일반적으로 공통 언어, 문화, 관습에 뿌리를 둔 조직체가 오랜 시간에 걸쳐 발달해 현대 국가의 형태로 진화한 것으로 알려져 있다. 물론 틀린 말은 아니지만 현실적으로는 민족국가가 '가상의 공동체'에 더 가깝다. 주로 정치 및 경제 엘리트들이 국가적 차원에서 더 넓은 시장을 형성하고 해외 식민지를 확보하기 위해 만든 인위적 구성체이기 때문이다. 물론 예외는 있다. 공산주의 붕괴 후 중유럽 및 동유럽에서 일어난 민족주의 투쟁은 시장 확장보다는 민족 정체성의 보존과 관련이 있었다. 그러나 대부분의 경우 민족국가와 국가적 시장은 함께 생겨나 공생 관계를 유지했다. 국가 내부의 통합된 시장은 국민들 사이에서 재산 교환의 속도, 흐름, 밀도를 증가시켰고, 정부는 통합된 영토 안에서 효율적인 상거래가 이뤄질 수 있도록 법과 규정을 제정해 집행했다.

민족국가 체제는 초기 자본주의 경제에서 개인의 이익을 극대화하려는 시장을 그대로 본뜸으로써 자유 시장에서 재산 관계를 형성하는 자율적 행위자들에게 새로운 집단 정체성을 부여했다. 자신의 소유물에 대한 권리를 주장하는 자율적 개인처럼 국가도 영토 전체에 대한 주권을 주장했다. 아울러 국가는 자율적 국민들처럼 국가들 사이에서 동등한 자율권을 주장했고, 자기 통제 아래에 있는 재산을 보호했으며, 유리한 영토를 얻기 위해 거래나 전쟁을 통해 다른 국가와 경쟁했다.

초기 민족국가가 직면한 어려움은 범국가적 시장에서 자유 거래를 거부하는 저항 세력을 제거하는 동시에 국민들로 하여금 납세, 병역 등 사회적 의무를 수용하도록 만드는 것이었다. 계몽주의에서 말하는 자율적 행위자는 자신의 물질적 이익만 생각하고 재산권을 최대한 활용하는 데만 관심이 있는 사람들이었다. 그런 개념은 공동의 목표와 정체성이라는 집단적 개념을 형성하려는 국가 차원의 노력과 상충될 수밖에 없었다. 억압의 굴레에서 막 해방된 개인들에게 자율권과 자유의 일부를 국가에 넘겨 주라고 설득할 수 있는 방법은 무엇이었을까?

그 방법은 국민들의 마음을 사로잡을 수 있고 공동 정체성과 운명을 설득할 수 있을 정도로 매력적인 공동의 과거에 관한 이야기를 만들어 내는 것이었다. 현대 민족국가의 설계자들은 그들 앞에 놓인 과업의 중대성을 알았다. 1861년 이탈리아 통일 후 이탈리아 북서부 피에몬테 주의 총리를 역임한 마시모 다젤리오는 "우리는 '이탈리아'를 만들었습니다. 이제는 '이탈리아인'을 만들 차례입니다."라고 말한 것으로 알려졌다.[13]

근대 이래 모든 민족국가들은 국가 기원에 대한 전설과 신화를 만들어 냈다. 거기에는 주로 영웅담과 시련담이 포함되어 있으며, 그 전설은 종종 정성들인 의식을 통해 기념되기도 한다. 민족국가는 점점 미몽에서 벗어나는 현실적인 세계에서 강력한 새 국민상을 확립해야 했다. 숭고한 과거를 공유하고 위대한 미래를 함께 누릴 운명을 같이 타고났다는 것이 바로 그 국민상이다. 동시에 국가는 국민들(처음에는 백성이었다가 나중에는 공민으로 바뀌었다.)의 충성심을 얻기 위해 설득력 있는 미래의 비전을 제시해야 했다. 영생의 길이 그리스도를 구세주로 받아들이는 데 있는 것이 더 이상 아니라면 재산의 축적과 교환 형태로 무한한 물질적 부를 추구하는 데서 그 길을 찾을 수 있다는 비전이었다. 또 국민들이 국가에 충성하면(국가를 위해 목숨을 바칠 수 있는지 여부에 대한 리트머스 테스트) 그 대가로 국가는 국민 각자가 재산을 소유하고 자유 시장에서 재산을 교환할 수 있도록 보호해 준다는 것이었다.

공동의 정체성은 범국가적 자유 시장을 존속 가능하게 만드는 데도 필수적이었다. 영국, 프랑스, 독일, 이탈리아 등의 근대 민족국가가 형성되기 전에는 공동의 정체성이란 없었고, 유럽 대륙 전역의 계곡과 산악 지대에 있는 작은 마을들에서 전해지는 수많은 전설과 신화가 있을 뿐이었다. 그 신화들은 서로 다른 언어가 아니면 거의 서로 통하지 않는 방언으로 전해져 내려갔다.

언어, 관습, 상거래 규정이 전부 서로 달랐기 때문에 넓은 지역에서 상품과 용역을 생산하고 거래하는 비용은 높을 수밖에 없었다. 따라서 효율적이고 고른 범국가적 시장을 만드는 가장 중요한 첫 단계는 문화적 다양성을 억제하거나 제거하는 것이었다. 단일한 국가 신화를 만들기 위해서는 유럽에서 수세기 동안 존재했던 다양한 향토 신화와 전통을 가차 없이 없애거나 억눌러야 했다.

민족국가 모델은 광범위한 활동들을 일목요연하게 정리하는 합리적 과정을 채택함으로써 성공할 수 있었다. 우선 각 국가는 국민들끼리 의사 소통이 가능하도록 단일 공용어를 채택할 필요가 있었다. 사람들은 한 국가 아래 국민들을 단합시키는 데 필수적인 것이 단일 공용어라고 생각한다. 그러나 실제로는 대개의 경우가 그렇지 않다. 프랑스를 예로 들어 보자. 1789년 프랑스 혁명 전야에 프랑스어를 사용한 국민은 인구의 50퍼센트에도 미치지 않았다. 또 프랑스어를 올바로 구사할 줄 아는 비율은 12-13퍼센트에 불과했다. 프랑스 북부와 남부에서는 프랑스어를 말하는 사람이 거의 없었다. 1861년 이탈리아가 통일되었을 때 일상생활에서 이탈리아어를 사용한 사람은 인구의 2.5퍼센트에 불과했다. 18세기 독일의 경우 나중에 공식 독일어가 된 언어를 읽고 말할 수 있는 사람이 50만 명에도 미치지 못했고, 그중 다수는 새 작품을 공연하는 배우들, 그리고 소수의 엘리트 지식인들을 위해 책을 쓰는 학자들이었다.[14]

범국가적 공용어를 만들려는 노력은 민족국가 형성보다는 초기 인쇄 산업과 관련이 있었다. 15-16세기의 인쇄업자들은 책의 대량 생산을 위해 시장이 확장되기를 갈망했다. 교회의 공식 언어가 라틴어였고 유럽 학자들과 정부 관리들이 궁중에서 라틴어를 사용했지만 그 시장은 인쇄 혁명을 충족시키기에는 너무도 규모가 작았다. 다른 한편으로 유럽 전역에서 수많은 언어와 방언이 사용되었기 때문에 그 하나하나로서는 너무 시장이 작아 경제성이 전혀 없었다. 그에 대한 해결책은 주로 한 지역에서 가장 지배적으로 사용되는 언어를 채택해 성서와 문학 및 과학 작품을 그 언어로 대량 출판하는 것이었다.

나중에 표준 프랑스어, 독일어, 스페인어, 이탈리아어, 영어로 발달한 언어들도 부분적으로는 인위적으로 만들어진 것이다. 보통 그 언어들은 각 지역에서 사용되는 다양한 관용 표현들을 통합한 다음 문법을 획일화시킨 결과였다.[15] 그러나 일단 공용어가 받아들여지고 나면 그 언어들은 신비롭게도 스스로 영속성을 갖게 되었다. 각국의 국민들은 자기 나라의 공용어를 선조들이 사용하던 언어로 간주하게 되었고, 자신들을 단합시키는 문화적인 끈이라고 생각하게 되었다.

모든 국민이 새로운 나랏말을 말하고 읽을 수 있도록 하기 위해서는 나라마다 국가적 교육 체제가 필요했다. 그런 국가별 단일 교육 시스템이 생기자 국민들이 무엇을, 어떻게 배워야 할지에 관한 믿을 수 있고 예측할 수 있는 기준이 만들어졌다. 이 전례 없이 새로운 현상인 국가 표준 교육은 국민들이 국가 의식을 형성하는 데 도움을 주었다. 각 세대의 학생들이 같은 과목을 같은 언어로, 같은 방식으로 배우게 되자 국민들은 곧 자신들이 국가 구성원의 일원으로서 경험과 운명을 공유한다고 믿게 되었다. 프랑스의 어느 교육부 장관은 자국의 공립 교육 성공을 돌이키며 이렇게 말했다. "언제든 시계만 보면 특정 연령의 모든 아이들이 장제법(長除法)[12 이상의 수로 나누는 나눗셈]을 하고 있는지, 17세기 극작가 코르네유의 작품을 읽고 있는지, 동사 변화를 외우고 있는지 알 수 있었다."16)

국가 표준 교육은 공통의 언어와 공통의 문화 정체성을 형성하는 것 외에 더욱 미묘한 효과도 가져왔다. 국가가 획일적으로 시행하는 공립 교육은 학생들에게 새로운 공간 및 시간 의식을 불어넣었다. 학교는 공장과 유사하게 설계되었고, 학생들은 과목별 수업이 진행되는 여러 개의 방을 가진 대형 시설에서 하루 종일 지내는 데 익숙해졌다. 학생들이 교육을 마치고 들어가게 되는 일터의 환경과 작업 스타일을 그대로 본딴 것이었다. 또 학생들은 시간표를 만들어 지키고, 근면하고 규율을 잘 지키며, 서로 경쟁함으로써 시간 엄수와 효율성의 미덕을 익혔다. 그들은 학습의 목표가 개인의 이익을 도모하기 위해 이용될 수 있는 지식을 소유하는 것이라고 믿게 되었다. 교과 과정은 학생들이 나중에 신흥 시장 경제 체제에서 활동을 하는 데 필요한 것들을 가르치도록 구성되었다. 한마디로 '생산적인 국민'을 만드는 것이 모든 근대 국가에서 공립 교육의 주요 목표였다.

공용어와 표준화된 교육이 확립되고 나자 국가는 국민들의 일상생활에 직접 개입하기 시작했다. 근대 국가의 임무는 시장 경제에서 재산의 교환을 최적화할 수 있는 합리적인 환경을 조성하는 것이었다. 그러기 위해서는 국민 개개인에 대한 기록이 필요했다. 출생 증명서, 학교 등록증, 결혼 증명서, 사망 증명서, 여권 등도 발행되어야 했다. 정부는 세금을 걷어 세입을 분배해야 했다. 군대를 훈련시키고, 무장시키고, 재우고, 먹이고, 입혀 전쟁터에 내보내야 했다. 식품과 의약품의 질에서부터 환경 수준에 이르기까지 모든 것을 규제하기 위한 기준이 마련되어야 했다. 문화 계승도 지역 공동체의 변덕이나 운에만 맡겨지지 않았다. 박물관과 기념탑 등이 세워졌고, 역사적인 날들은 국경일로 지켜졌으며, 휴식과 오락을 위해 공원도 조성되었다.

중세의 정치 제도는 그보다 훨씬 느슨했으며 백성들의 일상사에 개입하는 경우도 훨씬 적었다. 근대 국가가 '생산적인 사회'를 만드는 데는 중세에는 상상도 못했을 정도로 개인 생활에 대한 개입이 필요했다. 여기서 아이러니는 계몽주의 사상가들이 꿈꾼 것은 시장에서 자신의 이익을 극대화하려는 자율적인 개인들로 구성된 세계였다는 점이다. 그러나 그것이 가능하도록 하기 위해서는 국가는 거대한 관료 체제를 갖추어야 했다. 개인의 이익 추구가 홉스가 말한 "만인의 만인에 대한 투쟁"이라는 악몽이 되지 않도록 잘 관리하기 위해서였다. 결국 개인은 시장에서의 자유를 확보하기 위해 일상생활에서 정부의 개입을 더 많이 허용하는 비싼 대가를 치러야 했다. 1910년경 오스트리아의 공무원은 70만 명 이상이었고, 프랑스는 50만 명 이상, 독일은 150만 명, 이탈리아는 70만 명이었다.[17]

세력 강화

근대 이전에는 '민족nation'(국민과 같은 뜻으로 사용될 수 있다.)과 '국가state' 둘 다 존재했다. 민족(국민)은 특정 삶의 경험을 공유하는 사람들의 공동체이고 국가는 영토를 소유하고 통치하며 강압적인 수단으로 질서를 유지하는 정치 체제를 일컫는다. 그러나 근대에 들어와서는 이 두 개념이 하나로 합쳐졌다.

중세의 유럽에는 서로 격리되어 주민 삶의 공동 경험이 인근의 산이나 강을 넘어가지 못하는 소규모 공동체가 수천 개나 있었다. 이런 공동체들이 서로 느슨하게 연결되어 왕국, 제국, 로마의 교황청 등 더 큰 체제를 이루었다. 그러나 중세 유럽에서의 통치는 영토보다는 사람에 대한 것인 경우가 더 많았다. 사실 영토는 정확하거나 고정되어 있지 않고 모호하고 유동적이었다. 소규모 공동체 내부의 통치도 규칙이 없는 경우가 많았다. 중세 유럽의 통치 기관은 한곳에 고정되어 있지 않고 이동하기도 했다. 다시 말해 왕족들이 한 지역에 궁을 지어 놓고 살면서 종종 관료 전원을 데리고 여러 다른 영지를 방문하기도 했다. 통치자는 대리인을 각 마을 사람들에게 보내 소작료와 세금을 걷었다. 그에 따라 통치자와 피통치자 간에 더 개인적인 관계가 형성되었다. 14세기에 들어서면서 이런 임시방편적 관계가 서서히 사라지면서 원격 통제의 좀더 합리적인 형태가 등장했다.[18] 그러나 "중세의 제국들은 '지배 rule'를 받았지 '통치 govern'를 받진 않았다."고 역사가 데이비드 헬드는 말했다.[19] 중앙에서 왕국 전체를 다스릴 방법이 없었던 것이다.

15세기 중반 대포가 발명되면서 정치 지배의 성격은 근본적으로 바뀌었다. 신무기인 대포를 제작할 자금이 충분하고 세력이 강한 영주들은 지역의 군소 지배자들이 세운 성벽과 요새를 무너뜨리고 더 넓은 영토에 대한 지배권을 강화할 수 있었다. 1450년에서 1550년 사이 중앙 지배 체제의 세력이 강화되면서 수천 개의 독립 공국과 공작령이 약화되거나 사라졌다.[20] 궁극적으로 군주들은 옛 중세 군벌들을 무장해제하고 단일 국왕 체제를 확립했다. 17세기 중반이 되자 유럽은 더 이상 서로 반목하는 현지 세력 가문들에 의해 지배되지 않고 강력한 중앙 집권 군주제가 정착했다.[21]

반목하는 현지 귀족들 사이의 끊임없는 전쟁에 신물이 난 농민 계급은 국왕의 전체 경제력 장악을 환영했다. 적어도 한동안이라도 유럽인들은 매일매일의 삶을 덜 위태롭고 견딜 만하게 만들어 주는 강력한 왕권 통치를 기꺼이 수용했다.

그러나 루소는 사람에 대한 지배에서 영토에 대한 통치로 바뀐 데 있어서 더 깊은 정치적 의미를 전했다. 그는 『사회계약론』에 이렇게 말했다.

개인의 땅이 합쳐져 공유지가 되고, 통치권의 대상이 백성에서 영토로 확장되면서 땅과 사람을 모두 포함하게 된 과정은 충분히 이해할 만하다. …… 고대의 왕들은 그 이점을 잘 몰랐던 것 같다. 그들은 자신들을 페르시아인들의 왕, 스키타이인들의 왕, 마케도니아인들의 왕으로 부름으로써 국가의 주인이라기보다는 그곳 사람들만의 지도자로 간주했던 것 같다. 요즘의 왕들은 현명하게도 자신들을 프랑스의 왕, 스페인의 왕, 영국의 왕 등으로 부른다. 그런 식으로 영토를 점유함으로써 그 영토에 사는 사람들도 확실히 통치하게 된 것이다.[22]

국왕들은 영토에 대한 통치권을 확보함으로써 백성들이 노동으로 얻은 재산뿐 아니라 다르게 얻은 소유물을 포함해 관할권 내의 모든 재산에 대한 통제력을 확보할 수 있었다. 따라서 재산을 얻거나 더 나아가 자유를 얻으려면 왕에 대한 충성심을 보여야 했다. 그때부터 왕은 백성에게 재산을 보장해 줄 수도 있고 빼앗을 수도 있는 유일한 세력이 되었다.

국제법에서 영토에 대한 주권을 인정한 첫 번째 사례는 루터 파, 칼뱅 파, 가톨릭 사이의 30년 전쟁을 끝낸 1648년의 베스트팔렌 강화조약이다. 이 조약은 기독교 각 종파 사이의 융화할 수 없는 차이가 있다는 것을 인정하고 각 지도자에게 종교 문제를 해결할 수 있도록 관할권 내의 주권을 부여해 다른 국가의 간섭을 제한했다. 그 때부터 그것은 각 국가의 내부 문제로 간주되었다. 베스트팔렌 조약은 그 다음 3세기에 걸쳐 수정되긴 했지만 그 요지는 2차 대전 종식 때까지 거의 그대로 유지되었다.[23]

　이 조약은 우선 세계가 자율적이며 독립적인 국가들로 구성되어 있으며, 각 국가는 정해진 영토 내에서 일어나는 내부 문제에 대해 주권을 갖는다는 것을 인정했다. 또 각 국가가 평등하며 서로에 대해 더 높은 권위는 존재하지 않는다는 것도 밝혔다. 마지막으로 각 국가는 고유한 국익을 보호해야 하고, 외교 관계를 맺고 서로간의 협정을 맺을 수 있으며, 필요할 경우 분쟁 해결을 위해 무력을 사용할 수도 있다고 명시했다.[24]

　영토를 근거로 부상한 국왕들의 이익과 신흥 자본가 계급 및 부르주아의 이익이 한동안은 서로 일치했다. 왕들은 권력을 강화하기 위해 세입을 늘려야 했다. 군대 창설, 선박 건조, 무기 제조, 국내 및 해외 식민지 관리를 위한 행정 관청 설립 등이 시급했다. 따라서 국내 경기를 부양하는 것이 왕에게도 이익이 되었다.

　상인과 제조업자들은 국내 시장에서의 자유 거래를 가속화하기 위해 개혁을 원했다. 그들은 노동력 동원에 방해가 되는 법적, 관습적 제한의 철폐, 왕의 치안 권한을 이용한 상거래 계약의 강제 집행, 상거래를 가속화하고 시장을 넓히기 위한 도로, 수로, 통신망 개선을 요구했다. 또 그들은 거래 비용을 줄이고 거래를 활성화하기 위해 도량형 통일과 단일 통화 도입을 중앙 정부에 촉구했다. 왕도 그런 변화를 원하고 국가의 공권력을 동원해 개혁을 몰아붙였다. 시장을 활성화할 수 있는 좋은 조건을 만드는 것이 국가에도 이익이기 때문이었다.

그러나 신왕정 체제가 추구한 중상주의 정책은 결국 초기 자본가 계급과 정부 사이에 메울 수 없는 깊은 골을 만들었다. 국가는 국내 지출과 해외 사업에 필요한 자금 조달을 위해 금, 은 등 귀금속을 모으는 데 열중했다. 관리들은 자본을 늘릴 수 있는 최선의 방법이 국내 상거래보다 외국 무역에 있다고 생각했다. 그들의 전략은 국내 생산을 철저히 규제해 고품질의 상품을 저가에 구입한 다음 더 높은 가격으로 해외에 팔아 귀금속으로 대금을 받는다는 것이었다.

그 계략에 따라 해외 식민지들은 값싼 원자재만 생산해 모국으로 수출하고 모국에서 생산된 완제품을 폭등한 가격으로 살 수밖에 없었다. 식민지에서 내수용이든 수출용이든 직접 상품을 제조하는 것은 금지되었으며 그것을 어기면 가혹한 처벌이 가해졌다.

많은 국가들은 식민지에서 자국의 사업을 대신 해 줄 해외 무역 회사를 직접 설립했다. 가장 막강하고 가장 악명 높았던 것이 네덜란드와 영국의 동인도회사였다. 특히 영국의 동인도회사는 자체 군대까지 갖고 있었고, 한때 영국 정부의 대리로 대부분의 인도 지역을 다스리기도 했다.

해외 무역이 강조되자 수출 상인들은 많은 이익을 얻었지만 국내 제조업자들은 손해가 막심했다. 처음에는 해외 무역의 증가가 국내 시장의 확장에 도움이 되었지만 영국 등의 정부가 수출 가격을 인위적으로 올리기 위해 국내 생산을 제한하자 제조업자들이 타격을 받기 시작했다.[25]

젊은 자본가 계급은 개방된 시장과 자유 무역을 선호했다. 그들은 그것이 생산을 늘리고 수익을 올릴 수 있는 최선의 방법이라고 믿었다. 농민, 도시의 빈민 근로자, 그리고 신흥 중간층 모두가 국내 상품에 대한 가격 상승의 피해를 실감했다. 게다가 정부가 군대, 무기, 전쟁 비용 조달을 위해 세금을 올리자 그들은 그 부담에도 시달려야 했다.

18세기 말 자본가 계급과 국왕의 관계는 돌이킬 수 없을 정도로 벌어졌다. 1789년 6월 17일 프랑스 삼부회의에 참석한 제1계급(성직자)과 제2계급(귀족)이 제3계급(시민) 대표들의 의견을 무시하자 국민 대표들은 루이 16세에 반기를 들고 따로 '국민의회'를 만들고 국민의 권리를 지켜 줄 헌법 제정을 요구했다. 그해 8월 급진파들은 「인간과 시민의 권리 선언」을 발표했다. 거기에는 "모든 주권의 원리는 본질적으로 국민에게 있다. 어떠한 단체나 어떠한 개인도 국민으로부터 명시적으로 유래하지 않는 권리를 행사할 수 없다."는 조항이 나온다.[26]

문서 하나로 신성한 권위와 왕권 세습에 의해 유지되어 온 통치체제가 단숨에 무너진 것이다. 그때부터 주권은 '국민'(민족)에 있는 것으로 인식되었다. '국민'은 누구로 구성됐는가? 시민들이다. 시민들은 누구였는가? 삶의 경험을 공유하고 과거와 미래의 집단적 운명에 의해 일체가 된 사람들이었다. 국민과 국가가 사상 최초로 하나의 통치 실체가 된 것이었다. 비로소 정부는 국민에 의한, 국민을 위한, 국민의 정부가 되었다.

프랑스 혁명에는 미국이 큰 영향을 미쳤다. 그때 미국은 이미 독립전쟁으로 혁명을 완수했고 국민의 권리를 확보한 상태였다. 그것으로 미국인들과 프랑스인들은 전혀 새로운 종류의 정치 실험을 했다. 그것은 전례가 없는 실험이었다. 역사가 앤소니 스미스는 이렇게 적었다.

과거에는 정치에 사람들을 불러모을 필요도 없었고, 여자는 말할 것도 없고 남자가 정치적으로 의식 있고 활동적인 '시민'이 될 필요도 없었다. 그 결과 시민들의 욕구와 관심에 부응할 하부 구조와 제

도를 확립하겠다는 의지 또한 찾아볼 수 없었다.[27]

프랑스인들은 자신들이 주권을 가졌다고 선언하면서 느꼈던 도취감에서 깨어나자 '시민'을 더 제한적으로 정의하는 데 합의했다. "재산을 갖고 있고 교육을 받은 남자에게만 정치적인 권리를 준다."는 것이었다.[28] 미국과 영국을 비롯해 18-19세기에 새로운 민족국가로 태어난 대다수의 나라들이 그런 식으로 시민을 정의했다. 국가의 존재 이유가 시민의 재산권을 보호하는 것이라고 간주되었기 때문에 재산을 가진 '남자'들에게만 투표권을 주는 것은 당시로서는 합당해 보였다.

영국, 프랑스, 미국에서 시작된 근대 민족국가로의 대전환은 19세기와 20세기 초 유럽의 다른 지역으로 급속히 퍼져 나갔다. 특히 두 사건이 그 전환을 재촉하는 데 중요한 역할을 했다. 신흥 부르주아 계급의 교회 소유지 몰수와 철도, 전신, 증기선의 발명이 그것이었다.

프랑스와 스페인은 1760년대부터 예수회 교단 소유의 토지를 압류하기 시작했다. 교회가 소유했던 토지의 강매는 이탈리아, 독일 등의 국가에서도 계속되었다. 그 대부분의 토지는 경매대에서 부유한 부르주아 법률가들에게 최저가에 팔렸다. 이 새로운 지주들은 1850-1860년대에 옛 귀족 계급과 힘을 합해 사유 재산 제도, 자유 무역, 국가 단일 시장, 중앙집권 통치 체제를 지지했다.[29]

근대 민족국가로의 전환을 촉진한 요인들 가운데서 무엇보다 중요한 역할을 한 것은 철도와 전신의 도입이었다. 이 두 가지 기술은 로마제국이 몰락한 후에 유럽인들을 상대적으로 서로 격리시켜 온 구시대의 공간적, 시간적 장벽을 일거에 무너뜨렸다. 1780년에만 해도 영국 런던에서 맨체스터까지 역마차가 가는 데 너더댓새가 걸렸다. 그런데 1880년 기차가 생기자 그 거리를 주파하는 데 다섯 시간도 채 걸리지 않게 되었다.[30] 철도가 생기자 먼 거리에 군대를 신속히 파견할 수 있게 되었고, 원자재와 완제품을 멀리 떨어진 시장에 빠르고 효율적으로 운송할 수 있게 되었다. 여행자들도 더 멀리, 더 빨리 이동할 수 있었다. 전신은 서로 멀리 떨어져 있는 사람들에게 즉각적인 의사 소통의 수단을 제공했으며, 철도 화물과 승객들을 더욱 효과적으로 수송하고 철로의 안전도 보장할 수 있는 수단이 되었다.

1840년 영국에 놓인 철로의 전체 길이는 2,390킬로미터였다. 그러나 1900년이 되자 3만 79킬로미터로 연장되어 영국 내의 모든 작은 마을과 읍, 도시를 거미줄처럼 연결했다. 프랑스의 철로 길이도 1840년 496킬로미터에서 1900년 3만 8109킬로미터로 늘어났다.[31]

도시국가와 공국으로서는 혁신적인 교통 및 통신 기술에 의해 가능케 된 '규모의 경제'를 감당하기에는 역부족이었다. 넓은 국토 전역을 아우르고 중앙정부의 보호를 받는 국가적인 시장에서만이 공간과 시간의 격차를 없애기 시작한 신기술의 잠재력이 완전히 발휘될 수 있었다. 16세기의 유럽에는 500개 이상의 독립 통치 체제가 있었다. 그러나 1900년에는 스물다섯 개의 민족국가가 유럽 대부분의 지역을 통치했다.[32] 당시의 정치 지도자들 가운데 50년 뒤 유럽의 민족국가들이 새로운 공간적, 시간적 현실의 압박으로 경제 및 정치를 연합으로 묶는 새로운 변신을 시도하리라고 상상한 사람은 아무도 없었다. 그 연합은 궁극적으로 민족국가 체제의 주권 대부분을 흡수하게 되었다.

최후의 진정한 신봉자

유럽의 자본주의 시장과 국가 정부의 역사를 대충 훑어만 보더라도 그 발전 과정이 결코 쉽지 않았다는 것을 알 수 있다. 유럽의 근대 정신을 이루는 이 두 기둥의 발전 역사는 서로 상반되는 이해 관계 때문에 투쟁과 타협으로 얼룩져 왔다.

그와는 대조적으로 미국인들은 자본주의 이론을 너무도 확신할 뿐 아니라 자기 나라에 대한 애국심도 투철하다. 유럽인들은 종종 그 이유를 궁금해한다. 그 차이는 구세계인 유럽에서는 미로처럼 얽히고설킨 이해 관계가 자유 시장 및 국가 체제의 발전을 종종 방해했지만 미국에서는 그런 장애가 없었다는 데서 나온다. 미국의 경제 및 정치 실험은 미개척지에서 이루어졌다. 봉건주의의 잔재도 거의 없었다. 물론 대규모 농장과 노예 제도가 그와 별반 다르지 않다고 보는 사람도 있다. 그래도 미국인들은 기득권을 지키려는 귀족 계급과 투쟁할 필요는 없었다. 아울러 미국에서는 기술인들의 길드가 세력을 확보하지 못했다. 자유 신분의 노동자도 처음부터 있었다. 유럽의 기득권층은 시장가격보다 고정가격을 선호하고, 기술 장인들이 각자의 분야에서 지배력을 유지할 수 있도록 생산을 제한했기 때문에 자본가들이 그들과 투쟁해야 했지만 미국에는 그런 기득권층이 없었기 때문에 자본가들이 자유롭게 활동할 수 있었다.

마찬가지로 중요한 것은 미국에서는 중상주의가 뿌리를 내리지 못했다는 점이다. 미국은 영국의 중상주의 정책에 대한 반란으로 탄생했다. 미국인들은 영국의 참을 수 없는 경제적 횡포에서 벗어나기 위해 독립했다. 미국도 건국 초기에는 나름대로의 중상주의 정책에 관심을 쏟았지만 그것은 일시적인 것으로 끝났다.

게다가 미국인들은 국가 정체성 확립에 있어서도 서로 경쟁하는 문화 세력으로 골머리를 썩일 필요가 없었다. 유럽에서 미국으로 탈출한 이민자들은 옛 관계의 대부분을 단절하려고 했다. 모든 것을 떨쳐 버리고 새로 시작한다는 것은 자유 시장과 의회 민주주의라는 아메리칸 드림을 받아들인다는 것을 의미했다. 그들이 미국으로 건너간 것이 바로 그 때문이 아니었던가? 영어가 미국의 공용어로 자리 잡은 것도 유럽에 있었을 때 언어 장벽으로 인해 오랫동안 서로 교류하지 못했던 이민자들의 동화를 더 용이하게 해 주었다.

물론 신세계의 미국화도 전혀 마찰이 없었던 것은 아니다. 유럽인들이 처음 미국에 도착했을 때 그곳에는 이미 아메리카 원주민들이 살고 있었다. 원주민들을 대량 학살한 사실, 그리고 남은 사람들을 보호 구역에 수용한 일은 계속 미국인들의 양심을 괴롭혔다. 미국이 세계에 대해 도덕적 우월성을 주장해도 잘 먹혀들지 않는 것은 바로 그 때문이다. 노예 제도도 마찬가지다. 수백만 명의 아프리카인들을 미국 남부로 강제로 데려와 노예로 만든 것은 미국인들의 도덕성에 치명적인 타격을 주었다.

그러나 전반적으로 볼 때 미국은 어느 나라보다 전통의 굴레와 상충되는 이해 관계에서 자유로웠다. 자본가 계급과 정부 사이의 불화도 거의 없었다. 미국인들은 정부의 주된 역할이 시민의 사유 재산권 보호, 다시 말해 자본주의 자유 시장 경제의 수호라는 것을 한번도 의심하지 않았다. 반면 유럽에서는 결국 정부가 부를 더욱 공정하게 재분배함으로써 시장의 지나침에 제동을 걸었다.

따라서 미국인들이 이 세상에서 가장 열정적인 자본주의자들이며 가장 애국심이 투철한 국민이 된 것은 자유 시장 경제와 정부가 아메리칸 드림의 보증인 역할을 한다고 믿었기 때문이다. 이 두 기둥 가운데 하나라도 무너지기 시작한다면, 또는 미국인들이 자본주의나 정부 시스템이 더 이상 아메리칸 드림을 보호하지 않고 오히려 손상한다고 믿기 시작한다면, 국가의 시스템 자체가 흔들릴 수 있다. 실제로 이미 정부에 대한 기업의 영향력이 증가하고 있고, 빈부 격차가 더욱 벌어지고 있으며, 중간층과 근로 계층의 생활 수준이 점차 낮아지고 있다.

정치 관측통들은 점점 더 많은 미국인들이 정치에서 소외되고 있다고 우려하며, 특별 이익 단체, 특히 대기업이 미국을 다스리고 있다고 믿는다. 그들은 미국인들이 정치에 무관심한지 그렇지 않은지 알기 위해 투표율에 신경을 곤두세운다. 실제로 투표율은 점점 낮아지고 있다. 1964년에는 선거권을 가진 성인 가운데 투표율이 70퍼센트에 육박했다. 그러나 2000년에는 55퍼센트만이 투표했다.[33] 투표율 하락보다 더 중요한 것은 아메리칸 드림을 믿는 사람의 수가 현저히 줄고 있다는 점이다. 미국인 세 명 중 한 명 꼴로 아메리칸 드림을 더 이상 믿지 않는다고 말한다. 그 급락 추세가 계속되면 미국은 큰 곤경에 처하게 된다. 미국인들이 아메리칸 드림에 대한 희망을 잃는다면 미국의 다른 모든 계획도 하루아침에는 아니라고 해도 결국 무너지고 말 것이다. 아메리칸 드림이 없다면 미국인들의 국민 정서에서 그들의 결속을 유지해 줄 수 있는 것이 거의 사라질 것이다.

더 큰 문제는 아메리칸 드림의 와해가 불가피할 가능성이 높다는 점이다. 아메리칸 드림을 낳은 18세기 이념이 더 이상 먹혀들지 않는 세계에서 미국인들은 이제 심각한 소외감을 느끼고 있다. 글로벌 시대가 도래하면서 주변에서 일어나고 있는 변화가 자신들과 완전히 동떨어져 있다고 생각하는 것이다.

다가오는 글로벌 시대

THE EUROPEAN DREAM

8 세계화된 경제의 네트워크 상거래

 이제 또다시 인류는 허물어져 가는 구질서와 부상하는 새 시대 사이의 갈림길에 서게 되었다. 혁명적인 신기술은 우리의 공간 및 시간에 대한 인식을 근본적으로 변화시키고 있다. 약 200년 동안 국가 내부의 시장, 그리고 영토를 기반으로 한 국가 체제 아래 있었던 사람들의 관계는 이제 구제도의 솔기 사이로 터져 나가고 있다. 근현대의 자율적이고 재산권을 가진 개인이 공동체의 일원으로 존재한 중세의 개인과 완전히 다르듯이, 자기 의식과 세계관이 근현대인과는 크게 다른 새로운 인간이 등장하고 있다. 이 새로운 의식의 시야는 이전의 어떤 것보다 훨씬 넓고 세계적이다.
 지금은 인간의 활동이 경제적인 측면과 사회적인 측면 모두에서 과거의 한계를 넘어 전 세계로 퍼져 나간다. 이런 세계를 수용하기에는 기존의 체제가 갑자기 너무도 갑갑할 뿐이다.
 새로 부상하고 있는 경제 시스템은 통치 모델의 변화도 강요하고 있다. 중세 말 시장 자본주의가 봉건 경제를 몰아내고 도시국가에서 근대 민족국가로 통치 모델의 변화를 이끌었던 것과 마찬가지 현상이다. 다만 이번에는 국가 내부에 국한되어 왔던 시장 경제가 세계적인 네트워크 경제의 도전을 받고 있고, 민족국가 체제가 유럽연합

(EU) 같은 지역정치 공간에 의해 부분적으로 잠식되고 있는 것이 다를 뿐이다. 네트워크 상거래는 속도가 너무 빠르고 전 세계를 포괄하기 때문에 국경에 의해 속박될 수 없다. 기존의 민족국가 체제는 지역간, 그리고 전 세계의 상거래를 감독하고 세계화에 따르는 사회적, 환경적 리스크를 완화하기에는 지리적으로 너무 제한되어 있다.

점점 서로 연결되고 상호 의존적이 되어 가는 세계의 압력에서 자유로운 나라는 없다. 그러나 지금 일어나고 있는 변화의 최선봉에 위치한 것은 유럽 사회다. 새로운 미래를 배우는 세계의 교실이 바로 유럽인 셈이다.

이 모든 제도적, 체제적 변화를 이끄는 것은 통신 혁명이다. 통신 혁명은 상업과 사회 생활의 속도와 페이스, 흐름, 밀도, 연결성을 계속 증가시키고 있다. 소프트웨어, 컴퓨터, 미디어의 디지털화, 인터넷과 월드 와이드 웹, 이동 및 무선 통신은 20년도 채 안 되는 기간에 인류의 약 20퍼센트에 이르는 사람들의 중추신경 시스템이 하루 24시간, 주 7일 광속으로 연결될 수 있도록 만들었다. 제4장에서 우리는 200년 전만 해도 농민이나 도회지 사람이 일생 동안 접촉하는 사람의 수가 이삼백 명을 넘지 않았을 확률이 높다는 점을 살펴 보았다. 그러나 오늘날 우리는 월드 와이드 웹을 통해 10억 명 이상의 사람들과 실시간으로 연결되어 있으며, 그들 중 누구와도 직접 연락할 수 있다. 마찬가지로 200년 전 농민이나 작은 마을 주민이 평생 접할 수 있었던 정보의 양은 《뉴욕 타임스》 일요판 온라인 신문에 포함된 정보의 양만큼도 되지 않았을 것으로 추정된다.

정보에 대한 접근성과 범위뿐 아니라 사람들 사이의 교류 속도도 근본적으로 달라졌다. 앞에서 언급했지만 표준 시간은 13세기가 되어서야 사용되기 시작했다. 그 이전에는 경제 및 사회적인 교류가 하루를 24시간으로 나눠야 할 만큼 복잡하지 않았다. 중세에는 고대와 마찬가지로 하루 생활이 제한되어 있었고 느긋했다. 일출, 정오, 일몰 정도로만 구분되어도 상관이 없었던 것이다. 인구가 늘어나면서 고립되어 있던 작은 마을들이 읍과 시로 합쳐지고 상거래와 사회생활이 빨라지고 인적 교류의 범위와 양이 증가함에 따라 시간, 그리고 분, 그 다음은 초 단위로 하루를 쪼개는 것이 필수적이 되었다.

지난 10년에 걸쳐 컴퓨터와 통신 혁명으로 두 가지의 새로운 시간 구분이 우리의 사회 생활에 도입되었다. 바로 나노초(nanosecond: 10억 분의 1초)와 피코초(picosecond: 1조 분의 1초)다. 이 시간 개념은 너무도 짧아 인간의 감각 영역 훨씬 아래 존재한다. 나노초를 우리가 경험으로 인식할 수 없지만 지금 정보는 세계 어느 곳으로든 그 속도로 흐르고 있다.

기존의 시장 경제와 민족국가 체제는 전 세계를 아우르고 모든 것과 모든 사람을 거의 동시에 연결할 수 있는 통신 혁명을 수용하도록 설계되지 않았다. 그 결과 우리는 새로운 경제 체제와 통치 제도의 탄생을 목격하고 있다. 그것은 시장 자본주의와 민족국가와는 전혀 다르다. 새로운 통치 체제에 대해서는 다음 장에서 알아보기로 하고 여기서는 경제 시스템에 초점을 맞춰 보기로 한다.

새로운 경제 시스템의 탄생

시장 경제는 소프트웨어, 통신 혁명이 가져온 속도와 생산력을 완전히 수용하기에는 너무 느리다. 이것은 시장 경제의 비즈니스 방식을 개선하기 위한 새로운 포맷을 찾는 것만으로 해결될 수 있는 문제가 아니다. 시장의 메커니즘 자체가 시대에 뒤지고 있는 것이다.

시장의 작동 원리는 1차원적이며 비연속적이다. 판매자나 구매자가 짧은 시간에 만나 상품과 용역을 교환하고는 헤어진다. 한 거래가 완료되고 다음 거래가 시작되기까지 흘러가는 시간은 생산성 저하를 의미하며 비용을 증가시켜 결국 시장을 쓸모 없게 만든다.

그와는 대조적으로 새 통신 기술은 1차원적, 즉 직선적이 아니라 사이버 공간을 바탕으로 한다. 오랜 시간 동안 연속적인 행위가 이뤄질 수 있다는 의미다. 다시 말해 상거래가 멈췄다가 다시 시작되곤 하는 것이 아니라 판매자와 구매자 사이의 거래 관계가 오랜 시간에 걸쳐 계속되는 것이다.

예를 들어 아마존(Amazon.com)의 판매 방식과 새로운 음악 회사들의 판매 모델을 비교해 보자. 아마존은 컴퓨터와 월드 와이드 웹을 사용하지만 고객들과 기존의 시장 거래 관계를 바탕으로 판매가 이루어진다. 구매자는 CD 낱개에 대해 돈을 지불하고 판매자는 그 상품을 우편으로 구매자에게 배달한다. 반면 냅스터(Napster) 같은 새 음악 회사들이 사용하는 새로운 네트워크 모델에서는 고객이 월 정액을 지불하고 그 회사의 라이브러리를 무제한 이용한다. 구식 아마존 모델에서는 손으로 만질 수 있는 CD(자산)가 구매자와 판매자 사이에서 교환된다. 반면 새로운 네트워크 모델에서는 고객이 음악을 들을 수 있는 시간에 대해 요금을 지불한다.

순수한 네트워크 안에서도 자산은 여전히 존재한다. 그러나 그 자산은 생산자에게 계속 머물러 있으면서 사용자에게 시간 단위로 사용권을 제공한다. 회원 가입, 임대, 공동 임대, 보유, 라이선스 계약이 거래의 새로운 수단이 되었다. 음악 회사는 고객과 하루 24시간 연중 무휴로 계속되는 관계를 형성함으로써 고객을 음악 네트워크의 일부로 만든다. 현재 고객(사용자)은 음악을 들을 때뿐만 아니라 잠잘 때나 깨어 있을 때나 일할 때에도 음악 이용권에 대해 돈을 지불한다. 음악 회사들이 각각의 단절된 거래로 낱개의 CD를 팔기보다는 정해진 기간 동안 지속되는 사용자와의 관계를 상품화하는 데 주력하고 있는 것이다. 시간과 비용에서 이득이기 때문이다.

음악 회사들은 오랜 시간에 걸쳐 고객과의 신속하고 효율적이며 부드럽고 연속적인 관계를 유지한다. 반면 아마존은 각각 별개의 거래를 통해 CD를 파는 느리고 비효율적이며 단절된 과정을 되풀이한다. 사이버 공간을 통해 모두가 연결되어 있고 정보가 광속으로 교환되는 세계에서는 물질이 아니라 시간이 가장 귀한 자산이다. 순수한 네트워크에서는 상품과 용역 제공자와 사용자가 판매자와 구매자를 대신하며 정해진 시간 동안의 상품과 용역 사용권이 물리적인 상품 및 용역 교환을 대체한다.

또 음악 회사들은 사용자와의 관계가 미래에도 계속 유지될 가능성이 높기 때문에 분리된 시장 거래보다는 네트워크 모델을 선호한다. 다시 말해 구매자가 개별적인 시장 거래를 할 경우에는 다른 곳에서 상품을 구입할 가능성이 높지만 네트워크의 일부가 된 사용자들은 그럴 가능성이 적다는 이야기다. 제너럴모터스, 다임러크라이슬러 같은 자동차 메이커들이 '만약 가능하다면' 차를 판매하지 않으려고 하는 것도 바로 그 때문이다. 그들은 그럴 수만 있다면 자동차를 보유한 채 사용자들에게 리스 계약으로 운전할 수 있도록 해주고 그에 대해 요금을 받는 방식을 훨씬 선호한다. 그렇게 함으로써 고객과의 관계가 형성되면 직접 차를 사고 파는 경우보다 그 관계가 더 오래 지속될 가능성이 높다. 포드 사의 경우 리스 자동차의 계약 갱신 비율이 거의 50퍼센트에 이른다. 반면 포드 차를 직접 구입한 사람이 다음에도 포드 차를 구입하는 비율은 24퍼센트에 불과하다.[1]

거래 방식이 시장 교환 모델에서 네트워크 모델로 바뀌는 데는 거래 비용과 마진도 중요한 작용을 한다. 시장 교환 경제에서는 판매자가 마진에서 수익을 얻으며, 마진은 거래 비용에 따라 달라진다. 그러나 내가 인터뷰한 대다수의 기업 경영자들은 새로운 통신과 생산 기술, 그리고 거래 비용을 줄이는 새로운 조직 기법의 도입 때문에 마진이 계속 낮아지고 있다고 말했다. 거래 비용이 제로에 근접하면 마진도 거의 사라진다. 그럴 경우 시장 교환은 더 이상 지속 가능한 비즈니스 모델이 될 수 없다.

좋은 예가 출판 분야다. 시장 교환의 경우 나는 내 책의 원고를 출판사에게 판다. 그러면 출판사는 원고를 인쇄소에 넘긴다. 인쇄가 되면 내 책은 도매 서적상으로, 그리고 소매 서적상으로 넘어간다. 그러면 고객은 소매상에게 가격을 지불하고 내 책을 구입한다. 각 단계마다 판매자는 거래 비용을 구매자에게 떠넘긴다. 그러나 이제 점점 많은 출판사들, 특히 계속 최신 정보로 갱신되어야 하는 교과서와 연구 서적 출판사들은 손으로 만질 수 있는 책을 출판하는 데 필요한 각 중간 단계를 생략함으로써 각 단계에서 발생하는 거래 비용을 없애고 있다. 브리태니커 백과사전의 경우 스물두 권 전질에 1,395달러를 받지만 현재 실제 전질 판매는 크게 줄고 있다. 대신 브리태니커는 정보를 계속 업데이트할 수 있고, 지속적인 열람이 가능한 월드 와이드 웹에 백과사전의 콘텐츠를 올려 놓았다. 현재 사용자들은 정액 이용료를 내고 일정 기간 그 정보를 열람하고 있다. 이런 식으로 브리태니커는 정보를 사용자들에게 전달하는 과정의 모든 거래 비용을 거의 전부 없애고 있다. 물질적인 상품을 직접 구매자에게 파는 방식에서부터 사용자에게 한정된 기간에 상품의 콘텐츠 접근권을 제공하는 방식으로 바뀐 것이다. 온라인 책이 거래 비용을 크게 줄일 수 있다면 앞으로 기존의 책은 경쟁 상대가 될 수 없을 것이다. 현재 많은 산업 부문에서 똑같은 과정이 일어나고 있다.

경제 모델이 시장에서 네트워크로 바뀌게 되면 재산 관계에 대한 사고 방식도 완전히 달라져야 한다. 판매자와 구매자 사이에서 상품과 용역이 교환되는 과정 자체가 너무 느리고 시대에 뒤지기 때문이다.

앞서 살펴보았듯이 중세 말에서 근대 초 사이에도 옛 봉건 경제가 새로운 통신, 교통 제조 기술에 의해 가능해진 상거래의 속도, 흐름, 연결성의 극적인 증가를 수용하기에는 너무 편협하고 정적(靜的)인 것으로 판명되면서 대전환이 일어났다. 그 결과 계급 제도에 따른 고정된 소유 의무와 생계에 기초한 구식 경제 모델이 사유 재산의 자유로운 교환에 근거한 새롭고 민첩한 시장 경제 모델에 자리를 내주었다.

지금 또다시 시장 경제가 네트워크 경제의 거센 도전을 받기 시작했다. 모든 산업 부문에서 '순수' 네트워크 모델의 산발적인 예가 등장하고 있다. 부분적인 네트워크가 이미 존재하는 예는 더 많다. 다양한 관련 업체들이 기술과 지식, 연구 시설, 생산 라인, 마케팅 채널 등을 공유하는 것이다. 네트워크의 목표는 자원을 공동으로 사용하고 리스크를 분담하는 동시에, 상품의 품질을 높이고 상품이 최종 사용자에게 전달되는 데 걸리는 시간을 줄이는 것이다.

이런 네트워크의 공통점은 비즈니스 방식이다. 그 방식은 애덤 스미스를 비롯한 고전 경제학자들과 20세기의 신고전 경제학파들이 주창한 시장 교환 모델과는 근본적으로 차이가 난다. 네트워크 모델은 대부분의 시장 경제 이론을 뒤집으며 정치 체제도 다시 생각해 보는 새로운 기회를 제공하고 있다.

다시 한번 말하지만 애덤 스미스는 시장 경제의 우월성이 사리를 추구하는 개인의 능력에 있다고 주장했다. 스미스는 『국부론』에서 이렇게 적었다.

사람은 누구나 활용할 수 있는 자본이면 무엇이든 가장 이익이 되는 방향으로 쓰려고 노력한다. 그가 생각하는 것은 자기 자신의 이익이지 사회의 이익이 아니다. 그러나 자신의 이익을 탐구하다 보면 자연적으로, 아니 필연적으로 사회에 가장 이익이 되는 활용 방법을 선호하게 된다.[2]

시장은 속성상 적대적인 공공장소다. 각자가 다른 사람의 이익을 희생시켜 자기 이익을 극대화하기 위해 협상을 벌이는 비정한 교환의 장이다. 싸게 사고 비싸게 팔며 '위험 부담은 구매자가 진다.' (caveat emptor)는 것이 현대 시장의 시초부터 있었던 행동 원칙이다.

반면 네트워크는 전혀 다른 원칙을 바탕으로 작동한다. 각자가 다른 사람과 전체의 이익을 최대화함으로써 자신의 이익이 극대화된다는 가정을 바탕으로 거래를 한다.

네트워크는 자율적 기업들로 구성되어 있다. 네트워크의 기업들은 자원과 리스크를 서로 공유함으로써 이익을 얻고 그에 대한 대가로 자신의 주권을 어느 정도 포기한다. 각 기업은 다른 기업이 관리하는 자원에 의존한다. 네트워크 소속 기업들은 한정된 시간 동안 공동 작업을 하는 단일체가 되는 셈이다.

네트워크 사업 방식으로 가장 먼저 전환한 부문 가운데 하나가 영화다. 주요 영화 제작사들은 1940년대 말과 1950년대 초에 각 사업 부문을 분리했다. 과거에 제작사에 고용되었던 기술자들과 제작자들이 독립해 별도의 회사를 세웠다. 영화를 제작할 때는 주요 영화 제작사가 일부 제작비를 대고 작품의 판권을 갖는다. 제작 책임자는 카메라맨, 세트 디자이너, 편집자 등 개별적 하청업체를 끌어 모아 영화가 완성될 때까지 한정된 네트워크를 구축한다. 각 참여업체는 리스크를 분담하고 흥행 수입을 나눠 갖는다.

캘리포니아 대학교의 사회학 교수 마누엘 카스텔스는 네트워크를 크게 다섯 가지로 분류한다. 첫 번째는 디자인에서부터 부품 제조에 이르기까지 모든 인풋을 하청 받는 공급업체 네트워크다. 두 번째는 생산 설비, 자금, 인적 자원을 공유해 제공하는 상품과 용역의 품목 수를 늘이고, 시장을 넓히며, 리스크 비용을 줄이는 회사들로 구성된 생산업체 네트워크다. 세 번째는 제조업체, 유통업체, 마케팅 채널, 최종 사용자를 연결하는 고객 네트워크다. 네 번째는 업계 선두가 확립한 기술 표준에 맞추기 위해 특정 분야에서 가능한 많은 업체들을 끌어 모으는 표준 제휴 네트워크다. 마지막 다섯 번째는 제품 라인의 연구 및 개발 분야에 필요한 전문 지식과 기술을 공유할 수 있도록 하는 기술 협력 네트워크다.[3]

협동 시스템

네트워크 모델이 성공하기 위해서는 상호 호혜와 신뢰가 필수적이다. 네트워크의 구성원들은 '선의'를 기본으로 움직여야 한다. 다른 쪽을 이용해 자신의 이익을 취하기보다는 협력하고 서로 도움을 주어야 하는 의무감을 가져야 한다. 네트워크 관계의 핵심은 신뢰다. '위험 부담은 구매자가 진다.'는 개념이 "파트너십에 의해 발생하는 취약점을 누구도 이용해서는 안 된다."는 개념으로 대체되는 것이다.[4] 기업체들은 일단 네트워크에 소속되면 시장에서 갖는 기본적인 지배력의 일부를 포기해야 한다. 전문 지식과 기술을 공유하고 경영을 투명하게 하며 파트너들이 믿을 수 있게 모든 것을 개방해야 한다. 더 넓은 상업 활동을 위해 자율권의 일부를 포기해야 한다는 의미다. 그 과정에서 기업체들은 자연히 자신의 취약점을 노출할 수밖에 없다. 그와는 대조적으로 시장 경제 체제에서는 전문 지식과 기술을 공유하고 경영을 투명하게 노출시키는 것은 판단 실책으로 간주된다. 경쟁 업체들이 그 취약점을 이용하기 때문이다. 그러나 네트워크 시스템에서는 취약점이 강점이 될 수 있다. 공동 이익을 위해 기꺼이 상대를 신뢰하고 협력할 자세가 되어 있는 것으로 간주되기 때문이다.

네트워크 시스템에서는 구성원들 사이의 공식적인 협력만큼이나 비공식적인 관계가 중요하다. 구성원들이 서로 긴밀하게 상호 작용을 하는 가운데서 전문 지식과 기술, 사업상 중요한 데이터를 공유할 여지가 많아지기 때문이다. 네트워크 시스템에 무리 없이 소속되는 것의 중요성에 대한 한 저명한 CEO는 이렇게 설명했다.

물론 기회주의가 문제가 될 수 있다. 그러나 기회가 생길 때마다 상대가 나를 이용할 수 있다고 생각한다면 내가 과연 그 상대와 그토록 가까운 관계를 맺을 수 있겠는가? 상대가 나와 그렇게 많은 사업을 하고 있다는 사실은 그런 기회를 이용하지 않는다는 증거다. 그렇기 때문에 나는 상대를 믿을 수 있다.[5]

아울러 네트워크 구성원들이 상호 그런 긴밀한 관계를 맺으면 적대적인 구식 시장 경제 시스템에 남아 있는 기업체들보다 앞설 수 있다. 브라이언 우지는 미국 사회학 학회지 《아메리칸 소시올로지컬 리뷰》에 기고한 글에서 이렇게 적었다.

서로 긴밀하게 융합된 관계는 네트워크 각 구성원의 관리 비용을 줄이고, 의사 결정을 신속하게 만들며, 조직의 적응력을 높이는 데 크게 기여한다. 그 혜택은 네트워크 구성원 자체뿐만 아니라 네트워크 전체에 이익이 된다.[6]

네트워크에 융화되는 데 따르는 이익은 여러 기업들이 복잡하고 모두의 머리를 함께 모아야 가능한 공동 프로젝트를 수행하는 경우 확실히 드러난다. 각 회사가 타사의 전문 지식과 시각, 접근법을 더 많이 알수록 자신들의 아이디어를 더 잘 공유할 수 있고, 그 결과 성공 가능성이 그만큼 커지는 것이다. 특히 가장 혁신적인 방법으로 마케팅을 해야 성공할 수 있는 첨단 기술 분야나 소매업의 경우 각각 해당 분야의 지식을 갖고 있는 네트워크 구성원들이 지식을 한데 모으면 부닥치는 문제들을 더 쉽게 해결할 수 있다. 한 기업체 CEO는 그와 관련해 이렇게 말했다.

오랜 관계가 없는 업체를 상대하면 엄청난 문제가 야기될 수 있다. 일이 잘못될 경우 수습할 여력이 없어지는 것이다. 그러나 서로 친밀한 네트워크에 융합되어 있는 경우라면 아무리 어려운 문제라도 해결할 수 있다. 상대의 비즈니스를 내가 알고 그 상대가 나의 비즈니스를 알기 때문이다.[7]

또한 네트워크 시스템에서는 과거의 적대적인 시장 경제 체제에서 자율적으로 움직이는 회사들로서는 얻기 어려운 정보가 쉽게 교환된다. 브라이언 우지는 이렇게 말했다. "긴밀한 관계를 맺고 있는 네트워크 구성원의 경우 한 제조업체가 관련 업체에 다음 시즌의 인기 상품에 대한 중요한 정보를 전해 주면 차후 수요에 대비하는 데 있어서 경쟁업체들보다 한 발 앞설 수 있다."[8]

특히 경쟁이 치열할 뿐 아니라 성패가 상품과 용역의 미묘한 질적 차이에 달려 있는 글로벌 경제에서는 네트워크 시스템이 독자적으로 움직이는 기업체보다 훨씬 유리하다. 한 의류업체의 CEO는 이렇게 설명했다.

늘 우리 제품만 만드는 공장이 있다면 그들은 정형화된 스타일만 안다. 그러나 우리가 급하게 패턴을 바꾸면 그곳에서 옷을 바로 만들기는 쉽지 않다. 반면 우리와 네트워크 관계에 있는 공장은 다른 패턴을 많이 해봤기 때문에 무엇이 문제인지 파악하고 우리가 의도한 패턴대로 만들 수 있는 방법을 안다.[9]

네트워크 모델의 핵심에는 상호간의 의무감이 있다. 바로 "우리는 모두 공동 운명"이라는 느낌이다. 따라서 상황이 좋든 나쁘든 서로를 지원하기 위해 개인적인 희생을 감수할 수 있다고 생각하는 것이다. 한 CEO는 그 문제에 관해 이렇게 말했다.

나는 하청업체에 앞으로 2주 동안은 일거리가 없을 것이라고 말해 준다. 다른 일거리를 찾으라는 의미다. 반면 하청업체가 일거리를 찾지 못하고 있을 때에는 우리가 일거리를 만들어 준다. 하청업체가 일을 계속할 수 있도록 제품 생산을 의뢰하는 것이다. 우리가 일거리를 만들어 주느냐 그렇지 않느냐는 것은 관련 업체가 얼마나 일거리를 필요로 하느냐에 달려 있다.[10]

네트워크 모델로의 전환이 필요한 궁극적인 이유는 시간이 부족하기 때문이다. 보스턴 대학교의 조직이론가 캔디시 존스는 고객, 제조업체, 유통업체가 신상품을 소비자에게 공급하기 위해 순차적 시장 교환에 의지하는 구식 경제 모델은 현 시대의 흐름에 너무 느려 제대로 적응할 수 없다고 지적했다. 제조업체로부터 유통업체를 거쳐 최종 소비자 단계에 이르기까지 다양한 분야의 전문 지식과 기술을 융합해 조화롭게 조정할 수 있는 네트워크 경제는 '리드 타임' [lead time: 기획에서 제품화를 거쳐 최종 사용자에 배달되기까지 걸리는 시간)을 줄이는 데 훨씬 유리한 입장에 있다. 상품의 유통 주기가 연 단위가 아니라 월 또는 주 단위인 반도체, 컴퓨터, 영화, 패션 업계의 경우에는 특히 그렇다. 아울러 네트워크 시스템은 자동차 산업처럼 경쟁이 치열한 시장에서 원가(비용)를 절감하는 데도 훨씬 유리하다.[11]

네트워크 시스템은 공유하는 다양한 전문 지식과 기술 가운데서 가장 우수한 아이디어를 골라낼 수 있기 때문에 창의력과 혁신력에서 타의 추종을 불허한다. 월터 W. 파월은 여러 비즈니스 모델의 장단점을 비교해 보면 결론은 다음과 같다고 말했다.

> 기업체 내에서 정보를 전달하거나 시장에서 정보를 구입하는 것은 기껏 관련 정보를 처리하거나 상품을 구입하는 수단이 될 뿐이다. 둘 다의 경우 정보의 흐름은 제한될 수밖에 없다. 새롭게 해석하거나 의미를 부여하는 것이 불가능하기 때문이다. 그러나 네트워크 시스템은 직접 실천하면서 교훈을 얻을 수 있는 맥락을 제공한다. 네트워크를 통해 정보가 전달되면 그 정보는 더욱 자유롭게 흐르고 더욱 세련된다. 그 정보에서 새로운 맥락과 새로운 의미가 생성되고, 그 의미가 논의되고 평가될 수 있기 때문이다.[12]

상거래 건수가 적고, 신상품 도입에 걸리는 리드 타임이 길며, 미개발 소비자 시장이 아직 많을 때는 시장에서의 직접 교환과 계층화된 비즈니스 방식이 유효했다. 수직 명령 체계에 따라 움직이는 대기업들은 라이프 사이클(life cycle: 신제품이 시장에 도입되고 보급, 발전되어 성숙기에 들어갔다가, 다른 신제품의 개발 등에 따라 판매량이 줄어드는 일련의 과정)이 긴 표준화된 상품들을 생산함으로써 연구 개발, 생산 일정, 유통 채널을 중앙에서 관리하면서 비용을 분할 상쇄할 수 있었다. 분리되어 있고 단절된 시장 교환 체제에서는 모든 것의 속도가 느렸기 때문에 소비자의 수요도 무리 없이 충족시킬 수 있었다.

지난 20년 동안 여러 요소들이 상거래의 맥락을 바꿔 놓았다. 에너지 비용의 급등, 연구 개발과 관련된 비용과 리스크의 증가, 상품과 용역의 라이프 사이클 단축, 인건비 증가, 맞춤형 주문 생산 상품에 대한 소비자 기호의 증가, 세계적 경쟁, 수익 마진의 감소 등으로 시장 교환과 계층식 사업 모델이 점차 쓸모가 없어진 것이다.

글로벌 상거래는 더욱 복잡해지고 속도가 빨라지고 있다. 어떤 회사든 시장 교환 메커니즘을 통해서는, 그리고 혼자의 힘으로는 효과적인 경쟁을 할 수 없게 되었다. 지금은 독자적인 사업은 실패의 지름길이다. 네트워크에 기초한 관계를 통해 자원을 공유하고 리스크와 비용을 분담하고 수익을 나누어야만 생존할 수 있다. 다시 말해 네트워크 시스템에 따르는 기업의 이익과 안전을 위해 자율권을 어느 정도 포기해야 한다는 의미다. 물론 기업 간의 경쟁은 아직도 치열하다. 기존의 시장이 곧 사라지지는 않기 때문이다. 그러나 아웃소싱, 코소싱, 이익 분배, 공동 비용 절감 등이 차츰 표준으로 자리 잡고 있다.

모두가 서로 연결되어 있고 상호 의존성이 높아 가는 세계화된 경제에서는 단순한 시장 교환을 통해 개인 이익을 극대화하는 자율적인 행위자 개념은 애처로울 정도로 시대에 뒤떨어진 느낌이다. 그 같은 속도, 복잡성, 다양성을 수용할 수 있는 유일한 기업 모델은 네트워크뿐이다.

네트워크 모델이 점차 인기를 얻고 있기는 하지만 그것이 상거래 철학과 재산의 역할에 대한 우리의 개념에 미치는 영향은 거의 주목 받지 못하고 있다. 네트워크 시스템으로의 전환에 따른 개인 행동의 내면적 변화에서부터 새로운 경제 모델에 이르는 장기적 영향에 대한 논의는 지금까지 거의 없었다.

시장에서 네트워크로의 전환과 관련해 가장 먼저 이해해야 할 점은 기존의 경계선이 더욱 유동적이고 개방적으로 변해 가고 있다는 사실이다. 시장 경제에서는 경계선이 필수적이다. 소유란 개인이 지배하는 영역의 확장이며, 소유자가 그 영역을 독점한다. 18세기 영국의 법학자 윌리엄 블랙스톤은 자신이 쓴 『영국법 주해』에서 "재산은 세상의 외부적 물질에 대해 개인이 주장하고 행사하는 지배권이며, 거기서는 다른 사람의 권리가 완전히 배제된다."고 말했다.[13]

시장 경제에서는 재산이 공유되는 일이 거의 없으며 단지 소유되거나 교환될 뿐이다. 재산은 "내 것 아니면 네 것"으로 확실히 구분된다. 판매자와 구매자 사이의 교환 행위가 발생하는 시간과 장소는 재산이 한 사람의 손을 떠나 다른 사람의 손으로 넘어가는 경계다. 흥정은 속성상 매우 적대적인 일이다. 양쪽 다 상대방에 손해를 줌으로써 자기 이익을 얻으려고 하기 때문이다. 흥정이 경쟁이라고 불리는 이유도 그 때문이다. 그 경쟁에서 승리했다는 것은 시장 교환 결과 자기 소유의 가치를 올렸다는 의미다. 시장에서 재산을 교환하는 목적은 자신의 지배 영역을 넓히기 위해서다.

네트워크 시스템에서는 유형 재산이든 지적 재산이든 전부 생산자의 소유로 남아 있으면서 사용권만 공유된다. 지식, 정보, 노하우도 재산의 형태로서 그에 대한 사용권이 공유된다. "내 것이 네 것"도 된다는 의미다. 그에 따라 시장 경제 모델 아래서 사유 재산 제도의 특성이었던 명확한 영역이 사라지면서 서로를 구분하던 경계 지대가 공동 영역으로 탈바꿈하고 있는 것이다. 명확한 승자와 패자가 나올 수밖에 없는 시장 경제에서와 달리 네트워크 모델에서는 협동 작업의 결과 요즘 말하는 '윈-윈' 상황이 나타나는 것이 정상이다.

부족한 자원을 서로 차지하기 위해 경쟁하는 것이 인간의 본성이라는 홉스/다윈식 논리는 협력이 생존과 발전에 더 중요하다는 혁명적인 발상에 의해 뒷전으로 밀려나고 있다. 그렇다면 그것이 개인의 자유를 정의하는 데는 과연 어떤 영향을 미치고 있는 것일까?

재산 소유보다 소속 의식이 중요하다

앞서 살펴보았듯이 시장 경제에서는 자유가 자율로 규정된다. 다른 사람에게 의존하지 않고 독립하는 것이 자유다. 독립하기 위해서는 재산을 가져야 한다. 재산을 소유하면 그 영역을 독점하며 자유를 누릴 수 있다. 그렇다면 재산은 어떻게 확보되는가? 적대적인 시장 환경에서 다른 사람들과의 경쟁을 통해 얻는다.

그러나 네트워크 모델에서는 자유가 그 반대로 정의된다. 자유는 재산 소유보다는 네트워크에 소속됨으로써 확보된다. 소속되기 위해서는 접근권이 있어야 한다. 접근권을 가지면 다른 사람들과 함께 자유를 누릴 수 있다. 격리된 관계보다는 공유된 관계에서 자유가 확보되는 것이다.

이 세상에서 자신의 잠재력을 완전하게 경험할 수 있는 힘이 자유라면 그 잠재력은 영역의 한계에 둘러싸여 다른 사람과 단절됨으로써 발휘될 수 있는가 아니면 공동 영역에서 다른 사람과의 협력 관계에 의해 성취될 수 있는가? 이 자유의 두 가지 정의 가운데 어느 것이 더 옳으냐는 것을 가장 잘 알 수 있는 것이 '임종' 테스트다. 재산을 모으고 자율을 추구하는 데 일생을 바친 사람과 평생 서로간의 관계와 친밀함을 추구한 사람이 임종을 앞두었을 때를 비교해 보자. 어느 쪽이 자기 존재의 잠재력을 충분히 경험함으로써 가장 많은 자유를 누렸다고 말할 수 있는가?

　네트워크 시스템은 비즈니스 모델을 초월하는 결과를 가져올 수 있다. 개인의 이익을 극대화할 수 있는 방법에 관한 네트워크 시스템의 개념은 우리가 시장 경제 체제에서 합당한 행동과 행복한 삶을 규정하는 개념과 크게 차이가 난다. 시장은 속성상 불신을 기초로 하지만 네트워크는 신뢰를 기본으로 한다. 시장은 사리를 추구하지만 네트워크는 공동의 이익을 추구한다. 시장은 서로간의 거리를 두는 거래를 하지만 네트워크의 거래는 친밀한 관계를 바탕으로 한다. 시장은 경쟁의 장이지만 네트워크는 협력의 장이다.

　우리 자신과 재산 사이의 관계에 대한 개념 변화는 인간의 조건에 대한 기본적인 재평가를 강요한다. 근대 초 재산에 대한 유럽인의 생각이 혁명적으로 바뀐 것과 마찬가지다. 봉건 시대에 봉토를 기반으로 하는 소유 의무에서 시장 경제의 재산 교환으로 바뀐 '거대한 변환'은 인적 교류의 성격과 목표에 대한 우리의 생각에서 분수령을 이루었다. 그와 마찬가지로 시장에서의 재산 교환에서 네트워크에서의 접근 관계로 바뀌고 있는 지금의 전환도 인간 활동의 성격에 대한 우리의 생각을 크게 바꿔 놓고 있다.

　불행하게도 현재 학계에서든 공공정책 입안자들 사이에서든 세계화된 경제에서 진행되는 네트워크 시스템의 현실과 일치하도록 재산 관계를 재정립하는 문제에 대해서는 논의가 거의 이루어지지 않고 있다. 그러나 일부 학자들이 우리의 재산 개념을 수정하려는 시도를 하고 있다. 지금까지 이 논의와 관련해 가장 중요한 기여를 한 학자는 토론토 대학교의 크로퍼드 맥퍼슨 교수였다. 그는 동료 학자들에 의해 역사와 재산의 철학에 대한 현 시대 최고의 권위자 가운데 한 명으로 간주되었다. (나는 1998년에 출간한 『소유의 종말』에서 맥퍼슨의 사상을 처음 소개했다.)

맥퍼슨은 지금 우리의 재산 개념이 주로 17-18세기에 만들어졌다는 사실을 상기시킴으로써 분석을 시작한다. 우리가 재산을 다른 사람의 접근을 배제할 수 있는 권리로 생각하는 데 너무도 익숙해져 있기 때문에 과거에는 재산이 특정 자원의 사용과 즐김에서 배제되지 않을 수 있는 권리로도 규정되었다는 사실을 망각하게 되었다고 그는 지적한다. 맥퍼슨은 바로 그 과거의 재산 개념을 부활시킨다. 수로와 도로, 광장 등 공동 소유 자산에 대한 이용 및 접근권이 그것이다.

아직도 이 두 개념이 공존하고 있긴 하지만 시장 경제가 사회를 지배하면서 개인 소유권과 타인 배제권이 강조됨과 동시에 공공 접근권이 점차 자리를 잃게 되었다. 미국에서 일어나고 있는 주택 소유 패턴의 변화가 좋은 예다. 지난 40년 동안 많은 미국인들은 공동주택 개발(CID)로 주택을 소유하게 되었다. 이 공동주택 단지에서는 주택뿐만 아니라 도로, 인도, 광장, 공원도 그 단지 주민들의 소유다. 주민이 아닌 사람이 자동차로 도로를 주행하거나 인도를 걷거나, 공원에서 산책을 하거나, 광장의 쇼핑몰에 가려면 주택 단지 정문에서 허가를 얻어야 한다. 4700만 명 이상의 미국인(미국 인구의 약 6분의 1)들이 이미 이런 사유 공동주택 단지에 살고 있으며 그 수는 매년 크게 증가하고 있다.[14] 21세기 중반이 되면 CID가 주택 소유 패턴의 주류가 될 것으로 전망된다.

미국인들은 겨우 2세기 만에 아메리칸 드림의 핵심에 자리 잡고 있는 기본적인 모순에 봉착하게 되었다. 미국인들은 줄곧 자율과 이동성 둘 다를 추구해 왔고 그 둘이 상호 보완적이라고 믿는다. 현재 수천만 명의 미국인들이 거대한 공유지를 사유 주택 단지로 바꿔 다른 미국인들의 접근권과 이용권을 박탈하고 있다. 개방성과 포용성을 긍지로 삼던 미국이 급속도로, 그리고 체계적으로, 배타적이고 폐쇄적인 나라로 변하고 있는 것이다. 그에 따라 미국의 경관과 미국적 특성도 바뀌고 있다. 유럽에서는 이런 대규모의 주거지 사유화를 찾아볼 수 없다.

맥퍼슨은 사유 재산 제도가 물자가 부족한 상태에서 인간 관계를 정립하는 데 사용되었다고 지적한다. 그러나 현재 적어도 소득 계층의 톱 20퍼센트는 필요한 물자를 충분히 확보한 상태이기 때문에 이제 그들은 삶의 질을 확립하는 문제에 관심을 돌리고 있다고 그는 말한다. 따라서 재산권에 "비물질적 수입, 다시 말해 삶의 질을 즐길 수 있는 권리"가 포함되어야 한다는 것이 그의 주장이다.[15] 또 그는 "그런 권리는 사회적 관계를 충족시키는 데 참여하는 권리로서만 인정될 수 있다."고 말한다.[16]

진정한 풍요를 누리는 사회에서는 재산 관계를 정립하는 데 있어서 타인을 배제한다는 개념이 점차 그 중요성을 잃을 수밖에 없다. 모두가 풍족한 물자를 확보할 수 있다면 다른 사람을 배제하는 데 따르는 실제적 이익이 과연 무엇이 있겠는가? 그런 사회에서는 비물질적 가치, 특히 자아 실현과 자기 변화가 더 중요할 것이다. '충만한 삶'에서 배제되지 않는 권리가 가장 중요한 자산 가치를 지니게 되는 것이다. 맥퍼슨은 이렇게 말한다. "새로운 시대의 재산은 충만한 삶을 살 수 있도록 만들어 주는 세력 관계에 참여하는 권리가 되어야 한다."[17]

물론 세계 인구의 5분의 4가 빈곤 상태나 겨우 생계를 유지하는 상태에 있기 때문에 그들에게는 지난 200년 동안 유럽과 미국이 누려 온 것과 같은 사유 재산 제도를 확립함으로써 부유국을 따라잡아야 한다는 경제학자 에르난도 데 소토의 주장이 일리가 있을 것이다.

그러나 선진국들이 '시장에서의 상품 교환에 기초한 재산 제도'와 '네트워크에서 다른 사람의 자산에 접근할 수 있는 권리에 기초한 새로운 재산 제도' 사이에서 갈등하는 데는 또 다른 이유가 있다. 인간 관계가 더욱 복잡해지고 세계화에 따라 시간과 공간이 줄어드는 데 필수적으로 따를 수밖에 없는 취약성이 바로 그 이유다.

나는 23년 전에 벨기에의 물리화학자 고(故) 일리야 프리고지네를 만난 적이 있다. 1977년 그에게 노벨 화학상을 안겨 준 그의 '소산(消散) 구조' 이론은 재산 관계와 자유에 대한 우리의 관념이 근본적으로 바뀌는 이유와 관련해 어느 정도 가이드라인을 제시한다.

프리고지네는 열역학과 사이버네틱스[cybernetics: 미국 수학자 노버트 위너가 창안한 새로운 학문을 지칭하는 용어로 '스스로 최적의 상태에 도달하려는 시스템을 연구하는 학문'으로 정의된다.]의 가정을 혼합해 소산 구조 이론을 세웠다. 그는 모든 생명체와 비생명체는 소산 구조로 되어 있다고 보았다. 물체들은 자체 시스템을 통해 계속 에너지를 흘려 보냄으로써 구조를 유지한다는 것이다. 에너지의 흐름으로 그 시스템은 늘 유동 상태에 있다. 대개는 요동 현상이 미세해 '음(negative) 피드백'으로 조절될 수 있다. 프리고지네에 따르면 때로는 요동이 너무 심해 시스템이 조절하지 못하고 '양(positive) 피드백'이 지배하게 된다. 그 결과 요동은 더 큰 요동으로 이어져 전체 시스템을 쉽게 장악할 수 있다. 그렇게 되면 시스템은 붕괴하든지 스스로 재조직한다. 자기 재조직이 가능할 경우 새로운 소산 구조가 생겨나 이전보다 더 복잡하고 에너지 흐름이 많은 차원으로 변한다. 이 과정이 반복되면 구조가 더욱 복잡해지기 때문에 요동에 더욱 취약해져 붕괴 아니면 재조직이 더욱 빨리 이루어진다. 프리고지네는 구조가 더욱 복잡해지는 것이 진화의 조건이라고 믿었다.

그렇다면 복잡하고 에너지 흐름이 많은 글로벌 경제가 프리고지네가 말한 소산 구조의 주된 예다. 시스템 내의 에너지 흐름에 큰 변화가 생기면 시스템 전체가 손상될 수 있기 때문에 붕괴되든지 아니면 더 복잡한 차원의 시스템으로 재조직된다. 과거 거리가 중요했고, 시간이 많았으며, 교류의 밀도가 낮았을 때는 한곳에서 에너지 요동이 일어나도 그 영향이 국소적이어서 지구 전체에는 영향을 주지 않았다. 그러나 이제는 그렇지 않다. 시간과 공간이 점점 더 좁혀지고 상호 의존성이 더욱 높아진 글로벌 경제에서는 한곳에서 일어나는 사건이 시스템 전체를 취약하게 만들 수 있다. 이런 취약한 글로벌 경제를 감당할 수 있는 비즈니스 모델은 네트워크 시스템뿐이다. 네트워크 모델에서는 손실을 줄이기 위해 자원과 리스크를 공유할 목적으로 관심 있는 기업들이 하나의 시스템을 구성한다. 기업-기업, 기업-소비자 네트워크에서 서로 협력함으로써 정보와 전문지식, 글로벌 경제의 어디서든 일어날 수 있는 요동 현상에 신속히 적응할 수 있는 능력을 갖추게 된다.

과거 개발되지 않은 땅과 자원, 노동력이 풍부했고 세계 전역에 부의 잠재력이 있었을 때는 카우보이 사고방식을 가진 투쟁적이고 자율적인 개인이 경제적인 면에서는 이상적인 인간상이었고, 시장 경제가 가장 효과적인 메커니즘이었다.

그러나 복잡성과 상호 의존도가 점점 더 높아지고 있는 글로벌 경제에서는 배타적인 자기 이익과 개인적인 모험보다는 취약성을 분산하고 리스크를 분담하는 데서 기회가 생긴다. 리스크가 높은 글로벌 경제에서는 신뢰, 호혜, 협력이 독자적이고 거친 개인주의와 적대적 행동보다 더 중요한 생존 가치가 된다.

네트워크를 기초로 한 협력적 경제 모델을 일으킨 바로 그 조건이 정치 무대에도 그대로 적용되고 있다. 이처럼 조밀하고 상호 의존적인 세계에서는 민족국가가 더 이상 독자적으로 존립할 수 없다. 다국적 기업처럼 국가들도, 리스크 높은 세계화 사회의 현실을 더 잘 수용하기 위해 협력 네트워크로 서서히 뭉치고 있다. 그중에서도 유럽연합(EU)이 새로운 초국가적 통치 모델의 가장 진전된 사례다. 바로 그 이유 때문에 세계 모든 국가들이 EU의 성공과 실패를 예의 주시하고 있다. 글로벌 시대를 맞아 모든 국가의 지도자들이 기존의 통치 시스템을 수정할 수밖에 없는 처지에 놓여 있기 때문이다.

9 유럽 "합중국"

EU는 세계에서 세 번째로 큰 통치 체제다. 4억 5000만 명의 인구가 미국보다 20퍼센트 더 넓은 땅에서 살고 있다. EU는 곧 공동 헌법을 비준할 예정이다. 4억 5000만 명의 인구가 자신들의 삶과 재산, 개인적, 집단적 운명을 EU의 정치적 성공에 걸고 있다.

유럽이란 무엇인가?

전체적으로 볼 때 EU를 고안한 것은 대단한 위업이다. EU 설계자들조차 EU가 무엇을 의미하게 될지 정확히 몰랐다는 점을 감안하면 더욱 그렇다. 문제는 EU 같은 통치 체제의 전례가 없다는 사실이다. EU는 국가가 아닌데도 국가처럼 행동한다. EU의 법은 회원국 25개국의 법보다 우선하며 구속력이 있다. EU는 단일 통화 '유로'를 사용한다. 영국, 스웨덴, 덴마크를 제외한 모든 회원국들이 유로를 사용한다. EU는 상업과 무역을 규제하며 각 회원국 사이의 에너지, 교통, 통신, 교육 등의 교류를 조정한다. EU 공동 여권을 사용하며 입법 기관으로 EU 의회, 사법 기관으로 EU 법원이 있다. EU 대통령도 있고 공동 군대도 있다. EU는 주요 국가 구성 요건 가운데 다수를 충족시킨다. 그러나 공동 세금을 부과할 수 없고 각각의 회원국은 EU군 파견 결정에 언제든지 거부권을 행사할 수 있다.

무엇보다 중요한 것은 EU가 한정된 영토를 바탕으로 하는 실체가 아니라는 사실이다. EU는 회원국들의 영토 내에서 발생하는 활동을 조정하고 규제하긴 하지만 자체적인 영토권이 없다. EU는 영토 범위를 벗어난 통치 체제다. 바로 이 점이 EU의 특성이다.

민족국가는 특정 영토를 지배함으로써 지리적으로 규정되는 통치 체제다. 과거의 제국들도 종속국들의 영토 전역에 대한 지배력을 행사했다. 역사적으로 EU와 약간이나마 유사한 체제가 있었다면 10세기에서 19세기 초 사이의 신성로마제국을 꼽을 수 있다. 그 시기에 바티칸(교황청)은 형식적으로는 서유럽과 북유럽 대부분의 공국, 도시국가, 왕국들에 대한 최종 주권을 갖고 있었다. 그러나 영토와 관련해 교황청이 행사하는 주권은 상징적일 뿐 실질적인 구속력이 거의 없었다.

EU의 각 회원국은 지금도 여전히 자국의 영토를 지배하고 관리하지만 과거와 같은 절대적 권한은 EU가 제정하는 법률로 말미암아 서서히 약화되고 있다. 예를 들어 1985년의 쉔겐 협정으로 EU는 유럽 전체에 적용될 수 있는 이민법 제정권을 부여받았고, 회원국의 국경을 보호하기 위한 유럽경찰 창설권까지 확보했다. 물론 개별 국가는 수용할 수 있는 이민 규모와 이민 출신국(EU 외)을 한정할 수 있는 권한을 유지한다. 그러나 일단 이민자가 EU 회원국에 받아들여지면 그는 EU 내 어느 나라에서든 살 수 있으며 정착하는 나라의 완전한 보호를 받을 수 있다. 또 EU 회원국 국민들은 다른 회원국에서 살 수 있을 뿐 아니라 지방자치단체 선거 및 유럽의회 선거에 출마할 수 있는 권한을 포함해 포괄적인 EU 주민권을 누릴 수 있다.(그러나 고유 모국이 아닌 나라에서 살 경우 총선에는 출마할 수 없다.)

　EU는 영토에 속박받지 않기 때문에 계속 새로운 국가들을 회원국으로 받아들일 수 있다. EU 가입 기준은 지리적인 조건보다는 실질적 가치에 근거한다. 이론상으로는 모든 나라가 EU에 가입 신청을 할 수 있으며 가입 요건을 충족시키기만 하면 어느 나라든 회원국이 될 수 있다. EU의 이런 제한 없고 포괄적인 성격은 기존 회원국들 사이에서 우려를 자아내고 있으며 가입 지망국들 사이에서 긴장을 불러일으키고 있다. 일각에서는 EU 가입 기준을 실질적 가치에 둔다고 해도 그 자격을 '역사적으로 유럽'에 속했던 국가들에 국한해야 한다고 주장한다. 문제는 '역사적으로 유럽'에 속했던 국가가 어느 나라인지에 대해 역사학자들조차 합의에 이르지 못하고 있다는 점이다. 지리학자들은 유럽 대륙의 실체가 없다고 말한다. 그러나 일부에서는 유럽이 대서양과 만나는 곳에서부터 동으로는 러시아, 남으로는 터키까지 포함한다고 주장한다. 러시아가 유럽에 속하는가 아시아에 속하는가? 터키는 유럽에 속하는가 중동에 속하는가? 오스만 제국은 여러 시기에 걸쳐 스페인, 오스트리아, 헝가리 일부 등 유럽의 많은 부분을 지배한 적이 있다. 그렇다면 유럽이 중동에 속하는가?

　많은 사람들은 유럽이 문화적인 공통점으로 연결되어 있다고 주장하며, 유럽의 존재 증거로서 그리스·로마의 뿌리, 기독교, 18세기 계몽주의를 내세운다. 그들에 따르면 유럽은 공통된 과거와 운명에서 비롯되는 심리적 상태다. 그러나 앞의 경우와 마찬가지로, 문제는 역사가 유럽 열성주의자들이 말하는 것처럼 그렇게 말끔하게 펼쳐지지 않았다는 점이다. 예를 들어 고대 그리스·로마 세계에서는 유럽이 갈리아 지방[고대 켈트인들의 땅] 북부와 영국 제도를 포함하지 않았다. 스칸디나비아 반도 역시 고대인들이 말하는 '에우로파 Europa'의 일부로 간주되지 않았다.

가톨릭계에서는 유럽을 형성하는 문화적 접착제가 기독교라고 주장한다. 그러나 8세기에서 20세기 초까지 유럽의 일부를 이슬람이 지배했다는 사실은 어떻게 설명할 것인가?

이것은 단순히 학술적인 문제만이 아니다. 현재 EU 안팎에서 터키, 그리고 궁극적으로 러시아까지 회원국으로 받아들여야 하는지를 두고 뜨거운 논쟁이 벌어지고 있다. 아울러 EU의 준회원국 자격을 북아프리카와 중동까지로 확대해야 하는지에 관한 문제도 있다.

그렇다면 EU 영역의 끝은 어디인가? 아무도 모른다. EU 관측통들은 이 새로운 통치 체제 실험을 구성하는 요소의 가능한 조합을 전부 포괄하기 위해 '가변 기하학variable geometry'이라는 용어를 사용한다. EU를 정확히 정의하기가 어려운 것은 EU가 급변하는 현실에 적응하기 위해 계속 새로운 형태로 변신하기 때문이다. 사실상 EU는 진정한 포스트모던 통치 체제로서는 처음이다. EU의 형체가 고정되어 있지 않은 것처럼 보이는 것은 끊임없이 변하는 세계 속에서 진로를 모색하고 있기 때문이다. 글로벌 시대의 도래로 시간은 거의 동시성으로 짧아지고 있으며 역사는 계속 달라지는 '현재'에 의해 밀려나고 있다. 지리도 인접하거나 가까운 위치에 의해서보다는 공동 활동을 위해 일시적으로 서로 다른 지역이 한데 뭉치는 패턴의 종합으로 나타나고 있다. 예를 들면 독일 서남쪽의 바덴-뷔르템베르크, 프랑스 남부의 론-알프스, 이탈리아 북부의 롬바르디아, 스페인 북부의 카탈루냐 같은 지역은 기존의 국경을 뛰어넘어 긴밀한 경제, 사회, 정치적 네트워크로 통합되고 있다.[1] 현재 유럽의 많은 지역들도 서로 멀리 떨어진 지역과 더욱 긴밀하게 협력하고 있다.

전쟁터에서의 영웅적 승리 신화에서 기원을 찾는 과거의 국가 및 제국과는 달리 EU는 패배의 잿더미 속에서 탄생한 최초의 대규모 통치 체제라는 점에서 매우 신선하다. EU는 고귀한 과거를 기념하기보다는 절대 과거를 되풀이하지 않도록 애써 왔다. 1,000년 동안의 끊임없는 분규와 전쟁, 유혈 사태 후 유럽 각국은 50년도 안 되는 기간에 두 차례나 일어난 세계대전의 그림자 속에서 초췌한 모습으로 등장했다. 수많은 사람들이 불구가 되거나 목숨을 잃었고, 고대 유적과 기간 시설이 폐허로 변했으며, 재정과 생활 기반마저 파괴된 상태였다. 그들은 다시는 서로 총을 들이대서는 안 된다는 생각에서 일치 단결해 과거의 적대 감정을 뛰어넘을 수 있는 정치적 메커니즘을 찾았다.

1948년 윈스턴 처칠은 유럽의회 연설에서 수세기 동안 전쟁으로 황폐화된 유럽의 미래를 생각하며 나름대로의 유러피언 드림을 제시했다. 그는 이렇게 말했다. "모든 나라 국민들이 자신이 조국에 소속되어 있다고 생각하는 것처럼 자신을 유럽인으로 생각하고, 이 넓은 대륙에서 어디를 가든 '편안하다'고 진정으로 느낄 수 있는 그런 '유럽'을 만듭시다."[2] 유럽 공동체 형성에 개인적으로 어느 누구보다 큰 영향을 미친 장 모네는 처칠의 꿈을 실현하는 것이 얼마나 어려운 일인지 잘 알고 있었다. 모네는 이렇게 말했다. "문제는 하나로서의 유럽이 지금까지 존재한 적이 없었다는 사실이다. 그것은 '유럽'을 처음부터 다시 만드는 것과 마찬가지다."[3] 그것은 사람들이 자신을 유럽인으로 인식하도록 만들어야 한다는 의미였다.

1957년 유럽경제공동체(EEC) 형성을 위해 체결된 로마 조약의 전문(前文)은 "유럽인들 사이의 더욱 긴밀한 연합을 위한 기초를 놓는 것"이 목표라고 분명히 밝히고 있다.[4] "해묵은 적대 감정을 기본적 이익의 통합으로 대체하고, 경제 공동체를 확립함으로써 유혈 분쟁으로 오랫동안 분열되어 온 민족들 사이에서 더 넓고 깊은 공동체의 기반을 만들고, 이제부터 함께할 운명의 방향을 제시할 수 있는 제도적 기초를 마련하는 것"이 로마 조약의 원대한 꿈이다.[5] 사상 최

초로 존재의 이유가 '평화 구축'인 정치 체제가 탄생한 것이다.[6]

오늘날 EU 지역에 살고 있는 사람들 가운데 3분의 2는 스스로 '유럽인'임을 느낀다고 말한다. 또 열 명 가운데 여섯 명 꼴로 유럽에 상당히 애착을 느낀다고 말한다. 한편 21-35세의 3분의 1은 "자신을 자기 나라의 국민이라기보다 유럽인으로 생각한다."고 말한다.[7] 유럽 지도자들을 대상으로 실시한 세계경제포럼(WEF)의 조사에서도 "앞으로 자신의 정체성을 국적보다는 유럽인이라는 데서 찾겠다."고 한 지도자들이 92퍼센트나 되었다.[8] 정확히 알기는 어렵지만 이런 정체성에 대한 인식 변화는 50년도 채 안 되는 기간에 일어난 것으로 보인다.

연합체 형성

유럽 공동체를 형성하는 과정은 처음부터 모순에 직면했다. 새롭고 더욱 상호 의존적이며 광대한 통치 모델을 만들려는 당사자가 바로 민족국가들이었기 때문이다. 민족국가의 존재 이유는 영토의 독점 지배, 다른 나라와의 전쟁을 통한 영토 장악, 국가에 충성할 의무를 가진 사람들을 국경 내에 격리하는 데 기초했다. 그런 민족국가의 국경을 열어 '유럽인들 사이의 더욱 긴밀한 연합'을 건설하는 것은 오랫동안 당연시되어 온 국가의 주권을 위협하는 일이었다. 언제나 문제는 "더 많은 안전과 기회를 위해 국가의 주권을 약간 희생하는 것이 실보다 득이 많은 것인가?"였다. EU가 50년의 역사를 거치는 동안 각 전환점마다 유럽인들은 아슬아슬한 차이로 연합의 손을 들어 줌으로써 EU에 더 많은 권한을 부여했고, 그 과정에서 국가 주권을 점점 더 많이 포기해야 했다.

유럽연합 형성을 향한 첫걸음은 1951년 유럽석탄철강공동체(ECSC)의 설립이었다.[9] 많은 유럽 지식인들과 정치 지도자들은 독일과 프랑스의 경제 라이벌 관계가 유럽 분쟁의 핵심이며 정기적으로 대륙을 휩쓴 전쟁의 주요 원인이라고 지적했다. 장 모네는 독일과 프랑스, 특히 두 나라가 서로 차지하려고 싸워 온 루르 강과 자르 강 사이의 산업 지대의 석탄과 철강 생산을 통합하자고 제안했다. 그 결과 프랑스, 독일, 이탈리아, 벨기에, 룩셈부르크가 서명한 ECSC 파리조약으로 규제 권한, 입법 권한, 심지어 사법 권한까지 가진 초국가적 권위가 탄생했다.[10] 이 새로운 기구는 사상 최초로 회원국들을 더 높은 권위 아래 응집시킬 수 있는 힘을 갖고 있었던 것이다. 그것이 더 폭넓은 연합 체제를 형성하기 위한 기초가 되었다.[11]

1957년 ECSC의 6개 회원국은 유럽경제공동체(EEC) 설립 등 더 폭넓은 계획을 담은 로마조약에 서명했다. EEC의 임무는 유럽 공동시장 확립, 세제 일치, 관세 장벽 철폐, 자본주의와 노동력의 자유로운 활용에 관한 규정을 시행하는 것이었다. 그에 따라 각 회원국 대표로 구성된 입법 기관이 설립되었고, 행정권을 행사하는 집행위원회가 만들어졌으며, 제한된 자문과 입법 감독을 위한 유럽의회가 구성되었고, 폭넓은 사법권을 행사할 유럽법원이 들어섰다. EEC는 국제 사회에서 법적인 실체로 인정받아 마치 개별 국가처럼 회원국들을 대신해 외교 관계를 맺고 조약을 체결할 수 있었다. 로마조약과 EEC의 설립은 경제 문제에 관한 한 개별 회원국이 더 이상 독자적으로 행동할 권리가 없다는 것을 의미했다.[12]

또 이 6개국은 각각의 투자를 한데 모으고 기술을 공유해야만 원자력 분야에서 미국, 소련과 경쟁할 수 있다는 것을 깨닫고 원자력 합동 개발을 위한 협의에 들어갔다. 그 결과 생겨난 것이 유럽원자력공동체(EURATOM)였다.[13] 그러다가 1965년 ECSC, EURATOM,

EEC가 통합되었다.

로마조약은 EEC에 회원국들을 위한 공동 운송 정책, 관세 통합 정책, 공동 무역 정책뿐만 아니라 공동 농업 정책도 수립할 수 있는 권한을 부여했다.[14] 또 EEC 설계자들은 대규모 경제 연합체에는 기존의 국경을 넘어 자유롭게 이동할 수 있는 노동력이 필수적이라는 점을 이해했다. 로마조약은 네 가지 기본권을 만들었다. 주민들이 회원국 사이에서 자유롭게 이동할 수 있는 권리, 다른 회원국에서 거주할 수 있는 권리, 다른 회원국에서 일할 수 있는 권리, 회원국 사이에서 자본을 이동시킬 수 있는 권리가 그것이었다.[15]

얼마 전까지만 해도 대다수의 미국인들과 비슷한 숫자의 유럽인들은 EEC와 그 후신인 유럽연합(EU)을 '회원국들이 시장 통합의 이익을 누릴 수 있는' 공동시장 개념 그 이상은 결코 아니라고 생각했다. 초기의 연합 설계자들과 옹호자들마저 공개적으로 그렇게 말했다. 연합에 대한 대중의 거부감을 없애기 위해서였다. 그러나 그들의 마음속에는 그보다 훨씬 더 큰 야심이 있었다. EEC와 EU 설립의 아버지 장 모네는 처음부터 "국가 간의 연맹이 아니라 국민들 사이의 연합을 형성하는 것이 목석"이라고 선언했다.[16] 모네를 비롯한 연방주의 옹호론자들은 각 회원국이 더 많은 국가 주권을 통합 정치 기구에 넘겨야만 평화롭고 번창하는 유럽을 보장할 수 있다고 믿었다. 그러나 그들은 정치적 의도를 노골적으로 드러내면 오히려 역효과를 불러 회원국들의 저항을 살 수 있다는 것을 깨달았다. 회원국들은 다만 서로 힘을 합침으로써 경제적인 경쟁 무대에서 몸집을 키울 수 있기를 원했다. 대부분의 경우 각 회원국의 지도자들은 연합체제를 자국의 이익을 증진하고, 자신의 국내 입지를 강화하며, 국가 주권을 지키기 위한 수단으로 간주했다. 미국과 소련이라는 두 강대국이 세계를 지배하던 상황에서 EEC 6개 회원국은 경제 자원을 한데 모아야만 그들의 경쟁 상대가 될 수 있다고 판단했다. 그 회원국들이 더 높은 차원의 경제 통합을 이룰 수 있었던 것은 부분적으로 미국과 소련에 잠식당할지 모른다는 두려움 때문이었다.

그러나 장 모네, 로베르트 슈만, 콘라트 아데나우어 독일 총리, 그리고 나중의 자크 들로르 유럽 집행위원회 위원장처럼 큰 그림을 그린 사람들은 훨씬 원대한 비전을 갖고 연합 체제를 구상했다. 그들의 전략은 회원국들을 상호 의존적인 경제 관계에 순조롭게 통합하기 위해 기술적인 조치를 조금씩 서서히 밟아 가는 것이었다. 경제 통합을 향한 작은 발걸음을 하나씩 뗄 때마다 회원국들의 국가 주권은 때로는 인식하지 못할 정도로 조금씩 약화되었다. 그런 작은 조치들은 그 하나하나로서는 미미하기 때문에 회원국의 저항을 부르지 않을 것으로 그들은 판단했다. 그런 점진적 접근 전략의 결과는 이렇게 나타났다. "각 회원국 정부는 어느 날 잠에서 깨어나 눈을 떠 보니 자신이 '계속 퍼져 나가는 국제 활동 및 기관의 복잡한 거미줄'에 말려들어 있다는 것을 알게 되었다. 그러나 그들은 이미 때가 늦어 그 거미줄로부터 빠져나오기가 거의 불가능하다는 것을 깨달았다."[17]

대부분의 경우 그 전략은 성과를 거두었다. 유럽 국가들은 2차 대전 후의 경제난으로 연합체 구성에 박차를 가했다. 거기에는 미국이 주된 자극을 제공했다. 국제통화기금(IMF)과 세계은행을 태동시킨 브레턴우즈 협정은 미국이 자국의 경제 개발을 촉진하기 위해 세계적 시장을 형성하려는 시도였다. 미국은 자유 무역을 장려하는 보편적인 규칙을 세계에 부과하기 위해 1947년 관세 및 무역에 관한 일반 협정(GATT) 체제를 확립했다.

특히 미국은 전쟁으로 폐허가 된 유럽의 극심한 경제난을 우려했다. 소련이 이미 중유럽 및 동유럽을 점령했고 프랑스와 이탈리아에서 공산당이 득세하자 유럽의 대부분이 소련의 손에 넘어갈지 모른다고 우려한 것이다. 미국은 공산주의의 팽창을 저지하기 위해 전후 서유럽을 구제하는 양면 정책을 추진했다. 한편으로는 1949년 북대서양조약기구(NATO)를 설립했다. NATO는 서유럽을 소련의 침략으로부터 보호할 수 있는 미국-유럽 통합군을 창설하고 운용하는 것을 목표로 했다. 다른 한편으로는 서유럽의 경제를 되살리기 위한 경제 복구 계획을 실시했다. 그것이 프랑스와 이탈리아 등지에서 공산당의 약진을 지연시키고 소련의 영향력을 억제할 수 있는 최선의 방법이라고 믿었던 것이다.

미국은 마셜 플랜〔미국 국무장관 조지 마셜의 이름을 딴 유럽 재건 계획〕을 통해 1940년대 말과 1950년대 초 유럽의 경제 개발을 위해 250억 달러 이상 규모의 지원금을 제공했다.[18] 그러나 그 지원금에는 조건이 붙어 있었다. 원조를 계속 받기 위해서는 "상품 유통에 대한 수량적 제한, 자금의 흐름을 막는 통화 장벽, 그리고 궁극적으로는 모든 관세가 영원히 철폐되는 단일 시장 형성을 위한 준비를 해야 한다."는 것이었다.[19]

사실 유럽 국가들도 공동시장 형성을 원했다. 그러나 그 이유는 미국과 달랐다. 양대 초강대국 사이에 끼어 어느 한쪽의 위성국가가 될 위험이 있다고 우려한 유럽 국가들은 자기들끼리 경제적 자원과 브레인을 공유해야만 어느 정도의 경제적 독립을 확보할 수 있다고 믿었다.

유럽 공동시장 형성은 미국과 유럽 양쪽에 이익이 될 수 있었다. 미국으로서는 서유럽 경제가 튼튼해지면 공산주의의 위협을 막아 낼 수 있을 뿐 아니라 자국의 해외 투자를 위한 시장을 확보할 수 있었다. 또 유럽 국가들은 공동시장을 통해 어려운 경제를 일으키는 데 필요한 자유와 안전을 확보할 수 있고 생존을 보장할 수 있었다. 아울러 이런 경제적인 관점의 이면에는 유럽 국가들이 서로 뭉침으로써 수세기에 걸친 내부 전쟁을 마침내 종식시킬 수 있을지 모른다는 믿음이 있었다.

유럽경제공동체(EEC)는 1970년대와 1980년대에 영국, 아일랜드, 덴마크, 스페인, 그리스, 포르투갈이 합류함으로써 더욱 확장되었다. 2차 대전에 따른 경제 피폐화가 유럽 공동체 형성의 기초적인 자극제가 되었다면 그 통합 노력을 가속화한 것은 1973년의 오일 쇼크였다. 석유수출기구(OPEC)의 주도로 유가가 급등하면서 찾아온 세계적 불황은 서유럽 국가들에서 자리 잡은 정교한 사회복지 제도를 위협했다. 또 1980년대의 대처-레이건 경제 혁명으로 국영기업의 민영화와 국제 무역의 자유화가 더욱 가속화되자 유럽 공동체 회원국들은 더욱 어려움을 겪게 되었다. 그 어려운 시기에 회원국들이 파산하지 않는 유일한 길은 더 높은 차원의 통합뿐이었다.

유럽 국가들은 1987년 발효된 단일유럽의정서(SEA: Single European Act)를 통해 개별 국가의 주권을 약간 포기하면서 연합 구성을 목전에 두게 되었다. 그 의정서에는 유럽의회에 새로운 권한을 추가로 부여한다는 조항도 있었다. 그에 따라 유럽의회는 유럽 공동체가 새 법안을 채택하기 전에 심의할 수 있는 권한을 처음으로 부여받았다. 게다가 유럽의회는 신규 회원국 가입과 외부의 국가들과 맺은 협정에 대해 거부권을 행사할 수 있게 되었다. 마찬가지로 중요한 것은 이전에는 만장일치가 필요했던 많은 의사 결정 부분에서 다수결 제도가 도입되었다는 사실이다. 또 유럽 공동체는 '배타적 공동체 권한'을 확립했다. 경제 및 통화 통합, 사회 결속, 연구 및 기술 개발, 환경 정책 등과 관련된 문제를 포함해 과거에는 각국 정부의 특권이었던 여러 주요 사안들에 대해 회원국이 독자적으로 행동하는 것을 금지하는 조치를 말한다.[20]

SEA는 회원국 국가 수반들로 구성되는 EU 집행위원회의 권한을 효과적으로 약화시켰다. 회원국 정부들이 주권을 기꺼이 포기하고 더 많은 권한을 EU에 양도한 이유는 무엇일까? 그것은 SEA가 경제 및 재정 통합 촉진을 위한 순전히 형식적인 의정서로 제시되었기 때문이다. 회원국들은 EU의 역할에 대한 자국의 비전에 유리하도록 그 의정서를 해석할 수 있었다. 정치 연합이 아닌 순수 경제 연합을 선호한 골수 연맹주의자들은 더욱 긴밀하게 통합된 시장을 통해 자국의 경제가 발전하고 그에 따라 정치가 더욱 안정될 것으로 기대했다. 반면 정치 연합을 선호한 연방주의자들은 더욱 긴밀한 경제 통합으로 회원국들이 더욱 상호 의존적이 될 수밖에 없으며 EU에 더 많이 의지하게 되고, 그에 따라 각 회원국의 정치적 권한을 브뤼셀(EU 본부 소재지)에 더 많이 넘겨 줄 수 있다고 판단했다.[21]

  1989년 베를린 장벽이 붕괴되고, 중유럽과 동유럽에서 소련 제국이 몰락하자 유럽 공동체는 또다시 임무를 수정해야 했다. 처음 유럽 공동체가 생겨난 계기는 2차 대전 후 유럽의 동/서 블록화와 그에 따른 냉전이었다. 따라서 그 원래의 임무는 소련의 침략을 저지하기 위해 경제적, 정치적 방호벽을 건설하는 것이었다. 그러나 냉전이 끝나면서 유럽은 통일 독일, 그리고 대서양 해안에서 러시아 국경까지 뻗은 통합된 유럽으로 관심을 돌려야 했다. 또다시 외부 사건으로 인해 유럽은 연합체에 더욱 바짝 다가서게 된 것이다.

  1992년 체결된 마스트리히트 조약으로 유럽경제공동체(EEC)는 실제적인 유럽연합(EU)이 되었다. 마스트리히트 조약은 EU가 공동 시장을 훨씬 넘어서는 기구를 지향한다는 점을 분명히 했다. 새로운 EU는 세 기둥을 바탕으로 구성되었다.[22] 첫째, 회원국들은 1999년 1월까지 단일 통화 '유로'를 도입하기로 합의했다. 둘째, 회원국들은 공동외교안보정책(CFSP: Common Foreign and Security Policy)을 포함해 정부 간 협력을 확대하기로 합의했다. 셋째, 회원국들은 모든 회원국 국민들에게 동등한 권리를 부여하고, 국가 간 사법 협력을 증진하고, 연합 전체의 이민 및 난민 정책을 통일하기 위해 법무 및 내무(JHA: Justice and Home Affairs) 규정을 확립하기로 합의했다.[23] 또 회원국 수를 늘리기로 하고 중유럽, 동유럽, 지중해권 유럽 국가들의 회원 가입 신청을 받기 시작했다.(오스트리아, 스웨덴, 핀란드는 1995년, 체크, 키프로스, 에스토니아, 헝가리, 라트비아, 리투아니아, 몰타, 폴란드, 슬로베니아, 슬로바키아는 2004년 5월 EU에 공식 가입했다.)[24]

마스트리히트 조약으로 새로운 기구들이 생겨났다. 지역위원회가 설립됨으로써 유럽의 각 지역은 최초로 공식적인 목소리를 갖게 되었다. 그에 따라 각 국가의 주권은 더욱 허약해졌다. 카탈루냐에서 롬바르디아에 이르는 222개 지역이 브뤼셀에 공식 대표를 파견해 해당 국가를 거치지 않고 서로, 또는 다른 회원국이나 EU 집행부와 직접 접촉할 수 있다.[25] 또 다른 회원국에 비해 경제 개발이 뒤쳐지는 국가들을 돕기 위한 '결속 기금'(Cohesion Fund)도 설립되었다.

마스트리히트 조약은 또 유럽 전체의 시민권 개념을 도입해 유럽 의회에 추가적인 권한을 부여했다.[26]

마스트리히트 조약은 1997년의 암스테르담 조약에 의해 보강되었다. 암스테르담 조약은 인권 존중을 강화하고 '유럽 인권 협약' 준수를 회원국 가입 신청 조건에 포함시켰다. 암스테르담 조약으로 EU는 권역 안에서 성별, 인종, 종교, 민족, 장애, 연령에 근거한 모든 차별을 없애는 법적인 권한도 갖게 되었다. 또 각 회원국에 영향을 미칠 수 있는 고용 문제에 관해 조치를 취할 수 있는 권한도 부여받았다. 아울러 의료 정책의 시행은 각 회원국의 책임으로 남아 있지만 공중 건강 정책 기준을 정하는 권한은 EU에 부여되었다.[27]

EU 회원국 정상들은 2000년 12월 프랑스 니스의 후속 회의에서 집행위원회에 대한 추가적인 개혁에 합의했다. 각 회원국이 거부권을 행사할 수 있는 안건의 범위를 좁힌 것이다. 또 집행위원회에서 인구 및 경제 규모가 큰 국가들의 투표권은 가중치를 세 배로 늘렸고, 군소 국가들의 투표권은 가중치를 두 배로 하고 이중 다수결 원칙을 채택했다. 그에 따라 집행위원회에서 제안이 통과되려면 가중치를 계산한 전체 투표권 수의 73.29퍼센트, 회원국의 3분의 2 이상, EU 전체 인구의 62퍼센트가 찬성해야 한다.[28]

그 이전의 정상 회의에서처럼 니스에서도 연방주의자들과 연맹주의자들 양쪽 다 서로의 이해 관계가 부분적으로 일치한다고 판단했다. EU 역사의 모든 고비마다 국가 주권을 유지하되 연합에 더 많은 권한을 주는 미묘한 균형 잡기가 이루어져 왔다는 것이 일반적인 인식이다. 그러나 개별 회원국이 실제로 그렇게 믿었다고 보기는 힘들다. 유럽연합은 보다 긴밀한 결속을 위한 발걸음을 한 보 내디딜 때마다 각 회원국의 권한을 보존하기 위해 반 보씩 뒤로 물러서기를 반복했다. 그러나 그런 과정이 반복되면서 느리기는 하지만 전체적으로 돌이킬 수 없는 진보가 이뤄졌다. 유럽연합의 초기 설계자 장 모네가 처음 제시한 비전에 점점 더 가까워진 것이다.

이 점에 있어서 오해가 없도록 EU의 헌법 초안(현재 각 회원국들이 비준을 위해 심의하고 있는 중이다.)은 모든 점에서 하나의 국가처럼 기능하는 새로운 범국가적 정치 기구를 만드는 것이 목적이라고 명시하고 있다. 회원국 가운데 일부가 이 헌법을 비준하지 않아 범유럽 통치 체제를 재평가해야 하는 위기가 올지도 모른다. 그러나 대중에 대한 여론 조사가 지표가 될 수 있다면 EU 헌법이 무리 없이 비준될 것으로 전망된다. 2004년 2월 EU 집행위원회의 여론 조사 기관 '유로바로미터'가 실시한 조사에 따르면 회원국 전체 인구의

77퍼센트가 EU 헌법을 지지하는 것으로 나타났다. 반대는 평균 15퍼센트에 불과했다. 오스트리아, 스웨덴, 덴마크, 영국의 경우는 반대 비율이 그보다 높았지만 인구의 23-30퍼센트 정도로 여전히 소수의 견해일 뿐이었다. 아울러 응답자의 62퍼센트가 헌법 채택을 위해 국가적인 양보를 해야 한다고 말했다는 사실도 의미심장하다. 회원국 가운데 슬로베니아의 경우에만 대다수 국민이 양보를 원치 않는다고 응답했다.[29]

설령 새 EU 헌법이 거부된다고 해도 이미 되돌릴 수 없을 정도로 통합이 진행되었기 때문에 연합이 해체될 것으로 믿는 사람은 아무도 없다. 특히 지금이 글로벌 시대란 점을 감안하면 각 회원국이 독자적으로 행동하던 예전으로 돌아갈 가능성은 거의 없다. 대다수의 정치 관측통들은 EU 헌법 채택이 난관에 봉착한다면 회원국들이 그 내용을 조약이나 법령에 흡수시켜 실질적인 구속력이 있도록 만들 것이라고 내다본다.

새 헌법이 채택되면 EU는 국가의 전통적 기준인 영토에 대해서는 권리가 없지만 국가와 동등한 법적 지위를 부여받는다. 물론 헌법 조항에 따르면 EU는 재산권 관련 활동을 포함해 회원국들의 영토 내에서 이루어지는 모든 활동을 규제할 수 있다. 그러나 EU는 본질적으로 영토를 기반으로 한 통치 기구가 아니다. EU는 영토에 근거한 각 회원국의 권한을 초월하는 강력한 규제력을 가진 사상 최초의 범국가적 정부라고 볼 수 있다. 이 사실 하나만 해도 통치론의 새로운 장이 되기에 충분하다. EU의 정통성은 영토의 지배나 과세 권한, 또는 경찰 및 군 동원력에 있는 것이 아니라 보편적 인권을 기반으로 규정과 법령, 그리고 지방, 지역, 국가, 국제, 세계 차원의 여러 행위자들 사이의 끊임없는 대화와 타협 과정에 의해 움직이는 행동 규범에 있다.

새로운 EU 헌법

　기본권 헌장(Charter of Fundamental Rights)이 포함된 EU 헌법 초안에 따르면 EU는 독자적으로 회원국들을 구속하는 조약을 체결할 수 있다. 또 궁극적으로는 UN 안전보장이사회에 영국과 프랑스 대신 EU가 이사국 자리를 차지할 수 있을지도 모른다. 유럽 집행위원회가 선출하는 위원장(일반 국가의 대통령에 해당)은 임기 5년으로 EU의 어젠다를 설정하는 임무를 맡게 될 것이다. 현재 EU 집행위원장은 회원국 수반들이 순번제로 돌아가며 6개월씩 맡고 있다.

　또 EU는 외교 및 국방 정책을 책임지는 단일 외무장관을 두게 된다. 헌법에 따르면 EU는 공통 외교 및 안보 정책을 시행하며 회원국들은 "신의와 상호 연대의 정신으로 EU의 외교 및 안보 정책을 적극 지지해야 한다."[30] 그러나 면책 조항도 있다. 회원국들은 표결에서 기권하거나 반대표를 던짐으로써 특정 외교 정책이 집행위원회에 의해 채택되는 것을 방지할 수 있다.[31] 또 신속대응군 소집은 EU의 몫이지만 각 회원국 정부는 독자적으로 군을 운용할 수 있다. EU 헌법 초안 제정 과정을 감독한 발레리 지스카르 데스탱 전 프랑스 대통령은 EU가 통합된 외교 정책을 갖고 국제 무대에서 단일한 목소리를 내려면 앞으로 20년은 족히 걸릴 것이라고 말했다.[32]

　세금 징수는 각 회원국 정부의 고유 권한이다. 현재 EU의 예산이 연간 1000억 유로가 넘지만 회원국들은 EU에 독자적인 세금 징수 권한을 부여하는 데 반대하고 있다. 그에 따라 EU는 예산 확보를 위해 회원국에 의존할 수밖에 없는 실정이다.[33]

　또 회원국들은 국적 부여에 관한 결정권도 독자적으로 갖는다. 그러나 앞서 언급한 것처럼 한 회원국의 국민은 다른 회원국에서 거주하고 일할 수 있으며 지방 및 유럽의회 선거에 참여할 수 있고, 양쪽 다에 출마할 수도 있다. 더구나 새 헌법에 따르면 난민 및 이민 정책도 다수결 투표로 결정된다. 기존의 규정에 따르면 어떤 회원국이든 거부권을 행사할 수 있다.[34]

또 새 헌법은 피의자의 권리, 피해자의 권리, 재판에서의 증거 채택 등을 다루는 사법 절차에 관해 적어도 최소한의 규정을 만들 수 있는 권리도 EU에 부여한다. EU의 형사법 수정은 다수결 투표만으로 가능하다.

지금보다 강력한 EU를 원하는 연방주의자들은 회원국의 5분의 4 이상이 찬성하면 개헌할 수 있도록 하자고 주장했다. 그러나 그들은 각국의 주권을 최대한 유지하기를 원하는 연맹주의자들에게 패했다. 그 결과 개헌에는 만장일치가 필요하다는 조항이 만들어졌다.[35]

EU 헌법은 모든 회원국의 이익을 아우른 대타협의 산물로 홍보되고 있다. EU가 국가의 연장일 뿐 국가를 대체할 수 없다고 믿는 영국과 프랑스 같은 나라들은 EU 헌법에서 약간이나마 위안을 얻을 수 있다. 헌법의 새로운 규정은 EU 각료위원회에서 인구 및 경제 규모가 큰 국가들의 투표권을 강화해 준다.[36] 각료위원회는 회원국의 절반(EU 전체 인구의 60퍼센트에 해당)이 찬성하면 법안을 통과시킬 수 있다. 이렇게 되면 독일, 영국, 프랑스, 이탈리아처럼 규모가 큰 나라들의 영향력이 높아질 수 있다. 그와 동시에 집행위원회가 새로운 권한을 부여받기 때문에 각료위원회의 힘은 다소 약화된다.

한편 더욱 강력한 EU를 원하는 군소 국가들을 위해서는 헌법이 집행위원회의 권한을 강화해 준다. 집행위원회는 신규 법안 발의권을 독자적으로 갖는다. 그것은 각료위원회와 유럽의회가 채택할 수 있는 법안을 거부할 수 있는 비토권과도 같다. 유럽의회가 선출하는 집행위원장의 권한은 지금보다 훨씬 강해진다.

유럽의회도 새로운 예산 및 입법 권한을 부여받는다. 각료위원회에서 표결로 결정된 EU 법안의 대부분은 의회의 승인을 받아야 한다.

나는 EU 헌법을 처음 보면서 만약 그것이 미국에서 비준을 받아야 한다면 대다수 미국인들은 그 내용의 많은 부분을 도저히 용납할 수 없을 것이라고 생각했다. 물론 EU 헌법의 구석구석에는 미국의 독립선언서와 미국 헌법의 권리장전에서 차용한 취지 등 미국인들이 공감할 수 있는 내용이 들어 있다. 그러나 265쪽에 이르는 EU 헌법에 담겨 있는 핵심 개념과 사상은 현대 미국인들의 정서와는 너무도 동떨어져 미국인들이 그것을 본다면 믿을 수 없다거나 심지어 기괴하다고까지 말할지 모른다.

우선 신(하느님)에 대한 언급이 한 줄도 없으며 다만 유럽의 "종교적 유산"이라는 모호한 표현만 있을 뿐이다. 대다수 도시의 중앙 광장에 거대한 성당이 서 있고, 도시 구석구석에 작은 교회와 예배당이 즐비한 대륙치고는 아주 이상한 일이다. 게다가 오래된 성당이나 교회의 대부분에는 지금은 주로 관광객들의 발길만 이어진다. 일요일 오전의 예배에 참석하는 현지의 유럽인들은 간간이 눈에 띌 뿐이다. 서문에서 언급했듯이 대부분의 경우 유럽인들, 특히 전후 세대의 유럽인들은 신을 잊어버리고 있다. 어쩌면 유럽은 이 세계에서 가장 세속적인 지역일지 모른다. 그렇다고 해서 EU 헌법에 신이 등장하지 않는 것을 두고 열띤 토론이 없었던 것은 아니다. 교황 요한 바오로 2세와 바티칸(교황청)은 헌법 서문에 하느님과 기독교 신앙에 대한 분명한 언급이 있어야 한다고 공개적으로 로비를 벌였다.[37] 또 유럽 역사에서 핵심적인 역할을 한 기독교를 언급하지 않는 것은 용서받을 수 없는 일이라는 주장도 있었다. 그러나 대다수는 스페인 외무장관을 지냈고 헌법 초안 기초위원회의 일원인 아나 팔라치오의 견해에 동의했다. 그는 "현재 우리가 가진 유일한 기치는 '세속주의'"라고 주장했다.[38] 프랑스의 한 외교관은 더욱 단호하게 표현했다. "우리는 신을 좋아하지 않는다."[39]

EU 헌법에 하느님만 빠져 있는 게 아니다. 사유 재산도 잘 보이지 않는 깊숙한 곳에 단 한 줄로만 언급되며 자유 시장과 무역은 겨우 스쳐 지나가는 정도다. 그러나 EU의 목표에는 "균형 잡힌 경제 성장에 기초한…… 지속 가능한 개발", "사회주의적 시장 경제", "환경의 질적 향상과 보호"가 명확히 적시되어 있다.[40] EU의 다른 목표는 "평화를 증진하고…… 사회적 배제와 차별을 없애기 위해 노력하며…… 사회 정의와 보호, 남녀 평등, 세대 간의 결속, 어린이 권리 보호 등을 증진한다."는 것이 포함되어 있다.[41]

EU 헌법은 많은 부분을 기본 인권에 할애하고 있다. 인권이 EU 헌법의 기저(基底)라고 말할 수 있을 정도다. 지스카르 데스탱 전 프랑스 대통령은 EU 헌법 초안을 공개하면서 "이 세상에서 가장 폭넓은 권리를 갖게 될 사람들이 바로 유럽 시민들"이라고 자랑스럽게 선언했다.[42]

EU의 기본권 헌장에 명시되어 있는 권리들은 미국의 권리장전과 수정헌법 조항에 담겨 있는 권리들을 초월한다. 우선 '생명의 권리'가 있다. "아무도 사형을 당하지 않는다."는 것이다. 또 모든 사람은 자신의 육체적, 정신적 활동을 존중받을 권리가 있다. 의학과 생물학 분야에서는 정보에 입각해 자유 의사로 동의할 수 있는 권리가 보장된다. 우생학, "특히 '인종 개량'을 목표로 한 실험"은 금지된다. 인간 장기 판매와 인간 복제도 금지된다. 모든 사람은 "개인 신상 정보를 보호받을 권리"를 갖는다. 마찬가지로 "모든 사람은 자신과 관련해 취합된 정보에 접근할 권리, 그것의 수정을 요구할 수 있는 권리를 갖는다." 모든 사람은 "결혼할 수 있는 권리, 가정을 이룰 수 있는 권리"를 갖는다. 모든 사람은 "자신의 이익 보호를 위해 노조를 결성하고 노조에 가입할 권리"를 갖는다. "모든 사람은 교육을 받고 직업 교육 및 평생 교육에 접근할 권리를 갖는다." 성별, 인종, 피부색, 민족 및 종교적 배경에 근거한 차별이 금지될 뿐 아니라 유전적 특징, 언어, 견해에 기초한 다른 차별도 금지된다. EU는 "문화, 종교, 언어의 다양성"도 존중한다. 어린이들은 "필요한 모든 보호와 보살핌을 받을" 전통적인 권리뿐만 아니라 "자신의 견해를 자유롭게 밝힐 권리"도 보장받는다. "그런 견해는 나이와 성숙도에 따라 자신과 관련된 문제가 결정될 때 반드시 고려되어야 한다." 아울러 "모든 어린이들은 자신의 이익에 반하지 않는 한 양쪽 부모 모두와 정기적인 관계를 유지하며 직접 접촉할 수 있는 권리를 갖는다."[43]

그 외에도 미국 헌법에는 없는 권리가 많이 규정되어 있다. 예를 들어 EU 헌법은 모든 사람에게 "무료 직업 알선 서비스를 받을 수 있는 권리"와 "최대 근로 시간의 제한, 일일 단위 및 주간 단위의 휴식 시간, 연간 기준의 유급 휴가를 누릴 권리"를 부여한다. 또 출산이나 자녀 입양 직후 유급 출산 휴가와 양육 휴가를 받을 권리도 보장한다. EU는 "충분한 경제력이 없는 모든 사람이 남부럽지 않은 존립을 할 수 있도록 사회 보조 및 주택 확보를 위한 보조를 받을 권리를 인정한다." 또 EU 헌법은 "예방 의료에 접근할 수 있는 권리와 치료 혜택을 받을 수 있는 권리"를 보장한다. 심지어 "지속 가능한 개발 원칙에 따라 높은 수준의 환경 보호와 환경의 질 향상"도 보장한다.[44]

EU 헌법이 보장하는 권리들 가운데는 미국에서 계속 논쟁의 대상으로 남아 있는 것들이 많다. 미국에도 그런 권리를 주창하는 사람들이 있고 어느 정도의 대중적 지지를 받고 있지만 그것들을 보편적 인권 차원으로 승화시키기에는 여론이 너무 분열되어 있다. 미국만 그런 것이 아니다. 새로운 EU 헌법에 나오는 보편적 인권의 대부분을 보장할 가능성이 있는 나라는 유럽 밖에서는 거의 찾아볼 수 없다. 그 점에 있어서 EU는 세계 전체에서 새로운 인권을 주창하는 선구자인 것이 분명하다.

EU 헌법은 인류 역사에서 아주 새로운 것이라고 말할 수 있다. EU 헌법은 너무 답답하고 심지어 부담스러운 점도 있으며, 프랑스나 미국의 헌법처럼 감동적인 수사는 없지만 인류의 존재 전체를 포괄하는 권리와 책임을 규정함으로써 인권을 세계적인 의식 차원으로 넓힌 최초의 헌법이다.(UN 헌장과 UN 인권선언도 보편적 인권을 규정하고 있지만 UN 그 자체는 EU 같은 통치 기구가 아니다.)

EU 헌법은 그 초점이 국민이나 영토, 국가보다는 인류 전체와 우리가 사는 이 지구라는 점을 분명히 함으로써 보편주의를 지향한다. EU 헌법의 핵심을 요약한다면 인간의 다양성을 존중하고 포괄성을 증진하며, 인권과 자연의 권리를 옹호하고, 삶의 질을 높이며, 지속 가능한 개발을 추구하고, '심오한 놀이'를 위해 인간의 정신을 해방시키며, 항구적 평화를 구축하고, 세계적 의식을 함양하는 것이라고 말할 수 있다. EU 헌법 전체에 다양한 형태로 표현되어 있는 이런 가치와 목표는 태동하는 유러피언 드림의 기초를 상징한다.

10 중심 없는 정부

꿈은 과거의 업적이 아니라 미래의 희망을 반영한다. 그런 견지에서 유럽연합(EU)의 헌법은 앞으로 채워져야 할 미래를 상징한다. 아울러 200년 이상 된 미국 헌법이 그렇듯이 EU 헌법에도 그 안에 담긴 고매한 취지와 어울리지 않는 위선과 모순들이 많이 있을 수 있다. 그런데도 불구하고 EU 헌법 입안자들은 자신들이 동경하고 살고 싶어 하는 세계의 비전과 그 여정을 감독할 수 있는 규칙들을 문서화하는 것을 두려워하지 않았다.

지난 50년 동안 유럽의 정치 지도자들은 부상하는 유럽 공동체의 세력을 제한하기 위해 투쟁해 왔다. 연방주의자들('federalists')은 공동체에 더 많은 권한을 부여해야 한다고 주장한 반면 연맹주의자들('confederalists')은 각 회원국이 권한을 유지하도록 해야 한다면서 EU를 정부 간 포럼으로 간주했다. 각국의 목표를 서로 조절하고 국익을 강화하기 위한 협의의 장일 뿐이라는 것이었다. 리오넬 조스팽 전 프랑스 총리는 연맹주의자들의 입장을 이렇게 표현했다. "나도 하나의 유럽을 원하지만 내 조국에 대한 애착은 변함이 없다. 프랑스를 비롯해 유럽의 국가들을 그대로 두면서 하나의 유럽을 만드는 것이 나의 정치적인 선택이다."[1] 다시 말해 유럽 국가 연맹('Europe of States')을 만든다는 것이었다. 그 이후의 모든 타협안들은 양대 세력 간의 힘 겨루기를 잘 반영한다.

각국 정부가 연방주의와 연맹주의 사이에서 밀고 당기기를 계속하는 동안 유럽 공동체의 태동 원인이 되었고 그것을 연합체로 계속 이끄는 기술적, 경제적, 사회적 현실은 약간 다른 종류의 정치적 힘을 형성했다. 그 결과 EU는 초국가 형태나 국익을 대변하는 메커니즘, 둘 중 하나가 되기보다는 제3의 형태로 진화했다. 서로간의 관계를 중재하고, 여러 관련 당사자들(국가는 그 일부분에 불과하다.) 사이의 활동을 조정하는 광범위한 포럼이 된 것이다. 그에 따라 '조율'이 EU의 주된 역할이 됨으로써 국가뿐만 아니라 밖으로는 국가 간에 결성된 조직, 안으로는 지방정부와 시민 단체에 이르기까지 다양한 당사자들을 포함하는 네트워크 구축이 용이해졌다.

EU는 세계화의 독특한 형태에 대한 반작용이다. 2차 대전 후 새로운 비전으로 유럽을 건설하려던 사람들은 그런 세계화를 전혀 예상하지 못했다. 2차 대전이 끝난 1945년부터 1980년대 말까지 세계는 강력한 두 개의 정치 블록으로 나뉘어 있었다. 그 한 축은 미국이고 다른 축은 소련이었다. 둘은 중심 축에서 다른 국가들, 지역, 세계 경제에 대한 강력한 통제력을 행사함으로써 자신들의 영향력을 넓히려 했다. 동시에 수백 개의 다국적 기업들이 생겨나 국경을 초월한 기업 인수와 합병으로 세계적 가치 사슬을 형성함으로써 자신들의 영향력을 넓히려 했다. 따라서 그 기간은 정치와 경제 차원 모두에서 중앙 통제와 계층화를 통한 지시/통제의 시대였다.

정치인들과 재계 지도자들이 예상하지 못했던 것은 고도의 연결성과 분산화를 기본으로 하는 새로운 종류의 기술 혁명이었다. 소프트웨어 혁명, 미디어의 디지털화, 개인 컴퓨터(PC), 월드 와이드 웹, 무선 통신 등은 통신 시스템으로 수직에서 수평으로, 중앙 지시/통제에서 분산된 상호 작용으로 바꾸어 놓았다. 동시에 중앙 통제로 운영되고 수직적으로 유통되는 석유, 석탄, 천연가스, 핵 에너지 같은 엘리트 에너지원에서 태양력, 풍력, 바이오매스〔열 자원으로 이용되는 식물체 및 동물 폐기물〕, 지열, 수소 형태로 저장되며 현지에서 분산화 형태로 생산되는 수력 전기 등 재생 가능한 에너지원으로 전환되고 있는 에너지 시스템도 에너지가 이용되는 방식 자체를 변화시키고 있다. 에너지원과 정치 및 경제 세력 둘 다 앞으로는 더욱 분산될 것이다.

유럽 공동체는 수직 조직과 중앙 통제가 주축인 구세계에서 태어났다. 그것은 유럽 각국의 경제적, 사회적, 정치적 자원을 서로 공유함으로써 주변의 더 큰 정치 및 경제 세력과 경쟁할 수 있는 '규모의 경제'를 만들기 위한 노력의 산물이었다. 현재 초강대국 둘 가운데 하나가 아직 남아 있고, 다국적 기업들이 세계 곳곳으로 영향력을 넓히고 있는 가운데 국가 및 지역 차원에서의 대항 세력이 생겨나 세계적인 정치 및 경제 패권에 도전하며 점점 더 연결되어 가는 세계에서 자신들의 권리를 주장할 태세다.

모든 것을 분산시키고 있는 신기술은 서로 반대되는 두 방향으로 작용하고 있다. 한 방향은 세력을 집중시키고 다른 방향은 세력을 분산시킨다. 예를 들어 소프트웨어 대기업 마이크로소프트는 대다수 PC에 운영 체제를 탑재함으로써 사이버스페이스의 문지기가 되려 하고 있다. 그러나 생긴 지 얼마 되지 않아 아직 엉성한 리눅스(컴퓨터 사용자들 간에 소프트웨어 코드를 무료로 공유하는 데 앞장 선 사회 운동가들이 세웠다.)가 현재 마이크로소프트의 아성을 위협하고 있다.

마찬가지로 세계적 다국적 기업들은 분산화 형태의 새로운 통신 기술을 이용해 기업 간 제휴를 맺고 업계와 해당 사업 지역을 강력하게 장악하고 있다. 반면 세계 각지의 사회 운동가들은 똑같은 통신 기술을 이용해 소위 기업 세력의 '횡포'에 대항하는 세계적인 저항 운동을 조직하고 있다.

요점은 1980년대 후반 들어 첨단 정보 및 통신 기술이 부상하면서 새로운 강력한 힘과 그에 대항하는 반대의 힘이 생겨났으며, 많은 새로운 행위자들이 공공 무대에 등장했다는 것이다. 연결성을 기반으로 하는 이 첨단 기술은 기업들이 국경을 초월해 생산과 유통을 세계 전역으로 분산시키는 데 큰 역할을 했다. 반면 똑같은 기술이 도시와 지역 단체, 문화 및 민족 그룹, 사회 및 환경 단체들이 국경을 뛰어넘어 세계적인 무대에서 영향력을 행사할 수 있도록 해 주었다.

그에 따라 EU는 갑자기 세력과 인정(認定)을 얻기 위해 경쟁하는 두 가지의 서로 다른 힘이 충돌하는 소용돌이의 와중에 서게 되었다. 각 힘은 나름대로의 자원과 대의를 갖고 있으며, 어느 한쪽도 혼자서는 현 시대의 정치 과정을 지배할 만큼 강력하지 않다. 이것은 그 전보다 훨씬 복잡한 정치 게임이었다.

이전의 유럽 공동체는 대외 관계에 있어서는 미국과 소련이라는 초강대국들과 협상을 해야 했고, 내부 관계에 있어서는 이익을 서로 다투는 회원국들 사이를 중재해야 했다. 회원국들 내부에서도 수많은 군소 세력들이 이익을 다투었다. 그러나 대포의 발명으로 봉건 시대의 도시국가 성벽이 무너졌듯이 지금은 세계적인 정보 및 통신 혁명이 국경을 허물고 있다. 아울러 근대가 태동할 당시와 마찬가지로 지금도 많은 새로운 세력들이 정치 무대에 등장했다. 이번에는 그 세력들이 국가 그 자체의 영역을 넘어서는 영향력을 발휘하고 있다.

피드백 혁명

정치적으로 중앙에 모든 힘이 집중된 지시-통제 메커니즘이 공간과 시간 인식에서의 거대한 변화를 수용하기에는 너무 시대에 뒤졌다는 첫 조짐은 소련 제국의 갑작스러운 붕괴와 함께 찾아온 새로운 정보 및 통신 기술에 의해 나타났다. 신기술은 동유럽과 중유럽, 그리고 옛 소련 지역의 경직된 관료주의 통치 체제를 와해시켰다. 공산 정권은 모든 것을 자유롭게 만드는 세계적인 정보 및 통신 기술의 힘에 대응하지 못함으로써 종말을 맞았다. 탄압과 검열의 낡은 벽은 너무 허약해 미디어의 침투를 막아 낼 수 없었다. 20세기 초에 유행한 기술 및 조직 스타일을 바탕으로 한 통치 방식으로는 새로운 정보 및 통신 기술을 통해 철의 장막 뒤를 파고드는 MTV(음악 전문 케이블 방송), 록음악, 서양식 라이프 스타일을 저지하기에는 역부족이었다.

소련뿐만 아니라 서유럽에서도 존재했던 중앙집권 통치 방식은 프레더릭 테일러의 "과학적 관리 Scientific Management" 원칙을 모델로 했다. 제4장에서 살펴본 대로 테일러는 20세기 초 미국 산업계에 합리적이고 계층화된 지시-통제 메커니즘을 처음 도입한 인물이었다. 곧 세계의 대다수 정부들은 그가 창안한 과학적 관리 모델을 통치 시스템에 채택했다.

테일러는 경영진이 공장과 사무실에서 이루어지는 모든 작업에 대해 전적인 통제권을 가져야 한다고 주장했다. 직공이 작업 방식에 관해 일정한 재량을 갖는다면 그는 할당된 임무를 수행하기 위해 가능한 한 적게 일하려고 한다는 논리였다. 테일러의 조직 모델은 직원들에게 독자적 판단 권한을 주지 않고, 세부적인 작업 방식에 이르기까지 정확한 지시를 내리는 데 기초했다.

모든 직원들의 업무는 적어도 하루 전에 경영진에 의해 완벽하게 계획되어야 한다. 각 직원은 대부분의 경우 문서화된 작업 지시를 받아야 한다. 거기에는 각자가 해야 할 업무의 세부적인 묘사뿐만 아니라 작업에 사용되는 수단까지 명시되어야 한다. …… 업무는 어떤 일을 어떻게 해야 하는지, 그리고 그 업무를 수행하는 데 허용되는 시간까지 상세히 묘사되어야 한다. …… 과학적 관리는 대부분 이런 업무를 준비하고 수행하는 것을 말한다.[2]

회사들과 마찬가지로 정부들도 20세기 대부분 동안 이런 식의 수직적 관료주의 통치 모델에 의존했다. 이런 시스템에서는 일반 국민뿐만 아니라 정부의 대민 서비스를 제공하는 공무원들의 아이디어, 감정, 전문 기술도 대부분 무시당했다. 공무원들이 군인처럼 업무를 수행하고 국민들이 수동적인 서비스 수혜자로 취급받는 조직이 효율성이 가장 높은 것으로 간주되었다. 이런 합리적인 지시-통제 시스템은 그 시대의 기계적 사고방식을 반영했다. 기계와 인간 모두 다 외부 주도자의 지시에 따라 단순 작업을 반복하도록 만들어진 수동적 도구로 간주되었다. 이런 모델은 그 작업을 수행하는 사람이나 그 서비스를 받는 사람들이 '인풋'을 할 수 있는 여지를 전혀 또는 거의 주지 않는다. 지시 계통 위쪽으로 기여할 가치가 거의 없다고 간주되었기 때문이다.

그러나 피드백 회로를 갖춘 '인텔리전트' 정보 및 통신 기기가 개발됨으로써 기술의 속성이 변하면서 통치 체제를 다시 생각하게 만들었다.

이런 새로운 기술 혁명의 철학적 기초는 20세기 초 '과정철학'의 아버지로 불리는 앨프리드 노스 화이트헤드의 저서로 거슬러 올라간다. 그는 '있음'(being: 존재)과 '되어감'(becoming: 생성)이라는 개념으로 공간과 시간을 구분하던 벽을 가장 먼저 제거했으며 모든 현상을 순수한 활동으로 간주했다. 그 이전의 대다수 철학자들은 현상이 '존재했던 것'과 '그것이 행한 일'이라는 두 가지 현실로 나뉘어 있다고 믿었다. 존재라는 구조와 생성이라는 기능이 있었던 것이다. 등불에서 전기로 전환되는 시점에 살았던 최초의 현대 철학자 가운데 한 명인 화이트헤드는 행동을 순수한 과정으로 보았다. 공간과 시간이 하나의 순수 활동의 장으로 통합되는 것을 말한다. 그는 존재하는 것과 그것이 하는 일은 구별될 수 없다고 논했다. 모든 현상은 주변의 활동 패턴 변화에 반응하는 지속적인 활동 패턴이라는 것이다. 모든 것이 영원히 유동 상태에 있기 때문에 매 순간이 새로울 수밖에 없다. 화이트헤드는 모든 생명체가 주변 환경에서 계속 새로운 것을 기대하며 자신의 존속을 위해 그 변화에 적응한다고 믿었다. 그것이 우리가 말하는 '피드백'이다. 화이트헤드는 이런 기대-반응 메커니즘을 "주체적 지향subjective aim"이라고 부르며 그것이 바로 '마음'이라고 말했다.

그로부터 반세기 뒤 노버트 위너는 사이버네틱스 개념으로 과정철학의 기계적 형태를 창안했다. 위너와 동료들은 2차 대전 당시 대공포의 조준 기능을 향상시킬 수 있는 방법을 연구했다. 기계와 인간 사이의 제어와 통신 방식에 관한 위너의 공학적 통찰력은 과정철학을 새로운 기술 포맷으로 변화시켰고 그것이 곧 현대 정보 및 통신 기술을 낳았다.

위너는 '사이버네틱스'라는 새로운 분야를 개척했다. '사이버네틱스cybernetics'는 '키잡이'를 뜻하는 그리스어 '키베르네티에스kyberneties'에서 나온 용어다. 사이버네틱스에 따르면 의도적인 행동은 두 개의 요소, 즉 정보와 피드백으로 나뉘며, 모든 과정이 그 둘의 증폭과 복잡화로 이해될 수 있다. 위너는 정보를 다음과 같이 정의했다.

> 정보란 우리가 외부 세계에 적응하면서 그 외부 세계와 교환하는 콘텐츠를 말한다. 정보를 받아들이고 사용하는 과정은 우리가 외부 환경의 변화에 적응해 가는 과정이며, 우리가 그 환경 안에서 효과적으로 삶을 영위해 가는 과정이다.[3]

사이버네틱스는 그런 메시지나 정보가 상호 작용함으로써 예측 가능한 결과를 생산해 내는 과정에 관한 이론이다.

사이버네틱스 이론에 따르면 모든 행동을 조절하는 '제어 메커니즘'이 피드백이다. 자동 온도 조절 장치를 사용해 본 사람이라면 피드백이 어떻게 작용하는지 잘 알 것이다. 자동 온도 조절 장치는 실내 온도 변화를 감지함으로써 자동으로 온도를 조절한다. 실내 온도가 계기판에 설정된 한계 아래로 내려가면 보일러를 가동시키고, 온도가 설정된 한계를 넘어서면 보일러 가동을 중단시키는 과정이 반복된다. 이것이 '음(negative) 피드백'의 전형적인 예다. 억제 피드백을 통해 모든 시스템이 유지되는 것이다. 그 반대인 '양(positive) 피드백'은 그와는 아주 다른 결과를 낳는다. 양 피드백에서는 활동의 변화가 과정을 억제하는 것이 아니라 강화하고 촉진한다. 예를 들자면 인후염이 기침을 유발하고 기침으로 인후염이 악화되는 식이다.

사이버네틱스는 기본적으로 음 피드백에 초점을 맞춘다. 위너는 "변화가 심한 외부 환경에 노출된 기계가 효과적으로 작동하기 위해서는 그 작동 결과에 관한 정보가 작동을 계속하도록 만드는 정보의 일부분으로서 재입력되어야 한다."고 설명했다.[4] 피드백은 실제 작동 결과에 대한 정보를 기계에 제공한다. 그러면 그 정보가 기대한 결과와 대비해 측정된다. 그 측정된 정보에 따라 기계는 작동을 조절해 기대치와 실제 성능 사이의 차이를 줄인다. 사이버네틱스는 변화하는 환경에서 기계가 어떻게 자가 조절을 하느냐에 관한 이론이다. 그보다 더 중요한 것은 사이버네틱스가 기계의 의도적인 행위를 설명해 준다는 점이다.

오늘날의 '인텔리전트' 기술은 전부 사이버네틱스 원리에 의해 작동한다. 지속적인 음 피드백과 간헐적인 양 피드백을 통해 우리는 직선적이고 단절된 행동의 느린 기술 시대에서 순수한 과정과 단절 없는 흐름의 가속화된 시대로 옮아가고 있다.

과정의 정치

'스마트' 또는 '인텔리전트' 기술은 1980년대 초에 본격화되었다. 당시는 세계 각국의 정부들이 점점 의심이 많아지고 냉소적이 되어 가는 대중의 엄격한 눈초리에 시달리던 시절이었다. 대중은 관료주의 정부가 너무 비대해졌고, 무능력하며, 서민 생활에 무감각하고, 또 대처에 늦다고 비난했다. 1973-1975년과 1980-1982년 오일 쇼크와 함께 찾아온 세계적인 불황은 미국뿐만 아니라 많은 나라 정부에 극심한 재정 적자를 안겨다 주었다. 그에 따라 어느 정도가 정부의 적정 규모이며, 폭넓은 사회 안전망을 확보하기 위해 정부에 어느 정도 기댈 수 있느냐에 대한 토론이 활발하게 벌어졌다. 마거릿 대처 영국 총리와 로널드 레이건 미국 대통령은 산업 규제 철폐와 정부 서비스의 민영화에 대한 미덕을 설파하며 거대 정부에 대한 정치적 반란을 주도했다. 정부의 활동을 가능한 한 많이 민간업계와 비영리 단체에 이관하자는 생각이었다. 시장과 시민 단체가 가치 창출을 위한 더 효율적인 수단으로 간주된 것이다. "클수록 낫다"는 슬로건이 퇴색하고 분산 정책이 유행했다.

기술, 상거래, 심지어 심리학(현대의 심리치료는 과정에 초점을 맞춘 정신적 재조정에 크게 의존하고 있다.)에까지 깊이 스며든 과정철학과 사이버네틱스의 원리는 국가 통치 체제에 대한 논의에도 서서히 영향을 미치기 시작했다. 정치학자들은 상의하달식 관료 체제로는 공공정책에 있어서 적절한 피드백이나 모든 행위자들의 인풋이 불가능하다고 주장했다. 신세대 정치학자들과 정책 분석가들은 국가 통치에 과정적 접근법을 사용함으로써 폐쇄적인 계층식 모델을 새로운 개방 시스템 모델로 대체해야 한다고 생각했다. 그들은 효과적인 통치는 수동적인 대중을 상대로 미리 정해진 결정 사항을 시행하는 것이라기보다는 정부, 업계, 시민사회를 망라한 모든 행위자들이 정책의 입안, 협상, 합의 과정에 참여하는 것이라고 주장했다. 심지어 최선의 결정은 모든 관련자들이 참여한 가운데 민주적으로 도출된 것이라고도 말했다. 그런 과정 자체, 그리고 지속적인 피드백이 새로운 통치 모델로 부상했다. 과정 지향적인 모델에서는 관련자들 간의 지속적인 교류를 보장하는 최상의 메커니즘이 바로 네트워크다.

정부 단독으로 통치를 해서는 안 되며 폭넓게 여러 관련자들이 관여해야 한다는 주장은 상당히 혁명적인 발상이었다. 현대 민족국가, 특히 프랑스와 미국의 모델이 국민에 의한, 국민을 위한, 국민의 정치를 내걸고는 있지만 실제는 정부가 더 많은 책임을 떠안고 조직이 비대화하면서 정치가 통치자와 피통치자라는 둘 사이의 관계로 좁혀졌다. 그 결과 정부는 사회에서 일어나는 모든 활동과는 분리된 독립적 기관으로 간주되었다.

1968년 프랑스에서 일어난 학생 봉기는 통치 체제를 재고하는 데 있어서 중요한 역할을 했다. 학생들은 대학이란 공동 이익을 위한 기관이므로 자신들도 그 운영에 어느 정도 참여해야 마땅하다고 주장했다. 그들은 모든 의사 결정이 관료주의적인 이사들과 학교 당국의 손에 달려 있는 좁은 그릇을 깨고 나가려 했다. 아울러 통치는 학사 규칙이나 제도적 규약을 넘어 대학 공동체의 삶을 구성하는 모든 관계와 활동을 포함해야 한다고 학생들은 선언했다. 그들은 대학의 의사 결정에서 지속되는 과정적 접근법을 요구했다. 이사, 운영위원, 교수, 직원, 학생, 수위, 그리고 대학이 위치한 지역사회 주민들까지 대학의 의사 결정에 참여할 수 있도록 해야 한다는 것이었다. 통치란 위에서 아래로 강요하는 규정과 규칙이 아니라 각자의 이익 관계와 기대를 갖고 있으면서도 서로 의존하고 있고 궁극적으로 공동 복지에 책임이 있는 모든 관련자들이 동등하게 참여하는 심의 과정이라고 학생 개혁가들은 주장했다.

프랑스의 학생 봉기 후 10년 뒤 그와 비슷한 반발이 국가적 차원에서 발생했다. 미셸 푸코 같은 철학자들이 복잡성과 밀도, 상호 의존성이 증가하는 포스트모던 사회에서는 모든 행위자의 모든 행동이 시스템 전체에서 힘의 성격, 질, 분배에 영향을 미친다고 주장한 것이다. 푸코는 이렇게 적었다.

> 정부란 배의 선원이든, 가족의 일원이든, 회사의 직원이든, 가정의 아이들이든 한 지역의 주민이든 간에 모든 사람의 행동을 지도하고 안내하려는 모든 노력을 통칭한다.[5]

푸코를 비롯한 일부 사상가들은 구식 모델에는 피드백과 모든 관련자들을 의사 결정에 참여시킬 여지가 존재하지 않는다고 주장했다. 그러나 새로운 사고방식에서는 통치의 모든 차원이 지속적인 참여의 과정을 통해 다른 모든 차원에 서로 융합된다. 푸코는 그것을 '통치성'이라고 불렀다. 사회학자 미첼 M. 딘은 통치성을 "우리의 정부, 다른 사람의 정부, 그리고 국가의 정부, 이 3자 사이의 관계"라고 정의했다.[6]

그런 정치에서는 정부가 여러 다른 행위자들 가운데 하나일 뿐이다. 국가도 국민들을 다스리는 독점적 실체로서의 권한을 잃는다. 권한의 행사가 훨씬 더 분산적으로 이루어진다. 딘은 이런 새로운 형태의 통치를 "중심이 없는 정부, 더 이상 중앙에서 지시되지 않는 행정부의 형태"라고 불렀다.[7]

국가 주권의 해체에 큰 역할을 한 것이 새로운 통신 기술이다. 민족국가의 통치 피라미드에서 바닥에 위치했던 격리되고 무력한 행위자들이 이제는 같은 부류끼리, 그리고 국경을 가로지르고 침투하고 뛰어넘는 무대에서 상호 이익을 공유한 다른 부류와도 서로 연결할 수 있는 자유로운 통신 수단을 갖게 되었다. 통치는 의사 소통의 흐름을 관리하는 것으로 새롭게 규정되고 있으며, 행위자들은 상호 교류하는 다수의 네트워크에 깊숙이 박혀 있는 각 전략 지점에 위치한다. 그런 상황에서는 모든 의사 결정과 행위가 해당 네트워크뿐만 아니라 그 너머에까지 전달된다.

새로운 통신 기술로 세계 곳곳이 서로 연결됨으로써 모두의 상호 의존성이 크게 높아졌다. 그에 따라 생성되는 인적 교류와 상호 작용의 양과 흐름을 기존의 민족국가 통치 체제로서는 혼자서 도저히 감당할 여력이 없다.

네트워크 통치

EU는 1990년대 초 경제와 사회 생활을 변화시키고 있었던 새 정보 및 통신 기술, 그리고 그 신기술에 의해 생겨난 복잡한 교류 활동을 관리하는 데 사용되고 있던 새로운 네트워크 모델에 주목하기 시작했다. 그것들을 새로운 통치 체제의 중추로 삼고 싶다는 의도였다. 유럽 전역에서 사회를 급변화시키고 있는 신기술을 따라잡아야 한다는 폭넓은 합의가 있었다.

1994년 EU 집행위원회는 「유럽의 정보 사회화 실천 계획」이라는 보고서를 펴냈다. 그 보고서는 EU를 세계 최초의 완벽하게 통합된 정보 사회로 만들기 위한 여러 제안들을 담았다. 거기에는 EU 내부 국가 간 교류를 쌍방향 네트워크로 통합하며, 대학과 연구소 네트워크, 원격 근무 네트워크, 통신 교육 네트워크, 도로 교통 및 항공 교통 관제 네트워크, 의료 네트워크, 범유럽 공공행정 네트워크 등의 구축 제안이 포함되었다. 1996년에는 「유럽을 글로벌 정보 사회의 선두로 만들기 위한 본격 실천 계획」이라는 후속 보고서가 나왔다. 이 보고서에서 EU는 이전의 제안들을 더욱 다듬고 보완했다. 특히 업계 전반에 신기술을 확대 보급하고 네트워크 상거래가 효과적으로 운영될 수 있도록 적절한 규제와 자극을 마련하는 방안이 강조되었다. 아울러 새로운 정보 및 통신 기술과 네트워크 방식을 교육 시스템에 통합하고, 그것을 유럽인들의 일상생활에까지 통합될 수 있도록 한다는 것이 목표였다. 무엇보다 중요한 것은 정보 사회를 만들기 위해 도입하고 있던 많은 변화를 무리 없이 수용할 수 있도록 EU가 통치 스타일을 개조하기 시작했다는 점이다.[8]

EU의 정부 기관과 기구들은 "유럽 차원의 기관, 국가, 지방정부, NGO, 기업, 교육 기관, 연구소, 사용자 그룹[컴퓨터 또는 프로그램 이용자가 물건 구입 또는 사고 대책에 있어서 서로 각종 정보를 교환하는 그룹] 사이에서 고도의 상호 작용과 네트워킹"을 확립하도록 권고받았고, 심지어 강요까지 받았다.[9] EU의 정부 기관들은 네트워크의 흐름을 용이하게 만들고 다른 관련 기관과 동격으로 제휴하는 임무를 부여받았다. 특히 국경을 초월하는 네트워크 구축이 강조되었다. 다시 말해 유럽의 '준거(準據) 기준'을 만들겠다는 것이었다. 예를 들어 연구소들이 EU 보조금을 신청하려면 자격 요건에 다른 회원국 연구소들과 네트워크를 형성해야 한다는 조항이 들어 있다. 이런 네트워크 가운데 다수는 비공식적으로 운영된다. 종종 그들의 활동은 기존의 상의하달 통치 스타일이 갖고 있는 특성인 공식 규약과 절차를 우회하거나 함께 진행된다.[10]

EU의 일상적인 통치 활동 가운데 점점 더 많은 부분이 매년 비공식적인 네트워크로 이관되고 있다. 그리하여 정부의 개념 자체가 변하고 있다. 합리적인 목표와 지시/통제 메커니즘을 가진 중앙 집권식 상의하달 통치 모델은 수평으로 조직된 네트워크에 적합한 '과정 지향적' 통치 모델에 의해 서서히 밀려나고 있다. 새로운 정보·통신 기술이 경제에서 이미 그랬듯이 정치적인 변화도 이끌고 있는 것이다.

인적 활동이 지역 차원에서 세계적인 전자 무대로 옮아가고, 모방적이고 직선적이며 불연속적인 교류에서 지속적인 생성, 피드백과 흐름으로 전환되고 있다. 처리 속도가 느릴 수밖에 없는 계층화된 지시-통제 메커니즘은 그런 활동들을 감당하기에 역부족이다. 법규들은 제정되기가 무섭게 시대에 뒤떨어진 것이 되어 버린다. 상의하달 통치 모델은 이런 급속한 변화를 관리하기에는 속도가 너무 느리기 때문에 결국 정치의 병목 현상이 나타나게 된다.

EU는 우리가 지역적인 단계에서 글로벌 무대로 도약하는 과정에서 가장 먼저 나타난 실험적인 통치 체제다. EU는 영토 내부의 재산 관계를 관리하는 게 아니라 글로벌 네트워크에서 계속 변하는 인적 활동을 관리한다. EU 안에서는 전통적인 정부와 대조되는 '다중심 polycentric' 통치에 관한 이야기도 유행한다. 전통적인 정부는 영토 지배를 기본으로 한다. 반면 다중심 통치 체제는 권력이 분산되어 있을 뿐 아니라 정부의 기본 임무를 뛰어넘는 기능을 한다. 사회이론가 폴 허스트와 정치이론가 그레이엄 톰프슨은 "다중심 통치란 공공 부문과 민간 부문, 국가와 민간 단체, 국립 기관과 국제 기관 등 다양한 주체에 의해 수행될 수 있는 기능을 일컫는다."고 말했다.[11] 다시 말해 국가가 아닌 일반 행위자도 통치에 참여할 수 있다는 의미다. 따라서 어느 한쪽이 지배하거나 주도하는 게 아니라 모두가 과정의 흐름과 방향에 영향을 줄 수 있는 권한을 조금씩 나눠 갖는 아주 복잡한 체제다.

다중심 통치 스타일은 강압적이라기보다는 포용적이다. 또 계속 변하는 경제, 사회, 정치적 환경을 구성하는 많은 네트워크에 참여한 모든 행위자들 사이의 지속적인 대화와 협상으로 진행된다. 새로운 부류의 정치 지도자는 지시를 내리는 군사령관보다는 중재자의 역할을 해야 한다. 이 새로운 정치 무대에서는 지휘보다는 조정이 중심이다.

첨단 기술 시대에는 공간이 하나로 통합된 글로벌 무대로 변하고 있고, 시간이 거의 동시성으로 줄어들고 있으며, 모든 것이 압축되고 가속화되고 있다. 이런 시대에는 위대한 이상주의 비전이 특징인 역사 의식, 명확하게 정의되는 정치 이념, 확립된 절차, 그리고 장기적 사회 목표 등이 가변적인 시나리오와 단기 전략이 특징인 '치료' 지향적 의식에 의해 서서히 밀려나고 있다. 앞서 말했듯이 EU는 포스트모던 정치 기구다. 외형이 계속 변하고 현실이 신속히 흘러가는 그 세계에서는 새로운 것 그 자체가 영원하며 시간이 늘 현재로 압축된다. 고대 왕조가 과거를 기리고 의식화하기 위해 만들어졌고, 근현대의 민족국가가 한계 없는 미래에 대응하기 위해 탄생했다면, EU 같은 새로운 정치 기구는 계속 변하는 현재에 대처하기 위해 고안되었다고 말할 수 있다.

따라서 EU가 계속 변하는 조건과 환경에 따라 여러 가지 다른 모습을 보이는 것은 그 외적 성격이 주변의 변하는 활동 패턴에 적응해 계속 새롭게 재조정되고 있기 때문이다. 카멜레온처럼 스스로 계속 변할 수 있는 능력이 바로 EU의 장점이다.

그렇다면 EU는 민족국가와 같은 운명의 관리자가 아니라 순간적인 분쟁과 경합하는 명분의 조정자로 간주되어야 한다. 이런 새 시대에는 민족국가 시대에 국민들의 충성심을 유발하던 '거대 담론' [meta-narrative: 이념을 바탕으로 하는 거창한 목적론적인 이야기]은 더 이상 통하지 않는다. 서로 다른 계층의 시각과 목표를 반영하는 수많은 작은 담론들이 그 자리를 대신해야 한다. 그에 따라 서로 다른 행위자들 사이의 공통점을 찾고, 각각의 정체성을 유지하면서도 하나의 공동체로 움직일 수 있도록 대화를 유도하고 합의를 도출하는 것이 EU의 권한이자 의무가 되었다. EU 헌법의 비공식 별명이 "다양성 속의 조화 unity in diversity"인 것도 바로 그 때문이다.

지금까지 EU가 반대자들을 좌절시키고 정치적 영향력을 확장하고 심화시킬 수 있었던 것은 그 조직 모델이 지난 반세기 동안 '과정 지향적'이었기 때문이다. EU의 주된 설계자인 프랑스인들이 전통적이고 중앙 통제 정치 체제를 선호하는 것으로 유명하다는 점을 감안하면 EU의 정치적 성공은 더욱 놀랍다. 과거의 민족국가 스타일의 통치가 EU의 발전 과정 하나하나에서 제동을 걸려고 했지만(사실 지금도 마찬가지다.) 글로벌 시대의 분산된 기술, 경제, 사회적 현실은 EU가 법령보다는 '과정'에 의해 관리되도록 이끌었다.

'다차원적 통치'는 유럽 공동체의 미래를 두고 벌어진 연방파와 연맹파의 투쟁에서 의도치 않게 생겨난 통합적 개념이다. 좀더 중앙집권적인 접근법을 선호한 연방파와 정부 간 협의의 접근법을 선호한 연맹파 사이의 끊임없는 상호 작용으로 수많은 타협안이 나옴으로써 어느 쪽도 전혀 예상치 못한 식으로 정치 역학이 변하기 시작했다. 예를 들면 EU 통치의 기둥이 된 것이 "보충성 원칙 Subsidiarity Principle"이었다. 이 원칙은 연방파와 연맹파 사이의 타협에서 나왔다. 새 EU 헌법에 통합된 이 원칙은 해당 정책이 가장 직접적인 영향을 미치는 지역사회와 가능한 한 가까운 지방자치단체에 의해 수립되어야 한다는 점을 명시하고 있다. 다시 말해 지방자치단체가 수행할 수 있는 모든 권한은 지방자치단체에 위임되어야 한다는 것이다. 정부 간 협의체를 주장한 연맹주의자들은 보충성 원칙을 통해 모든 정책 결정이 국가의 내부 깊숙한 곳에서 이루어지기를 원했다. 반면 연방주의자들은 같은 원칙을 통해 각 지역이 국가의 통제에서 벗어나 브뤼셀과 직접 협력할 수 있기를 희망했다. 1991년 EU 내의 지역 이익을 대변하기 위해 EU 지역위원회가 설립되었다. 보충성 원칙의 결과 이제 각 지역들은 해당 국가와 EU 둘 다와 협상을 벌이며 자신들의 목적을 관철하기 위해 둘 사이에 싸움을 붙일 수 있는 제3의 세력으로 부상했다. 아울러 그들은 목적을 관철하기 위해 때로는 해당 국가와 EU 본부의 통제를 우회하고 자신들끼리, 그리고 국제 기구와 네트워크를 형성하기도 한다. 그들은 유럽의 복잡한 정치 구조에 새로운 차원을 추가했다. 현재 EU의 통치 네트워크는 무궁무진하게 변하는 연대 형식을 취하면서 각자가 정치 방향에 영향력을 행사하려는 지방, 지역, 국가, 국제, 글로벌 행위자들로 구성되어 가고 있다.

정치적 권한을 각 국가에 주느냐 EU에 주느냐는 문제를 두고 벌어진 연맹파와 연방파 사이의 오랜 투쟁은 각 국가와 EU 중 어느 한 쪽이 세력을 강화하기는커녕 새로운 행위자들의 개입과 이해 관계의 다양화로 정치 권한이 완전히 분열되는 결과만 가져왔다.

결국 EU는 규정 제정자와 문지기의 역할만 맡게 되었다. 해당 이슈를 관리하는 시행령을 만들고, 행위자들을 규합하고, 그들 사이에서 정치적 과정을 용이하게 만들어 주는 것이 EU의 임무다. EU는 서로 다투는 세력 사이의 중재자 역할을 맡아 순전히 규제만을 목적으로 하는 최초의 통치 기구인 셈이다.

흔히들 미국이 국가로서 독특한 것은 국가의 존재 자체가 삶과 자유, 행복을 추구할 수 있는 개인의 고유한 권리를 기초로 하고 있기 때문이라고 한다. 그렇다면 EU는 그보다도 더 미묘한 정치 실험이다. 미국 정부의 정통성은 적어도 아직은 영토 지배, 과세 권한, 법 집행을 위해 필요하면 무력을 사용할 수 있는 권한이라는 기존의 민족국가 개념에서 나온다. 반면 EU는 국가로서 갖춰야 할 전통적인 요건이 전혀 없다. EU의 정통성은 회원국들의 지속적인 신뢰와 선의, 지키기로 서약한 협약과 법령, 그리고 곧 새 헌법에서만 나온다.

우리는 국적이라고 하면 영토, 그리고 국가와 불가분의 관계를 갖고 있다고 생각하는 데 너무도 익숙해져 있다. 따라서 전통적 재산 관계에 얽매어 있지 않고 인간 행동에 대한 보편적 규범에 기초한 범영토적 통치 기구에 소속된다는 것은 이해하기가 쉽지 않다. 영국의 사회학자 고(故) 어니스트 겔너는 지리적 개념을 초월한 이상적 공동체에 소속되는 것의 어려움에 대해 이렇게 적었다.

> 국가가 없는 사람이라는 생각이 현대인의 사고에 긴장을 일으키는 듯하다. ……사람은 하나의 코와 두 개의 귀가 있듯이 국적을 가져야 한다는 생각은 너무도 분명한 진실처럼 보이지만 사실은 진실이 아니

다. 그러나 아주 확실한 진실처럼 보인다는 것이 국적 문제의 일면, 아니 핵심일지 모른다. 국가를 갖는다는 것이 인간의 고유한 속성이 결코 아니지만 지금은 그렇게 보인다.[12]

몇몇 포스트모던 정치이론가들은 중첩되며 계속 변하는 관계가 중심이 되는 새로운 세계에서는 실제로 통치란 것이 특정한 물리적 공간의 지배에 관한 것이라기보다 제휴와 연결성에 대한 것이라고 주장했다.[13] 학자들은 유럽의 이런 정치적 변화를 '새로운 중세'라고 부른다. 이 용어는 옥스퍼드 대학교의 헤들리 불이 1977년 만든 용어다. 유럽에 새로운 정치 형태가 등장할 것이라고 예측한 그는 이렇게 말했다. "주권 국가가 사라질 가능성이 있으며 그 대신 세계를 통치하는 하나의 정부가 들어서는 게 아니라 중세 서유럽 기독교권에 존재했던 보편적인 정치 조직의 세속적인 현대판이 들어서게 될 것이라고 생각해 볼 수 있다."[14] 또 그는 이렇게 지적했다. "중세 시스템에서는 통치자나 국가가 주어진 영토와 주어진 기독교 인구 구획을 지배하는 개념의 주권을 갖지 않았다. 군주는 그 아래로는 봉신(封臣)들과, 위로는 교황 및 신성로마 황제(독일과 이탈리아의 경우)와 권한을 나눠 가져야 했다."[15] 또 그는 "중세 기독교권의 모든 권한은 궁극적으로 신으로부터 나온 것으로 간주되었다."고 말했다.[16] 그런 다음 그는 이렇게 적었다.

만약 현대 국가가 국민들에 관한 권한과 국민들의 충성을 요구할 수 있는 능력을, 한편으로는 지역 및 세계적인 통치 기구, 다른 한편으로는 지방자치단체와 나눠 갖게 된다면, 또 그래서 주권 개념이 더 이상 적용될 수 없는 경우가 발생한다면, 새로운 중세 형태의 보편적 정치 질서가 생겨날지 모른다.[17]

헤들리 불은 자기 나라를 모델로 사용했다. 그는 영국 정부가 국가 전체에 대한 권한을 웨일스, 웨식스, 스코틀랜드 정부뿐만 아니라 브뤼셀의 EU 본부, 그리고 뉴욕의 UN 본부와 나눠 갖는다면 어떻게 될지 추정해 보았다. 그가 단 조건은 "영국 영토 전체와 국민 전체에 대한 지배권이 효력을 잃을 정도로 권한을 나누는 것"이었다.[18] 그는 "모든 사람을 하나의 사회로 통합하는 중복된 권한과 충성의 구조"[19]로 통치 체제를 개조하면 걸핏하면 전쟁을 일으키는 기존의 주권 국가 시스템보다 훨씬 우수할 뿐 아니라, 강요와 폭력을 수단으로 대대적인 억압과 탄압을 부를 수 있는 단일 세계 정부보다도 훨씬 낫다고 믿었다.[20] 그의 논문은 실제로 선견지명이 있는 것으로 판명되었다.

그렇다면 EU는 도대체 무엇인가? 독일의 사회학자 울리히 벡은 "EU는 무대를 설치하고 대화를 유도하며 쇼를 감독하는 교섭 정부"라고 말했다.[21] 그렇다면 EU는 하나의 '장소'라기보다는 하나의 '과정'이다. EU가 통일된 여권, 국기, 본부(수도) 등 국가의 외형적 상징들을 갖추고 있긴 하지만 가장 뛰어난 특징은 불확정성이다. 전통적인 민족국가는 국경 내부의 다양한 이해 관계들을 통합하고 동화하며 통일시키는 목적을 갖고 있지만 EU는 그런 임무를 갖고 있지 않다. 자세히 들여다보면 EU의 역할은 일반적인 민족국가들의 역할과 정반대다. EU의 정치적 특징은 다양한 활동과 이해 관계의 흐름을 촉진하고 거기서 일어나는 갈등을 조정하는 데 있다.

일각에서는 EU가 허약하고 우유부단하며, 과세 및 치안 등의 강압적 권위가 부족한 것으로 보기도 한다. 그러나 다른 사람들은 EU가 세계화 환경에서 상상 가능한 모든 경계를 넘어 서로 교류하고 번창하는 다양한 이해 관계를 처리하는 데 가장 적절한 새로운 통치 모델이라고 생각한다. 정치학자 팀 루크는 EU를 이렇게 평가했다.

EU는 영토에 국한되는 전통적인 민족국가보다 더 많은 권한을 행사하고 다양한 소스에서 나오는 영향력의 흐름을 조정하는 데 있어서 더 역동적이고 연결성이 높은 동시에 더욱 분화되고 유동적인 환경이다.[22]

그런 유동적인 속성에도 불구하고 EU는 상당한 권위를 갖고 있다. EU의 규정과 법령들은 회원국에게 막대한 영향을 미친다. 예를 들어 영국은 자국민에게 적용되는 환경 관련법의 80퍼센트 이상이 유럽 환경청이 발표한 법령에서 비롯되는 것으로 추정한다.[23] 소비자 제품의 안전성, 의약품 실험, 의료 규약, 금융 서비스 등에 관한 EU 규정과 법령들도 모두 브뤼셀에서 제정되어 회원국으로 시행 통보가 내려간다. 그러나 중요한 것은 브뤼셀에서 제정되는 법령 자체가 지역적, 국가적, 세계적 차원에서 많은 관련 행위자들 사이의 협의와 타협, 합의를 거쳐 나온 결과라는 사실이다.

이런 복잡한 과정이 궁극적으로 실효가 있는 이유는 무엇일까? 그것은 유럽인들이 '국경을 초월하는 문제'를 유럽 공동체 전체의 협의를 통해 해결하려고 하기 때문이다. 유전자 변형(GM) 식품 작물을 도입할 것인지, GM 식품 제품에 표시를 할 것인지, 광우병 전염 방지를 위해 가축 검역 지침을 만들 것인지, 지구 온난화 가스를 줄이고 생물의 다양성을 보호하기 위한 조약에 서명할 것인지, 인간 복제를 금지할 것인지 등등의 문제는 유럽 전체 차원에서 가장 잘 결정될 수 있다. 그런 활동의 성격과 결과가 회원국들의 국경을 초월할 뿐 아니라 그런 문제는 공동체 전체가 협력해야만 효과적으로 해결될 수 있기 때문이다.

권력 분할

  정부 정책 네트워크가 민간 경제 네트워크와 많은 속성을 공유하지만 목표는 서로 다르다. 민간 경제 네트워크는 행위자들의 이익을 극대화하는 것을 목표로 삼는다. 반면 공공 네트워크는 법안을 제의하고 심사하며, 정치권에서 내리는 정책 결정의 수행을 돕는 데 그 목표를 둔다.
  공공 네트워크는 속성상 대개 방어적이다. 정부의 대민 서비스 질에 대한 대중의 반발이 늘어 가면서 공공 활동에 대한 규제 철폐, 민영화, 분산화가 가속화되고 있다. 그러나 일부에서는 시민의 삶에 중요한 대민 서비스의 많은 부분을 민영화하면 민간 부문이 그 결과 생겨나는 기회를 이용해 경제적 이익을 얻을 수 있기 때문에 기업체들이 전적으로 정당화될 수 없는 정도로 공공 신뢰의 위기를 조장함으로써 시민들의 불만을 부채질했다고 주장한다.
  아무튼 공공정책 네트워크는 정부 활동의 완전 해체로 이어지는 출혈을 막기 위한 방법으로 도입되었다. 1980-1990년대에 정책 입안자들 사이에는 정부가 내부적으로 붕괴함으로써 자본주의 시장이 인간 관계의 절대적인 중재자가 될지 모른다는 두려움이 컸다. 민주주의의 개념이 퇴색하고, 시민들이 투표소에서 결정하던 정치적 선택이 시장에서 소비자들에 의해 내려지게 되는 경우가 점점 늘어날 것이라는 경고도 많았다. 신진보주의자들과 자유주의자들은 바로 그런 방향을 선호했다. 시민들의 집단 의지를 반영하고 미래 사회의 복지를 보장하는 데 있어서는 시장 메커니즘이 투표 등의 정치적 과정보다 훨씬 우수하다는 논리였다.
  정부 정책 네트워크는 그런 비난을 어느 정도라도 수용하기 위한 방안으로 간주되었다. 각국의 정부는 정책의 발의와 시행에서 민간 부문과 시민사회 둘 다를 포용해야 한다고 판단했다. 그런 인식은 정치적 사고에 혁명을 일으켰다. 공공정책 네트워크가 등장하기 전에는 정치 무대가 두 영역으로 분리되어 있었다. 시민들이 지도자를 선출하고 지도자는 해당 지역 유권자들의 의지를 반영하는 법안을 통과시켰다. 한편 정부 조직은 그 정치적 의지를 수행하는 책임을 맡았다. 정부의 역할은 속성상 중립적이며 순전히 행정적인 것으로 간주되었다. 그러나 공공정책 네트워크의 확립은 시민 대표를 통한 민주주의 정치가 관리의 선출에서 시작해 법안의 통과로 끝나는 것이 아니며, 정책의 지지와 시행도 정치적인 색채를 띨 수밖에 없기 때문에 지도자 선출과 법안 통과 문제처럼 적극적인 참여가 필요하다는 점을 인정한 결과라고 볼 수 있다.

  공공정책 네트워크는 정부의 활동이 시장으로 지나치게 많이 이전되기 전에 정부가 다시 개입해 정치 과정을 재활성화하기 위한 수단으로 고안되었다. 그런 네트워크의 기초가 된 것이 앞서 소개한 앨프리드 노스 화이트헤드의 과정철학이다. 사회적 환경은 끊임없이 유동 상태에 있으며 정치 과정의 모든 단계에서 크게 변하기도 한다. 주민들의 이해 관계 역시 시간 속에 동결된 것이 아니다. 그들의 우선순위와 목표도 환경의 변화를 기대하고 적응하는 과정에서 계속 달라진다. 공공정책 네트워크는 정부가 관련된 모든 시민들과의 대화와 협상을 통해 정치적 심의, 의사 결정, 정책의 시행을 계속 활발하게 진행할 수 있게 해 주는 수단이다. 그렇게 함으로써 통치 행위는 더 이상 단절되고 분리된 단계로 나뉘지 않고 '끊임없는 참여의 과정'이 될 수 있다.

  정부가 통치 과정을 더 이상 독점할 수 없다는 것을 인식한 관리들은 타협을 추진했다. 정치 영역을 민간 부문과 시민사회 둘 다와 공유하기로 결정한 것이다. 그에 따라 정부는 관리자 역할보다 정치 과정의 조정자 역할을 맡게 되었다. 모든 관련자들 사이의 더욱 개방된 의사 소통과 공통점을 찾으려는 의지를 통해 민주적 과정을 심화하고, 합의 도출을 촉진하며, 정치적 결정 사항의 시행을 합리화할 수 있을 것으로 생각되었다. 기존의 적대적인 정치에서는 이기고 지는 쪽이 확실히 정해졌지만 공공정책 네트워크는 서로에게 이익이 되는 '윈-윈' 정치를 낳을 것으로 기대되었다. 아울러 공공정책 네트워크는 하나로 연결된 세계에서 급속한 변화와 증가하는 교류를 처리할 수 있는 조직적 수단을 제공할 것으로 간주되었다.

사회학자 앤드루 배리는 이렇게 지적했다.

> EU의 네트워크는 복지주의와 신진보주의 사이의 정치적 갈등을 초월하는 방편이 되었을 뿐 아니라 국가와 국민들 사이에 의존적이고 보호-피보호적 관계를 형성하는 대신 사회적, 경제적 행위자들을 활성화시키는 공공 개입의 새로운 형태를 도출하는 수단이 되었다.[24]

마찬가지로 중요한 것은 공공정책 네트워크가 시장의 힘이 사회 문제를 좌지우지할 수 없도록 견제하는 수단으로도 작용하게 되었다는 사실이다.

공공정책 네트워크가 확립됨으로써 정치도 경제와 마찬가지로 하루 24시간, 주 7일 계속 이어지는 과정이 되었다. 정보 교환과 통신이 실시간으로 이루어지고 피드백이 끊임없이 작용하는 새로운 세계에서는 정치 참여의 시작과 끝이 따로 있을 수 없으며, 언제나 중단 없는 정치적 대화만이 있을 뿐이다. 교류가 증가하고 이해 관계가 복잡해지면서 단절과 중단이 사라지게 되었다. 통치 행위는 더 이상 제한된 활동이 아니라 끝없는 과정으로 변하고 있다. 새로운 유럽식 의미에서의 정치는 사람들과 조직들이 자신들의 이익과 목표를 달성하기 위해 공식, 비공식 네트워크를 통해 참여하는 의도적인 활동 전부를 의미한다. 참여 민주주의가 공간의 가장 먼 가장자리에까지 확대되고 시간을 전체적으로 포용하면서 모든 것을 소화하는 인간의 활동으로 변하고 있는 것이다. 사회의 모든 것이 정치의 영향을 받고 있기 때문에 이제는 그 네트워크에 속하지 않으면 정치 과정에서 소외되고 시대의 흐름을 따라갈 수 없는 현실이 되고 있다.

11 시민사회에 대한 구애

 민족국가 시대의 정치는 시장과 정부라는 두 개의 중심 축을 따라 움직인다. 그와 대조적으로 EU의 정치는 상거래, 정부, 시민사회라는 세 개의 축 사이에서 이루어진다. 두 부문의 정치에서 세 부문의 정치로 변한 것은 정치의 진화에서 급진적인 진보를 의미하며, 그것은 인류가 미래를 어떻게 꾸려 나갈 것인지에 중요한 단서를 제공한다. 두 부문의 정치가 계몽주의의 비전을 살렸다면, 세 부문의 정치는 새로운 유러피언 드림의 실현 가능성을 말해 준다.

 잊혀진 부문

 시민사회는 시장과 정부 사이에 위치한 영역이다. 시민사회는 개인의 문화 생활과 그가 속한 공동체를 구성하는 모든 활동을 아우른다. 거기에는 종교, 예술, 교육, 건강, 스포츠, 공공 오락, 연예, 사회 및 환경 운동, 지역사회 참여, 그리고 공동체의 유대감과 사회적 결속을 형성하는 모든 활동이 포함된다. 시민사회는 문화를 가능한 모든 형태로 재생산하기 위한 만남의 장이다. 그곳은 사람들이 사회적 자본을 창출하고 행동 규범을 확립하기 위해 '심오한 놀이'에 참여하는 장소다. 문화를 지배하는 것은 내재적 가치다. 시민사회는 문화의 표현을 위한 포럼이며 가장 원초적인 영역이다.

시민사회가 이토록 중요함에도 불구하고 이 영역은 현대에 와서 시장과 민족국가 통치 체제의 힘에 의해 점차 비주류로 밀려났다. 특히 경제학자들과 업계 지도자들은 시장을 인간사의 주된 실체로 간주했다. 자본주의 및 사회주의 이론가들은 양쪽 다 인간의 행동이 기본적으로 물질주의적이고 실리주의적이며, 도덕적 가치와 사회의 문화적 기준이 경제적인 측면에서 비롯된다고 주장했다. 팝 가수 마돈나는 「머티리얼 걸 Material Girl」에서 "우리는 물질적 세상에서 살며 나는 물질적 여자"라고 노래했다. 물질주의 철학은 계몽주의 직전과 직후에 발달했다. 제4장에서 살펴보았듯이 로크, 데카르트, 스미스 등 근대 사상가들은 신앙에 기초한 교회의 세계관을 간접적으로 공격했다. 그들 중 일부는 여전히 신의 권위를 받아들이긴 했지만 대개는 신앙보다 이성을 선호했고, 영원한 구원만큼이나 물질적 진보와 세속적 풍요를 중시했다. 모더니스트들은 시장이 인간 정신의 원천이며 문화는 그 혜택으로 발전한다고 믿었다. 그들은 놀이보다 일을 중시했고 내재적 가치를 실리적 가치로 교체했다.

물질주의자들은 시장이 가장 중요한 사회적 실체이며 인간 관계의 주된 중재자라고 생각했다. 그러나 문제는 그런 논리가 인간 발달사와 어긋난다는 것이다. 사람들이 먼저 시장을 형성하고 난 뒤 나중에 문화적 정체성을 찾은 역사적 사례는 없다. 아울러 정부를 먼저 구성하고 난 뒤 문화를 창조한 사례도 없다. 사람들이 가장 먼저 만들어 내는 것이 언어다. 서로 의사를 소통할 수 있기 위해서다. 그 언어를 이용해 자신들에 관한 이야기를 전설이나 신화로 만들며 자신들의 기원을 숭배하고 집단 운명을 계획한다. 그런 다음 행동 규범을 확립하고, 우리가 '사회 자본'이라고 부르는 신뢰를 구축하며, 사회적 결속을 다진다. 다시 말해 공동의 정체성을 확립하기 위해 '심오한 놀이'에 참여하는 것이다. 충분한 결속과 유대감이 생기고 난 뒤에야 사람들은 시장을 세우고, 거래를 하며, 그와 관련된 활동을 규제하기 위해 정부를 만든다. 근대 초 새롭게 등장한 자본가들과 부르주아 계급이 새로운 정치 제도 아래 서로 다른 사람들을 규합하기 위해 상상적인 민족주의를 내세워 민족국가를 형성했을 때도 그들은 통일된 국가의 기원 신화를 만들기 위해 오래전의 과거로 거슬러 올라가 다양한 설화들을 차용해야 했다.

사회에 신기술을 도입하는 것도 대부분의 경우 문화 의식에 의해 결정되었다. 예를 들어 1831년 유럽인들은 클로로포름을 발견해 그것을 수술에 사용했다. 그로부터 수세기 전에 중국인들은 침술을 마취에 사용했다. 유럽인들이 왜 침술을 개발하지 못하고 중국인들이 왜 클로로포름을 발견하지 못했을까? 그것은 공간과 시간, 그리고 현실에 대한 유럽인들과 중국인들의 생각이 너무도 달랐기 때문이다.

중국 문화는 정황, 전체론적 사고, 상반되는 것의 상보성, 자연과의 조화를 중시했기 때문에 침술 같은 발명을 하기가 쉬웠다. 반면 유럽인들은 환원주의(생명 현상은 물리학적, 화학적으로 모두 설명된다는 주장), 분석, 냉철함을 중시했기 때문에 클로로포름 같은 것을 발견하기가 쉬웠다. 그렇다고 문화 의식이 특정 기술의 진화를 사전에 결정짓는다는 것은 결코 아니다. 다만 문화 의식이 사람들의 세계관에 영향을 미치며, 그 결과 각 집단의 사고방식에 적합한 새로운 발견이 나온다는 의미다.

물론 문화 의식은 고정된 것이 아니다. 새로운 발견과 발명으로 공간적, 시간적 의식이 계속 수정되며, 경제와 정치 시스템에서의 근본적인 변화뿐만 아니라 문화 패러다임 자체에도 변화가 일어난다.

그러나 역사 전체를 볼 때 인간의 현실 경험은 자신과 세계에 대한 이야기를 만드는 것으로 시작되며, 그 이야기가 모든 진화적 변화를 위한 기본적인 문화 DNA로서의 역할을 한다고 말할 수 있다.

요점은 문화란 과거나 현재나 시장과 정부의 연장선에 있는 것이 결코 아니라는 것이다. 오히려 시장과 정부가 문화의 연장선상에 있다고 볼 수 있다. 다시 말해 시장과 정부는 부차적인 존재다. 시장과 정부는 문화가 만들며 문화 덕분에 존재하는 것이다. EU 설계자 가운데 한 명인 장 모네는 그 점을 깨달았다. 그는 1960년대 후반 "유럽 연합이 다시 구축되어야 한다면 문화로 시작하는 것이 더 나을 것"이라고 말했다.[1]

시민사회, 그리고 그 내부 깊숙이 자리 잡은 문화적 힘은 지금까지 시장과 민족국가 체제에 밀려나 오랫동안 비주류에 머물렀지만 이제는 공공 생활에서의 핵심적인 역할을 되찾기 위해 노력하고 있다. 모든 다른 해방 운동처럼 시민사회도 옛 자리를 되찾기 위해서는 가장 먼저 해야 할 일이 그 존재를 규정하고 있는 수사(修辭) 대부분을 제거하는 것이다. 시민사회 주창자들은 시민사회가 학계에서 말하듯 '제3의 영역'이 아니라 '제1의 영역'이라고 주장한다. 마찬가지로 시민사회 단체를 '비영리단체'나 '비정부기구'(NGO)로 분류하는 것은 그 중요성을 격하하는 것이며 심지어 시장이나 정부의 그림자에 불과한 것으로 만든다고 말한다. 신세대 활동가들은 자신들의 조직을 '시민사회기구'(CSO: civil society organization)라고 부르기를 좋아한다. 또 그들은 문화를 개발하고 재생산하는 것이 중요하다는 점을 강조하기 위해 자신들의 활동을 자원 봉사가 아니라 서비스로 규정한다.

시민사회가 영향력을 미치는 범위는 매우 넓다. 존스홉킨스 대학교에서 실시한 비영리 부문 비교 프로젝트가 22개국을 대상으로 실시한 조사에 따르면 시민사회 부문은 1조 1000억 달러 규모이며 1900만 명의 유급 직원들을 고용하고 있는 것으로 추정된다. 이들 국가의 평균 '비영리' 지출은 GDP의 4.6퍼센트이며, 비영리 고용은 비농업 부문 전체의 5퍼센트, 모든 서비스 부문의 10퍼센트, 모든 공공 고용의 27퍼센트를 차지한다.[2]

현재 여러 유럽 국가들의 '비영리' 부문 고용 수준은 미국보다 훨씬 높다. 네덜란드의 경우 비영리 부문은 전체 유급 고용의 12.6퍼센트를 차지한다. 아일랜드의 경우 모든 근로자의 11.5퍼센트, 벨기에의 경우 10.5퍼센트, 영국의 경우 6.2퍼센트, 프랑스와 독일의 경우 4.9퍼센트가 비영리 부문에 종사한다. 이탈리아에는 현재 22만 개 이상의 비영리 단체가 63만 명 이상의 정규 직원을 고용하고 있다.[3]

1990년대 비영리 부문의 고용은 프랑스, 독일, 네덜란드, 영국에서 평균 24퍼센트가 늘어나는 등 유럽의 성장세가 세계 어느 지역보다 두드러졌다.[4] 이들 국가의 비영리 고용 증가치는 전체 고용 성장의 40퍼센트를 차지했다. (380만 개의 일자리에 해당한다.)[5]

데이터가 나와 있는 유럽 10개국의 경우 1990-1995년 비영리 부문의 수입 가운데서 용역과 상품이 3분의 1에서 절반까지를 차지했다는 점이 특히 흥미롭다. 세계 전체로 확대해도 데이터가 있는 22개국의 경우 비영리 부문 수입의 49퍼센트가 용역과 상품에서 나왔다. 미국에서는 비영리 수입의 57퍼센트가 용역과 상품에서 비롯되고 있다.[6] 그러나 자선 단체와 공공 부문에서 나온 자금의 비율은 많은 국가에서 줄어들었다. 따라서 비영리 부문이 운영 자금을 정부나 자선 단체에 거의 전적으로 의존하고 있다는 오랜 생각이 근거가 없다는 것이 밝혀졌다.

공동 사회에서의 서비스는 시장에서의 노동과 매우 다르다. 개인의 서비스가 그 공동체의 사회적 자본을 늘려 주기 때문이다. 그런 활동으로 종종 경제적 결과가 나타나지만 그것은 사회적 교류의 부차적인 결과일 뿐이다. 목표는 부의 축적이 아니라 사회 결속과 복지다.

시장 자본주의는 개인의 사리 추구로 공동선이 증진한다는 애덤 스미스의 개념을 바탕으로 하지만 시민사회는 정반대의 전제에서 출발한다. 즉, 개인이 다른 사람에게 도움을 주고 더 큰 공동 사회의 선을 극대화하여 자신의 복지가 증진한다는 개념을 기초로 한다.

비인간적인 시장의 힘이 지배하는 글로벌 경제에서 시민사회는 중요한 사회적 피난처가 되었다. 사람들이 친밀함과 신뢰감을 형성하고 공동 목표와 공동 정체성을 확립하는 곳이 바로 시민사회이기 때문이다. 시민사회 부문은 점점 더 상업적으로 규정되어 가는 세계에 대한 교정 수단이다.

시민사회기구(CSO)는 지난 20년 동안 세계 전역에서 급속도로 늘어났다. 그들 대부분은 새로운 글로벌 경제에 대한 반작용으로 생겨났다. 세계화된 경제에서는 시장의 힘이 지역사회의 형편을 헤아리지 못하며, 정부도 지구 온난화, 불법 이민, 컴퓨터 바이러스, 테러 위협 등 국경을 초월해 세계 전체에 영향을 주는 문제를 다루기에는 너무 허약한 반면 지역사회의 욕구에 부응하기에는 너무 비대하다. 그에 따라 부상한 것이 시민사회다. CSO는 기업과 정부가 지역사회 주민들의 이익을 대변해 주지 못하는 세계에서 주민들 스스로 이익을 찾을 수 있도록 해 준다. 시민사회 운동가들은 규제 없는 글로벌 시장에 대한 과도한 의존으로 자본주의적 탐욕과 착취가 기승을 부리며, 기본적 사회 서비스의 제공자 및 재분배자로서 갖는 정부의 전통적 역할이 약화되었다고 주장한다. 존스홉킨스 대학의 연구 보고서는 시장과 정부의 실패로 생긴 공백을 CSO가 메울 수 있기 때문에 시민사회 영역의 극적인 성장이 가능했다고 적고 있다.

CSO는 정부보다 더 유연하며 기업보다 지역사회에 더 깊이 뿌리를 내리고 있다. 시민사회의 모토는 "세계적으로 생각하고 지역적으로 행동하라."는 것이다. CSO는 국경을 초월해서 조직되기도 하지만 지역사회의 이익을 대변한다. CSO는 국제적, 세계적일 수도 있고 지역적일 수도 있다. 따라서 CSO는 더욱 조밀해지고 상호 연결된 세계에서 인류가 부닥치는 다양한 문제들을 다루는 데 이상적인 존재가 되고 있다.

새로운 정치 파트너

CSO는 UN, 세계은행, IMF, WTO 같은 세계적 조직뿐만 아니라 개별적인 모든 국가에서도 위상을 높이기 위해 노력하고 있다. 그러나 허용되는 참여 수준은 형식적이며 기본적으로 자문 역할을 넘어서는 경우가 드물다. EU는 CSO를 공공정책 네트워크에서 온전한 자격을 갖춘 파트너로 가장 먼저 인정한 통치 체제다. EU는 시민사회를 통치 체제의 '제3의 요소'로 인정했다. "국가와 시장, 그리고 시민들 사이의 중재자"로 간주한 것이다.[7] 새로운 종류의 통치 체제로서 EU가 성공할 수 있을지 여부는 대부분 시민사회가 지방, 지역, 국가, EU 전체를 전부 포괄하는 이익을 효과적으로 대변할 수 있는가 그렇지 못한가에 달려 있다고 생각하는 사람들이 점점 늘고 있다. CSO는 통치 과정에 진정한 '참여 민주주의'를 도입함으로써 유럽의 새로운 정치 실험에서 중요한 행위자가 되었다. EU 관리들은 CSO의 적극적인 참여가 없다면 EU가 실패할지 모른다는 점을 잘 알고 있다. EU의 경제사회위원회(ESC)는 "유럽연합의 통치에서 가장 어려운 과제 가운데 하나는 조직화된 시민사회의 효과적인 참여를 보장하는 것"이라고 지적했다.[8]

로마노 프로디 전 EU 집행위원장은 새로운 정치 파트너십의 중요성을 강조했다. 그는 "EU, 각국 정부, 지역 및 지방자치단체, 시민사회가 새로운 방식으로 상호 작용하며, 모든 이슈에 대해 서로 협의하며, 정책을 공동으로 수립, 시행, 감독하는 유럽"을 기대했다.[9] 이 과정이 바로 로마노 프로디가 "네트워크 유럽"이라고 부르는 것이다.[10]

공공정책 네트워크에서 CSO의 공식적인 존재는 아직 미약하다. 그러나 EU가 세 부문의 파트너십을 인정했다는 사실 자체가 역사적으로 매우 중요한 의미를 갖는다. 민족국가는 처음부터 경제적 이익의 부속물이었다. 그 임무는 재산권을 보호하고 시장의 힘을 지리적으로 확장하는 데 유리한 조건을 만드는 것이었다. 시장과 정부라는 두 부문의 정치는 근현대의 상존(常存)하는 현실이었다.

시장은 이제 국경을 초월해 세계의 무대로 활동을 넓혔기 때문에 재산권 보호를 위해 국가에 의존하는 경우가 크게 줄어들었다. 오늘날의 세계적인 기업체들은 자사의 이익이 보장되지 않으면 다른 나라로 사업체를 옮기겠다고 협박함으로써 자신들의 이익을 달성하기 위해 국가들 사이에 경쟁을 유발하고 있다. 아울러 국가들이 세계적인 기업체들의 요구에 부응하지 못할 경우 IMF, 세계은행, WTO 같은 국제 규제 기구들이 제재를 가할 수 있다.

정부가 시장에서 분리되면서 국가의 힘이 계속 약해지고 있다. EU가 시민사회에 지대한 관심을 표명하는 것은 글로벌 경제 시대에서 통치 체제의 정치적 영향력을 되찾으려는 시도다. 각 회원국이 주권을 더 많이 포기하고 다른 회원국들, 그리고 시민사회와 이익을 공유함으로써 더 넓은 무대에서 집단적으로 이익을 추구할 수 있으며, 또 그렇게 함으로써 기존 국가들의 존재를 대부분 무력화하고 세계 전체에 영향을 미치는 다국적 기업들과 더욱 효과적으로 협상에 임할 수 있다.

보편적 인권과 지역 문화 정체성 사이에서 공통분모를 찾는다

지난 30년 동안 일어난 정치적 변화 가운데 가장 주목할 만한 것은 정치 과정에서 시민사회 부문의 참여가 증가했다는 점이다. 시민사회에는 넓게 분류해서 세 가지 부류가 있다. 첫째는 종교, 교육, 예술을 촉진하고 사회 서비스를 제공하며 지역사회의 문제를 해결하고 오락, 스포츠, 놀이를 조성하는 조직들이다. 대부분 이런 조직들의 활동은 국경 안에서 이루어지며 정치성이 드러나지는 않는다. 둘째는 목표가 훨씬 정치적이며 활동도 대부분 국경을 초월하며 보편적인 관심사를 다루는 권익 단체들이다. 셋째는 지역사회의 문화와 민족 소그룹의 이익을 대변하는 단체들로 그들의 목표는 자신들의 전통과 가치관을 보존하고 생존과 성장을 위해 국내 및 국제적으로 자신들의 이익을 도모하는 것이다.

시민권 운동, 환경 운동, 여권 운동, 인권 운동, 빈민 구제 운동, 반전 평화 운동, 장애인 권익 운동, 동성애자 권리 운동, 동물의 권리 보호 운동, 소비자 권리 보호 운동, 우생학 반대 운동 등은 정치 그 자체를 변모시키고 있다. 이런 시민사회 운동은 국경을 초월한다. 그들의 비전은 인류 보편적이며 그들의 목표는 세계적이다. 그들은 인간 의식 자체의 변화를 추구한다. 모든 개인의 권리에 대한 새로운 인식과 지구의 모든 생명체 집단을 서로 분리할 수 없다는 아이디어다. EU는 정치를 초월해 이런 운동들이 제 목소리를 낼 수 있는 곳이다.

국제 무대에서 민족국가의 특권이었던 이런 아성을 무너뜨린 것은 범국가적 CSO 권익 단체가 처음은 아니었다. 그 전에 이미 전문 분야를 기반으로 한 초기의 국제 NGO들이 그 기초를 닦았다. 국제도량형국(BIPM), 문학 및 미술 저작물 보호를 위한 국제연합(베른 저

작권 동맹), 국제상업통계국(IBCS), 국제노동사무소(ILO), 국제농업협의회(IIA), 국제지진학협회(IAS)를 비롯한 수천 개의 NGO들이 20세기 초부터 1960년대까지 대거 설립되었다.[11]

이런 초기의 국제 NGO들은 대규모 학생 운동 직후인 1960년대에 뿌리를 내리기 시작한 후속 권익 단체들과 마찬가지로 개인의 참여, 자원, 민주적 절차를 기본으로 했다. 그들의 목표는 특정 분야에서 보편적 기준을 확립하는 것이었다. 그들은 자신들이 만든 기준이 시장과 정부 둘 다에서 수용되고 채택될 수 있도록 로비를 벌였다. 그들은 전문 지식과 합리적인 표준을 기초로 보편적인 이익을 내세우는 제3의 세력이었다.

한편 새로운 초국가적 권익 운동 단체들도 보편적 행동 규범을 확립하기를 원한다. 그러나 그것은 기술적이거나 전문적인 성격이 아니라 인간 행동 자체를 관장하는 규범이다. 그들의 정통성은 전문적 지식을 바탕으로 하는 것이 아니라 인간 의식의 저변 깊숙한 곳에서 비롯된다. 그들은 합리적 계산보다 인간적 공감에 호소한다. 그들은 실리적 이해 관계가 아니라 내재적 가치를 지향한다. 그들의 목표는 물질적이라기보다 이상적이다. 그들은 경제 성장뿐만 아니라 삶의 질을 증진하기 위해 노력한다. 그들에게는 물질적 진보만큼이나 개인적 변신이 발전의 기준이다.

권익 CSO들이 국경의 초월에 초점을 맞추는 반면 민족 운동 CSO들은 주로 국경 안의 지역 문제에 초점을 맞춘다. 민족 운동 CSO들의 목표는 EU의 목표와 상호 보완적 관계에 있기도 하고 서로 배타적인 관계에 있기도 한다. EU의 모토가 "다양성 속의 조화"라는 사실에도 불구하고 유럽 전역의 하부문화는 대개 고립되어 있고, 외부 문화를 혐오하며, 유럽화와 세계화가 자신들의 지역사회에 미치는 영향을 두려워한다. 보편적 인권을 지향하는 CSO들이 좀더 세계적인 시각을 갖고 있다면 지방의 하부문화들은 방어적이며 반동적이고, 경계를 무너뜨리기보다는 담을 쌓는 경향이 있다고 볼 수 있다.

유럽 전역에 흩어져 있는 많은 하부문화들이 갖는 어려움은 자신들의 역사가 영토에 깊숙이 뿌리를 박고 있다는 사실에서 비롯된다. 경계가 급속히 사라지고 이동성이 증가하는 글로벌 세계에서는 영토에 기초한 하부문화를 구성하는 사람들이 종종 사면초가라는 느낌을 갖는다. 그들은 자신들의 두려움과 분노를 이민자들과 난민들에게 쏟아 낸다. 자신들의 문화 정체성을 유지하는 데 이민자들과 난민들이 걸림돌이 된다고 생각하기 때문이다. '침략당한다'는 느낌은 종종 외국인들에 대한 혐오증과 극우 정치 운동으로 발전하기도 한다.

그런데도 불구하고 지방의 하부문화들, 특히 국가 정체성을 이루는 더 넓은 문화 속의 소수민족 문화로 존재하는 하부문화들은 EU와 공동 전선을 구축할 만한 이유가 있다. 예를 들어 스코틀랜드인들과 카탈루냐인들은 EU로 인해 자신들이 해방될 수 있다고 생각한다. 그들은 국경을 초월하는 좀더 넓은 정치 기구 속의 일원이 됨으로써 해당 국가 안에서 자신들의 입지를 넓힐 수 있기 때문이다. 현재 특정 지역에 기반을 둔 지방 하부문화들은 해당 국가의 통제를 우회하고 EU 차원에서 서로 정치적, 경제적, 사회적 관계를 맺음으로써 국가의 통제 아래에 있을 때보다 더 많은 독립과 자치권을 누리고 있다.

EU 설계자들은 하부문화들 간의 연대 잠재력을 인식하고 민족국가들의 영향력을 약화시키는 방안으로 지역 하부문화들과 직접적인 정치 채널을 구축했다. EU의 과학, 연구, 기술 개발 및 교육 담당 집행위원을 지낸 안토니오 루베르티는 지역 하부문화의 지위에 대한 브뤼셀의 양면적인 분위기를 이렇게 요약했다. "어떤 면에서는 그것이 불리한 조건이기도 하지만 대부분의 경우 그것은 '트럼프 카드'를 완벽하게 만들어 주는 유럽의 다양성을 상징한다."[12]

권익 단체들과 민족 하부문화들은 중복되는 경우가 있으며 공동 목표를 갖기도 한다. 예를 들어 국제 인권 단체들은 티베트인들이 자신들의 존재를 위협하는 중국의 정치적 간섭과 압제로부터 정체성과 자치권을 지키기 위해 투쟁하는 것을 적극 지지한다. 그러나 권익 단체들과 민족 하부문화들이 서로 갈등을 빚는 경우도 적지 않다. 권익 단체들은 궁극적으로 개인의 자유와 세계적인 이익을 대변하는 반면 민족 하부문화들은 좀더 편협한 지역사회의 이익을 보호하려고 하기 때문이다. 예를 들어 아프리카의 일부 민족들은 아직도 여성에게 할례를 실시하며 그것을 성인으로서 반드시 겪어야 하는 통과 의례로 간주한다. 반면 선진국과 제3세계 모두의 여성 권익 단체들은 여성의 할례가 자신의 신체에 대한 기본권을 침해하는 것이라고 주장하며 그 관습의 폐지를 촉구하고 있다. 그들은 여성 할례를 남성들이 여성들을 예속화하기 위한 수단이라고 비난한다.

유러피언 드림이 흥미진진하면서도 문제가 많은 이유는 하나의 지붕 아래 보편적 인권과 편협한 문화의 권리 둘 다를 수용하려 하기 때문이다. 이것은 민족국가의 목표와는 크게 다르다. 민족국가의 경우 국민의 재산권과 자유를 보호하고 다양한 하부 그룹들을 단일 국가 정체성에 통합하고 동화시키는 것이 목표다. 다문화주의와 인권을 동시에 수용하기란 쉬운 일이 아니다. 문화적 공동체는 가족과 친족, 그리고 공통의 종교에 뿌리를 두며 대개 물리적 환경, 즉 영토를 기반으로 한다. 그와 대조적으로 다양한 인권 운동들은 보편적인 가치를 지향한다. 그들의 민족 문화가 아니라 개인에 초점을 맞춘다. 그리고 그들의 배경은 영토가 아니라 '생물권' 전체다.

유럽이 당면한 진정한 도전은 유럽인들이 자신들의 시각을 특정 민족에서 보편적인 인류 전체로, 지방에서 세계로 넓힐 수 있는지 여부다. 수없이 작은 그룹으로 분화된 세계에서 서로 공존하며 번영

할 수 있을까? 카탈루냐인이면서 동시에 스페인 국민이고 유럽인이면서 지구촌 시민이 될 수 있을까? 지역 문화가 국가적, 국제적, 세계적 세력에 의해 위협받는다고 느끼는 한 그들은 자신들의 문화를 "지켜야 할 재산"으로 간주하고 '내 것 vs. 네 것'이라는 옛 사고방식에 빠져들기 쉽다. 그러나 다른 한편으로는 그들이 유럽화와 세계화를 자신들이 옛 민족국가의 굴레에서 벗어나 독립하고, 운신의 폭을 넓히며, 외부 세계에 대한 접근할 수 있는 수단으로 느끼는 한 그들은 자신들의 문화를 "같이 나누어야 할 하늘의 선물"로 간주하고 다른 그룹들과 협력적인 관계를 맺을 수 있다. "네트워크화된 유럽"이란 개념은 분명히 후자에 더 잘 어울릴 것이다.

과연 어느 쪽이 우세할까? 지금은 외국 문화를 혐오하는 부류와 다문화주의를 선호하는 부류가 서로 힘 겨루기를 하고 있다. 앞으로 누가 우세할 것인지는 민족 문화권과 권익 단체들이 서로간에, 그리고 EU와의 사이에서 공통분모를 찾을 수 있는지 여부에 달려 있다. EU가 유럽 전체를 아우르는 네트워크에서 이 다양한 이해 관계들의 통합을 일궈 낼 수 있다면, 글로벌 시대의 도전을 효과적으로 극복할 수 있는 새로운 정치의 장이 열릴 것이다. 유러피언 드림의 성공은 문화의 정체성, 보편적 인권, 통치 체제라는 이 3자 사이의 관계를 대립되지 않고 상호 보완적으로 이끌 수 있는 능력에 달려 있다.

EU와 CSO 사이의 새로운 제휴 관계는 앞으로 삐걱거릴 가능성이 높다. 앞서 지적했듯이 CSO는 공식 정책을 두고 정부와 갈등을 빚는 경우가 많다. 때로는 정부도 CSO를 자신의 권위에 대한 위협으로 간주하고 그들의 신뢰성과 정통성을 깎아내리려고 한다.

따라서 EU가 제3의 부문인 CSO의 참여를 언제나 쌍수를 들고 환영하지는 않은 것도 어쩌면 당연하다고 볼 수 있다. CSO는 끊임없는 대중의 압력과 자신들의 목표에 대한 대중의 지지를 등에 업고 정부의 인정을 억지로 받아냈으며 공공정책 토론에 공식적으로 참여할 수 있었다.

부트로스 갈리 전 UN 사무총장은 CSO와 그들의 운동을 "오늘날의 세계에서 대중을 대변하는 가장 기본적인 형태"로 규정했다. 그는 "국제 관계에 대한 국제 CSO들의 참여는 그들이 정치적 존재 이유를 인정받는 방편"이라고 말했다.[13]

부트로스 갈리의 견해는 널리 공감을 얻고는 있지만 아직 여러 부문에서 논쟁을 유발하고 있다. UN 총회는 CSO들의 공식 국제 회의 참여를 많이 허용하고 있지만 UN 안전보장이사회와 WTO는 시민사회의 참여를 금하고 있다. 세계은행과 IMF 같은 일부 세계 기구들은 CSO의 참여를 주로 자문 역할로 제한하고 있으며 공식 참여를 허용하는 경우가 드물다. 한 국가 내에서도 중앙정부와 지방정부들도 CSO의 참여를 어느 정도까지 허용해야 하느냐에 관해 양면적인 태도를 보이고 있다. 대다수 정부는 CSO의 참여를 감시와 피드백 기능으로 제한하고, 공식적 관계를 서비스 제공에 국한하면서 정책에 대한 지지를 확보하는 차원에서만 참여를 허용하려고 한다. 반면 CSO들은 동등한 목소리와 투표권을 갖고 정책 결정에 참여하기를 원한다. 이 두 부문 사이의 긴장은 종종 과열화되어 거리 시위와 진압 세력의 대치로 이어지기도 한다. 근년 들어 국가와 지방 차원의 회의장에서뿐만 아니라 국제적 정치 포럼과 EU에서도 시민사회의 시위가 급증하고 있다.

정부의 이런 양면적인 태도와 사회 운동가들의 좌절과 분노는 서로의 정치적 목표가 갈등을 빚기 때문에 생겨나고 있다. 초국가적 시민사회 운동은 자신들의 영향력을 이용해 국제법 아래서 보편적 인권 및 자연의 권리를 인정받으려 하며, 정부로 하여금 해당 국제법을 따르도록 촉구하고 있다. 그들의 궁극적 목표는 개인과 자연을 국제 규약과 직접 연결하는 새로운 글로벌 정치권을 형성하는 것이다. 한편 지역 하부문화를 대표하는 CSO들은 다른 쪽에서 국가의 주권을 잠식하고 있다. 그들은 더 많은 자치권을 확보하고 자신들의 지역사회에 영향을 미치는 의사 결정에서 독자적인 목소리를 내는 새로운 방법을 늘 모색한다. 정부들은 권익 CSO와 하부문화 CSO들의 목표가 때로는 국가의 주권을 위협한다고 판단하고, 정치 과정에 참여하려는 활동가들의 노력을 흡수하거나 무시하려고 한다.

물론 브뤼셀에도 CSO의 참여를 늘리는 것에 반대하는 견해가 있긴 하지만 대체적으로 EU는 시민사회를 정치의 장에 포용하는 문제에 있어서 좀더 개방적인 입장을 취해 왔다. EU가 적어도 통치권의 일부를 CSO와 나눠 가지는 데 적극적인 이유는 지방, 국가, 지역, 세계적인 세력들로 분열된 유럽에서 EU의 정통성을 효과적으로 확립하는 데는 대중의 신뢰가 필수적이며 바로 그 신뢰를 시민사회 단체들이 가져다 줄 수 있기 때문이다.

세계적인 홍보 회사 에들먼 PR이 최근 실시한 조사에 따르면 여론 주도자들 사이에서, 특히 유럽의 경우, 시민사회 단체들이 더욱 호의적으로 간주되며 재계나 정부 부문보다 신뢰성이 더 높은 것으로 나타났다. 유럽의 여론 주도자들 가운데 41퍼센트가 유럽의 CSO들을 호의적으로 생각하는 반면 업계를 호의적으로 생각하는 비율은 28퍼센트, 정부를 호의적으로 생각하는 비율은 17퍼센트에 불과했다.[14] 그러나 미국의 여론 주도자들은 업계와 정부를 선호한다. 40퍼센트가 업계를 호의적으로 생각했고, 46퍼센트가 정치 기관을 호의적으로 생각했으며, CSO를 호의적으로 간주하는 비율은 34퍼센트에 머물렀다.[15]

신뢰성에 있어서도 유럽의 여론 주도자들은 업계나 정부보다 CSO를 더 높이 산다. CSO를 신뢰하는 비율이 51퍼센트, 업계를 신뢰하는 비율이 41퍼센트, 정부를 신뢰하는 비율이 26퍼센트였다. 반면 미국의 여론 주도자들은 CSO보다 정부와 업계를 더 신뢰하지만 세 부문의 신뢰도 차이는 근소했다.[16] 다른 기관들의 조사도 비슷한 결과를 보였다.

따라서 EU가 미온적이긴 하지만 유럽의 정책 네트워크에 CSO를 참여시키는 이유를 이해하기는 어렵지 않다. CSO들은 광범위한 대중의 지지를 얻으며 정치 과정에 참여 민주주의라는 새로운 개념을 도입하고 있다. EU는 소위 '민주성 결핍'을 줄이지 못한다는 비난을 종종 받는다. 유럽의 대중이 EU에 대해 미온적인 지지를 표하고 있기 때문에 브뤼셀의 EU 관리들은 범유럽 정책 네트워크에 CSO를 파트너로 받아들임으로써 실리를 얻을 수 있다.

마찬가지로 중요한 것은 CSO가 유럽 전역의 문화적 다양성을 보존하고 보편적 권리에 대한 대중의 지지를 제공하는 사회적 엔진이라는 사실이다. CSO들은 지역사회에 깊숙이 뿌리 박고 있으면서도 동시에 지역, 그리고 심지어 EU의 한계를 넘어 서로 제휴함으로써 자신들의 활동을 넓혀 나간다. 그들은 지역적이면서도 초국가적이고 세계적인 행위자인 동시에, 문화적 다양성과 보편적 인권 둘 다를 목표로 하는 EU 통치 기구의 필수적인 파트너다.

다국적 기업들의 지배력이 점증하는 세계에서 지방, 지역, 국가, 국제적 차원의 정부들과 시민사회 단체들이 업계에 대한 충분한 견제력을 확보하려면 서로 긴밀히 연결되는 정책 네트워크를 구축할 수밖에 없다.

12 이민 딜레마

　유럽은 문화 다양성의 만화경(萬華鏡)이다. EU 주민들은 100개 민족으로 구성되어 있으며 언어와 방언을 합해 여든일곱 가지를 사용한다. 따라서 유럽은 세계에서 문화적으로 가장 다양한 지역 가운데 하나일 수밖에 없다.[1]
　오랫동안 유럽의 업계와 정치 엘리트들은 이런 문화적 특수성을 진보의 장애물이요 역사적 침체로 간주했다. 변화에 저항하고 다른 그룹, 특히 이민자들과 외국인에 대한 전통적 편견을 불러일으켰다는 것이다. 민족국가들은 이런 다양한 문화 그룹을 주도적인 국가 문화에 동화시키려 했지만 반드시 성공하지는 못했다. 토속 문화들은 탄력성이 매우 강한 것으로 판명되었다.
　초기 EU 설계자들도 민족국가의 지도자들처럼 다른 문화를 수용하자는 발상을 달가워하지 않았다. 각 지방의 토속 문화가 유럽화에 걸림돌로 작용할 것으로 우려한 것이다. 그러나 1970년대가 되자 다문화주의에 변화가 불어닥쳤다. 신세대 포스트모던 학자들은 거대한 총체론적 담론, 민족국가의 패권, 획일적 이념을 강조하는 계몽주의 운동이 변화의 진정한 장애물이었다는 새로운 주장을 펼쳤다. 포스트모더니스트들은 단일 시각과 통합된 비전을 중시하면 다른 견해를 용납하기 어렵고 내부에서는 소수민족에 대해, 국외적으로는 속국 국민에 대해 탄압과 폭력을 부를 뿐이라고 강조했다. 그들은 글로벌 시장의 힘과 비인간적인 정치 기구가 지배하는 세계에서 다문화적 시각과 지방 토속 문화의 구체화가 그에 대한 교정 수단이 될 수 있다고 주장했다.

민족국가 시대의 투쟁이 계급을 바탕으로 벌어졌고, 재산과 자본의 분배, 사유 재산권 보호에 관한 문제를 축으로 삼았다면, 글로벌 시대의 투쟁은 다양성을 바탕으로 하고 있으며, 조밀하게 연결되고 상호 의존적인 세계에서 문화 정체성을 보존하고 접근권을 누리는 문제를 축으로 삼고 있다.

기존의 모든 경계가 무너지고 있는 글로벌 시대에 대다수 사람들이 두려워하는 것은 나아갈 방향을 잃고 소외되는 것이다. 한 문화 그룹에 소속되면 더 큰 집단의 정체성을 가질 수 있으며, 자신의 의견을 피력할 수 있고 이 복잡하게 얽힌 새로운 세계에서 안식처를 확보할 수 있는 방법이다. 접근권은 인류를 공동 시장과 글로벌 광장으로 가차없이 몰아 가고 있는 더 큰 활동의 흐름에 합류할 수 있는 방법이다. 따라서 문화 정체성의 부활은 이중 기능을 수행한다. 자신을 외부 세계와 분리하는 경계선을 설정하는 동시에 주변의 세계적 흐름에 대한 접근권을 확보할 수 있는 강력한 사회적 수단을 제공하는 것이다.

계급 정치에서 문화 정치로 전환

문화적 다양성을 다루는 것은 매우 어려운 일이다. 현존하는 유럽 하부문화의 갈등을 수용하는 문제만 해도 그렇다. 거기에다 EU 외부에서 들어오는 이민자 문화마저 급증함에 따라 상황은 더욱 어려워진다.

자본 흐름의 세계화는 새로운 분열상을 부추긴다. 세계의 빈민들은 돈이 모이는 곳이면 어디든 찾아갈 수밖에 없다. 일자리를 찾아야 하기 때문이다. 유럽 기업들은 인건비를 줄여 글로벌 시장에서 경쟁력을 유지하기 위해 임금이 싼 이민자들을 노동력으로 고용하고 싶어 한다. 이민자들은 자국민들이 하려 들지 않는 천한 3D 직종에 주로 투입된다. 낮은 임금을 받는 이민자 노동력의 도입은 다른 모든 근로자들의 임금을 낮추는 효과도 가져온다. 구조적 실업률이 높은 침체된 노동 시장에서 유럽인들은 자기들 대신 이민자들이 얼마 남아 있지 않은 제조 및 서비스 일자리를 차지하게 되는 것을 우려한다.

아울러 이민자 문화가 비싼 사회 서비스의 혜택을 누림으로써 이미 과부하에 걸린 복지 시스템을 더욱 어렵게 만든다는 우려도 있다. 중과세와 복지 혜택 감소가 특징인 요즘 같은 시대에 자국민들과 특히 궁핍한 하부문화 지역사회는 자신들의 세금이 '외국인'을 교육시키고 그들의 가족에 복지 혜택을 제공하는 데 사용되는 것을 싫어한다.

마지막으로 기존의 하부문화 지역사회는 빈곤한 이민자들이 공공 안전에 심각한 위협이 된다고 주장한다. 범죄를 저질러 감옥에 가는 이민자들이 상대적인 비율로 따져 많은 것이 사실이다. 예를 들어 독일의 경우 이민자의 비율이 전체 인구의 9퍼센트에도 못 미치지만 수감자의 33퍼센트가 외국인이다. 프랑스의 경우 외국인이 전체 인구의 8퍼센트에 불과하지만 수감자의 26퍼센트가 이민자다.[2]

이렇게 이민자 범죄율이 높은 주된 이유는 EU 국가들에 거주하는 외국인들의 실업률이 높기 때문이다. 독일의 경우 이민 근로자의

15퍼센트가 실업자인 반면 독일 태생 인구의 실업률은 7퍼센트에 불과하다. 프랑스의 경우 남성 이민자의 20퍼센트가 실업자인 반면 프랑스 태생 인구의 실업률은 9퍼센트다. 외국인들에 대한 유럽인들의 두려움은 점차 커지고 있다. EU 집행위원회가 최근 실시한 조사에 따르면 EU 인구의 39퍼센트가 합법 이민자들의 경우도 실업자라면 출신국으로 송환되어야 한다고 말했다. 반면 이민자들은 일을 하고 싶지만 많은 분야에서 자신들의 고용이 배제되고 있다고 주장한다. 프랑스의 경우 비EU 출신자가 고용에서 배제되는 직종이 쉰 가지가 넘는다. 조종사, 약제사, 장의사, 산파, 건축가 등이 거기에 포함된다. 프랑스에서는 외국인들이 술과 담배의 판매 허가를 받을 수도 없다. 다른 EU 국가들에도 그와 비슷한 고용 제한이 있다.[3]

이처럼 이민자들은 많은 차별을 겪는다. 그런 차별은 빈곤과 소외를 낳고, 사회적 불안을 부추겨 끊기 힘든 악순환의 고리를 만든다. 게다가 이민 가족의 부모들이 자국에서처럼 자녀들에 대한 권한을 행사할 수 없는 경우도 많다. 가족 권위 체제의 붕괴에다 자신들은 뿌리가 없다는 생각, 그리고 빈곤이 합쳐지면서 반사회적인 행동과 범죄가 증가할 수 있는 분위기가 조성된다.

전반적으로 유럽인들은 이민자들의 쇄도에 압도당하고 있다고 느낀다. 그런 반감은 지난 50년 동안 서서히 고조되어 왔으며 지금은 유럽 통합 과정마저 위협하고 있다. 2000년에 실시한 조사에 따르면 유럽인의 21퍼센트만이 이민자들에 대해 "적극적인 관용"을 베풀 수 있다고 대답했다. 또 EU 인구의 절반 이상은 학교 내의 이민자 비율이 '너무 높다'면 교육의 질이 떨어질 것이라고 말했다.[4] 아울러 EU 인구의 절반은 "소수민족 출신자들이 사회복지 시스템을 남용하고 있다."고 응답했다.[5]

이민에 좀더 관용적인 것으로 오랫동안 알려진 영국의 경우도 조사 대상자의 3분의 2가 자기 나라에 외국인들이 너무 많다고 말했다.[6] 독일인의 3분의 2도 좀더 강력한 이민 규제가 필요하다고 응답했다.[7] 이민에 대한 반감이 고조되면서 극우 반(反)이민 정당들이 생겨났다. 그 당들 가운데 다수는 폭넓은 대중의 지지를 받고 있다. 이탈리아의 북부연맹당, 스위스의 인민당(SVP), 오스트리아의 자유당, 프랑스의 국민전선당은 이민자들에 대한 비난으로 선거에서 높은 지지를 얻고 있다.[8]

이민과 EU, 그 허와 실

유럽 국가들이 과거에 이민을 많이 받았다고는 하지만 그 숫자는 지금까지의 사례를 모두 합해도 미국에 비하면 상대적으로 적다. 미국은 이민자들이 세운 나라다. 아메리카 원주민을 제외하면 모두가 이민자 출신이며, 그중 대다수는, 적어도 건국 후 첫 3년 동안에는, 유럽인들이 차지했다. 그와는 대조적으로 유럽의 문화는 수천 년 동안 같은 지역에 머물러 온 경우가 많다. 따라서 그들이 외국 출신들을 받아들이는 것은 결코 쉬운 일이 아니다.

현대 들어 유럽에 이민자들이 대거 몰려들기 시작한 것은 2차 대전 직후였다. 전쟁으로 수많은 젊은이들이 목숨을 잃자 노동력이 부족해져서 독일, 프랑스, 벨기에, 스위스는 1950년대 후반과 1960년대에 남부 유럽에서, 1950-1970년대에 터키와 북아프리카에서 값싼 노동력을 수입했다.[9] 외국인 근로자 대다수는 '방문 노동력'으로서 영주권자가 아니라 일시적 체류자로 간주되었다. 영국, 프랑스, 네덜란드는 자신들이 통치하는 식민지에서 노동력을 끌어왔다. 이탈리아와 스페인도 그 전철을 밟아 농업 부문에서만 힘든 일을 할 수 있는 외국 노동력을 불러들였다.[10] 당시에는 유럽 전역의 노동력 부족 현상이 너무도 심각해 이민자들이 대환영을 받았다. 전쟁으로 폐허가 된 유럽의 경제를 재건하는 데 필수적인 인력으로 간주된 것이다. 그러다가 1970년대 들어 전후의 놀라운 경제 성장의 열기가 식기 시작했다. 1973년 석유수출국기구(OPEC)의 석유 수출 제한으로 세계적인 불황이 기세를 떨치며 유럽 전역에 실업자 수가 늘어 갔다. 실업의 두려움은 정치적 국수주의에 불을 붙여 거의 모든 유럽 국가에서 반이민 운동을 태동시켰다.

베를린 장벽과 소련 제국의 붕괴 여파로 이민이 다시 증가했다. 1990년대 서유럽의 경제 붐으로 더 많은 이민자들이 몰려들었다. 그중 다수는 중유럽 및 동유럽, 특히 내전에 시달리던 유고슬로비아에서 건너온 난민들과 불법 이민자들이었다.

지난 50년 동안 서유럽으로 이어진 이민의 물결은 20세기 초 미국으로 건너간 이민 물결에 버금갈 정도였다. 1950-1988년 독일은 2450만 명의 이민자를 받아들였고, 프랑스는 2190만 명에게 문호를 개방했다. 영국, 스위스, 스칸디나비아 국가들, 네덜란드, 룩셈부르크, 벨기에도 모두 합해 2500만 명의 이민자를 받아들였다.[11]

EU 집행위원회는 1999년 15개 회원국 전체 인구의 5.1퍼센트인 1900만 명이 외국인이라고 보고했다. 그 가운데 30퍼센트인 600만 명은 다른 EU 회원국 출신이었다. 나머지 1300만 명(전체 인구의 3.4퍼센트)은 EU 이외 국가에서 이주한 사람들이었다. 그와는 대조적으로 1985년에는 유럽에 사는 비EU 국적자가 전체 인구의 2.3퍼센트인 840만 명뿐이었다. 오스트리아의 경우 외국인이 인구의 9퍼센트를 차지하고, 독일의 경우 약 7퍼센트다. 프랑스와 스웨덴의 경우 외국인은 인구의 6퍼센트를 차지한다.[12]

이런 급속한 이민의 유입이 가져오는 사회적 효과는 대단하다. 예를 들어 1960년 독일인 거의 전부는 독일인과 결혼했다. 25건의 결혼 가운데 1건 꼴로 배우자 가운데 한 명이 외국인이었다. 그러나 1994년에는 7건의 결혼 가운데 1건 꼴로 배우자 둘 다 아니면 둘 중 한 명이 외국 국적이었다. 출생 통계는 이런 추세를 더욱 명확하게 보여 준다. 1960년 모든 신생아의 1.3퍼센트만이 아버지나 어머니 가운데 한 명이 외국인인 부모에게서 태어났다. 1994년에는 모든 신생아의 18.8퍼센트가 외국인 아버지나 어머니, 또는 둘 다 외국인인 부모로부터 출생했다.[13] 서로 다른 문화권 사이의 결혼은 두 가지 상반되는 효과를 가져오는 듯하다. 하나는 독일 문화의 위축감을 심화시켜 국수주의를 부추기고 외국인에 대한 보복이 심해지는 경우다. 다른 하나는 문화 전통의 융화로 서로 다른 문화 간의 새로운 대화 채널이 열려 적어도 혼합 결혼 세대의 2세들 사이에서 문화 장벽이 줄어드는 경우다.

새로운 대규모 이민의 유입을 둘러싸고 고조되는 긴장은 국제이주기구(IOM)가 2002년 여름 발표한 보고서에 잘 묘사되어 있다. "이민의 압력이 견딜 수 없는 수준에 이르렀다는 것이 유럽인들의 압도적인 견해"라는 내용이었다.[14] 그 보고서는 "외국인들의 대거 유입으로 유럽인들이 정체성 위기를 느끼고 있다."고 경고했다.[15]

그런데도 불구하고 종합적으로 볼 때 1990-1998년 유럽으로 유입된 순수 이민자의 비율은 2.2퍼센트에 불과했다. 반면 미국은 3퍼센트, 캐나다는 6퍼센트였다.[16] 아무튼 분명한 것은, 그 정당성 여부를 떠나, 전부는 아니지만 많은 유럽인들이 이민자들에게 포위되어 있다고 느끼며, 그들의 불안감이 조만간 누그러지지 않을 것이라는 점이다.

'구세계' 유럽의 인구 문제

 이민에 대한 유럽인들의 반발은 유럽의 장기적 복지 자체에 지대한 악영향을 미칠 수 있다. 서글픈 사실은 향후 수십 년 안에 비EU 지역에서 이민자들이 대규모로 유입되지 않으면 유럽은 비유적으로, 그리고 실제로, 고사할 가능성이 있다는 것이다.
 EU 집행위원회에 따르면 EU 전체 인구는 2022년 최고점에 달할 것으로 예상된다. 또 향후 15년 안에 65세 이상의 유럽인들이 22퍼센트나 늘어날 전망이다. 80세 이상의 인구는 더욱 빨리 증가할 것이다. 고령자 수는 50퍼센트가 증가해 2000만 명 선을 넘게 될 것으로 추정된다. 55-64세 연령층의 유럽인들 수는 20퍼센트 증가할 전망이다. 프랑스, 룩셈부르크, 네덜란드, 아일랜드의 경우 55-64세 연령층은 40퍼센트 이상 늘어날 것으로 추정된다. 현재 고령자들은 EU 전체 인구의 16퍼센트를 차지하지만 2010년이 되면 27퍼센트로 늘어날 전망이다.[17] 시간이 더 흐를수록 유럽의 인구 문제는 더욱 악화될 것이다. 2050년이 되면 고령자 인구는 35퍼센트로 늘어날 것이다. 어린이 한 명당 고령자가 2.4명이 될 것이고, 60세 이상이 유럽 전체 인구의 3분의 1을 차지할 전망이다.[18] 그 결과 유럽인들 나이의 중앙값이 현재의 37.7세에서 2050 52.3세가 될 것이다. 반면 2050년 미국인의 나이 중앙값은 35.4세 정도까지만 증가할 것으로 추정된다.[19] 유럽 전체의 인구는 2000년에서 2050년 사이에 13퍼센트나 줄어들 전망이다.[20] 일부 유럽 국가의 경우는 더 심각하다. 이탈리아는 2050년까지 전체 인구의 5분의 1이 줄어들 전망이다. (이탈리아는 인구의 25퍼센트가 60세 이상으로 이미 세계 최고령 국가다.)[21] 스페인의 인구는 현재 3990만 명이지만 2050년에는 3130만 명으로 줄어들 전망이다.[22]

문제의 핵심은 유럽의 매우 낮은 출산율이다. 유럽은 세계 어느 지역보다 출산율이 낮다. 세계보건기구(WHO)에 따르면 스페인, 스웨덴, 독일, 그리스의 출산율은 1.4퍼센트 이하다. 불가리아, 라트비아, 우크라이나 등 동유럽 국가들의 출산율은 1.1퍼센트로 더 낮다.[23]

역사적으로 비교해 보면 사태의 심각성이 더 잘 드러난다. 1950년 서독에서 태어난 여성 가운데 자녀가 없는 사람이 14.9퍼센트였다. 그러나 1965년 서독에서 태어난 여성 가운데 출산을 하지 않은 사람은 31.2퍼센트였다.[24]

유럽 집행위원회는 "수세기 동안 계속되던 유럽의 인구 증가가 이제 끝나 가고 있다."고 경고했다.[25] 영국의 《파이낸셜 타임스》 칼럼니스트 마틴 울프는 한술 더 떠 "유럽은 거대한 양로원이 되어 가고 있다."고 극단적인 표현을 사용했다.[26]

이런 음울한 통계 데이터에서 찾을 수 있는 유일한 장점은 EU가 현재의 25개 회원국에서 예상대로 28개 회원국으로 늘어날 경우 전체 인구가 5억 5000만 명 선을 넘을 것이라는 사실이다. 출산율이 유럽보다 높은 미국은 빨라도 2050년이 되어야 인구가 5억 5000만 명 선에 이를 전망이다.[27]

그러나 회원국 수가 늘어나 인구가 증가한다고 해도 고령화 문제는 해결되지 않는다. 유럽의 각국 정부들은 그 점을 우려하고 있다. 그들은 출산율을 높이기 위해 다양한 프로그램을 시행하고 있다. 부모들에게 세제상 특전과 유급 출산 휴가, 무료 탁아 서비스를 제공하고, 대가족을 위한 에너지 요금 인하, 젊은 부모들을 위한 주택 구입 보조금 지급 등의 지원책을 도입하고 있다. 그런데도 지금까지 그런 프로그램은 거의 효과를 내지 못하고 있다.[28]

출산율이 계속 떨어지는 이유는 여러 가지다. 유럽인들은 더욱 오래 학교를 다니며 결혼을 더 늦추고 있다. 직장 여성들은 자녀를 갖는 문제에 대한 결정을 미룬다. 또 웬만해서는 맞벌이를 하지 않고서는 자랄 때 누렸던 생활 수준을 유지할 수 없다. 피임, 낙태, 이혼도 출산율 저하에 한몫하고 있다. 더구나 젊은 세대 가운데 다수가 부모로서의 책임에 얽매이기보다 자유롭게 삶을 즐기고 싶어 한다.

유럽은 인구 고령화로 21세기 중반까지 경제적 경쟁력을 잃게 될 가능성이 있다. 이미 경고 조짐이 나타나고 있다. 유럽 전역에서 젊은 근로자들은 자칭 "세대 정의generational justice" 구현을 위해 조직을 만들고 있다.[29] 그들은 고령 인구를 자신들이 부양해야 한다는 데 큰 부담을 느끼고 있다. 최근 파리에서는 젊은이 3만 명이 거리로 뛰쳐나와 부모 세대에게 제공되는 보조금이 지나치게 많다며 시위를 벌였다.[30]

프랑스의 경우 2006년이 되면 노동력에 새로 유입되는 인구보다 은퇴하는 인구가 더 많아질 것이다. 그 결과 은퇴 보조금을 충당하는 데 필요한 세금을 납입할 노동 인구가 더 적어지게 된다. 그 문제를 해결하기 위해 프랑스 정부는 연금 프로그램의 대대적인 개혁을 제의하고 있다. 다른 유럽 국가들의 사정도 마찬가지다. 프랑스가 제시한 새 법안에 따르면 연금 수당의 전액을 받으려면 근로 연수가 40년이 되어야 한다.(현재는 37.5년만 일하면 전액을 받을 수 있다.)[31] 노조는 새 법안에 격렬하게 반대하면서 전국적으로 1일 파업을 여러 차례 벌였다.[32] 그러나 장 피에르 라파랭 프랑스 총리는 연금 개혁을 계속 추진하겠다고 다짐했다. 그는 "그것이 미래 세대에 대한 나의 임무"라고 말했다.[33]

독일의 경우 은퇴자들의 연금은 이미 국내총생산(GDP)의 15퍼센트를 차지하고 있으며 2040년이 되면 26퍼센트까지 올라갈 전망이다.[34] 오스트리아 정부는 연금 수당을 10퍼센트 삭감했으며 은퇴 연령을 60세에서 65세로 점차 늘려 가고 있다.[35]

점점 줄어드는 젊은 근로자들이 점점 늘어나는 나이 많은 근로자들(그들 중 많은 사람은 55세에 은퇴해 근로 연수보다 더 긴 기간을 연금으로 살아간다.)의 은퇴 수당을 충당하는 것은 성립될 수 없는 일이다. 경제학자들은 늘어나는 은퇴자들을 부양해야 하는 부담이 늘어나면 유럽 경제가 큰 어려움에 처할 수 있다고 경고한다. EU 집행위원회는 세계 GDP에서 EU가 차지하는 비율이 현재 30퍼센트에서 21세기 후반부가 되면 10퍼센트 아래로 떨어져 유럽이 2류 경제권으로 밀려날 것으로 추정한다.[36] 어떤 식으로 대처하든 유럽의 인구 고령화는 유럽 경제에 점점 큰 부담으로 작용할 것이 확실하다.

유럽은 이런 인구 문제로 인해 심한 딜레마에 빠져 있다. 출산율이 기적적으로 늘어나면 좋겠지만 그것은 거의 불가능한 일이기 때문에 유일한 해결책은 이민의 문호를 개방하는 길뿐이다. 볼프강 루츠, 브라이언 C. 오닐, 세르게이 셰르보프는 유럽의 인구 구성 변화를 주제로 한 《사이언스》 기고문(2003년)에서 "세계가 가장 경쟁이 치열한 단계로 진입하고 있는 시점에서 젊고 인구 구성상 유리한 미국과 아시아 국가들에 비해 유럽의 경쟁력이 떨어질 것이라는 우려가 있다."고 적었다.[37] 그들은 유럽 여성들이 자녀를 평균 한 명씩 더 가지는 것에 맞먹으려면 이민을 연간 100만 명 이상 받아들여야 한다고 결론지었다.[38] 독일의 경우 인구가 현재의 8300만 명에서 7000만 명 이하로 떨어지는 것을 막고 인구 고령화(이대로 갈 경우 평균 연령이 현재의 41세에서 2050년 49세로 늘어날 전망이다.)를 역전시키려면 향후 30년 동안 매년 50만 명의 젊은 이민자들을 받아들여야 한다고 그들은 말했다.[39]

유러피언 드림의 가장 어려운 시험은 이민 문제가 될 것이다. 문화의 다양성과 포용성을 말로 부르짖기는 쉽지만 외부인들에게 문호를 개방해 자신들의 공간과 부를 나눠 갖기는 결코 쉽지 않다.

어느 정도까지는 유럽인들이 원치 않는 선택을 강요받고 있다고 느낀다. 다음 수십 년 동안 대규모 이민 유입이 없다면 유럽의 인구 고령화는 더욱 심화되어 '대(大)유럽 건설' 프로젝트는 무산되고 말 것이다. 다른 한편으로 유럽 경제가 세계 무대에서 버틸 수 있도록 대규모 이민을 받아들인다면 이미 압박을 받고 있는 정부 복지 예산과 문화 정체성이 위협받게 될 것이다.

미국의 경우 아무도 거주하지 않는 값싼 땅이 많기 때문에 대규모 이민 유입을 받아들이는 것이 상대적으로 쉽다. 그러나 유럽의 모든 곳은 이미 오래전부터 다양한 문화 그룹들에 의해 빼빽이 채워져 있다. 외부인들을 흡수할 수 있는 빈 공간이 거의 없다. 유럽에 새로 유입되는 이민자 대다수는 이미 인구가 과밀한 도시 및 교외 지역으로 흘러 들어가며 거기서 현지인들뿐만 아니라 다른 나라 출신의 이민자 그룹들과도 거주 장소와 생계를 위해 다투어야 한다.

지금부터 2050년 사이에 유럽에 5000만 명의 이민이 유입되는 것을 상상하기는 어렵다.[40] EU 집행위원회는 그 정도로도 2050년의 고령자 비율을 낮추는 데 큰 도움은 되지 않는다고 말한다.[41] 집행위원회에 따르면 이민자들이 유럽의 노동 시장에서 특정한 공백을 메우는 데 기여할 수는 있지만 유럽의 인구 고령화를 막거나 역전시킬 수는 없다.[42] 진정한 효과를 보려면 활발한 이민 유입에다 출산율의 대폭 증가가 동시에 이루어져야 한다. 다시 말해 출산율을 2.1퍼센트로 올려야 하다는 의미다. 그것은 유럽이 현재의 인구를 그대로 유지할 수 있는 수준이다.[43]

고령화되고 있는 인구와 '젊은' 꿈 사이에는 큰 괴리가 있어 보인다. 그런데도 유럽인들이 유러피언 드림을 추구한다는 것은 아주 특이한 현상이다. 과거에는 젊음의 활력과 역동성으로 가득한 문명이 미래를 위한 강력한 새로운 꿈을 만들어 냈다. 프랑스와 미국의 혁명은 젊은이들에 의해 이루어졌다. 미국과 프랑스 혁명 둘 다에서 싸운 위대한 혁명 지도자는 토머스 페인이었다. 그는 "모든 연령층 및 세대는 그 이전의 연령층 및 세대가 그랬던 것처럼 모든 면에서 자신을 위해 자유롭게 행동할 수 있어야 한다."고 역설했다.[44]

새로운 유러피언 드림은 그와는 완전히 다른 종류의 꿈이다. 초기 아메리칸 드림에는 위대한 업적을 남기도록 선택받은 젊은이들의 비전과 열정이 담겨 있었지만 유러피언 드림에서는 그런 것을 찾아볼 수 없다. 유러피언 드림에서는 신앙보다는 인내심이 요구된다. 그 목표는 주도권 차지가 아니라 한데 어우러지는 조화다. 그것은 사람들이 서로 평화롭게 살며, 높은 삶의 질을 누리고, 개인의 변화라는 겸허한 꿈을 이룰 기회를 갖는 미래 세계를 추구하는 꿈이다. 한마디로 말해 유러피언 드림을 이끄는 것은 젊음의 혈기가 아니라 노련하고 성숙한 지혜다.

꿈은 언제나 미래에 대한 희망을 담고 있다. 미국으로 건너간 이민자들은 후손들에게 더 나은 세상을 만들어 주기 위해 자신을 기꺼이 희생하려 했다. 그들의 희망은 후손들이었기에 그들은 출산을 신성시했다. 자녀를 갖는 것은 미래에 대한 믿음의 리트머스 테스트인 셈이었다. 그렇다면 노력의 과실을 따먹을 후손들을 생산하는 데 적극적이지 않은 유럽인들에게 과연 유러피언 드림이 있을 수 있는가?

출산율을 높이고 이민자들을 받아들이려면 어느 정도의 자기 희생이 필요하다. 그렇다면 문제는 이것이다. 지금 이 순간의 삶의 질과 개인적 변화가 먼 미래의 후손들을 위한 희생보다 중시되는 포스트모던 세계에서 유럽인들이 후손들에게 혜택이 가도록 자신들의 현재 이익을 포기할 수 있을까? 유러피언 드림의 성패는 주로 유럽의 현세대가 출산율과 이민 문제를 어떻게 다룰 것인지에 달려 있다고 해도 과언이 아니다. 미래에 그 혜택을 누릴 후손들이 없다면 꿈이 무슨 소용인가? 유러피언 드림이 계속 이어지고 성취되려면 유럽인들은 가장 중요한 문제 두 가지를 반드시 해결해야 한다. 지속 가능한 방식으로 출산율을 늘리고, 이민자들을 수용하는 문제다.

이질적인 문화와 다양성의 존중

유럽에서 이민자들이 정착하는 방식은 미국의 경우와는 기본적으로 다르다. 미국에서는 이민자들이 지배적인 주류 문화로 신속히 동화되었다. 대다수는 과거를 버리고 새로운 삶을 찾으려 했다. 그들의 목표는 미국인이 되는 것이었다. 미국의 이민 2세들은 부모 세대의 관습과 생활방식을 부끄러워하며 과거에서 탈피하려 애썼다. '과거를 털고 다시 시작하는 것'이 아메리칸 드림의 핵심이었다.

그러나 유럽의 이민 역학은 상당히 다르게 나타난다. 우선 이민자들 사이에서 지배적인 문화에 동화되려는 의지가 약하다. 대다수는 모국의 문화를 그대로 유지한다. 집시들이 수세기 동안 그랬던 것과 마찬가지다. 그런 문화적 이질감은 이민이 과연 바람직하냐는 회의론으로 이어졌고 그 과정에서 유럽뿐만 아니라 세계 전역에서 새로운 문제와 기회가 생겼다.

민족학자들은 지금 이 지구상에 2,000개 이상의 민족이 살고 있는 것으로 확인했다. 국제법에 따라 200개 민족국가들만 인정되기 때문에 대다수는 소속 국가에서 소수민족으로 살아가거나 정착지를 찾기 위해 세계를 방랑하고 있다.[45]

금융, 통신, 운송의 세계화는 인력의 세계적 흐름을 가속화하고 있다. 지금 우리 세계는 개인이나 집단이 자본의 흐름을 따라가기 위해 이리저리 옮겨다님으로써 이주의 대격변을 겪고 있다. 매년 수백만 명의 사람들이 이동하고 있으며, 대다수는 좀더 풍요로운 땅에서 새로운 경제적 기회를 찾기 위해 남에서 북으로, 동에서 서로 이동하고 있다. 민족 집단의 경우는 지난 2,000년 동안 세계를 헤맨 유대인들 신세가 되었다. 그중 화교(華僑)를 비롯한 여러 민족은 해외에서 자신들의 문화를 재창조하기 위해 치밀하게 조직된 공동체로 존재한다. 현재 5000만 명의 중국인들이 그런 식으로 해외에서 살고 있는 것으로 추정된다.[46]

해외에 거주하며 그곳의 지배적 문화에 동화되지 않고 자신들만의 공동체를 구성하는 소수민족 집단은 여전히 자신들의 모국에 애착을 갖는다. 모국이란 주로 영토로 규정되지만 공통 관습과 전통, 공통 언어와 민속 및 종교에 의해 규정되기도 한다.

특히 통신과 운송 수단의 발전으로 사람들은 동시에 두 세계에서 살 수 있게 되었다. 과거에는 육로나 해로로 먼 곳에 이주하면 그것은 주로 영구적인 이주가 되어서 모국으로 돌아가는 사람이 거의 없었다. 편지를 통한 소식 전달은 너무 예측 불가능하고 오래 걸렸기 때문에 고국의 친지와 연락을 유지하는 경우도 드물었다. 그에 따라 모국의 문화 풍습은 새로운 곳에 정착한 이민자들의 생활방식과 마음에 한동안은 남아 있었지만 대개 이삼 세대가 지나면 저절로 사라졌다.

그러나 요즘은 상황이 크게 다르다. 예를 들어 미국에 정착한 이집트인은 고국의 텔레비전을 하루 24시간 시청할 수 있다. 스포츠, 연예, 뉴스 프로그램으로 이민자들은 고국의 최신 동향을 즉시 알 수 있으며, 인터넷, 지상 통신선, 휴대폰으로 고국의 친지들과 실시간으로 연락할 수 있다. 또 저렴한 항공료로 수시로 고국을 방문할 수도 있다. 아울러 네트워크를 통해 세계 각지에 정착한 동포들과 경제적, 사회적, 심지어 정치적 활동까지 같이할 수 있다. 이런 동포 간의 세계적인 교류는 새로운 차원의 문화를 만들어 내고 있다. 이제 문화는 더 이상 지리적 여건에 구속되지 않고 영토를 초월해 쉽게 이동할 수 있게 되었다. 따라서 개인의 존재 의식은 장소보다는 사고를 기초로 하게 되었다. 문화도 경제와 정치 활동처럼 국경을 초월해 세계화되고 있다.

독일의 사회학자 울리히 벡은 요즘 사람들은 자신의 문화를 "이곳과 저곳 양쪽 다에서" 누릴 수 있다고 말했다.[47] 그런 현상이 가장 극명하게 나타나는 부분이 바로 멕시코와 미국 사이의 이주 흐름이다. 미국의 사회학자 로버트 스미스는 미국 내의 멕시코인 공동체를 자세히 연구했다. 그 연구는 21세기의 포스트모던 이민이 19-20세기의 '도가니 melting pot'〔영국 소설가 쟁윌의 희곡『도가니』(1908)에서 비롯된 용어로, 다양한 계층과 민족의 사람들이 용광로에서처럼 하나가 되어 새로운 미국인이 탄생된다는 의미다.〕 모델과 어떻게 다른지 잘 보여 준다.

스미스는 멕시코 이주 노동자들로 구성된 뉴욕의 모국 지원 위원회의 사례를 제시했다. 그들은 고국의 고향에 교회, 건물, 광장을 건설하고 수도관 설치를 위해 기금을 모았다. 그들이 모은 기금은 고국 마을의 인프라 구축을 위해 할당되는 지역사회의 공공예산보다 많았다. 또 그들은 자신들이 모은 기금이 어떻게 사용되어야 할지 결정하는 데 적극 참여했고 음성과 화상을 이용한 원격 회의를 통해 고국의 관리들과 대화를 계속했다.[48] 심지어 멕시코의 시장들이 이주 노동자 협회에 지역사회 투자 제안서를 제출하기 위해 뉴욕을 방문하기도 했다.[49]

초국가적 비즈니스는 미국 내의 멕시코 이민자들과 멕시코 내의 기업체도 연결시켜 준다. 예를 들어 뉴욕에서 토르티야〔옥수수로 만든 멕시코의 납작한 빵〕를 생산하는 가족 경영 회사 라푸에블라 식품은 멕시코의 사업 및 시장과 연계해 생산과 판매를 한다. 나름대로의 초국가적 상거래를 하는 것이다.

더구나 미국에 정착하는 멕시코 이민자들이 점점 많아지면서 그들의 정치적인 영향력도 커지고 있다. 미국 남서부 지방의 대다수 선거구에서 출마하는 정치인들은 멕시코계 미국인 유권자들의 지지 없이는 선출될 가망이 없다. 그로 인해 멕시코계 미국인 단체들은 모국의 중요한 국익에 관련된 미국의 정책 결정 과정에 영향력을 발휘할 수 있다.[50] 멕시코계 미국인들만 그런 것은 아니다. 예를 들어 미국의 이민자들이 모국의 고향으로 송금하는 액수만 해도 연간 1000억 달러가 넘는 것으로 추정된다. 그중 60퍼센트는 개도국으로 송금된다. 제3세계에 대한 미국의 공식 개발 원조를 능가하는 금액이다.[51]

선진국 내부에 정착하는 배타적 이문화 집단의 확산은 현지인들에게 성가시며 심지어 위협적인 경우가 많았다. 유럽, 특히 프랑스로 유입된 이슬람 신자들이 좋은 사례다. 현재 프랑스 인구의 8퍼센트(약 500만 명)가 이슬람 신자다. 대부분 알제리, 모로코, 튀니지 출신인 그들 가운데 다수는 이민 이삼 세대다.[52] 그들은 자신을 프랑스 국민인 동시에 이슬람 신자로 간주한다. 그러나 그 두 가지 정체성의 이해 관계는 종종 상충된다.

2003년 프랑스 리옹에서 공립학교에 다니는 16세의 한 이슬람 소녀가 히잡(이슬람 여성들이 머리에 쓰는 스카프)을 착용하고 등교했다. 그리하여 이민자들의 적절한 행동에 관한 정치적 논란이 프랑스 전역에서 촉발되었다. 교사들은 그 소녀의 행동이 도발적이며 분열을 조장한다고 판단하고 수업 참석을 불허했다. 교내에서 종교적 상징물의 "과시"를 금할 수 있는 권한을 학교 당국에 부여한 1994년의 정부 시책이 그 근거였다. 히잡 문제의 공식 중재자인 하니파 체리피는 소녀의 가족과 학교 당국 사이의 타협을 이끌어 내는 데 성공했다. 그러나 그 타협안이 나오기도 전에 이미 프랑스 대중은 그 문제에 대한 찬반론으로 서로 격렬한 논쟁을 벌였다.[53]

프랑스의 이슬람 신자들은 독자적인 종교와 관습을 따를 수 있는 소녀의 권리가 침해당했다고 주장했다. 그러나 정부 관리들은 프랑스가 건국 이래 국민 통합을 강조해 왔기 때문에 프랑스 내의 소수민족이나 별도 국가를 허용하지 않는다고 주장했다. 국민 통합 문제와 관련해 정부에 자문을 제공하는 독립 기관인 통합고등위원회의 로제르 포루 위원장은 "프랑스 건국 이래 항상 한 가지 강박 관념이 있었다. 그것은 프랑스 국민들의 단결심이 허약하기 때문에 더 허약하게 만들지 말자는 것"이라며 프랑스 토박이를 옹호했다.[54] 2004년 2월 12일 프랑스 의회는 공립학교에서 이슬람교의 히잡, 기독교의 십자가, 유대교의 모자 등 종교적 상징물의 착용을 금하는 법안을 494 대 36으로 통과시켰다. 이 새 법은 프랑스 국민 대다수의 정서를 반영한 것이지만 이미 심한 소외감을 갖고 있는 프랑스의 이슬람 신자들을 더욱 격분케 했다.[55]

최근 몇십 년 동안 이슬람 신자들과 다른 이민자들이 프랑스로 몰려들면서 국민 융합에 대한 프랑스의 이상은 점점 더 도전받고 있다. 프랑스 제2의 도시로 인구의 10퍼센트가 아랍인이며 17퍼센트가 이슬람 신자인 마르세유에서는 "과연 무엇이 프랑스 정통 문화인가?"가 화두로 떠오르고 있다. 마르세유의 아랍계 라디오 방송사의 사장 무스타파 제르구어는 "프랑스는 더 이상 바게트 빵과 베레모의 나라가 아니라 '알라후 아크바르'['신은 무엇보다도 위대하다.'는 뜻의 이슬람교 기도 문구]와 이슬람 사원의 나라"라고 꼬집었다.[56]

이슬람 집단은 프랑스의 일부를 초국가적 다문화 공간으로 변모시키고 있다. 이민자 대다수는 가난하며, 차별에 시달리고, 직업이 없으며, 범죄율이 높은 빈민가에 산다. 그들을 의심의 눈초리로 바라

보고 두려워하는 프랑스의 구세대들이 점점 늘고 있다. 동시에 젊은 이슬람 신자들은 비참한 생활 여건 때문에 극단적인 이슬람 원리주의로 치닫고 있다. 특히 알카에다를 비롯한 이슬람 무장 단체들이 이슬람 젊은이들을 테러리스트로 끌어들이는 데 성공하자 프랑스인들은 더욱 두려움에 떨고 있다.

2003년 프랑스 정부는 국가적 차원에서 이슬람 신자들을 대변할 수 있는 조직으로 프랑스이슬람위원회를 설립했다. 또 프랑스는 가난한 이슬람 청소년들을 돕기 위해 미국식 '어퍼머티브 액션' [affirmative action: 소수민족 등 사회적 약자 보호법]을 도입해 시험하고 있다.[57]

유럽에서 늘어나는 이슬람계 이민자 문제에 직면하고 있는 나라는 프랑스만이 아니다. 현재 1000만 명 이상의 이슬람계 이민자가 EU 내에 살고 있다. 아울러 보스니아, 알바니아, 코소보 등의 나라에 수세기 전부터 살고 있는 이슬람 신자의 수도 약 500만 명이나 된다. 유럽은 향후 10년 동안 약 1000만 명의 이슬람 신자들을 더 받아들일 것으로 예상된다. 또 터키가 EU에 가입하면 6000만 명의 이슬람 신자들이 추가로 EU 시민 대열에 합류하게 될 것이다. 인구학자들은 유럽 토박이 인구의 고령화가 진행되면서 대가족을 거느린 젊은 이슬람계 인구가 유럽 전체 인구의 10퍼센트 이상을 차지하게 될 것이며, 21세기 중반이 되면 그 수는 더 늘어날 것으로 전망한다.

이미 독일에서는 터키 출신의 이슬람계, 영국에서는 파키스탄 출신의 이슬람계, 스페인에서는 모로코 출신의 이슬람계가 상당한 규모의 문화 집단을 형성하고 있다.[58] 그들의 존재로 유럽 국가들 자체가 변하고 있다. 영국의 작가 티모시 가턴 애시는 《뉴욕 타임스 매거진》 기고문에서 이슬람계 이민자들의 광범위한 영향력을 이렇게 비유적으로 표현했다. "오늘 나는 이슬람 신자가 운영하는 가판대에서 신문을 샀고, 이슬람계 세탁소에서 세탁물을 찾았으며, 이슬람계 약국에서 처방약을 조제받았다. 그것도 녹음이 무성한 노스옥스퍼드에서 말이다."[59]

이슬람의 영향력이 특히 문제가 되는 것은 이슬람교가 스스로를 인류 보편적이고 절대적인 신앙으로 간주하기 때문이다. 이슬람 신앙은 다른 문화 또는 정치 체제에 대한 믿음을 대체한다. 독실한 이슬람 신자들은 이슬람 신앙을 떠받들고 다른 이슬람 신자들과 결속을 다지는 것이 첫 번째 임무라고 믿는다. 이슬람권 사람들의 국가에 대한 충성심은 기독교 세계보다 훨씬 약하다. 애국이 그들의 사고에서 핵심을 이루지 않는 것이다. 9·11 테러 이후 테러 단체에 대한 자금 및 정치적 지원, 심지어 준(準)군사적 지원이 제공되는 세계적인 이슬람 네트워크가 밝혀지면서 비(非)이슬람계의 불안감은 더욱 커졌다.

유럽에 대한 테러 공격의 가능성을 둘러싼 우려는 2004년 3월 11일 현실로 나타났다. 모로코의 이슬람 전투 그룹의 이슬람 신자들이 마드리드 시내의 통근 열차들을 폭파해 200명이 사망하고 1,500명 이상이 부상당했다.(알카에다와 연계한 것으로 추정된다.) 50여 년 만에 유럽에서 일어난 최악의 테러 공격이었다. 그 사건으로 유럽 대륙은 크게 동요했다. 그 직후 치러진 총선에서 스페인의 유권자들은 중도우파인 집권 국민당 대신 사회당을 지지했다. 1년 전 미국을 지지하며 이라크에 파병한 데 대한 반대 표시였다. 신임 사회당 총리 호세 루이스 로드리게스 사파테로는 "이라크전이 폭력과 증오만 불러온 재난"이라고 선언하며 이라크 주둔 스페인군을 철수시켰다.[60]

마드리드 폭탄 테러 용의자 가운데 스페인 국적은 한 명뿐이었다. 그런데도 스페인 국민뿐만 아니라 유럽인 전체는 EU 이외 지역의 테러리스트들이 유럽에 살고 있는 이슬람 신자 집단 사이에 은신하며 대원들을 모집하고 현지 조직을 만들고 있는지도 모른다고 우려한다.

이슬람 신자 대다수는 정착한 국가에서 법을 준수하고 평화롭게 살아가지만 일부는 자신이 속한 국가보다 이슬람교를 더 중시한다고 말할 수 있다.(물론 정통파 유대교 신자들과 기독교 원리주의자들의 경우도 마찬가지다.) 사실 그런 '보편주의'로 말미암아 어느 다른 집단보다 이슬람권이 세계화된 세계에 더 잘 적응할 가능성이 있다. 문제는 이슬람 신앙이 다른 종교와 문화를 거부감 없이 수용할 수 있을지 여부다. 13-15세기에 이슬람교가 전성기를 누렸을 때는 실제로 다른 종교와 문화를 폭넓게 수용했다.

국경을 초월하는 다양한 문화 집단들은 국민과 재산, 그리고 영토 사이의 전통적 관계를 허물고 있다. 오랫동안 국민, 재산, 영토, 이 세 가지는 불가분의 관계에 있었지만 이제는 그렇지 않다. 오늘날 문화는 가상과 현실 둘 다의 영역에 똑같이 존재한다. 다양한 문화 집단은 세계 각지로 퍼져 나가면서 네트워크의 '접속점 node'과 유사한 형태로 재조직되기 시작했다. 문화 집단의 구성원들은 첨단 통신 및 운송 기술을 통해 국경을 초월해 멀리 떨어져 있는 같은 문화 집단의 구성원들과 사회적으로, 경제적으로 연결되어 있다. 또 그런 문화 집단은 점점 더 세계화되어 가는 세계에서 자신들의 정체성을 유지할 수 있게 해 주는 수단으로 작용한다. 새로운 시대에는 모든 것이 유동적이다. 자본, 신용, 투자의 형태로 이루어지는 재산조차도 영토에 구속되지 않고 세계적인 문화 집단 네트워크 안에서 접속점 사이를 자유롭게 이동한다.

좀더 넓은 시각에서 보면 이런 문화 집단의 확산은 국가라는 틀 안의 제한된 시스템으로서 '공공영역'이라는 개념이 더 이상 유효하지 않음을 의미한다. 다시 말해 국경 내부와 외부에 공히 존재하며 영토에 구속되지 않는 다양한 문화 집단들로 구성되는 진정한 글로벌 공공 영역이 구축되고 있다는 의미다.

예일 대학교 인류학자 아르준 아파두라이는 서로 다른 문화 집단 사이에서 발생하는 폭력 사태의 대부분이 통치 체제를 영토 및 국가와 결부시키는 기존의 정치 논리에서 탈피하지 못한 결과라고 주장했다.

탈영토 집단들 다수는 기존의 국가 개념이라는 옛 사고방식에서 벗어나지 못하고 있다. 사실 그것 자체가 세계 각지에서 발생하는 폭력 사태 대부분의 원인이다. 기존의 국가 체제에서 벗어나는 것을 목적으로 하는 해방 운동과 정체성 찾기 운동 가운데 다수가 그 투쟁의 과정에서 오히려 옛 사고방식을 수용해 가고 있기 때문이다.[61]

아파두라이에 따르면 각 문화 집단은 "복잡하고 영토를 초월하는 시스템을 적절하게 표현할 수 있는" 용어를 만들어 내지 못하고 있다. 그는 이렇게 결론지었다. "일반인들의 사고방식도, 학계의 논리도, 이민 집단이 되는 것과 문화 집단 네트워크의 한 접속점이 되는 것의 차이점을 이해하지 못하고 있다."[62]

그렇다면 사람들이 마치 옆 마을에 이사를 가는 것처럼 쉽게 세계의 한 지역에서 다른 지역으로 거주지를 옮기게 되면 어떤 현상이 나타날까? 또 세계 어디에 정착하든 자신의 문화적 정체성을 그대로 유지함으로써 세계의 '이곳과 저곳'에서 동시에 존재할 수 있다면 지리적 정의에 근거한 정치를 어떻게 수정할 수 있을까? 문화 집단에 기초한 정치는 속성상 그 시각과 사고 기준에서 초국가적이며 세계적이다. 세계 각지의 문화 집단이 모여들어 이루는 유럽은 사실상 세계적인 공공영역이 되는 것이다.

다양한 문화 집단으로 구성되는 세계에서는 정착하는 나라에 충성을 서약하는 기존의 개념이 점차 많은 문제를 낳게 된다. 미국인, 프랑스인, 독일인, 영국인이 자기 땅에서 다른 정체성을 주장하는 이민자들과 함께 더불어 사는 것을 진심으로 수용할 수 있겠는가? 또 이민자들이 그 나라를 지키기 위해 전쟁터에 나가 기꺼이 목숨을 바치려고 하겠는가?

영토와 국가에 대한 확고한 소속감과 충성심이 없는 상태에서 서로 다른 문화적 정체성을 가진 사람들이 어떻게 서로 갈등을 빚지 않고 더불어 살아갈 수 있을까? 공통의 영토도 없고, 애국심도 없고, 공통의 이념도 없다면 그들을 결속시킬 수 있는 것이 무엇일까?

그에 대한 대답은 세계화된 세계에서 정치적 공간과 시간의 개념을 수정하는 것으로 시작될 수 있다. 지금까지 우리는 세계화에 따라 일어나고 있는 공간과 시간 개념의 수정에 관한 다양한 면들을 논했지만 두 가지를 더 살펴볼 필요가 있다.

다중 공간과 심원한 시간에서 살아가는 법

우선 다양한 문화 집단으로 구성되는 세계에서는 정치적 공간이 더욱 복잡하다. 버지니아 대학교의 신학자 존 밀뱅크는 헤들리 불의 '신중세 정치 체제' 이론을 기초로 "계몽주의적 단순 공간 개념"은 서로 상충되는 동시에 중복되는 현실의 복잡한 세계에 적합하지 않은 편협한 개념이라고 주장했다.[63] 관념적인 척도, 위치, 경계를 강조하는 계몽주의적 공간은 삶의 공간 안에서 서로 상충하는 충성심과 목표 의식을 제대로 수용할 수 없다. 밀뱅크는 계몽주의 이전의 "중세적인 복잡한 공간"이 공간 영역의 개념을 수정하는 데 더 적합한 비유가 될지 모른다고 주장했다.[64] 중세 세계에서 공간은 영토보다는 서로간의 관계에 기초했으며 경계선이 분명하다기보다는 투과성이 더 강했다. 공적인 삶과 사적인 삶을 구분하는 경계가 훨씬 적었으며, 인간의 활동은 서로 중복되는 복잡한 관계로 얽혀 있었다. 미셸 푸코는 중세의 공간 인식을 이렇게 설명했다.

중세에는 성스러운 장소와 세속적인 장소, 폐쇄되고 보호받는 장소와 개방되고 노출된 장소, 도회지와 시골 등 인간의 실제 삶과 관련된 공간들이 계층적으로 조화를 이루었다. 우주론적 이론에서는 공간이 하늘을 초월하는 장소와 하늘, 그리고 땅으로 구분되었다. ……이렇게 서로 상반되고 교차하는 완벽한 계층적 구조가 흔히들 개략적으로 일컫는 중세 공간, 즉 신분에 따라 자신의 위치가 분명히 정해지는 공간을 구성했다.[65]

문화 집단은 '이곳과 저곳'에 동시에 존재하기 때문에 공간이 아니라 시간과 연관되어 있고, 그에 따라 지리적 위치에 구속받지 않는다. 사람들이 동시에 여러 곳에서 살며 다양한 목표를 갖고 있기 때문에 정치적 공간의 정의도 영토의 경직된 한계를 탈피하는 식으로 재조정되어야 할 필요가 있다. 일부 학자들은 '미로의 유럽 Maze Europe'이라는 개념을 거론한다. 유럽 전체를 고정된 경계선 대신 다단계의 규제 시스템으로 연결되는 유동적인 경계선과 상호 작용의 지대로 파악해야 한다는 것이다.[66] 각 지역, 시민사회단체(CSO), 문화 집단이 전통적인 국경을 초월해 상호 작용하는 가운데 EU는 실제로 그렇게 변하고 있다. 그런 변화는 EU의 주변에서도 일어나고 있다. EU와 경계를 맞대고 있는 많은 국가들뿐만 아니라 상당히 먼 거리에 떨어져 있는 국가들도 EU와 다양한 '제휴 관계'를 맺고 있다. EU와 이웃 국가들 사이의 경제, 정치, 문화적 교류가 증가하면서 모든 국경들이 더욱 흐릿해지고 있는 것이다. 하버드 대학교의 존 제러드 러기는 적어도 지금까지 EU의 임무는 영토를 탈피하는 것이었다고 주장했다.[67]

다른 한편으로 EU는 불법 이민자들의 유입을 막기 위해 국경 경비를 강화하는 강력한 조치를 취하고 있다. EU 국경을 경비하고 불법 이민 유입을 막기 위해 공동으로 대처한다는 내용의 쉥겐 협정이 회원국들 사이에서 적극적으로 시행되고 있는 것이다. 사실 그것은 분명히 모순이다. EU는 영토를 기반으로 한 기존의 정치와 글로벌 공간을 기반으로 한 새로운 정치 사이에서 고민하고 있다. 권위와 정통성이 영토와 결부되어 있는 회원국들로 인해 빚어지는 제약 속에서 글로벌한 정치 및 경제 현실을 수용하려고 애쓰고 있는 것이다. 자크 들로르 전 EU 집행위원장이 EU를 "미확인 정치 물체" (UPO: unidentified political object)라고 부른 것도 충분히 이해할 만하다.[68]

다양한 문화 집단의 존재와 글로벌화된 경제의 흐름을 감안하면 EU가 지리적 개념을 혼동하는 것은 당연하다고 볼 수 있다. 특히 새 회원국을 받아들이는 문제가 대두될 때 그런 혼동은 더욱 분명히 드러난다. EU 설계자들 가운데 일부는 자신들의 학창 시절인 1968년 봄을 기억한다. 당시 프랑스 급진파들은 "국경 무용론"을 제기했다.[69] EU는 포용성을 주장하며 보편적인 원칙에 근거해 회원국을 받아들여야 한다고 말한다. 일부 관측통들은 "해안 경계가 없는 유럽"의 태동을 예견하기도 했다.[70] 물론 세계 전체를 아우르는 유럽을 진지하게 주장하는 사람은 없다. 그러나 EU가 "영토를 기반으로 하는 정치 체제와의 단절을 상징한다."는 생각이 많은 사람들 사이에서 점차 설득력을 얻고 있다.[71]

영토를 초월하는 정치 체제를 구축하는 데 있어서 가장 어려운 문제는 서로 경쟁하는 세력들을 공통의 목표 의식으로 통합하는 방법을 찾아내는 것이다. UN 평화유지최고책임자를 지낸 장 마리 구에헤노 전 UN 사무차장은 이렇게 요약했다. "유럽인들은 이제 지리적인 국경이라는 안락함을 잃었기 때문에 어떤 것이 공동 사회를 구성하는 유대감을 창출해 낼 수 있을지 찾아내는 것이 급선무다."[72]

새로운 공간적 현실이 계몽주의 시대의 단순한 기하학보다 훨씬 복잡하다면 그에 수반되는 시간적 개념의 변화 역시 그만큼 복잡하다. 아메리칸 드림의 시간적 개념이 오직 미래 지향적이었던 반면 새로운 유러피언 드림의 시간적 개념은 과거, 현재, 미래라는 세 가지의 시간 영역 전체를 단일 형태로 통합한다. 미국인들의 현실적인 생각은 자신의 노력으로 운명을 개척하는 것뿐이었다. 물질적이든 정서적이든 더 나은 미래를 위해 노력하는 것이 아메리칸 드림의 뿌리였다. 미국에 정착한 대다수 이민자들은 미래의 보상을 위해 과거를 잊고 현재를 희생했다. 반면 유러피언 드림은 그보다 훨씬 야심적이다. 유럽인들은 자신의 문화 유산을 보존하고 발전시키며, 현재 이 순간 높은 삶의 질을 누리고, 가까운 미래에 존속 가능하고 평화로운 세상을 건설하고 싶어 한다. 한 걸음 더 나아가 그들은 포용성, 다시 말해 모든 개인의 꿈을 똑같이 존중하는 것에 기초한 정치 체제의 구축까지도 원한다. 그것은 아무리 상상의 날개를 펴더라도 보통 어려운 도전이 아니다.

아무튼 현재 급진적으로 새로운 공간 및 시간 개념을 바탕으로 새로운 유러피언 드림이 태동하고 있는 것은 분명한 사실이다. 다만 거기서 결여된 것은 4억 5500만 명의 인구를 공동의 목표 의식 아래 한데 아우를 수 있는 강력한 사회적 접착제다. 유러피언 드림이 실현되려면 그 접착제는 영토와 국가를 바탕으로 국민들을 결속시키고 있는 기존의 사회적 접착제보다 훨씬 강력해야 한다.

13 다양성 속의 조화

유러피언 드림은 매력적이긴 하지만 너무 이상적이며 이룰 수 없는 꿈처럼 보인다. 수억의 인구가 그런 원대한 비전을 중심으로 뭉친다는 것은 상상하기 어렵다. 그러나 민주주의의 가치와 민족국가 이념을 축으로 사람들이 단합할 수 있다는 발상도 중세 말에는 그와 마찬가지로 터무니없고 황당한 소리로 들렸을 것이다. 문제는 과연 어떤 새로운 유대 고리가 사람들로 하여금 해묵은 관념에서 벗어나게 함으로써 유러피언 드림을 실현 가능한 보편적인 꿈으로 만들 수 있느냐는 것이다. 비록 쉬운 일은 아니지만 그것은 영토를 기초로 한 의무와 재산권에서 탈피해 세계 전체의 집단 참여에 기초한 의무와 보편적인 인권에 애착을 가져야 가능한 일이다.

공통 취약성과 세계화 의식

회의론자들과 냉소주의자들이 그런 발상을 전혀 실현 불가능한 꿈이라고 몰아붙이기 전에 먼저 말해 두고 싶은 것이 있다. 인류 역사의 어떤 시기보다 지금이 그런 비전의 실현 가능성이 더 높다는 점이다. 그것은 지금 위력을 떨치고 있는 세계화의 힘 때문이다.

첫째, 인류의 이동성 증가와 문화 이식 및 확산을 통한 문화의 탈공간화, 그리고 글로벌 공공광장의 등장으로 재산권과 좁은 영토적 이익이 인간사에서 차지하는 비중이 적어도 과거보다 줄었다.

둘째, 인간의 취약성 형태가 크게 변했다. 제한된 공간과 시간에서 삶이 이루어졌던 고대에는 모든 종류의 취약성도 그 공간과 시간에 한정되었다. 생존과 안전에 대한 위협이 거주지 가까운 곳에서 발생했다. 예를 들어 주변의 미개지, 서로 싸우는 영주들, 그리고 전염병이 미치는 영향은 좀처럼 해당 지역을 벗어나지 않았다. 따라서 안전을 제공하기 위해 필요한 통치 체제의 영향력도 해당 지역에 국한되었다. 그러나 현대에 들어와 통신과 교통의 발전으로 사람들이 먼 거리를 쉽게 오가고 수많은 교류가 이루어지면서 생존과 안전에 대한 위협의 범위도 넓어졌다. 상거래가 지리적으로 넓은 시장으로 확산되었고, 인간의 이동성도 훨씬 먼 거리까지 향상되었으며, 인간의 활동 속도와 흐름도 빨라졌다. 그에 따라 공간과 시간이 압축되고 상호 교류가 늘어난 만큼 취약성도 그에 정비례해서 커졌다. 공국이나 도시국가의 통치 체제로는 그 영향력이 미치는 범위가 너무 좁아 주민들을 제대로 보호할 수 없었다. 그 결과 발달한 통치 체제가 민족국가였다.

지금은 공간과 시간이 더욱 압축되면서 인간 활동이 세계적인 흐름으로 변했다. 인적 교류의 밀도가 크게 증가함으로써 안전에 새로운 위협이 생겨나고 있다. 그 위협의 효과는 종종 즉각적이며 규모 면에서는 전 세계적이다. 테러리즘, 핵전쟁 위협, 지구 온난화, 컴퓨터 바이러스, 인간 복제, 바다의 죽음, 생물 다양성 감소, 오존층 파괴, 무역 시장의 스캔들 등은 한순간에 세계 전체를 혼란으로 내몰 수 있다.

민족국가 체제는 지리적인 속박 때문에 전 세계적인 위협과 리스크에 효과적으로 대처하기가 어렵다. 더구나 민족국가는 원래 재산을 보호하고 영토를 방어하기 위해 만들어졌기 때문에 그 속성상 포용적이 아니라 배타적인 통치 체제다. 민족국가는 세계 전체에 영향을 미치는 리스크와 위협을 관리하기 위해 고안된 것이 아니었다.

그러나 수백만, 아니 수십억 인구가 세계적인 위협을 매일 접하는 지역적 위협만큼 실제적이고 위험하다고 믿는다면 어떻게 될까? 이런 위협에서 안전을 보장받으려면 인류는 기존의 사고 방식에서 벗어나 서로간 새로운 계약을 맺어야 한다. 아울러 안전에 대한 개념도 영토라는 좁은 한계, 그리고 재산권 및 시민권에 따르는 제한된 보호를 초월해 더욱 넓어져야 한다.

그런 필요성에서 새로 대두된 정치 개념이 보편적 인권이다. 일부 보편적 인권 주창자들은 인권 보호가 궁극적으로 이타주의에서 비롯되며 온정 하나만으로 유발될 수 있다고 오해한다. 물론 이타주의와 온정이 인권 보호에 어느 정도 역할을 하는 것은 분명하다. 그러나 인권에는 다른 면도 있다. 취약성에 대한 인식과 안전의 필요성에서 비롯되는 면이 있다. 민주주의에 관한 저명한 이론가인 영국의 데이비드 비덤은 "보편적인 인간애뿐만 아니라 공동 위협에 대한 노출도 인권이 보편적이라는 주장을 정당화해 준다."고 말했다.[1]

인류의 공동 취약성은 1945년 일본 히로시마와 나가사키에 원자폭탄이 떨어지면서 사상 처음으로 진지하게 인식되기 시작했다. 그 순간 인류는 전면 핵전쟁이 일어나면 공동의 인간애가 위기를 맞게 된다는 사실을 깨달았다. 독일의 사회학자 울리히 벡은 "핵…… 오염으로 우리는 다른 사람의 '종말'을 경험한다."고 적었다.[2] 오늘날 우리는 인류 전체에 영향을 미치는 수많은 세계적 문제에 노출되어 있다. 그런 문제를 해결하려면 공동 노력이 반드시 필요하다.

케임브리지 대학교의 정치학자 브라이언 터너는 '인간의 연약함'과 '취약성', 그리고 그에 수반되는 연민이 인류를 단결시키고 보편적 인권이 수용될 수 있는 기초를 닦을 수 있는 유일한 보편적 감정이라고 주장했다.[3] 터너는 모든 권리가 전통적으로 존 로크식의 재산 개념과 결부되어 왔다는 점을 지적했다. 그 속성상 이런 종류의 권리는 처음부터 '내 것 vs. 네 것'이라는 개념에서 출발했기 때문에 인류 보편적인 것으로 간주될 수 없다. 개인의 재산권, 그 연장선상에 있는 국가의 영토권은 배타성을 띨 수밖에 없다. 누군가는 모든 인간에게 재산을 얻을 권리가 있다고 주장할지 모르지만 그것은 인류 전체를 단결시킬 수 있는 종류의 권리가 아니다.[4] 오히려 그 반대로, 재산권을 둘러싸고 벌어지는 가진 자와 못 가진 자의 투쟁은 그 어떤 다른 사회적 현상보다도 더욱 인류를 분열시키기만 했다. 좀더 모호한 개념으로 토머스 제퍼슨이 미국「독립 선언문」에서 말한 "행복을 추구할 수 있는 권리"조차도 "문화적 다양성을 낳았을 뿐"이라고 하버드 대학교 사회학자 배링턴 무어는 말했다. 그는 "고난만이 단결을 가져올 수 있다."고 말했다.[5]

터너는 아르놀트 겔렌과 헬무트 플레스너〔독일 철학자들〕의 논문을 인용해 "인간은 존재론적으로 연약하며…… 사회적 제도도 믿고 의지할 수 없다."고 주장했다.[6] 인간은 자연 재해, 굶주림, 질병, 동료 인간의 분노, 자연적 부패와 죽음에 늘 직면한다. 이런 연약함에다 이제 인적 교류의 급증과 강력한 신기술(부정적 영향은 전 세계에 급속히 전파될 수 있다.)에 의해 발생하는 예측 불가성이 겹쳐지면서 상황은 더욱 악화되고 있다.

'인간의 조건'에 관한 터너의 견해는 토머스 홉스의 개념과 상당한 차이를 보인다. 홉스는 인간이 연약하고 의존적인 것이 아니라 원래 공격적이며 욕심이 많다고 주장했다. 홉스는 특별한 안전, 즉 다른 사람에게 빼앗길 우려 없이 재산을 얻을 수 있는 권리를 보장받기 위해 사회 계약을 맺는다고 믿었다. 그러나 터너는 인간이 탐욕 때문이 아니라 "고난의 공동체"에 참여함으로써 단결하게 된다고 믿었다. 터너의 사상은 그리스도의 이야기를 세속화한 것으로 간주될 수 있다.[7]

터너에 따르면 인간은 교활하고 호전적이기 때문이 아니라 늘 마음이 열려 있고 취약하기 때문에 정치적 장치를 필요로 한다.[8] 터너는 인간 조건의 보편성을 그렇게 재규정함으로써 인류가 품을 수 있는 새 비전의 가능성을 열었다. 중세의 기독교 세계에서는 인간의 타락성이 보편적 조건으로 간주되었고, 인간을 단합시키는 비전으로서 영구적 구원이 제시되었다. 근현대에 와서는 인간의 실용주의와 탐욕이 보편적 조건으로 간주되었고, 물질적 진보가 인류를 단결시키는 꿈으로 수용되었다. 그러나 도래하고 있는 글로벌 시대에는 연약성과 취약성이 인간의 보편적 조건으로 인식되는 동시에 세계화 의식이 추구하는 꿈이 되고 있다. 마찬가지로 소유적 의무가 중세의 신앙을 중심으로 한 기독교 세계관을 구성했고, 재산권이 물질적 진보의 시대에 실용주의를 구축했으며, 다가오는 새 시대에는 인권이 세계화 의식을 고무하고 지속 가능한 발전을 도모하기 위한 기준이 되고 있다.

논쟁의 여지는 있지만 연약성과 취약성은 보편적 조건이라고 말할 수 있다. 그렇다고 모든 인류가 보편적 인권을 당연하게 수용한다는 뜻은 아니다. 모두가 자동으로 보편적 인권을 받아들일 수 있도록 만들려면, 중세에서 근대로 넘어오던 시기에 신앙을 이성으로 대체한 이전 세대들이 그랬듯이, 열정과 사명 의식을 갖고 공감대를 형성해야 한다. 다른 사람의 곤경과 고통에 공감해야만이 보편적 인권을 존중할 수 있다.

이성의 시대에서 공감의 시대로

중세에 기독교적 영구 구원의 꿈을 활성화시킨 사회적 접착제는 신앙이었다. 근대에 와서는 물질적 진보를 위해 누구나 추구한 것이 이성이었다. 그러나 지금 도래하고 있는 새로운 시대에는 공통된 취약성을 보호하고 세계화 의식을 갖기 위한 수단이 바로 공감이다.

공감한다는 것은 삶을 위해 투쟁하는 다른 사람의 존재를 인식하고 그 경험을 깊이 나누는 것을 말한다. 물론 공감은 언어처럼 생물학적으로 저절로 얻어질 수 있지만, 잘 활용하기 위해서는 연습이 필요하고 지속적으로 새로운 활력을 불어넣어야 한다. 공감은 인간과 인간 사이에서 나타나는 의사 소통의 궁극적 표현이다.

인류 역사를 돌이켜볼 때 한 가지 분명하게 드러나는 것은, 기본적으로 인간의 삶이란 더 넓고 포괄적인 영역으로 공감을 확대하는 과정이라는 사실이다. 첫 단계는 자녀에 대한 부모의 공감이다. 이 과정은 사회적 요인도 어느 정도 작용하지만 주로 생물학적인 요인에 의해 이끌린다. 그러나 그 다음의 모든 단계에서는 인내심 있는 훈련이 필요하다. 공감은 우리가 특정 경험을 기꺼이 받아들일 때 스스로 모습을 드러낸다. 개인적으로 삶을 살아가면서 고난과 역경을 경험한 경우 그런 수용성이 가장 높다.

삶의 여정은 주로 패배와 실패, 그리고 견디기 힘든 고통으로 점철되는 경우가 많다. 그러나 다행스러운 점은 우리가 개인으로서나 집단으로서 경험한 고통 때문에 우리는 다른 사람들의 곤경을 이해할 수 있고 그들을 위로하며 도와줄 수 있다는 것이다.

"네가 대접받기 원하는 대로 남을 대접하라."는 것이 공감의 과정에 대한 실제적인 표현이다. 처음에는 이 황금률이 씨족과 부족의 영역까지만 적용되었지만 현대에 들어서면서 종교, 국적, 이념 등의 가치관을 공유한 사람들에게로 확장되었다. 오늘날의 사회는 공감의 확장에 관해 배울 수 있는 거대한 교실이 되었다. 통신과 교통의 발달로 우리는 세계 각지에 사는 사람들뿐만 아니라 모든 동식물, 그리고 우리가 사는 이 지구 전체의 연약함, 취약성, 고통을 매일매일 접할 수 있다. 그로써 우리는 다른 사람의 곤경을 마치 우리 자신의 곤경으로 경험하기 시작했다. 예를 들어 에이즈로 아들을 잃고 슬퍼하는 아프리카 부모의 TV 인터뷰를 보는 미국의 부모는 그 아픈 마음에 즉시 공감한다. 그게 자기 아들일 수도 있다고 생각하는 것이다.

터너의 요지는 "인간은 다른 사람의 고난에서 자신도 얼마든지 그렇게 될 수 있다고 느끼기 때문에 다른 사람들로부터 인정받을 수 있는 권리를 원한다."는 것이다.[9] 이타심은 공감만큼 깊지 않다. 물론 일부 사람들은 이타주의를 기초로 보편적 인권을 존중하지만, 그것은 공감과 달리 결코 우리 존재의 핵심에 이르지 못한다. 따라서 이타심으로는 인간 의식의 변화를 이끌어내기에 역부족이다.

실리적인 이성이 재산권을 기초로 한 '내 것 vs. 네 것'의 세계를 이끌었다면 이제는 공감이 보편적 인권을 기반으로 하는 '우리'라는 새로운 세계로 이끌고 있다.

공감은 새로운 사회적 접착제이며, 보편적 인권은 세계화 의식을 증진하는 새로운 행동 규범이다. 그렇다고 해서 영구 구원과 물질적 진보를 이끈 신앙과 이성이라는 과거의 사회적 접착제가 지금은 쓸모가 없어졌다는 얘기는 아니다. 온전한 세계화 의식은 이 세 가지 사회적 접착제를 특정한 순위 없이 전부 수용한다. 신앙, 이성, 공감은 전부 성숙한 인간 의식에 필수적인 요소다. 각각은 상호 배타적이 아니라 상호 보완적이다. 13세기의 위대한 신학자 성 토마스 아퀴나스는 신앙과 이성 사이의 조화, 즉 '미묘한 합'을 찾기 위해 노력했다. 그렇다면 글로벌 시대의 시급한 과제는 무엇일까? 신앙, 이성, 공감, 이 세 가지를 상호 보완적으로 통합하는 '새로운 합'을 만들어 내는 것이다.

보편적 인권의 실천

인류에 보편적인 위협의 등장으로 보편적 권리와 의무도 생겨났다. 세계가 점점 좁아지면서 취약성과 공감에 대한 우리의 개념이 넓어진 것은 사실이다. 그러나 민족국가 시대에 재산권이 누린 법적 지위를 보편적 인권도 가질 수 있도록 제도적 장치가 마련될 수 있을까?

그런 제도를 마련하려면 우선 국적(시민권)에 대한 개념부터 재정립해야 할 것이다. 전통적으로 사람들이 누린 권리들은 주권 국가의 국민(시민)으로서 갖는 법적 지위에서 나왔다. 그러나 근년 들어 국적을 부여하고 시민 각자의 권리에 대한 최고 중재자로서 갖는 국가의 권위가 점차 손상되고 있다. 특히 다중 국적자의 증가로 국적에 대한 국가의 지배권이 상당히 약화되었다. 예를 들어 과거에는 이민을 가면 출신국의 국적을 포기하지 않으면 새 나라의 국적을 얻을 수 없었다. 2차 대전 직후까지는 대다수 국가가 그런 정책을 채택했다. 미국 국무부는 해외에 사는 이중 국적자들에게 성인이 되어서도 해외에 산다면 미국 시민권을 박탈당할 것이라고 정기적으로 통보했다. 각국 정부는 특히 전쟁이 발생할 경우 국가에 대한 이중 국적자들의 충성심이 흔들리게 될 것을 경계했다.

그러나 노동력의 세계적인 흐름과 문화 집단의 분산이 활발한 시대에는 이중 국적이 더 이상 변칙이 아니라 현실로 자리 잡았다. 매년 미국에 도착하는 100만 명 이상의 이민자들 가운데 90퍼센트가 다중 국적을 허용하는 나라 출신이다.(세계 전체 국가의 절반 이상이 다중 국적을 허용한다.) 현재 약 4000만 명의 미국인들이 다른 나라의 국적을 얻을 자격을 갖추고 있다.[10] 그것은 다른 나라에서 투표를 하고, 공직에 출마하며, 심지어 군 복무도 할 수 있는 미국인이 일곱 명 가운데 한 명 꼴이라는 의미다.

국적(시민권)의 개념은 세계화의 요구에 부응하기 위해 크게 변하고 있다. 영국의 정치철학자 T. H. 마셜은 1950년에 발표한 논문 『시민권과 사회 계급』에서 시민권, 그리고 그로 인해 주어지는 권리와 의무가 발달해 온 과정을 세 단계로 분류했다. 시민권이 18세기에는 시민으로서의 권리를, 19세기에는 정치적 권리를, 20세기에는 사회적 권리를 제공했다고 적었다.[11] 시민으로서의 권리는 사유 재산권과 그에 관련된 각종 권리들, 즉 프라이버시 권리, 무기 소지 권리(미국의 경우), 표현, 종교, 언론의 자유 등을 보장했다. 정치적 권리는 참정권(선거권)을 재산이 있는 백인 남자에서 여성, 소수민족, 빈민에게로 확대했다. 20세기 들어 추가된 사회적 권리에는 의료, 교육, 연금에 대한 권리가 포함되었다. 이처럼 시민의 권리가 발달한 것은 국민 모두에게 온전하고 의미 있는 삶을 추구할 기회를 보장하기 위한 국가적 노력의 결실이었다.

이제 온전하고 의미 있는 삶이 의미하는 바가 그 폭과 깊이에서 또다시 확장되고 있다. 그에 따라 시민권, 그리고 그에 따르는 권리와 의무의 개념이 또다시 수정될 필요성이 대두되고 있다.

사회학자 존 어리는 포스트모던 시대에 추가적으로 등장하고 있는 여섯 가지의 새로운 시민권을 다음과 같이 열거했다. 첫째는 문화적 시민권이다. 모든 문화 집단이 정체성을 보존하고 발전시킬 수 있는 권리다. 둘째는 이민자 시민권이다. 이민자들이 새로운 사회에서 살 수 있고 현지 토박이들의 권리와 의무를 똑같이 부여받을 수 있는 권리를 말한다. 셋째는 환경적 시민권이다. 모든 사람은 지구와 지속 가능하고 조화로운 관계에서 살 권리를 가지며 자연의 혜택을 누릴 수 있다는 것이다. 넷째는 세계주의적 시민권이다. 국가의 간섭을 받지 않고 다른 시민, 사회, 문화와 관계를 맺을 수 있는 권리다. 다섯째는 소비자 시민권이다. 세계 전역을 이동하는 상품, 용역, 정보에 자유롭게 접근할 수 있는 권리다. 마지막 여섯째는 이동 시민권이다. 다른 나라와 다른 문화권을 찾는 방문자들과 관광객들에게 주어지는 권리와 의무를 가리킨다.[12]

이런 새로운 종류의 시민권은 민족국가의 국경 내에서뿐만 아니라 그 아래와 그 위에도 존재한다. 각 시민권은 나름대로 국가의 영토 개념을 침해한다. 새로운 시민권은 국가의 근간을 이루는 영토의 개념에서 탈피해 그 성격과 범위에서 명실공히 보편화된 권리들이다. 존 어리는 "보편적이고 전 세계 공동으로 규정되는 권리들과 개별적이고 국가 영토 내에 국한되어 규정되는 권리 사이의 갈등이 증가하고 있다는 점이 문제"라고 지적했다.[13]

인간의 활동이 세계화하면서 시민권도 점차 국제화되고 있다. 시민권을 국적과 동일시하는 기존 관념은 글로벌 상거래, 초국가적 시민사회 운동, 문화 전파가 활발한 요즘 같은 세계에서는 잘 어울리지 않는다.

'시민 citizen'이라는 용어 자체도 세계화된 사회에 등장하고 있는 새로운 권리와 의무를 규정하기에 적절치 않다. 'citizen'의 어원은 라틴어 'civis'로 '한 도시의 구성원'을 의미한다. 따라서 시민이라는 용어를 사용하면 그의 권리와 의무가 한 장소에 국한된다. 그러나 보편적 인권은 특정 장소에 국한되지 않으며 국가의 바탕이 되는 영토와는 별도로 존재한다. 권리 운동가들이 '시민권'이 아니라 '인권'이라는 용어를 쓰는 것도 권리를 영토와 결부시키는 옛 사고방식과 영토를 탈피한 보편적 권리라는 새로운 사고방식을 명확히 구분하기 위해서다.

2차 대전 후 뉘른베르크 재판을 관장한 국제군사재판(IMT)의 조례는 주권 국가를 초월하는 도덕적 공동체에서 권리와 의무를 인정한 최초의 다자간 협정이었다. 미국과 그 동맹국들은 "인도주의에 반하는 범죄" 혐의로 나치 전범들을 재판에 회부했다. 나치 관리들은 자신들이 정부의 명령에 따랐을 뿐이며, 독일 시민으로서의 권리를 갖고 있기 때문에 국제군사재판 기소에서 면제되어야 한다고 주장했지만 연합군 측의 생각은 달랐다. 그들은 뉘른베르크 독트린에 따라 나치도 "비합법적 명령"(연합군 측은 "인간으로서의 기본권을 부인하는 명령"으로 규정했다.)에 따르지 않을 권리와 의무를 갖고 있다고 주장했다. 나치가 비합법적인 명령을 수행했다면 평화와 인도주의에 반하는 범죄로 재판에 회부될 수 있다는 것이었다.

인권의 시대는 1945년 UN이 설립되면서 본격적으로 시작되었다. UN 헌장은 UN의 주된 목적 가운데 하나가 "인종, 성별, 언어, 종교에 있어서 차별 없이 모두를 위한 기본적 자유와 인권의 존중"을 도모하고 장려하는 것이라고 명시하고 있다.[14] 1948년 UN 총회는 "세계 인권 선언"을 채택했다. 그것은 모든 인류에 양도할 수 없는 권리가 있다는 점을 명시하고, 특정 권리와 자유를 세세히 나열한 최초의 국제 협약이었다. 같은 해 UN은 "대량 학살 범죄의 방지와 처벌에 관한 협약"도 채택했다. 미국은 그 조약을 40년 뒤에야 비준했다.

UN의 세계 인권 선언 후 수많은 인권 관련 협약과 조약이 채택되었다. 1949년 국제노동기구(ILO)는 단결권과 단체교섭권에 관한 협약을 채택했다. 1951년 UN은 난민 지위에 관한 협정을 채택했다.

1957년 ILO는 강제 노동 철폐에 관한 협약과 원주민 및 종족 인구에 관한 협약을 채택했다. 1년 뒤 ILO는 고용 및 직업 차별 금지 협약을 채택했다. UN은 1965년 모든 종류의 인종 차별 철폐에 관한 협약을 채택했고, 그 다음 해 두 건의 인권 관련 규약을 채택했다. 시민 및 정치 권리에 관한 국제 규약과 경제, 사회, 문화 권리에 관한 국제 규약이 그것이다. 이 두 규약은 1976년에야 최종 승인을 거쳐 발효되었다. UN은 1979년 모든 형태의 여성 차별 철폐에 관한 협약을 채택했고, 1984년 고문 및 잔혹하고 비인간적이거나 품위를 떨어뜨리는 대우나 처벌 방지에 관한 협약을 채택했다. 또 1986년에는 발전에 관한 권리 선언, 1989년에는 아동 권리 협약을 채택했다. 1993년에는 유엔인권고등판무관(UNHCHR) 직책이 공식 설립되었다.[15]

이런 협약들은 일단 비준되면 국제법의 효력을 갖는다. 회원국들과 모든 국가의 국민들은 그 협약에 들어 있는 조약을 어기면 처벌받을 수 있다. 민족국가들은 자국민들의 처벌 문제에 대한 절대적인 통제력을 잃고 더 높은 국제적 권위에 복종해야 한다. 그러나 불행하게도 강압적인 집행 장치가 허약하다. UN은 독립적인 법 집행 조직을 갖고 있지 않기 때문에 인권 침해에 대한 제재를 가할 때도 정부 간 합의에 의존해야 한다. UN은 안전보장이사회의 동의가 없으면 아무런 조치를 취할 수 없다. 종종 회원국들은 서로 다른 전략적 이해 관계를 갖고 있으며 대량 학살을 포함해 극단적인 인권 유린이 있는 경우에도 엄하게 제재하기를 꺼린다. 바로 거기에 딜레마가 있다. 보편적 인권은 개별 국가의 법보다 우선시 되어야 한다. 그러나 현재의 UN 시스템 아래서는 UN 안전보장이사회와 총회에서의 투표를 통해 국가가 UN 인권 협약의 시행을 막을 권한을 갖고 있다. 따라서 현재로서는 UN이 제재에 대한 세계 각국의 여론 지지를 등에 업고 그 압력을 이용해 회원국 정부들이 책임감 있고 현명하게 행동하도록 기대할 뿐이다.

국제적인 시민사회 단체들(CSO)은 인권 협약들을 준비하고 채택하는 데뿐만 아니라 그 협약의 집행을 감시하는 데 있어서 처음부터 중요한 역할을 맡아 왔다. 1979년 채택된 모든 형태의 여성 차별 철폐에 관한 UN 협약을 작성하는 데는 여성 단체들이 주된 역할을 했다. 또 UN 고문 방지 협약과 선언에는 국제사면위원회와 국제사법위원회가 중요한 기여를 했다. 또 1992년 발효된 UN 생물 다양성 협약을 구상하는 데는 환경 단체들이 결정적인 역할을 했다.[16]

UN은 아직 보편적 인권을 집행할 수 있는 권한을 누리지 못하지만 EU는 다르다. EU는 회원국과 그 관할 내에 살고 있는 4억 5500만 인구를 대상으로 보편적 인권 조항을 집행할 수 있는 힘을 가진, 역사상 최초의 비(非)영토 기반 정치 체제다.

EU 회원국들은 보편적 인권을 광범위하게 다룬 유럽 인권 협약의 구속을 받는다. EU 헌법이 비준되면 추가적인 인권들이 공식 법령으로 채택될 것이다. 유럽인권법원은 유럽 인권 협약의 규정을 중재할 권한을 부여받았고, 유럽법원은 EU 기본권 헌장에 관한 사법 권한을 갖는다. 유럽인권법원과 유럽법원은 회원국의 사법 당국보다 상위에 있으며 사법 권한도 더 크다. 더구나 모든 EU 시민들은 국내 법원에서 내려진 판결을 유럽인권법원에 항소할 권리를 갖고 있다.[17]

EU는 인권을 영토와 분리함으로써 새로운 정치 영역으로 진입했다. 그 결과는 인류의 미래에 폭넓은 영향을 미칠 것이다. EU는 회원국들의 결속을 더욱 공고히 하기 위해 단일 통화를 도입하고 단일 시장을 구축함으로써 세계의 주목을 끌었다. 그러나 무엇보다도 중요한 것은 EU가 보편적 인권을 완전하게 규정했고, 회원국들이 거기에 따르도록 했다는 점이다. 인권을 국가의 영토와 분리시킨 것은 전례가 없는 일이다. 정치학자 카를로스 클로사 몬테로는 "시민권의 가장 기본적인 요소는 정치적 권리를 누리는 것"이라고 지적했다.[18] 그러나 지금까지 시민권은 국가를 떠나서는 생각할 수 없었다. 국가의 영토를 초월하는 정치 체제가 회원국 국민들에게 정치적 권리를 부여하고 보장한다면 국가 자체의 개념은 어떻게 달라질 것인가? 철학자 로저 스크루턴은 이렇게 지적했다. "국제법은 시민권과 국적의 차이를 인정하지 않으며, 시민권이 전적으로 국적에 의해 결정되는 것으로 간주한다."[19]

EU는 25개 회원국의 4억 5500만 인구에게 EU 시민권을 부여함으로써 각 국가 영토의 제약을 받지 않으면서도 법적 구속력을 갖는 정치 시스템을 만들어 냈다. 아울러 유럽 인권 협약이 유럽인권법원과 유럽법원을 통해 모든 'EU 시민'에게 보편적 인권을 보장하며, 그 인권은 전통적 국가가 부여하는 정치적 권리보다 우위에 선다. 이런 점을 감안하면 EU의 실험이 얼마나 중요한 의미를 갖는지 쉽게 이해할 수 있다. 사회학자 야세민 소이살은 "현재 유럽은 탈영토화한 인권 개념에 바탕을 둔 회원국 제도의 새로운 모델로 옮아가는 추세에 있다."고 말했다.[20]

글로벌 시대에는 국가의 바탕인 영토의 구속을 받으면 정치적 제약이 따를 수밖에 없다. 따라서 특정 국가의 국민으로서 정체성을 찾는 것만으로는 만족할 수 없는 개인과 단체가 나타나기 마련이다. EU 같은 초국가적 시민권 개념은 바로 그런 사람들에게 새로운 소속감을 심어 줄 수 있다. EU 시민들은 세계 최초로 법적 구속력을 가진 보편적 인권을 완전히 보장받게 된다. 또 세계화의 힘에 의해 보편적 인권이 포함되도록 인간의 권리가 확장되고 있기 때문에 곧 다른 지역이나 나라들도 EU의 예를 따를 것으로 보인다.

사회학자 제러드 딜랜티는 현대 사회를 분열시키는 다양한 이해관계와 목표를 한데 아우를 수 있는 유일한 수단이 탈영토화한 시민권일지 모른다며 이렇게 지적했다. "언어나 종교, 또는 국적을 기반으로 유럽의 집단 정체성을 찾으려면 많은 분열과 갈등이 생길 수밖에 없다. EU 시민권은 그런 갈등을 피하고 정체성을 부여할 수 있는 대안이 될 수 있다."[21] 그보다 더 어려운 문제는 과거 세대가 시민적 권리, 정치적 권리, 사회적 권리에 대해 열정을 가졌던 것처럼 지금의 유럽인들이 인권에 대해 열의를 갖도록 설득하는 일이다.

과거의 그런 권리들이 갑자기 생겨나거나 처음부터 전적으로 수용된 것은 아니다. 그 권리들은 인간의 꿈을 재규정하기 위한 오랜 투쟁의 산물이었다. 그 권리들은 계몽주의로 등장했다가 시장 자본주의의 확산 및 민족국가의 본격화와 함께 무르익은 인류의 위대한 꿈을 법제화한 것이라고 볼 수 있다. 그 꿈은 미국에서는 아직 건재하지만 유럽에서는 거의 수명을 다했다. 이제 유럽인들은 그와는 다른 새로운 꿈을 갖고 있다. 그 꿈은 삶의 질을 누리고, 서로의 문화를 존중하며, 자연 세계와 지속 가능한 관계를 형성하고, 다른 사람들과 평화롭게 사는 것 등 더욱 광대한 목표를 포함한다. 보편적 인권은 새로운 유러피언 드림을 법제화한 것이다. 유러피언 드림과 보편적 인권은 불가분의 관계다. 꿈은 염원을 담고 있으며, 보편적 인권은 유럽인들의 염원을 이루기 위한 행동 규범을 제시한다.

진정한 문제는 새로운 역사 창조에 대한 유럽인들의 염원이 얼마나 강하냐는 것이다. 문화 전통 및 가치와 보편적 인권은 종종 서로 갈등을 빚는다. 과연 유러피언 드림이 그 사이에서 조화를 찾을 수 있을까? 국제 시민사회 운동이 "세계적으로 생각하고 지역적으로 행동하는" 데 얼마나 기여할 수 있을까? 과연 그들이 지방 문화와 세계적 가치관 사이의 정치적 가교가 될 수 있을까? 보편적 인권 규정에 구속받는 탈영토화한 시민권 실험이 성공할 수 있을까? 시민권에 대한 그런 급진적 발상이 21세기에 세계 다른 지역으로 확산될 수 있을까 아니면 유럽 특유의 시스템으로만 남을 것인가?

유러피언 드림의 성공은 정치적 수완뿐만 아니라 인간의 심리에 의해서도 결정될 수 있다. 종교 개혁의 신학과 계몽주의 철학에 기초한 아메리칸 드림은 재산권, 시장, 민족국가 통치 시스템을 효과적으로 융합함으로써 성공했다. 재산권은 예측 가능한 시장 관계를 가능케 했고, 국가 시스템은 법 제정 및 집행, 징세, 경찰력을 바탕으로 한 규제 장치로서 국민들에게 사유 재산 제도와 물질적 진보에 따르도록 강요할 수 있었다.

새로운 유러피언 드림은 보편적 인권, 네트워크, 다단계 통치 체제를 융합한 것이다. 인권은 네트워크의 활동을 감독하는 규범이고, EU는 그 규제 장치로서 권위와 도덕적 정통성을 바탕으로 세계화 의식의 꿈을 이루기 위해 관련자들 사이의 지속적인 대화와 협상을 유도한다.

과거의 계몽주의 비전과 새로운 유러피언 드림은 자유에 대한 두 가지 판이한 개념을 반영한다. 이미 여러 차례 언급했듯이 과거의 꿈에서는 자유가 자율성으로 규정된다. 그것은 부정적인 개념의 자유다. 자유롭다는 것은 다른 사람에게 의지하지 않는다는 것을 의미한다. 타인에게 의지하지 않고 자립하기 위해서는 충분한 재산이 있어야 한다. 재산이 있으면 타인을 배제할 수 있고 타인의 침해를 막을 수 있다. 현대 세계에서 자유를 위한 투쟁은 계급 구분선을 따라 일어났으며, 자본 확보가 그 투쟁의 핵심이 되었다. 시민적, 정치적, 사회적 권리는 전부 재산에 관한 이해 관계를 증진하기 위한 방안으로 고안되었다. 그것은 가진 자와 갖지 못한 자 사이의 격차를 줄이는 것이 주된 존재 이유인 사람들의 행동 기준이었다.

그러나 새로운 유러피언 드림에서는 자유가 그와 정반대로 규정된다. 자유롭다는 것은 다른 사람과의 상호 의존적인 관계에 얽혀 들어가는 것을 말한다. 그 관계가 더 포괄적이고 깊을수록 개인이 자신의 뜻을 이룰 가능성이 더 높다. 그 관계에 포함되기 위해서는 접근 수단이 필요하다. 접근 수단을 많이 가질수록 더 많은 관계에 포함될 수 있고, 그에 따라 더 많은 자유를 누릴 수 있다.

재산권이 자율성을 확보하는 데 필수적이라면, 보편적 인권은 상호 관계에 포함되는 데 결정적인 역할을 한다. 인권은 결국 다른 사람과의 관계에 포함될 수 있는 권리를 말한다. 여성, 소수민족, 문화 집단, 장애자, 어린이, 동물의 권리 등 어떤 관계에 동등하게 포함될 수 있는 모든 권리가 중시된다. 보편적 인권이란 개인의 존재가 무시되지 않도록 하는 일종의 보증이다. 세계화되고 있는 세계에서 자유를 위한 투쟁은 정체성과 접근성을 중심으로 벌어진다. 보편적 인권은 연결된 자와 단절된 자, 포함된 자와 배제된 자 사이의 격차를 줄이기 위한 행동 기준이다.

그러나 만약 모든 개인과 그룹이 독특한 정체성과 상호 충돌하는 이해 관계를 갖고 있다면, 인정받고 포함해 줄 것을 요구하는 다른 사람이나 그룹의 의사를 존중할 수 있도록 해 주는 것은 무엇일까? 그것은 바로 '공감'이다. 다시 말해 연약성과 취약성, 그리고 다른 사람들의 투쟁 속에서 자신의 투쟁을 인정하는 것이다. 사람들은 각기 세계관이 다르며 서로 다른 삶의 방식을 택하지만, 다른 사람으로부터 인정받기 위해 투쟁을 벌인다는 것은 우리 모두의 공통점이다. 그렇다면 공감은 어떻게 가질 수 있는가? "네가 대접받기 원하는 대로 남을 대접하라."는 황금률을 따름으로써 가능하다. 어쩌면 "남이 네게 하기를 원치 않는 것을 남에게 하지 마라."는 것이 더 중요할지도 모른다.

공감의 정치

앞에서 이미 언급했듯이 공감은 타고난 선천적인 성향일 뿐 아니라 학습을 통해 얻어질 수 있는 후천적인 성향이기도 하다. 공감을 하려면 늘 지속적으로 다른 사람과 교류해야 한다. 그렇기 때문에 통치 체제에 대한 다단계 네트워크 접근법이 중요한 것이다. 사람들이 대표를 내세울 수 있고 인정받을 수 있으며 자신의 이익이 수용될 수 있는 포럼이 필요하기 때문이다. 그러나 이런 네트워크는 모든 사람들을 위한 것이라야 한다. 네트워크는 구성원 모두가 중요하며 한 사람이 독단적인 결정을 내릴 수 없다는 개념에 기초한다. 네트워크에 속하려면 자신의 이익을 어느 정도 희생하고, 다른 사람을 신뢰하며, 다른 사람의 말을 경청하고, 보답하며, 타협해야 한다. 또 전체의 복지를 극대화하는 것이 자신의 이익을 극대화하는 데 필수적이라는 사고방식을 가져야 한다. 다시 말해 네트워크는 서로 경쟁하고 적대적인 자본주의 시장과 달리 상호 의존적이고 협력적이다. 또 네트워크에서는 개인이 단체에 권한의 일부를 넘겨 준다. 그것은 반드시 자애에서라기보다 연약성과 취약성에 대한 공동 인식에서 비롯된다. 복잡다단하고 다단계로 구성되어 늘 상호 작용하는 세계에서는 누구도 독자적인 행동을 할 수 없다. 원하든 원하지 않든 간에 모든 구성원이 취약하며 위험에 직면하게 된다. 요즘의 위협은 세계 전체에 영향을 미치며 그 영향에서 진정코 자유로운 사람은 아무도 없다. 이런 세계에서는 서로 협력하는 것이 더 이상 생색 내기나 사치가 아니라 생존의 필수 요소로 작용한다.

따라서 네트워크 통치 체제는 구성원 모두의 이익을 증진시키기 위해 리스크를 공동으로 감수하는 하나의 방편이라고 말할 수 있다. 그러나 다단계 통치 체제에서 다른 구성원과 교류하는 과정에서 각자는 존중받고 인정받으려는 다른 구성원의 투쟁을 인식하게 된다. 다단계 통치 네트워크는 공감을 탐구하는 거대한 실험실인 셈이다. 이 새로운 형태의 통치 체제는 모든 구성원이 서로의 꿈과 곤경을 이해하고 공감해야 효력을 발휘할 수 있다. 서로 다른 이해 관계를 타협하려면 무엇보다 누구나 인정받기 위해 투쟁한다는 사실을 받아들여야 한다. 그것을 법제화한 것이 보편적 인권이다. 보편적 인권이란 여성이든, 소수민족이든, 다른 문화이든, 어린이든, 동물이든, 우리가 함께 살고 있는 지구든, 모든 '상대방'을 인정하고 받아들인다는 선언 그 이상도 그 이하도 아니다.

'상대방'을 인정하는 것은 힘들고 고통스러운 과정이다. 자신의 패권을 어느 정도 포기해야 하기 때문이다. 예를 들어 독실한 이슬람교나 정통 유대교의 남성이 자기들만의 특권과 권한을 포기하고 여성의 동등한 권리를 어떻게 인정할 수 있을까? 그것은 무척 어려운 주문이기 때문에 하룻밤 사이에 이뤄질 수 있는 성격의 일이 아니다. 그러나 다단계 통치 체제는 적어도 서로 토론하고 공감할 수 있는 만남의 장을 마련해 준다. 한 구성원이 인정받기를 원하고 자신의 뜻이 받아들여지기 원한다면 그는 네트워크 안에서 다른 구성원의 이야기를 기꺼이 경청하고 그들의 이해 관계를 수용해야 한다. 물론 다른 구성원을 상대하지 않을 수도 있다. 그러나 그 대가는 고립이다. 네트워크에서 고립되면 다른 구성원으로부터 자신이 인정받을 가능성은 아예 사라지고 만다. 세계화되고 있는 21세기의 세계에서 인정받기 위한 투쟁은 20세기의 계급 투쟁만큼이나 치열할 것이다.

유러피언 드림은 더 심한 분화와 더 깊은 통합의 욕구 사이에서 중용(中庸)을 찾기 위해 아슬아슬하게 균형을 잡는 것이라고 말할 수 있다. 그 두 욕구는 태초부터 인간 발달 과정의 양대 축을 이루어 왔다. 분화와 통합 사이를 조정하는 것이 역사상 모든 통치 체제의 주된 임무였다. 노예와 제국, 백성과 왕국, 국민과 국가, 그리고 지금은 개인과 범세계적 통치 체제가 역사상 인간 발달 과정의 이정표였다. 봉건 시대의 소유 관계에 따른 의무, 민족국가 시대의 재산권 제도처럼 글로벌 시대의 보편적 인권도 분화와 통합의 힘 사이에 존재하는 관계를 법제화한 것이다. 다시 말해 특수성과 보편성을 잇는 결합 조직인 셈이다.

역사의 모든 시대에서 분화와 통합의 힘 사이에 벌어진 투쟁이 정치의 핵심 무대였다. 고대의 노예들은 해방을 원했고, 왕국의 백성들은 자유를 원했으며, 민족국가의 국민들은 선거권을 원했고, 글로벌 시대의 개인은 인정받기를 원한다. 다른 한편으로 왕국은 지배하기를 원했고, 민족국가는 통치하기를 원했으며, 글로벌 시대의 다단계 통치 체제는 관리와 조정을 원한다. 봉건 시대의 영주에 대한 충성, 민족국가 시대의 시민적, 정치적, 사회적 권리, 글로벌 시대의 인권은 각각 나름대로 분화와 통합 사이의 미묘한 균형을 유지하기 위한 행동 규범을 갖고 있다. 사람들은 그 규범을 정하고, 보호하고, 유지하기 위해 열정적으로 투쟁해 왔으며 그것은 지금도 마찬가지다. 어느 시대든 사람들은 그 규범이 개인을 더 큰 사회적 힘에 연결시켜 주는 생명선이라는 것을 마음속 깊이 인식해 왔다.

새로운 유러피언 드림은 인류 발달사의 분화와 통합 과정에서 앞으로 닥칠 단계를 상징한다. 분화와 통합의 새로운 힘은 안으로는 포스트모던 시대의 다양한 정체성으로, 밖으로는 경제의 세계화로 인간 의식을 이끌고 있다. EU는 그 사이에서 조화를 찾으려는 최초의 통치 체제 실험이다. 세계화하는 사회에서 수억의 유럽 인구가 자신의 정체성을 다시 찾으려고 하는 가운데 인권을 둘러싼 투쟁은 더욱 심화될 전망이다.

14 평화 유지를 위한 노력

　미국의 강경파들은 곧잘 EU가 경제적 측면에서 초강대 세력이 될 수 있을지는 모르지만 지정학적인 혼전을 감당하기에는 역부족이라고 말한다. 조지 W. 부시 백악관의 대다수를 포함한 미국의 보수 우익들이 EU적인 사고방식을 혐오한다는 것은 틀린 말이 아니다. 그들 사이에는 EU가 연약하며, 성격상 여성에 가깝고, 자신을 위해 투쟁할 수 있는 능력이 부족하며 아예 그럴 생각도 별로 없다는 인식이 팽배해 있다. 미국 정가에서 지정학이 화제가 되면 거의 언제나 EU의 이기적인 행동이 성토 대상으로 등장한다. EU가 미국의 완력주의 전술과 일방적인 조치에 대해 불평만 늘어놓을 뿐 유럽의 안보를 위해 세계 전역에서 미군들이 희생하는 것은 당연하게 생각한다는 것이다.
　일부 인사들은 냉전 종식과 함께 미국과 유럽의 이해 관계가 엇갈리기 시작한 것이 문제라고 말한다. 소련의 침략에서 서방을 보호한다는 명분이 반세기 이상 유럽과 미국의 결속을 이끌어 왔지만 소련의 붕괴로 미국과 유럽의 유대감이 약해졌다는 것이다. 더구나 경제력에서 EU가 미국의 라이벌로 부상하면서 양 초강대 세력 사이의 경쟁이 긴장을 유발해 대서양 양안의 동맹 관계에 금이 가기 시작했다고 현실주의자들은 주장한다. 그러나 온건주의자들은 미국과 유럽의 경제가 서로 긴밀히 얽혀 있기 때문에 논쟁적인 분야가 있긴 하지만 미국과 유럽이 가까운 관계를 유지함으로써 잃는 것보다는 얻는 것이 훨씬 많다고 주장한다.

나 자신은 미국과 유럽의 사이가 벌어지는 것이 실제적이기보다는 심정적인 현상이라고 믿는다. 미국과 EU가 여타 세계와의 관계를 어떻게 인식하며 미래 비전을 어떻게 보는지에서 큰 차이를 드러내기 때문이다.

사형 제도

외교 정책 수행에서 미국과 EU의 사고방식이 얼마나 다른지를 이해할 수 있는 지름길은 사형 제도에 대한 양측의 견해 차이를 분석하는 것이다. 국가가 인간의 생명을 앗아가는 것이 정당화될 수 있는지에 대한 미국과 EU의 견해는 정반대로 나타난다. 전쟁은 다른 편의 생명을 없애고 자신의 생명을 희생하는 행위다. 따라서 사형 제도에 대한 유럽의 입장을 살펴보면 외교 정책과 안보 문제에 대한 유럽식 접근 방식이 저절로 드러난다.

사형 제도보다 유럽인들을 더 긴밀히 결속시키는 이슈는 없다. 유럽인들이 사형 제도에 반대하는 것은 19세기 미국의 노예 제도 폐지론자들이 노예 제도에 반대했던 것과 같은 철저한 믿음에서 비롯된다. 유럽인들은 열정을 억누르는 데 오랫동안 익숙해져 왔지만 사형 문제에 관해서는 세계 여타 지역에서는 볼 수 없을 정도로 격렬한 혐오감을 감추지 않는다. 미국에서 사형수가 처형될 때마다 미국인들은 거의 신경을 쓰지 않는 반면 유럽 전역에서는 그에 대한 거센

항의가 빗발친다. 유럽인들은 세계 전역에서 사형 제도가 사라질 때까지 계속 폐지의 목소리를 높일 작정이다.

사형 제도 폐지는 EU 가입에 필수적인 요건이다. 그러나 미국인들은 왜 그런 조건이 있는지 의아해한다. 미국이 시민권 취득 요건에 사형 제도 반대를 내세운다고는 도저히 상상할 수 없다.

유럽인들이 사형 제도에 그토록 열정적으로 반대하는 이유가 무엇일까? 우선 그들은 20세기 들어 정부에 의해 자행된 인명 살상과 파괴 행위를 너무도 많이 겪었기 때문에 국가가 인간을 처형할 수 있는 권한을 유지한다는 것 자체에 혐오감을 갖는다. 20세기에 세계적으로 희생된 인명은 1억 8700만 명 이상이며, 그중 다수가 유럽에서 목숨을 잃었다.[1] 유럽인들에게 사형은 자신들의 어두운 과거를 일깨운다. 당시 유럽 국가들은 전쟁터에서, 그리고 아우슈비츠에서 굴라그에 이르는 수많은 강제 수용소에서 수백만 명의 인명을 살상하라는 명령을 내렸다.

1983년 유럽위원회는 유럽 인권 및 기본적인 자유 보호를 위한 협약에 프로토콜 6을 채택했다. 전시나 임박한 전쟁 위협이 있는 경우를 제외하고는 사형을 불법화한다는 내용이다. 2002년 유럽위원회는 전시나 임박한 전쟁 위협이 있는 경우까지 포함해 무조건 사형을 전면 금하도록 프로토콜 6을 수정했다.[2]

그러나 수정된 프로토콜에 대한 논란이 점차 커지고 있다. 세계무역센터와 미국 국방부 청사 펜타곤에 대한 테러 공격이 발생한 뒤 프랑스, 영국, 스페인, 핀란드는 알카에다 테러 용의자들을 미국으로 인도하지 않겠다고 버텼다. 사형 선고를 받을 수 있는 미국 군사법정에 세워질 수 있다는 것이 그 이유였다.[3] 백악관과 미국 국무부 관리들, 그리고 많은 미국인들은 그런 반응에 격분했다. 3,000명의 무고한 인명을 앗아간 테러 공격에 연루되었지도 모르는 용의자들이 유럽에서 법적 보호를 받는다는 사실 자체를 용납할 수 없었던 것이다.

대량 학살을 포함해 극악무도한 반인륜적 범죄를 저질렀다고 해도 그 범인은 EU의 공식 용어로 "양도할 수 없는 고유한 존엄성"을 누릴 수 있다는 것이 유럽인들의 생각이다.[4] EU에 따르면 사형은 "가치와 원칙의 연합체인 EU의 기본적인 공통 유산인 인간의 존엄성을 부인하는 행위"다.[5] 그것은 예를 들어 나치의 유대인 및 타민족 대량 학살 책임자였던 아돌프 아이히만이 만약 요즘 유럽에서 재판을 받아 유죄 판결을 받는다고 해도 사형은 면할 수 있다는 의미다. (아이히만은 1961년 이스라엘 법정에서 반인도적 범죄로 유죄 판결을 받고 1962년 교수형에 처해졌다.)

미국인들 가운데도 사형에 반대하는 사람이 많으며 그들도 유럽처럼 사형 제도의 폐지를 부르짖는다. 그러나 대다수의 미국인들(세 명 가운데 두 명 꼴)은 그렇지 않다. 그들은 대량 학살을 범한 자는 인류 사회의 일원이 될 수 있는 권리를 박탈당해야 한다고 주장할 것이다.[6]

유럽인들은 사형에 대한 자신들의 입장이 새로운 유러피언 드림의 핵심과 연결되어 있다고 보며, 자신들의 뜻이 정당함을 전 세계 사람들에게 납득시키기를 원한다. 사형에 관한 EU의 공식 각서에는 이렇게 나와 있다.

유럽 국가들은 오래전부터 실제에 있어서나 법으로나 사형 제도를 폐지하고 인간의 존엄성에 대한 존중심을 도모함으로써 인간애를 북돋우기 위해 노력해 왔다. 자유, 민주주의, 법치, 인권 보호 같은 공통의 가치와 원칙도 같이 나누는 것이 중요하지만 EU가 세계의 다른 모든 나라들과 공유하기를 원하는 최상의 원칙이 바로 사형의 폐지다. EU가 그 목표를 달성할 수 있다면 EU와 다른 나라들은 인간애를 더욱 신장시킬 수 있을 것이다.[7]

EU 각서는 또 "미국도 우리의 의지를 똑같이 수용하기를 권한다."고 적고 있다.[8]

여기서 아이러니는 이미 오래전에 독실한 기독교 신앙에서 멀어진 유럽이 '모든 인간의 생명은 신성하다.'는 기독교 교리를 다시 수용하는 것처럼 보인다는 사실이다.

대다수의 유럽인들은 기독교와의 관련성을 잘 인정하려 들지 않을 것이다. 그러나 사형 제도에 대한 반대는 분명히 신약성서에 그 뿌리를 두고 있다. 예수는 '산상수훈(山上垂訓)'〔「마태복음」 5-7장〕에서 신자들에게 이렇게 말한다. "눈은 눈으로, 이는 이로 갚아라 하였다는 것을 너희가 들었으나, 나는 너희에게 이르노니, 악한 자를 대적하지 마라. 누구든지 네 오른편 뺨을 치거든 왼편도 돌려 대며······."[9]

예수는 한 걸음 더 나아가 "네 이웃을 사랑하고 네 원수를 미워하라 하였다는 것을 너희가 들었으나, 나는 너희에게 이르노니, 너희 원수를 사랑하며, 너희를 저주하는 자를 축복하고, 미워하는 자에게 선행을 베풀며, 너희를 악의적으로 이용하고 박해하는 자를 위하여 기도하라."고도 말한다.[10]

유럽인들의 사형 반대 입장과 미국인들의 정서를 비교해 보자. 세계에서 가장 독실한 기독교 국가에서 대다수 미국인들은 처벌에 관해 구약성서의 논리를 선호하고 있는 것이다. 사형 제도에 찬성하는 사람의 37퍼센트는 자신들이 사형에 찬성하는 이유가 "눈에는 눈, 이에는 이"라는 구약성서의 격언 때문이라고 말했다.[11]

예수는 십자가에서 죽어 가면서도 자신을 처형하는 자들을 용서해 달라고 탄원했다. "아버지 저들을 용서하여 주옵소서, 자기들이 하는 것을 알지 못함이니이다." 그런데도 독실한 기독교인인 미국인들은 용서에 인색하다. 범죄에 대한 미국인들의 정서는 본질상 보복적이다. 여러 여론 조사에 따르면 많은 미국인들은 사형 선고를 받은 사람은 사형을 당하는 것이 마땅하다고 믿는다. 미시간 대학교의 심리학자 리처드 니스벳, 일리노이 대학교의 심리학자 도브 코언을 포함해 미국인들의 심리를 연구하는 몇몇 학자들은 미국인들의 보복 성향은 적어도 부분적으로는 재산권의 보장이 허술했을 당시 개척지에서 자신의 재산을 보호할 필요성에서 비롯되었다고 믿는다.[12] 미국의 어린이들은 가축 도둑들이 보안관의 민병대나 자경단의 추격을 받아 붙잡히면 가장 가까운 나무에 매달려 교수형을 당하는 할리우드의 서부 영화를 보며 자랐다.

반면 유럽인들은 보복에 대한 반대 의식이 강하다. EU는 이렇게 분명히 밝힌다. "사형이 희생자 유가족의 고통을 보상해 주는 적절한 방법으로 간주되어서는 안 된다. 사형이 보상 방법이 될 경우 사법 시스템은 불법적인 개인적 복수의 도구로 전락하게 된다."[13]

기독교 교리의 핵심은 구속(救贖)에 대한 믿음이다. 아무리 악질적인 죄인이라도 구원받을 수 있다는 것이다. EU는 범죄자들의 갱생을 위해 이런 가장 기본적인 기독교 신앙을 도입하고 있는 것이다. EU는 이렇게 밝힌다. "사형 제도를 유지하는 것은 모든 EU 회원국들의 형사 제도에서 추구하는 갱생 철학에 적절하지 않다. 처벌의 목적 가운데 하나는 범죄자들의 갱생이나 사회 복귀다."[14]

사실 미국의 형사 시스템도 줄곧 갱생을 목표로 삼아 왔다. 많은 미국인들도 그런 전제를 지지한다. 그러나 여론 조사에 따르면 많은 미국인들이 그런 전제에 등을 돌리기 시작했으며, 형사 시스템의 역할에 대해 점차 경직된 견해를 보이고 있다. 사람들이 자신의 정체성과 삶의 기본이 되는 도덕 규범을 결정하는 데 있어서 갱생이냐 보복이냐가 매우 중요하다는 점을 고려하면, 지난 몇십 년 동안 미국에서 그런 변화가 일어났다는 것은 참으로 놀라운 일이다. 유럽과 다른 선진국 세계 거의 전부가 지난 30년에 걸쳐 사형 제도를 폐지한 반면 미국은 정반대 방향으로 나아가고 있다. 현재 세계 전체에서 사형을 허용하는 나라는 38개국이며, 지난 29년 동안 800명 이상이 사형을 당했다. 그중 85퍼센트 이상은 지난 10년 사이에 집행되었다.[15]

미국인들의 사형 지지 성향은 개척 시대에서 비롯된 구약성서 식의 단호한 전통뿐만 아니라 이 세상이 선과 악으로 분리되어 있다는 종말론적 비전도 반영한다. 많은 미국인들은 종말에 가서는 선이 악을 이기지만 거기에는 반드시 국가의 정의로운 힘이 뒷받침되어야 한다고 믿는다. 유럽인들도 이 세상에는 사악한 자들이 있으며 전체의 평화와 복지를 위해 때로는 국가의 힘이 동원되어야 한다는 점을 인정한다. 그러나 그들의 전제는 국가에 의한 폭력 행사가 최후의 수단이 되어야 하며 어쩔 수 없는 특수 상황에서만 사용되어야 한다는 데서 출발한다.

물론 유럽인들 전부가 사형에 반대하는 것은 아니다. 일부 유럽 국가에서는 많은 사람들이 사형에 대해 미국인 대다수와 같은 견해를 갖고 있다. 그러나 정치 지도자들, 여론 주도자들, 그리고 전문직 종사자나 중산층은 국가에서 실시하는 사형 제도의 폐지 쪽으로 기운 지 오래다.

그에 따라 미국인들 사이에서는 유럽인들이 범죄자를 관대하게 대하거나 심지어 감싸고 돈다는 비난의 목소리가 높다. 반면 유럽인들 사이에서는 미국인들이 사형 제도를 지지하는 것이 무자비하고 야만적이라는 비난이 터져 나온다. 그런 논쟁은 현 세계와 미래에 대한 미국과 EU의 시각이 크게 다른 데서 기인한다.

사형 제도 폐지에 대한 유럽의 열정은 보편적 인권에 대한 꿈과 밀접하게 연관되어 있다. 과거 계몽 시대의 꿈이 문명화된 행동 기준을 확립하려는 것이었다면 새로운 범세계적인 꿈은 공감을 확보하기 위한 인간 행위의 규제에 그 목적이 있다. 따라서 인간의 생명을 빼앗을 수 있는 법적 권한이 국가에 있다는 것을 유럽인들이 수용한다면 국가의 권한보다 상위에 있는 보편적 인권 자체가 손상된다.

그러나 유럽이 직면하고 있는 문제는 일상적인 현실 정치와 더 나은 세상에 대한 꿈이라는 두 세계를 동시에 포용해야 한다는 사실이다. 현재의 실질적 위험을 간과하지 않고 미래에 전념한다는 것은 결코 쉬운 일이 아니다. 특히 외교 정책을 설정하는 데 있어서는 그런 어려움이 더욱 크게 부각된다. 유럽인들이 사형 반대 입장과 전쟁 수행에 대한 입장을 어떻게 일치시킬 수 있을까?

일방주의

유럽의 그런 '평화주의'에 대한 미국 부시 행정부의 반응은 "현실성이 떨어진다."는 것이다. 미국인의 다수가 '눈에는 눈'이라는 철저한 보복주의를 믿고 있기 때문에 미국의 외교 정책이 적에 대해 전혀 다른 기준을 갖고 있다는 것은 당연하다고 볼 수 있다. 미국의 외교 정책은 구식 가부장주의와 가차없는 정의감을 융합한 데 그 기초를 두고 있다.

유럽인들이 미국 외교 정책의 뿌리를 정확하게 이해하려면 먼저 자율에 관한 미국인들의 강박관념에 가까운 집착을 인정해야 한다. 대서양과 태평양이라는 대양에 둘러싸인 미국에서 말하는 자유란 적대적이고 예측 불가한 세계에서 자율성을 확보하는 것이었다. 다른 사람이나 다른 나라에게 의지하거나 신세를 지지 않고 혼자의 힘으로 모든 것을 해결한다는 것이 건국 초기부터 미국의 외교 및 안보 정책의 중심 사상이었다.

1차 대전 이전까지 미국의 외교 정책은 아메리카 대륙에서는 확장주의였고 세계적으로는 고립주의였다. 미국은 1차 대전에도 전쟁 발발 3년 뒤이며 종전 1년 전인 1917년이 되어서야 뛰어들었다. 2차 대전에서도 미국은 전쟁 발발 2년 뒤 일본의 진주만 기습이 있고 난 뒤에야 연합군에 합류했다.

2차 대전 이전의 대다수 국가들은 인간의 행동이 속성상 공격적이고 탐욕적이기 때문에 간섭하지 않고 그냥 두면 '만인에 대한 만인의 투쟁'으로 이어진다는 홉스의 사상을 믿었다. 국민들에게 일치된 단일 의지를 강요할 수 있는 국가의 권위를 확립함으로써만이 폭력이 줄어들고 물질적 진보가 이루어질 수 있다는 것이었다. 국가 간에도 상황은 마찬가지였다. 따라서 평화를 유지할 수 있는 유일한 길은 한 국가가 패권을 잡고 그 의지를 나머지 국가에게 강요하든지, 그것이 불가능하다면 한 국가가 나머지 국가를 지배하지 못하도록 비슷한 힘을 가진 국가들이 연합해 서로 세력의 균형을 유지하는 것이었다. 지난 300년 동안의 역사는 한 국가가 패권을 잡기 위한 시도로 점철되었다. 스페인 제국, 오스트리아-헝가리 제국, 부르봉과 나폴레옹 제국, 독일 제3제국, 소련 등이 그 예다. 이런 시도는 항상 다른 국가들이 연맹을 구축해 그 패권에 대항하는 결과를 가져왔다. 제7장에서 간단히 언급한 1648년의 베스트팔렌 평화조약으로 합스부르크 제국의 세력은 크게 약화되었고, 1814년의 빈 회의를 통해 나폴레옹의 패배 후 새로운 세력 균형이 이루어졌다.

외교에 대한 고전적 자유주의 이론은 홉스의 비전에 대한 일종의 대안을 제시한다. 그 이론은 물질적 사리의 추구가 개방된 시장과 국내외의 상거래 자유화를 통해서 가장 잘 이루어질 수 있다는 계몽주의 사상에서 비롯되었다. 자유주의 이론가들은 전쟁이 자연적인 인간 조건이라는 홉스의 견해를 받아들이지 않았다. 그들은 합리적인 사리 추구가 원동력이며 경제적 효율성이 인간 행동의 추진력이라고 생각했다. 그들은 그 사상을 로크의 재산권, 애덤 스미스의 '보이지 않는 손', 대표 민주주의에 대한 부르주아 계급의 믿음과 접목시켰다. 자유주의자들은 자유 시장을 가장 자연스러운 체제로 간주했으며, 방해받지 않고 번성하는 시장으로 말미암아 국가들이 악몽 같은 홉스의 세계로 뛰어들지 않는다고 믿었다. 그런 자유주의 이론을 외교에 가장 먼저 도입한 나라는 영국이었다. 영국은 '자유 무역'의 기치 아래 19세기 말과 20세기 초에 세계적인 패권 국가가 되었다. 그러나 그것은 결과적으로 다른 국가들, 특히 세계 무대에서 무시되지 않으려던 독일의 분노를 샀다.

2차 대전 후에는 미국과 소련이 양대 강대국으로 등장했다. 둘의 세력은 너무도 팽팽해 한쪽이 다른 쪽에 자신의 의지를 강요할 수 없었기 때문에 세계 전체의 패권을 잡을 수는 없었다. 그러나 미국과 소련 둘 다 자신의 깃발 아래 세계의 나라들을 가능한 많이 끌어모으는 데 운명이 걸려 있다고 판단했다. 미국과 소련은 아시아, 아프리카, 중동에서도 동맹 구축을 위해 노력했지만 주된 세력 다툼의 무대는 유럽이었다. 소련은 무력으로 중유럽과 동유럽에서 패권을 잡았다. 반면 미국은 개방된 시장과 자유 무역이라는 자유주의적 정책에 의존했고, 소련의 팽창을 저지하고 미국의 경제 이익을 도모할 수 있는 활기찬 대서양 양안 관계 구축을 목표로 서유럽 국가들의 경제 부흥을 위해 여러 가지 정책을 실시했다.(제11장에서 논한 마셜 플랜, UN 창설, IMF, 세계은행, NATO 등등이 그 예다.)

1980년대 소련 제국의 붕괴로 미국 정부는 자유주의적 외교 정책을 더욱 강하게 밀어붙였다. 조지 부시 1세 대통령과 빌 클린턴 대통령은 미국의 막강한 경제력이 지배하는 세계적인 자본주의 시장을 건설하기 위해 무역 자유화를 강력히 추진했다.

그러나 연맹에 기초한 미국의 다원적 외교 노력은 2000년 조지 W. 부시가 대통령에 선출되면서 갑자기 자취를 감추게 되었다. 보수파 정치인들과 극우 성향의 이론가들이 수년 전부터 그에 대한 기초 작업을 해 온 결과였다. 레이건 행정부 시절의 전략가들이 이미 1990년대에 비공식적인 '그림자' 외교 정책을 구상하는 일에 착수했다. 그들은 싱크탱크를 설립하고, 책을 펴내고, 언론에 기고하고, 태스크 포스를 만들고, 백서를 편찬했다. 미국의 외교 및 안보 정책이 실패하고 있다고 비판하기 위한 방편이었다. 보수파들은 미국 정부가 다자간 협약을 체결하고 연맹을 결성함으로써 미국의 국익과 반드시 일치하지 않는 다른 국가의 뜻에 구속받는 처지가 되었고, 그로 인해 미국의 국익이 제대로 확보되지 않거나 심할 경우 손상되었다고 믿었다. 그들은 '군사력을 바탕으로 한 독자 노선'이라는 예전의 외교 정책으로 돌아가기를 원했다. 그런 정책은 19세기와 20세기에 아메리카 대륙에서 미국의 국익을 잘 지켜 주었으며, 지금의 세계 무대에서도 독보적인 경제력과 군사력 때문에 그런 정책이 충분히 효과를 발휘할 수 있다는 것이었다.

일부 비판자들은 그런 '신보수주의자들'('네오콘')이 다시 권력을 잡으면 미국은 역사적으로 지금까지 맡아 온 역할과는 어울리지 않는 '급진적' 외교 정책을 취하게 될 것이라고 경고했다. 그러나 그것은 잘못된 논리였다. 미국은 건국 이래 거의 대부분의 역사에서 보수주의 외교 정책을 근간으로 삼았다. 미국이 여타 세계와 다자간 관계를 맺은 것은 2차 대전 종식에서부터 냉전의 종식 사이 50년 동안뿐이었다.

　유럽의 지식인들은 미국의 현 지도자들이 '카우보이 외교'를 펼치고 있다고 비난한다. 사실 그들의 지적이 옳다. 미국 외교 정책의 전통은 아메리칸 드림과 밀접하게 연결되어 있다. 미국인들이 생각하는 위대한 사람이란 적대적이고 예측 불가한 상황에서 혼자서 투지와 끈기로 황무지를 개간하고, 사악한 세력을 제압하며, 질서 정연한 자기만의 세계를 건설하고, 이 세상을 더 안전하게 만들 수 있는 사람이다. 미국 개척 시대를 다룬 모든 소설과 영화는 바로 이런 이야기를 칭송한다. 악에 맞서 싸우고, 자율과 독립으로 규정되는 자유를 추구하는 단순하고 친절한 사람⋯⋯. 바로 그것이 미국인들이 생각하는 자신의 이미지다. 미국인들이 그런 기본적인 자기 정체성과 모순되는 외교 정책을 굳이 추구해야 할 이유가 어디 있는가?

　2001년 뉴욕의 세계무역센터와 워싱턴의 국방부 청사에 대한 테러 공격이 있기 전부터 조지 W. 부시 대통령은 미국의 외교 정책을 이전의 '독립 독행' 식으로 끌고 나가기 시작했다. 미국은 새로운 세계적인 조약에 참여하기를 거부하는 동시에 이전의 협약 등 여러 가지 구속에서도 벗어나기 시작한 것이다.

　예를 들어 미국 정부는 거의 모든 나라들이 지지하는 온실 가스 감축을 위한 교토 의정서, 대인지뢰 금지 조약(LMT), 포괄적 핵실험 금지 조약(CTBT)에 서명하기를 거부했고, 탄도탄 요격 미사일 감축 협정(ABMT)에서 탈퇴했다. 게다가 미국은 세계의 여론을 무시하고 모든 나라들을 보편적 인권 확보를 위한 법적 기준에 따르도록 하는 국제형사법원(ICC)에 대한 지지도 거부했다.

　미국의 이런 '대반전'은 오래전부터 준비되어 왔다. 딕 체니 현 부통령이 국방장관이었던 1992년 미국 국방부는 10년 뒤의 외교 정책에서 초석이 되어야 하는 사항들을 담은 백서를 내놓았다. 그 국방부 백서는 선진 산업국들이 미국의 리더십에 도전하거나 지역적 또는 세계적인 역할을 떠맡으려 하는 것을 저지해야 한다고 단도직입적으로 제안했다.[16] "미국은 미국의 국익뿐만 아니라 동맹국이나 우방국의 이익을 위협하거나 국제 관계를 심각하게 훼손하는 세력들을 처리하는 주된 책임을 반드시 떠맡아야 한다."[17]

세계무역센터와 미국 국방부 청사에 대한 테러 공격이 발생하자 체니 부통령이 주축이 된 네오콘들은 10년 전에 자신들이 준비한 미국 외교 정책의 비전을 실행에 옮길 기회를 얻었다. 백악관이 발표한 새 국가 안보 전략은 어떤 국가도 미국과 그 동맹국들의 이익을 침해할 수 없도록 미국의 군사력을 강화하고, 잠재적인 적대 세력들이 미국에 도전하기 위해 군사력을 증강하는 것을 막거나 저지할 것이라고 천명했다.[18]

부시 대통령은 2002년 6월 웨스트포인트 미 사관학교에서 열린 생도 졸업식 연설에서 "미국은 그 누구도 도전할 수 없는 군사력을 갖고 있고 앞으로도 그런 군사력을 계속 유지할 것이다. 그렇게 함으로써 다른 시대의 치열했던 군비 경쟁을 무의미하게 만들고, 라이벌 국가들을 무역과 다른 평화적 노력에만 전념토록 만들 것"이라고 말했다.[19] 그것은 앞으로 미국이 거대한 군사력을 활용해 독보적인 강대국이 될 것이며, 다자간 협상이나 조약의 구속을 받지 않을 것이며, 군사 행동을 취하기 전에 협의를 하거나 합의를 해야 하는 동맹관계의 부담에서 벗어날 것이라는 점을 세계에 천명하기 위한 계산된 발언이었다.

이런 새로운 일방주의 정책의 근거는 대부분 9·11 테러 이후의 상황이다. 부시 행정부는 세계적인 동시 다발 테러가 자행될 수 있는 시대에 "미군은 세계 어디든 문제가 있는 지역을 즉시 공격할 준비를 갖추어야 한다."고 주장했다.[20] 또 테러리스트들이 언제 어디를 공격할지 알 수 없기 때문에 미국은 자위권 차원에서 사전 예방 조치를 취할 수 있어야 한다는 것이었다. 도널드 럼즈펠드 국방장관은 미국과 세계가 당면한 새로운 상황을 "우리는 우리가 무엇을 모르는 지조차 알 수 없다."는 말로 표현했다.[21] 따라서 미국은 상대의 공격을 받기 전에 선제 공격을 펼쳐야 한다는 것이었다. 9·11 이후 제시된 백악관의 신안보 전략은 이 점을 명확히 하고 있다. 부시는 2002년 9월 국가 안보에 관한 대통령령에서 "미국은 적대 세력의 도발을 예방하거나 막기 위해 필요하다면 선제 공격을 취할 것"이라고 말했다.[22]

테러리스트들이 대량 살상 무기를 확보해 마구잡이 공격을 할 수 있을지 모른다고 우려한 미국 정부는 미국의 주권이 위기에 놓일 경우 필요하다면 독자적으로 결정을 하고 그에 따라 다른 나라 정부의 사전 허락을 받거나 협의할 필요 없이 행동을 취할 수밖에 없다고 밝혔다. 미국은 이런 새로운 정책에 의해 테러리스트를 숨겨 주거나 재정적 지원을 해 주거나 테러리스트들에게 넘어갈 수 있는 대량 살상 무기를 개발한다고 의심되는 국가를 침공할 수 있는 자유 재량을 스스로 부여받았다. 그런 행위는 완곡한 표현으로 '예상 자위권'이라고 말할 수 있을 것이다. 비판자들은 그런 표현 자체가 모순이며 2차 대전 후 합의한 UN 헌장 2조와 51조를 위반할 수 있다고 주장한다. 그 조항들은 먼저 공격받지 않는 한 다른 나라를 공격하는 것이 불법이며 자위권에 해당하는 경우에만 공격할 수 있다고 규정하고 있기 때문이다.[23]

반면 미국 정부는 적대 행위에 대한 충분한 증거를 확보할 때까지 기다리거나 UN 안전보장이사회의 동의를 이끌어 낼 수 있을 때까지 행동을 유보한다면 자위권을 발동하기에는 너무 늦다고 반박한다. 문제는 G. 존 아이켄베리가 《포린 어페어스》 기고문에서 지적한 대로 "미국이 그런 조치를 취할 수 있다고 느낀다면 다른 나라들도 똑같이 하는 것을 막을 도리가 없다."는 것이다.[24] 아이켄베리는 "파키스탄이나 중국, 러시아가 그런 독트린을 채택하기를 미국이 과연 바라겠는가?"라고 반문한다.[25]

정치 관측통들은 가장 돈독한 동맹 관계에 있는 미국과 EU가 각자 다른 길로 가기 시작했다고 본다. 미국의 외교 정책은 과거의 '레알폴리티크 realpolitik'[현실 정치 혹은 실익 정책]의 부활을 추구하며, 독자적으로 영토와 국민을 지킬 수 있는 주권과 의무를 내세운다. 아울러 미국은 중요한 국익이라고 인식하는 것을 추구하는 데 방해가 될 수 있는 국제 협약 등에 구속받을 필요가 없다고 생각한다. 하버드 대학교의 스탠리 호프먼에 따르면 부시 행정부의 매파들의 경우 "미국 헌법은 국제법 같은 상위법에 굴복하는 것을 허용하지 않으며 어떤 국제 기관에도 주권을 넘겨 주거나 공유하거나 위임하는 것을 허용하지 않는다."는 극단적인 주장까지 펴고 있다.[26]

물론 미국 정부 내의 대다수 관리들이 그런 과도한 주장에 동의하지는 않을 것이다. 그러나 만약 '부시 독트린'이 논리적 극단에 치우칠 경우 모든 국제 협약과 조약보다는 국가 주권이 미국의 행동을 결정하게 될 가능성이 높다.

판이한 세계관

미국의 외교 정책은 EU를 구성하는 25개 회원국의 외교 정책과는 큰 차이가 난다. EU 국가들은 국가 주권보다는 국제법을 최고의 권위로 간주하며, 그 아래서 상호 협력하는 쪽으로 점진적으로 이동해 왔다. 유러피언 드림은 자율이 아니라 포괄성을 추구한다. 유럽인들은 합의에 의해 다스려지는 세계에서 살기를 원한다. 그들은 미국의 '독립 독행' 정책을 끔찍이 싫어한다. 지금까지 유럽인들이 많은 고통을 감수하며 서로의 이익을 통합하고 집단 운명을 공유하기 위해 취해 온 조치들이 무용지물이 될 수 있기 때문이다. 그들은 미국이 국제 규범과 합의를 무시하게 되면 자신들이 2차 대전의 잿더미 속에 묻어 버리려고 했던 '만인에 대한 만인의 투쟁'이라는 홉스의 세계가 다시 시작될 수 있다고 우려한다.

물론 "아니 잠깐······ 다수의 유럽 국가들이 이라크에서 미국과 함께 '자발적인 연합군'을 구성한 것은 EU의 통치 원칙은 고사하고 국제법까지 위배하는 행동이 아닌가?"라고 물을 수 있을 것이다. 어쩌면 그 말이 옳을지도 모른다. 그러나 흥미로운 점은 이라크 침공의 여파로 EU 내부에서 회원국들 사이에 합의가 이루어지지 않은 데 대해 많은 반성의 목소리가 터져 나왔다는 사실이다. 일부에서는 그로 인해 돌이킬 수 없는 분열이 생기고 EU 자체가 해체될 수도 있다고 예측했지만 실제 효과는 오히려 정반대였다. EU 회원국들은 미국의 이라크 침공이 감행되는 과정에서 벌어진 EU 내부의 분열 같은 볼썽 사나운 꼴이 재발되지 않도록 공동 외교 및 안보 정책을 강화하는 방법을 찾기 시작했다.

미국과 EU, 해묵은 아메리칸 드림과 유러피언 드림이 궁극적으로 엇갈리는 부분이 바로 주권 문제다. 글로벌화된 세계에서 사람들은 과연 어떤 권위를 최고로 인정할 것인가? 미국은 국가의 권위를 최고로 인정하는 과거 시대로 되돌아가고 있다. 국민에게 모든 권리를 부여하고, 국제 사회에서 국가의 역할을 결정하는 주체가 국가 자체라야 하며 그보다 더 높은 권위는 없다는 것이다. 국가의 틀 안에서 국민들은 시민적, 정치적, 사회적 권리를 부여받으며, 그런 권리를 통해 재산을 확보하고 행복을 추구할 수 있다는 논리다.

그와는 대조적으로 유러피언 드림은 훨씬 세계적이다. EU 회원국들이 어느 정도의 주권을 유지하긴 하지만 그들 나라의 국민들은 국가의 법보다 상위에 있는 보편적 인권 규약의 구속을 받는다. 절대적인 국가 주권을 주장하는 미국의 독트린이 우세하게 된다면 새로운 유러피언 드림의 기초가 되는 바탕인 보편적 인권이라는 개념 자체가 무너질 수 있다. 최고의 권위가 주권 국가에 있는 세계에서는 보편적 인권이란 위선에 불과하다. 부시 행정부의 많은 관리들이 믿듯이 국가가 최고의 권위를 갖는다면 인권은 영토에 구속된 정치 체제의 변덕에 좌우된다. 따라서 그런 인권은 보편적인 지위를 누릴 수 없다.

점점 더 세계화되고 있고 모든 종류의 지리적 경계선이 느슨해지거나 완전히 사라지고 있는 세계에서 미국 정부가 주변의 모든 상황과 상충되는 주권 개념을 강화한다는 것은 기이한 패러독스다. 그러나 거기에는 그만 한 이유가 있다. 꿈이란 좀처럼 잊기 힘들기 때문이다. 미국인들은 다른 사람의 지시에 따라 일하기를 싫어한다. 그들은 외부의 간섭 없이 독자적으로 살아 나갈 수 있다고 생각하기를 좋아한다. 미국인들은 심지어 정부로부터 간섭받는 것조차 싫어한다. 그런데 하물며 외부 세력이 자신들의 행동을 규제하도록 기꺼이 허용할 수 있겠는가? 미국인들의 독립 독행과 자율에 대한 의식은 거의 본능에 가깝다.

미국인들은 타인의 의지에 얽매인다는 것을 생각만 해도 몸서리를 친다. 강요당하는 것은 그들의 체질에 맞지 않다. 그들은 속박 없는 개방된 미국적 생활 방식을 통해 아메리칸 드림을 성취해 왔다. 타인의 의지에 굴복하는 것은 너무 비굴하다고 생각하는 것이다. 유럽인들이 부시 대통령의 지적 능력을 아무리 얕잡아보더라도 부시는 미국인들의 심리를 잘 포용하고 있다. 2003년 국정 연설에서 부시

대통령은 "미국이 나아가는 방향은 다른 나라의 결정과는 아무런 상관이 없다."고 국민들에게 말했다.[27]

대체로 미국인들은 국제법에 대해 양면적인 견해를 갖고 있다. 여론 조사에 따르면 대다수 미국인들은 미국이 UN 회원국으로 남아 있는 것을 지지하며 국제 협약에 참여하는 것을 선호한다. 9·11 테러 1주기인 2002년 가을, '저먼 마셜 펀드'가 실시한 조사에 따르면 미국인의 61퍼센트는 외교 정책의 다자간 접근 방식을 선호했고, 65퍼센트는 UN의 승인과 동맹국들의 지지가 있어야만 이라크를 침공해야 한다고 말했다.[28] 그러나 나는 이 문제에 관해 미국인의 그런 정서가 유럽인들보다 훨씬 약하다고 생각한다. 그 여론 조사가 실시된 지 6개월 뒤 미국인 대다수는 UN 결의 없이 이라크에 파병하겠다는 부시 대통령의 결정을 지지했다. 이라크 침공 당시 미국인의 72퍼센트가 이라크 전쟁을 지지했고 침공에 반대하는 비율은 25퍼센트에 불과했다.[29] 일부 미국인들이 거리 시위에 나섰지만 미국의 이라크 침공에 반대하는 대대적인 시위를 벌인 유럽인들에 비하면 그 수는 미미했다.

외교 정책에 대한 미국인들의 정서는 크게 엇갈린다. 미국의 북동부와 북서부 지역에 사는 미국인들(미국 전체 인구의 반수에 못 미친다.)은 외교 정책에 관해 유럽인들과 비슷한 성향을 보인다. 그들의 시각은 훨씬 세계적이다. 반면 남부, 남서부, 중서부, 로키 산맥 지역에 사는 사람들(미국 전체 인구의 과반수가 넘는다.)은 아직도 개척 시대의 사고방식을 선호하며 해외에서 미국의 국익을 지키기 위해서 필요하다면 일방적인 행동도 얼마든지 가능하다고 생각한다.

또 저먼 마셜 펀드의 조사에 따르면 미국인의 75퍼센트가 지구 온난화를 중요한 문제라고 생각하며, 대다수는 미국이 EU와 함께 온실 가스 감축을 규정한 교토 의정서를 비준해야 한다고 생각했다.[30]

그러나 여기서도 현실은 약간 다르다. 미국 유권자들은 정부가 자동차 업계의 연료 효율성 기준을 높임으로써 자신들이 소형차를 몰아야 한다면 그런 기준을 강요하는 법안 제정에 찬성하지 않는다. 그리고 대다수는 자동차 연료 세금을 약간이라도 인상하는 데 반대한다.(미국의 자동차 연료 세금은 선진국 가운데 가장 적다.)

마지막으로 국제형사법원에 대한 미국인들의 견해를 예로 들어 보자. 여론 조사에 따르면 미국인의 71퍼센트는 국제형사법원 설립 조약의 비준에 찬성한다고 말했다. 그러나 클린턴 행정부가 해외 주둔 미군의 면책을 조건으로 그 조약에 서명하겠다고 말했을 때 미국 내부에서 반대의 목소리는 거의 들리지 않았다. 사실 미군의 면책은 국제형사법원 설립의 취지 자체를 우롱하는 것과 마찬가지다.[31] 미국인 대다수는 클린턴 행정부의 입장을 지지했다. 프랑스 유권자의 71퍼센트, 독일 유권자의 65퍼센트, 영국 유권자의 52퍼센트가 전쟁 범죄를 저지른 자국 군인들을 국제형사법원이 기소할 권한을 가져야 한다고 응답한 반면, 미국 유권자의 경우 그렇게 응답한 비율은 37퍼센트에 불과했다.[32] 국제형사법원에서 미군이 전쟁 범죄로 재판받는 것을 미국 대중이 허용하리라고는 상상조차 하기 어렵다.

정치학자 프랜시스 후쿠야마는 "미국인들은...... 국가보다 상위에 있는 민주적 합법성의 출처를 무시하는 경향이 있다."고 말했다.[33] 그러나 유럽인들의 생각은 다르다. 유럽 국가들은 점점 더 많은 주권을 EU와 국제 기구에 넘겨 주고 있지만 미국은 반대 방향으로 나가고 있다. 그런 경향은 미국인들과 유럽인들의 인식 차이에서 비롯된다. 유럽인들은 서로간의 긴밀한 관계를 형성하고 거기에 깊숙이 포함됨으로써 자유가 신장된다고 느끼는 반면 미국인들은 국가의 통제를 벗어난 국제 협약과 기관에 주권을 양도하면 개인의 자유가 침해당할 수 있다고 생각한다.

영구 평화를 꿈꾸는 유럽

그렇다면 유럽의 외교 및 안보 정책은 과연 어떤 모습일까? 우선 그것은 인류 역사상 전례가 없기 때문에 논하는 데 있어서조차 상상의 비약이 필요할 정도다. 유럽의 외교 정책은 세력을 축적하기보다는 평화의 확산에 더 기초하고 있다.

유럽인들은 지난 수세기 동안 세계 전역에서 수많은 인명을 앗아가고 문명을 파괴한 '무력 외교'와의 단절을 선언했다. 유럽의 지도자들은 "완력으로 다른 나라에 자신의 의지를 강요함으로써 비롯되는 끔찍한 결과를 우리보다 더 잘 아는 사람이 있으면 나와 봐라."고 말한다. 또 인간의 행동을 바꿀 수 없다고 주장하는 사람들에 대해서는 "우리가 유럽에서 이룬 성과를 살펴보고 말해라."고 반박한다. 수세기 동안 서로 처절하게 싸워 온 EU의 25개 회원국들은 이제 무기를 내려놓고 다시는 서로 싸우지 않겠다고 맹세했다. 요슈카 피셔 독일 외무장관은 유럽 국가들 간의 경쟁이 전쟁으로 비화하는 것을 결단코 막겠다는 유럽인들 다수의 생각을 가장 잘 대변하는 인물이다. 피셔는 전쟁으로 점철된 근현대 민족국가의 역사를 되돌아보면서 이제 유럽은 그와는 다른 길로 미래를 맞이하고 있다며 이렇게 말했다. "1945년 이후 유럽의 핵심 개념은 1648년 베스트팔렌 평화조약으로 등장한 세력 균형의 원칙과 개별 국가의 패권 야욕을 전면 거부하는 것이었으며 그 기조는 지금도 마찬가지다."[34] 피셔를 비롯한 유럽의 지도자들은 '만인에 대한 만인의 투쟁'이라는 홉스의 비전에 젖은 해묵은 이념을 영구 평화의 새로운 비전으로 대체하기로 다짐했다.

새로운 유러피언 드림은 수세기 전의 사상에 그 뿌리를 두고 있다. 독일의 철학자 임마누엘 칸트는 1795년 「영구 평화론」이라는 논문을 발표했다. 그 논문은 당시에는 거의 주목받지 못했지만 2차 대전 후 재조명되면서 유럽의 새로운 지도자들에게 거의 '성전(聖典)'으로 간주되어 왔다. 칸트는 '세계 공화국'을 통해 '보편적이고 지속적인 평화'가 이루어지는 세계를 그렸다. 칸트는 모든 국가가 대표 통치 체제를 수용하면 그런 세계가 가능하다고 믿었다. 민주 원칙을 확산시킴으로써 분쟁보다는 협력을 도모하여 세계적인 질서의 기초를 다질 수 있다는 발상이었다.

유럽인들이 '세계 단일 정부'를 신봉하는 것은 아니지만 민주적 사고방식이 강화되면 사람들이 다른 사람을 대하는 방식이 달라질 수 있다는 것은 믿는다. '다른 사람'을 인정하고, 상호 존중하며, 공감하는 방식을 말한다. 유럽의 지도자들이 최후 통첩보다는 협상을, 비난보다는 화해를, 경쟁보다는 협력을 선호하는 이유가 바로 거기에 있다.

로마노 프로디 EU 집행위원장은 EU의 목표가 "미국과 어깨를 나란히 할 수 있는 초강대 체제를 유럽 대륙에 건설하는 것"이라고 말했다.[35] 미국의 여러 정치 관측통들은 이런 언급이 유럽과 미국 사이의 새로운 갈등을 시사하며, 유럽이 새로운 패권 세력이 되어 미국의 국익에 위협이 되는 상황을 피하기 위해서는 미국이 방심하거나 경계를 늦추는 일이 없어야 한다고 주장했다. 그러나 그런 우려는 프로디가 말한 '초강대 체제'를 오해한 결과로 빚어진 것이다. 유럽인들은 세계화된 세계에서 초강대 체제가 무엇을 의미하는지에 대해 아주 다른 생각을 갖고 있다. 프로디가 지금까지 이루어진 유럽 실험의 성공을 어떻게 설명하는지 좀더 자세히 살펴보자.

EU 설계자들의 천재성은 거대한 정치적 야망을 철저하게 세부적으로 구체화한 데 있다. 이런 간접적인 방법으로 EU의 결속을 위한 실질적인 행동이 가능해졌다. 관계 개선은 점진적으로 이루어졌다. 유럽 각국은 상호 대치 관계에서 자발적으로 경제 분야에서 협력하는 관계로 이어졌고, 그 다음에야 완전 통합의 단계로 접어들게 되었다.[36]

프로디를 비롯한 EU 지도자들은 주권을 확장하는 것보다는 협력 관계를 확대하는 데서 초강대 체제를 추구했다. 이런 새로운 체제의 특징은 무력이 아니라 협상 기술, 대화를 위한 열린 마음, 그리고 분쟁 해결에 있다. 유럽의 새로운 정치에서 '과정'이 그토록 중시되는 것도 바로 그 때문이다. 유러피언 드림의 정수는 무력을 억제하고 도덕적 양심을 확립함으로써 인간 활동을 관리하는 데 있다.

대다수 미국인들은 그런 감정이 감상적이며 비현실적이라고 생각한다. 유럽인들은 그 반대라고 본다. 새로운 유럽은 순진함이나 극단적 낙천주의의 환상에서가 아니라 인간이 인간으로서 형제에게 가할 수 있는 잔혹한 행위에 대한 혐오감에서 태동했다. 새로운 유럽의 실험은 과거 최악으로 치달은 인간성에서 탈피하려는 시도이며, 무조건적 낙관이 아니라 인간 조건의 냉철한 평가에 기초하고 있다.

4억 5500만 인구를 가진 25개 회원국에서 새로운 정치가 통할 수 있다는 것을 입증한 유럽은 이제 그 경험을 세계 다른 지역과 함께 나눌 수 있기를 기대하고 있다. 프로디 EU 집행위원장의 유럽 초강대 체제 개념은 전례가 없고 아주 특이한 발상이다. 그는 "세계의 통치 시스템에서 EU가 맡아야 할 역할이 있다."고 믿는다. 그것은 유럽의 경험을 여타 세계가 모방할 수 있는 모델로 만드는 일이다. 프로디는 이렇게 자랑스럽게 선언했다. "유럽에서는 법치가 야만적인 세력 다툼을 대체했다. …… 무력 외교는 더 이상 통하지 않는다." 그는 "유럽 통합을 이룸으로써 우리는 평화 유지 수단을 개발할 수 있다는 것을 세계에 입증하고 있다."고 말했다.[37]

여론 조사에서 유럽 대중의 65퍼센트는 EU가 미국과 대등한 세력이 되기 바란다고 응답했다. 그러나 대등한 세력이 되어야 하는 이유를 묻는 설문에서는 대다수가 유럽이 미국과 경쟁하기보다는 더욱 효과적으로 협력하기 위해서라고 대답했다. 미국인들이 종종 껄끄럽게 생각하는 프랑스인들 사이에서도 EU가 초강대 세력이 되어야 한다는 응답자의 비율이 90퍼센트였지만, 그중 대다수는 EU가 미국과 대등한 입장이 되면 유럽은 미국과 더욱 긴밀히 협력할 수 있을 것으로 생각했다.[38]

그러나 미국인들의 생각은 사뭇 다르다. 미국인의 52퍼센트는 미국이 세계 유일의 초강대국이 되어야 한다고 응답했으며, EU가 초강대국의 지위를 누려야 한다고 대답한 비율은 33퍼센트에 불과했다.[39] 유럽인들은 국제 무대에서 협력을 강화하기 위해 EU의 초강대국 지위를 원하는 반면, 미국인들은 EU가 초강대국 지위를 갖게 되면 미국의 세계 지배력이 위태로워질 수 있다고 보는 것이다.

미국 카네기 국제평화재단 선임연구원인 로버트 케이건은 국제 무대에서 맡아야 할 역할에 대해 유럽과 미국의 견해가 점점 벌어지는 상황을 이렇게 요약했다.

무력 행사의 가장 중요한 문제, 즉 영향력, 도덕성, 바람직함 등에 있어서 미국인들과 유럽인들의 시각 차이는 더욱 벌어지고 있다. 유럽은 무력에서 멀어지고 있다. 다시 말해 무력을 초월해 법과 규율, 초국가적 협상과 협력의 세계로 이동하고 있다. 임마누엘 칸트의 '영구적 평화'가 실현되는 새로운 낙원으로 진입하고 있는 것이다. 반면 미국은 과거에 얽매어 있다. 국제법과 규정이 신빙성이 없으며 진정한 안전과 방위, 질서가 군사력 보유와 사용에 의존하는 홉스의 세계에서 실질적인 무력을 행사하고 있는 것이다.[40]

유럽인들에게 국방비 지출에 관해 설문 조사를 해보면 증액을 원하는 비율은 19퍼센트에 불과하다. 33퍼센트는 국방비 삭감을 원하고, 42퍼센트는 현재의 낮은 국방 예산을 유지하기를 원한다. 반면 미국인의 44퍼센트는 국방비 증액을 희망한다.[41] 그렇다고 해서 유럽인들이 예산 지출에 인색한 것은 결코 아니다. 그들은 자신들이 원하는 외교 및 안보 정책을 수행하는 데 예산이 사용되기를 원한다.

크리스 패튼 EU 외교담당 집행위원은 2000년 6월의 한 연설에서 21세기 유럽의 외교 정책 비전을 설명했다. 그는 EU 외교 정책이 EU 내부 관계를 활성화하는 가치에 부합해야 하며 강점을 살려야 한다고 말했다. 패튼은 평화의 가교 건설이라는 고매한 이상에도 불구하고 EU가 1990년대 보스니아와 코소보의 내전 종식에 실패했으며, 결국 미국의 군사 개입에 의존해야 했다는 점을 지적했다. 그런 상황에서 EU가 제2의 보스니아와 코소보 사태를 어떻게 예방할 수 있겠느냐는 의미였다. 패튼은 앞으로는 EU가 선제 개입에 나서서 전쟁이 벌어지기 전에 해당 지역과 국가를 효과적인 대화와 적극적인 협력 관계로 끌어들여야 한다고 역설했다. "그러기 위해서는 무역, 원조, 환경 문제 협력, 경쟁 정책 등 공동체로서 사용할 수 있는 수단을 동원해야 한다."[42]

패튼의 생각은 프로디의 견해와 같은 맥락에 있다. 즉, EU의 다자간 협력 경험이 좀더 넓은 국제 무대로 확대 적용되어야 한다고 믿는 것이다. 패튼은 유럽식 통합 모델이 "아시아에서부터 라틴아메리카에 이르기까지 여러 지역의 모범이 되어야 하며, EU 모델의 특장점이 세계 전역에 반영될 수 있도록 노력해야 한다."고 말했다.[43]

그러나 미국의 외교 정책 분석가들은 '악한 자'를 설득으로 교화할 수 있다는 발상을 인정하지 않는다. 그들은 북한과 이라크 같은 소위 '불량 국가'나 이스라엘-팔레스타인 분쟁처럼 해묵은 편견과 원한이 뿌리 깊이 존재하고 있어서 도저히 화해할 수 없어 보이는 지역을 어떻게 처리할 수 있는지 묻는다. 그에 대해 패튼은 유럽의 과거 경험을 예로 제시한다. "유럽의 통합 과정은 수세기에 걸친 편견과 전쟁, 그리고 고통 뒤에도 타협과 화해가 가능하다는 것을 보여 주고 있다."[44] 사실 일리가 있는 말이다.

하버드 케네디스쿨의 조지프 나이 교수는, 유럽의 새로운 공동 외교 및 안보 정책을 '소프트 파워 soft power'의 발휘로 본다. 다른 사람에게 강요하기보다는 자기 편으로 흡수할 수 있는 힘을 말한다. 나이는 이렇게 말했다.

외교 정책 수행에 있어서 다른 나라들이 자신의 가치를 존중하고, 그 예를 모방하려고 하며, 그 정도의 번영과 개방 수준을 추구하려고 한다면 그 국가는 세계 정치에서 자신이 원하는 결과를 얻을 가능성이 높다. 그런 점에서, 위협이나 군사력 또는 경제력을 무기로 사용함으로써 다른 국가들을 강압적으로 이끄는 것만큼이나 세계 정치에서 나아갈 방향을 설정하고 다른 국가들을 거기에 끌어들이는 노력이 중요하다.[45]

과거 오랫동안 미국의 '소프트 파워'는 세계인들의 선망 대상이었다. 미국의 민주적 가치, 다문화적 배경, 개방성, '할 수 있다'는 정신, 낙관주의, 혁신과 창의력, 번영 때문에 세계 각지에서 많은 사람들이 미국으로 몰려들었다. 미국인들이 다른 나라 국민들의 모범이 된 것이다. 그러나 오늘날 미국의 '소프트 파워'는 대부분의 가치가 평가절하되기 시작했다. 그 첫 계기는 베트남 전쟁이었다. 그때부터 세계인들은 미국적 모델에 대한 믿음을 잃기 시작했다. 9·11 사태 이후에는 세계의 여론이 미국 정부의 정책에 등을 돌렸다. 미국의 행동이 정당화될 수 있든 그렇지 않든 간에 많은 사람들은 미국을 오만한 '골목 대장'으로 본다. 약한 나라의 목소리를 무시하며 세계 전체에 영향을 미치는 사안에 둔감하다는 것이다. '타임유럽'의 조사에 따르면 유럽인의 87퍼센트가 "미국이 2003년 세계 평화에 최대 위험을 안겼다."고 생각했다.[46] '갤럽 인터내셔널'이 2002년 33개국을 대상으로 조사한 결과도 그중 23개국의 대다수 국민들이 "미국의 외교 정책이 자기 나라에 부정적인 영향을 끼쳤다."고 말했다.[47] 대다수 미국인들은 세계인들의 그런 태도에 경악한다. 언제나 자신을 중재자로서 정의의 투사로 생각하는 미국인들은 어떻게 세계 전체가 그토록 미국을 잘 몰라주는지에 대해 개탄한다.

이처럼 미국 정부에 대한 세계의 여론은 압도적으로 부정적이지만 미국인들과 그들의 생활 방식에 관해서는 훨씬 호의적이다. 그러나 여기서도 미국의 '소프트 파워'가 점차 줄어들고 있다. 다른 나라 사람들을 미국으로 이끄는 매력은 아직 많지만 미국인들의 이기심과 잔인성에 대한 불안감이 커지고 있다. 예를 들어 나는 유럽인들에게 늘 이런 질문을 받는다. "미국인들은 왜 연료를 많이 먹어 지구를 오염시키는 대형차를 몰려고 고집하는가?" "세계에서 가장 부유한 나라인 미국이 빈국들을 돕는 데 왜 그렇게 인색한가?" "미국인들은 왜 그렇게 총기를 많이 보유하는가?" "미국의 도시 거리에는 왜 그렇게 폭력과 유혈 사태가 많은가?"

물론 전 세계 사람들은 미국의 음악, 미국의 영화 및 TV 프로그램, 미국의 의상과 소비자 라이프 스타일, 그리고 미국의 교육을 선망하고 즐긴다. 그러나 미국이 다른 나라를 대하는 방식에 대해서는 반감을 가지며, 미국 문화에 만연되어 있다고 생각하는 자아 도취와 독단성에 눈살을 찌푸린다.

그와는 대조적으로 유럽의 '소프트 파워'는 가치를 존중하는 데 있다. 미국인 친구들조차도 가끔씩 내게 "왜 우리가 가치와 태도에서 유럽인들을 본받지 못하는가?"라고 묻는다. 그러나 그것이 그렇게 간단한 문제가 아니다. 유럽에서 본받지 말아야 할 것도 많다. 조금만 주의 깊게 살펴보면 많은 유럽인들 사이에, 특히 전문직 종사자들 사이에서 엘리트 의식과 우월감을 쉽게 발견할 수 있다. 미국의 전문직 종사자들은 그렇지 않다. 그리고 유럽의 거리에 폭력이 훨씬 적긴 하지만 청소년 갱이 점차 창궐하고 범죄율이 높아지고 있다. 아울러 소수민족에 대한 차별에서도 유럽이 미국에 결코 뒤지지 않는다. 반유대주의 운동과 이민자들에 대한 거부감은 불길할 정도로 급증하고 있다. 그러나 유럽인들은 세계를 글로벌화된 사회로 변화시키고 있는 변화의 추세에 좀더 민감한 듯하다. 200여 년 전에는 민주주의의 대망과 행복을 추구하는 양도할 수 없는 권리로 세계의 관심을 집중시킨 곳이 미국이었다. 그러나 오늘날에는 세계의 눈길이 포용성, 문화적 다양성, 보편적 인권, 삶의 질, 지속 가능한 개발, 평화 공존에 중점을 두는 새로운 유러피언 드림 쪽으로 더 많이 옮아가고 있다.

새로운 형태의 군

유럽의 외교 및 안보 정책은 두 개의 축에 의존하고 있다. 하나는 기존의 국가 영토 방위에서 벗어나 초국가적 평화 유지와 인도적 개입으로 군사 전략을 재정립하는 것이다. 다른 하나는 사람들과 국가들 간의 더욱 긴밀한 협력을 위해 경제 원조를 외교 정책 수단으로 활용하는 것이다.

유럽 군사 전략의 핵심은 위기로 치닫는 분쟁의 해결에 있다. 지난 50년 동안 EU 회원국들은 세계 전역의 분쟁 지역에 파견된 평화 유지군 병력의 80퍼센트, 재건 원조금의 70퍼센트를 제공했다.[48] 유럽 군사 작전의 목표는 분쟁 당사자들 사이에서 발생하는 유혈 폭력 사태를 막고 실행 가능한 평화 협정이 체결될 수 있는 조건을 만드는 것이다. 그것은 "튼튼한 평화 유지 robust peacekeeping" 또는 "2세대 평화 유지 second-generation peacekeeping"로 불린다. 그런 군사적 개입을 하려면 군사 전략의 전면 수정이 필요하다. 그에 따라 최근 들어 '안전 지대', '비행 금지 지대', '인도적 회랑 지대' 같은 새로운 군사 용어들이 만들어졌다.

새로운 군사 전략은 전통적인 군사 개입과 정반대 개념에서 시작된다. 기존의 군사 전략 개념은 적군에 최대한의 인명 피해를 가하는 것이었다. 그러나 새로운 전략의 목표는 전투에서 양쪽 모두에 인명 피해를 최소화하는 것이다. 지금의 병사들이 받는 명령은 자신의 목숨을 걸고 적을 사살하라는 것이 아니다. 또 평화유지군은 전혀 다른 임무를 수행한다. 민간인들의 생명을 보호하기 위해 자신의 목숨을 거는 것이다. 런던 경제대학교에서 '세계 통치 체제와 인권'을 가르치는 메리 콜도어 교수는 이렇게 요약한다. "합법적으로 무기를 소지하는 군인은 조국을 위해 목숨을 바쳐야 한다. 그러나 평화유지군은 인도주의를 위해 자신의 목숨을 걸어야 한다."[49] EU 회원국들은 미군이 파견한 평화유지군 병력의 열 배를 제공하고 있다. 이것은 유럽이 세계 경찰의 임무를 미국에게만 지우고 있다는 미국인들의 주장이 근거가 없다는 것을 말해 준다.[50]

유럽 인권 협약을 위반하는 행위가 있을 경우 질서 회복을 위해 세계 어느 나라의 영토에도 병력을 파견할 수 있다는 EU의 발상은 가위 혁명적이다. 그런 군사 작전의 목표는 영토를 빼앗고 부를 쌓는 것이 아니라 인류의 보편적 권리를 보호하는 것이기 때문이다.

레슬리 H. 겔브와 저스틴 로젠탈은 《포린 어페어스》 기고문에서 이런 새로운 군사 전략 개념의 역사적 중요성을 지적했다. 각 국가들과 EU 같은 집단 통치 체제가 군대의 목표 자체에 대한 기본적인 인식 변화를 시사하고 있다는 것이다. 그들은 이렇게 적었다. "도덕성이 주권보다 앞선다는 원칙을 각 국가들이 받아들인다는 것은 정말 대단한 변화다."[51]

EU의 외교 및 안보 정책의 또 다른 축은 개발 지원이다. 대다수 미국인들은 개도국의 빈곤층 구제에 관한 한 미국이 단연 세계에서 가장 관대한 나라라고 믿는다. 그러나 그것은 사실이 아니다. 미국의 해외 원조는 국민총소득[GNI: 국민이 국내와 외국에서 생산 활동에 참여한 대가로 벌어들인 소득의 합계]의 0.1퍼센트로 유럽의 3분의 1 수준이다.[52] 현재 유럽인들은 세계 전체의 민간 개발 지원금 가운데 50퍼센트 이상을 제공하고 있다.[53] 또 EU는 세계 전체의 인도적 원조 가운데 47퍼센트를 떠맡고 있다. (미국의 기여도는 36퍼센트.)[54] 2002년 EU의 인도적 원조액은 12억 유로에 이르렀다. 거기에는 난민과 이재민, 내전 및 민족 분쟁의 희생자들에 대한 원조가 포함된다. 반면 미국은 식품 원조에서 세계 1위다.[55]

EU의 개발 원조 가운데 EU 내부의 회원국들에게 제공되는 비율이 점차 높아지고 있다. 현재 EU는 회원국들이 갹출하는 전체 개발 원조금의 17퍼센트를 자체 소화하고 있다.[56]

경제 개발 원조금의 액수만큼 원조의 질도 중요하다. 예를 들어 미국은 오래전부터 원조를 필요한 곳에 제공하기보다는 군사 전략의 목표와 연계시킨다는 비난을 받아 왔다. 지구개발센터(CGD)와 《포린 폴리시》는 2003년 선진국들의 개발 원조가 개도국의 경제 및 사회 발전에 도움을 주느냐 해를 끼치느냐를 기준으로 선진국의 순위를 매긴 결과를 발표했다. 거기서 고안된 것이 개발기여지수(CDI:

Commitment to Development Index)다. CDI는 해외 원조 프로그램 자체에 국한하지 않고 원조 제공 액수, 이민 정책에 대한 관용 수준, 평화유지군 파병 규모, 개도국에 대한 직접 투자 액수를 종합적으로 판단한다. 또 부패한 정권에 재정 지원을 하거나 환경에 해를 끼치는 행위를 하거나 개도국 상품의 수입에 장벽을 세우는 데 대한 벌점 기준도 적용한다.[57]

CDI 기준으로 판단하면 미국의 순위는 선진국 가운데 거의 바닥권이다. 21개 선진국 가운데서 미국은 20위, 일본이 21위다. EU 회원국 가운데 9개국은 톱10에 든다. CDI에서 미국이 유럽보다 형편없이 떨어지는 데는 많은 이유가 있다. 미국이 개도국에 많은 원조를 제공하고 있는 것은 사실이지만 그 원조의 거의 80퍼센트가 미국 상품과 용역을 구입하는 대가로 제공된다. 또 미국은 환경 정책과 평화 유지 기여도에서도 상당히 낮은 점수를 받는다.[58]

물론 EU도 주로 분쟁 해결과 평화 유지에 군사력을 활용하고 있다고 말은 하고 있지만 실적은 그리 좋지 않다. 대체로 유럽군은 분쟁 개입과 전쟁 방지 능력에서 별 효과를 내지 못했다. 그러나 공식적 전투가 끝난 뒤 평화를 유지하는 데 있어서는 훨씬 효과적이었다.

특히 1992년 보스니아 내전과 1990년대 말 코소보 전쟁에 대한 개입에서 EU는 당혹스러울 정도로 무력했다. 유럽군은 세르비아 지도자 슬로보단 밀로셰비치가 이끄는 오합지졸들과 맞서서 전혀 힘을 쓰지 못했다. 코소보 전쟁은 유럽의 군사 지도자들에게 더욱 모멸감을 주었다. 미국의 군사 개입이 없었더라면 유럽이 전쟁을 종식시키는 데 필요한 군사력을 확보하지 못했을 가능성이 높다. 대단하지도 않은 군사 작전을 위해 미군에 의존할 수밖에 없었다는 사실은 치욕적이었다. 유럽이 자신의 뒷마당에서 대단치 않은 적과 맞서서 평화를 유지할 수 없다면 25개 회원국의 4억 5500만 인구의 평화와 안전을 어떻게 유지할 수 있을까?

코소보 전쟁은 유럽의 군사력이 얼마나 무능한지를 잘 보여 주었다. 병력의 훈련 수준이 형편없었고, 무기도 낙후돼 있었으며, 정찰과 지휘 체계가 너무도 허술해 미국이 주도하는 작전에 제대로 통합될 수도 없었다. 궁극적으로 유럽군은 전쟁 수행에 오히려 방해꾼으로 작용했다.

미군 지휘자들은 유럽군 병사들의 전투력 미흡뿐만 아니라 유럽군 장성들의 전투 지휘력 부족에도 골머리를 앓았다. 연합군의 의도와 전투 의지에 대해 밀로셰비치에게 모호한 메시지를 전달하는 등 자주 정치도 개입되었다. NATO 사령관 웨슬리 클라크 대장은 유럽인들이 법적, 정치적 파급 효과를 고려하느라 망설임으로써 군사 작전이 계속 수정되고 중지되어야 하는 데 대해 불평을 늘어놓았다. 클라크는 "더 중요한 목표를 공격하자고 밀어붙이는 쪽은 언제나 미국인들이었고 그에 대해 부정적인 견해를 표명하는 쪽은 늘 유럽인들이었다."고 말했다.[59] 클라크는 코소보에서의 합동 NATO 작전에 대해 이렇게 평가했다. "미국은 NATO 회원국들의 정치적, 법적 우려 때문에 작전에 제한을 받음으로써 효율적인 전투 수행을 할 수 없었다."[60] 유럽인들도 미국이 개입해 지휘권을 행사하지 않는다면 향후 유럽에서 분쟁이 일어날 때 어떻게 해야 할지 고심했다.

미국과 EU의 군사적 능력에 대한 상대적인 차이는 실로 대단하다. 미국의 군사력은 역사상 유례가 없을 정도로 막강하다. 세계에서 국방 예산을 가장 많이 지출하는 10개 국가를 놓고 볼 때 미국의 예산은 나머지 9개국의 예산을 합한 것보다 더 많다. 현재 미국은 세계 전체의 군사 연구 개발비의 80퍼센트, 세계 전체의 국방비 지출의 40퍼센트를 차지한다.[61] 현재의 추세가 지속된다면 미국의 국방 예산은 머잖아 나머지 세계 전체의 국방비를 합한 것과 맞먹게

될 것이다.[62]

반면 유럽의 국방 예산은 1550억 유로로 미국의 절반에도 못 미친다.[63] EU는 군사 기술적인 측면에서는 미국에 크게 떨어지지만 병력은 더 많다.(약 200만 명.)[64] 미국의 정규 병력은 140만 명이다.[65]

EU의 국방 예산이 미국의 절반 수준이기 때문에 EU의 전반적인 군사력도 미국의 절반 수준은 될 것으로 생각하는 사람들이 많다. 그러나 불행하게도 사정은 그렇지 않다. 유럽의 전략 정찰 능력은 미국의 10퍼센트, 항공 보급 능력은 미국의 20퍼센트, 정밀 유도탄 활용 능력은 미국의 약 10퍼센트에 불과하다.[66]

여론 조사에 따르면 유럽인의 70퍼센트 이상이 EU의 공동 방위 및 안보 정책을 지지한다.[67] 그러나 이미 언급했듯이 EU의 군비를 현대화하는 데 필요한 예산 부담에 있어서는 유럽인들이 별로 적극적이지 않다. 2001년 EU와 유럽안보협력기구(OSCE)가 분쟁 방지에 지출한 예산은 전투기 한 대의 구입 가격보다도 적었다.[68]

미국 랜드(RAND) 연구소가 1990년대에 실시한 조사에 따르면 EU가 향후 25년 동안 병력 5만 명을 첨단 무기로 무장시켜 훈련하고 전투에 투입하는 데 드는 비용은 180억에서 490억 달러, 위성 첩보 능력까지 원한다면 거기에 90억에서 250억 달러가 추가될 것으로 추정되었다.[69] 미국이 갖춘 군사적 대응 태세에 근접하려면 EU는 현재 전체 GDP의 약 2퍼센트에 불과한 국방비 지출을 4퍼센트 이상으로 늘려야 할 것이다.[70] 그러나 미국도 유럽도 그런 수준은 기대조차 하지 않는다.

사실 모든 EU 국가들이 국방 예산을 줄이고 있는 것이 현실이다.(아일랜드와 그리스는 예외.)[71] 경제 성장이 둔화되고 있고 재정 예산이 빠듯한 시기에 EU 회원국들이 사회복지 혜택을 줄이면서 국방비 예산을 늘릴 가능성은 희박하다. 보수적인 정책 연구 기관인 미국 기업연구소(AEI)의 칼 진스마이스터는 미국 보수파들의 생각을 이렇게 요약했다.

> 유럽이 안보를 위해 자국의 젊은이들과 예산을 기꺼이 제공하지 않는다면 유럽에서 독립적인 대군을 구축하겠다는 이야기는 허풍에 불과하다. 막연한 희망만으로 항모 전단의 장비와 인력을 조달하거나, 미사일 방어망을 구축하거나, 세계의 압제자들에게 두려움을 줄 수는 없다.[72]

미국에서는 정치 평론가들뿐만 아니라 일부 정부 관리들과 군사 분석가들도 EU의 외교 및 안보 정책은 사실상 존재하지도 않는 군사력을 기반으로 하는 터무니없는 발상이라고 생각한다. 심지어 영국의 정치 관측통들조차 유럽 엘리트들의 "애매한" 외교 정책 발상에 대한 미국인들의 불만에 동조한다. 영국의 보수주의자 마이클 고브가 이 문제에 관해 가한 통렬한 비판은 현실주의자들의 생각을 잘 대변한다.

> 유럽의 지도자들은 국제적 평화 협상 요법으로 분쟁을 해결하려고 한다. 사악한 자들이 늘 무시하는 국제법이라는 종이 방책을 세우고 경제 원조를 제공함으로서 침략 행위를 모면하려는 것이다. 유럽인들은 그런 정책이 진보의 선두를 달리는 유럽 대륙의 혁신이라고 스스로 간주하지만 쇠퇴하는 문명의 시든 과일일 뿐이다.[73]

이렇듯 미국인들과 유럽인들의 외교 및 안보 정책에 대한 시각에는 큰 차이가 있다. 유럽인들은 국제법, 특히 보편적 인권을 다룬 법을 강화함으로써 안전을 보장하려 했다. 그들의 목표는 적대 세력들 간의 분쟁을 최소화하고 그 세력들 사이를 떼어 놓기 위해 선별적으로 군사력을 동원하는 것이다. EU는 군사적 승리보다는 분쟁 해결을 중시한다. 유럽은 경제 원조를 통해 빈곤한 사람들의 활력을 북돋우고, 민주주의를 확산시키며 분쟁 가능성이 높은 지역을 문명 사회로 끌어들이려고 노력한다. 반면 부시 행정부와 많은 미국인들 (과반수가 넘는지는 확인하기 곤란하다.)의 생각은 다르다. 그들 대다수는 부시 행정부 2기에 국무장관이 된 콘돌리자 라이스 전 백악관 안보담당 보좌관의 말에 전적으로 공감한다. 라이스는 지난 2000년 미국 대통령 선거 당시 이렇게 말했다. "실체가 없는 국제 사회의 이익에서가 아니라 국익이라는 확고한 근거에서 시작해야 미국이 잘 될 수 있다."[74]

EU의 외교 및 안보 정책을 비판하는 미국인들은 유럽이 국제 무대에서 '선량한 이상주의자'(good guy idealist)로 자임하는 유일한 이유가 그렇게 함으로써 미국이 '가부장적 현실주의자'(big daddy realist)로서 유럽과 세계 다른 지역에서 평화와 질서를 유지하기 위해 '악역'을 떠맡을 수밖에 없는 상황이 되기 때문이라고 주장한다. 미국이 유럽의 부담을 덜어 주고 있다는 것이 자주 들리는 불평 가운데 하나다.

좀더 온건한 사람들은 외교 및 안보 정책에 대한 유럽과 미국의 접근법 둘 다가 필요하며, 서로 보완적이 될 수 있다고 본다. 선한 역할을 하는 경찰과 악역 경찰 둘 다가 있어야 사건이 해결될 수 있다는 식이다. 미국은 세계 최고의 군사력으로 나쁜 짓을 하는 자들을 벌하는 세계 경찰 역할을 하는 한편, EU는 뛰어난 분쟁 해결 및 평화 유지 능력을 바탕으로 평화 유지와 경제 원조를 혼합해 나쁜 짓을 한 자들로 하여금 자신의 잘못을 깨닫게 하고 행동을 고치게 만든다는 논리다. 이 역할 분담 시나리오는 세계 도처의 분쟁 지역에서 이미 여러 차례 실연(實演)되고 있다. "미국이 전투를 수행하고 유럽이 그 후의 평화 재건을 담당하는 것이다."[75] 그것을 정치인들은 주로 이렇게 표현한다. "미국이 요리를 하고 유럽은 설거지를 담당한다."[76] 당연하겠지만 그와 관련된 설문 조사에서 유럽인의 경우 52퍼센트가 역할 분담을 지지한 반면, 미국인의 경우에는 그 비율이 39퍼센트에 불과했다.[77]

그러나 유럽인들의 견지에서는 미국인들이 'EU의 유치한 이상주의'라고 조롱하는 것이 공허한 메아리에 불과하다. 유럽인들은 대화와 협상, 공감대 형성이라는 수단을 통해 사람들 사이의 신뢰를 쌓고, 해묵은 적대 관계를 청산할 수 있다는 것을 보여 주었다. 크게 보면 EU의 25개 회원국 자체가 그런 방식이 효과가 있다는 증거다. 그들은 파벌이 다르고 이해 관계가 다른 4억 5500만 명의 유럽인들이 오랫동안 지속되어 온 서로간의 증오심을 극복하고 하나의 공동체로서 평화와 경제 번영을 추구할 수 있다면 유럽을 넘어서 세계 전체도 충분히 그럴 수 있다고 생각한다.

유럽인들은 두 번째 지적, 즉 미국의 군사력에 무임승차한다는 지적에 대해서는 정면으로 반박하지 않고 좀더 신중한 반응을 보인다. 유럽의 지도자들과 대중은 마음속 깊이에서는 그 지적이 일리가 있다는 것을 안다. 또 그들은 미국이 지배하고 통제하는 단극 체제의 세계가 모두에게 안전성이 떨어질지 모른다고 우려한다. 그것은 미국이 사악한 의도를 갖고 있기 때문이 아니라 아무리 의도가 고매하다고 하더라도 단일 세력이 패권을 잡으면 반드시 대항 세력이 나타나 보복을 하기 때문이라고 그들은 말한다. 자크 시라크 프랑스 대통령은 "단일 지배 세력이 존재하는 곳은 늘 위험하며 반발을 부르게 된다."고 경고했다.[78] 그것은 다른 많은 세계 지도자들의 우려를 대변한 말이다.

자체 방위의 책임 소재

EU는 유럽 시민들의 안전을 보장하려면 신뢰할 만한 군사력을 확보해야 한다는 것을 깨닫기 시작했다. 유럽인들은 미국이 앞으로는 유럽 내부와 주변 지역에 군대를 파병할 가능성이 적다는 것을 알고 있다. 그 지역이 NATO의 보호 아래 있다고 해도 유럽인들이 싸워야 할 전투를 미국인들이 대신 싸워 주려고 하지 않을 것이라는 판단이다. 그러나 미국 정부는 그 문제에 관해 양면적인 생각을 갖고 있는 듯하다. 미국은 유럽 안보에 대해서는 EU가 더 많은 책임을 맡아야 한다고 압력을 계속 가하고 있다. 그러나 다른 한편으로는 미국은 최근 EU에 NATO와는 별도로 자체 군사 조직을 구축하려는 시도를 막기 위해 압력을 가해 왔다. EU가 독자적인 군사 체제를 갖추면 미국이 유럽에서 군사 개입을 할 수 있는 여지가 적어진다는 우려 때문이다. 다시 말해 미국은 EU 회원국들이 국방비 지출을 증액하고 유럽 방위에 대한 책임 수준을 높이되, 유럽에서 미국의 군사력을 유지하기 위해 NATO의 이름 아래 그렇게 하기를 원한다.

유럽의 공동 외교 및 안보 정책(CFSP) 채택은 1993년 체결된 마스트리히트 조약에서 합의된 내용이다. 그러나 CFSP 계획은 1990년대 대부분 동안 실행에 옮겨지지 못했다. EU 회원국들은 완전히 독립된 EU군을 창설하는 문제를 두고 오랫동안 합의를 보지 못했다. 프랑스는 독자적인 방위 능력을 갖춘 EU 전투군 창설을 선호했다. 시라크 대통령은 1999년 유럽의회의 연설에서 프랑스의 그런 입장을 재차 밝혔다. 그는 유럽의회 의원들에게 "유럽 사령부는 독립적인 방위 능력을 갖추어야만 완전하게 존재할 수 있다."고 강조했다.[79]

그러나 영국은 유럽의 군사적 자립 노력이 NATO의 입지를 손상시키고 동맹국인 미국의 심기를 건드릴 수 있다고 우려했다. 사실 영국은 언제나 다른 회원국보다 EU에 대해 미온적이었다. 미국과의 특별한 관계와 유럽 대륙과의 오랜 관계 사이에서 고민하며, 어느 쪽을 중시하는 것이 자국에 더 이익인지 확신하지 못하는 가운데, 영국은 양 진영 모두에서 위안을 찾으려 했다.

영국은 1990년대 후반이 되자 유럽군 창설에 대해 유연한 입장을 보이기 시작했다. 부분적으로 그것은 영국의 유럽 단일 통화 채택 거부에 대해 다른 EU 회원국들이 갖고 있는 불쾌감을 누그러뜨리려는 시도였다. 아울러 발칸 반도의 위기로 인해 영국은 EU의 군사력 강화 필요성을 실감하게 되었다. 영국은 유럽군이 NATO와 EU라는 두 주인을 섬길 수 있다고 믿게 되었다. 그렇게 하면 유럽이 유럽 대륙 방위에 대한 책임을 떠맡지 않는다는 미국의 우려를 불식시킬 수 있다고 판단한 것이다. 또 유럽군이 NATO 산하로 편입되면 NATO 동맹이 더 강화될 수 있다고 생각했다. 반면 프랑스는 영국의 이런 입장 변화를 독립적인 유럽군 창설이라는 자국의 오랜 염원을 성취할 수 있는 돌파구로 간주했다.

1998년 12월 프랑스-영국 정상회담이 프랑스의 생말로에서 개최되었다. 두 나라는 유럽 안보 및 방위 정책의 기본 조건에 합의했다.[80] 프랑스와 영국은 EU가 통치 체제만이 아니라 군사적 세력도 되어야 한다는 최초의 선언서에 서명했다. EU가 굳건한 군사력을 바탕으로 자율적 작전 능력을 갖추어야 하며, 군사력 사용을 결정하기 위한 제도적 장치와 국제 위기에 대응하기 위해 작전을 수행할 태세가 되어 있어야 한다는 것이 그 골자다.[81] 그 선언서는 새로 창설되는 EU군이 NATO 전체가 관련되지 않는 곳의 상황에서만 행동할 것이며, NATO의 작전과 중복되어서는 안 된다는 점을 분명히 하고 있다.[82]

아울러 생말로 선언이 나오기 바로 몇 달 전 NATO는 코소보에 대한 3개월간의 공습 작전을 개시했다. 몇 년 전 보스니아에서처럼 유럽 국가들이 파견한 군은 형편없었다. 그들은 결국 미군의 공군력과 전략 지휘에 의지해 궁지에서 벗어날 수 있었다. 어쩔 수 없이 EU는 안보 유지 능력의 결여 문제를 해결하기 위해 1999년 6월 독일 쾰른에서 정상회담을 개최했다. 거기서 유럽 지도자들은 인도적 구호 임무, 평화 유지, 위기 관리를 위한 군사 작전 수행을 담당할 유럽 안보 및 방위 정책국(ESDP)을 설립하기로 결정했다.[83] '인도적 구호', '평화 유지', '위기 관리'라는 이 세 가지 목표는 1992년 그 구상이 처음 나온 본의 한 호텔 이름을 따 '페테르스베르크 임무'라고 불렸다.[84] 또 정상회의 참석자들은 외교 및 안보 정책을 조정할 정치 및 안보위원회, 회원국들의 군 참모총장들로 구성되는 군사위원회를 설립하기로 합의했다. 아울러 그 기구들의 결정 사항을 검토하고 수행할 조직도 설립하기로 했다. 1999년 12월 헬싱키에서 열린 후속 정상회의에서 EU는 한 걸음 더 나아가 '페테르스베르크 임무'를 수행할 수 있는 6만 명 병력의 신속대응군을 2003년까지 창설하기로 합의했다.[85]

헬싱키 합의는 생말로에서 영국과 프랑스가 선언한 내용을 공식화한 것이다. EU가 독자적으로 군사 행동 여부를 결정하며, NATO가 전체로서 관련되지 않는 국제 위기에 대해 EU가 주도적인 군사 작전을 수행해야 한다는 것이 골자다.[86] 합의문 서명국들은 미국을 안심시키기 위해 앞으로도 NATO가 회원국들의 집단 방위 체제로 유지될 것이며, 위기 관리에서 중요한 역할을 계속 담당하게 되고, EU와 NATO 사이의 상호 협의, 협력, 투명성을 확보하기 위한 후속 조치가 마련될 것이라고 강조했다.[87]

미국은 이런 EU의 합의가 NATO 동맹을 와해하려는 의도적인 도발이라고 간주하면서, 새로운 유럽 신속대응군과 관련해 '자율적'이라는 용어를 사용했다는 데 특히 민감한 반응을 보였다. 윌리엄 코언 당시 미국 국방장관은 EU가 NATO의 관할에서 벗어나 독자적인 방위 체제를 구축하면 NATO는 "구시대의 유물"이 될 것이라고 지적했다.[88] 미국 상원의원 제시 헬름스와 고든 스미스는 한술 더 떠 "많은 사람들이 미국을 견제하기 위한 수단으로 보는 ESDP 창설의 진정한 의도를 유럽 지도자들이 신중히 반성해야 한다."고 노골적으로 공격했다.[89] 그들은 이렇게 엄중히 경고했다. "부분적으로 반미 감정에 기초해 설립된 초국가 체제인 EU를 위해 이미 효과적인 것으로 입증된 동맹 관계를 손상하는 것은 유럽의 이익에도, 미국의 이익에도 부합하지 않는다."[90]

2000년 11월 매들린 올브라이트 당시 미 국무장관은 '3D' 정책이라고 부르는 것을 발표함으로써 그 문제와 관련한 클린턴 행정부의 공식 정책을 밝혔다. 첫째, ESDP가 유럽의 방위를 NATO에서 '분리 decoupling' 하는 결과를 가져와서는 안 되며, 둘째, 새로운 군사 조직이 NATO의 능력을 '복제 duplicate' 해서는 안 되며, 셋째, 유럽 신속대응군이 EU에 속하지 않는 NATO 회원국들을 '차별 discriminate' 해서는 안 된다는 것이었다.[91]

미국 정부로서는 유럽의 군사 조직이 NATO의 일부가 되는 조건 아래서만 그 군사 작전을 수용할 수 있다는 것이 현실이다. 스튜어트 아이젠스타인 당시 미 국무차관은 유럽의 동맹국들에게 미국의 입장을 이렇게 명백히 밝혔다. "미국은 EU를 통한 대륙 통합의 꿈을 계속 지지하겠지만 대서양 양안 간의 파트너십이라는 또 다른 기본적인 비전도 계속 추구해야 한다."[92] 특히 이런 발언들이 진보적인 민주당 대통령 클린턴이 이끄는 행정부에서 나왔다는 사실은 매우 중요한 의미를 갖는다. 현재 부시 행정부를 비판하는 사람들 가운데 일부는 백악관의 주인이 바뀌면 유럽과 세계에 대한 미국의 오랜 안보 정책이 수정될 수 있을지 모른다고 생각하지만 그것이 착오일지 모른다는 얘기다. 또다시 진보적인 민주당 대통령이 선출된다고 하더라도, 미국이 유럽의 안보에 대해 궁극적인 영향력을 유지하는 것을 포함해서 패권주의 외교 정책에서 크게 벗어날 가능성은 거의 없다.

미국의 강력한 반발에도 불구하고 EU는 NATO가 유럽의 주된 안보 기구라는 사실을 늘 염두에 두면서도 신속대응군 창설 계획을 밀어붙였다. 6만 명 병력으로 이루어지는 유럽 신속대응군은 보병, 기갑, 포병, 공병 등의 다섯 개 여단으로 구성되며 그 자체로서 완전한 지휘, 통제, 정보 수집 능력을 갖추게 된다. 실제 작전에 들어가면 열다섯 대의 전함과 500대의 전투기 지원이 따르게 된다. 또 EU 회원국들은 군사 목적의 수송에 이용될 200대의 에어버스 제트 항공기 구입에도 합의했다.[93] 유럽 신속대응군은 적어도 1년 동안 야전에서 원정군을 유지하는 것을 목표로 삼고 있다. 그 목표를 달성하려면 야전 투입 병력과 교대하기 위해 20만 명의 추가 병력이 유럽군 사령부 아래 대기하고 있어야 한다.[94]

유럽에 주둔하는 미군 병력은 1980년대 말 33만 5000명에서 2000년 10만 명 미만으로 줄어들었으며 그 추세가 계속될 전망이다. 따라서 미국이 NATO 동맹을 통해 유럽 방위에 계속 전념할 것이라고 아무리 공식적으로 선언한다고 해도 유럽인들은 앞으로 유럽과 그 주변의 방위가 점차 EU의 몫으로 떨어질 것이라고 확신한다.[95]

EU군의 창설은 유럽인들 사이에서 폭넓은 지지를 받고 있다. EU 시민의 42퍼센트는 유럽의 방위 정책은 EU의 책임이 되어야 한다고 믿는다. 그 책임이 각 회원국 정부에 맡겨져야 한다고 믿는 비율은 24퍼센트, 또 NATO가 유럽 방위를 맡아야 한다고 믿는 비율은 20퍼센트에 불과했다.[96]

2003년 3월 31일 EU는 내전이 발생한 마케도니아에 평화유지군을 파견함으로써 첫 군사 작전을 개시했다. 2001년 이래 마케도니아에 주둔해 온 NATO 병력이 400명의 EU군 병력으로 대체된 것이다.[97] 또 두 달 뒤인 2003년 6월에는 EU가 유럽 외 지역에 처음 군사적으로 개입했다. 부족 간의 분쟁으로 500명 이상의 사망자가 발생한 아프리카 콩고에 1,400명의 병력을 파견한 것이다.[98]

EU군을 둘러싸고 미국과 EU 사이의 논쟁은 계속될 가능성이 높다. 물론 NATO 동맹이 과거 40년간 소련과의 냉전에서 서방의 안보 이익을 지키는 데 효과적인 것으로 판명되었다. 그러나 소련이 없어진 마당에 NATO는 적어도 예견 가능한 미래에는 새로운 방향을 찾지 못할 가능성이 높다. NATO의 존재 이유는 갈수록 모호해지고 있다. 통합된 유럽이 계속 NATO에 의존해야 하고, 궁극적으로 자체의 안보 이익을 미국의 조건과 승인에 종속시켜야 한다는 생각은 성립될 수 없다. 물론 유럽은 군사적 독립에 대한 대가를 치러야 할 것이다. 예를 들어 자체 방위력을 확보하기 위해 필요한 자금을 기꺼이 지불해야 한다. 많은 미국인들은 그 점에 있어서는 대환영이다. 그러나 한편으로 생각하면 유럽인들이 그만 한 대가를 지불한다면 방위에 있어서 독자적인 목소리를 내는 것이 마땅하다. 많은 미국인들은 유럽이 미국의 외교 정책 이익과는 무관하게 독자적으로 군사적인 결정을 내리는 것을 그리 달가워하지 않는다.

EU가 독자적인 세계 어젠다를 설정할 수 있고 어떤 세계를 만들어 나가겠다는 꿈을 가져야 하며, 그 꿈이 미국의 꿈과 반드시 일치하는 것은 아니라는 점을 누구나 받아들여야 할 것이다. 실제로 유러피언 드림은 여러모로 아메리칸 드림과는 정반대다. 따라서 앞으로 유럽과 미국은 세계 무대에서 때로는 서로 상반되는 입장에 설 가능성이 분명히 있다.

15 제2의 계몽주의

마틴 리스 경은 세계에서 손꼽히는 천문학자 가운데 한 명이다. 영국 케임브리지 대학교 교수인 리스는 2003년 『우리의 마지막 시간』〔국내에서 "인간 생존 확률 50:50"이라는 제목으로 출간되었다.〕이라는 책을 펴내 과학계에 잠시 파문을 일으켰다. 리스는 새로운 종류의 고위험 과학 실험과 개발로 지구상 생명체의 존재가 위험에 처했고, 심지어 우주 자체의 존재도 위태롭게 되었다고 경고했다. 그는 "지구의 현 문명이 금세기 말까지 살아남을 수 있는 확률이 50:50 정도일 것으로 생각된다."고 말했다.[1] 일반적으로 그런 과장된 주장은 완전히 묵살되거나 정신 나간 자의 헛소리로 일축된다. 그러나 이번에는 달랐다. 리스의 경고는 미디어의 관심을 끌었고, 그것이 화려한 경력을 가진 저자의 주장이었기 때문에 과학계 내에서도 논란이 벌어졌다.

무제한적 과학 탐구의 문제점

리스는 블랙홀의 권위자다. 동료 과학자들 가운데 다수는 우주의 기원과 진화에 대한 그의 이론을 존재 자체의 이유와 방법에 대한 결정판은 아니더라도 지금까지 나온 것 가운데 최고로 간주한다. 그런 리스가 과학 탐구의 방법 가운데 일부는 존재에 큰 위협을 가할 수 있기 때문에 실행해서는 안 된다고 말하자, 그의 주장은 과학의 기본 자체를 위협하면서 학계에 암운을 드리웠다. 규제 없는 과학 탐구가 현대 과학의 기초이기 때문이었다. 계몽주의 과학은 수단과 방법을 가리지 않고 자연의 비밀을 밝혀내는 것이 목표였다. 대다수 과학자들은 탐구를 제한하거나 탐구 방법에 규제를 가하는 것은 과학 정신 자체를 짓누르는 것과 같다고 생각한다. 탐구는 인간의 본성이라고 계몽주의 사상가들은 주장했다. 인간은 자연의 힘을 지배하고 운명을 개척하기 위해 끊임없이 사물의 원리를 알아내고자 노력한다. 과학 탐구에 대한 규제를 받아들이면 현대 세계에서 가장 중요한 것으로 간주되는 '진보'가 비현실적인 목표가 될 수 있다. 더구나 자연의 힘을 통제하고 우리의 미래를 개척하기 위해 이성을 활용하는 인간의 능력에 회의를 갖는다면 지구상의 완벽한 삶에 대한 소중한 꿈도 사라지게 된다. 이런 이유 때문에 계몽주의의 시초부터 과학계는 인간의 모든 탐구가 추구할 가치가 있는 것이라고 주장해 왔다.

리스는 자신의 주장이 불러올 반향을 잘 알고 있었다. 그런데도 그는 이렇게 물었다. "이제 우리는 계몽주의 사상을 초월하는 새로운 의무를 져야 하지 않는가?" "속박 없는 과학 탐구와 실험, 기술 적용 때문에 현재의 삶이나 존재 자체에 종언을 고할 수 있다고 해도 그런 자유를 신성 불가침의 영역으로 인정해야 하는가?"

리스는 자신이 가장 잘 아는 주제에 대한 실제 실험에 이 질문을 적용했다. 2000년 롱아일랜드의 브룩헤이븐 연구소에서 시작된 프로젝트가 그것이다. 그곳의 과학자들은 137억 년 전 우주를 생성시킨

'빅뱅' 당시의 상태를 재현하려고 했다. 입자 가속기를 사용해 고밀도 입자 복합체인 쿼크-글루온 플라스마를 만드는 것이 목표였다. 일부 과학자들은 부룩헤이븐 실험실에서 한 것 같은 에너지 고농도 응축은 세 가지 파멸적인 결과를 가져올 수 있다고 우려한다. 첫째, 블랙홀이 형성될 수 있다는 것이다. 블랙홀은 인력이 너무 강해 빛조차 빠져나올 수 없으며 "주변의 모든 것을 빨아들일 수 있다."[2] 둘째, 쿼크 입자가 '스트레인지렛 strangelet'이라는 압축 물질을 형성할 수 있다. 스트레인지렛은 원자보다 훨씬 작지만 주변 물체를 변화시켜 "지구 전체를 직경 약 100미터의 불활성 초고응측 구체로 변화시킬 수 있다."[3] 셋째, 그 실험에 의해 우주에 있는 입자들의 힘이 변할 수 있다. 그렇게 되면 "우주의 구조 자체가 붕괴될 수 있다."[4] 궁극적으로 "새로운 스타일의 진공 상태가 마치 팽창하는 거품처럼 퍼져 나가 우주 전체를 집어삼킬 수 있다."고 리스는 경고한다.[5]

리스를 비롯한 몇몇 과학자들은 그런 일이 일어날 확률이 지극히 낮다는 점을 인정한다. 그러나 리스는 "그런 일이 일어날 가능성이 아주 낮긴 하지만 실제로 어떻게 될지 100퍼센트 확신할 수도 없다."고 말한다.[6] 그런 다음 리스는 이렇게 묻는다. "그런 규모의 일이 일어날 확률이 5000만 분의 1 정도라고 가정하더라도 그런 실험에서 나오는 혜택이 그것을 감수할 만한 가치가 있는가?"[7]

리스는 지구상 생명체에 재난을 가져올 수 있는 과학 실험이 현재도 여러 가지가 진행되고 있다고 경고한다. 거기에는 극소형 기계 벌레 '나노봇 nanobot'의 설계도 포함된다. 나노봇은 바이러스처럼 복제되고 모든 물질을 집어삼켜 지구 표면을 '회색 끈끈이'로 변화시킬 수 있다.[8] 리스는 유전자 공학과 컴퓨터 기술 분야에서도 비슷한 위협이 초래될 수 있다고 지적한다. 특히 하이테크 분야의 지식이 널리 전파되면서 누군가가 고의로든 사고로든 인류 사회에 돌이킬 수 없는 피해를 끼칠 수 있다는 것이다. 그는 그런 강력한 과학 및 기술 탐구에 수반되는 위험을 감안해 과학 탐구의 한계에 대한 세계적인 토의가 하루빨리 이루어져야 한다고 결론짓는다.

그에 대해 대다수 과학자들은 초기의 인간이 불을 다루는 데 있어서 그와 같은 염려와 두려움을 가졌다면 인류가 진보의 막대한 혜택을 누리기는커녕 원시 상태에 계속 머물렀을 것이라고 반박한다. 그러나 그때와 지금은 큰 차이가 있다. 과거의 과학 탐구의 효과는 언제나 국지적으로, 또 한정된 시간 안에만 영향을 미쳤다. 반면 요즘의 첨단 과학 기술은 그와는 종류 자체가 다르다. 컴퓨터 기술, 생명공학 기술, 나노 기술은 세계 전체에 지속적으로 영향을 미칠 수 있다.

새로운 과학 기술의 영향력이 규모와 지속 기간에서 과거와 크게 다르다는 것은 과학자들이 원자 분열에 성공하고, 2차 대전 막바지에 일본에 인명을 목표로 원자폭탄이 투하되면서 처음으로 입증되었다. 물론 미국 정부의 극비 계획이었던 '맨해튼 프로젝트'에 참여한 과학자들 가운데 일부는 원자폭탄을 개발하고 그것을 실제로 사용하는 데 대해 깊은 우려를 표명했다. 그러나 결국 과학의 정통적 신념이 우세하면서 핵무기와 핵발전(發電) 기술은 계속 발전해 나갔다. 그것을 정당화하는 논리는 핵무기와 핵발전소가 인류의 삶을 지속하는 데 잠재적 위협이 되는 것은 사실이지만 안보와 에너지 공급 면에서의 혜택이 핵의 오용이나 남용 또는 과실에 의해 제기되는 잠재적 위협을 훨씬 능가한다는 것이다. 의도적인 불법 행위나 사고의 가능성은 '합리적'인 방법으로 피하거나, 제어하거나, 적어도 완화할 수 있다는 것이 과학자들 대다수의 신념이었다.

전반적으로 미국인들은 과학 발전과 기술 탐구에 대한 흔들리지 않는 믿음으로 유럽의 계몽주의 비전을 계속 이어 가고 있는 반면, 유럽인들은 그런 옛 사고 방식을 비판 없이 받아들이는 것에 대해 의문을 갖기 시작했다. 통치 체제와 외교 및 안보 문제에서와 마찬가지로 과학과 기술에 대해서도 유럽은 미국과 근본적으로 다른 접근 방식을 취하기 시작했다. 그 차이의 핵심은 리스크(위험 부담)를 인식하는 방식이다.

  미국인들은 리스크를 감수하는 데서 긍지를 찾는다. 미국인들은 목숨을 걸고 험난한 파도와 싸우며 신세계에 도착해 겨우 동전 몇 푼과 더 나은 미래에 대한 꿈만으로 새로운 삶을 시작한 이민자 출신이다. 유럽인들과 세계 다른 지역 사람들에게 미국인들의 어떤 점을 가장 높이 사느냐고 물으면 주로 리스크 감수와 '무슨 일이든 할 수 있다'는 태도를 꼽는다. 미국인들은 일시적인 감정이나 희망, 또는 직감에 모든 것을 걸기도 한다. 미국인들이 그토록 독창적이고 혁신적이며 모험적인 것도 바로 그 때문이다. 다른 나라 사람들이 어려움과 장애가 있다고 보는 곳에서 미국인들은 기회를 본다. 미국인들이 가장 싫어하는 성격 가운데 하나는 실패나 의도하지 않은 나쁜 결과를 두려워한 나머지 어떤 일을 할 수 없다거나 시도할 가치가 없다고 생각하는 패배주의적 태도다. 미국 역사를 통해 계속 반복되어 온 주제는 "일단 시도하면 무엇이든 해낼 수 있다."는 것이다. 미국인들은 비관주의를 끔찍이 싫어한다. 반면 유럽인들에게서는 비관주의를 종종 찾아볼 수 있다. 미국인들은 영원한 낙관주의자들이다. 내가 아는 여러 유럽인들은 그것을 두고 미국인들은 그저 순진할 뿐이라고 말한다.

  미국인들의 낙관주의는 과학과 기술에 대한 믿음과 깊이 연관되어 있다. 미국은 "아마추어 엔지니어들의 나라"라는 말이 있다. 내가 어렸을 때는 엔지니어가 카우보이만큼이나 존중받았다. 엔지니어는 어려운 상황에서 언제나 더 나은 기계를 만들기 위해 노력하는 강건한 개인주의자로 간주되었다. 엔지니어는 사회 전체의 수준을 향상시키고 문명의 진보와 복지에 기여하는 것으로 존경받았다. 나는 어릴 적 밤늦게 이웃집 차고에 불이 켜져 있는 것을 보았다. 아버지와 아들이 세상을 변화시킬 수 있는 혁명적인 발명을 꿈꾸며 집에서 만든 작업대에서 여러 기계와 엔진으로 밤늦게까지 실험을 하고 있었던 것이다.

그런 꿈과 열망을 포기하기는 쉽지 않다. 의식 속에 너무도 깊이 새겨져 있기 때문이다. 그것이 바로 미국인들의 특징이다. 그러나 대서양 건너편의 유럽인들은 생각이 다르다. 그렇다고 해서 유럽인들이 창의적이 아니라는 얘기는 아니다. 역사적으로 볼 때 위대한 과학 통찰력의 대다수와 여러 중대한 발명이 유럽에서 나왔다.(물론 중국에서도 많은 발명이 이루어졌다.) 그러나 유럽인들은 과학과 기술의 어두운 면을 훨씬 더 깊이 염두에 둔다. 유럽인들은 과학과 기술의 긍정적 결과뿐만 아니라 부정적 결과를 미국인들보다 훨씬 오래 경험해 왔기 때문에 그에 대해 좀더 현실적이다. 더구나 2차 대전 때까지만 해도 유럽에서는 과학과 기술이 대부분 교육 수준 높은 엘리트의 전유물이었으며, 사회를 통제하고 계급 구분을 영속화하는 수단으로 간주되었다. 반면 미국에서는 과학과 기술이 좀더 보편화되어 있었다. 나의 모교인 펜실베이니아 대학교 창립자인 벤저민 프랭클린을 비롯해 토머스 페인, 토머스 제퍼슨 등 미국 건국의 아버지들은 자신들을 혁명가일 뿐 아니라 과학자요 발명가라고 생각했다. 실제로도 그들은 과학 탐구와 발명에 개인적으로 많은 시간을 투자했다. 그들은 미국이 발명가의 나라가 되기를 바랐다. 제3대 미국 대통령 토머스 제퍼슨은 미국 발명가들의 노고를 보상하기 위해 사상 처음으로 현대식 특허법을 만들었다. 제퍼슨은 특허법을 통해 발명의 민주화가 이루어지기를 기대했다. 그의 예상은 적중했다.

미국인들은 물질적 진보, 사리 추구, 개인의 자율 등 유럽의 계몽주의 이상을 취해 그 가장 순수한 형태로 보존해 왔다. 반면 계몽주의에 대한 유럽인들의 애착은 허약했고, 과학과 기술에 대해서도 마찬가지로 모호한 태도를 취했다. 과학과 기술에 대한 지칠 줄 모르는 미국인들의 신념에 가장 근접한 생각을 가진 유럽 사람이 영국인들이다. 그러나 영국에서조차 새뮤얼 테일러 콜리지나 '러다이트 Luddite'〔자신의 일자리를 빼앗은 섬유 기계를 파괴한 19세기 영국 수공업자들로부터 비롯된 기계 파괴주의자〕 등이 주창한, 주로 낭만적이고 때로는 계급 지향적인 반발 운동으로 인하여 과학과 기술에 대한 열기가 식었다. 물론 미국에도 자연 파괴에 반대하며 평생 대자연 속에 묻혀 채식주의와 친환경주의를 실천했던 헨리 데이비드 소로 같은 운동가들과 반기술 운동이 있었다. 그러나 그런 운동은 유럽만큼 뿌리가 깊지 않다.

과학 및 기술에 대한 미국과 유럽의 시각 차이는 점점 커지고 있으며, 수많은 공공정책 토론에서 그 차이가 표면화되고 있다. 그 격차는 외교 및 안보 정책에 대한 시각 차이만큼이나 중요할지 모른다.

입증 책임

최근 몇 년 동안 EU는 신기술과 상품을 시장과 사회에 도입하는 표준행동절차(SOP)를 완전히 뒤집어 미국을 깜짝 놀라게 했다. EU의 그런 방향 전환은 유전자 변형(GM) 식품을 둘러싼 논란과 유전자 변형 미생물(GMO) 도입으로 시작되었다. 미국 정부는 1990년대 중반 GM 식품의 전면 도입을 허용했고, 1990년대 말 미국의 농지 절반 이상이 GM 작물을 재배했다. 그런데도 환경과 건강에 미칠 잠재적 피해에 관한 법규는 제정되지 않고 기존의 규제가 적용되었다. 또 GM 식품에 대한 특별 취급이나 표식 부착도 의무화되지 않았다.

그러나 GM 식품에 대한 유럽의 반응은 달랐다. 대륙 전체에서 GMO에 대한 반대가 들끓었다. 농민들, 환경 운동가들, 소비자 단체가 시위를 벌였고, 정당과 정부가 우려와 심지어 반대의 목소리를 내기도 했다. GM 작물 재배와 GM 식품 판매에 대한 사실상의 '모라토리움'(일시적 정지)이 실시되었다. 한편 주요 식품 회사, 유통업체, 소매상들은 GM 특징을 포함한 제품은 팔지 않기로 서약했다.

EU는 GM 식품 도입의 위험성을 측정하기 위한 장기 검토 과정에 돌입했다. 결국 EU는 GM 작물과 식품의 잠재적인 해로움을 줄이기 위해 엄격한 새 규제 방안을 고안했다. 거기에는 혼합되는 것을 막기 위해 GM 곡물을 분리하고, GM 식품을 재배지에서부터 소매상에 이르기까지 철저히 추적하는 절차, 투명성을 확보하기 위해 식품 가공의 모든 단계에서 GMO에 대한 표식 부착, 독자적 검사와 GM 씨앗과 다른 GMO를 생산하는 회사에 의한 엄격한 테스트가 포함되었다.

미국 정부는 EU가 반칙을 하고 있다고 비난했다. 미국과 대치하고 있는 다른 무역 관련 문제들에서 양보를 얻어내기 위해 EU가 GMO를 책략적으로 이용하고 있다는 것이었다. 미국 무역대표부는 EU의 GMO 정책이 자유무역협정에 대한 위반이라며 WTO에 이의를 제기하겠다고 으름장을 놓기도 했다.

사실 유럽이 GMO 도입을 반대한 것은 무역 문제에서 미국으로부터 양보를 얻어내기 위한 정치 책략이라기보다는 그것을 훨씬 초월하는 매우 중요한 조치였다. 그러나 미국은 그것을 이해하지 못했다. 유럽인들은 GMO 도입이 유러피언 드림의 기초가 되는 여러 기본 개념에 대한 도전이라고 생각한다. 그들은 유전자 변형 미생물들을 생물권에 대거 도입하는 것이 환경에 미칠 예기치 못한 영향력을 우려한다. 또 그들은 그것이 인간의 건강에 미칠지 모르는 피해도 걱정한다. 유럽의 엘리트층뿐만 아니라 일반 대중도 신상품 개발에는 거액을 투자하면서 급진적인 농업 기술 도입에 따를 수 있는 환경 및 건강 리스크를 평가하는 데는 별로 관심도 기울이지 않고 예산도 지출하지 않는다고 불만을 표한다. GMO는 살아 있는 물질이고, 번식하며, 변이하고, 다른 물질을 오염시킬 수 있으며, 돌이킬 수 없는 상황을 만들 수 있기 때문에 세계적인 위협이 될 수 있고, 그에 따라 기존과는 다른 차원의 감독이 필요하다는 것이다.

또 유럽인들은 GM 식품이 문화 정체성에 미칠 수 있는 영향력에 대해서도 우려를 표한다. 미국과 달리 유럽에서는 음식이 문화 정체성을 규정하는 데 결정적인 역할을 한다. 유럽인들의 사회적 결속을 유지하는 데 있어서 음식은 언어와 비슷하거나 심지어 언어보다 더 중요하다고 주장하는 사람들도 적지 않다. 미국인들은 유럽인들이 시골 생활, 농사일, 작물 재배, 식품 가공, 소비에 대해 갖고 있는 밀접한 문화적 관계를 잘 이해하지 못한다. 미국인들은 패스트푸드 상업 문화의 건설을 위해 그런 것을 일찌감치 포기했기 때문이다. 유럽인들은 GM 식품을 지속 가능한 개발과 문화적 다양성 보호라는 유러피언 드림의 핵심 원칙에 대한 잠재적 위협으로 간주한다. 여론 조사에 따르면 프랑스인의 89퍼센트, 독일인의 81퍼센트, 이탈리아인의 74퍼센트가 GM 식품 도입을 반대한다. 평균으로 따져 볼 때 유럽인 세 명 가운데 두 명 꼴로 GM 식품에 반대하는 것이다. 미국의 경우 소비자의 거의 절반(48퍼센트)이 GM 식품에 찬성한다.[9]

GMO뿐이 아니다. EU는 시장, 사회, 환경에 새로운 기술과 상품이 도입되는 방식 자체를 바꾸는 전면적 규제를 위해 노력하고 있다. 그런 대담한 조치들로 인해 EU는 과학 및 기술의 연구 개발을 감독하는 절차와 규약 면에서 미국과 여타 세계에 크게 앞섰다. 유럽인들이 그렇게 규제에 열을 올리는 것은 세계적 리스크를 측정하고 경제 개발에서 지속 가능하고 투명한 접근법을 만들어 낼 수 있는 방법을 찾아야 하기 때문이다.

2003년 5월 EU 집행위원회는 환경과 인간 및 동물 건강에 대한 독성 물질의 영향을 줄이기 위해 새로운 화학물질 규제안[REACH 시스템: 1년에 1톤 이상 제조, 수입되는 화학물질에 대하여 유통량, 유해성 등에 따라 등록, 평가, 승인을 받도록 의무화하는 정책]을 제의했다. REACH 시스템에 따르면 회사들은 3만 가지 이상의 화학물질의 안전성을 테스트하고 등록해야 한다. 그 비용은 80억 유로로 추정된다.[10] 기존 규정 아래서는 유럽에서 팔리는 화학물질 전체 물량의 99퍼센트가 환경 및 건강 안전 테스트와 검토 과정을 거치지 않는다.[11] 마고 월스트롬 EU 환경 집행위원장에 따르면 매년 EU 내부에서 팔리고 있는 4억 톤의 화학물질에 대한 규제가 전혀 없다.[12] 과거에는 특정 상품을 생산하는 데 어떤 화학물질이 사용되었는지 알 수도 없었기 때문에 잠재적 건강 리스크를 추적하기가 거의 불가능했다. 그러나 새로운 규제가 모든 것을 바꿔 놓을 전망이다. REACH 시스템이 시행되면 회사들은 자신들이 생산하는 제품이 안전한지 입증하기 위해 안전 및 환경 테스트를 의무적으로 실시해야 한다. 테스트에 통과하지 못한 제품은 판매가 금지된다.

REACH 시스템은 미국의 화학업계 규제 방식과 정반대다. 미국에서는 새로 도입된 화학물질이 일반적으로 안전한 것으로 간주되며 그것이 피해를 준다는 것을 입증하는 책임은 일차적으로 소비자나 대중 또는 정부에 있다. EU는 입증 책임의 소재를 뒤바꿔 놓았다. 마고 월스트롬은 "더 이상 당국이 제품의 위험성을 입증할 필요가

없다. 이제는 업계가 제품의 안전성을 입증해야 한다."고 지적했다.[13]

REACH 같은 새로운 정책은 EU가 리스크를 다루는 방식에 있어서 미국과 큰 차이가 난다는 것을 의미한다. 미국의 경우 화학물질 규제는 대부분 이미 발생한 환경 문제를 해결하기 위해 고안되었다. 1976년 제정된 독성물질 규제법(TOSCA)은 독성 화학물질을 규제하는 미국 정부의 주된 수단이지만 일반적으로 허약하며 업계에 너무 관대한 것으로 간주되고 있다.[14] 비(非)살충제의 태반은 시장 도입 전에 안전성 테스트를 거치지 않는다. 미 국가환경정책법(NEPA)이 과학 실험과 기술 적용 이전에 환경 영향 평가를 요구하고 있기는 하지만 그런 의무 사항은 연방법원의 판결에 의해 좁은 범위에만 적용되고 있다. 적용될 경우에도 NEPA가 요구하는 기준이 너무 낮아 대부분의 경우 별 효과가 없는 것으로 나타났다. 그와는 완전히 대조적으로 EU의 규제는 피해가 나오기 전에 처음부터 잠재적인 위험 요인을 없애기 위해 고안되었다.

화학물질과 관련해 제조업체로 하여금 제품을 팔기 전에 안전성을 입증하도록 의무화하는 것은 혁명적인 변화다. 미국이 EU의 리스크 예방 규제와 유사한 시스템을 도입한다는 것은 상상조차 할 수 없다. 미국에는 기업 로비스트들이 수십억 달러를 써 가면서 의회 입법 과정에 영향력을 행사한다. 따라서 유럽이 도입하고 있는 것과 유사한 규제 시스템을 미국이 채택할 확률은 거의 제로에 가깝다.

EU가 세계에서 화학물질을 가장 많이 생산하며, 세계 전체 생산량의 28퍼센트를 차지한다는 점을 감안하면 그런 리스크 예방 규제는 더욱 대단한 의미를 갖는다.[15] 유럽의 제조 부문에서 세 번째로 큰 화학업계는 연간 매출이 5190억 유로에 종업원 170만 명을 거느리며, 관련 부분에도 300만 개의 추가적인 일자리를 제공하고 있다.[16] 규제가 심해지면 그런 중요한 부문이 타격을 입는 것이 불 보듯 뻔하지만 그래도 EU 집행위원회는 REACH 시스템을 주저 없이 밀어붙였다.

미국 정부와 미국의 화학업계, 그리고 유럽의 화학 회사들과 업계 단체들은 EU의 새로운 규제에 반대했다. 미국은 EU의 화학물질 규제 정책이 미국이 매년 유럽에 판매하는 200억 달러어치 이상의 수출을 가로막는다고 주장한다.[17] 그런데도 EU 집행위원회는 2003년 화학물질 규제안을 승인했다. REACH가 실시됨으로써 화학 업계는 향후 11년 동안 약 23억 유로의 비용을 떠안게 되는 것으로 추정된다.[18] 또 제품 생산에 화학물질을 사용하는 제조업체들의 경우 비슷한 기간에 28억 유로에서 36억 유로 정도의 비용을 부담해야 하는 것으로 집계된다.[19] 일부 환경 단체들은 최종적으로 확정된 규정이 너무 허약해 좀더 강화될 필요가 있다고 주장한다. 그러나 EU가 화학물질로 인해 발생될 수 있는 리스크를 업계에 전가시켜 제품의 안전성을 입증하는 책임을 지운 세계 최초의 통치 체제라는 사실은 과학과 기술 탐구에 수반되는 환경 및 건강 리스크를 규제하는 문제에 있어서 완전히 새로운 방향을 제시하고 있는 것이다. EU의 새 정책은 유럽의회와 유럽이사회의 승인을 받는 과정을 남겨 두고 있다.

GMO와 화학 제품은 EU 본부에서 구상하고 있는 새로운 '리스크 예방' 정책의 일부에 해당할 뿐이다. EU는 2003년 초 전자 제품 업체들이 수은과 납 등 중금속이 들어간 상품을 EU에서 팔지 못하도록 하는 새 규정을 채택했다.[20] 또 EU에서 상품을 판매하는 모든 가전 제품 생산업체들이 자사 제품의 재활용에 드는 비용을 스스로 부담해야 한다는 새 규정도 도입되었다. EU에서 상품을 판매하는 미국 회사들은 그런 규정에 따르게 되면 연간 수억 달러의 추가 비용이 발생한다고 불평하고 있다.[21]

리스크 예방에 관한 EU의 이런 엄격한 새 규정들은 대다수 미국인들에게는 충격으로 다가온다. 오래전부터 미국인들은 환경 및 공중 보건에 대한 리스크를 규제하는 데 있어서 미국 정부가 세계에서 가장 엄격하다고 믿고 있었기 때문이다. 30년 전에는 실제로 미국의 규제가 가장 강했지만 지금은 더 이상 그렇지 않다.

리스크 예방에 관한 유럽인들의 이런 관심은 지구의 자원을 지속 가능하도록 개발하고 세계적인 차원에서 환경을 보호해야 한다는 새로운 인식을 반영하고 있다. 일부 관측통들은 규제를 강화하려는 노력의 일부가 최근 영국 등지에서 발생한 광우병, 프랑스의 에이즈 바이러스 감염 혈액 공급, 유럽에 공급된 페리에 생수의 벤젠 검출, 그리고 다른 환경 및 건강 관련 재앙을 막지 못한 데서 비롯된 것으로 본다. 물론 그런 사건들이 더 효과적인 규제 정책 수립에 기여한 것은 사실이다. 그러나 그런 사건이 있기 훨씬 전부터 훨씬 더 큰 힘이 유럽 전역에서 새로운 리스크 예방 인식을 높여 왔다.

산성비가 독일의 흑림(黑林)에 미친 장기적인 영향력, 체르노빌 원전 사고 직후 유럽의 많은 부분에 확산된 치명적인 방사능 구름, 지구 온난화에 의한 기상 이변으로 중유럽 및 동유럽에서 발생한 홍수, 화약 및 생물 무기의 확산 등으로 유럽인들이 새로운 시대에 수반되는 환경 및 건강 리스크에 민감해진 것이다. 그에 따라 유럽인들은 기후 변화에 관한 교토 의정서, 생물 다양성 조약, 화학무기 금지 협약 등 세계적인 환경 및 건강 리스크를 줄이기 위한 각종 국제 조약과 협약을 이끌어 내는 데 주도적인 역할을 했다. 제14장에서 언급했듯이 미국 정부는 이런 협약 가운데 어느 하나에도 서명하기를 거부하고 있다.

EU는 지구 환경에 대한 인류의 책임을 정치적 비전의 핵심으로 강조한 사상 최초의 통치 체제다. 기존의 민족국가들은 그와는 아주 다른 임무를 띠었다. 그들의 목표는 언제나 영토를 확장하고 지구의 자원을 최대한 활용하며 물질적 부를 증진하는 것이었다. 민족국가 시대의 지구는 주로 자원으로만 간주되었다. 과학과 기술은 자연의 비밀을 탐구하고, 거기에 담긴 잠재적인 부를 끌어내는 수단이었다. 과거나 지금이나 민족국가의 목표는 경제 성장과 재산 축적이다.

물론 EU 회원국들도 아직은 지구 자원을 이용할 권리를 강조하는 과거의 민족국가 의식에서 완전히 탈피하지 못했다. 그러나 유럽인들은 지구를 보존하는 것도 그에 못잖게 중요하다는 새로운 사고방식 쪽으로 이끌리고 있다. 이렇듯 물질적 사리 추구와 세계 환경 보존의 임무 사이의 상충되는 이해 관계는 역사상 전례가 없는 사고방식의 출현을 말해 준다. 물론 다른 곳에서도 그런 추세가 없는 것은 아니다. 그러나 예를 들어 미국의 경우, 물론 수량화하기는 어렵지만, 대중의 지구 환경 보호에 대한 관심이 유럽보다 못한 것 같다. 더구나 정치 엘리트와 정책 입안자들의 환경 보호에 대한 관심은 더욱 떨어진다.

유럽의 지성인들은 '리스크 감수'의 시대에서 '리스크 예방'의 시대로 가는 대전환을 두고 토의를 벌이고 있다. 미국의 지성인들 사이에서는 그런 토의가 거의 없다. 유럽인들은 리스크의 이면이 취약성이라고 주장한다. 개인이나 사회가 리스크를 감수하는 데 따르는 부정적 결과보다 혜택이 더 크다고 믿는다면 그들은 모험가들이다. 이미 언급했지만 미국인들은 리스크를 감수하는 모험가들이다. 반면 유럽인들은 리스크에 훨씬 민감하다. 그들은 리스크 감수로 인해 사회에 엄청나게 부정적인 영향을 미친 과거 역사를 의식한다. 그러나 그런 예민함이 오히려 더 나을지 모른다. 취약성을 정확하게 인식하기 때문에 사람들을 공동 목표를 중심으로 뭉칠 수 있는 것이다. EU는 리스크와 공동 취약성에 대한 인식에서 비롯된 집단 정치 체제다. 또 자신의 취약성을 올바로 인식하면 다른 사람들이 처한 상황에 더욱 공감하게 된다. 그러나 물론 외부인들에 대해서는 그것이 오히려 두려움과 보복을 부를 수 있다. 악화된 상황에 대한 책임이 외부인들에게 있는 것으로 간주될 때가 특히 그렇다.

지난 산업 시대에 개인이 집단으로부터 분리되면서 리스크에 대한 노출과 취약성에 대한 인식이 높아졌다. 개인이나 집단의 보험이 리스크를 공유함으로써 서로를 돕는 수단이었다. 세분화되고 자율화되는 사회에서 보험은 취약성을 줄일 수 있는 방편이었다. 물론 많은 미국인들이 개인적으로 보험에 들고 있으며 정부가 사회보장 기금 형식으로 보험을 제공하지만, 보험의 개념, 특히 공공 보험은 유럽에서 훨씬 많이 발달했다. 부분적으로 그것은 유럽인들이 자신의 운명을 스스로 책임지는 계몽주의의 자율적 개인 개념을 완전하게 받아들이지는 않았기 때문이다. 유럽인들은 때로는 불편함을 무릅쓰면서까지 개인의 자율과 집단의 리스크 공유 책임 사이에서 균형을 유지해 왔다. 그것은 가톨릭 교리와 봉건 제도, 그리고 성벽에 둘러싸인 도시의 유산이다. 개인주의에 초점을 맞춘 종교 혁명도 유럽인들로 하여금 집단 소속에 대한 오래된 집착에서 완전히 벗어나게 하지 못했다.

히로시마와 나가사키에 원자폭탄이 투하된 이래 지난 50년 동안 이루어진 질적 변화는 모든 종류의 리스크가 이제는 세계 전체에 영향을 미치며, 끝없이 지속될 수 있고, 그 결과를 가늠하기 힘들 뿐 아니라, 보상 대책도 없게 되었다는 사실이다. 한곳에서 재앙이 발생해도 그 영향이 세계 전체에 미치기 때문에 아무도 그 잠재적인 여파에서 벗어날 수 없다. 오늘날의 리스크는 모두를 취약하게 만들고 있다. 모두가 취약하고 모두가 희생될 수 있다면, 리스크를 계산하고 공동 부담하는 전통적 개념이 사실상 무의미해진다. 바로 그것을 유럽의 학자들은 '리스크 사회' 라고 부른다.

미국인들은 아직 거기까지 도달하지 못했다. 미국의 일부 학자들이 세계적인 리스크와 취약성을 언급하고 있고 일부 대중이 기후 변화에서부터 생물 다양성의 손실에 이르기까지 세계적인 리스크에 우려를 표명하고 있지만 미국인들의 취약성에 대한 인식은 유럽인들에 비해 떨어진다. 유럽인들은 미국인들이 눈가리개를 하고 있다고 말한다. 그러나 현실적으로 보면 그것은 보다 더 미묘한 문제다. 대다수 미국인들은 아메리칸 드림을 떠받치는 기둥을 여전히 굳게 믿고 있다. 자신의 운명을 결정하는 사람은 결국 자기 자신이라는 것이다. 그것을 환상이라고 말할 수도 있다. 그러나 개인의 권리라는 개념이 미국인들의 사고방식에 너무도 깊숙이 박혀 있기 때문에 세계 전체를 위협할 수 있는 리스크의 조짐이 늘어나는 것을 보면서도 대다수 미국인들은 개인의 취약성을 예민하게 인식하는 사고방식이 너무 비관적이며 패배주의적이라고 일축한다. 대다수 미국인들은 개인의 힘으로 산도 움직일 수 있다고 믿는다. 반면 그렇게 믿는 유럽인은 거의 없다.

세계적인 리스크와 취약성을 공유한다는 사고방식 위에서 대망의 꿈을 가질 수 있을까? 유럽의 엘리트들은 충분히 가능하다고 생각한다. 유럽의 대중은 그보다 확신이 조금 약하다. 그러나 단편적인 증거로 보면 유럽인들은 세계 어느 지역의 사람들보다 그런 꿈을 가지려고 노력할 가능성이 높다. 반면 2억 9300만 명의 개인이 영구한 낙관주의에 젖어 있고, 외부의 저항에 맞서서 자신의 운명을 개척할 수 있다고 믿는 미국에서는 과학과 기술 탐구와 관련해 집단 리스크 예방 접근법이 잘 받아들여질 리 없다.

EU는 이미 '예방 원칙'을 확립함으로써 리스크와 취약성 공유에 대한 유럽인들의 새로운 시각과 개인의 무한한 기회에 기초하는 미국인들의 기존 시각 간의 차이를 극명하게 보여 주었다. 글로벌 세계에서 과학과 기술에 대한 EU의 규제 정책에서 핵심을 이루는 것이 바로 '예방 원칙'이다. 유럽의 정치 엘리트 대다수와 많은 대중들은 그 원칙을 선호한다. 반면 그 원칙을 호의적으로 받아들일 미국의 정치인들과 대중은 유럽보다 훨씬 적다.

예방 원칙

2002년 11월 EU 집행위원회는 과학과 기술의 혁신, 그리고 시장, 사회, 환경에 신상품을 도입하는 데 있어서 하나의 규제 수단으로 '예방 원칙'을 사용한다는 법령을 채택했다. 그에 따르면 실험 계획, 기술 적용, 또는 제품 도입이 사전 심의를 받아야 하며, "과학적 증거가 불충분하거나 불확실한 경우, 예비 평가에서 환경, 인체, 동물, 식물의 건강에 대한 잠재적인 악영향이 EU가 선택한 높은 보호 수준과 일치하지 않는다는 합당한 근거가 나올 경우" 사전 금지될 수 있다.[22] 이 법령에서 핵심 단어는 '불확실'이다. 잠재적인 유해 영향을 시사하는 정황 증거는 많지만 물증이 충분하지 않을 경우 곧바로 예방 원칙이 적용된다. 규제 당국은 그 활동들을 전면 중단시키거나 수정된 계획을 채택하도록 함으로써 원인적 영향력을 검토하든지, 아니면 실험 규정을 만들어 그 결과를 더 자세히 측정함으로써 안전책을 강구한다. 이 법령의 제정자들은 이런 예방 원칙이 정치적, 경제적 목표 달성을 위한 압력 수단으로 사용되지 않도록 하기 위해 사리에 맞고 독단적이지 않게 그 원칙이 적용되어야 한다고 지적한다. 법령은 이렇게 되어 있다. "조치가 필요하다고 판단되는 경우, 그 조치들은 채택된 보호의 수준에 일치해야 하며, 차별 없이 적용되어야 하고, 이미 취한 비슷한 조치와 상충되지 않아야 한다. 또 그 조치들은 잠재적인 혜택과 치러야 하는 대가를 철저히 검토한 결과에 기초해야 하며, 새로 나오는 과학적 데이터와 비교해 검토되어야 하고, 그 과학적 데이터가 불완전하고 부정확하거나 사회에 미치는 리스크가 너무 높다고 판단되는 한 계속 그 조치를 유지해야 한다."[23]

예방 원칙이 적용된 최초의 사례는 1854년 9월 런던 중부의 세인트제임스 구역에서 나왔다. 런던의 의사였던 존 스노는 열흘 동안 500명의 목숨을 앗아간 콜레라의 감염원을 조사했다. 스노는 그 이전에 하수에 오염된 물과 청결한 물을 공급하는 두 수도 회사를 비교한 연구 결과를 발표한 적이 있었다. 그는 오염된 수돗물이 콜레라와 관련이 있다고 생각했다. 초기 조사 결과는 이미 그의 이론을 입증해 주었다. 8월 31일에서 9월 5일 사이에 골든스퀘어에서 죽은 여든세 명이 오염된 브로드스트리트 수도 회사의 물을 마신 것으로 확인되었다. 스노는 브로드스트리트 수도 회사의 급수 펌프를 제거하라고 당국에 건의했다. 그 조치로 더 이상의 콜레라 전염을 막을 수 있었다. 그런데도 당시 대다수의 과학자들은 스노의 견해를 받아들이지 않았다. 그들은 콜레라가 공기를 통해 전염된다고 믿었다. 오염된 물이 콜레라를 전염시킨다는 사실이 과학적으로 입증된 것은 그로부터 30년 뒤였다.[24]

따라서 스노의 건의를 받아들인 당국의 결정은 예방 원칙이 제대로 적용된 전형적인 예다. 다시 말해 하나의 행동과 유해한 결과 사이에 인과 관계가 있다고 믿을 만한 근거는 있지만 그것을 뒷받침할 수 있는 과학적 증거가 충분하지 않은 상황에서 조치를 취했다는 의미다.

공공정책에서 예방 원칙이 적용된 첫 사례는 1970년대 독일에서 나왔다. 독일 과학자들과 관리들은 독일의 '산림 파괴'에 대해 점점 더 큰 우려를 표명했다. 그들은 공기 오염에 의한 산성비를 원인으로 의심했지만 확실한 과학적 증거는 없었다. 그런데도 독일 정부는 '예방' 원칙을 적용해 1974년 독일 청정 공기법을 통과시킴으로써 발전소의 배기 가스를 줄였다.[25] 그 뒤로 예방 원칙은 독일 환경 관련법의 기준으로 자리 잡았다. 독일 당국은 이렇게 선언했다. "예방 원칙은 건강이나 환경에 심각하거나 돌이킬 수 없는 위협이 나올 수 있는 상황에서 유해성 여부에 대한 강력한 증거가 나오기 전에 조치와 방치의 대가와 혜택을 고려한 결과 잠재적 위험을 줄일 필요가 있는 경우 적용되어야 한다."[26]

예방 원칙은 피해가 가해진 뒤뿐만 아니라, 과학적 확실성이 과거의 정상적인 기준보다 낮은 경우에도 사전에 조치를 취할 수 있도록 하기 위해 고안되었다. '과학적 확실성'은 '우려의 합당한 근거'라는 개념으로 완화되었다. 예방 원칙은 당국에 탄력적으로 대응할 수 있는 여지를 제공한다. 사태가 발생하기 전이나 발생하고 있는 상황에서 곧바로 조치를 취함으로써 의심되는 원인이 분석되고 평가되는 동안 잠재적인 유해 결과를 막거나 줄일 수 있도록 하는 것이다.

예방 원칙의 옹호론자들은 그 원칙을 일찌감치 도입했더라면 새로운 과학과 기술 도입의 부작용 가운데 많은 것을 막을 수 있었거나, 적어도 완화시킬 수 있었을지 모른다고 주장한다. 그들은 할로겐화 탄소와 프레온 가스 도입에 의한 지구 상층권의 오존 파괴, 광우병 확산, 가축에 대한 항생제 과다 투여로 인한 내성이 강한 박테리아의 출현, 아스베스토스(석면), 벤젠, 폴리염화비페닐[PCB: 이용 가치가 크지만 유독한 오염 물질]에 의한 인명 피해 등을 예로 든다.[27]

위의 예와 다른 많은 경우에서 특정 과학 기술이 도입될 시점부터 유해 영향의 뚜렷한 조짐이 나타났다. 그러나 그런 경고의 조짐들은 여러 가지 이유에서 무시되었다. 잠재적 위협을 감독할 책임자들 사이의 이해 관계가 상충되는 것도 그 이유 가운데 하나다. 예를 들면 미국 농무부(USDA) 산하의 동식물검역처(APHIS)는 미국의 가축과 작물의 건강을 감시하는 책임을 맡고 있다. 그러나 USDA에는 미국의 농산물을 해외에 수출하기 위해 판촉 활동을 해야 하는 책임도 있다. 따라서 USDA는 기존의 농업 관행이 농산물 수출에 좋지 않은 영향을 미칠 수 있다면 그런 관행으로 인해 나타나는 환경 및 건강에 대한 잠재적인 부작용을 캐는 데 미온적일 수밖에 없다. 실제로 그런 사례는 수없이 많다.

영국에서 발생한 광우병 파동의 경우를 보자. 대정부 청문회와 언론에서 밝혀진 바에 따르면 당국이 늑장 대응을 한 이유는 그들의 책임이 소비자가 아니라 낙농업계를 보호하는 것이었기 때문이었다. 또 서로 다른 집단 간의 배타적인 의식 때문에 잠재적 연관성이 철저히 조사되지 않는 경우도 많다. 예를 들어 가축의 광우병을 조사한 수의사들은 광우병과 크로이츠펠트야콥병의 연관성을 찾아내지 못했다. 최근에 와서야 퇴행성 뇌질환인 크로이츠펠트야콥병이 광우병에 걸린 소의 고기를 섭취함으로써 발생한다는 것이 알려졌다. 그 두 질병 사이의 연관성을 조사하기 위해 의료진이 좀더 일찍 수의사들과 함께 조사에 참여했더라면 광우병이 인간에게 전파되는 것을 막기 위한 조치가 좀더 일찍 취해져 더 많은 인명이 구제될 수 있었을지 모른다.[28]

할로겐화 탄소, PCB, MTBE(메틸 t-부틸 에테르) 등 인공 화학물질의 경우 그것들이 전혀 새로운 화합물이라는 사실 자체에 우리가 경계심을 가져야 했다. 연구자들은 처음부터 이런 화학물질이 환경에 계속 잔류해 잘 사라지지 않으며 쉽게 확산된다는 사실을 알고 있었다. 따라서 문제가 발생했을 때는 그 물질들을 쉽게 제거하기에는 이미 늦은 뒤였다.[29]

잠재적인 악영향에 대해 일반인들이 발견하는 증거는 과학적 증거보다 수년 또는 수십 년 앞서지만 '전문가'들과 당국이 그것을 무시하는 경우가 많다. 근로자들은 규제 당국이 주목하기 오래전부터 아스베스토스와 PCB의 해로운 영향에 대해 알고 있었다. 지역사회가 건강 문제와 현지의 공장 사이에 인과 관계가 있다는 것을 관리들보다 훨씬 먼저 인식한 경우도 수없이 많다. 1970년대 미국 뉴욕 주 서북부에서 발생한 러브 커낼[Love Canal: 산업 폐기물 불법 매립에 의한 침출수와 배출 가스의 대기 확산이 불러일으킨 종합적인 환경 재해] 사건이 비근한 예다.

예방 원칙은 국제 협약과 조약에도 등장하기 시작했다. 그 첫 예가 1982년 UN 총회가 「세계 자연 보호 헌장」에 예방 원칙을 도입한 것이다.[30] 그 뒤 1992년의 환경 개발에 관한 리우 선언, 기후 변화 협약, 마스트리히트 조약, 2000년의 생물 안전에 대한 카르타게나 의정서, 2001년의 잔류성 유기 오염 물질(POP)에 관한 스톡홀름 조약에서도 예방 원칙이 포함되었다.[31]

EU는 예방 원칙을 국제 조약과 다자간 협약에 포함시킴으로써 세계 각국의 정부가 과학과 기술을 올바로 관리할 수 있는 기준이 되기를 바란다. 미국도 일부 환경법에 예방 원칙을 포함시켰지만 미국의 전반적인 기준은 EU보다 훨씬 느슨하다. 그런데도 미국은 많은 다른 나라들보다 낫다고 말할 수 있다.

근년 들어 미국 정부는 EU가 취하는 엄격한 예방 원칙에 대해 미국의 업계와 손잡고 사사건건 시비를 걸었다. 미국은 유럽의 엄격한 규제를 미국의 수출을 억제하려는 시도로 간주하며, 예방 원칙을 세계의 황금률로 만들려는 EU의 노력을 필사적으로 저지하겠다는 입장이다. 비영리 경제 단체인 미국해외무역위원회(NFTC)는 2003년 5월 펴낸 보고서에서 미국 정부와 업계의 우려를 이렇게 요약했다.

"EU의 예방 원칙은 위험한 것으로 간주되는 상품에 대한 미국과 다른 비(非)EU 국가들의 수출을 막고, 과학과 산업계의 혁신을 억제하며 발전을 저해하고 있다."[32]

마고 월스트롬 EU 환경 집행위원장은 지속 가능한 개발과 세계 환경 문제에 관한 한, 유럽과 미국은 근본적으로 서로 다른 길을 가기 시작했다고 말했다. 그녀는 미국 유권자들에게는 주요 관심사 아홉 가지 가운데 환경 문제는 가장 꼴찌이지만 유럽 유권자들에게는 환경 문제가 주요 관심사 다섯 가지 안에 꼽힌다는 점을 지적했다.[33] 또 월스트롬은 "미국에서는 환경 문제가 주로 지역적인 이슈인 경우가 많지만, 유럽에서는 환경 문제가 세계에 끼치는 영향력에 대한 대중의 인식도 훨씬 높다."고 말했다.[34] 월스트롬은 이렇게 결론 내렸다. "미국에서는 환경 문제가 부차적 이슈에 불과하지만, 유럽의 경우 환경 정책은 EU 탄생의 초석 가운데 하나였다."[35] 월스트롬을 비롯한 환경 보호론자들은 글로벌화된 세계의 지속 가능한 개발을 이루기 위한 규제 수단 가운데 예방 원칙을 최고로 간주한다.

그러나 예방 원칙의 중요성은 거기에 머물지 않는다. 예방 원칙은 사회가 자연과의 관계를 보는 방식, 과학적 탐구와 기술 혁신을 보는 방식에서 근본적인 변화를 의미한다. 유럽의 계몽주의 전통은(지금은 미국이 가장 열렬한 옹호자가 되었지만) 자연을 제어하는 힘을 중시한다. 대개 미국인들은 자연이란 생산적인 목적을 위해 사용되기를 기다리는 유용한 자원의 보고로 본다. 물론 유럽인들도 그런 실용적인 시각을 갖고 있다. 그러나 유럽인들은 미국에서는 잘 드러나지 않는 또 다른 감각도 갖고 있다. 그것은 바로 자연의 내재적 가치에 대한 존중이다. 유럽인들이 시골 풍경을 좋아하며 자연 경관을 보존하려고 애쓰는 것에서 그런 점을 엿볼 수 있다. 상업적 개발을 포기하더라도 자연을 지키는 것이 유럽인들의 사고방식이다. 유럽인들이 추구하는 삶의 질에서 자연은 중요한 요소로 등장한다. 유럽인들은 주말이나 휴가 때 시골을 많이 찾는다. 그들이 시골에서 보내는 시간은 미국인들보다 훨씬 많다. 유럽인들에게는 시골 방문이 소중한 레저로 꼽힌다.

미국인들에게는 시골을 찾는 것이 그만큼 중요하지 않다. 유럽인들이 산길을 걷는 동안 미국인들은 주말을 쇼핑몰에서 보내는 경우가 많다. 물론 미국인들 가운데도 야외에서 시간을 보내기 좋아하는 사람들이 많고, 유럽인들 가운데도 도시에서 지내기를 좋아하는 사람들이 많다. 그렇지만 유럽과 미국 양쪽 다에서 상당 기간 체류해 본 사람이라면 유럽인들 사이에서 시골 여행에 대한 호감도가 매우 높다는 것을 잘 알 것이다. 내가 아는 유럽인들(전문직 종사자나 사업가)은 거의 모두 시골 어딘가에 자그마한 별장을 갖고 있다. 그런 별장은 대부분 집안에서 수세대에 걸쳐 물려 내려온 것이다. 주말이면 여유가 있는 유럽인들은 도시 생활의 스트레스를 풀기 위해 거의 전부 시골로 향한다.

녹색당이 유럽 대륙 전역에서 높은 지지를 받으며, 각국의 의회와 유럽의회에서 상당한 세를 과시할 수 있는 것도 유럽인들이 자연과 시골 생활을 중요하게 생각하기 때문이다. 그와 대조적으로 미국에서는 녹색당 연방의원은 한 명도 없다.

유럽인들은 자연에 대한 실용적인 태도와 자연의 내재적 가치를 존중하는 자세 사이에 균형을 유지하려고 애쓴다. 그로 인해 유럽인들은 지속 가능한 개발과 환경 문제에 대한 책임을 더욱 진지하게 받아들인다. 따라서 그들에게는 예방 원칙이 상업적 개발과 자연 환경의 보존 사이에서 저울의 균형을 맞추는 한 가지 수단으로 간주된다.

그러나 유럽인들이 미국인들보다 예방 원칙을 더 많이 지지하는 데는 또 다른 이유가 있다. 유럽인들의 심리는 언제나 '연결성'을 중시한다. 예방 원칙은 모든 과학 실험이나 기술 개발, 또는 상품 도입이 복잡하고 측정하기 어렵지만 환경에 수많은 면에서 영향을 미친다는 주장에 뿌리를 두고 있다. 리스크를 측정하는 기존의 방법으로서는 수량화하기 어렵고 예측 불가능한 자연의 미묘한 관계들을 설명할 수 없다.

미국인들은 자율성을 무엇보다 중요한 것으로 생각하기 때문에 사물의 깊은 연결성을 보기 힘들다. 미국인들은 세계를 '그릇'으로 본다. 각자가 전체에서 분리되어 있고 독립할 수 있다고 보는 것이다. 미국인들에게 연결성은 자신들이 좋아하지 않는 상호 의존과 취약성을 떠올리게 한다. 미국인들의 자아 의식과 세계관은 계몽주의의 사고방식에 아주 적합하다. 자연의 각 부분들을 생산적인 재산으로 만들기 위해 제어하고 격리시키기를 좋아하기 때문이다. 미국인들은 자기들 자신처럼 주변의 모든 것들도 단정하게 정리되고 자율적이기를 원한다. 계몽주의 모델의 자연에서는 모든 것이 서로 분리될 수 있고 다른 것으로 전환될 수 있다. 상호 관계는 찾아볼 수 없고 그저 움직이거나 정지된 각각의 사물이 존재할 뿐이다. 계몽주의자들이 보는 자연은 언제나 이용 가능한 자원이다. 자연의 각 부분을 다른 데 영향을 주지 않고 별도로 이용할 수 있다는 것이다. 그런 세계에는 모든 것이 독자적으로 존재하며, 상호 관계가 없기 때문에 책임도 없고 기회만 존재한다.

그러나 세계화의 여파로 등장하고 있는 새로운 과학관은 계몽주의와 전혀 다르다. 사람들은 모든 것이 서로 연결되어 있다는 것을 점점 더 많이 인식하기 시작했다. 자연은 수많은 공생 관계로 이루어져 있으며, 모든 것은 더 큰 부분에 포함되어 전체를 이룬다. 이런 자연관에서는 그 어떤 것도 자율성을 가질 수 없으며 모든 것이 서로 연결되어 있다. 전체에서 일부를 분리하려는 노력은 다른 모든 부분에 영향을 미친다. 그 어떤 것도 독자적으로 격리되어 있지 않으며, 모두가 상호 작용한다.

유럽인들은 좁고 빠듯한 공간과 시간의 역사를 갖고 있기 때문에 이런 새로운 자연의 모델을 훨씬 더 잘 받아들일 수 있다. 그들은 미국인들보다 훨씬 공동체적이고 상호 연결된 삶을 살아왔다. 그들이 예방 원칙의 논리를 쉽게 이해할 수 있는 것은 그런 연결된 환경에서는 개인이 하는 모든 행위가 다른 데 영향을 미친다는 사실을 잘 알기 때문이다.

예방 원칙은 눈앞에서 일어나는 개별적인 사건을 뛰어넘어 그 사건들이 전개되는 전체 맥락을 보게 한다. 오늘날의 과학과 기술은 그 규모가 엄청나기 때문에 자연에 오래 남는 중대한 효과를 가져올 수밖에 없다. 또 그 효과는 재앙을 부를 가능성이 높으며, 자연을 원 상태로 돌이킬 수 없게 만들 수 있다. 그만큼 문제가 심각하기 때문에 가장 혜택이 많은 일조차도 더욱 파괴적인 결과를 가져올 가능성을 충분히 감안하고 판단해야 한다. 그것이 예방 원칙의 핵심이다. 기존의 계몽주의 과학은 너무 원시적이고 미숙하기 때문에 리스크가 파국을 부를 만큼 커진 세계를 감당할 수 없다. 인간의 개입 때문에 세계 전체가 위험에 빠져 있을 때는 모든 세계를 고려하는 새로운 과학적 접근법이 필요하다. 예방 원칙의 핵심 논리가 바로 그것이다.

시스템적 사고방식

그렇다면 바로 이런 문제가 생긴다. 계몽주의 과학의 최대 이점이 지금은 과학의 기본적인 문제로 대두되고 있다는 것이다. 과학과 기술이 강력해질수록 그 영향과 결과는 더욱 복잡해지고 예측 불가능해진다. 많은 과학자들은 "점점 강해지는 과학의 혁신력이 그 결과를 예측할 수 있는 능력을 능가하고 있는 한편, 자연에 대한 인간의 대대적인 개입으로 자그마한 부정적 영향이라도 세계 전체에 심각한 결과를 가져올 가능성은 높아 가고 있다."고 우려한다.[36] 과거의 계몽주의 과학은 이런 새로운 현실을 어떻게 처리해야 하는지에 대한 대답을 더 이상 내놓지 못하고 있다.

계몽주의 과학은 전체의 행동을 가장 잘 이해하려면 그것을 구성하는 각 부분을 분석해야 한다는 개념을 기초로 한다. 모든 현상을 가장 기초적인 요소로 나누어, 각 요소의 고유한 특성을 조사함으로써 전체의 구성을 이해하려고 하는 것이 이런 분석적 접근법이다. 제4장에서 언급했듯이 이런 기계적인 방법은 당시에 유행한 기계론적 은유법에서 비롯되었다. 실제로 기계는 각 부품으로 분해해 분석한 다음, 다시 전체로 결합해야 가장 잘 이해할 수 있다. 그러나 자연의 현실 세계에서는 행동이 기계적이거나 고정되어 있지 않고, 정해진 기간이 없고 다른 조건이나 현상에 영향을 받으며 주변의 활동 패턴에 따라 계속 변한다.

뉴턴의 이런 기계론적 법칙은 과학과 기술이 좀더 좁은 범위에서 적용될 때 효과를 발휘한다. 분리될 수 있고, 시간이 정해질 수 있으며, 측정될 수 있고, 정확히 수량화될 수 있는 현상들은 그런 방법으로 충분히 이해될 수 있었다. 그러나 20세기가 되자 이런 환원주의적이고 기계론적 사고방식은 자연의 상호 연결성을 파악하기에는 너무 제한된 개념이었다. 과학자들은 사회나 자연을 이해하려면 각 구성 요소의 특성만이 아니라 현상들 간의 수많은 관계까지도 이해해야 한다는 것을 깨닫기 시작했다.

사회과학자들은 "주위 세계와의 관계를 감안하지 않고 어떻게 사람을 알 수 있는가?"라고 묻기 시작했다. 사람의 출생지, 나이, 키, 몸무게, 신체 및 정서적 특징 등을 아는 것은 그가 진정 어떤 사람인지 파악하는 데 거의 도움이 되지 않는다. 그 사람이 소속된 환경, 그가 형성한 다양한 관계를 알아야 그를 올바로 알 수 있는 것이다. 과거의 인간은 개인적 자질의 통합으로 파악되었다. 그러나 새로운 기준에서는 인간은 그가 참여한 활동 패턴들의 스냅 사진으로 파악된다.

인간 개인이 상호 작용의 패턴이라면 자연의 모든 것도 마찬가지가 아닐까? 20세기 들어 과학은 기본적인 가정 가운데 많은 것을 재검토하기 시작했고 결국 그 가정들이 잘못되었다는 것을 알게 되었다. 그에 따라 하나의 현상을 이해하기 위해서는 그 요소들을 분석해야 한다는 옛 개념은 사라지고, 그 대신 각 요소를 알려면 먼저 그 요소와 전체와의 관계부터 알아야 한다는 개념이 자리 잡게 되었다. 독자적으로 존재하는 것은 아무것도 없으며 모든 것은 서로 관계를 형성함으로써 존재한다는 뜻이다. 이런 새로운 과학은 '시스템 이론'이라고 불렸다. 시스템 이론은 자연의 본질에 대한 기존의 개념을 전적으로 수용하지 않는다. 또 인간 사회에서 자율적인 개인이 타인과 관계를 맺지 않고 자신의 사리를 최대한 추구한다는 아이디어에도 강한 의문을 제기한다.

시스템 이론은 전체가 그 구성 요소의 총합보다 더 크다고 주장한다. 각 구성 요소 간의 관계가 전체를 활성화시킴으로써 질적으로 다른 것을 만들어 낼 수 있기 때문이다. 예를 들어 우리는 개인적 경험으로서 살아 있는 인간은 시체보다 질적으로 다르다는 것을 안다. 죽음의 순간에 그 사람이 생전에 형성했던 모든 관계가 사라지고, 결국 물질뿐인 시체만 남게 되는 것이다. 20세기의 저명한 물리학자 베르너 하이젠베르크는 이렇게 말한 적이 있다. "우리 세계는 각 사건들의 복잡한 조직체다. 서로 다른 것들이 연결되어 교체되거나 중복되거나 합쳐져 전체의 조직을 결정한다."[37]

이 새로운 시스템적 사고방식은 새로 등장한 생태학에서 많은 영향을 받았다. 영어의 'ecology'라는 단어는 그리스어 'oikos'(가구)에서 나왔다. 생태학이라는 생물학의 새로운 분야를 처음 규정한 사람은 독일의 생물학자 에른스트 헤켈이었다. 그는 생태학을 "유기체와 그 주변 세계 사이의 관계에 관한 과학"이라고 불렀다.[38] 다윈의 진화론 모델은 한정된 자원을 차지하려는 개체들 사이의 투쟁에 중점을 두었지만 생태학은 그 개념을 반박했다. 생태학의 모델에 따르면 자연은 수많은 공생 관계로 이루어지며, 각 유기체의 운명은 경쟁에 의해서만이 아니라 상호 관계에 의해서도 결정된다. 다윈의 생물학이 개체와 종에 치중하면서 환경을 자원의 배경으로만 격하시킨 반면, 생태학은 환경을 각 개체들 사이의 관계가 형성하는 전체로 본다.

초기 생태학자들은 특정 지역에 국한된 생태계에 초점을 맞추었다. 그러나 1911년 러시아의 과학자 블라디미르 베르나드스키는 생태학적 관계를 지구 전체로 확대한 논문을 발표했다. 그는 '생물권 biosphere'이라는 개념을 창안하고, 그것을 "우주의 복사 에너지를 전기, 화학, 기계, 열 등의 효율적인 지구 에너지로 변화시키는 변환자들이 존재하는 지구의 표면"으로 정의했다.[39]

베르나드스키는 1926년 발간한 책 『바이오스페리아』에서 지구화학적 과정과 생물학적 과정이 상호 보완적으로 진화한다고 주장함으로써 당시의 정통 이론에 반기를 들었다. 정통 다윈 이론은 지구화학적 과정이 별도로 진화함으로써 생명체가 탄생하고 적응하고 진화하는 환경을 만든다는 가설에 기초했다. 다시 말해 환경은 자원의 저장고라는 의미였다. 베르나드스키의 급진적인 아이디어는 그런 가설을 정면으로 반박했다. 그는 지구의 화학물질 순환은 생명체의 양과 질에 영향을 받으며, 또 생명체는 지구를 통해 순환되는 화학물질의 양과 질에 영향을 미친다고 주장했다. 오늘날 과학자들은 생물권을 다음과 같이 정의한다.

지구 표면과 대기권을 포함해, 어떤 형태의 생명체라도 자연적으로 존재할 수 있는, 복합적인 생명 유지 시스템이 생물권이다.[40]

사실 생물권은 매우 얇다. 아래로는 가장 원시적인 생명체가 존재하는 해저로부터 위로는 성층권까지가 전부다. 해저에서부터 성층권까지는 약 60킬로미터 정도밖에 되지 않는다. 이 좁은 띠 속에 생명체와 지구화학적 과정이 상호 작용함으로써 서로를 유지한다.

영국의 과학자 제임스 러브로크와 미국의 생물학자 린 마굴리스는 1970년대에 '가이아 Gaia' 가설을 발표함으로써 베르나드스키의 이론을 더욱 발전시켰다. 그들은 지구가 자체적인 조절 기능을 가진 생명체처럼 작용한다고 주장했다. 동식물과 대기권의 지구화학적 화합물들이 상호 보완적인 관계를 형성함으로써 지구의 기후를 생명체가 살기에 적합한 상태로 유지한다는 것이다.

러브로크와 마굴리스는 생명체와 지구화학적 순환 사이의 상호 작용이 어떻게 기후의 항상성을 유지하는지 보여 주기 위해 산소와 메탄의 조절 시스템을 예로 들었다. 그들은 지구상의 산소량이 아주 좁은 범위 안에 제한되지 않으면 지구가 불길에 싸여 적어도 지상의 모든 생명체들이 사라지게 된다는 사실을 지적했다. 그들은 대기 중의 산소량이 한계 수준을 넘어 증가하면 일종의 경보 체제가 가동되어 미생물들이 메탄의 생산을 늘린다고 믿었다. 그 결과 증가한 메탄이 대기로 퍼져 나가 산소를 희석시켜 안정 상태를 만든다는 것이다.(메탄은 공기 중에 산소를 더해 주거나 빼앗아 감으로써 조절 장치 역할을 한다.)

지구화학적 물질과 생명체 간의 끊임없는 상호 작용과 피드백은 하나의 통합된 시스템으로 작용함으로써 지구의 기후와 환경을 유지하고 생명체를 보호한다. 그렇다면 지구 자체가 생명체와 다름없는 것이다. 자체적 조절 기능을 통해 생명체가 유지될 수 있는 안정 상태를 유지하기 때문이다. 가이아 이론에 따르면 각 개체의 적응과 진화는 더 큰 과정, 다시 말해 지구 자체의 적응과 진화의 일부다. 모든 생명체들 사이, 그리고 생명체와 지구화학적 과정 사이의 지속적인 공생 관계에 의해 '유기체로서의 지구'와 그 생물권에서 사는 개체들의 생존이 보장되는 것이다.

그 이래로 많은 과학자들이 러브로크와 마굴리스의 가이아 가설을 일부 수정하고 개선시키고 확장했다. 지구가 살아 있는 유기체로 작용한다는 가이아 가설은 20여 년 동안 생물학, 화학, 지학 사이의 관계를 다시 설정하는 데 결정적인 수단이 되었다.

지구가 살아 있는 유기체로서 작용한다면 지구의 생화학을 혼란시키는 인간의 활동은 인간의 생명과 생물권 전체에 치명적인 결과를 가져올 수 있다. 화석 연료 에너지를 대량으로 사용하는 것은 지구의 기후 변화를 가져와 모든 생명체를 유지해 주는 생물권을 손상시킬 수 있는 인간 활동의 대표적인 사례다.

지구가 살아 있는 온전한 유기체로서 작용한다는 것을 인식한다면 지구 전체의 리스크와 취약성, 안전에 대한 우리의 생각을 고쳐야 한다. 모든 인간과 동식물들이 서로간, 또 지구화학적 과정과 서로 얽혀 복잡한 상호 작용을 통해 전체적으로 생명을 유지한다면 우리 인간은 개별적으로나 전체적으로 지구의 건강에 의존할 수밖에 없으며, 또 우리는 지구의 건강에 대해 책임을 져야 한다. 그 책임을 수행한다는 것은 우리 개인이 동네나 지역사회에서 생물권 전체의 복지를 증진할 수 있는 방향으로 행동하는 것을 의미한다.

EU가 25개 회원국들에게 지운 임무가 바로 그것이다. EU가 '예방 원칙'을 도입한 것은 상업적 개발을 포기한다거나 특정 경제 활동을 중지하는 한이 있더라도 생명체를 유지하는 생물권을 보호하는 것이 인간의 제1의무라는 사실을 깊이 인식한다는 증거다. 인간이 거주하고 생계를 유지해 가는 생물권의 생명 유지 시스템에 손상을 주는 경제 행위는, 그것이 아무리 수익성이 높고 혜택이 많다고 하더라도 결코 허용되어서는 안 된다. 특정 과학 실험이나 기술 적용, 또는 상품 도입이 생물권의 한 부분에 큰 해를 가할 수 있다는 합당한 증거가 있는 경우에는 곧바로 예방 원칙이 제어 장치로 작용한다. 예방 원칙은 우리가 무모하게 행동하지 않고 보수적으로 신중하게 행동할 수 있게 해 준다. 생물권에 해가 될 수 있는 것으로 추정되는 행위는, 그 안전성이 과학적으로 완벽하게 입증되거나 똑같은 목적을 달성할 수 있는 다른 방법이 나올 때까지 완전히 금지하거나 중지해야 한다는 것이 그 기본 아이디어다.

예방 원칙이 문지기 역할만 하는 것은 아니다. 그것은 미국에서 아직도 적용되고 있는 해묵은 선형(線形) 모델보다 더욱 정교하게 리스크를 측정할 수 있는 수단도 된다. 예방 원칙의 기본 가정은 시스템적 사고방식에 기초한다. 따라서 특정 활동이 생물권 내부의 전체 관계에 어떤 영향을 미치는지 파악함으로써 리스크 측정에서 전체론적인 접근법을 택한다. 지구 전체에 미칠 수 있는 모든 영향을 조사하려면 모든 분야를 통합해서 리스크를 측정하고 평가해야 한다.

유럽인들에게는 시스템적 사고방식이 그리 낯설지 않지만 미국인들에게는 상당한 무리인 것 같다. 시스템의 한 부분이 된다는 생각 자체가 제한을 설정하는 것이기 때문이다. 미국인들은 자신들이 한 부분일 뿐 아니라 개인으로서 전체에 전적으로 의존해야 한다는 생각을 쉽게 받아들이지 못한다.

신과학 운동은 상호 관계와 피드백을 중시한다. 따라서 그것은 상업 분야와 통치 체제에 스며들기 시작한 네트워크 사고방식과 흡사하다고 말할 수 있다. 생태학과 자체 조절되는 생물권의 개념은 전부 상호 관계와 네트워크를 전제로 한다. 생태학자 버너드 패튼은 "생태학이란 네트워크다. …… 생태계를 이해한다는 것은 궁극적으로 네트워크를 이해하는 것"이라고 말했다.[41] 물리학자이며 철학자인 프리초프 카프라는 이렇게 지적한다.

생태학에서 네트워크 개념이 점차 자리 잡으면서, 시스템적 사고자들은 생태계를 유기체들의 네트워크로 인식하듯이 유기체를 세포와 조직, 기관들의 네트워크로 간주함으로써 모든 시스템 차원에서 네트워크 모델을 사용하기 시작했다.[42]

다시 말해, 모든 유기체는 세포와 조직의 작은 네트워크로 구성되어 있는 동시에 생태계와 생물권 전체를 구성하는 더 큰 네트워크의 일부분이라는 것이다. 각 네트워크는 하위 네트워크로 구성되고, 그 자체로 상위 네트워크를 구성한다. 카프라는 그런 복잡한 상태를 '생명체의 조직망'이라고 불렀다. 그는 이렇게 말했다. "영겁의 진화 역사를 거치면서 많은 종들은 조밀하게 짜여진 공동체를 형성했다. 그 전체 시스템은 다양한 생명체로 이루어진 하나의 거대한 유기체와 흡사하다."[43] 그렇다면 생명체의 조직망은 태동하고 있는 '네트워크 유럽'과 판에 박은 듯 닮았다고 말할 수 있다. 네트워크화된 유럽은 지역, 시민사회 단체, 문화 집단, 다국적 기업, 국가, EU, 세계적 기구 등 네트워크 속에 또 다른 네트워크들이 깊이 들어박혀 있는 하나의 거대한 시스템이기 때문이다.

지금 우리 세계에는 새로운 과학이 등장하고 있다. 그 신과학 운동을 '제2의 계몽주의'라고 불러도 좋을 것이다. 신과학의 원칙과 가정은 네트워크적 사고방식과 더 잘 어울린다. 기존 과학의 특성이 분리, 활용, 해체, 단순화였다면, 신과학의 특성은 참여, 보충, 통합, 전체주의라고 말할 수 있다. 기존 과학이 자연을 물체로 보았다면, 신과학은 자연을 관계로 파악한다. 기존 과학이 자연을 생산적으로 만드는 데 초점을 맞추었다면, 신과학은 자연을 지속 가능하게 만드는 데 중점을 둔다. 기존의 과학이 자연을 지배하는 힘을 추구했다면, 신과학은 자연과의 연대를 추구한다. 옛 과학이 자연에서 독립하는 자율성을 중시했다면, 새로운 과학은 자연에 다시 참여하는 데 초점을 맞춘다.

식민주의 비전에서는 자연을 약탈과 노예화의 대상으로 보았지만 새로운 과학 운동은 자연을 키워 나가고 유지해야 할 공동체로 본다. 자연을 이용하고, 제어하며, 재산의 형태로 소유할 수 있는 권리 대신 자연을 잘 보호하고 품위와 존경으로 대해야 하는 의무를 중시한다. 활용할 수 있는 자연의 가치 대신 자연의 내재적 가치가 존중되는 것이다.

제2의 과학 계몽주의는 거의 1세기 전부터 준비되어 왔다. 19세기 말의 열역학과 유기생물학, 20세기 초의 불확실성 원칙, 양자역학, 과정철학, 생태학, 2차 대전 후의 정보 이론과 함께 등장한 사이버네틱스와 시스템적 사고방식, 그리고 복잡성 이론 및 소산(消散) 구조와 자기 조직화 등은 전통적 계몽주의 과학의 기초를 무너뜨리며 21세기를 위한 새로운 과학의 길을 여는 데 기여했다.

불행하게도 경제, 정치, 사회, 그리고 환경과의 관계에 대한 우리의 사고 대부분은 해묵은 과학적 패러다임에 얽매어 있다. 신과학 운동이 진정한 효과를 발휘하기 위해서는 새로운 패러다임이 공공 정책뿐만 아니라 대중의 마음속에 더욱 깊이 뿌리를 내려야 한다. 그렇지만 EU는 지구가 마땅히 존중받아야 할 '살아 있는 공동체'라는 새로운 비전을 진지하게 고려하는 사상 최초의 정치 기구인 것이 분명하다.

EU는 세계적인 환경 조약과 협약을 발의하고, 예방 원칙을 규제 정책에 도입함으로써 지구의 지속 가능한 개발과 환경 보존에 대한 의지를 보여 주었다. 물론 EU가 대부분의 분야에서 아직 그런 의지가 약하고 자주 흔들리는 것은 사실이다. 그러나 적어도 유럽은 과학과 기술에 대한 새로운 비전을 설정했다. 그 비전대로 따른다면 우리 세계는 과거의 사고방식에서 벗어나 제2의 과학 계몽주의로 나아가게 될 것이다. 그것은 포괄성, 다양성, 지속 가능성, 삶의 질, 조화에 대한 유러피언 드림과 잘 어울리는 운동이다.

이상을 실천하는 유럽

현재 EU는 과학과 기술에 대한 접근법에서 획기적인 변화를 상징하는 여러 가지 프로그램들을 시행하고 있다. 일부는 사소한 것들이고 일부는 원대한 목표를 갖고 있다. 그러나 한 가지 공통점은 있다. 생태계를 중시하고, 시스템적 사고방식과 지속 가능한 개발을 염두에 두고 고안, 실행되고 있다는 점이다. 바로 그것들이 합쳐져

제2의 과학 계몽주의를 이끌고 있는 것이다.

그중 가장 중요한 것이 21세기 중반까지 재생 가능한 수소를 기반으로 하는 통합된 경제 체제를 확립하겠다는 유럽의 계획이다. EU는 기후 변화에 관한 교토 의정서를 앞장서서 지지했다. 그 의정서에 제시된 온실가스 배출량 감축의 조건과 기한에 맞추기 위해 EU는 2010년까지 전력의 22퍼센트와 전체 에너지의 12퍼센트를 재생 가능한 에너지원을 이용해 생산하겠다고 공약했다.[44] EU 회원국 가운데 다수가 재생 가능한 에너지 목표에 미치지 못해 집행위원회가 당황하고 있지만 EU는 기준을 세웠다는 사실만으로도 화석 연료에서 재생 가능한 에너지원으로 전환하는 데 있어서 미국보다 훨씬 앞서고 있다. 부시 행정부는 미국 의회가 재생 가능한 에너지에 관한 기준을 설정하려고 할 때마다 계속 반대해 왔다.

2003년 6월 EU는 21세기 중반까지 청정 수소 경제 체제를 확립하겠다는 대담한 계획을 발표했다.[45] 흥미롭게도 미국 업계는 유럽의 수소 프로젝트에 대한 소문을 듣고 미국도 비슷한 계획을 세워야 한다고 백악관을 상대로 로비를 벌였다. 수소 경제로 가는 경주에서 유럽이 미국을 따돌릴지도 모른다고 우려한 것이다. 부시 대통령은 2003년 연초 국정 연설에서 미국이 수소 경제에서 세계를 선도하겠다는 의사를 발표했다. 그러나 수소에 대한 부시 대통령의 접근법은 유럽과 크게 다르다.

수소는 우주를 구성하는 가장 가벼운 요소로, 순수한 물과 열이라는 두 가지 부산물만을 만들어 낸다. 그러나 수소는 자연에 자유롭게 떠돌아다니지 않기 때문에 다른 원천에서 얻어야 한다. 수소는 화석 연료, 특히 천연가스와 석탄에서 추출될 수 있지만 그렇게 하면 이산화탄소가 발생한다. 원자력에서도 수소를 추출할 수 있지만 위험한 핵폐기물이 남는다. 다른 방법은 태양력, 풍력, 수력, 지열 같은 재생 가능한 에너지원을 사용해 전기를 생산하고, 잉여 전기를 이용해 물을 분해함으로써 수소를 분리해 내고, 그것을 저장했다가 자동차 연료나 전력 생산에 사용하는 것이다. 또 수소는 작물과 쓰레기 같은 데서도 얻을 수 있다. 다시 말해 수소는 추출 원천에 따라 환경에 유해한 '검은' 수소와 환경 친화적인 '푸른' 수소로 나뉜다.

바로 거기에 문제가 있다. 유럽은 '푸른' 수소의 미래를 만들려고 하는 반면 미국 백악관의 계획은 수소를 얻는 주요 출처로 석탄과 원자력을 사용하는 '검은' 수소로 미래를 장려하는 것이다. 비판자들은 부시 행정부가 수소 에너지를 기성 에너지 업계의 이익을 보호하기 위한 트로이의 목마로 이용하고 있다고 비난한다. 물론 유럽도 기존의 에너지를 계속 이용하고 있다. 그러나 유럽의 주요 목표는 화석 연료와 원자력에서 하루 속히 탈피해 재생 가능한 수소 경제로 전환하는 것이다.

로마노 프로디 EU 집행위원장은 2003년 6월 개최된 EU 수소 경제 회의 기조연설에서 "현재 우리는 에너지를 화석 연료와 핵 연료에 지나치게 의존하고 있다. 이대로 영원히 갈 수는 없다."고 말했다.[46] 그는 이렇게 덧붙였다. "진짜 문제는 에너지 생산에 사용된 화석 연료와 핵 연료에서 나오는 기체, 액체, 고체 폐기물을 처리할 하늘과 땅, 그리고 바다가 충분하냐는 것이다. 그에 대한 대답은 분명히 부정적이다."[47] 프로디는 "합리적인 해결책은 재생 가능한 에너지 쪽으로 단호하게 전환하는 것"이다.[48] 에너지를 저장하는 수단으로 수소를 사용해야 한다는 것이다. 프로디는 다른 나라들이 기존의 에너지원에서 수소를 얻는 쪽으로 움직이고 있다고 인정하면서 이렇게 말했다. "유럽의 수소 프로젝트는 진정한 미래의 구상이다. 21세기 중반까지 단계적인 절차를 밟아 재생 가능한 에너지원에 기초한 온전한 수소 경제로 전환하는 것이 우리의 목표다."[49]

프로디 위원장은 유럽의 수소 프로젝트를 발표하면서 그것이 단일 통화 유로의 도입 다음으로 유럽 통합에 중요한 과정이 될 것이라고 말했다. 그는 수소 프로젝트를 1960-1970년대 미국의 우주 프로그램에 비유했다. (미국은 우주 프로그램의 효과로 1980-1990년대의 하이테크 경제를 이루는 데 성공했다.)

유럽은 역사적인 의식을 갖고 그 전략을 수행해 나가고 있다. 영국이 19세기에 세계의 주도 세력이 된 것은 풍부한 석탄 자원을 바탕으로 증기 에너지를 가장 먼저 활용했기 때문이었다. 또 미국이 20세기에 세계 패권을 잡은 것은 풍부한 석유 자원을 바탕으로 내연 엔진을 이용한 에너지를 가장 먼저 활용했기 때문이었다. 이 두 가지 에너지 혁명의 승수(乘數) 효과는 엄청났다. EU는 지속 가능한 개발과 새로운 경제 기회를 통합할 수 있을 것으로 기대하고 제3의 에너지 혁명으로 세계를 이끌 계획이다.

EU가 지속 가능한 개발과 과학 및 기술에 대한 시스템적 접근법을 중시한다는 것은 여러 분야에서 여실히 드러나고 있다. 유럽인들의 시골 생활과 음식에 대한 애착을 감안하면 유럽이 지속 가능한 농업 방식과 유기 농산물 생산으로 전환하는 분야에서 선두를 달리고 있는 것은 놀라운 일이 아니다. 미국에서도 유기 식품 부문이 급성장하고 있지만 미국 정부는 유기 농산물 생산과 지속 가능한 농업 방식을 거의 장려하지 않았다. 미국 농무부가 소규모의 유기 식품 연구 프로그램을 시행하고는 있지만 거기에 사용되는 예산은 전체 740억 달러의 0.004퍼센트 미만인 300만 달러에 불과하다. 더구나 미국 소비자들의 유기 식품 구입이 증가하고는 있지만 현재 유기 농산물을 생산하고 있는 농지는 미국 전체 농지의 0.3퍼센트 미만이다.[50]

미국과 달리 EU 회원국들 가운데 다수는 유기 농업으로의 전환을 경제 개발 계획의 중요한 요소로 추진하고 있으며 진행 일정까지 확정했다. 오랫동안 유럽의 경제 엔진이었으며 유럽의 새로운 환경 목표를 설정하는 데 주도적인 역할을 해 온 독일은 2020년까지 전체 농산물의 20퍼센트를 유기 농법으로 생산할 계획이라고 발표했다. (현재 독일은 전체 농산물의 3.2퍼센트를 유기 농법으로 생산하고 있다.)[51]

네덜란드, 스웨덴, 영국, 핀란드, 노르웨이, 스위스, 덴마크, 프랑스, 오스트리아도 유기 농산물 생산을 장려하는 국가적 프로그램을 시행하고 있다.[52] 유럽에서 유기 채소를 가장 많이 소비하는 덴마크와 스웨덴은 자국의 유기 식품 시장이 머잖아 전체 국내 소비의 10퍼센트를 넘어설 것으로 추정한다.[53]

스웨덴은 2005년까지 전체 경작지의 20퍼센트를 유기 농지로 전환한다는 목표를 세웠다. 이탈리아는 이미 전체 농지의 7.2퍼센트를 유기 농지로 활용하고 있고, 덴마크의 경우 그 비율은 7퍼센트로 그 다음을 달리고 있다.[54]

영국은 2002년 유기 식품 생산을 두 배로 늘렸고, 현재 유기 식품 판매고에서 독일 다음으로 유럽의 2위를 차지하고 있다. 최근 조사에 따르면 영국 가계의 약 80퍼센트가 유기 식품을 구입한다.[55] 그와는 대조적으로 유기 식품을 구입하는 미국인의 비율은 전체 소비자의 33퍼센트에 불과하다.[56]

농업의 미래에 대한 미국과 유럽의 접근 방식이 이처럼 다른 것은 기존의 계몽주의 과학관과 생물권을 중시하는 새로운 시각 사이의 간극을 그대로 보여 주고 있다. 앞에서 언급했듯이 미국에서는 이미 전체 농지의 절반 이상이 유전자 변형(GM) 농산물 생산에 할애되고 있다. 비판자들은 GM 농산물이 자연과 전쟁을 치르고 인간과 자연 사이의 간극을 벌이는 베이컨식 과학관을 상징한다고 주장한다. GM

농작물은 작은 전사와도 같다. 병충해를 막아 낼 수 있고 다량의 제초제에도 견딜 수 있는 유전자로 무장한 GM 농작물은 자연의 힘을 막아 내고 야생의 자연이 침투할 수 없는 인위적 '섬'을 만드는 것이 목표라고 말할 수 있다.

유기농은 기존의 농업과는 완전히 다른 원칙에서 출발한다. 현지 환경과 융합되는 농사법을 사용하는 것이 유기농이다. 목표는 자율적으로 독립하는 것이 아니라 융합하는 것이다. 융합을 위해 농민들은 시스템적으로 접근한다. 작물, 곤충, 새, 미생물, 토양 사이의 공생 및 상호 보완적 관계를 확립하는 것이다. 유기 농장은 화학 비료 대신 유기 비료를 사용하고, 독성 물질을 만들어 내는 유전자나 살충제 대신 천적 등을 이용한 자연 병충해 조절법을 사용한다. 유기농에서는 토양이 '살아 있는 공동체'이며, 자연을 제어하기보다는 자연과 협력하는 것을 목표로 삼으며, 영양소를 만들어 내는 미생물들을 첨단 기술로 활성화시킨다. 유기농 종사자들은 잡초나 병충이 농지에 해를 끼치지 못하도록 간작(間作)과 윤작(輪作) 방식을 사용하며, 이로운 곤충과 새를 끌어들이는 다양한 방법을 활용한다. 유기 농민들은 자연 순환의 리듬을 염두에 두며, 현지의 생태계 역학에 잘 어울리는 유전자를 가진 작물을 재배한다. 농토를 공생 관계 네트워크로 구성된 소형 생태계로 만들기 위해서는 식물 병리학자, 곤충학자, 미생물학자, 식물 유전학자 등이 협력해야 한다. 따라서 유기농에는 시스템적 접근법이 필수적이다.

유기농의 과학은 기존의 계몽주의 과학관의 모든 면을 거부한다. 전통적으로 우리는 과학을 자연 자원을 이용하기 위한 수단으로 생각해 왔지만, 신세대 연구자들은 그와는 다른 길을 추구한다. 그들은 환경과의 관계를 재확립하고 자연과 일치하는 공동체를 만들기 위해 과학을 이용한다.

동물의 권리

　신과학도 자연을 대하는 데 있어서 합리성과 실용성을 도외시하지는 않지만 다른 점이 있다면, 그런 가치들을 공감 및 내재적 가치와 연결시켜 생각한다는 것이다. 동물에 대한 EU의 접근 방식에서 그런 점이 잘 드러난다. 모한다스(마하트마) 간디는 "한 국가의 위대함과 도덕성은 그 나라의 동물들이 어떻게 대우받고 있는지를 보면 알 수 있다."고 말한 적이 있다.[57] 간디의 견해는 르네 데카르트의 믿음과 큰 차이를 보인다. 데카르트는 동물을 단지 '영혼 없는 기계 장치'로 보았다. 동물은 복지를 따질 필요가 없고, 단지 인간이 시킨 일을 하거나 식품의 재료가 되는 자원이라는 것이다. 지구상 동물의 수난은 그때 이후로 조금도 변하지 않았다. 일부에서는 동물의 상황이 더욱 나빠졌다고 주장한다. 상상하기 어려운 일이지만 과학자들은 지구상에서 수백만 년 동안 살아온 야생동물들이 곧 사라질 것이라고 말한다. 이번 세기가 끝나기도 전에 야생의 동물은 완전히 사라지고 겨우 동물원에서만 명맥을 유지할 것으로 전망된다.

　야생동물이 사라진다는 것도 서글픈 일이지만 동식물의 집단 멸종은 더욱 불길한 일이다. 한 국제 과학자 단체가 실시하고 2004년 과학 전문지 《네이처》에 실린 연구 결과에 따르면 현재 지구상에 남아 있는 동식물 종 전체의 15-37퍼센트가 2050년까지 멸종될지 모른다. 지금 현재도 과거의 100배에서 1,000배 사이라는 놀라운 속도로 멸종이 진행되고 있다.[58] 과거에는 외계의 운석이나 화산 폭발 때문에 집단 멸종 사태가 발생했지만 지금은 인간 자신이 동식물의 멸종을 가속화시키고 있다. 그 연구를 실시한 과학자들은 멸종 속도 증가의 주된 원인이 지구 온난화라고 지적했다.

　야생동물들이 서식지와 개체 수 감소에 시달리고 있는 것도 안타까운 일이지만, 연구용 동물과 가축들은 어쩌면 지구상의 어떤 존재보다도 더욱 잔혹한 대우를 받고 있을지 모른다. 야만적인 실험의 대상이 되고, 공장식 농장의 끔찍한 조건 아래서 사육되는 이런 동물들의 운명은 잔혹하다는 설명으로는 부족할지 모른다.

이제 EU와 회원국들은 과학 실험에 사용되는 동물, 식용으로 길러지는 동물들, 그리고 야생동물들에 훨씬 인간적인 환경을 만들어주기 위한 프로그램을 실시하고 있다. 물론 시험적이긴 하지만 이것은 보편적 인권 개념을 동물들에까지 확장한 것이다. 공공정책에 그런 개념을 도입한다는 것은 10년 전 아니면 20년 전만 해도 상상조차 할 수 없었던 일이다.

선진 산업국들은 오래전부터 동물에게 복지와 인간적 대우를 보장하기 위한 법령을 갖고 있었지만 불행하게도 기껏해야 피상적일 뿐 거의 실행되지 않았다. 그러나 EU에서는 이제 그런 사고가 바뀌기 시작했다. 가장 큰 전기가 된 것은 1997년 EU 회원국들이 체결한 암스테르담 조약에 첨부된 동물 복지 규약의 두 단어였다. EU 회원국들은 "자각적 존재로서 동물의 복지를 증진시키기 위해 최선을 다한다."는 데 합의했다.[59] 여기서 의미심장한 것이 "자각적 존재 sentient beings"라는 두 단어다. 그 이전에는 어떤 정부도 동물을 느낌과 의식을 가진 자각적 존재로 인정한 적이 없었다. 2002년 3월 독일 하원은 동물의 권리를 헌법으로 보장한 세계 최초의 의회가 됨으로써 세계를 놀라게 했다. 독일 정부로 하여금 인간의 존엄성을 존중하고 보호하도록 규정한 헌법 조항에 동물을 추가하기로 한 것이다. 그 안은 '543 대 15'라는 압도적인 표 차이로 통과되었다.[60] 수정된 조항은 이렇다. "국가는 미래 세대를 위해 생명체와 동물의 자연 기반을 보호할 책임을 갖는다."[61] 그 조항에 따라 앞으로 독일 정부는 동물의 권리를 과학 탐구와 종교의 자유 등 다른 권리에 견주어 그 비중을 판단해야 한다.(예를 들면 많은 종교들은 의식에서 동물을 제물로 희생시킨다.)

미국의 공공정책 담당자들은 동물에게 기본 권리를 부여한다는 생각에 적잖이 놀랐다. 유럽인들이 정신이 나간 것일까? 바로 그것이 대다수의 미국인들, 특히 과학 연구자들과 낙농업자들의 반응이었다. 그러나 이상하게도 과학자들이 실시한 새로운 행동과학 연구는 동물이 실제로 지각력 있는 존재이며 법률로 기본 권리를 보장받을 필요가 있다는 생각에 힘을 실어 주었다. 더욱 이상한 것은 동물 행동에 대한 새로운 연구 대부분이 맥도널드, 버거 킹, KFC 등의 패스트 푸드 업체들의 후원으로 이루어졌다는 점이다.

동물의 권리를 위한 운동가들의 압력과 동물에 대한 인간적 대우를 지지하는 여론이 고조되자 패스트 푸드 업체들은 동물의 정서, 지능, 행동을 연구하는 데 자금을 지원하지 않을 수 없었다. 연구 결과는 놀라웠다. 많은 동물들이 우리가 생각한 것보다 훨씬 인간과 많이 비슷한 것으로 나타난 것이다. 동물들도 고통, 스트레스, 애착, 흥분, 사랑을 경험한다. 예를 들어 미국 퍼듀 대학교가 실시한 '돼지의 사회적 행동'에 관한 연구에서 돼지들도 사랑을 갈구하며, 격리하거나 동료와 놀 시간을 주지 않으면 쉽게 우울증에 빠진다는 사실이 밝혀졌다. 정신적, 신체적 자극이 없으면 건강 상태가 나빠지고, 다양한 질병에 걸릴 위험이 높아진다. EU는 그런 연구 결과를 진지하게 받아들여 2012년까지 격리된 돼지 우리를 야외 우리로 교체할 것을 법으로 의무화했다. 독일 정부는 돼지 사육 농민들에게 모든 돼지를 하루 20초씩 손으로 만져 주고, 서로 싸우지 않도록 두세 개의 장난감을 우리에 넣어 주도록 권장한다.[62]

돼지 연구 외에도 현재 동물의 정서와 인식력에 대한 수많은 연구가 진행중이다. 최근 과학 전문지 《사이언스》는 누벨칼레도니산(産)

까마귀의 인식력에 대한 기사를 실었다. 그 기사에 따르면 옥스퍼드 대학교 과학자들은 베티와 아벨이라고 이름 붙인 까마귀 두 마리에게 직선으로 된 철사와 갈고리 모양의 철사 두 가지 가운데 하나를 선택해 시험관 속에 담긴 고기 토막을 꺼내도록 유도했다. 둘 다 갈고리형 철사를 선택했다. 그러나 그 다음에 예상치 못했는데 아벨(수컷)이 베티의 갈고리를 훔쳤다. 베티에게는 직선 철사밖에 남지 않았다. 베티는 전혀 당황하지 않고 부리로 철사 가운데를 쪼아 쐐기 모양을 만든 다음 빼앗긴 갈고리 비슷한 고리 형태로 구부려 시험관 속의 고기 토막을 꺼내 먹었다. 연구자들은 베티에게 직선 철사만 주고 열 차례 더 실험을 실시했다. 베티는 그중 아홉 차례의 실험에서 직선 철사로 갈고리를 만들었다. 그것은 도구를 만드는 능력이 있다는 증거였다.

아프리카산 회색 앵무새 앨릭스의 경우를 보자. 앨릭스는 인간만이 할 수 있다고 생각했던 일을 해냈다. 마흔 가지의 물체, 일곱 가지의 색을 구별할 수 있고, 종류에 따라 물체를 분류할 수 있는 것이다. 게다가 '같음'과 '다름' 같은 추상적 개념을 학습을 통해 배울 수 있고 제공된 정보를 활용해 문제를 해결할 수도 있다.[63]

고릴라 코코도 사인 언어[sign language: 손짓과 몸짓으로 표현하는 언어]를 배워 1,000가지 이상의 사인을 익혔고, 영어 단어도 2,000개 이상 알고 있다. 인간의 IQ 테스트에서 코코는 70에서 95를 기록했다. 그 정도면 학습 능력이 느리긴 하지만 지진아에 속하지는 않는다.[64]

도구를 만들고 복잡한 언어 기술을 익히는 것은 우리가 인간들만 가능하다고 생각한 많은 속성 가운데 두 가지에 불과하다. 또 다른 것 하나는 자기 인식이다. 철학자들과 동물 행동과학자들은 오랫동안 동물이 개인주의에 대한 감각이 없기 때문에 자기 인식이 불가능하다고 주장해 왔다. 그러나 새로운 많은 연구에 따르면 그것은 사실이 아니다. 워싱턴 국립동물원에서 오랑우탕들에게 거울을 주자 그들은 거울 없이는 볼 수 없는 신체 부분을 탐구했다. 다시 말해 자아 인식이 있다는 얘기다. 애틀랜타 동물원에 있는 챈테크라는 이름의 오랑우탕은 뛰어난 자기 인식 능력을 보여 주었다. 조련사들은 챈테크가 거울을 보고 이에 낀 오물을 제거하고 선글라스를 똑바로 착용했다고 말했다.[65]

오랫동안 과학자들은 죽은 자에 대해 애도하는 것이 인간과 동물을 절대적으로 구분할 수 있는 기준이라고 믿었다. 동물들은 죽음에 대한 이해가 없으며, 자신의 죽음에 대한 개념도 없다는 것이다. 그러나 반드시 그렇지는 않다. 동물들도 슬픔을 경험하는 것으로 보이기 때문이다. 코끼리들은 가족의 일원이 죽으면 며칠 동안 그 옆에 조용히 서 있으면서 가끔씩 긴 코로 사체를 만진다. 아프리카 코끼리를 25년 이상 연구하고 있는 케냐의 생물학자 조이스 풀은 죽은 동료에 대한 코끼리의 행동을 보면 "그들이 깊은 슬픔을 느끼며 죽음의 개념도 어느 정도 이해하는 것이 틀림없다."고 말했다.[66]

또 우리는 거의 모든 동물들이 특히 어릴 때는 놀이를 한다는 것을 안다. 강아지, 고양이, 곰 새끼가 재롱 떠는 것을 본 사람이라면 그들과 인간의 아기들이 하는 행동이 무척 비슷하다는 것을 알 것이다. 최근 쥐의 뇌화학적 반응에 대한 연구들은 쥐들이 놀이를 할 때는 그들의 뇌에서 도파민이 대량으로 분비된다는 것을 보여 주었다. 도파민은 인간의 쾌락과 흥분과 관련이 있는 신경 화학물질이다.

미국 펜실베이니아 주 게티즈버그 대학교의 행동과학자 스티븐 시비이는 인간과 동물이 뇌 구조와 뇌 화학적 반응에서 유사점이 많다고 지적하며 이렇게 물었다. "자연도태에 의한 진화론을 믿는다면 어떻게 감정이 인간 단계에서 느닷없이 갑자기 생겨난 것이라고 믿을 수 있는가?"[67] 다른 많은 과학자들도 시비이의 그런 질문에 공감하고 있다.

연구자들의 이런 새로운 발견은 정통 과학이 신봉하는 개념과 크게 차이가 난다. 얼마 전까지만 해도 과학자들은 대부분의 동물들이 순전히 본능으로만 행동하며 학습을 통한 행동으로 보이는 것은 유전적으로 프로그램화된 행동일 뿐이라고 주장했다. 그러나 이제 우리는 어른 거위들이 새끼에게 이동 경로를 가르쳐야 한다는 것을 안다. 실제로 우리는 학습이 부모 세대에서 자손 세대로 대물림하는 경우가 생각보다 훨씬 많으며, 대부분의 동물들이 지속적인 실험과 시행 착오를 거치며 최적 행동을 배운다는 사실을 계속 발견하고 있다.

그렇다면 이 모든 사실들이 우리가 동물을 대하는 방식에 대해 시사하는 바는 무엇인가? 매년 실험실에서 고통스러운 실험을 당하는 수천 마리의 동물들을 어떻게 해야 할 것인가? 식용으로 사용되기 위해 도살당하는 운명으로 끔찍한 조건 아래 사육되는 수백만 마리의 가축들의 경우는 어떤가? 올무나 덫의 사용을 금하고 모피 코트의 판매와 구입을 억제해야 하는가? 영국 시골에서 행해지는 여우 사냥, 스페인의 투우, 멕시코의 투견 등 스포츠로 동물을 죽이는 행위는 어떤가? 또 오락은 어떨까? 야생의 사자가 동물원의 우리에 갇혀 있어야 하는가? 코끼리가 서커스에서 곡예를 부리도록 해야 하는가?

이런 질문들이 세계 전역의 법정과 의회에서 제기되기 시작하고 있다. 오늘날 미국의 하버드와 나머지 스물다섯 개의 로스쿨들은 동물의 권리에 대한 새로운 과정을 개설했다. 또 동물의 권리에 관한 소송 건수도 점점 늘어나고 있다.

그러나 동물의 권리를 위한 운동이 가장 큰 진척을 보이고 있는 곳은 뭐니 뭐니 해도 유럽이다. 영국의 하원은 2003년 6월 예로부터 내려오는 전통인 여우 사냥을 금하는 법안을 압도적인 표 차이로 통과시켰다.[68] 그 법안은 현재 상원에서 강력한 반발에 직면해 있다. 상원의 귀족 의원들은 여우 사냥을 영국 왕실의 국가 오락으로 간주하고 있다. 그런데도 엘리자베스 여왕조차 여우 사냥을 반드시 지지해야 하는지에 의문을 갖고 있다고 관측통들은 말한다. 영국의 신문 《미러》의 보도에 따르면 여왕은 언론에서 왕실의 이미지 실추를 막고 일반 국민의 부정적인 정서를 누그러뜨리기 위해 찰스 왕세자에게 여우 사냥을 단념하도록 요청했다.[69]

지속 가능한 개발과 세계 환경 보호에 대한 집념을 감안하면 EU에서 동물의 곤경에 대한 관심이 커진 것은 당연한 결과다. 생물권을 보호한다는 것은 지구상에 인간과 함께 사는 모든 존재를 돌본다는 의미다. 우리의 공동 생물권을 이루는 모든 공동체 네트워크들이 수많은 공생 관계로 연결되고 얽혀 있다면 한 종에 대한 위험은 인간을 포함해 다른 모든 종에도 부정적인 영향을 미칠 가능성이 있다. 가축에 대한 인간적인 대우가 중요한 것도 그 때문이다. 예를 들어 광우병이 발생한 것은 농민들이 비용을 줄이기 위해 가축의 사체를 사료로 사용했기 때문이었다. 소를 소에게 먹인 것이 광우병 소동을 부른 원인이다. 결국 그 쇠고기를 먹은 인간들이 크로이츠펠트야콥병에 걸려 생명을 잃었다.

동물에게 해로운 것이 인간에게도 해롭다는 격언의 가장 비근한 예가 항생제 남용이다. 소, 돼지, 닭 등의 가축들은 공장식 농장의 비좁은 공간에 갇혀 있기 때문에 스트레스로 인해 면역 체제가 약화되어 질병에 걸리기 쉽다. 또 비좁은 공간에서 질병은 신속히 전파된다. 그 결과 항생제가 점점 많이 필요해진다. 항생제를 많이 사용하면 내성이 더욱 강한 변종 박테리아가 생겨나 기존의 항생제로서는 잘 퇴치되지 않는다. 보건 관리들은 항생제의 효과가 점점 떨어져 인류가 중대한 건강 위기에 직면해 있다고 말한다. 현재 시중에 나와 있는 모든 항생제에도 끄떡없는 새로운 박테리아 변종들이 존재하고 있어 세계적 유행병으로 발전될 수 있는 위험이 있다.

동물에서 인간으로 질병이 퍼지는 문제를 보면 모든 생명체가 서로 연결되어 있고 상호 관계를 형성하고 있다는 사실이 더욱 분명해진다. EU의 새로운 동물 보호 법령 대부분은 동물이 우리 손에 의해 건강상의 문제에 시달린다면 그 효과가 우리에게 되돌아올 수 있다는 사실을 염두에 두고 동물과 인간 사이의 고결한 사이클을 형성하기 위해 만들어졌다.

예를 들어 양계의 경우를 보자. 세계에는 47억 마리의 암탉 가운데 대부분이 알을 낳기 위한 둥지를 만들 수 없을 뿐 아니라 날개조차 퍼덕일 수 없는 좁은 닭장에 갇혀 있다.[70] 공간이 너무나 좁아 닭들의 뼈가 연약해져 약간의 힘에도 쉽게 부러질 수 있다. 공장식 농장에 갇힌 암탉들이 받는 비인간적인 대우 때문에 달걀과 닭고기에 살모넬라와 캄필로박터가 생기고, 그것이 인간에게 식중독을 일으킨다. 중국 다음으로 세계에서 달걀을 가장 많이 생산하는 EU는 2012년까지 달걀 증산 목적의 일련(一連)식 닭장을 금지하기로 합의했다.[71] 미국 정부는 아직 그런 법안을 제의하지 않고 있으며 제의한다고 해도 통과될 가망은 별로 없어 보인다.

동물 보호 문제와 관련해 가장 뜨거운 논쟁이 벌어지는 부분이 의학 연구를 위한 동물 실험이다. 그것은 과학자들과 일반 대중의 생각에 이 문제가 '동물의 권리 vs. 인간의 권리'로 비치기 때문이다. 의학 연구자들은 동물을 대상으로 신약 테스트나 실험 수술을 할 수 없다면 심각한 인간 질병에 대한 치료책이 적기에 개발될 수 없기 때문에 불필요하게 인명을 잃게 되는 것을 의미한다고 주장한다. 반면 동물의 권리를 옹호하는 운동가들은 의학 용도의 실험에서 필요 이상으로 많은 동물들이 희생되고 있으며, 동물에 대한 실험 결과를 인간에 적용하는 방식이 거의 소용없는 경우가 많다고 반박한다. 물론 동물 실험으로 의학의 큰 발전을 이루는 경우도 있지만, 그렇다고 해서 인간의 생명을 구하기 위해 침팬지의 생명을 희생시키는 것이 정당화되지는 않는다는 것이다. 게다가 현재 동물 실험을 대체할 수 있는 방법도 나와 있다. 특히 정교한 컴퓨터 모델링 방식을 사용하면 직접 동물을 희생시키는 야만적인 실험을 하지 않아도 된다.

EU는 "동물 실험을 다른 방법으로 대체하는 노력이 필요하다."는 법령을 발표한 세계 최초의 통치 체제다.[72] EU 집행위원회는 이렇게 부언 설명했다. "동물 실험을 대체할 방법이 없는 경우, 연구자들은 최소한의 동물을 사용하고, 신경생리학적 감각이 가장 낮은 동물을 사용하며, 최소한의 고통과 스트레스, 부작용을 가하는 실험을 하거나 가장 만족스러운 결과를 가져올 수 있는 실험을 택해야 한다."[73] EU 집행위원회는 동물 실험의 50퍼센트를 대안 모델로 교체하는 단계적 일정표까지 제시했다.[74] 동물 실험에 관한 기준이 아직 EU에서 승인되지는 않았지만 그 안을 제시했다는 사실 자체만으로도 EU는 동물 실험에 관한 미국의 공공정책 의식보다 훨씬 앞서고 있다.

EU는 화장품 개발을 위한 동물 실험을 금지하기로 이미 합의했다. 반면 미국에서는 동물 권리 보호 운동가들이 수년 동안이나 그것을 위해 노력했지만 아직도 뜻을 이루지 못하고 있다. EU는 회원국들의 화장품 개발용 동물 실험을 금지했을 뿐 아니라 외부에서 수입된 것을 포함해 동물 실험을 거친 모든 화장품의 EU 지역 내 판매까지 금지했다.[75]

동물의 권리를 증진하고 인간과 동물 사이의 좀더 균형 잡힌 생태계를 구축하기 위한 이런 대담한 조치들을 도입하는 데는 그만 한 대가도 따른다. EU는 그런 조치를 취함으로써 동물 보호법이 허약하거나 거의 존재하지 않는 국가들에 비해 경쟁력이 떨어질지 모른다고 우려한다. 예를 들어 EU는 돼지의 개별 축사를 없애는 데 들어가는 비용이 돼지고기 1킬로그램 생산당 0.006-0.02유로가 될 것으로 추정한다. 또 암탉의 우리를 늘리면 2012년의 달걀 생산 비용이 16퍼센트 증가할 것으로 전망된다.[76] 이런 문제를 해결하기 위해 EU는 동물 보호와 동물의 권리 보호를 무역 상대국들에게 권유하고 있다. 다른 나라에서도 그와 비슷한 동물 복지 개혁이 이뤄지기를 바라는 것이다. 또 EU는 소비자들이 동물에 대한 인간적인 대우에 대해 알 수 있도록 표식을 부착하는 방식을 적극 추진하고 있다. 달걀에 대한 표식 부착은 EU에서 이미 의무화되었다.

EU 집행위원회는 2002년 11월 발표한 성명서에서 EU의 농업 정책이 "양보다는 질"에 더 비중을 두겠다는 점을 분명히 밝혔다.[77] EU는 '질적 접근법'이 식품의 생산 및 유통 시스템을 구성하는 전체 네트워크를 최적의 상태로 만드는 방법을 찾는 것이라고 생각한다. EU 집행위원회는 '질'의 개념을 "식품 안전성, 환경 보호, 지역 개발, 자연 보호, 동물의 복지를 증진시키는 데 중점을 두는 것"으로 정의한다.[78] 그와는 대조적으로 미국에는 상호 이익을 위한 단일 네트워크에 이런 모든 면을 통합하는 폭넓은 시스템적 접근법이 적용된 공공정책이 없다.

동물의 권리를 고려하는 데까지 인간의 공감을 확대하는 것은 통치 방식에 있어서 하나의 분수령을 이룬다. 모든 존재가 생물권 내부 깊숙이 분리될 수 없는 생명체의 조직망에 연결되어 있다면, 지속 가능한 개발과 진정한 세계화 의식을 증진하는 데 있어서 뿐만 아니라 전체론적인 과학 비전을 실현하는 데 있어서도 그런 조직망을 인식하고 보호하는 것이 필수적이다.

생태계의 재결합

자연을 분리할 수 없는 생명체의 조직망으로 인식하는 것은 세계 전역에서, 특히 유럽에서 급속히 퍼져 나가고 있는 급진적인 개념인 '초(超)국경 평화 공원'의 조성 운동에서 가장 잘 드러난다. 국경에 의해 단절된 자연 생태를 연결하는 초국경 자연 보호 구역을 설치하자는 의도다. 이 개념은 1997년 당시 남아프리카공화국의 환경관광 장관이었던 Z. 팔로 조단 박사가 케이프타운에서 열린 초국경 보호 구역 회의의 기조연설에서 다음과 같이 웅변적으로 제시되었다.

남아프리카공화국을 흐르는 강들은 여러 국가가 공유하고 있다. 산맥들도 마찬가지다. 19세기의 정치인들이 지도에 선을 그었다고 해서 강과 산이 거기서 중단되는 것은 아니다. 바람과 태양, 비와 공기는 정치적인 국경을 인식하지 않는다. 지구의 환경은 모든 인류와 동식물의 공동 재산이다. 한 국가에서 일어나는 현상은 이웃 국가뿐만 아니라 국경을 초월해 많은 나라에 영향을 미친다.[79]

초국경 보호 구역은 지역 생태계만이 아니라 생물의 다양성과 자연 서식지를 보호하는 것을 주요 목적으로 구상되었다. 초국경 보호 구역은 두 가지의 다른 관련된 기능도 수행한다. 국경으로 분단되어 있는 민족들의 문화 자원과 가치를 보호하는 기능과 국가들 간의 평화를 도모하는 기능이 그것이다. 현재 초국경 공원은 유럽에 가장 많고(약 마흔다섯 군데), 그 다음이 아프리카다.(서른세 군데.) 세계 전체로서는 현재 158개가 존재하며 그 수는 매년 급속히 불어나고 있다.[80]

공원을 조성함으로써 귀중한 자연 환경을 보호한다는 것은 새로운 아이디어가 아니다. 중세의 왕들과 영주들은 귀족들을 위해 특별 사냥터를 만들었다.

현대 개념의 국립공원은 1872년 3월 1일 처음 생겨났다. 미국 정부는 와이오밍 주의 옐로스톤 지역을 "국민들이 자유롭게 사용할 수 있는 공원과 놀이터"로 선포했다.[81] 국립공원 조성 운동은 20세기 들어 전 세계로 퍼져 나갔다. 과거의 국가들이 자연 환경을 생산적인 경제 가치를 위해 이용하고 제어해야 하는 자원으로 간주한 반면, 초기의 국립공원은 국민들이 즐길 수 있도록 자연의 내재적 가치를 그대로 보존한다는 개념을 도입했다. 국립공원이 자연 생태계를 보호함으로써 지구의 생명 유지 시스템을 개선하는 방편으로도 사용될 수 있다는 개념은 한참 뒤에야 나왔다. 이런 개념의 좋은 예가 아마존의 공원 시스템이다.

그러나 초국경 공원은 그 개념과 설계에서 더욱 급진적이다. 초기 계몽주의에서는 자연적인 땅에 말뚝을 박아 그것을 사유 재산으로 변화시켜 국경 내부에서 보호를 받으며 시장에서 거래될 수 있었다. 자연을 자원으로 이용하는 것은 지난 수세기 동안 과학의 주된 주제였다.

초국경 평화 공원들은 자연의 경계가 국경을 비롯한 모든 정치적 경계를 초월하며, 하나의 온전한 시스템으로서 재결합될 가치가 있다는 것을 각국 정부들이 인정한다는 증거다. 아프리카의 국가들이 나름대로 상당한 노력을 하고 있지만 이 운동을 주도하는 세력은 유럽이다. 자연의 생태계가 재통합되어야 하며, 각국 정부들이 초국경 보호 구역을 구축하는 책임을 떠맡아야 한다는 생각은 몇 년 전만 해도 상상조차 하지 못한 일이었다. 보편적 인권을 확립하기 위한 조치에서도 입증되었듯이 이것은 인간과 자연 세계의 관계를 재정립하는 데 있어서 국경이 전부가 아니라는 인식이 유럽을 필두로 한 세계 각국에서 높아지고 있다는 또 다른 증거다.

초국경 평화 공원은 관련된 국가들에 의해 공동으로 관리된다. 그 목표는 다음과 같다.

첫째, 국경을 초월해 생물의 다양성과 생태계, 자연 및 문화적 가치를 장기적인 협력으로 보존한다. 둘째, 지역의 생태계를 보존하는 방향으로 토지를 개발하고 통합 관리한다. 셋째, 관련 국가들, 지역 사회들, 기관들, 그리고 이해 당사자들 사이의 신뢰와 이해, 화해와 협력을 도모한다. 넷째, 천연자원 이용과 관련한 긴장과 갈등을 예방하거나 해결한다. 다섯째, 국가의 주권을 침해하지 않는 범위 안에서 천연자원의 지속 가능한 개발과 이용을 도모한다. 여섯째, 생태계 보존의 혜택을 극대화한다.[82]

자연 생태계가 통합된 일체로서 관리될 필요가 있으며, 임의적으로 정한 정치적 경계로 나뉘어서는 안 된다는 점을 인정한다는 것은 시스템적 사고방식과 분석법이 과학 분야와 공공정책에서도 뿌리를 내리고 있다는 증거다. 생태계가 제 기능을 할 수 있도록 관련 네트워크를 재결합해야만 지구의 자연 환경은 의미 있는 방향으로 보존될 수 있다. 예를 들어, 특정 종, 특히 대형 포식동물의 경우, 최소한의 생존을 유지하기 위해서는 제한되지 않는 거대한 보호 구역이 필수적이다. 국경을 초월해 존재하는 동식물의 경우, 해당 국가 정부들이 공동으로 노력해야만 그들의 생존을 보장하고 개체 수를 유지할 수 있다. 마찬가지로 과학 연구 분야에서도 지식과 기술이 해당 국가들 사이에서 공유되어야만 더 큰 효과를 얻을 수 있다. 초국경 공원들은 국가, 지역, 학계, 시민사회 단체, 민간 부문을 포함해 모든 관련 당사자들의 네트워크를 통해 관리되어야 한다.

이탈리아와 프랑스는 1992년 아이벡스(알프스의 야생 염소)의 활동 범위를 더 잘 보호하기 위해 초국경 보호 구역을 설정했다. 아이벡스들은 여름은 프랑스에서, 겨울은 이탈리아에서 지낸다. 이탈리아인들은 오래전인 1922년 아이벡스를 보호할 목적으로 그란파라디소 국립공원을 만들었다. 그러나 그것은 아이벡스들이 겨울에만 이탈리아에서 보호받을 수 있는 조치였다. 그 점을 감안해 프랑스 정부도 마침내 아이벡스들이 철 따라 이동해 보호받을 수 있도록 바누아즈 국립공원을 조성했다. 두 공원을 통합하자는 공식 합의는 1972년 이루어졌다. 그리하여 이탈리아와 프랑스의 공동 관리 국경은 6킬로미터에서 14킬로미터로 늘어났다. 그러나 이제는 아이벡스들이 양국의 전체 국경을 자유롭게 이동하면서 1년 내내 보호받을 수 있게 되었다.[83]

폴란드와 슬로바키아도 국경을 따라 초국경 공원을 만들었다. 그 공원은 카파치아 산맥의 최고봉인 타트라 산을 경계 없이 연결한다. 그 지역에는 카르스트 지형(침식된 석회암 대지)과 백운석 지형, 알프스 고산 지대 초원, 호수, 암석 봉우리가 포함되어 있어서 샤무아 영양, 마못쥐, 곰, 스라소니(꼬리가 짧은 고양이)를 비롯해 다양한 종이 서식하고 있다. 그곳의 산악 호수에는 빙하 시대에 살았던 희귀한 물고기 종도 여럿 발견된다. 그 공원은 매년 800만 명 이상의 관광객들이 찾는 명소가 되었다.[84]

초국경 공원이 환경 보호 임무를 수행하는 동시에 평화 유지 역할도 할 수 있다는 주장은 폴란드와 벨로루시의 국경을 만들고 있는 두 국립공원에서 시험대에 오르고 있다. 국경을 두고 인접해 있는 폴란드의 비알로비에자 국립공원과 벨로루시의 벨로베즈스카야 푸슈차 국립공원은 유럽에서 마지막 남은 원시림을 에워싸고 있다. 두 나라를 분리하는 그 원시림은 유럽에서 가장 몸집이 큰 동물로 마지막 남아 있는 희귀종 들소들의 서식지이기도 하다. 과거 아메리카의 들소들이 미국 땅에서 그랬던 것처럼 그 들소들도 한때는 유럽 전역을 자유롭게 돌아다녔다. 그러나 지금 남아 있는 약 500마리의 들소들은 2.5미터 높이의 철책에 의해 서로 분리되어 있다. 게다가 초병들이 순찰하는 약 9미터 넓이의 보안 도로가 들소들이 배회하는 숲을 가로지르고 있다. 철책은 과거 폴란드의 반체제 인사들이 벨로루시로 들어오지 못하도록 하기 위해 세워진 옛 소련 시대의 유물이다. 그 철책은 지금도 사람들이 양쪽 공원을 전부 이용할 수 없도록 만들고 있으며, 들소들이 숲 속을 자유롭게 거닐지 못하게 가로막고 있다.

환경 보호 운동가들과 평화 운동가들은 폴란드와 벨로루시 사이의 긴장을 완화하고 소중한 생태계를 공동 관리할 수 있는 협력의 장을 만들기 위해 초국경 평화 공원 조성을 촉구하고 있다. 그들은 그런 협력이 더욱 폭넓은 정치, 문화, 경제 교류로 이어질 수 있기를 바란다. 양국의 협력과 교류가 서서히 증가하고 있지만 진정한 공동 공원 관리를 위한 공식 체제를 확립하기까지는 아직 갈 길이 멀기만 하다. 최근 벨로루시가 들소를 필요로 할 때 폴란드가 들소를 제공했고, 폴란드가 희귀종 소나무를 필요로 할 때는 벨로루시가 그 나무를 제공했다. 그렇지만 철책이 철거되고 들소들이 원시림 사이를 자유롭게 배회할 수 있어야만 생태계가 진정으로 재결합될 수 있을 것이다.[85]

생태계의 재결합은 혁명적인 발상이다. 특히 자연의 경계를 국가 간의 경계보다 중시한다는 점에서 그렇다. 아울러 초국경 평화 공원은 근현대의 또 다른 기본적인 관념, 즉 사유 재산의 신성함도 거부한다. 평화 공원이 들어서면 '내 것 vs. 네 것'의 개념은 '우리의 것'으로 교체된다. 또 자연에 대한 소유권보다 접근권이 더 중요해진다. 자연의 실용성도 더 이상 자연의 가치를 측정하는 유일한 척도가 될 수 없으며, 자연의 내재적 가치가 커지면서 실용성과 동등한 가치를 갖게 될 것이다. 내재적 가치가 재도입되면 자연도 엄연히 존재할 권리를 갖고 있으며, 모든 인간과 똑같이 인정되어야 한다는 개념이 자리 잡게 될 것이다. 보편적 인권 개념을 확장해 거기에 자연의 권리까지 포함시키는 것이 초국경 평화 공원이다.

유럽이 제2의 계몽주의로 세계를 이끌고 있다고 확언하기에는 아직 시기 상조다. 물론 EU의 다자간 협정, 회원국들 간의 조약과 법령, 대담한 프로그램들은 과학과 기술이 어떻게 다루어져야 하고 어떻게 활용되어야 하는지에 대한 급진적인 재평가가 유럽에서 이루어지고 있다는 점을 시사한다. 또 유럽은 예방 원칙과 시스템적 사고방식을 점진적으로 도입함으로써 하나로 연결된 글로벌 세계에서 과학과 기술의 방향을 재설정하는 데 있어서 미국과 다른 나라보다 앞서고 있다. 그러나 아직은 장담할 수 없다. 유럽과 미국, 그리고 세계 여타 지역에서 최신 기술, 상품, 서비스의 연구와 개발, 시장 도입과 관련해 옛 계몽주의 과학이 여전히 지배적이기 때문이다. 과연 EU가 각종 규제에 도입한 신과학 운동 개념을 구식 과학에 의해 움직이고 있는 시장의 현실에 효과적으로 적용할 수 있을까? 아직은 알 수 없다. 신과학 시대로의 전환에 성공할 수 있는지 여부는 궁극적으로 업계 자체가 연구 및 개발에 예방 원칙과 시스템적 사고방식을 도입함으로써, 처음부터 생태계 친화적이고 지속 가능한 신기술과 제품, 서비스를 생산할 수 있는지에 달려 있다.

16 유러피언 드림의 보편화

    유럽은 새로운 "언덕 위의 도시"〔city upon a hill: 청교도들이 신대륙으로 건너갈 때 품었던 이상적 세계관을 상징하던 표현〕가 되었다. EU라는 초국가적 통치 체제에 대한 이 원대한 새로운 실험을 세계가 예의주시하고 있다. 글로벌화되고 있는 세계에서 방향을 찾기 위해 몸부림치는 인류에게 EU가 하나의 길잡이가 될 수 있을지도 모른다는 기대 때문이다. 세계적으로 연결되는 동시에 지역적으로 소속되기를 갈망하는 세대는 포괄성, 다양성, 삶의 질, 지속 가능성, 심오한 놀이, 보편적 인권, 자연의 권리, 평화에 중점을 두는 유러피언 드림에 점점 더 매력을 느끼고 있다.
    유럽 '합중국'이 얼마나 잘될지는 아직 알 수 없다. 그러나 공간과 시간이 효력을 잃고 정체성이 다층화하고 규모 면에서 세계화하고 있는 시대에는 앞으로 사반세기 후에는 어떤 국가도 독립적으로 독행할 수 없다는 점은 확실한 것 같다. 유럽은 세계적으로 상호 의존하는 세계의 현실을 가장 먼저 깨닫고 그것을 행동으로 옮기고 있다. 다른 나라들도 그 뒤를 따를 수밖에 없을 것이다.

EU 모델의 수출

현재 세계 여러 지역에서 자유 무역 지대와 지역적 정치 연합 체제를 확립하기 위한 조치가 취해지고 있다. 북미자유무역협정(NAFTA), 남미공동시장(Mercorsur), 아프리카통일기구(OAU) 등은 전부 다 시장을 통합하고 지역적 '규모의 경제'로 유리한 입지를 확보하려는 초국가적 정치 모델의 기초를 마련하려는 시도들이다.

그 가운데서 적어도 EU의 모델로 완전한 정치 통합을 이룰 가능성이 가장 희박한 것이 NAFTA다. 미국은 NAFTA의 두 무역 파트너인 캐나다와 멕시코보다 너무 막강하기 때문에 상대적으로 동등한 주자들 사이의 파트너십이나, 적어도 그 비슷한 체제를 만들어 내는 것이 거의 불가능한 실정이다. 미국의 GDP는 캐나다와 멕시코의 GDP를 합한 것의 약 여덟 배에 이른다.[1] 지역적 정치 통합이 이루어질 수 있는 길을 상상해 본다면 캐나다와 멕시코가 미국의 51번째, 52번째 주로 편입되는 것뿐이다. 억지스러운 상상이지만 그렇다고 완전히 불가능한 일은 아니다. 캐나다의 취향이 미국보다는 유럽에 훨씬 가깝다고 해도 지역 통합 경제의 필요성 때문에 어쩔 수 없이 캐나다는 점차 주권을 포기하고 미국에 편입되려고 할지 모른다. 또 다른 가능성은 캐나다가 EU에 합류하는 것이다. 하와이와 알래스카도 미국 본토와 떨어져 있지만 미국에 편입되지 않았는가? 멕시코의 경우 미국보다 경제력이 많이 떨어지는 것은 사실이다.(세계 10위.) 그러나 늘어나는 멕시코인들의 이민으로 향후 반세기 후면 미국의 큰 부분이 히스패닉계 문화권으로 변하면서 양국 사이의 경계가 더욱 모호해질 것이다. 그렇게 되면 멕시코가 미국에 흡수될 가능성도 배제할 수 없다.[2]

그러나 캐나다와 멕시코를 흡수해 초대형 단일 국가를 만든다면 미국은 글로벌 세계에 어울리지 않는 기형 국가처럼 보일 뿐이다. 대다수 국가들이 주권의 일정 부분을 포기하고 초국가적 지역 정치 통합 기구의 일원이 되고 있는 추세에 역행하는 처사이기 때문이다. 따라서 더욱 가능성 있는 시나리오는 미국, 캐나다, 멕시코가 초대형 단일 국가나 초국가적 정치 체제를 형성하지는 않지만 각각 단일 국가로서 완벽한 지역의 자유 무역 지대를 확립하는 것이다.

중국과 인도는 민족국가 모델로서는 글로벌 경제와 문화를 수용하기에 역부족인 현실에서 북아메리카의 경우보다 더 큰 장애물에 직면하고 있다. 인도나 중국이 과연 단일 국가 체제로서 10억 이상의 인구를 유지할 수 있을까? 서로 얽혀 있는 정체성으로 사람들이 더욱 탄력적인 편의의 네트워크를 지향하고 있는 현실을 감안하면 그렇게 많은 인구를 단일 국가 체제로 끌고 나가기는 불가능한 일로 보인다. 가능성이 있는 시나리오는 중국과 인도 둘 다 적어도 부분적으로 좀더 준(準)자치 지역으로 분리되어 그들 지역이 세계 전체 속에서 나름대로의 경제 및 정치 네트워크를 형성하는 것이다. 그것이 좀더 발전하면 두 나라 모두 단일 국가의 틀을 떨쳐 버리고 분화된 각 지역이 서로간의 합의를 통해 EU의 모델처럼 초국가적 정치 연합체로 재편성될 수도 있다.

EU의 모델을 따를 수 있는 가장 유력한 지역은 동아시아 공동체다. 거기에 중국이 포함되어도 좋고 제외되어도 좋다. 동아시아 지역은 약 35년 전부터 아시아판 EU 모델을 모색해 왔다. 1967년 인도네시아, 말레이시아, 필리핀, 싱가포르, 태국은 동남아시아국가연합(ASEAN)을 설립했다. 지역 내의 경제 및 사회 협력을 도모하고, 외부의 간섭을 배제할 수 있는 집단 안보 체제를 갖추는 것이 그 목표였다.

1976년 ASEAN 회원국들은 "평화, 자유, 중립 지대의 조속한 확립"을 다짐한 ASEAN 협약 선언에 서명했다.[3] 그들은 "서로간의 내정 불간섭"에 합의했으며, 회원국들 사이의 분쟁을 중재하며 그에 관한 해결책을 건의하는 고위 장관급 위원회를 설치하기로 결정했다.

1984년에는 브루나이가 ASEAN에 가입했고, 그 다음으로 1995년 베트남이 합류했다. 라오스와 미얀마가 1997년, 캄보디아가 1999년 ASEAN에 가입했다. 그로써 ASEAN 회원국은 10개국으로 늘었다.[4]

ASEAN은 1998년 한국, 일본, 중국과 함께 동아시아비전그룹(EAVG)을 발족시켰다. EAVG는 2001년 「동아시아 공동체를 향하여: 평화, 번영, 발전의 지역」이라는 보고서를 발표했다. 거기서 EAVG는 실천되기만 하면 아시아판 EU로 가는 초석이 될 수 있는 여러 가지 제안을 내놓았다. 그 주요 제안들은 경제 협력, 재정 협력, 정치 및 안보 협력, 환경 협력, 사회 및 문화 협력, 제도 협력 등 여섯 가지로 분류될 수 있다.

보고서 작성자들은 동아시아자유무역지대(EAFTA) 구축, 회원국들 간의 개발 및 기술 협력 증진, 지역 전체의 지식 기반 경제 실현, 지역 안보 강화 장치 확립, 통치 문제와 관련한 정치 협력 확대, 국제 문제에 대한 동아시아의 적극적인 참여, 지역 내와 세계적 차원에서 다자간 환경 협력의 제도화, 빈곤 구제 계획 제시, 기본 의료 서비스 확대 프로그램 채택, 기초 교육·기술 훈련·법인체 설립 개선에 초점을 맞춘 종합 인적 자원 개발 계획 실행, 지역 정체성과 지역 의식 함양, 동아시아 문화 및 예술의 보존과 증진을 위한 프로젝트 협력을 촉구했다.[5]

EAVG 보고서는 "과거에는 정치적 경쟁, 역사적 원한, 문화적 차이, 이념 대립이 동아시아 국가들 사이의 협력에 장애물이 되었다."고 지적했다.[6] 그러나 다른 한편으로는 "많은 국가들이 지리적으로 인접해 있고, 공동의 역사, 비슷한 문화 기준과 가치를 가진 나라도 적지 않다."고도 언급했다.[7] 보고서 작성자들은 "동아시아 경제의 점진적인 통합으로 궁극적으로는 동아시아 경제 공동체를 구축할 수 있다."고 내다보았다.[8]

동아시아 경제 공동체가 생겨나면 세계 무대에서 막강한 경제·정치 세력이 될 것이다. 중국, 한국, 일본을 포함하면 동아시아 전체는 미국보다 50퍼센트가 더 넓다. GDP도 EU와 미국의 수준에 육박할 것이다. 동아시아의 무역 규모도 미국보다 크다.(그러나 EU와 비교할 때는 40퍼센트밖에 되지 않는다.)[9] 인구 또한 20억으로 세계 전체의 3분의 1을 차지한다.

아시아 지역의 연합을 형성하려는 시도에서 가장 불확실한 요인은 중국이다. 중국은 국토의 크기 때문에 이웃 나라들을 위협하거나 지배함으로써 과거 역사에서 자주 그랬듯이 종주국 역할을 하려고 들 가능성을 배제할 수 없다. 일본과 한국을 포함하는 동아시아 경제 공동체가 형성되면 이 지역에서 중국의 패권을 견제할 수 있을지 모른다.

ASEAN 회원국들이 일본, 한국, 중국이 참여하든 그렇지 않든 아시아판 EU를 형성할 가능성은 얼마나 될까? 아시아개발은행(ADB)은 그 가능성이 충분하다고 판단하고, 2002년 ASEAN 단일 통화 도입의 비용과 혜택에 관한 보고서를 발표했다. 그 보고서의 결론은 이렇다. "ASEAN 단일 통화의 도입에 대한 제약은 많지만 장기적인 목표로 진지하게 추진할 만한 가치는 충분하다. 특히 최적의 통화 영역을 기준으로 판단하건대 마스트리히트 조약이 체결되기 전의 유럽이 그랬듯이 동남아시아 지역은 단일 통화 도입에 적합한 조건을 갖추고 있기 때문이다."[10]

2003년 후반 ASEAN은 역사적인 계기를 맞았다. 동아시아 자유 무역 지대를 구축하려는 노력이 상당히 진척된 가운데 ASEAN 회원국들이 2020년까지 EU와 유사한 ASEAN 경제 공동체 결성의 전망을 두고 진지한 토론에 돌입한 것이다.[11] 완벽한 공동 시장은 지역 내 무역의 자유로운 흐름뿐만 아니라 노동력과 자본의 자유로운 이동도 의미한다. 따라서 지역 내 더욱 긴밀한 정치 협력과 국익의 공유를 위한 조치가 뒤따를 것으로 전망된다.

아시아 국가들은 경제적 이익을 공유하는 데 따르는 이점에 관한 한 모두 한목소리를 낼 수 있다. 그러나 문제는 경제적인 이익을 넘어, 장기적으로 정치 통합까지 가능하게 해 줄 수 있는 공동의 유대감이 충분하냐는 것이다. 유럽의 경우 지난 2,000년 동안 끊임없는 반목과 전쟁에도 불구하고 민족 간 또는 국가 간에 공유하는 철학적, 신학적, 문화적 유대감이 있었다. 그리스 과학, 로마법, 기독교, 문예 부흥과 종교 개혁, 계몽주의 과학, 그리고 1, 2차 산업 혁명이 그 예다.

2003년 11월 나는 서울에서 열린 한 국제 회의에 참석했다. 아시아 지역의 정부 관리, 재계 지도자, 학자, 시민 사회 단체 책임자들이 모여 EU와 유사한 아시아 연합을 결성할 수 있는 방법을 논의하는 자리였다. 그 회의를 주관한 EACOS(East Asian Common Space: 동아시아 공동체)는 아시아 지역의 초국가적 통치 기구 결성을 주창하는 주요 단체 가운데 하나였다. 나는 일부 회의 참석자에게 공동체를 형성할 수 있는 유대감에 관한 질문을 던졌다. 내 질문에 대해 가키자와 고지(柿澤弘治) 전 일본 외무상은 전혀 문제가 없다고 대답했다. 동아시아 지역은 예로부터 도교, 유교, 불교의 영향을 많이 받아 왔기 때문에 아시아인들을 한데 묶어 주는 철학적, 신학적, 문화적 유대감이 충분하며, 아시아인들은 그런 공통된 세계관 때문에 포괄성, 다양성, 지속 가능성, 삶의 질, 심오한 놀이, 평화를 기반으로 하는 유러피언 드림을 유럽인들보다 더 잘 추구할 수 있는 조건에 있다는 것이었다.

리처드 니스벳은 동양인과 서양인의 사고방식 차이에 관한 책 『생각의 지도』를 펴냈다. 아시아인들의 사고방식에 대한 그의 설명은 아시아인들과 아시아 국가들이 네트워크 통치 체제, 초국가적 공간, 글로벌 의식을 형성하는 데 유럽인들보다 더 적합할지 모른다는 주장을 뒷받침한다.

니스벳은 서양인들이 세계를 각각의 분리된 대상으로 보는 경향이 있는 반면 동양인들은 세계를 전체 맥락 속의 관계로 보는 경향이 있다고 지적한다. 서양인들은 개인을 중시하고 동양인들은 전체를 중시한다. 동양의 개인 정체성은 자신이 속한 그룹과 분리될 수 없다. 철학자 헨리 로즈마운트는 유교 사상과 관련해 이렇게 적었다. "독립된 '나'라는 추상적인 개념이 있을 수 없다. '나'는 다른 사람들과의 관계에서 내가 맡은 역할의 총체다. …… 전체적으로 우리는 서로의 관계에 맞물려 있다. 내 역할이 일부 변하면 다른 사람의 역할도 반드시 변하게 된다. 그로써 나는 완전히 다른 사람이 된다."[12]

또 동양인들은 모순으로 가득 찬 세계를 수용한다. 반면 서양인들, 특히 미국인들은 그와는 전혀 다르다. 그들은 세계를 좀더 합리적으로 바라보며, 모순을 진보의 방해물이라고 믿고 그것을 없애거나 극복하려고 한다. 니스벳은 "동양인들의 경우 하나의 일을 이해하려면 그 반대의 일을 경험해야 한다고 생각한다."고 설명했다.[13] 그런 사고방식으로 생각하면 전체는 서로 반대되는 힘 사이에 존재하는 관계다. 서로 반대되는 힘, 즉 양과 음이 합쳐져 서로를 완전하게 만들어 주는 것이다.

유교, 도교, 불교는 부분보다는 전체에 초점을 맞춘다. 서양인들은 그것을 시스템적 접근법이라고 부른다. 니스벳은 "이 세 가지 모두 조화와 전체론적 사고방식, 그리고 모든 물체는 서로 영향을 미친다는 사상을 공유한다."고 말했다.[14] 이 세상의 모든 일은 다른 모든 일과 반드시 관련이 있다는 생각 때문에 아시아인들은 각 현상을 별도로 분리해서 고찰하기보다는 그 현상들 사이의 관계에 초점을 맞춘다.

또 니스벳에 따르면 아시아인들은 언제나 서로간의 관계를 염두에 두기 때문에 다른 사람의 감정에 신경을 많이 쓴다. 미국의 부모들은 사물 자체에 초점을 맞추며 자녀들에게 그 물체의 활용과 획득, '내 것 vs. 네 것'이라는 사고방식을 가르친다. 반면 아시아의 부모들은 감정과 사회 관계를 강조하며 자녀들이 "서로간의 관계 속에서 자신의 행동에 대한 상대방의 반응을 예견하도록" 가르친다.[15]

아시아인들의 전체론적 사고방식을 감안하면 그들이 인간과 자연의 조화를 중시하는 것은 당연한 것 같다. 계몽주의 과학이 "인간의 이미지에 맞도록 자연을 개조한다."는 사상에 기초한 반면 "동양의 과학관은 인간이 환경을 조작할 수 없으며, 인간은 환경에 순응해야 한다는 사상에 기초한다."고 정치학자 무사코지 킨히데(武者小路公秀)는 말했다.[16] 현실에서는 아시아인들도 서양인들 못잖게 단기적 이익을 위해 환경을 조작하고 훼손하고 있다. 그러나 차이점은 서양의 경우 자연의 활용이 계몽주의 세계관의 핵심인 반면, 아시아의 경우 작금의 환경에 해가 되는 정책들이 동양의 전통적 세계관, 즉 인간과 자연의 조화로운 관계와 모순이 된다는 사실이다.

아시아인들은 인간과 인간, 인간과 자연의 관계를 중시하기 때문에 있는 그대로의 사실을 밝히는 것보다는 '과정'에 대한 이해에 더 관심을 갖는다. 궁극적으로 그들에게 가장 중요한 것은 자연을 획득하는 것이 아니라 자연과 조화롭게 지내는 방법을 알아내는 것이다. 그것은 화이트헤드의 '과정철학'과 흡사하다.

아시아인들은 조화로운 관계와 전체의 가치를 강조하기 때문에 개인의 사리보다는 전체의 성공을 중시할 가능성이 높다. 니스벳은 이렇게 말했다. "실제로 중국에는 '개인주의'라는 단어가 없다. 그것과 의미가 가장 가까운 단어는 '이기주의'다."[17]

아시아인들의 사고방식은 개인성, 개인 발전, 자율, 배타성을 강조하는 아메리칸 드림과 전혀 다르다. 니스벳은 동양인과 서양인의 사고방식의 차이를 이렇게 요약한다.

동아시아인들은 개인이 전체의 일부분인 상호 의존적 세계에서 살아간다. 반면 서양인들은 개인이 단일 자주적 행위자인 세계에서 산다. 동양인들이 성공과 업적을 중시하는 것은 그것이 주로 자신이 속한 단체에 좋은 영향을 미치기 때문이다. 서양인들이 성공과 업적을 중시하는 것은 그것이 개인 능력의 상징이기 때문이다.[18]

아시아인들의 사고방식은 상호 관계, 포괄성, 합의, 조화, 맥락적 사고를 강조하기 때문에 겉보기에는 네트워크 세계와 글로벌 사회에 안성맞춤인 듯하다. 물론 그런 사고방식은 점점 더 서로 연결되고 상호 의존적으로 되어 가는 세계에서 아시아인들이 초국가적 정치 기구를 형성하는 데 많은 도움이 될 수 있을 것이다. 그러나 다른 면에서 볼 때(물론 이 견해는 서양인인 나의 편견일 수도 있다.) 아시아적 사고방식은 새로운 세계에서 자신의 길을 개척해야 하는 개인적 책임 의식이 결여되어 있다. 아시아적 방식은 반드시 개인의 번영을 허용하지는 않는다. 개인이 전체를 위해 완전히 희생당하지는 않는다고 해도 적어도 전체의 복지를 위해 개인의 잠재력이 어느 정도 억제되는 경우가 많다. 미국인들의 생각이 지나치게 개인주의적이고 다윈의 적자생존과 생존 경쟁 개념에 집착한다는 비난을 받는다면, 아시아인들의 생각도 '집단 사고'에 지나치게 편향되어 있다는 비난을 받을 수 있다. 모든 것이 서로 연결되는 글로벌 세계에서는 아시아적 사고방식이나 미국적 사고방식 둘 중 어느 하나만으로는 적합하지 않다. 첨단 기술은 분리화, 개별화와 민주화를 가져오는 동시에 세계를 하나로 연결시키기 때문에 그런 세계에서는 극단적인 개별화와 극단적 통합이 동시에 나타나게 된다. 이렇게 상반된 두 힘을 하나로 융합할 수 있는 새로운 비전이야말로 다가오는 시대를 변혁의 시대로 만드는 데 필수적이다.

나 개인적으로는 유럽이 미국의 극단적 개인화와 아시아의 극단적 집산주의 사이에서 균형을 잡고 그 새로운 시대를 선도할 수 있는 가장 유리한 위치에 있다고 믿는다. 유럽인들은 개인적 자유와 집단적 책임 둘 다를 포용할 수 있을 정도로 감수성이 풍부하다. 유럽의 비전이 미국과 아시아의 세계관 가운데서 최상의 자질들을 융합할 수 있다면 유러피언 드림은 서양과 동양 전부가 동경할 수 있는 이상적인 꿈이 될 것이다.

'직접적인' 나쁜 행동과 보편적 윤리

글로벌 의식을 창조하기 위해서는 개인의 자유 의지와 집단적 책임감 둘 다를 아우를 수 있는 통합된 인격체를 갖추어야 한다. 다른 사람의 인간성을 수용한다는 것은 매우 개인적인 일이다. 각 개인이 '다른 개인'을 인정해야 하기 때문이다. 한 집단이 개인의 행동을 억제할 수 있고, 소속된 구성원들에게 다른 사람의 감정을 존중할 수 있도록 강요할 수는 있지만, 감정 그 자체는 집단이 아니라 개인에게서 나온다. 집단적 책임 의식은 보편적 인권을 보장하고 행동 규범과 법 집행 체제를 확립함으로써 구성원들에게 법을 준수하도록 하고 위반자들을 처벌하는 데서 비롯된다.

그렇다면 유러피언 드림을 인류의 보편적 꿈으로 만들 수 있는 방법은 무엇인가? 우선 유러피언 드림이 각 개인으로 하여금 자신의 개인적 행동과 선택이 이 세상의 다른 존재에 어떤 영향을 미치는지 확실히 이해할 수 있도록 해 주는 새로운 행동 규범을 갖추어야 한다. 보편적 인권은 개인의 도덕성과 윤리가 보편화되어야만 제대로 확립될 수 있다.

유러피언 드림이 보편적 도덕성을 주창하기 시작하기는 했지만 아직은 미온적이다. 거대 담론이 먹혀들지 않는 포스트모던 세계에서는 보편적 도덕성에 대한 어떤 이야기도 의심의 눈초리를 받기 쉽다. 포스트모더니즘이란 "하나의 그릇(특정 신학이든 이념이든)이 모든 것을 수용할 수 있다."는 계몽주의 사상에 대한 반발 운동이기 때문이다. 사실 보편적 인권도 거대 담론이 아닌가? 인권 앞에 붙은 '보편적'이라는 표현은 분명히 거대 담론을 시사한다. 권리는 그에 수반되는 행동 규범 없이는 존재할 수 없다. 보편적 권리라면 반드시 그에 따르는 보편적 도덕 규범이 있어야 한다.

적어도 서양의 경우 도덕성의 현 개념은 너무 직선적이고 제한적이다. 한편 현 시대는 한 가지 행동이 미치는 영향이 세계 전체에 미치고 그 파급 효과가 시스템적으로 나타난다. 따라서 그런 도덕성의 개념으로는 지금의 인간 행동을 조절하는 데 무리가 있다. 바로 그것이 문제다. 서양의 도덕은 십계명에서 비롯된 것이다. 유대교, 기독교, 이슬람교는 모두 개인적이고, 식별하기 쉬우며, 일상적인 해악을 경계하는 도덕성에 기초하고 있다. 살인, 절도, 거짓말, 간통 등은 한 사람이나 집단이 다른 사람이나 집단에 가하는 행위로 누구나 쉽게 식별할 수 있다. 그런 행위는 그 책임을 묻기도 상대적으로 수월하다. 그것은 "직접적인 나쁜 행위"(hot evil)라고 말할 수 있다. 그러나 모든 것이 촘촘히 연결되는 글로벌 사회에서는 "간접적인 나쁜 행위"(cold evil)로 표현될 수 있는 새로운 도덕성이 존재한다.(부도덕한 행동을 지칭하는 것으로 종교적인 의미나 세속적인 의미 둘 다로 사용될 수 있다.) 간접적인 나쁜 행위는 그 결과가 너무도 멀리 떨어져 엉뚱하게 나타나 인과 관계를 찾을 수 없고 죄의식도 느낄 수 없으며, 집단적 책임감으로도 그런 행동을 처벌할 수 없는 경우를 가리킨다.

예를 들어 보자. 현재 수백만 명의 미국인들이 스포츠다목적차량(SUV)을 보유하고 있다. SUV를 운행하면 다른 승용차들에 비해 많은 휘발유가 소모된다. 그 결과 그 배기 가스로 대기 중에 많은 이산화탄소가 배출되어 공기 오염으로 지구 온난화를 가속화시킨다. 교육 수준이 높은 엘리트층은 SUV와 지구 온난화 사이의 관계를 의식하겠지만 대다수의 미국인들은 그것을 알지 못하거나 아예 관심을 두지 않는다. 그들은 텔레비전에서 기록적인 강우량, 해안 지방의 침수, 인명과 재산 피해가 지구 온난화의 영향이라는 뉴스를 보겠지만 자신들이 SUV를 몰기 때문에 다른 지역에서 그런 끔찍한 재난이 발생했다고 생각할 가능성은 별로 없다. 또 비록 그들이 SUV와 재난의 인과 관계를 어느 정도 인식한다고 해도 그에 대해 갖는 죄책감과 후회는 자신이 해안 지방의 폭풍우 속에서 SUV를 난폭하게 운전하다가 다른 차를 들이박아 그 운전자와 승객이 사망했을 때 느끼는 것과는 큰 차이가 있을 것이다.

다른 예를 들어 보자. 유럽과 미국의 청소년 수백만 명이 나이키 같은 유명 브랜드의 운동화를 신는다. 그들은 그 신발이 끔찍한 작업 환경 속에서 어린이들을 착취하는 베트남의 한 공장에서 만들어졌을 수 있다고는 생각하지 않는다. 만약 그들이 비참한 작업 환경에 대해 전해듣고 그런 신발을 구입하는 행위가 먼 나라의 어린이들이 착취당하는 데 일조할 수 있다는 것을 안다면 어떻게 행동하겠는가?

선진국의 많은 부유한 소비자들은 육류 식단을 즐긴다. 그들은 자신의 식단이 제3세계의 빈곤과 관련이 있다는 것을 알지 못한다. 현재 전 세계에서 생산되는 곡물의 36퍼센트가 가축 사료로 사용된다. 개발도상국에서 생산되는 곡물 가운데 사료용이 차지하는 비율은 1950년 이래 세 배로 늘어 현재 21퍼센트를 넘어서고 있다. 멕시코의 경우 생산 곡물 가운데 사료용이 45퍼센트이며, 이집트는 31퍼센트, 태국은 30퍼센트, 중국은 26퍼센트다.[19] 기아에 허덕이는 어린이의 80퍼센트가 곡물 생산이 남아도는 나라에 살고 있다. 그중 많은 부분이 사료로 사용되며 그 사료를 먹는 가축들이 도축되어 세계의 부유층 가정의 식탁에 올려진다. 특히 다음 사항을 생각하면 문제의 심각성이 잘 드러난다. 1에이커에서 생산되는 곡물에서 나오는 단백질은 1에이커의 땅에서 생산되는 육류보다 두 배에서 열 배나 많다. 콩과류(강낭콩, 완두콩, 렌즈콩)의 경우는 열 배에서 스무 배, 채소류의 단백질은 열다섯 배나 많다.[20]

곡물이 식용에서 사료용으로 전환되는 것이 인간에게 어떤 영향을 미치는지는 1984년 에티오피아에서 극명하게 나타났다. 당시 에티오피아에서는 매일 수천 명이 기아로 사망하고 있었지만 최고의 농지 가운데 일부가 아마인 깻묵, 목화씨 깻묵, 평지씨 깻묵 등 사료용으로 유럽에 수출되는 곡물을 생산하는 데 사용되고 있었다.

현재의 식품 생산 시스템에서 발견되는 모순은 선진국의 부유한 소비자들이 곡물로 사육한 기름진 육류를 무절제하게 섭취함으로써 심장병, 뇌졸중, 당뇨병, 암 등 소위 '부자병'으로 죽어 가고 있는 반면, 제3세계의 빈민들은 가족을 먹여 살릴 식용 곡류를 재배할 땅을 확보하지 못해 '가난병'으로 죽어 가고 있다는 사실이다. 매년

2000만 명 이상이 기아와 관련된 질병으로 목숨을 잃는다.

유럽, 미국, 일본에서는 식품, 사료, 기아 사이의 관계를 인식하는 사람이 거의 없다. 그러나 그런 관계를 인식할 경우 더 많은 농지가 사료용이 아닌 식용 곡물 재배에 사용될 수 있도록 그들이 식품 사슬에서 한 단계 낮은 음식인 채소를 더 많이 먹어야 한다는 도덕적인 책임을 느낄 것인가?

만약 이웃집 부모가 자녀를 굶긴다는 사실을 안다면 우리는 도덕적인 분노를 느낄 것이다. 그런 부모는 자녀 양육 태만과 학대 혐의로 경찰에 체포될 것이다. 그렇게 조치가 가해지는 이유는 그것이 '직접적인 나쁜 행위'이기 때문이다. 그러나 우리의 식습관으로 말미암아 음식 사슬의 상층부 식품들로 구성된 식단을 유지함으로써 부분적으로나마 빈민층에 해를 주게 되어 세계 도처에서 수백만 명이 굶주리고 죽어 간다는 사실을 안다고 할 때 이웃집에서 일어나는 일에서 느끼는 것과 똑같은 분노와 도덕적 책임감을 가질 수 있을까? 다시 말해 '간접적인 나쁜 행위'가 '직접적인 나쁜 행위'와 똑같은 도덕적 열정을 우리에게 불러일으킬 수 있을까?

최근 미국에서는 범종교 단체 연합이 소비자들, 특히 SUV 보유자들의 무절제한 휘발유 소비를 줄이자는 캠페인을 개시했다. 그 캠페인의 홍보 전단에는 "예수라면 어떤 차를 몰까?"라는 도발적인 질문이 들어 있다. 캠페인에 참여한 한 종교 단체는 시보레를 비롯한 자동차 메이커들이 "하나님이 창조하신 세상을 오염시키는 자동차를 판촉하고 있다."고 비난했다.[21] 또 다른 종교 단체의 대변인은 "내가 이웃 사람들의 폐를 오염된 공기로 채우고 있으면서 어떻게 이웃을 나 자신처럼 사랑할 수 있는가?"라고 물었다.[22] 그 캠페인은 다른 사람들의 심기를 건드렸다. 다른 종교 단체 지도자들과 정치 평론가들은 자동차 업계를 변호하고 나섰다. 격분한 한 인사는 "예수라면 당연히 사륜구동 대형 지프를 몰 것"이라고 받아넘겼다.[23] 간접적인 나쁜 행위에 대한 도덕성을 질타하는 캠페인은 많은 반발을 샀다. 이처럼 지구 온난화 위기에 대해 추상적으로 말하는 것과 SUV 보유자들에게 그에 관해 도덕적인 책임을 묻는 것은 전혀 별개의 문제인 것이다.

사회 운동가들과 노조가 어린이 노동력을 착취하는 아시아 지역의 공장에 하청을 주는 나이키를 비롯한 다른 신발 제조업체들의 상품에 대한 구매 거부 운동을 벌였지만, 이것 역시 엇갈린 반응을 불러일으켰다. 미국과 유럽의 일부 대학생들이 나이키 브랜드 구입을 중지했지만 대다수의 소비자들은 나이키의 하청 공장에서 벌어지는 어린이 노동력 착취에 아예 관심을 두지 않고 계속 나이키 브랜드를 선호했다.

햄버거를 비롯한 패스트 푸드에 대한 불매 운동도 마찬가지로 엇갈린 반응을 낳았다.

그렇지만 중요한 것은 파괴적인 인간 행동의 시스템적 결과를 다루는 그런 도덕적 캠페인이 전례가 없는 새로운 현상이라는 사실이다. 시스템적 사고방식에 기초한 도덕성을 구축하는 데는 시간이 걸릴 수밖에 없다. 유럽인들은 이 점에 있어서 약간 앞서고 있는 듯하다. 설령 그렇다고 하더라도 간접적인 나쁜 행위가 직접적인 행위와 똑같은 개인적, 공적 열정으로 다루어지기까지는 아직 갈 길이 멀다.

어쩌면 더욱 극적이고 큰 재난을 가져오는 사건들이 발생해야만 지구상의 대다수 사람들이 도덕적 행위에 시스템적 사고방식을 도입하고 그것을 실천에 옮길 수 있을지 모른다. 특히 몇 가지 시나리오는 인류가 간접적인 나쁜 행위를 적절히 견제하고 시스템적 사고방식에 근거한 도덕성을 갖추는 데 직접적인 효과가 있을 것으로 추정된다. 지구 온난화에 의한 극심한 기후 변화, 비인간적인 공장식 가축 사육에 따르는 치명적인 신종 박테리아와 바이러스의 확산, 화학 무기, 생물무기, 핵무기 등 대량 살상 무기를 사용한 테러 공격, 세계적인 에너지 부족으로 발생하는 장기간의 정전 사태, 대량 기아, 세계적인 공황 등이 그것이다. 그러나 다른 한편으로는 이런 대규모의 재앙들이 오히려 고립, 외국 혐오증, 개인 및 공공 도덕성 붕괴, 그리고 모든 종류의 희생양에 대한 공격 등을 불러올지도 모른다.

결국 인간의 반응은 다음 두 가지로 나타나게 될 것이다. 특정 활동이 가져오는 시스템 전체에 대한 해로운 결과가 인간 서로간 또는 지구에 대한 취약성과 책임의 공동 인식으로 이어지는 것이 그 첫째다. 둘째는 재앙이 불러오는 두려움으로 피포위(被包圍) 의식과 생존 전쟁에서 자신만 보호하려는 사고방식이 더욱 강하게 나타나는 것이다. 둘째의 경우는 그런 악순환이 반복됨으로써 인류와 세계 전체에 끔찍한 결과를 가져올 수 있다.

그렇다면 문제는 이것이다. 세계적이고 보편적이라고 할 수 있을 만큼 광대하고 포괄적인 새로운 도덕성을 우리가 어떻게 갖출 수 있을까?(그 도덕성은 '나 자신'과 '다른 사람 및 사물' 사이를 잇는 가교가 되어야 한다.) 다양한 외양으로 나타나는 간접적 나쁜 행위를 정확히 식별할 수 있는 시스템적 윤리관을 우리가 과연 확립할 수 있을까? 직접적인 이웃과의 관계뿐만 아니라 우리 모두가 소속되어 있는 지구 공동체의 관계에서 과연 우리가 도덕의 황금률을 실천할 수 있을까? 매우 어려운 문제다. 그러나 우리가 그것을 글로벌 의식이라고 부르는 이유가 바로 그 때문이다.

인간 의식의 세 번째 단계

유러피언 드림이 세계의 꿈이 되기 위해서는 인류의 임무에 대한 새로운 이야기를 만들어 내야 할 것이다. 개인과 단체가 나름대로의 길을 갈 수 있도록 허용하는 동시에 공동의 여정으로 인류를 통합할 수 있는 새로운 거대 담론이 필요하다는 의미다.

영국의 철학자 오언 바필드는 그 문제와 관련해 의미 있는 시각을 제시한다. 그의 아이디어는 개인의 자율성과 의지를 강조하는 미국인들의 사고방식과 집단적 일체감과 맥락적 사고방식을 강조하는 아시아인들의 사고방식을 새로운 방식으로 통합하는 데 도움이 될 수 있다. 그런 통합은 글로벌 의식을 도모하고 새로운 유러피언 드림을 세계 각지에 전파할 수 있는 역사적 맥락을 제공할 수 있다.

바필드는 역사를 인간 의식의 발전으로 파악한다. 역사에 대한 그의 통찰력은 인간 개인의 정신 발달 역사에 대한 지그문트 프로이트의 통찰과 잘 맞아떨어진다. 우리는 개인으로의 분화와 집단으로의 통합 사이에서 나타나는 변증법적 역동성에 대해 제5장과 제13장에서 간단히 살펴본 바 있다.

프로이트는 성장의 맨 처음 단계에서 아기는 어머니와 일체감을 경험한다고 보았다. 자아가 아직 형성되지 않은 상태를 말한다. 그 단계에서 아기는 자신과 어머니를 일체로 인식한다. '나'와 '다른 사람'에 대한 의식이 없고 단지 모두가 연결된 '바다 같은 감정'만 갖는 것이다. 그러나 아기가 자신의 모든 충동과 욕구가 즉시 충족되지 않는다는 것을 깨달으면서 그런 일체감은 무너지기 시작한다. 자신이 어머니의 젖꼭지를 늘 물 수 있는 것은 아니라는 사실을 알게 되는 것이다. 그러면 아기는 자신의 욕구와, 채워지지 않는 자기 욕구의 대상을 구별하기 시작한다. 자신이 세계라는 전능한 느낌은 외부 세계가 자신에게 부과하는 제약에 의해 점차 사라진다. 프로이트는 "쾌락의 원칙이 현실의 원칙에 의해 간섭받는다."고 말했다. 아기는 서서히 자신이 어머니 및 외부 세계와 분리되어 있다는 것을 인식하게 되고, 자신이 통제할 수 없는 외적인 힘에 영향을 받을 수밖에 없다는 것을 알게 된다. 그와 함께 죽음 같은 결별의 불안감을 경험하면서 거기서 느끼는 고통을 부인하기 위해 다양한 정신적 방어망을 치기 시작한다. 프로이트에 따르면 개인이 결별과 의존성, 죽음의 고통을 견딜 수 없기 때문에 원초적인 상실감을 부인하는 동시에 '바다 같은 일체감'을 되찾으려고 노력하는 것이 그 나머지 인생 과정이다.

프로이트는 일체감의 원초적인 감정을 '생명 본능' 또는 에로스로 불렀다. 신체 접촉이나 성적 접촉에서 갖는 느낌과 애정 모두가 생명 본능의 일부분이다. 아기는 점차 성장하면서 대소변 가리기, 정해진 일정 등의 외적 제약에 의해 무조건적인 에로스로부터 점차 분리된다. 아이는 신체적 욕구를 다른 감정으로 승화시키고, '생명 본능'을 '죽음 본능'으로 대체함으로써 그런 상실감, 불안감, 무력감을 보상한다. 그 아이는 초연함과 자율을 추구함으로써 원초적 결별을 부인하며 스스로 상황을 통제하고, 주변을 지배하며, 개성을 주장하려고 한다. 모든 부모는 '미운 두 살' 현상을 잘 알 것이다. 아이가 자기 주장을 고집하기 시작하며 세상에서 자신만의 자율성을 추구하는 시기를 말한다.

'죽음 본능'은 사춘기와 성인기를 거치면서 계속 어두운 영향을 미친다. 사람들은 아기였을 때 경험한 '바다 같은 일체감'을 되찾기 위해 다른 것들로 주변을 채운다. 프로이트는 예수의 이야기가 하나님의 무조건적인 사랑과 영구 구원의 희망을 제공함으로써 원초적인 일체감의 상실을 보상해 주는 대리 역할을 한다고 믿었다. 현대에 와서는 국수주의 이념이 그것을 대체하는 경우가 많아졌다. 열정적인 애국심은 많은 사람들에게 자신이 원대하고 영원한 전체의 일부라는 소속감을 준다. 자본주의와 사회주의 이념도 종종 그와 같은 역할을 한다. 많은 자본주의자들과 사회주의자들이 모든 것을 포용하는 듯한 이념의 거품 속에서 위안을 찾았다.

그와 동시에 기술과 물질적 재산이 우리의 억압된 원초적 상실감을 보상하는 수단이 되었다. 기술과 물질적 재산이 사실상 우리 신체의 일부가 된 것이다. 우리는 아기 때 어머니와의 일체감을 상실함으로써 생긴 공백을 메우기 위해 주변에 물질적 재산을 쌓아 둔다. 그러나 더욱 앞선 기술과 더 많은 물질적 성공을 위해 노력할수록 우리는 되찾으려던 원초적 일체감에서 더욱 멀어져 간다. 심리학자 노먼 브라운은 "신체의 생명을 물질로 전환할수록 신체의 생명은 줄어들며, 물질이 쌓일수록 신체가 생명을 잃어버렸다는 사실이 더욱 뚜렷이 부각된다."고 말했다.[24] 가장 최근에는 가상현실 환경과 유전공학 기술이 온전한 인체를 기술적인 대체물로 되찾으려는 시도로서 각광받고 있다. 그러나 불행하게도 "기술과 물질적 진보라는 미명 아래 신체의 생명을 죽은 것으로 대체하는 것은 인간성을 더욱 더 '죽음의 본능'으로 내몰 뿐"이라고 브라운은 지적했다.[25] 아기가 최초로 어머니와의 일체감을 잃어버리면서 느끼는 죽음의 두려움이 지금까지는 인류의 진보 대부분을 이끌었다. 프로이트, 브라운 등의 심리학자들의 눈에는 문명의 역사란 우리의 '죽음 본능'을 외부 세계에 투사한 것에 지나지 않는다.

인류는 자신의 기억 속 깊은 곳에 깊이 남아 있는 '바다 같은 일체감'을 되찾고 죽음을 속이기 위해 거대한 피라미드, 대성당, 장대한 마천루를 만들어 냈다. 물질적 풍요를 만들어 내야 한다는 우리의 집착이 그토록 강한 것은 우리가 유아 시절 어머니의 젖가슴에서 경험한 풍요로움을 대체할 수 있는 것이 절실히 필요하기 때문이다.

죽음 본능은 현대에 들어와서 만연하게 되었다. 우리는 점점 더 자연과 분리되어 왔으며, 자연과의 관계를 단절하고, 자연을 조각조각으로 분해한 다음 재산의 형태로 활용해 왔다. 그 모든 것은 이 세상에서 우리 개인의 존재를 부풀리기 위해서였다. 계몽주의 과학, 시장 경제, 민족국가 통치 체제는 모두 인간이 자연 세계에 의존하지 않는 자율적 개인이라는 환상을 만들어 내기 위해 고안된 제도다. 인류는 이제 기술적, 경제적 자율의 보호막 속에서 살고 있다. 살아 있는 자연이 아니라 죽은 인위적 구조에 둘러싸이게 된 것이다.

우리는 자연에 의존하지 않고 더욱 자율적이 됨으로서 안전과 자유를 누릴 수 있다고 오랫동안 생각해 왔다. 그러나 그것이 비극적인 환상이었다. 이제 죽음 본능, 즉 자연을 정복하려는 공격적인 욕구가 기후 변화, 핵 확산, 빈곤 확대, 사회 혼란 같은 세계적인 위협의 형태로 돌아와 우리에게 재앙을 주고 있다. 우리는 자신이 더욱 안전하도록 상황을 제어하려 했지만 결국은 이전보다 더욱 취약해지고 말았다. 인류는 이제 스스로 자초한 파멸의 위기를 맞고 있다. 죽음 본능이 우리 세계를 압도하고 있는 것이다.

프로이트는 자신이 살던 당시의 상황에서는 인류가 처한 곤경을 어떻게 극복할 수 있는지에 대해 할 말이 별로 없었다. 그러나 바필드는 인간 조건을 개선하기 위한 새로운 역사적 구조를 제시하려고 했다. 그는 역사 의식의 발달 과정이 개인 의식의 발전과 크게 다르지 않다고 생각했다. 바필드에 따르면 인류의 역사도 개인의 성장 과정과 마찬가지로 통합과 상호 의존이라는 생명 본능과, 분리와 독립이라는 죽음 본능이 서로 각축을 벌이는 과정이다. 인류 문명이 아직 이루지 못한 과제는 이 두 가지의 상반되는 힘을 조화시키는 것이다.

바필드는 인간 의식의 역사를 세 단계로 나눈다. 그는 인간이 역사 대부분에 걸쳐 수렵 채취로 살았다는 점을 지적한다. 구석기 시대에는 그 속성상 자연 세계에 깊이, 그리고 긴밀히 참여할 수밖에 없었다. 그 당시의 인간은 자신의 신체뿐만 아니라 주변의 생명체들과 직접 신체적 접촉을 하며 살았다. 아마존 열대 우림, 보르네오 정글 등지에 겨우 몇몇 남아 있는 수렵 채취 부족들은 아직도 자연 세계와 마음껏 유대감을 누리며 산다.

수렵 채취 시대의 인간들도 자아의식을 갖고는 있었지만 그 의식이 별로 발달하지는 않았다. 그들은 상대적으로 통합된 방식으로 살았다. 개인은 사회의 일부분이었고, 또 사회는 더 큰 자연의 일부분이었다. 그들의 일상생활은 자연 세계가 부과하는 시간적 리듬과 공간적 제약 속에서 이루어졌다. 'Mother Earth'(대지)는 비유로서가 아니라 실제로 최초의 어머니로 간주되었으며, 땅을 실제 자신의 어머니 대하듯 사랑과 존경, 두려움으로 대했다. 수렵 채취인들은 실제 자신들의 어머니인 것처럼 삶을 대지에 의존했고, 대지의 자비로운 혜택을 누리기 위해 대지를 달래는 다양한 의식을 행했다.

그러다가 농경 생활이 정착되면서 인간 의식에서 두 번째로 중요한 시기가 시작되었다. 인간은 야생동물을 길들이고 야생식물을 재배함으로써 자연을 생산적으로 활용하기 시작했다. 농업의 도래와 함께 인간의 의식은 자연 세계뿐만 아니라 자신의 몸과도 조금씩 분리되기 시작했다. 그에 따라 자아의식도 서서히 싹텄다. 제5장에서 언급했듯이 중세 말과 근대 초에 이르러 인간과 자연이 급속히 분리되기 시작했고, 결국 지금과 같은 자율성 의식이 나타나게 되었다. 완전히 분리되고 자율적인 개인의 등장과 함께 자아의식도 커졌다. 또 자아의식과 함께 개인의 자유 의지, 즉 자신의 주변 세계를 스스로 제어할 수 있다는 믿음도 나타났다. 그러나 자아의식과 개인의 정체성이 등장함으로써 자연 세계와의 친밀한 교류는 더욱 멀어져 갔다.

바필드에 따르면 종(種)의 진화 역사도 개체 발달의 역사를 되풀이한다. 인류는 대지와의 통합된 일체에서 자의식을 가진 개인으로 분리되었다. 그 과정에서 우리는 생명 본능인 원초적인 '바다 같은 일체감'을 잃어버리고, 그 대신 멀리 떨어져서 지배하는 방식을 기본으로 하는 새로운 자연과의 관계를 형성했다. 그 새로운 관계는 시스템 자체에 해로운 부작용을 가져왔다. 인간성이 생명 본능에서 죽음 본능으로 바뀐 것이다.

그러면 이제 인간성은 어떻게 될까? 바필드는 현재 인류는 인간 의식의 세 번째 단계에 접어들고 있다고 지적한다. 인간이 자유 의지로서 자연과 재결합하는 단계다. 바로 이 점에서 바필드의 아이디어는 유럽의 지식인, 과학자, 미래학자들의 생각과 일치한다. 그들은 세계를 존중되고 보호될 가치가 있는 생명체로 보기 시작하고 있다.

인간 의식의 제3단계는 인류의 연계성을 '지상권 geosphere'에서 '생물권 biosphere'으로 전환시킨다. '지정학 geopolitics'은 언제나 환경을 만인에 대한 만인의 투쟁이 벌어지는 거대한 전장으로 간주했다. 그 전장에서 우리는 개인의 생존을 위해 자원을 확보하는 싸움을 벌인다. 반면 '생물권 정치 biosphere politics'는 지구가 상호의존 관계로 구성된, 살아 있는 유기체이며, 우리가 속한 더 큰 공동체를 잘 관리함으로써 생존하고 번성한다는 개념에 기초한다.

그렇다면 바필드는 개별화와 분화에 대한 욕구와 일체감에 대한 욕구를 조화시킬 수 있는 방법으로 어떤 것을 제시하는가? 죽음 본능이 없다면 우리는 자연과의 일체감에서 탈피해 자아의식을 발달시키지 않았을 것이다. 또 자아의식이 없다면 자유 의지를 발휘해 개인적인 선택을 할 수 없었을 것이다. 그러나 자아의식과 개성은 우리 존재의 한계와 죽음을 더욱 의식하게 만들었다. 거기서 비롯되는 불안이 또다시 우리 주변의 자연을 정복하고 이용하려는 공격적인 욕구에 불을 붙인다. 그것은 우리 자신의 존재를 부풀리고 불가피한 죽음을 피해 보려는 노력이다.

그런 딜레마에서 벗어나려면 생명 본능과 죽음 본능을 새로운 방식으로 통합해야 한다. 20세기 초의 시인 라이너 마리아 릴케가 하나의 단서를 던져 준다. 그는 "죽음을 올바로 이해하고 찬양하는 사람은 삶을 확대할 수 있다."고 적었다.[26] 다시 말해 우리는 언젠가는 죽을 것이라는 사실을 먼저 인정해야 진정한 삶을 살 수 있다는 의미다. 어떻게 죽음과 화해하고 삶을 선택할 수 있을까? 죽음을 막아 보려는 의도로 자연(인간성 포함)을 지배하고 제어하고 정복하겠다는 생각을 버림으로써, 다시 말해 죽음 본능을 떨쳐 버리겠다고 자의식적인 결정을 내림으로써 가능하다. 죽음 본능을 발휘하는 대신 죽음을 삶의 일부로 받아들이고 자연과 재결합하겠다는 결정을 내려야 한다. 자아에서 다른 사람으로 관계를 확대하고 지구를 살아 있는 유기체로 만드는 다양한 관계들과 공감대를 형성해야 하는 것이다.

자연과 재결합하고 생명 본능을 선택하겠다고 결정을 내리는 것은 유아나 원시인들의 삶에서 나타나는 원초적인 참여와는 전혀 다르다. 후자의 경우는 참여가 의지에 의해서가 아니라 운명에 의해 결정된다. 자아가 의지적인 선택을 하기에 충분한 만큼 발달하지 않은 상태이기 때문이다. 유아의 경우 의존성이 어머니와의 관계를 결정한다. 구석기 시대에 살았던 인간들의 경우는 의존성뿐만 아니라 자연의 분노에 대한 두려움이 관계를 결정짓는다. 자유 의지로서 자연과 재결합하는 것이 인간 의식의 제3단계가 그 이전의 단계와 구별되는 특징이다. 자유 의지로 자연의 일부가 됨으로써 우리는 생물권과 '바다 같은 일체'를 형성하는 동시에 독특한 정체성을 유지할 수 있는 것이다.

글로벌 인격체

개인의 정체성이 수많은 '하부 정체성 sub-identity'과 '거대 정체성 meta-identity'으로 분열되는 포스트모던 시대에는 생물권과 재통합하는 것이 인간이 개인으로서 의지할 곳을 잃지 않고 '비존재 nonbeing'로 전락하지 않을 수 있는 유일한 대책이다.

포스트모던 심리에 대한 일부 연구자들은 개인의 정체성 상실을 우려한다. 스워스모어 칼리지의 심리학 교수 케네스 J. 거겐에 따르면 오늘날의 젊은이들은 모든 방향에서 중추신경 시스템으로 다양한 요구들이 흘러드는 고도의 조밀한 글로벌 문화 속에서 자신의 길을 찾기 위해 노력해야 한다. 모든 자극들을 중재하고 모든 가능한 관계를 수용하기 위해 젊은이들은 계속 새로운 '하부 자아 sub-self'와 '거대 자아 meta-self'를 만들어 내야 한다. 주변을 에워싸고 있는 모든 네트워크에 계속 속해 있기 위해 자신의 인격체를 나누어 각각의 새로운 관계에 넘겨 주어야 하는 것이다. 그들에게는 관계에서 배제되는 것이 가장 큰 두려움이다. 재산을 축적하고 자율과 독립을 누리는 것이 아메리칸 드림의 필수 조건이라면 접근권을 확보하고 소속되는 것이 이 새로운 시대의 가장 인기 있는 목표다. 젊은이들은 접근권을 잃을지 모른다는 두려움 때문에 자신의 신경을 작은 조각으로 나누어 모든 가능한 관계를 유지하려고 애쓴다. 거겐은 이렇게 경고했다.

이런 자아 개념의 분열은 상충되고 서로 연결되지 않는 관계가 많아지는 것을 의미한다. 이런 잡다한 관계들은 우리를 서로 다른 수많은 방향으로 잡아당겨 우리로 하여금 수많은 역할을 하게 만든다. 그 결과 식별 가능한 '진정한 자아'의 개념 자체가 점차 사라진다. 그런

서로 다른 수많은 관계 속에 몰입된 자아는 '비(非)자아'로 변한다.[27]

거겐은 자아의 분열을 심각하게 우려했지만 심리학자 로버트 리프턴은 좀더 희망적으로 본다. 그는 다중인격체란 인간의 심리가 글로벌 사회에 적응하기 위해 동원하는 일종의 대처 메커니즘이라고 주장한다. 그는 다중인격체가 의식의 더욱 성숙한 단계를 나타낸다고 믿는다. 인간이 글로벌 환경에서 자신의 길을 개척하는 동안 주변의 복잡하고 모호한 상황을 견딜 수 있도록 해 준다는 것이다.[28]

거겐과 리프턴의 주장 둘 다 일리가 있다. 포스트모던 인격체는 점점 분화되고 유연해지고 있다. 이제 문제는 이것이다. 극단적으로 분화된 포스트모던 인격체를 글로벌한 전체로 재통합할 방법이 있는가? 그럴 수 없다면 개인적 소외감과 존재적 두려움이 더욱 심해질 것이다. 이미 많은 젊은이들이 서로 더욱 연결되고 있지만 사실은 더욱 소외감이 커지고 있는 세계에서 그런 두려움을 경험하고 있다. '카이저 가족재단'이 실시한 '새천년의 어린이들과 미디어'라는 조사에 따르면 현재 미국 어린이들은 매일 평균 다섯 시간 반 동안 레크리에이션을 위해 여러 전자 미디어를 사용한다. 8세 이상의 어린이들은 더 심하다. 그들은 TV, 인터넷, 비디오게임 등에 하루 여섯 시간 45분을 할애한다. 더욱 불길한 것은 대다수 어린이들이 전자 미디어를 혼자서 이용한다는 사실이다. 8세 이상의 어린이들이 혼자 TV를 보는 시간은 전체 TV 시청 시간의 최대 95퍼센트에 이르며, 2-7세의 경우는 그 비율이 81퍼센트다.[29]

전자 미디어 환경에 따르는 개인적 소외감과 고립감을 극복하려면 새로운 통합 노력이 필요하며, 그 노력은 상황을 변화시킬 수 있을 정도로 강력해야 한다. 현재 인류는 점점 더 서로 긴밀하게 연결되고 있지만 연결되어야 하는 이유는 어디서도 찾을 수 없다. 도대체 무엇을 목표로 연결되고 있는 것일까? 더 많은 상거래를 위하여? 더 많은 정치 참여를 위하여? 더 많은 쾌락을 위하여? 더 많은 정보 접근권 확보를 위하여? 아니면 그냥 호기심에서? 사실 이것 전부는 어느 정도 관련은 있지만 60억의 인구가 글로벌 사회에서 서로 연결되어야 하는 정당한 이유가 되기에는 부족하다. 더욱이 진정한 목표가 없는 글로벌한 연결은 인간 의식을 넓히기보다는 오히려 좁힐 위험이 있다.

다행스러운 것은 인류의 연결성이 증가하면 복잡하고 다양한 세계를 구성하는 모든 관계에 대한 개인적 인식이 높아진다는 점이다. 이제 젊은 세대는 자연 세계를, 이용되어야 하고 소유되어야 하는 물질의 저장소가 아니라 접근권을 얻어야 하는 수많은 관계들의 집합체로 파악하기 시작했다. 구세대는 자기 자신을 재산처럼 생각하고 물질적인 성공에 집착하지만, 젊은 세대는 자기 자신을 수많은 네트워크 관계 속에서 계속 변화하는 과정으로 생각할 가능성이 높다. 글로벌 연결의 시대에는 고정되고 독립적인 의식 대신 자신이 관계를 맺는 다양한 등장인물과 사건에 플롯과 내용이 전적으로 의존하는 한 편의 이야기로서 자아를 파악하려는 새로운 의식이 필요하다. 거겐은 "자아가 관련성의 무대 속으로 완전히 사라져야 우리는 포스트모던으로 가는 마지막 단계에 도달할 수 있다."고 말했다. 그는 이렇게 결론지었다. "서로 연결된 세계에서는 자신이 속한 관계의 틀에서 독립할 수 있다고 생각할 수 없다. 서양 역사의 지난 수백 년 동안 개인의 자아가 차지했던 중심부를 이제 네트워크 관계가 차지하게 되었다."[30] 서양인과 동양인의 의식은 지금까지 서로 다른 길을 걸어 왔지만 이제는 서양인의 의식이 동양인의 의식을 닮아 가기 시작했다.

그렇다면 새로운 관계 중심의 의식을 어떻게 확립할 수 있을까?

바필드를 비롯한 몇몇 학자들은 인류가 자아 발전의 성숙기에 접어들어, 생물권을 구성하는 수많은 관계들에 다시 참여하겠다는 개인적인 결정을 내릴 수 있는 정도에 이르렀다고 주장한다. 네트워크 참여 증가, 동시에 여러 가지 일을 할 수 있는 능력, 경제적, 사회적, 환경적 상호 의존성에 대한 인식, 연결성과 포괄성의 추구, 상충되는 현실과 다문화 시각에 대한 관용성, 과정 지향적 행위 등은 우리를 시스템적 사고방식으로 이끈다. '간접적 나쁜 행위'를 막고 지구의 생명 유지 체제를 구성하는 많은 네트워크 관계를 조화시키는 새로운 글로벌 윤리에 시스템적 사고를 활용할 수 있다면 우리는 인간 의식의 제3단계로 발돋움할 수 있을 것이다.

그 발돋움의 성공 여부는 재참여와 재결합의 깊이에 달려 있을 것이다. 자연과의 재결합은 기술적 장애물 없이 실시간으로 친밀하게 참여하는 것을 의미한다. 바필드가 말하는 재참여는 깊은 공감 속에서 '다른 존재'에 개인적으로 접촉하는 것을 가리킨다. 그런 종류의 관계는 멀리 떨어진 가상현실의 환경에서는 형성될 수 없다. 우리가 연결 범위를 계속 넓혀 가지만 그 과정에서 점점 더 개인적인 소외감을 갖게 된다면 그 관계들은 실체를 잃게 되며, 우리의 자아의식도 소멸할 위험에 처하게 된다. 지금도 많은 사람들이 다른 사람들에게 e메일을 보내고 있지만 직접 만나 교류하는 경우는 드물지 않은가? 재참여, 즉 다른 존재와의 진정한 교류는 실제로 직접 접촉할 것을 요구한다. 직접적인 접촉이 없다면 공감은 불가능하다.

새로운 글로벌화 기술은 실제로 공간과 시간을 압축해 인류를 더욱 밀접한 상호 의존적 관계 속으로 끌어들이고 있다. 그 결과 우리는 우리가 소속된 더 큰 시스템을 구성하는 많은 관계를 더 잘 인식할 수 있게 되었다. 그러나 그 인식이 자연 세계에 대한 깊이 있는 재참여로 연결되지 않는다면 인간 의식의 새로운 단계로의 발돋움은 실패로 끝날 것이다. 그러면 우리의 관계 중심적 자아는 진정한 인간성이라기보다는 기술적인 성격을 띠게 되고, 죽음 본능을 맹신하는 해묵은 의식 단계만 연장시키게 될 것이다. 생명 본능은 우리 주위에 있는 다른 존재의 삶에 깊이 참여함으로써 되찾아질 수 있다.

자연 세계와의 분리를 택하고, 자연 환경을 죽이고 낭비적인 탐닉과 쾌락의 형태로 자원을 소비하는 데 열중한다면 우리의 삶은 죽음의 문화에 갇혀 있게 될 것이다. 우리가 행하는 모든 파괴적 행위는 우리 자신의 죽음을 떠올리게 만든다. 죽음에 둘러싸여 죽음에 대한 생각만 한다면 어떻게 생명을 경험할 수 있겠는가? 자연과의 깊이 있는 재참여를 선택하고, 생명을 증진하는 관계들을 보호함으로써 우리는 생명을 약속하는 환경으로 주변을 채울 수 있다. 그렇게 되면 우리는 그 모든 공감적 경험에 의해 생명의 내재적 가치를 계속 명심하게 된다.

아메리칸 드림과 유러피언 드림

이 모든 이야기가 어느 정도 비현실적으로 들릴지도 모르지만 사람들이 원하는 삶을 꿈꾸고 실행하는 현실 세계에서 죽음 본능과 생명 본능 가운데 하나를 선택하는 것은 실제로 개인과 인류, 그리고 지구에 심오한 영향을 미친다.

아메리칸 드림은 대부분 죽음 본능에 갇혀 있다. 미국인들은 어떻게 해서라도 자율성을 확보하려고 한다. 그들은 과도하게 소비하며, 모든 욕구를 채우려 하고, 지구의 자원을 낭비한다. 미국인들은 무제한적 경제 성장을 중시하며, 강한 자에게 혜택을 주고, 약한 자에게 불리함을 준다. 그들은 자신의 이익을 보호하는 데 전력투구하고,

자신이 원하고 또 원할 자격이 있다고 믿는 것을 얻기 위해 모든 역사를 통틀어 가장 강력한 군사력을 일으켰다. 미국인들은 자신들을 '선택받은 국민'으로 간주하며, 따라서 지구의 자원을 어느 누구보다 더 많이 차지할 자격이 있다고 믿는다. 서글프게도 미국인들의 개인적인 이익 추구는 점차 순전한 이기심으로 변해 가고 있다. 미국이 어느덧 죽음의 문화가 된 것이다.

'죽음의 문화'는 이렇게 설명될 수 있다. 미국인들이 세계에서 가장 탐욕스러운 소비자라는 사실을 부인할 사람은 없다. 미국인 자신들도 그렇게 생각한다. 그러나 미국인들은 소비와 죽음이 긴밀히 연결되어 있다는 사실을 잊고 있다. '소비 consumption'란 단어는 14세기 초에 만들어졌으며 영어와 프랑스어 둘 다에 그 뿌리를 두고 있다. 원래 'consume'이라는 동사의 뜻은 파괴하고, 약탈하고, 정복하고, 소진시킨다는 의미를 갖고 있었다. 이런 폭력의 의미를 담고 있는 'consumption'은 20세기 이전만 해도 부정적 의미만 갖고 있었다. 1900년대 초에도 의학계와 일반 시민들은 폐결핵을 'consumption'으로 불렀다. 그러나 20세기의 광고 제작자들이 그 단어를 '선택'과 동일시하면서 '소비'는 긍정적인 의미를 갖게 되었다. 20세기의 마지막 25년 동안 적어도 미국에서는 '소비자 선택'이 신성한 지위에까지 올라, 인간의 자유를 표현하는 최상의 방편으로서 민주주의를 대체하기 시작했다.

오늘날 미국인들은 인구로는 세계의 5퍼센트도 되지 않지만, 세계 에너지의 3분의 1을 소비하며 지구의 다른 자원도 엄청나게 사용한다. 미국인들은 만족할 줄 모르는 개인적 탐욕을 채우기 위해 지구의 남아 있는 자원들을 빠르게 소비하고 있다. 거의 병적이라고 볼 수 있는 이런 집착적 행동 아래에는 자기 주변의 모든 존재를 죽이고 소비함으로써 자신이 살고 번성하려는 광적인 욕구가 있다. 문화

사학자이자 소설가인 엘리아스 카네티는 "우리 각자는 시체가 즐비한 전쟁터의 왕"이라고 표현한 적이 있다.[31] 미국인들 각자가 방탕한 생활을 영속하기 위해 자신이 일생 동안 소비한 지구의 자원과 물자, 그리고 동물이 얼마나 되는지 따져 본다면 아마 자신으로 인해 죽은 시체들이 그렇게 많다는 데 놀랄 것이다. 세계의 그렇게 많은 사람들이 미국인들의 무절제한 소비를 보고 미국을 죽음의 문화로 생각하는 것도 전혀 무리가 아니다.

그러나 과연 그것이 전부일까? 미국에 대한 일부 비판자들은 두말할 것 없다고 잘라 말한다. 그게 바로 미국의 현 주소라는 것이다. 그러나 그것은 잘못된 생각이다. 미국에는 다른 면도 있다. 미국은 새로 오는 사람들을 감싸 안는다. 미국인들은 모든 인간이 삶의 또 다른 기회를 가질 자격이 있다고 믿는다. 그들은 불우한 상황에 있는 사람들을 응원하며, 역경을 딛고 자기 힘으로 무엇인가를 성취한 사람들을 찬양한다. 그들은 궁극적으로 자기 삶에 대한 책임은 자신에게 있다고 믿는다. 또 자기가 한 일은 스스로 책임을 진다. 미국인들의 단점을 보완해 주는 미덕이 개인주의의 바로 그런 다른 면이다. 그런 책임 의식이 죽음 본능을 떨치고 나와 생명 본능을 감싸 안는다면 미국은 또다시 세계를 선도할 수 있을 것이다.

인류의 미완성 임무는 지구를 구성하는 더 큰 생명 공동체에 대한 '개인적 책임 의식'의 확립이다. 진정한 변화가 일어나려면 인류와 동식물, 그리고 생물권에 대한 책임 의식이 개인적으로 느껴져야 하고 집단적으로 규정되어야 한다. 윤리와 도덕은 모두가 개인적인 책임을 느끼는 세계에서만이 바로 설 수 있다. 미국인들이 확고한 책임 의식을 개인적인 부의 축적이라는 좁은 목표에서 세계 윤리 증진이라는 대의로 확대 적용한다면 아메리칸 드림도 태동하는 유러피언 드림과 양립할 수 있는 꿈으로 개조될 수 있을 것이다.

미국이 그렇게 될 가능성이 어느 정도 있을까? 우선 아직 소수이기는 하지만 '보편적 윤리'를 받아들이는 사람들이 늘고 있다. 그들은 소비 행위, 직장 근무, 지역사회 봉사에서 새로운 글로벌 의식을 반영하는 데 개인 책임 의식을 활용하고 있다. 보편적 인권을 확장하고, 자연의 권리를 보호하며, 자동차 구입시의 차종 선택이든 식생활이든 주식 투자든 간에 '간접적 나쁜 행위'에 기여할 수 있는 행동에 참여하지 않기로 의식적인 결정을 내리도록 유도하는 정책을 지지하는 것이다. 다시 말해 그들은 글로벌 시민이다.

그러나 대다수 미국인들의 개인 책임 의식은 개인이나 국가의 이익을 좀처럼 넘어서지 못한다. 그들이 생각은 전 지구적으로, 행동은 지역적으로 할 수 있도록 발상을 전환하는 방법은 무엇일까?

의외라고 생각하겠지만 그 답은 미국의 종교계 내부에서 나올지도 모른다. 얼마 전부터 개신교, 가톨릭, 유대교의 신학자들뿐만 아니라 일반 신도들 사이에서도 구약성서 「창세기」의 만물 창조 이야기에 대한 해석을 둘러싸고 많은 논란이 벌어지고 있다. 쟁점이 되는 것은 하나님이 아담과 이브에게 한 말이다.

> 하나님이 그들에게 이르시되 생육하고 번성하여 땅에 충만하라, 땅을 정복하라, 바다의 물고기와 하늘의 새와 땅에 움직이는 모든 생물을 다스리라 하시니라.[32]

기독교 역사 대부분에서 '다스림'의 개념은 자연 세계를 무자비하게 이용하는 것을 정당화하는 데 사용되었다. 그러나 이제 신세대 신학자들과 신자들은 '다스림'의 의미를 재정의하기 시작했다. 그들은 하나님이 하늘과 땅을 창조하셨기 때문에 그의 모든 창조물은 내재적 가치를 지닌다고 주장한다. 또 하나님은 자신의 창조물에 목표와 질서를 주셨다. 따라서 인간이 사리를 위해 자연의 내재적 가치를 손상하려고 하거나 그 목표와 질서를 조작하고 수정하려고 하는 것은 오만이며 하나님에 대한 반란이라는 것이다.

'다스림'의 의미가 '보호 및 관리'를 의미하는 쪽으로 재해석되고 있는 것이다. 인간은 이 세상에서 하나님의 지시를 받는 관리인의 역할을 수행해야 하기 때문에 그의 창조물인 자연을 이용하거나 파괴하지 않고, 보호하고 관리해야 하는 것이다. 이런 새로운 종교적 해석에 따르면 인간은 자연의 일부인 동시에 자연과 구별되어 있다. 인간은 하나님의 창조물이기 때문에 하나님의 왕국인 이 세상을 구성하는 모든 것에 의존해서 살아가야 한다. 그와 동시에 인간은 하나님의 형상대로 지어졌기 때문에 하나님을 대신해 이 세상을 관리하고 그의 창조물을 보호할 책임을 갖고 있다.

기독교 교리에 따르면 모든 인간은 자유 의지를 부여받는다. 개인은 자유 의지를 활용해 그리스도를 주님으로 받아들임으로써 구원의 길을 선택할 수 있다. 그러나 그 길을 선택하는 데는 책임이 따른다. 하나님의 동산을 보호하고 가꾸어야 하는 것이다. 이것은 바필드가 말한 인간 의식의 제3단계와 일치한다. 개인은 자유 의지를 활용해 그리스도를 받아들이기로 결정해야 하고, 그렇게 함으로써 하나님이 만드신 세계와의 깊은 교류에 참여해야 하는 것이다.

창세기에 대한 새로운 해석이 미국의 종교계에 점차 확산되고 있기는 하지만 아직은 그것이 미국인들의 신앙 생활에서 핵심이 되지는 못하고 있다. 미국의 모든 기독교인들이 새로운 해석을 받아들인다면 미국인들은 새로운 글로벌 의식을 수용할 수 있는 태세를 갖출 수 있을 것이다. 고통받는 그리스도에 대한 무조건적 사랑에는 그의 창조물에 대한 무조건적 사랑도 포함되어야 한다. 그런 믿음이 지구상의 모든 존재에 적용되면 새로운 종교적 이야기로 승화될 수 있다. 그러나 「창세기」에 대한 수사(修辭)적 재해석이 도덕적 책임감으로 '간접적 나쁜 행위'를 예방하고 생물권을 보호하는 실제적인 삶의 방식으로 미국인들 사이에서 정착하려면 아직도 갈 길이 멀다. 아메리칸 드림이 진정한 변화를 거쳐 보편적 윤리로 승화할 수 있다고 확언하기에는 아직 너무 이른 것 같다.

반면 유러피언 드림은 인간 의식의 제3단계를 향한 길을 가는 데 있어서 도덕적으로 유리한 위치에 있는 것이 확실하다. 유럽인들은 새로운 약속의 땅, 즉 생명 본능과 지구의 일체성을 재확립하기 위한 청사진을 만들었다. 그 여정에 대한 유럽인들의 의지는 의심할 여지가 없다고 본다. 적어도 엘리트층, 특히 통합 유럽을 지지하는 중산층 고학력 신세대의 열정은 실로 대단하다. 내가 알게 된 유럽인들은 실제로 꿈을 갖고 있다. 그들은 어느 한 사람도 결코 배제되지 않는 그런 세계에서 살고 싶어 한다. 퓨 리서치 센터가 2003년 실시한 여론 조사에 따르면 모든 유럽 국가의 경우 개인이 정부의 간섭 없이 목표를 추구할 수 있는 자유보다는 정부가 불행한 개인이 없도록 보호하는 것이 더 중요하다고 응답한 비율이 과반수를 넘었다.[33] 선진국 가운데 오직 미국에서만이 58퍼센트나 되는 사람들이 정부의 간섭 없이 목표를 추구할 수 있는 자유가 더 중요하다고 말했다.(정부가 어려운 사람들을 구제하는 데 적극적인 역할을 하는 것이 더 중요하다고 응답한 비율은 34퍼센트에 불과했다.)[34] 또 해외 원조 문제와 관련해 갤럽이 2002년 조사한 바에 따르면 유럽인의 거의 70퍼센트가 빈국들에 대한 재정 원조를 늘려야 한다고 대답한 반면 미국인의 거의 절반은 선진국들이 이미 지나치게 많은 원조를 제공하고 있다고 응답했다.[35]

아울러 유럽인들은 문화 및 지역 정체성을 유지하면서도 세계적으로 서로 연결되기를 원한다. 그들은 자율과 독립에서가 아니라 서로

간의 관계 속에서 자유를 찾는다. 그들은 이 지구상에서 높은 삶의 질을 추구한다. 그들에게 높은 삶의 질이란 후손들을 위해 지구와 지속 가능한 관계를 맺는 것까지 포함된다. 유럽인 열 명 중 여덟 명은 자신의 생활에 만족하며, 20세기의 가장 중요한 유산이 무엇이냐는 질문에 유럽인의 58퍼센트는 열 한 가지의 유산 가운데서 자유 다음으로 삶의 질을 꼽았다. 또 유럽인의 69퍼센트는 환경 보호가 시급한 문제라고 응답했다. 그와는 대조적으로 미국인의 경우 환경 문제를 심각하게 생각하는 비율은 네 명 가운데 한 명 꼴이었다. 더욱 흥미로운 것은 유럽인의 56퍼센트가 "환경의 악화를 멈추려면 우리의 생활과 개발 방식을 근본적으로 뜯어고쳐야 한다."고 대답했다.[36] 이것은 유럽인들이 이 세계에서 지속 가능한 개발을 가장 열렬히 지지하는 사람들이라는 증거다.

유럽인들은 일하기 위해 살기보다는 살기 위해 일한다. 물론 그들의 삶에서도 일은 필수적이다. 그러나 일만으로는 그들의 존재를 규정하는 데 미흡하다. 유럽인들은 직업 경력보다 심오한 놀이, 사회적 자본, 사회적 결집을 중시한다. 자신들에게 가장 중요한 가치를 묻는 조사에서 유럽인의 95퍼센트는 다른 사람을 돕는 것이라고 대답했다. 92퍼센트는 사람을 있는 그대로의 가치로 평가해야 한다고 말했고, 84퍼센트는 더 나은 사회를 건설하는 데 참여하는 것이 중요하다고 응답했으며, 79퍼센트는 개인의 발전에 더 많은 시간과 노력을 할애하는 것이 중요하다고 말했고, 49퍼센트는 돈을 많이 버는 것이 가장 중요하다고 대답했다. 이 조사에서 제시된 여덟 가지 가치 가운데 금전적 성공이 꼴찌를 차지한 것이다.[37]

유럽인들은 보편적 인권과 자연의 권리를 옹호하며 그것을 실행에 옮기기 위한 법규 제정을 환영한다. 그들은 평화와 조화의 세계에서 살고 싶어 하며, 대부분의 경우 그 목표에 부합하는 외교 정책과 환경 정책을 지지한다.

그러나 나는 유러피언 드림이 어려운 시련을 견딜 수 있을 정도로 강한지는 확신할 수 없다. 문화적 다양성과 평화 공존에 대한 유럽인들의 의지가 미국이 겪은 9·11 테러나 스페인이 겪은 3·11 테러 같은 참상을 견딜 수 있을 정도로 확고할까? 세계 경제가 깊은 장기 침체에 빠져 세계적인 공황 사태가 발생해도 유럽인들이 포괄성과 지속 가능한 개발의 원칙을 고수할 수 있을까? 사회 혼란과 거리 폭동이 발생해도 개방되어 있고 과정 지향적인 다단계 통치 체제를 유지할 인내심을 갖고 있을까? 이런 것들은 유럽인들의 용기, 그리고 그들이 가진 꿈의 활력과 생명력을 시험하는 어려운 문제다. 미국에 대해 누가 어떻게 생각하든 간에 아메리칸 드림은 좋은 시절과 나쁜 시절의 모든 시험을 다 거쳤다. 미국인들은 얼마 전까지만 해도 아무리 어려운 상황에서도 아메리칸 드림에 대한 희망을 잃지 않았다. 유럽인들도 갓 태어난 유러피언 드림에 대해 그렇게 똑같이 말할 수 있을까?

그리고 마지막으로 개인적 책임 의식이라는 문제가 있다. 개인적 책임 의식은 미국의 강점이지만 유럽에는 약점이다. 물론 유럽인들이 자신들의 꿈을 법제화할 수는 있다. 또 법령을 발표하고, 국제 조약에 서명하고, 실무 그룹을 구성하고, 기준을 만들 수는 있다. EU는 실제로 이미 그렇게 하고 있다. 그것은 분명 올바른 길이다. 유러피언 드림을 실천하려는 유럽인들의 의지를 말해 주는 것이기 때문이다. 그러나 새로운 여정에 필히 수반되는 폭풍을 견뎌 낼 수 있을 만큼 개인적 책임 의식이 강하지 않다면, 그런 법령과 행정적 조치나 지적인 지지에도 불구하고 유러피언 드림은 좌초하고 말 것이다.

나는 유럽과 미국 양쪽에서 일하며 거의 20년이란 세월을 보냈다.

그런 경험을 하고 난 뒤 지금 내가 갖는 가장 큰 우려는 유럽인들의 희망이 미래의 새로운 비전을 지탱하기에 충분한지 여부다. 꿈에는 낙관론이 필요하다. 자신의 희망이 성취될 수 있다는 믿음이 있어야 하는 것이다. 미국인들은 희망과 낙관론에 넘치지만 유럽인들은 전체적으로 볼 때 그렇지 못하다. 그러나 그들은 EU라는 새로운 연합체에 대해서는 '신중한' 낙관론을 편다. 그리고 여론 조사 결과도 젊은 세대 사이에는 낙관론이 우세하다는 것을 보여 준다. 어쩌면 그것이 우리가 기대할 수 있고, 기대해야 할 전부인지 모른다. '미국의 정신'에서 가장 큰 특징을 이루는 검증되지 않은 낙관론이 언제나 이롭게 작용한 것은 아니기 때문이다. 세계적인 파급 효과가 있는 위협이 점점 많아지는 세계에서는 리스크에 대한 현실적 평가를 감안해 지나친 열의를 갖지 않는 것이 더 적합할지 모른다. 그러나 유럽인들의 마음에는 비관주의가 깊이 뿌리 박고 있다. 유럽인들이 겪은 수많은 정치 및 사회 실험의 실패와 오랜 역사에 걸친 유혈 참상을 감안하면 너무도 당연한 결과다. 실패는 낙담을 낳을 수 있다. 그러나 실패는 우리를 더욱 강하고, 유연하며, 현명하게 만들어 주기도 한다. 유럽인들이 냉소주의를 극복하는 것은 미국인들이 순진한 낙관주의를 극복하는 것만큼이나 어려울 것이다. 그러나 아무리 매혹적으로 보이는 꿈이라도 비관주의와 냉소주의가 팽배한 분위기에서는 이뤄질 수 없다는 점을 명심해야 한다.

   미국인들과 유럽인들 모두 내 말을 불쾌하게 여길 수도 있겠지만 양쪽 다 명심해야 할 교훈이 있다. 미국인들은 인류와 지구를 위해 집단 책임 의식을 좀더 적극적으로 가져야 한다. 유럽인들은 개인의 행위와 관련해 개인적 책임감을 좀더 가져야 한다. 미국인들은 좀더 신중하고 조절된 전망을 가져야 하는 반면, 유럽인들은 좀더 희망적이고 낙관적이 되어야 한다. 아메리칸 드림과 유러피언 드림 양쪽 꿈의 정수를 공유하면 우리는 서로 손 잡고 인간 의식의 제3단계로 활기 차게 나아갈 수 있을지 모른다.

우리는 지금 격동의 시대에 살고 있다. 우리 세계의 많은 부분이 어둠에 덮여 있고, 그로 인해 많은 사람들이 나아갈 방향을 잃고 있다. 유러피언 드림은 이 어둡고 험난한 세상에서 길을 인도하는 등대다. 그 등불은 포괄성, 다양성, 삶의 질, 심오한 놀이, 지속 가능성, 보편적 인권, 자연의 권리, 지구상의 평화로 정의되는 새로운 시대로 우리를 손짓하며 부른다. 미국인들은 아메리칸 드림이 목숨을 바칠 가치가 있는 꿈이라고 말하곤 했다. 그러나 새로운 유러피언 드림은 삶을 추구할 가치가 있게 해 주는 꿈이다.

감사의 말

이 책을 위한 내용 확인 작업을 노련하게 지휘해 준 새라 만(Sarah E. Mann)에게 감사한다. 이 책을 준비하는 데 필요했던 방대한 양의 자료를 일목요연하게 정리하는 것은 고되고 도전적인 작업이었다. 그런데도 그 과정은 새라의 탁월한 지휘 아래 언제나 주제에 정확히 초점을 맞춰 명료하게 진행되었다. 나는 다급한 상황에서도 그 작업을 착오 없이 진행해 준 그녀의 능력을 높이 산다.

그 과정의 여러 단계에서 도움을 준 다음 분들에게도 감사를 표하고 싶다. 클라라 맥(Clara Mack), 알렉시아 로빈슨(Alexia Robinson), 미셸 베이커(Michelle Baker), 로링 카타왈라(Loring Katawala), 제니퍼 브로스텍(Jennifer Brostek), 시마 하바시(Sima Habash), 피터 코사코스키(Peter Kossakowski), 라이언 레빈슨(Ryan Levinson), 바네사 맘브리오(Vanessa Mambrio), 알렉스 메라티(Alex Merati), 제이 파레크(Jay Parekh), 박지혜, 보리스 슈워츠(Boris Schwartz), 알렉스 테일러(Alex Taylor), 오드런 즈미루(Audren Zmirou).

내 장인 테드 그룬월드(Ted Grunewald)도 자료 조사와 관련해 많은 도움을 주었다. 또 장인과 장모 도로시 그룬월드(Dorothy Grunewald)는 이 책의 시각을 바로 잡는 데 도움이 되는 많은 조언을 아끼지 않았다.

나의 오랜 출판 에이전트 짐 스타인(Jim Stein)은 늘 그렇듯 격려와 지원을 아끼지 않았다.

지난 10년 동안 내 책 다섯 권을 출판해 준 타처(Tarcher) 그룹에도 감사한다. 특히 나의 오랜 친구 제러미 타처(Jeremy Tarcher)는 자신의 출판 사업에 나를 참여시켜 주었다. 내 책의 출판을 직접 담당한 조엘 포티노스(Joel Fotinos)는 수년 동안 내게 아낌없는 지원을 베풀었다. 나의 홍보 담당자 켄 사이먼(Ken Siman)은 언제나 그랬던 것처럼 전력을 다해 주었고, 랜스 피츠제럴드(Lance Fitzgerald)는 외국 출판 시장 진출에 도움을 주었으며, 마크 버키(Mark Birkey)는 교열에서 정성을 다해 주었다.

나의 편집자 미치 호로위츠(Mitch Horowitz)는 이 책의 방향과 개념 정립에 필요한 건설적인 토론을 인내심 있게 이끌어 주었다. 협력자이자 친구이자 프로페셔널로 열정을 아끼지 않는 편집자의 도움을 받는 것은 저자로서 누구나 바라는 행운이다.

마지막으로 내 아내 캐럴 그룬월드(Carol Grunewald)는 나의 저술 활동에 늘 영감을 주는 동반자다. 이 책을 쓰게 된 것도 아내의 아이디어였다. 캐럴과 나는 수년간 함께 유럽을 오가면서 다양한 계층의 사람들과 만나 구세계라는 유럽이 갖는 깊이와 풍요로움을 경험했다. 그 과정을 통해 우리는 함께 유럽을 이해하게 됐다. 아내의 통찰력은 이 책의 구석구석에 스며들어 있다.

주(註)

1 아메리칸 드림의 퇴색

1) Decker, Jeffrey Louis. Made in America: Self-Styled Success from Horatio Alger to Oprah Winfrey. Minneapolis: University of Minnesota Press, 1997. p. 92.
2) Ibid. pp. 154-155.
3) Ibid.
4) Miller, Perry. Errand into the Wilderness. Cambridge, MA: Harvard University Press, 1984. p. 11; Winthrop, John. "A Model of Christian Charity." 1630.
5) Cullen, Jim. The American Dream. New York: Oxford University Press, 2003. p. 24.
6) Morgan, Edmund S., ed. The Diary of Michael Wigglesworth, 1653-1657. New York: Harper, 1965. p. 8.
7) Melville, Herman. White-Jacket; Or, the World in a Man-of-War. (1850) Oxford, U.K.: Oxford Press (Oxford World's Classics), 2000. ch. 36.
8) "Americans Struggle with Religion's Role at Home and Abroad." Pew Research Center for the People and the Press. March 20, 2002. www.people-press.org
9) Ibid.
10) Ibid.
11) "Spirituality and Faith Undergird and Motivate Americans to a Surprising Degree: NewsRelease." The Gallup Organization. March 4, 2003. www.gallup.org
12) Gallup, George H. Jr., and Byron R. Johnson. "Religion & Values: New Index Tracks 'Spiritual State of the Union.'" The Gallup Organization. January 28, 2003. www.gallup.org
13) "American Values: A Survey of Americans on Values." The Washington Post/Kaiser/Harvard Survey Project. September 1998. www.kff.org/content/archive/1441/values.html
14) "Religion & Politics: The Ambivalent Majority." The Pew Research Center for the

People and the Press. September 20, 2000. www.people-press.org/reports
15) "American Values: A Survey of Americans on Values." The Washington Post/Kaiser/Harvard Survey Project.
16) Robison, Jennifer. "Religion & Values: The Devil and the Demographic Details." The Gallup Organization. February 25, 2003. www.gallup.com
17) Ibid.
18) Ibid.
19) Ibid.
20) Brooks, Deborah Jordan. "Substantial Numbers of Americans Continue to Doubt Evolution as Explanation for Origin of Humans." The Gallup Organization. March 5, 2001. www.gallup.com/poll/releases/pr
21) "Public Favorable to Creationism." The Gallup Organization. February 14, 2001. www.gallup.com/poll/releases/pr
22) "Poll: 40 Percent of Americans Believe in Apocalyptic End." DayWatch. March 25, 1999.
23) Leland, John. "Afterlife for Everyone: Heaven Comes Down to Earth." The New York Times. December 21, 2003.
24) "Among Wealthy Nations U.S. Stands Alone in Its Embrace of Religion." The Pew Research Center for the People and the Press. December 19, 2002. www.people-press.org
25) Ibid.
26) Ibid.; Inglehart, Ronald. "Cultural Cleavages in the European Union." Institute for Social Research, University of Michigan. 2002.
27) Inglehart, Ronald. "Cultural Cleavages in the European Union."
28) "Among Wealthy Nations U.S. Stands Alone in Its Embrace of Religion." The Pew Research Center for the People and the Press.
29) Ferguson, Niall. "Why America Outpaces Europe (Clue: The God Factor.)" The New York Times. June 8, 2003.
30) Ibid.
31) Ibid.
32) Inglehart, Ronald. 1990 World Values Survey. Table 2-2. Ann Arbor, MI: Institute for Social Research, 1990.
33) Ibid.
34) Smith, Tom W., and Lars Jarkko. "National Pride in Cross-National Perspective." National Opinion Research Center, University of Chicago. April 2001.
35) "Living with a Superpower." The Economist. January 4, 2003.
36) "What the World Thinks in 2002." Pew Global Attitudes Project. The Pew Research Center for the People and the Press. 2002.
37) Lipset, Seymour Martin. American Exceptionalism: A Double-Edged Sword. New York: Norton, 1996. p. 20.
38) "Views of a Changing World." The Pew Global Attitudes Project. The Pew

Research Center for the People and the Press. June 2003.
39) Ibid.
40) Ibid.
41) "What the World Thinks in 2002." Pew Global Attitudes Project.
42) Hastings, Elizabeth Hawn, and Phillip K. Index to International Public Opinion, 1988-1989. New York: Greenwood Press, 1990. p. 612.
43) "Newsweek Poll 750 Adults Nationwide." Princeton Survey Research Associates. June 2425, 1999.
44) Ibid.
45) Ibid.
46) Ibid.
47) Lasch, Christopher. The Culture of Narcissism: American Life in an Age of Diminishing Expectations. New York: Norton, 1979. pp. 30, 33.
48) "Gambling in America." The Gallup Organization. May 7, 2003. www.gallup.com
49) Berenson, Alex. "The States Bet Bigger on Betting." The New York Times. May 18, 2003.
50) Ibid.
51) Ibid.
52) Ibid.
53) "Who Wants to Be a Millionaire: Changing Conceptions of the American Dream." American Studies Online. February 13, 2003. p. 5. www.americansc.org.uk
54) Ibid.
55) Ibid.; Michael J. Sandel. "The Hard Questions: Bad Bet State Lotteries Are Shooting Craps with the Lives of the Poor." The New Republic. March 10, 1997. p. 27.
56) "National Gambling Impact Study Commission Final Report." National Gambling Impact Study Commission. 1999. govinfo.library.unt.edu. May 9, 2003.
57) Ibid.
58) "Reality Television Show Directory." Reality TV Links. www.realitytvlinks.com. December 22, 2003.
59) Adams, Michael. Fire and Ice: The United States, Canada, and the Myth of Converging Values. Toronto: Penguin, 2003. p. 53.
60) Ibid.
61) Ibid.
62) Ibid. p. 54.
63) Ibid.
64) Ibid.
65) Ibid.
66) Eisenberg, Pablo. "The Voluntary Sector: Problems and Challenges." In O' Connell, Brian, ed. America's Voluntary Spirit. Washington, DC: Foundation

Center, 1983. p. 306; O'Neill, Michael. The Third America: The Emergence of the Nonprofit Sector in the United States. San Francisco: Jossey-Bass Publishers, 1989. p. 13.
67) Sokolowski, S. Wojciech, and Lester M. Salamon. "The United States." In Salamon, Lester M., Helmut Anheier, Regina List, Stefan Toepler, and Wojciech S. Sokolowski. "Global Civil Society: Dimensions of the Nonprofit Sector." Comparative Nonprofit Sector Project, The Johns Hopkins Center for Civil Society Studies, 1999. pp. 267268. www.jhu.edu/~ccss/pubs/books/gcs
68) Ibid. p. 261.
69) Ibid. p. 268.
70) Ibid. p. 272.
71) Ibid. p. 270.
72) Putnam, Robert D. Bowling Alone: The Collapse and Revival of American Community. New York: Simon & Schuster, 2000. p. 283.
73) Bostrom, Meg. "Achieving the American Dream: A Meta-Analysis of Public Opinion Concerning Poverty, Upward Mobility, and Related Issues." Douglas Gould & Co. for the Ford Foundation, September 27, 2001.

2 새로운 기회의 땅

1) Lazarus, Emma. "The New Colossus." From The New Dictionary of Cultural Literacy, Third Edition. 2002. www.bartleby.com. August 13, 2003.
2) Smeeding, Timothy M. "Globalization, Inequality, and the Rich Countries of the G-20: Evidence from the Luxembourg Income Study (LIS)." July 30, 2002. p. 14.
3) Ibid.
4) Ibid. p. 11.
5) Ibid. p. 22; Jesuit, David, and Timothy Smeeding. "Poverty and Income Distribution." Luxembourg Income Study White Paper No. 293. Syracuse, NY: Syracuse University, January 2002. p. 6.
6) Mishel, Lawrence, Jared Bernstein, and Heather Boushey. The State of Working America 2002/2003. The Economic Policy Institute. Ithaca, NY: Cornell University Press, 2003. pp. 403-404.
7) Uchitelle, Louise. "A Recovery for Profits, But Not for Workers." The New York Times. December 21, 2003; Meyerson, Harold. "Un-American Recovery." The Washington Post. December 24, 2003.
8) Herbert, Bob. "Another Battle for Bush." The New York Times. December 15, 2003.
9) Uchitelle, Louise. " A Recovery for Profits, But Not for Workers."
10) Mishel, Lawrence, Jared Bernstein, and Heather Boushey. The State of Working America 2002/2003. p. 405-406.
11) Ibid. pp. 407, 410-411.

12) Jesuit, David, and Timothy Smeeding. "Poverty Levels in the Developed World." Maxwell School of Citizenship and Public Affairs at Syracuse University. July 23, 2002. pp. 8,9; Jesuit, David, and Timothy Smeeding. "Poverty and Income Distribution." p. 7.
13) "Views of a Changing World." The Pew Global Attitudes Project. The Pew Research Center for the People and the Press. June 2003. pp. 8, 108.
14) Ibid. p. 108.
15) Glazer, Nathan. "Why Americans Don't Care About Income Inequality." Paper presented at the Inequality and Social Policy Seminar Series. February 11, 2002. pp. 910.
16) Ibid. p. 10.
17) Ibid. p. 5; Inglehart, Ronald. 1990 World Values Survey.
18) "Views of a Changing World." The Pew Global Attitudes Project. p. 8.
19) Bernstein, Robert. "Poverty, Income See Slight Changes; Child Poverty Rate Unchanged, Census Bureau Reports." United States Department of Commerce News. September 26, 2003. www.census.gov
20) Harrison, Paige M., and Jennifer C. Karberg. "Prison and Jail Inmates at Midyear 2002." Bureau of Justice Statistics. April 2003; "Two Million Inmates, and Counting." The New York Times. April 9, 2003.
21) Glazer, Nathan. "Why Americans Don't Care About Income Inequality." p. 3; "Economic Portrait of the European Union 2002." European Commission, 2002.
22) Glazer, Nathan. "Why Americans Don't Care About Income Inequality." pp. 34.
23) Mishel, Lawrence, Jared Bernstein, and Heather Boushey. The State of Working America 2002/2003. pp. 420-421.
24) Ibid. pp. 399-402; "Progress on the Lisbon Strategy.?European Commission, 2003. www.europa.eu.int. p. 2.
25) Gordon, Robert J. "Two Centuries of Economic Growth: Europe Chasing the American Frontier." Economic History Workshop, Northwestern University. October 17, 2002. p. 126.
26) McGuckin, Robert H., and Bart van Ark. "Performance 2002: Productivity, Employment, and Income in the World Economies." The Conference Board. March 2003. pp. 3, 7. www.conference-board.org/publications/describe.cfm?id=649.
27) Ibid. pp. 4, 14.
28) Rhoades, Christopher. "U.S., EU Productivity Gap Is Widening." The Wall Street Journal. January 19, 2004.
29) Broad, William J. "US Is Losing Its Dominance in the Sciences." The New York Times. May 3, 2004.
30) Foster, Ian, and Carl Kesselman, eds. The Grid: Blueprint for a New Computing Infrastructure. San Francisco, CA: Morgan Kaufman Publishers, 1999. p. xix.
31) Ibid.
32) Ibid.

33) Markoff, John, and Jennifer L. Schenker. "Europe Exceeds U.S. in Refining Grid Computing." The New York Times. November 10, 2003.
34) Ibid.
35) Ibid.
36) McGuckin, Robert H., and Bart van Ark. "Performance 2002: Productivity, Employment, and Income in the World Economies." p. 5; "Progress on the Lisbon Strategy." European Commission, 2003. p. 2.
37) Honore, Carl. "A Time to Work, a Time to Play: France's 35-hour Week: Shorter Hours Result in a Social Revolution." National Post. January 31, 2002.
38) Trumbull, Gunnar. "France's 35 Hour Work Week: Flexibility Through Regulation." The Brookings Institution. January 2001.
39) "Making France Work." The Wall Street Journal. October 10, 2003.
40) Honore, Carl. "A Time to Work, a Time to Play: France's 35-hour Week: Shorter Hours Result in a Social Revolution."
41) Foroohar, Rana, et al. "Eat, Drink, and Go Slow: The Post-Crash Backlash Against American Taste." Newsweek International, Atlantic Edition. July 2, 2001.
42) "French Law: The Standard French Working Week." Triplet and Associés. March 30, 2004. www.triplet.com
43) Jeffries, Stuart. "The World: C'est magnifique! Le weekend Just Goes On and On for French Workers." The Guardian. May 27, 2001.
44) Honore, Carl. "Slowing the World: Last in a Series." National Post. January 31, 2002.
45) Rhoads, Christopher. "Clocking Out: Short Work Hours Undercut European Economic Drive." The Wall Street Journal. August 8, 2002.
46) Mishel, Lawrence, Jared Bernstein, and Heather Boushey. The State of Working America 2002/2003. p. 425; "Employment Outlook: Average Annual Hours Worked in the OECD, 1979-2000." Paris: OECD, 2001.
47) Mishel, Lawrence, Jared Bernstein, and Heather Boushey. The State of Working America 2002/2003. p. 425.
48) "Changeover from Career Breaks to Time Credits Proves Complex." European Industrial Relations Observatory. August 2001. www.eiro.eurofound.eu.int
49) "Inter-community Dispute on Time Credit Scheme." European Industrial Relations Observatory. February 2002. www.eiro.eurofound.ie/2002/02/inbrief/BE0202305N.html
50) Ibid.; "Changeover from Career Breaks to Time Credits Proves Complex." European Industrial Relations Observatory.
51) McGuckin, Robert H., and Bart van Ark. "Performance 2002: Productivity, Employment, and Income in the World Economies."
52) Scheier, Lee. "Call it a Day, America." Chicago Tribune. May 5, 2002.
53) Ibid.
54) "Main Economic Indicators: Purchasing Power Parities." OECD. February 2004. www.oecd.org

55) "Employment Outlook: Average Annual Hours Worked in the OECD, 1979-2000." Paris: OECD, 2001.
56) "Annual Average Unemployment Rate, Civilian Labor Force 16 Years and Older." March 18, 2003. Bureau of Labor Statistics. www.bls.gov/cps/prev_yrs.htm; "Labor Force Statistics from the Current Population Survey." Bureau of Labor Statistics. May 26, 2004. www.bls.gov.
57) "Labor Force Statistics from the Current Population Survey (SIC)." U.S. Department of Labor. Bureau of Labor Statistics. http://data.bls.gov. August 12, 2003; "Prison Statistics." Bureau of Justice Statistics Prison Statistics. December 31, 2002. www.ojp.usdoj.gov; "Key Facts at a Glance: Correctional Populations." U.S. Department of Justice. Bureau of Justice Statistics. July 27, 2003. www.ojp.usdoj.gov/bjs/glance
58) Herbert, Bob. "Despair of the Jobless." The New York Times. August 7, 2003; "Jobs and the Jobless." The Washington Post. May 5, 2003.
59) "U.S. Personal Savings Rates." Bureau of Economic Analysis. October 3, 2003.
60) "New ILO Study Highlights Labour Trends Worldwide: US Productivity Up, Europe Improves Ability to Create Jobs." International Labour Organization. September 1, 2003. www.ilo.org; Productivity and Costs, Second Quarter 2003, revised." Bureau of Labor Statistics. September 4, 2003. www.bls.gov; Berry, John M. "Efficiency of U.S. Workers Up Sharply." Washington Post. February 7, 2003.
61) Jones, Del, and Barbara Hansen. "Companies Do More with Less." USA Today. August 12, 2003.

3 소리 없는 경제 기적

1) "Economic Portrait of the European Union2002." European Commission. 2002. p. 55.
2) Ibid. p. 74; Patten, Christopher. "The European Union and the World.?In Guttman, Robert J. Europe in the New Century: Visions of an Emerging Superpower. Boulder, CO: Lynne Rienner Publishers, 2001. p. 79.
3) "United Nations Human Development Report 2002: Deepening Democracy in a Fragmented World." United Nations Development Program. Oxford, U.K.: Oxford University Press, 2002. Sec. 3, p. 15.
4) "Main Economic Indicators: Gross Domestic Product." OECD. February 2004. www.oecd.org; "Current Dollar and Real Gross Domestic Product." Bureau of Economic Analysis. March 25, 2004.
5) "The World Economic Outlook (WEO) Database: Selected World Aggregates." International Monetary Fund. April 2003. www.imf.org
6) "The World Economic Outlook (WEO): GDP Current Prices." International Monetary Fund. April 2003.

7) "Trans-European Networks." European Commission. August 8, 2002. www.europa.eu.int
8) "The Europe of Knowledge." Le Magazine: Education and Culture in Europe. Issue 18. 2002. pp. 1415.
9) Thomas, Daniel. "Offshore Gartner Urges Users to Consider New EU States as Potential Offshore Outsourcing Destinations." Computer Weekly. March 9, 2004.
10) Aoki, Naomi. "Gillette to Build a Plant in Poland, Jobs Would Be Shifted from Germany, Britain." The Boston Globe. March 17, 2004.
11) "Dollar Weakens, G7 Warning Dismissed." Reuters. February 10, 2004.
12) McCartney, Robert J. "Global Anxiety Propels Euro Above Dollar." The Washington Post. January 31, 2003.
13) Monbiot, George. "The Bottom Dollar." The Guardian. Tuesday, April 22, 2003.
14) "The Not-So Mighty Dollar." The Economist. December 6, 2003.
15) Becker, Elizabeth, and Edmund L. Andrews. "I.M.F. Says Rise in U.S. Debts Is Threat to World's Economy." The New York Times. January 8, 2004.
16) "Statement on the President's Fiscal Year 2005 Budget by Office of Management and Budget Director Joshua B. Bolten Before the Committee on the Budget United States House of Representatives." Executive Office of the President. February 3, 2004; Andrews, Edmund L. "G-7 Statement Signals Worry About Dollar." The New York Times. February 8, 2004.
17) Becker, Elizabeth, and Edmund L. Andrews. "I.M.F. Says Rise in U.S. Debts Is Threat to World's Economy."
18) Ibid.
19) "A Comparison of the Top 25 United States GSPs with the Top 25 European Union GDPs." U.S. Department of Commerce: Bureau of Economic Analysis. November 15, 2002. www.bea.gov
20) "The 2003 Global 500." Fortune. July 21, 2003. www.fortune.com
21) Durman, Paul. "Nokia Bets on a Mobile World." The Sunday Times. June 22, 2003; Reinhardt, Andy. "Something for Everyone." BusinessWeek. March 31, 2003; Verdin, Mike. "Why Nokia Is Winning the Phone War." BBC News Online. April 20, 2001. http://news.bbc.co.uk; "Global 500: Nokia. Fortune. July 21, 2003. www.fortune.com
22) Guyon, Janet. "Why Big Is Better for Vodafone." Fortune. February 3, 2002. www.fortune.com; "Profile—VodafoneGroup plc." Yahoo! Finance. April 9, 2003. Biz.yahoo.com
23) Barnard, Bruce. "Business and the Technologies of the Future." In Guttman, Robert J. Europe in the New Century: Visions of an Emerging Superpower. p. 171; Fox, Justin. "Bertelsmann: Tomas Middelhoff Wants Respect." Fortune. May 15, 2002. www.fortune.com; "Pearson." Yahoo! Finance UK & Ireland. December 31, 2002. uk.biz.yahoo.com
24) Rossant, John. "How to Build a Better EU Constitution." BusinessWeek. June 30, 2003.

25) Tomlinson, Richard. "International Fortune: AHOLD." Fortune. June 27, 2002; "The 2003 Global 500: Royal Ahold." Fortune. January 21, 2003. www.fortune.com
26) Brooks, Rick. "FedEx, UPS Join Forces to Stave Off Foreign Push into U.S. Market." The Wall Street Journal. February 1, 2001.
27) "The 2003 Global 500: Industry Snapshot: Banks: Commercial and Savings." Fortune. July 21, 2003. www.fortune.com
28) "The 2003 Global 500: Industry Snapshot: Chemicals." Fortune. July 21, 2003. www.fortune.com
29) "The 2003 Global 500: Industry Snapshot: Engineering, Construction." Fortune. July 21, 2003. www.fortune.com
30) "The 2003 Global 500: Industry Snapshot: Consumer Food Products." Fortune. July 21, 2003. www.fortune.com
31) "The 2003 Global 500: Industry Snapshot: Food & Drug Stores." Fortune. July 21, 2003. www.fortune.com
32) "Top Ten World Reinsurance Companies.?Insurance Information Institute. 2001. www.internationalinsurance.org
33) "The 2003 Global 500: Industry Snapshot: Life, Health (stock)." Fortune. July 21, 2003. www.fortune.com
34) "The 2003 Global 500: Industry Snapshot: Insurance: P&C (stock)." Fortune. July 21, 2003. www.fortune.com
35) "The 2003 Global 500: Industry Snapshot: Telecommunications." Fortune. July 21, 2003. www.fortune.com
36) "The 2003 Global 500: Industry Snapshot: Pharmaceuticals." Fortune. July 21, 2003. www.fortune.com
37) "The 2003 Global 500: Industry Snapshot: Motor Vehicles & Parts." Fortune. July 21, 2003. www.fortune.com
38) Johnson, Mark, et al. "The World's Best Companies 2002." Global Finance. November 2002.
39) "SMEs in Europe, Including a First Glance at EU Candidate Countries." European Commission. 2002. p. 13. www.europa.eu.int
40) "SMEs in Europe: Competitiveness, Innovation, and the Knowledge Driven Society." European Commission. 2002. pp. 89.
41) "European Trend Chart on Innovation: 2002 European Innovation Scoreboard Technical Paper No. 1: Member States and Associate Countries." European Commission. December 4, 2002. pp. 2, 5. www.europa.eu.int
42) Ibid. pp. 56; Wagstyl, Stefan. EU Nears US and Japan in Promoting Innovation." Financial Times. December 11, 2002.
43) Wagstyl, Stefan. "EU Nears US and Japan in Promoting Innovation."
44) Schroeder, Michael. "The Economy: World Economy Expected to Grow 4.75% in 2004." The Asian Wall Street Journal. April 5, 2004.
45) "Euro-Indicators: First Notification of Deficit and Debt Data for 2003." Eurostat.

March 16, 2004; "Debt Outstanding by Type of Debt: The Debt to the Penny and Who Holds It." Bureau of the Public Debt, U.S. Department of the Treasury. April 5, 2004. www.publicdebt.treas.gov; "Main Economic Indicators: Key Short-Term Indicators for OECD Member Countries." OECD. April 2004; "BEA News: Personal Income and Outlays: February 2004." Bureau of Economic Analysis. March 26, 2004.

46) Tran, Muoi. "By the Numbers: New Money: The Very Rich, by Region." Fortune. June 24, 2003.

47) Foroohar, Rana, et al. "Eat, Drink, and Go Slow." Newsweek International, Atlantic Edition. July 2, 2001.

48) Cobb, Clifford, Ted Halstead, and Jonathan Rowe. "If the GDP Is Up, Why Is America Down?" The Atlantic. October 1995. www.theatlantic.com/politics/ecbig

49) "Measuring Progress: Annex 1What's Wrong with the GDP?" Friends of the Earth. March 13, 2003. www.foe.co.uk

50) Cobb, Clifford, Ted Halstead, and Jonathan Rowe. "If the GDP Is Up, Why Is America Down?" pp. 1617.

51) Ibid. p. 17.

52) Tomkins, Richard. "How to Be Happy." Financial Times Weekend. March 89, 2003.

53) Ibid.; "Genuine Progress Indicator: Contents of the GPI." Redefining Progress. March 13, 2003. www.redefiningprogress.org/projects/gpi/gpi_contents

54) "Alternatives to the GDP." McGregor Consulting Group. March 25, 2003. www.consultmcgregor.com

55) Osberg, Larry, and Andrew Sharpe. "Human Well-Being and Economic Well-Being: What Values Are Implicit in Current Indices?" Center for the Study of Living Standards. July 2003.

56) "The Social Situation in the European Union, 2002." European Commission. May 22, 2002. www.europa.eu.int

57) "World Development Indicators Database: Total GDP 2002." The World Bank. July 2003. "Fiscal Year 2004 Budget." Center for Defense Information. August 4, 2003. www.cdi.org

58) "Country/Region Population." Eurostat. August 8, 2003. www.europa.eu.int; "Energy Information Administration: State Energy Data 2000." Energy Information Administration. www.eia.doe.gov; "Historical National Population Estimates." Population Estimates Program, Population Division, U.S. Census Bureau. April 11, 2000. www.census.gov; "Regional Indicators: European Union (EU)." Energy Information Administration. October 2002. www.eia.doe.gov

59) "Energy Information Administration: State Energy Data 2000."

60) "Justice Expenditure and Employment in the United States, 1999." Bureau of Justice Statistics Bulletin. U.S. Department of Justice, Office of Justice Programs. February 2002. www.ojp.usdoj.gov; "U.S. Department of Justice: Summary of Budget Authority by Appropriation." Bureau of Justice Statistics, 2002.

61) Blau, Francine D., and Lawrence Kahn. "Do Cognitive Test Scores Explain Higher U.S. Wage Inequality?" National Bureau of Economic Research. September 2000. p. 13. http://papers.nber.org
62) "Education at a Glance: OECD Indicators 2002." Organization for Economic Co-operation and Development. 2002. p. 66.
63) Ibid. p. 69.
64) Ibid. pp. 74, 77, 161, 214, 222.
65) "United Nations Human Development Report 2002: Deepening Democracy in a Fragmented World." United Nations Development Program. pp. 23, 29.
66) Ibid. pp. 18, 21. "Preventing Infant Mortality." U.S. Department of Health and Human Services. April 18, 2001.
67) "Economic Portrait of the European Union 2002." p. 129; "United Nations Human Development Report 2002: Deepening Democracy in a Fragmented World." United Nations Development Program. pp. 18-19.
68) "The World Health Report 2000." The World Health Organization, 2000.
69) "The US Health Care System." Bureau of Labor Education of the University of Maine. pp. 4, 6.
70) Ayers, Stephen M., M.D. "Health Care in the United States: The Facts and the Choices." Chicago and London: American Library Association, 1996. p. xii.
71) Rhoades, Jeffrey A., Ph.D. "Statistical Brief #19: The Uninsured in America 2002." Medical Expenditure Panel Survey. Agency for Healthcare and Research Quality. July 2003.
72) "OECD Data Show Health Expenditures at an All-time High." Organization for Economic Co-operation and Development. (OECD) June 23, 2003. www.oecd.org
73) "The US Health Care System." Bureau of Labor Education of the University of Maine. pp. 23.
74) "Real Gross Domestic Product and Related Measures." U.S. Department of Commerce. Bureau of Economic Analysis. August 6, 2003. www.bea.doc.gov
75) "Obesity Rates Among the Adult Population." OECD Health Data, 2003. www.oecd.org/dataoecd/10/20/2789777.pdf; Power, Carla. "Big Trouble." Newsweek. August 11, 2003.
76) "Obesity in Europe: The Case for Action." International Obesity Task Force and European Association for the Study of Obesity. September 2002.
77) "Obesity Rates Among the Adult Population." OECD Health Data. 2003.
78) "Obesity and Overweight." World Health Organization: Global Strategy on Diet, Physical Activity and Health, 2003.
79) "Innocent Report Card: A League Table of Child Poverty in Rich Nations." UNICEF. No. 1. June 2000. p. 6.
80) Ibid.
81) Ibid. pp. 67.
82) Ibid. p. 7.

83) "Basic Facts on Poverty." Children's Defense Fund. December 2002. www.childrens defense.org
84) Graff, James. "Gunning for It." Time Europe. Vol. 159. No. 19. May 13, 2002.
85) "Rates of Homicide, Suicide, and Firearm-related Death Among Children—26 Industrialized Countries." Morbidity and Mortality Weekly Report. Vol. 46, No. 5. February 7, 1997. p.
86) Barclay, Gordon, and Cynthia Tavares. "International Comparisons of Criminal Justice Statistics 2000." July 12, 2002: "Two Million Inmates and Counting." The New York Times. April 9, 2003.
87) Barclay, Gordon, and Cynthia Tavares. "International Comparisons of Criminal Justice Statistics 2000."
88) Noll, Heinz-Herbert. "Towards a European System of Social Indicators." Social Indicators Research. Special Issue Vol. 58. 2002.
89) Argyle, M. "Subjective Well-Being." In Offer, A. In Pursuit of the Quality of Life. Oxford, U.K.: Oxford University Press. January 1997. pp. 1845.
90) Ibid.
91) "Our Common Future." World Commission on Environment and Development. Oxford, U.K.: Oxford University Press, 1987.
92) Baker, Linda. "Real Wealth: The Genuine Progress Indicator Could Provide an Environmental Measure of the Planet's Earth." E/The Environmental Magazine. March 13, 2003. www.emagazine.com

4 공간, 시간, 그리고 모더니티

1) "United Nations Human Development Report 2002." United Nations Development Program. Oxford, U.K.: Oxford University Press, 2002. p. 38.
2) "The Mobiles: Social Evolution in a Wireless Society." Context Based Research Group, 2002. p. 15.
3) Ibid. pp. 23, 25, 27.
4) Gimpel, Jean. The Medieval Machine. New York: Penguin, 1976. pp. 43-44.
5) White, Lynn, Jr. Medieval Technology & Social Change. London.: Oxford University Press, 1962. p. 78.
6) Ibid. pp. 88-89.
7) Gimpel, Jean. The Medieval Machine. p. 195; Pagden, Anthony. "Europe: Conceptualizing a Continent." In Pagden. The Idea of Europe: From Antiquity to the European Union. Cambridge, U.K.: Cambridge University Press, 2002. p. 50.
8) Johnson, Paul. The Birth of the Modern. New York: HarperPerennial, 1991. p. 203.
9) Wright, Lawrence. Clockwork Man. New York: Horizon Press, 1969. p. 154.
10) Hansen, Marcus Lee. The Atlantic Migration. Cambridge, MA: Harvard University Press, 1940. pp. 178ff.

11) Randall, John Herman. The Making of the Modern Mind. Cambridge, MA: Houghton Mifflin, 1940. p. 223.
12) Ibid. p. 224.
13) Bacon, Francis. "Novum Organum." The Works of Francis Bacon, vol. 4. London: W. Pickering, 1850. p. 246.
14) Ibid. p. 114.
15) Randall, John Herman. The Making of the Modern Mind. p. 241. Quotation by Descartes.
16) Ibid. pp. 241-242.
17) Locke, John. "Second Treatise." In Locke. Two Treatises of Government. Peter Laslett, ed. Cambridge, U.K.: Cambridge University Press, 1967. p. 315.
18) Locke, John. The Second Treatise of Civil Government: Chapter V: Of Property, Section 40. 1690.
19) Strauss, Leo. Natural Right and History. Chicago: University of Chicago, 1950. Quotation by John Locke. p. 315.
20) Ibid. p. 258.
21) Randall, John Herman. The Making of the Modern Mind. p. 259. Quotation by Descartes.
22) Quotation by Bertrand Russell, 1872-1970.
23) Newton, Isaac. Mathematical Principles of Natural Philosophy. Book 3. Author's Preface.
24) Randall, John Herman. The Making of the Modern Mind. p. 259.
25) Whitehead, Alfred North. Science and the Modern World. New York: Free Press, 1967.
26) Le Goff, Jacques. Your Money or Your Life: Economy and Religion in the Middle Ages. New York: Zone Books, 1988. p. 29. Quotation by St. Thomas Aquinas.
27) [On the question of time.] Le Goff, Jacques. Time, Work, and Culture in the Middle Ages. pp. 51-61; Quinones, Ricardo J. The Renaissance Discovery of Time. Cambridge, MA: Harvard University Press, 1972. pp. 58; de Grazia, Sebastian. Of Time, Work, and Leisure. New York: Anchor/Doubleday, 1964.
28) Chobham, Thomas. Summa Confessorum. F. Broomfield, ed. Paris: Louvain, 1968. p. 505, question XI, ch. 1.
29) Le Goff, Jacques. Time, Work, and Culture in the Middle Ages. p. 30.
30) Woodcock, George. "The Tyranny of the Clock." Politics. Vol. 1. 1994. pp. 265-266.
31) de Grazia, Sebastian. Of Time, Work, and Leisure. p. 41.
32) Ibid. p. 54.
33) McCann, Justin. The Rule of St. Benedict. London: Sheed & Ward, 1970. chapter 48.
34) Zerubavel, Eviatar. Hidden Rhythms: Schedules and Calendars in Social Life. Chicago: University of Chicago Press, 1981. p. 33.

35) Ibid. p. 32.
36) Bendix, Reinhard. Max Weber. Garden City, NY: Anchor-Doubleday, 1962. p. 318.
37) Wright, Lawrence. Clockwork Man. p. 208.
38) Boorstin, Daniel J. The Discoverers. New York: Random House, 1983. p. 38.
39) Wright, Lawrence. Clockwork Man. p. 62.
40) Ibid. p. 55.
41) Ibid.
42) Mumford, Lewis. Technics and Civilization. New York: Harcourt, Brace, 1934. p. 15.
43) Landes, David. Revolution in Time. p. 16.
44) Ibid. pp. 7273.
45) Le Goff, Jacques. Time, Work, and Culture in the Middle Ages. p. 35.
46) Goody, Jack. "Time: Social Organization." International Encyclopedia of the Social Sciences. David Sills, ed. Vol. 16. New York: Free Press/Macmillan, 1968. pp. 3839.
47) Mumford, Lewis. Technics and Civilization. New York: Harcourt, Brace and World, 1934. p. 16.
48) Frederick, Christine. "The New Housekeeping." Ladies' Home Journal. Vol. 29. No. 9. September 1912.
49) Frederick, Christine. "Housekeeping with Efficiency." New York: Ladies' Home Journal, 1913. Preface.
50) Warren, Maude Radford. The Saturday Evening Post. March 12, 1912. pp. 11-12, 34-35.
51) "Proceedings." National Education Association, 1912. p. 492.
52) Mencken, Henry L. The American Language: An Inquiry into the Development of English in the United States, 4th ed. New York: Knopf, 1936.
53) Tichi, Cecelia. Shifting Gears: Technology, Literature, Culture in Modernist America. Chapel Hill, NC: University of North Carolina Press, 1987. pp. 116-117.
54) Book, William F. The Intelligence of High School Seniors. New York: Macmillan, 1922.

5 개인주의의 발달

1) "Entrepreneurship." The European Commission: Eurobarometer. January 2004. www.europa.eu.int; Buck, Tobias. "Europeans Balk at Starting Their Own Business." Financial Times. March 3, 2004.
2) Duby, Georges. "Solitude: Eleventh to Thirteenth Century." In Duby, Georges ed. A History of Private Life: Revelations in the Medieval World. Vol. 2. Cambridge, MA: Harvard University Press, 1988. p. 510; Tuan, Yi-Fu. Segmented Worlds and Self: Group Life and Individual Consciousness.

Minneapolis: University of Minnesota Press, 1982. p. 58.
3) Thomas, Keith. Man and the Natural World: A History of the Modern Sensibility. New York: Pantheon, 1983. p. 95.
4) Beresford, Maurice, and John G. Hurst, eds. Deserted Medieval Villages. New York: St. Martin's Press, 1972. p. 236.
5) Weiner, Philip P. "Man-Machine from the Greeks to the Computer." In Weiner, ed. Dictionary of the History of Ideas. New York: 197374. p. iii.
6) Thomas, Keith. Man and the Natural World: A History of the Modern Sensibility. p. 39.
7) Lamont, William, and Sybil Oldfield, eds. Politics, Religion and Literature in the 17th Century. London: Dent, Rowman & Littlefield, 1975. pp. 61-62.
8) Desiderius, Erasmus. De civilitate morum puerilium (On the Civility of Children.). 1540. Robert Whittinton, trans.; Tuan, Yi-Fu. Segmented Worlds and Self: Group Life and Individual Consciousness. pp. 48-50; Elias, Norbert. The Civilizing Process: The History of Manners. New York: Urizen Books, 1978. pp. 73-74.
9) Furnivall, Frederick J. English Meals and Manners. Detroit, MI: Singing Tree Press, 1969. p. xvi; Tuan, Yi-Fu. Segmented Worlds and Self: Group Life and Individual Consciousness. p. 42.
10) Tuan, Yi-Fu. Segmented Worlds and Self: Group Life and Individual Consciousness. p. 42.
11) Rifkin, Jeremy. Biosphere Politics. New York: Crown, 1991. p. 198.
12) Tuan, Yi-Fu. Segmented Worlds and Self: Group Life and Individual Consciousness. p. 42.
13) Ibid. p. 44; Elias, Norbert. The Civilizing Process: The History of Manners. p. 118.
14) Elias, Norbert. The Civilizing Process: The History of Manners. p. 121.
15) Ibid. p. 126.
16) Ibid. p. 68; Tuan, Yi-Fu. Segmented Worlds and Self: Group Life and Individual Consciousness. p. 45; Cooper, Charles. The English Table in History and Literature. London: Sampson Low, Marston & Company, n.d. pp. 17, 19.
17) Elias, Norbert. The Civilizing Process: The History of Manners. p. 107; Tuan, Yi-Fu. Segmented Worlds and Self: Group Life and Individual Consciousness. p. 46.
18) Brett, Gerard. Dinner Is Served: A History of Dining in England, 1400-1900. London: Rupert Hart-Davis, 1968. p. 116.
19) Barley, M. W. The House and Home: A Review of 900 Years of House Planning and Furnishing in Britain. Greenwich, CT: New York Graphic Society, 1971. pp. 40-41; Aries, Philippe. "The Family and the City." In Rossi, Alice, ed. The Family. New York: Norton, 1965. pp. 227-235; Holmes, U. T. Jr. Daily Living in the Twelfth Century: Based on the Observations of Alexander Neckham in London and Paris. Madison: University of Wisconsin Press, 1952. p.
20) Tuan, Yi-Fu. Segmented Worlds and Self: Group Life and Individual

Consciousness. pp. 59-60; Everett, Alan. "Farm Labourers." In Thirsk, Joan, ed. The Agrarian History of England and Wales: 1500-1640. Cambridge, U.K.: Cambridge University Press, 1967. pp. 442-443.
21) Aries, Philippe. Centuries of Childhood: A Social History of Private Life. New York: Random House, 1962. p. 369.
22) Berman, Morris. Coming to Our Senses: Body and Spirit in the Hidden History of the West. New York: Simon & Schuster, 1989. p. 48.
23) Giedion, Siegfried. Mechanization Takes Command: A Contribution to Anonymous History. New York: Norton, 1969. pp. 268269.
24) Lukacs, John. "The Bourgeois Interior." American Scholar 39. Fall 1970, Vol. 623; Tuan, Yi-Fu. Segmented Worlds and Self: Group Life and Individual Consciousness. p. 83.
25) Elias, Norbert. The Civilizing Process: The History of Manners. p. 177; Duby, Georges. "Solitude." In Duby, ed. A History of Private Life: Revelations in the Medieval World. pp. 589-590.
26) Elias, Norbert. The Civilizing Process: The History of Manners. pp. 178-180; Aries, Philippe. Centuries of Childhood: A Social History of Family Life. pp. 100-127.
27) Duby, Georges. "Solitude." In Duby, ed. A History of Private Life: Revelations in the Medieval World. p. 605.
28) Tuan, Yi-Fu. Segmented Worlds and Self: Group Life and Individual Consciousness. pp. 125-126.
29) Rifkin, Jeremy. Biosphere Politics. p. 212.
30) Ibid. p. 214; Corbin, Alain. The Foul and the Fragrant: Odor and the French Social Imagination. Cambridge, MA. Harvard University Press, 1986. pp. 143-144.

6 사유 재산 개념의 발달

1) Schaff, Philip. America: A Sketch of Its Political, Social, and Religious Character. Cambridge, MA: Harvard University Press, 1855, 1961. p. 87; Tocqueville, Alexis de. Democracy in America. George Lawrence, trans. New York: Harper, 1988. p. 238.
2) Schlatter, Richard. Private Property: The History of an Idea. New York: Russell & Russell, 1973.
3) Ibid. p. 64.
4) Randall, John Herman, Jr. The Making of the Modern Mind. Cambridge, MA: Riverside Press, 1940. p. 140.
5) Marty, Martin E. A Short History of Christianity. New York: Collins World, 1959. pp. 220, 223; Weber, Max. The Protestant Ethic and the Spirit of Capitalism. New York: Scribner's, 1958. pp. 104-105, 108, 116-117.
6) Tawney, R. H. The Acquisitive Society. New York: Harcourt, Brace, 1920. p. 13.

7) Ibid. p. 17.
8) Schlatter, Richard. Private Property: The History of an Idea. pp. 118-120; Les Six Libres de la Republique. 1576. Reference Richard Knolles's English translation of the Latin, London, England: 1606.
9) Schlatter, Richard. Private Property: The History of an Idea. p. 119.
10) Ibid. p. 120.
11) Tawney, R. H. The Acquisitive Society.
12) Ibid. p. 20.
13) Reeve, Andrew. Property. London: Macmillan, 1986. p. 124; Schlatter, Richard. Private Property: The History of an Idea. p. 154.
14) Locke, John; Schlatter, Richard. Private Property: The History of an Idea. p. 154.
15) Schlatter, Richard. Private Property: The History of an Idea. p. 242.
16) Ibid. p. 249.
17) Reeve, Andrew. Property. p. 137.
18) Ibid. pp. 137-138.
19) Ibid. p. 138.
20) Ibid. pp. 298-299.
21) Beaglehole, Ernest. Property: A Study in Social Psychology. New York: Macmillan, 1932. p.
22) Ely, James W. The Guardian of Every Other Right. New York: Oxford University Press, 1992. p. 26.
23) Locke, John. Second Treatise of Civil Government. Peter Laslett, ed. Cambridge, U.K.: Cambridge University Press, 1963. #123, #124.
24) Kelley, Donald R. Historians and the Law in Postrevolutionary France. Princeton, NJ: Princeton University Press, 1984. p. 129.
25) Bethell, Tom. The Noblest Triumph: Property and Prosperity Through the Ages. p. 98. Quotation by Say.
26) De Soto, Hernando. The Mystery of Capital. New York: Basic Books, 2000. p. 5.
27) Ibid. p. 35.
28) Ibid. p. 6.
29) Ibid. p. 10.
30) Ibid. p. 8.
31) Kelley, Donald R. Historians and the Law in Postrevolutionary France. p. 131.
32) Condorcet, Marquis de. Outlines of an Historical View of the Progress of the Human Mind. London: J. Johnson, 1795. pp. 45.
33) Rousseau, Jean-Jacques. Discourse on the Origin of Inequality. In Rousseau, Basic Political Writings, Donald A. Cress, trans. and ed. Indianapolis: Hackett Publishing, 1987. p. 60.
34) Sombart, Werner. Why Is There No Socialism in the United States? White Plains, NY: International Arts and Sciences Press, 1976. p. 106.
35) Jameson, Anna Brownell. Winter Studies and Summer Rambles in Canada. Reissue edition. Toronto: New Canadian Library, 1990.

36) Johnson, Paul. The Birth of the Modern. New York: Harper Perennial, 1991. p. 211.
37) "The Homestead Act." The National Park Service. August 20, 2003. www.nps.gov
38) Skaggs, Jimmy M. Prime Cut. College Station: Texas A&M University Press, 1967. p. 79.
39) Turner, Frederick Jackson. The Frontier in American History. Tucson: University of Arizona Press, 1994. p. 1.
40) "Strategies for Housing and Social Integration in Cities." Organization for Economic Cooperation and Development. Paris: OECD, 1996. p. 40.
41) Jackson, Kenneth. Crabgrass Frontier: The Suburbanization of the United States. New York: Oxford University Press, 1985. p. 57.
42) Ibid. p. 58.
43) "British Homes the Smallest in Europe." Bradford & Bingley, 2003. Sources: HM Land Registry Residential Property Price Report, Oct.Dec. 2001; "Characteristics of New Single-Family Homes (19872002)." National Association of Home Builders. August 21, 2003. www.nahb.org
44) Platt, Rutherford H. Land Use and Society. Washington, DC: Federal Highway Administration Office of Highway Information Management. July 1992. pp. 23-24.
45) Diamond, Henry L., and Patrick F. Noonan. Land Use in America. Washington, DC: Island Press, 1996. p. 85.
46) Arendt, Randall G. Conservation Design for Subdivisions. Washington, DC: Island Press, 1996. p. 19.
47) Schueler, Tom. Site Planning for Urban Stream Protection. Washington, DC: Metropolitan Council of Governments, Environmental Land Planning Series, 1995. p. 73.
48) Newman, Peter W. G. and Jeffrey R. Kenworthy. Cities and Automobile Dependence: A Sourcebook. Aldershot, U.K., and Brookfield, VT: Gower Publishing Co., 1989. pp. 40-44.
49) Jackson, Kenneth T. Crabgrass Frontier: The Suburbanization of the United States. pp. 204209.
50) "British Have Smallest Homes in Europe.The Move Channel. May 3, 2002. www.themovechannel.com
51) Ibid.; "Housing Vacancy SurveyAnnual 2002." The U.S. Census Bureau, 2002. www.census.gov; Maclennan, Duncan. "Decentralization and Residential Choices in European Cities: The Roles of State and Market." In Summers, Anita A., Paul C. Cheshire, and Lanfranco Senn, eds. Urban Change in the United States and Western Europe: Comparative Analysis and Policy. Washington, DC: Urban Institute, 1993. p. 517.
52) "British Have Smallest Homes in Europe; Nivola, Pietro S. Laws of the Landscape: How Politics Shape Cities in Europe and America. Washington, DC: Brookings Institution Press, 1999. p. 22.

53) Jackson, Kenneth. Crabgrass Frontier: The Suburbanization of the United States. p. 280.
54) Stegman, Michael A., and Margery Austin Turner. "The Future of Urban America in the Global Economy." Journal of the American Planning Association. Vol. 62. Spring 1996. p. 157.
55) Suplee, Curt. "Slaves of Lawn." p. 20.
56) Jackson, Kenneth. Crabgrass Frontier: The Suburbanization of the United States. p. 50.
57) "The Social Situation in the European Union, 2002." European Commission. May 22, 2002. www.europa.eu.int
58) Diamond, Henry L., and Patrick F. Noonan. Land Use in America. Washington, DC: Island Press, 1996. p. 68; Davis, Judy S., Arthur C. Nelson, and Kenneth J. Ducker. "The New 'Burbs: The Exurbs and Their Implications for Planning Policy." Journal of the American Planning Association. Vol. 60, Winter 1994. pp. 45-46.
59) "Guiding Principles for Sustainable Spatial Development of the European Continent." European Conference of Ministers Responsible for Regional Planning (CEMAT). February 6, 2003. www.coe.int
60) Turner, Frederick Jackson. The Frontier in American History. p. 320.
61) Ibid.
62) Ibid.
63) Ibid. p. 312.
64) Ibid. p. 211.
65) Ibid. p. 288.
66) Adams, Charles. For Good and Evil: The Impact of Taxes on the Course of Civilization. New York: Madison Books, 1993. pp. 360-364.
67) Roosevelt, Theodore. The New Nationalism. Englewood Cliffs, NJ: Prentice-Hall, 1910. (1961 reprint). p. 33.

7 자본주의 시장과 민족국가의 확립

1) Heilbroner, Robert L. The Making of Economic Society. Englewood Cliffs, NJ: Prentice-Hall, 1962. pp. 36-38, 50.
2) Polanyi, Karl. The Great Transformation: The Political and Economic Origins of Our Time. Boston: Beacon, 1944. p. 70; Jones, E. L. The European Miracle: Environments, Economies and Geopolitics in the History of Europe and Asia. Cambridge, U.K.: Cambridge University Press, 1981. pp. 101-102.
3) Jones, E. L. The European Miracle: Environments, Economies and Geopolitics in the History of Europe and Asia. pp. 98-100.
4) Dobb, Maurice M. A. Studies in the Development of Capitalism. New York: International Publishers, 1947. p. 123.

5) Ibid. p. 150.
6) Ibid. pp. 140-141.
7) Ibid. p. 143.
8) Heilbroner, Robert L. The Making of Economic Society. pp. 51-52.
9) Ibid.
10) Ibid.
11) Ibid.
12) Polanyi, Karl. The Great Transformation: The Political and Economic Origins of Our Time. p. 65.
13) Hobsbawm, E. J. Nations and Nationalism since 1780: Programme, Myth, Reality. Cambridge, U.K.: Cambridge University Press, 1990. p. 45. Said at the first meeting of the parliament of the newly united Italian kingdom (1861). (Latham, E. Famous Sayings and Their Authors. Detroit, 1970.) (Refers to "We have made Italy, now we have to make Italians."
14) Brunot, Ferdinand, ed. Histoire de la langue francaise. 13 vols. Paris: 1927-1943; de Mauro, Tullio. Storia linguistica dell' Italia unita. Bari, 1963, p. 41; Wehler, H. U. Deutsche Gesellschaftgeschichte 1700-1815. Munich, Ger: 1987. p. 305.
15) Hobsbawm, E. J. Nations and Nationalism since 1780: Programme, Myth, Reality. p. 54.
16) Wright, Lawrence. Clockwork Man. New York: Horizon Press, 1969. p. 121.
17) Flora, Peter. Economy and Society in Western Europe 1815-1975. Vol. 1, chap. 5. Frankfurt, London, and Chicago, 1983.
18) Mumford, Lewis. The Culture of Cities. New York: Harcourt, Brace, 1963. p. 79.
19) Held, David, Anthony McGrew, David Goldblatt, and Jonathan Perraton. Global Transformations: Politics, Economics and Culture. Stanford, CA: Stanford University Press, 1999. pp. 3334.
20) Jones, E. L. The European Miracle: Environments, Economies and Geopolitics in the History of Europe and Asia. pp. 130-131.
21) Smith, Dennis. "Making Europe—Processes of Europe-Formation since 1945." In Smith, Dennis, and Sue Wright, eds. Whose Europe? The Turn Towards Democracy. Oxford, U.K.: Blackwell Publishers, 1999. pp. 240-241.
22) Rousseau, Jean-Jacques. On the Social Contract. Roger Masters, trans. New York: St. Martin's Press, 1978. p. 130.
23) Hindess, Barry. "Neo-liberalism and the National Economy.?In Dean, M., and B. Hindess, eds. Governing Australia: Studies in Contemporary Rationalities of Government. Cambridge, U.K.: Cambridge University Press, 1988. pp. 210-226; Held, David, Anthony McGrew, David Goldblatt, and Jonathan Perraton. Global Transformations: Politics, Economics and Culture. p. 37.
24) Held, David, Anthony McGrew, David Goldblatt, and Jonathan Perraton. Global Transformations: Politics, Economics and Culture. pp. 3738.
25) Dobb, Maurice. Studies in the Development of Capitalism. p. 193;

"Mercantilism." The Columbia Encyclopedia. Sixth Edition. 2001. www.bartleby.com

26) Shapiro, Michael J., and Hayward R. Alker. Challenging Boundaries: Global Flows, Territorial Identities. Minneapolis: University of Minnesota Press, 1996. p. 238; "French Revolution." The Columbia Encyclopedia.Sixth Edition, 2001. www.bartleby.com; "Declaration of the Rights of Man and the Citizen." Article 3. Adopted by the National Assembly, August 27, 1789. www.history.binghamton.edu

27) Smith, Anthony D. Nationalism: Theory, Ideology, History. Cambridge, U.K.: Polity Press, 2001. p. 45. For further information, see Brubaker, Rogers. Citizenship and Nationhood in France and Germany. Cambridge, MA: Harvard University Press, 1992; Sluga, Glenda. "Identity, Gender, and the History of European Nations and Nationalism." Nations and Nationalism. 1998. 4, 1: pp. 87-111.

28) Hobsbawm, E. J. Nations and Nationalism Since 1780: Programme, Myth, Reality. pp. 82-83.

29) Maier, Charles S. "Does Europe Need a Frontier?: From Territorial to Redistributive Community." In Zielonka, Jan. Europe Unbound. London: Routledge, 2002. p. 26.

30) Lowe, Donald M. History of Bourgeois Perception. Chicago: University of Chicago Press, 1982. p. 38.

31) "Spread of Railways in 19th Century.?Modern History Sourcebook. Fordham University. September 22, 2001.

32) Russell, J. C. Medieval Regions and Their Cities. Newton Abbot: David and Charles, 1972. pp. 244, 246; Strayer, Joseph R. On the Medieval Origins of the Modern State. Princeton, NJ: Princeton University Press, 1970. p. 61; Tilly, Charles, ed. The Formation of the National State in Western Europe. Princeton, NJ: Princeton University Press, 1975. p. 15; Wesson, Robert. State Systems: International Pluralism, Politics, and Culture. New York: Free Press, 1978. p. 21.

33) "Table A-1. Reported Voting and Registration by Race, Hispanic Origin, Sex and Age Groups: November 19642000." U.S. Census Bureau. June 3, 2002. www.census.gov

8 세계화된 경제의 네트워크 상거래

1) Kirkham, Jan, and Timothy McGowan. "Strengthening and Supporting the Franchising System." International Franchise Association. The Franchising Handbook. p. 12.
2) Smith, Adam. An Inquiry into the Nature and Causes of the Wealth of Nations. Edwin Cannan, ed. London: Methuen & Co., 1961. Vol. I. p. 475.
3) Castells, Manuel. The Rise of the Network Society. Cambridge, MA: Blackwell

Publishers, 1996. p. 207; Ernst, Dieter. Inter-firms Networks and Market Structure: Driving Forces, Barriers and Patterns of Control. Berkeley, CA: University of California, BRIE working paper 73, 1994. pp. 56.
4) Scharpf, Fritz W. Games in Hierarchies and Networks. Frankfurt am Main, Ger.: Campus Verlag, 1993. pp. 6970.
5) Uzzi, Brian. "The Sources and Consequences of Embeddedness for the Economic Performance of Organizations: The Network Effect." American Sociological Review. Vol. 61. No. 4. August 1996. p. 682.
6) Ibid. pp. 682–683.
7) Ibid. p. 679.
8) Ibid. p. 678.
9) Ibid.
10) Ibid. p. 682.
11) Jones, Candace, William S. Hesterly, and Stephen P. Borgatti. "A General Theory of Network Governance: Exchange Conditions and Social Mechanisms." The Academy of Management Review. Vol. 22. No. 4. October 1997. p. 921.
12) Powell, Walter W. "Neither Market Nor Hierarchy: Network Forms of Organization." Research in Organizational Behavior. Vol. 12. 1990. p. 325.
13) Blackstone, Sir William. Ehrlich's Blackstone. J. W. Ehrlich, ed. San Carlos, CA: Nourse Publishing, 1959. p. 113.
14) McKenzie, Evan. "Common-Interest Housing in the Communities of Tomorrow." Housing Policy Debate: Vol. 14. Issues 1 and 2. Fannie Mae Foundation, 2003.
15) MacPherson, Crawford. Democratic Theory: Essays in Retrieval. Cambridge, U.K.: Oxford University Press, 1973. p. 139.
16) Ibid.
17) Ibid. p. 140.

9 유럽 "합중국"

1) "Cross-Border and Interregional Cooperation: Four Motors for Europe.?Interreg. www.baden-wuerttemberg.de
2) Byatt, A. S. "What Is a European?" The New York Times Magazine. October 31, 2002.
3) Sciolino, Elaine. "Visions of a Union: Europe Gropes for an Identity." The New York Times. December 15, 2002.
4) "Treaty of Rome." March 25, 1957. www.europa.eu.int
5) Commission of the European Communities (CEC). Treaties Establishing the European Communities, abridged edition. Luxembourg: Official Publications of the European Communities (OOPEC), 1983.
6) Shore, Chris. Building Europe: The Cultural Politics of European Integration. London: Routledge, 2000. p. 15.

7) "How Europeans See Themselves." The European Commission. September 2000; Ratnesar, Romesh. "Generation Europe." Time Europe. April 2, 2001.
8) Emerson, Tony. "The Power of Europe." Newsweek. September 1623, 2002.
9) "Treaty Establishing the European Coal and Steel Community." The European Union On-Line. www.europa.eu.int/abc/obj/treaties. November 4, 2003.
10) Ibid.
11) Ruttley, Philip. "The Long Road to Unity." In Pagden, Anthony. The Idea of Europe: From Antiquity to the European Union. Cambridge, U.K.: Cambridge University Press, 2002. p. 234.
12) "Treaty Establishing the European Community (Treaty of Rome)." Part 1: Principles. March 25, 1957. www.europa.eu.int
13) Ibid.; "The First Treaties." European Parliament Fact Sheets. June 9, 2000. www.europarl.eu.int
14) "The First Treaties." European Parliament Fact Sheets.
15) "Treaty Establishing the European Community (Treaty of Rome)." March 25, 1957. Articles 4873.
16) Monnet, Jean. Quotation from his speech in Washington, DC. April 30, 1952.
17) George, Stephen. Politics and Policy in the European Community. Oxford, U.K.: Clarendon, 1985. p. 20.
18) Smith, Dennis. "Making Europe—Processes of Europe-formation Since 1945." In Smith, Dennis, and Sue Wright, eds. Whose Europe? The Turn Towards Democracy. Oxford, U.K.: Blackwell Publishers/The Sociological Review, 1999. pp. 242-243.
19) Hoffman, Paul. Speech to the Organization for European Economic Co-Operation (OEEC). October 31, 1949. Paris.
20) Ruttley, Philip. "The Long Road to Unity." pp. 243245.
21) Ibid.; "Single European Act." June 29, 1987. www.europa.eu.int
22) Calleo, David P. Rethinking Europe's Future. Princeton, NJ: Princeton University Press, 2001. p. 185; Ruttley, Philip. "The Long Road to Unity." p. 247.
23) Ruttley, Philip. "The Long Road to Unity." p. 248.
24) "The Treaty of Accession 2003." Signed in Athens on April 16, 2003. www.europa.eu.int
25) "Committee of the Regions: Members and Mandate." Committee of the Regions. www.cor.eu.int
26) Smith, Dennis, and Sue Wright. Whose Europe? The Turn Towards Democracy. p. 14.
27) Ruttley, Philip. "The Long Road to Unity." pp. 246, 250.
28) "So That's All Agreed, Then." The Economist. December 16, 2000. pp. 25-28; Calleo, David P. Rethinking Europe's Future. p. 254.
29) "Eurobarometer Reveals Growing Support for EU Constitution." EurActiv. February 18, 2004. www.euractive.com
30) Healthcoat-Amory, David. "The Constitution Is a Sham." The Wall Street Journal

Europe. June 2022, 2003.
31) "Special Report: Europe's Constitution." The Economist. June 21, 2003. p. 22.
32) Mitchener, Brandon. "EU Backs Initiative on Draft Constitution." The Wall Street Journal Europe. June 23, 2003.
33) Greene, Robert Land. "We're Still the One." The New York Times. July 17, 2003.
34) "Special Report: Europe's Constitution." The Economist.
35) Ibid.
36) Parker, George, and Daniel Dombey. "'Not Perfect But More Than We Could Have Hoped For': Europe's Draft Constitution." Financial Times. June 20, 2003.
37) Fuller, Thomas. "Europe Debates Whether to Admit God to Union." The New York Times. February 5, 2003.
38) Ibid.
39) Woodward, Kenneth L. "An Oxymoron: Europe Without Christianity." The New York Times. June 14, 2003.
40) "Treaty Establishing a Constitution for Europe: Article 3: The Union's Objectives." The European Convention. Brussels. June 20, 2003.
41) Ibid.
42) Rothstein, Edward. "Europe's Constitution: All Hail the Bureaucracy." The New York Times. July 5, 2003.
43) "Treaty Establishing a Constitution for Europe." The European Convention.
44) Ibid.

10 중심 없는 정부

1) Vinocur, John. "Jospin Envisions an Alternative EU." International Herald Tribune. May 29, 2001.
2) Taylor, Frederick. The Principles of Scientific Management. New York: Norton, 1947. pp. 39, 63.
3) Wiener, Norbert. The Human Use of Human Beings. New York: Avon Books, 1954. pp. 26-27.
4) Ibid. p. 35.
5) Rumford, Chris. The European Union: A Political Sociology. Oxford, U.K.: Blackwell Publishers, 2002. pp. 71-72. Quotation by Michel Foucault.
6) Dean, Mitchell M. Governmentality: Power and Rule in Modern Society. London: Sage, 1999. p. 2.
7) Ibid. p. 201.
8) Axford, Barrie, and Richard Huggins. "Towards a Post-national Polity: The Emergence of the Network Society in Europe." In Smith, Dennis, and Sue Wright. Whose Europe? The Turn Towards Democracy. pp. 192-193.
9) Ibid. p. 194.
10) Ibid.

11) Hirst, Paul, and Grahame Thompson. Globalization in Question: The International Economy and the Possibilities of Governance. Cambridge, U.K.: Polity Press, 1996. p. 53.
12) Gellner, Ernest. Nations and Nationalism. Ithaca, NY: Cornell University Press, 1983. p. 6.
13) Latour, B. On Actor Network Theory: A Few Clarifications. 1993. www.keele.cstt.latour.html
14) Bull, Hedley. The Anarchical Society. New York: Columbia University Press, 1977. p. 245.
15) Ibid.
16) Ibid.
17) Ibid. pp. 245-246.
18) Ibid. p. 246.
19) Ibid.
20) Ibid.
21) Beck, Ulrich. "The Reinvention of Politics: Towards a Theory of Reflexive Modernization." In Beck, Ulrich, Anthony Giddens, and Scott Lash. Reflexive Modernization: Politics, Tradition and Esthetics in the Modern Social Order. Stanford, CA: Stanford University Press, 1994. p.
22) Luke, Tim. "World Order or Neo-World Orders. Power, Politics, and Ideology in Informationalizing Glocalities." In Featherstone, M., S. Lash, and R. Robertson. Global Modernities. London: Sage, 1995.
23) Lowe, P., and S. Ward., eds. British Environmental Policy and Europe. London: Routledge, 1998.
24) Barry, Andrew. "The European Network." Technoscience. Autumn 1996. No. 29. pp. 33-34.

11 시민사회에 대한 구애

1) Nectoux, Franis. "European Identity and the Politics of Culture in Europe." In Axford, Barrie, Daniela Berghahn, and Nick Hewlett. Unity and Diversity in the New Europe. Oxford, U.K.: Peter Lang, 2000. p. 149.
2) Salamon, Lester M., Helmut Anheier, Regina List, Stefan Toepler, and Wojciech S. Sokolowski. "Global Civil Society: Dimensions of the Nonprofit Sector." Comparative Nonprofit Sector Project. The Johns Hopkins Center for Civil Society Studies. 1999. www.jhu.edu/~ccss/pubs/books/gcs
3) Ibid.
4) Ibid. Chart: "hanges in Nonprofit Sector FTE Employment, by Country, 1990-1995."
5) Ibid. pp. 29-30.
6) "Civil Society Sector FTE Revenue, by Field, 32 Countries." The Johns Hopkins

Comparative Nonprofit Sector Project. April 15, 2003. www.jhu.edu/~cnp/pdf/comptable4.pdf
7) Rumford, Chris. The European Union: A Political Sociology. Oxford, U.K.: Blackwell, 2002. p.
8) Economic and Social Committee (ESC). Opinions of the Economic and Social Committee on Organized Civil Society and European Governance: The Committee's Contribution to the Drafting of the White Paper. Brussels: European Economic and Social Committee, 2001.
9) Prodi, Romano. "Towards a European Civil Society." Speech at the Second European Social Week. Bad Honnef. April 6, 2000.
10) Ibid.
11) Murphy, C. International Organization and International Change: Global Governance Since 1850. Cambridge, U.K.: Polity Press, 1994. pp. 47-48.
12) Ruberti, Antonio. "Science in European Culture.?In Durant, John, and John Gregory, eds. Science and Culture in Europe. London: Science Museum, 1993. p. 15.
13) Krut, R. "Globalization and Civil Society: NGO Influence in International Decision-making." Paper presented at the Globalization and Citizenship Conference of the United Nations Research Institute for Social Development. Geneva. December 911, 1996. p. 19.
14) Edelman, Richard. Non-Governmental Organizations, the Fifth Estate in Global Governance." Edelman Public Relations Worldwide. February 2, 2002.
15) Ibid.
16) Ibid.

12 이민 딜레마

1) "A Europe of Regions?" The Wall Street Journal. November 13, 2002: Nectoux, Franis. "European Identity and the Politics of Culture in Europe." In Axford, Barrie, Daniela Berghahn, and Nick Hewlett, eds. Unity and Diversity in the New Europe. Oxford, U.K.: Peter Lang, 2000. p. 146.
2) Fuller, Thomas. "Foreign Workers Face Turning Tide: Backlash in Europe." International Herald Tribune. December 24, 2002.
3) Ibid.
4) Ibid.
5) Ibid.
6) "Mixed Reaction to EU Asylum and Immigration Plans.?Press Association Newsfile. November 22, 2000.
7) "Christian Democrats to Target Far-Right Voters." Reuters. December 11, 2000.
8) Gallagher, Stephen. "Towards a Common European Asylum System: Fortress Europe Redesigns the Ramparts." International Journal. June 2002; "Germany

Opens the Door Slightly Wider." Times. January 26, 2001.
9) Held, David, Anthony McGrew, David Goldblatt, and Jonathan Perraton. Global Transformations: Politics, Economics and Culture. Stanford, CA: Stanford University Press, 1999. pp. 299, 312-313, 319-320; SOPEMI. Continuous Reporting System on Migration. Organization for Economic Co-Operation and Development. Paris. 1991.
10) Held, David, Anthony McGrew, David Goldblatt, and Jonathan Perraton. Global Transformations: Politics, Economics and Culture. p. 299.
11) SOPEMI. Continuous Reporting System on Migration. Organization for Economic Co-Operation and Development.
12) "The Social Situation in the European Union, 2002." European Commission. May 22, 2002. pp. 23, 26 c1. www.europa.eu.int
13) Beck, Ulrich. What Is Globalization? Cambridge, U.K.: Polity Press, 2000. p. 48.
14) Nyberg-Sorenson, Ninna, Nicholas Van Hear, and Poul Engberg-Pedersen. "The Migration-Development Nexus Evidence and Policy Options." International Organization for Migration. July 2002.
15) Fidler, Stephen, and Virginia Marsh. "Sense of Crisis as Migrants Keep Moving." Financial Times. July 25, 2002.
16) Vitorino, Antonio. "Migratory Flows and the European Labor Market: Towards a Community Immigration Policy." Speech. July 9, 2001.
17) "The Social Situation in the European Union, 2002." The European Commission. May 22, 2002. pp. 11 c1, 61 c1, 63 c1, c2. www.europa.eu.int
18) "World Population Prospects the 2002 Revision: Highlights." United Nations Population Division. February 26, 2003. p. 16.
19) Bernstein, Richard. "An Aging Europe May Find Itself on the Sidelines." The New York Times. June 29, 2003.
20) Wolf, Martin. "The Challenge Facing Old Europe." Financial Times. March 4, 2003.
21) "The Old World—Shrinking with Age." Financial Times. March 12, 2003.
22) Bruni, Frank. "Persistent Drop in Fertility Reshapes Europe's Future." The New York Times. December 26, 2002.
23) Ibid.
24) Bernstein, Richard. "An Aging Europe May Find Itself on the Sidelines."
25) "The Social Situation in the European Union, 2002." European Commission. p. 11 c1.
26) Wolf, Martin. "The Challenge Facing Old Europe."
27) Emerson, Tony. "The Power of Europe." Newsweek. September 1623, 2002. p. 53.
28) Bruni, Frank. "Persistent Drop in Fertility Reshapes Europe's Future."
29) Theil, Stefan. "A Heavy Burden." Newsweek. June 30, 2003. p. 28.
30) Ibid.
31) Ibid.
32) Bernstein, Richard. "An Aging Europe May Find Itself on the Sidelines."
33) Theil, Stefan. "A Heavy Burden."

34) "Germany Faces Looming Aging Crisis.?Center for Strategic and International Studies. March 5, 2003.
35) Bernstein, Richard. "An Aging Europe May Find Itself on the Sidelines."
36) Wolf, Martin. "The Challenge Facing Old Europe"; "Economic Portrait of the European Union 2002." European Commission. 2002. p. 55; "The World Economic Outlook (WEO) Database: Selected World Aggregates." International Monetary Fund. April 2003. www.imf.org
37) Bernstein, Richard. "An Aging Europe May Find Itself on the Sidelines." Quotation by Wolfgang Lutz; Lutz, Wolfgang, Brian C. O'Neill, and Sergei Scherbov. "Europe's Population at a Turning Point." Science Magazine. Vol. 299. March 28, 2003.
38) Ibid.
39) Theil, Stefan. "A Heavy Burden."
40) Bernstein, Richard. "An Aging Europe May Find Itself on the Sidelines."
41) "The Social Situation in the European Union, 2002." European Commission. p. 25 c1.
42) Ibid.
43) Bruni, Frank. "Persistent Drop in Fertility Reshapes Europe's Future."
44) Paine, Thomas. Rights of Man. 1795.
45) Cohen, R. Global Diasporas. London: University College London Press, 1997. pp. ixx.
46) "China's Control of Media Entities Abroad." Falun Dafa Information Entities Abroad. November 21, 2003. www.faluninfo.net
47) Beck, Ulrich. What Is Globalization? p. 28; Friedman, J. "Cultural Logics of the Global System." Theory, Culture and Society. Vol. 5. Special Issue on Postmodernism. 1988. p. 458.
48) Pries, Ludger. Internationale Migration. Special Issue of Soziale Welt, Baden-Baden, Ger., 1997.
49) Ibid.
50) Ibid.
51) "IOM News: Inside, a Sneak Preview of World Migration." International Organization on Migration. December 2002.
52) Fleming, Charles, and John Carreyrou. "In French High Schools, Muslim Girls Depend on Headscarf Mediator." The Wall Street Journal Europe. June 26, 2003.
53) Ibid.
54) Ibid.
55) Sciolino, Elaine. "France Steps Closer to a Head-scarf Ban." The New York Times. February 12, 2004.
56) Sciolino, Elaine. "A Maze of Identities for the Muslims of France." The New York Times. April 9, 2003.
57) Fleming, Charles, and John Carreyrou. "In French High Schools, Muslim Girls Depend on Headscarf Mediator."
58) Ash, Timothy Garton. "How the West Can Be One." The New York Times

Magazine. April 27, 2003.
59) Ibid.
60) Sciolino, Elaine. "Spain Will Loosen Its Alliance with U.S., Premier-Elect Says." The New York Times. March 16, 2004.
61) Appadurai, Arjun. Modernity at Large: Cultural Dimension of Globalization. Minneapolis: University of Minnesota Press, 1996. p. 166.
62) Ibid. pp. 166, 171.
63) Milbank, John. "A gainst the Resignations of the Age." In McHugh, F. P., and S. M. Natale, eds. Things Old and New: Catholic Social Teaching Revisited. New York: University of America, 1993. p. 19.
64) Ibid.
65) Foucault, Michel. "If Other Spaces." Diacritics. Vol. 16. No. 1. Spring 1986. p. 22.
66) Christiansen, Thomas, and Knud Erik Jorgensen. "Transnational Governance 'Above' and 'Below' the State: The Changing Nature of Borders in the New Europe." Regional & Federal Studies. Vol. 10. 2000. p. 74.
67) Ruggie, John Gerard. "Territoriality and Beyond: Problematizing Modernity in International Relations." International Organization. Vol. 47. No. 1. Winter 1993. pp. 168-170.
68) Ibid.
69) Hassner, Pierre. "Fixed Borders or Moving Borderlands?: A New Type of Border for a New Type of Entity." In Zielonka, Jan, ed. Europe Unbound: Enlarging and Reshaping the Boundaries of the European Union. London: Routledge, 2002. p. 39.
70) Ibid. p. 45.
71) Ibid. p. 46.
72) Guenno, Jean-Marie. The End of the Nation-State. Minneapolis: University of Minnesota Press, 1995. p. 139.

13 다양성 속의 조화

1) Beetham, David. "Human Rights as a Model for Cosmopolitan Democracy." In Archibugi, Daniele, David Held, and Martin Kohler, eds. Re-Imagining Political Community: Studies in Cosmopolitan Democracy. Stanford, CA: Stanford University, 1998. p. 60.
2) Beck, Ulrich. "From Industrial Society to Risk Society: Questions of Survival, Structure and Ecological Enlightenment." Theory, Culture and Society. Vol. 9. 1992. p. 109.
3) Turner, Bryan S. "Outline of a Theory of Human Rights." Sociology. Vol. 27. No. 3. August 1993. p. 503; Gehlen, A. Man: His Nature and Place in the World. New York: Columbia University Press. 1988.

4) Ibid.
5) Moore, Barrington. Reflections on the Causes of Human Misery and Upon Certain Proposals to Eliminate Them. Boston: Beacon Press, 1970. pp. 12.
6) Turner, Bryan S. "Outline of a Theory of Human Rights." p. 501.
7) Ibid. p. 503.
8) Ibid.
9) Ibid. p. 506.
10) Sellers, Frances Stead. "A Citizen on Paper Has No Weight." The Washington Post. January 19, 2003.
11) Marshall, T. H. Citizenship and Social Class. Cambridge, U.K.: Cambridge University Press, 1950.
12) Stevenson, N. "Globalization, National Cultures and Cultural Citizenship." The Sociological Quarterly. Vol. 38. 1997. pp. 41-66; Yuval-Davis, N. National Spaces and Collective Identities: Borders, Boundaries, Citizenship and Gender Relations. Inaugural Lecture, University of Greenwich. 1997; van Steenbergen, B. "Towards a Global Ecological Citizen." In van Steenbergen, ed. The Condition of Citizenship. London, U.K.: Sage, 1994; Held, David. Democracy and the Global Order. Cambridge, U.K.: Polity, 1991; Urry, John. Consuming Places. London, U.K.: Routledge, 1995; Bauman, Z. Postmodern Ethics. London: Routledge, 1993.
13) Urry, John. Beyond Societies: Mobilities for the Twenty-First Century. London: Routledge, 2000. p. 166.
14) "Charter of the United Nations: Chapter 1: Article 1:3." The United Nations, 1945. www.un.org/aboutun/charter/chapter1.html
15) "Ongoing Struggle for Human Rights: The Universal Declaration of Human Rights (Timeline)." Franklin and Eleanor Roosevelt Institute. November 2, 2003. www.udhr.org/history/timeline.htm; Beetham, David. "Human Rights as a Model for Cosmopolitan Democracy." p. 63.
16) Brownlie, I., ed. Basic Documents on Human Rights. 3rd ed. Oxford, U.K.: Oxford University Press, 1992. pp. 115, 172; "Ongoing Struggle for Human Rights: The Universal Declaration of Human Rights (Timeline). Franklin and Eleanor Roosevelt Institute; "Biodiversity and the Environment." The United Nations. November 24, 2003. www.un.org
17) Beetham, David. "Human Rights as a Model for Cosmopolitan Democracy." pp. 62-63; Rumford, Chris. The European Union: A Political Sociology. Oxford, U.K.: Blackwell, 2002. p.
18) Closa Montero, Carlos. "The Concept of Citizenship in the Treaty on European Union." Common Market Law Review. Vol. 29. 1992. p. 1139.
19) Scruton, Roger. A Dictionary of Political Thought. London: Pan, 1982. pp. 63-64.
20) Soysal, Yasemin. "Changing Citizenship in Europe: Remarks on Postnational Membership and the National State." In Cesarini, D., and M. Fulbrook, eds. Citizenship, Nationality, and Migration in Europe. London: Routledge, 1997.

p. 21.
21) Delanty, Gerard. Inventing Europe: Idea, Identity, Reality. London: Macmillan, 1995.

14 평화 유지를 위한 노력

1) Hobsbawm, E. J. The Age of Extremes: The Short Twentieth Century, 1914-1991. London: Michael Joseph, 1994. p. 12.
2) "Protocol No. 13 to the Convention for the Protection of Human Rights and Fundamental Freedoms, Concerning the Abolition of the Death Penalty in All Circumstances." Council of Europe. May 3, 2002. http://conventions.coe.int
3) Hodgkinson, Peter. "Living without the Death Penalty: The Experience in Europe." The Lawyer Journal of the Taipei Bar Association. April 2002. p. 6.
4) "EU Memorandum on the Death Penalty." European Union in the U.S. February 5, 2003. www.eurunion.org/legislat/DeathPenalty/eumemorandum.htm
5) Ibid.
6) "Poll Topics and Trends: Death Penalty.?The Gallup Organization. October 9, 2003. www.gallup.com
7) "EU Memorandum on the Death Penalty." European Union in the U.S.
8) Ibid.
9) The Holy Bible, King James Version. Matthew 5:38, 5:39.
10) Ibid. Matthew 5:43, 5:44.
11) Poll Topics and Trends: Death Penalty.?The Gallup Organization.
12) Nisbett, Richard E. The Geography of Thought: How Asians and Westerners Think Differently...and Why. New York: Free Press, 2003. p. 88.
13) "EU Memorandum on the Death Penalty." European Union in the U.S. p. 3.
14) Ibid.
15) Bonczar, Thomas P., and Tracy L. Snell. "Capital Punishment, 2002." Bureau of Justice Statistics. November 2003.
16) Chace, James. "Present at the Destruction: The Death of American Internationalism." World Policy Journal. Spring 2003. p. 2; Tyler, Patrick E. "U.S. Strategy Plan Calls for Insuring No Rivals Develop." The New York Times. March 8, 1992.
17) Ibid.
18) Chace, James. "Present at the Destruction: The Death of American Internationalism."
19) "President Bush Delivers Graduation Speech at West Point." The White House. June 1, 2002. www.whitehouse.gov
20) Ibid.
21) "Secretary Rumsfeld Media Availability." Speech by Donald Rumsfeld. May 22, 2002. www.globalsecurity.org

22) Glennon, Michael J. "Why the Security Council Failed." Foreign Affairs. Vol. 82. No. 3. May/June 2003. p. 20.
23) "Charter of the United Nations: Chapter 1: Purposes and Principles." The United Nations. www.un.org
24) Ikenberry, G. John. "America's Imperial Ambition." Foreign Affairs. Vol. 81. No. 5. September/October 2002. pp. 5657.
25) Ibid.
26) Hoffman, Stanley. "The High and the Mighty." American Prospect. January 23, 2003.
27) Bush, George W. "Text: Bush's 2003 State of the Union Address." The Washington Post. January 28, 2003.
28) Gordon, Philip H. "Bridging the Atlantic Divide." Foreign Affairs. Vol. 81. No. 1. January/February 2003. pp. 76-77.
29) "Seventy-Two Percent of Americans Support War Against Iraq." The Gallup Organization. March 24, 2003.
30) Gordon, Philip H. "ridging the Atlantic Divide." p. 77.
31) Ibid.
32) "Views of a Changing World." The Pew Global Attitudes Project. The Pew Research Center for the People and the Press. June 2003. p. 101.
33) Glennon, Michael J. "Why the Security Council Failed." p. 21.
34) Fischer, Joschka. Speech at Humboldt University. Berlin, Germany. May 12, 2000.
35) Daley, Suzanne. "French Minister Calls U.S. Policy 'Simplistic.'" The New York Times. February 7, 2002.
36) Prodi, Romano. Speech at the Institu d'Etudes Politiques. Paris. May 29, 2001.
37) Kagan, Robert. Of Paradise and Power: America and Europe in the New World Order. New York: Knopf, 2003. p. 60.
38) Kennedy, Craig, and Marshall M. Bouton. "The Real Trans-Atlantic Gap." Foreign Policy. December 2002. p. 5.
39) Ibid.
40) Kagan, Robert. Of Paradise and Power: America and Europe in the New World Order. pp. 34.
41) Kennedy, Craig, and Marshall M. Bouton. "The Real Trans-Atlantic Gap."
42) Patten, Chris, CH. "A European Foreign Policy: Ambition and Reality." Speech at Institut Francais des Relations Internationales (IFRI). Paris. June 15, 2000.
43) Ibid.
44) Patten, Chris. "From Europe with Support." Yediot Ahronot. October 28, 2002.
45) Nye, Joseph S. Jr. The Paradox of American Power. Oxford, U.K.: Oxford University Press, 2002. pp. 89.
46) "The Biggest Threat to Peace: You Vote." Time Europe. August 25, 2003. www.time.com
47) "Global Survey Results Give a Thumbs Down to US Foreign Policy." Gallup International. September 7, 2002.

48) Ioannides, Isabelle. "The European Rapid Reaction Force." Bonn International Center for Conversion (BICC). September 2002. p. 8.
49) Kaldor, Mary. "Reconceptualizing Organized Violence." In Archibugi, Daniele, David Held, and Martin Kohler, eds. Re-imagining Political Community: Studies in Cosmopolitan Democracy. Stanford, CA: Stanford University Press, 1998. p. 108.
50) Moravcsik, Andrew. "How Europe Can Win without an Army." Financial Times. April 2, 2003.
51) Gelb, Leslie H., and Justine Rosenthal. "The Rise of Ethics in Foreign Policy." Foreign Affairs. Vol. 82. No. 3. May/June 2003. pp. 27.
52) "European Union Factsheet: Development Assistance and Humanitarian Aid." European Commission. June 25, 2003.
53) Ibid.
54) Ibid.
55) Barber, Lionel. "The New Transatlantic Agenda." In Guttman, Robert J., ed. Europe in the New Century: Visions of an Emerging Superpower. Boulder, CO: Lynne Rienner Publishers, 2001. p. 97; Lennon, David. "The European Union: A Leader in Humanitarian and Development Assistance." In Guttman, Robert J., ed. Europe in the New Century: Visions of an Emerging Superpower. p. 131.
56) Lennon, David. "The European Union: A Leader in Humanitarian and Development Assistance." p. 127.
57) "Ranking the Rich." Foreign Policy. May/June 2003. pp. 5758.
58) Ibid. pp. 60-61.
59) Clark, Wesley K. Waging Modern War. New York: Public Affairs, 2001. p. 426.
60) Ibid.
61) Zinsmeister, Karl. "Old and In the Way." The American Enterprise Magazine Online. 2002. www.americanenterprise.org; Hartmann, Andreas. "Europe's Military AmbitionsMyth or Reality" European Documentation Centre, 2002. www.edc.spb.ru
62) Kennedy, Paul. "Time for an American Recessional?" Newsweek—Special Edition: Issues 2003. December 2002 February 2003. p. 86.
63) "Fiscal Year 2004 Budget." Center for Defense Information. March 19, 2003. www.cdi.org/budget/2004/world-military-spending.cfm; "CIA Country Fact Sheets 2003." CIA World Factbook. www.cia.gov/cia/publications/factbook
64) Walker, Martin. "Europe: Superstate or Superpower?" World Policy Journal. Vol. XVII. Issue 4. Winter 2000/2001. p. 9.
65) "United Nations Human Development Report 2002." United Nations Development Program. Oxford, U.K.: Oxford University Press, 2002. p. 45.
66) Heisbourg, Franis. "Emerging European Power Projection Capabilities." Geneva Centre for Security Policy. July 16, 1999.
67) "Defence & Foreign Affairs: Strong Popular Support for Common EU Policies." European Report. May 3, 2003.
68) "Europe Gets Its Guns." European Security. January 2001. www.

europeansecurity.net
69) Wolf, Charles Jr., and Benjamin Zycher. European Military Prospects, Economic Constraints and the Rapid Reaction Force. Santa Monica, CA: RAND Publications, 2001. p. 22.
70) Moravscik, Andrew. "How Europe Can Win without an Army." Financial Times. April 2, 2003.
71) Ioannides, Isabelle. "The European Rapid Reaction Force."
72) Zinsmeister, Karl. "Old and In the Way."
73) Ibid. p. 8.
74) Rice, Condoleezza. "How to Pursue the National Interest: Life after the Cold War." Foreign Affairs. January/February 2000.
75) Ash, Timothy Garton. "How the West Can Be One." The New York Times Magazine. April 27, 2003. p. 14.
76) Ibid.
77) Kennedy, Craig, and Marshall M. Bouton. "The Real Trans-Atlantic Gap." p. 7.
78) Glennon, Michael J. "Why the Security Council Failed." Quotation by Jacques Chirac.
79) Walker, Martin. "Europe: Superstate or Superpower?" p. 11.
80) Hartmann, Andreas. "Europe's Military AmbitionsMyth or Reality?" pp. 12.
81) Ibid.
82) Ibid.
83) Ibid.
84) Ibid. p. 3.
85) Ibid. pp. 12; "The European Military Structures and Capabilities." Council of the European Union. 2002. http://ue.eu.int
86) Walker, Martin. "Europe: Superstate or Superpower?" p. 8.
87) "Presidency Conclusions." EU Council. Helsinki. December 1999.
88) Hartmann, Andreas. "Europe's Military AmbitionsMyth or Reality?" p. 4.
89) Ibid. pp. 45.
90) Ibid.
91) Ibid.
92) Ibid.
93) Walker, Martin. "Europe: Superstate or Superpower?" p. 8.
94) Ibid.
95) Assembl nationale, Commission de la defense nationale et des forces arm. Rapport de rnion no. 32 (en application de l'article 46 du Rélement). 18 avril 2001. Président: M. Paul Quilés. Cited in Ioannides, Isabelle. "Phe European Rapid Reaction Force.
96) Ioannides, Isabelle. "The European Rapid Reaction Force"; "Public Opinion in the European Union." European Commission Eurobarometer. No. 56. April 2002.
97) Savic, Misha. "EU Peacekeepers Arrive in Macedonia." The Washington Post. April 1, 2003.

98) Geitner, Paul. "EU to Send Peacekeepers to Congo." The Associated Press. June 4, 2003.

15 제2의 계몽주의

1) Rees, Martin. Our Final Hour. New York: Basic Books, 2003. p. 8.
2) Ibid. p. 120.
3) Ibid. p. 121.
4) Ibid.
5) Ibid.
6) Davidson, Keay. "Saving the Universe by Restricting Research." San Francisco Chronicle. April 14, 2003.
7) Rees, Martin. Our Final Hour. pp. 125, 128.
8) Ibid. p. 132.
9) "American and European Public Opinion & Foreign Policy." Worldviews. 2002. pp. 25 c226 c2. www.worldviews.org; "Views of a Changing World." The Pew Global Attitudes Project. The Pew Research Center for the People and the Press. June 2003. pp. 90-99. www.people-press.org
10) "Commission and Industry Divided Over Impact Assessment of Chemicals Review." EurActiv. April 30, 2003. www.eruactiv.com
11) Becker, Elizabeth, and Jennifer Lee. "Europe Plan on Chemicals Seen as Threat to U.S. Exports." The New York Times. May 8, 2003.
12) Ibid. Quotation by Margot Wallstrom.
13) Loewenberg, Samuel. "Europe Gets Tougher on U.S. Companies." The New York Times. April 20, 2003.
14) Becker, Elizabeth, and Jennifer Lee. "Europe Plan on Chemicals Seen as Threat to U.S. Exports."
15) Ibid.
16) Ibid.; "Commission and Industry Divided Over Impact Assessment of Chemicals Review." EurActiv. April 30, 2003. www.euractiv.com
17) Becker, Elizabeth, and Jennifer Lee. ?urope Plan on Chemicals Seen as Threat to U.S. Exports."
18) "REACH on Its Way—Risk or Opportunity for Chemicals Sector?" EurActiv. October 29, 2003. www.euractiv.com
19) Ibid.
20) Loewenberg, Samuel. "Europe Gets Tougher on U.S. Companies."
21) Ibid.; "Commission and Industry Divided Over Impact Assessment of Chemicals Review."
22) "Commission Adopts Communication on Precautionary Principle." EU Online. November 26, 2002. www.europa.eu.int
23) Ibid.

24) Harremoes, Poul, David Gee, Malcolm MacGarvin, Andy Stirling, Jane Keys, Brian Wynne, and Sofia Guedes Vaz, eds. The Precautionary Principle in the 20th Century: Late Lessons from Early Warnings. European Environment Agency. London: Earthscan Publications, 2002. p. 7.
25) Pollan, Michael. "Whe Year in Ideas: A to Z." The New York Times. December 9, 2001.
26) Harremoes, Poul, David Gee, Malcolm MacGarvin, Andy Stirling, Jane Keys, Brian Wynne, and Sofia Guedes Vaz, eds. The Precautionary Principle in the 20th Century: Late Lessons from Early Warnings. p. 4.
27) Ibid. p. 200.
28) Ibid. pp. 191, 194.
29) Ibid. p. 189.
30) "Communication from the Commission on the Precautionary Principle." Commission of the European Communities. February 2, 2000. p. 11. www.europa.eu.int
31) Harremoes, Poul, David Gee, Malcolm MacGarvin, Andy Stirling, Jane Keys, Brian Wynne, and Sofia Guedes Vaz, eds. The Precautionary Principle in the 20th Century: Late Lessons from Early Warnings. p. 6.
32) Alden, Edward. "Cautious EU Rules Are 'Bar to Trade,' Say US Companies." Financial Times. May 6, 2003.
33) Wallstrom, Margot. "The EU and the US Approaches to Environment Policy: Are We Converging or Diverging?" European Institute. April 25, 2002. www.eurunion.org
34) Ibid.
35) Ibid.
36) Harremoes, Poul, David Gee, Malcolm MacGarvin, Andy Stirling, Jane Keys, Brian Wynne, and Sofia Guedes Vaz, eds. The Precautionary Principle in the 20th Century: Late Lessons from Early Warnings. p. xiii.
37) Heisenberg, Werner. Physics and Philosophy: The Revolution in Modern Science. New York: Harper, 1958.
38) Maren-Grisebach, Manon. Philsophie der Brunen. Munchen, Ger.: Olzog, 1982. p. 30. Quotation by Ernst Haeckel.
39) Lovelock, James. The Ages of Gaia: A Biography of Our Living Earth. New York: Norton, 1988. p. 312. Quotation by Vladimir Vernadsky.
40) Polunin, N. "Our Use of 'Biosphere,' 'Ecosystem,' and Now 'Ecobiome.'" Environmental Conservation 11. 1984. p. 198; Serafin, Rafal. "Noosphere, Gaia, and the Science of the Biosphere." Environmental Ethics 10. Summer 1988. p. 125.
41) Patten, Bernard C. "Network Ecology." In Higashi, M., and T. P. Burns, eds. Theoretical Studies of Ecosystems: The Network Perspective. New York: Cambridge University Press, 1991.
42) Capra, Fritjof. The Web of Life: A New Scientific Understanding of Living Systems. New York: Anchor Books, 1996. pp. 34–35.

43) Ibid. p. 34; Thomas, Lewis. The Lives of a Cell. New York: Bantam, 1975. pp. 26ff., 102ff.
44) Prodi, Romano. "The Energy Vector of the Future." Conference on the Hydrogen Economy. Brussels. June 16, 2003.
45) This author serves as an adviser to Romano Prodi, the president of the European Commission and, in that capacity, provided the strategic memorandum that led to the adoption and implementation of the EU hydrogen plan.
46) Prodi, Romano. "The Energy Vector of the Future."
47) Ibid.
48) Ibid.
49) Ibid.
50) Greene, Catherine, and Amy Kremen. "U.S. Organic Farming in 2000-2001: Adoption of Certified Systems. Table 5." Agriculture Information Bulletin. No. 55 (AIB780). April 2003. www.ers.usda.gov/publications; Scowcroft, Bob. "Bush's Squeeze on Organic Farmers." Organic Consumers Association. June 28, 2003. www.organicconsumers.org
51) "How to Facilitate the Development of Transnational Co-Operation in Research in Organic Farming by Member and Associated States." Paper presented at Seminar on Organic Farming Research in Europe (Brussels). September 2425, 2002. p. 2.
52) Ibid. p. 6.
53) "The European Market for Fresh Organic Vegetables." M2 Presswire. December 17, 2002.
54) "How to Facilitate the Development of Transnational Co-Operation in Research in Organic Farming by Member and Associated States." pp. 3, 5.
55) Brown, Amanda. "UK Organic Food Sales the Second Highest in Europe." The Journal (of Newcastle). October 15, 2002.
56) "Market Research Shows Rapid Growth of Organic Food." Organic Consumers Association. June 20, 2003. www.organicconsumers.org
57) Wynne-Tyson, Jon. The Extended Circle. Sussex, England: Centaur Press, 1985. p. 91. Quotation by Mohandas Gandhi.
58) "Feeling the Heat: Climate Change and Biodiversity Loss." Nature. Vol. 427. January 8, 2004. www.nature.com. Gorman, James. "Scientists Predict Widespread Extinction by Global Warming." The New York Times. January 8, 2004; Gugliotta, Guy. "Warming May Threaten 37% of Species by 2050." The Washington Post. January 8, 2004; Houlder, Vanessa. "Global Warming 'Will Kill Tenth of Species.'" Financial Times. January 7, 2004.
59) "Animal Welfare and the Treaty of Amsterdam." Eurogroup for Animal Welfare. 2000-2001. www.eurogroupanimalwelfare.org
60) " Germany Votes for Animal Rights." CNN. May 17, 2002. www.cnn.com/2002/WORLD/europe/05/17/germany.animals
61) Ibid.

62) Barboza, David. "Animal Welfare's Unexpected Allies." The New York Times. June 25, 2003.
63) Pepperberg, Irene M., Ph.D. "Referential Communication with an African Grey Parrot." Harvard Graduate Society Newsletter. Spring 1991.
64) "Koko's World." The Gorilla Foundation. www.koko.org/world
65) "Grantees in the News." The Glaser Progress Foundation. January 19, 2004. www.progessproject.org
66) Tangley, Laura. "Animal Emotions." U.S. News & World Report. October 30, 2000.
67) Ibid.
68) Noah, Sherna. "Fox Hunting Will Never End—Prince." 'PA' News. December 12, 2003. www.news.scotsman.com
69) "Blair to Woo Anti-hunt MPs." BBC News. December 27, 2002. www.news.bbc.co.uk/2/hi/uk_news
70) Lymbery, Philip. "The Welfare of Farm Animals in Europe: Current Conditions & Measures." Paper presented at Symposium on Organic Livestock Farming & Farm Animal Welfare in Japan and the EU/U.K. November 30, 2002. p. 4.
71) Ibid.
72) "The Welfare of Non-human Primates Used in Research: Report of the Committee on Animal Health and Animal Welfare." The European Commission. December 17, 2002. p. 72.
73) Ibid.
74) Ibid.
75) "Conciliation Agreement on Animal Test Ban Does Not Go Down Well." European Report. November 9, 2002.
76) "Higher EU Standards 'Hit Farmers in the Pocket.'" European Report. November 20, 2002.
77) "Communication from the Commission to the Council and the European Parliament on Animal Welfare Legislation on Farmed Animals in Third Countries and the Implications for the EU." Commission of the European Communities. November 18, 2002. p. 4. www.europa.eu.int
78) Ibid.
79) Jordan, Dr. Z. Pallo. Opening Address to the 1997 Cape Town meeting on Transboundary Protected Areas.
80) Kliot, Nurit. "Transborder Protected Areas in Europe: Environmental Perspective to Cross-Border Cooperation." University of Haifa. www.ut.ee/SOPL/english/border/nk.htm
81) "Wonderland: Touring Yellowstone Before the Automobile." "Lying Lightly" exhibit. The National Parks Service. www.cr.nps.gov
82) Sandwith, Trevor, Clare Shine, Lawrence Hamilton, and David Sheppard. "Transboundary Protected Areas for Peace and Co-operation." World Commission on Protected Areas. (WCPA). The World Conservation Union, 2001.
83) Cornelius, Steve. "Transborder Conservation Areas: An Option for the Sonoran

Desert?" Borderlines. Vol. 8. No. 6. July 2000. p. 3.
84) "A Transboundary Biosphere Reserve in the Carpathians." Global Transboundary Protected Areas Network. December 17, 2003. www.tbpa.net
85) Sochaczewski, Paul Spencer. "Across a Divide." International Wildlife. July/August 1999.

16 유러피언 드림의 보편화

1) "Total GDP 2002." World Development Indicators Database. World Bank. July 2003.
2) Ibid.
3) Chalermpalanupap, Termsak. "Towards an East Asian Community: The Journey Has Begun." East Asia Vision Group Report, 2001. p. 3.
4) Ibid.
5) "Towards an East Asian Community: Region of Peace, Prosperity and Progress." East Asia Vision Group Report, 2001. pp. 12.
6) Ibid. p. 6.
7) Ibid. p. 7.
8) Ibid. p. 10.
9) Chalermpalanupap, Termsak. "Towards an East Asian Community: The Journey Has Begun." p. 12.
10) Madhur, Srinivasa. "Costs and Benefits of a Common Currency for ASEAN.?ERD Working Paper Series No. 12. Economics and Research Department. Asian Development Bank. May 2002. p. vii.
11) Soesastro, Hadi. "Regional Integration Initiatives in the Asia Pacific: Trade and Finance Dimensions." Centre for Strategic and International Studies. Presented at the 15th PECC General Meeting: Focus Workshop on Trade, Brunei Darussalam. September 1, 2003.
12) Nisbett, Richard E. The Geography of Thought. New York: Free Press, 2003. p. 5.
13) Ibid. p. 13.
14) Ibid. p. 17.
15) Ibid. p. 59.
16) Ibid. p. 76.
17) Ibid. p. 51.
18) Ibid. p. 76.
19) "United States Leads World Meat Stampede." Worldwatch Institute. July 2, 1998. www.worldwatch.org
20) "Meat Production Is Making the Rich Ill and the Poor Hungry.?Transnational Corporations Observatory. Global Policy Forum. May 21, 2002. www.globalpolicy.org
21) Hakim, Danny. "A Heavenly Drive for Greater Fuel Efficiency." The New York

Times. November 20, 2002.
22) Ibid.
23) Ibid.
24) Brown, Norman O. Life Against Death: The Psychoanalytical Meaning of History. 2d ed. Middletown, CT: Wesleyan University Press, 1985. p. 297.
25) Ibid. pp. 297-298.
26) Ibid. p. 108. Quotation by Rainer Maria Rilke.
27) Gergen, Kenneth J. The Saturated Self: Dilemmas of Identity in Contemporary Life. New York: Basic Books, 1991. p. 7.
28) Lifton, Robert J. The Protean Self: Human Resilience in an Age of Fragmentation. New York: Basic Books, 1993. p. 17.
29) Edwards, Ellen. "Plugged-In Generation." The Washington Post. November 18, 1999. p. A1.
30) Gergen, Kenneth J. The Saturated Self: Dilemmas of Identity in Contemporary Life. pp. 17, 246-247.
31) Canetti, Elias. Crowds and Power. Carol Stewart, trans. London: Gollancz, 1962. p. 448.
32) The Holy Bible, King James Version. Genesis 1:28.
33) "View of a Changing World." The Pew Global Attitudes Project. The Pew Research Center for the People and the Press. June 2003. p. 105.
34) Ibid.
35) "Poverty and Not Terrorism Is the Most Important Problem Facing the World." Gallup International: Voice of the People. September 29, 2002.
36) "What Do Europeans Think About the Environment?" The European Commission, 1999. p. 10; "How Europeans See Themselves." European Commission. September 2000. pp. 7, 41. www.europa.eu.int; Dunlap, Riley, and Lydia Saad. "Only One in Four Americans Are Anxious About the Environment." The Gallup Organization. April 16, 2001. pp. 2, 6. www.gallup.com
37) "How Europeans See Themselves." European Commission. September 2000. www.europa.eu.intBibliography

참고 문헌

Adams, Charles. For Good and Evil: The Impact of Taxes on the Course of Civilization. New York: Madison Books, 1993.
Adams, Michael. Fire and Ice: The United States, Canada, and the Myth of Converging Values. Toronto: Penguin, 2003.
Albrow, Martin. The Global Age. Stanford, CA: Stanford University Press, 1996.
Anderson, Benedict. Imagined Communities. London: Verso, 1983.
Appadurai, Arjun. Modernity at Large: Cultural Dimension of Globalization. Minneapolis: University of Minnesota Press, 1996.
Archibugi, Daniele, David Held, and Martin Kohler, eds. Re-imagining Political Community: Studies in Cosmopolitan Democracy. Stanford, CA: Stanford University Press, 1998.
Arendt, Randall G. Conservative Design for Subdivisions. Washington, DC: Island Press, 1996.
Aries, Philippe. Centuries of Childhood: A Social History of Private Life. New York: Random House, 1962.
Axford, Barrie, Daniela Berghahn, and Nick Hewlett, eds. Unity and Diversity in the New Europe. Oxford, U.K.: Peter Lang, 2000.
Babe, Robert E. Communication and the Transformation of Economics. Boulder, CO: Westview Press, 1995.
Bacon, Francis. Novum Organum. 1620. The Works of Francis Bacon. Vol. 4. London: W. Pickering, 1850.
Barley, M. W. The House and Home: A Review of 900 Years of House Planning and Furnishing in Britain. Greenwich, CT: New York Graphic Society, 1971.
Beaglehole, Ernest. Property: A Study in Social Psychology. New York: Macmillan, 1932.
Beck, Ulrich. What Is Globalization? Cambridge, U.K.: Polity Press, 2000.
Beck, Ulrich, Anthony Giddens, and Scott Lash. Reflexive Modernization: Politics, Tradition and Aesthetics in the Modern Social Order. Stanford, CA: Stanford

University Press, 1994.
Becker, Ernest. Escape from Evil. New York: Free Press, 1975.
Bendix, Reinhard. Max Weber. Garden City, NY: Doubleday/Anchor, 1962.
Benfield, F. Kaid, Matthew D. Raimi, and Donald D. T. Chen. Once There Were Greenfields. New York: Natural Resources Defense Council, 1999.
Beniger, James R. The Control Revolution: Technological and Economic Orgins of the Information Society. Cambridge, MA: Harvard University Press, 1986.
Beresford, Maurice, and John G. Hurst, eds. Deserted Medieval Villages. New York: St. Martin's Press, 1972.
Berman, Morris. Coming to Our Senses: Body and Spirit in the Hidden History of the West. New York: Simon & Schuster, 1989.
Bethell, Tom. The Noblest Triumph. New York: St. Martin's Press/Griffin, 1998.
Birdsall, Nancy, and Carol Graham. New Markets: New Opportunities? Washington, DC: Brookings Institution Press, 2000.
Boorstin, Daniel J. The Discoverers. New York: Random House, 1983.
Braudel, Fernand. The Perspective of the World: Civilization & Capitalism 15th-18th Century. Vol. 3. New York: Harper & Row, 1979.
Brett, Gerard. Dinner Is Served: A History of Dining in England, 1400-1900. London: Rupert Hard-Davis, 1968.
Brown, Norman O. Life Against Death: The Psychoanalytic Meaning of History. Middletown, CT: Wesleyan University Press, 1959.
Brownlie, I., ed. Basic Documents on Human Rights. 3rd ed. Oxford, U.K.: Oxford University Press, 1992.
Brunot, Ferdinand, ed. Histoire de la langue francaise: des origines à nos jours. 13 vols. Paris: n.p., 1900.
Bull, Hedley. The Anarchical Society. New York: Columbia University Press, 1977.
Calleo, David P. Rethinking Europe's Future. Princeton, NJ: Princeton University Press, 2001.
Canetti, Elias. Crowds and Power. Trans. Carol Stewart. London: Gollancz, 1962.
Capra, Fritjof. The Web of Life: A New Scientific Understanding of Living Systems. New York: Doubleday, 1996.
Casey, Edward S. The Fate of Place: A Philosophical History. Berkeley: University of California Press, 1997.
Castells, Manuel. The Information Age: Economy, Society and Culture. Vol. 3, End of Millennium. Cambridge, MA, and Oxford, U.K.: Blackwell, 1996, 1998.
Cesarini, D., and M. Fulbrook, eds. Citizenship, Nationality, and Migration in Europe. London: Routledge, 1997.
Chandler, Alfred D. The Visible Hand: The Managerial Revolution in American Business. Cambridge, MA: Harvard University Press, 1977.
Ciaramicoli, Arthur P., and Katherine Ketcham. The Power of Empathy. New York: Dutton, 2000.
Clark, Wesley K. Waging Modern War. New York: Public Affairs, 2001.

Condorcet, Marquis de. Outlines of an Historical View of the Progress of the Human Mind. London: J. Johnson, 1795.
Cooper, Charles. The English Table in History and Literature. London: Sampson, Low, Marston & Company, n.d.
Cooper, Robert. The Post-Modern State and the World Order. London: Demos, 1996.
Cullen, Jim. The American Dream. New York: Oxford University Press, 2003.
Dean, M., and B. Hindess, eds. Governing Australia: Studies in Contemporary Rationalities of Government. Cambridge, U.K.: Cambridge University Press, 1988.
Dean, Mitchell. Governmentality: Power and Rule in Modern Society. London: Sage, 1999.
Decker, Jeffrey Louis. Made in America: Self-Styled Success from Horatio Alger to Oprah Winfrey. Minneapolis: University of Minnesota Press, 1997.
de Grazia, Sebastian. Of Time, Work, and Leisure. New York.: Doubleday, 1964.
Delanty, Gerard. Inventing Europe: Idea, Identity, Reality. New York: St. Martin's Press, 1995.
Delbanco, Andrew. The Real American Dream. Cambridge, MA: Harvard University Press, 1999.
de Mauro, Tullio. Storia linguistica dell'Italia unita. Bari, Italy: n.p., 1963.
Desiderius, Erasmus. Trans. Robert Whittinton. De civilitate morum puerilium (On the Civility of Children). 1530.
de Soto, Hernando. The Mystery of Capital. New York: Basic Books, 2000.
Diamond, Henry L., and Patrick F. Noonan. Land Use in America. Washington, DC: Island Press, 1996.
Dobb, Maurice M. A. Studies in the Development of Capitalism. New York: International Publishers, 1947.
Downes, Larry, and Chunka Mui. Unleashing the Killer App: Digital Strategies for Market Dominance. Boston: Harvard Business School Press, 1998.
Duby, Georges, ed. A History of Private Life: Revelations in the Medieval World. Vol. 2. Cambridge, MA: Harvard University Press, 1988.
Durant, John, and John Gregory, eds. Science and Culture in Europe. London: Science Museum, 1993.
Ehrlich, J. W., ed. Ehrlich's Blackstone. San Carlos, CA: Nourse Publishing, 1959.
Elias, Norbert. The Civilizing Process. Oxford, U.K.: Blackwell, 1994.
Ely, James W. The Guardian of Every Other Right. New York: Oxford University Press, 1992.
Featherstone, M., S. Lash, and R. Robertson. Global Modernities. London: Sage, 1995.
Flora, Peter. State, Economy and Society in Western Europe, 1815-1975. Vol. 1. London: St. James Press, 1983.
Foster, Ian, and Carl Kesselman, eds. The Grid: Blueprint for a New Computing Infrastructure. San Francisco, CA: Morgan Kaufmann, 1999.
Frederick, Christine. "Housekeeping with Efficiency." New York: Ladies' Home Journal, n.p., 1913.

Freud, Sigmund. Trans. James Strachey. Civilization and Its Discontents. New York: Norton, 1961.

Furnivall, Frederick J. English Meals and Manners. Detroit, MI: Singing Tree Press, 1969.

Gehlen, A. Man: His Nature and Place in the World. New York: Columbia University Press, 1988.

Gellner, Ernest. Nations and Nationalism. Ithaca, NY: Cornell University Press, 1983.

Gergen, Kenneth J. The Saturated Self. New York: Basic Books, 1991.

Giedion, Siegfried. Mechanization Takes Command. New York: Norton, 1948.

Gimpel, Jean. The Medieval Machine. New York: Penguin, 1976.

Ginsberg, Roy H. The European Union in International Politics. Lanham, MD: Rowman & Littlefield, 2001.

Guenno, Jean-Marie. The End of the Nation-State. Minneapolis: University of Minnesota Press, 1995.

Guttman, Robert J., ed. Europe in the New Century: Visions of an Emerging Superpower. Boulder, CO: Lynne Rienner Publishers, 2001.

Hansen, Marcus Lee. The Atlantic Migration, 1607-1860: A History of the Continuing Settlement of the United States. Cambridge, MA: Harvard University Press, 1940.

Harremoes, Poul, David Gee, Malcolm MacGarvin, Andy Stirling, Jane Keys, Brian Wynne, and Sofia Guedes Vaz, eds. The Precautionary Principle in the 20th Century: Late Lessons from Early Warnings. London: Earthscan Publications, 2002.

Hastings, Adrian. The Construction of Nationhood. Cambridge, U.K.: Cambridge University Press, 1997.

Hastings, Elizabeth Hawn, and Phillip K. Hastings. Index to International Public Opinion, 1988-1989. New York: Greenwood Press, 1990.

Heilbroner, Robert L. The Making of Economic Society. Englewood Cliffs, NJ: Prentice-Hall, 1962.

Heisenberg, Werner. Physics and Philosophy: The Revolution in Modern Science. New York: Harper & Row, 1958.

Held, David, Anthony McGrew, David Goldblatt, and Jonathan Perraton. Global Transformations: Politics, Economics and Culture. Stanford, CA: Stanford University Press, 1999.

Hirst, P., and G. Thompson. Globalization in Question: The International Economy and the Possibilities of Governance. Cambridge, U.K.: Polity Press, 1996.

Hobsbawm, E. J. The Age of Extremes: The Short Twentieth Century, 1914-1991. London: Michael Joseph, 1994.

———. Nations and Nationalism Since 1780: Programme, Myth, Reality. Cambridge, U.K.: Cambridge University Press, 1990.

Holmes, U. T., Jr. Daily Living in the Twelfth Century: Based on the Observations of Alexander Neckham in London and Paris. Madison: University of Wisconsin Press, 1952.

Jackson, Kenneth. Crabgrass Frontier: The Suburbanization of the United States. New York: Oxford University Press, 1985.

Jacoby, Russell. The End of Utopia. New York: Basic Books, 1999.
Jameson, Anna Brownell. Winter Shades and Summer Rambles. London: n.p., 1838.
Johnson, Paul. The Birth of the Modern. New York: HarperPerennial, 1991.
Jones, E. L. The European Miracle: Environments, Economies and Geopolitics in the History of Europe and Asia. Cambridge, U.K.: Cambridge University Press, 1981.
Kagan, Robert. Of Paradise and Power: America and Europe in the New World Order. New York: Knopf, 2003.
Karabell, Zachary. A Visionary Nation. New York: HarperCollins, 2001.
Kelley, Donald R. Historians and the Law in Postrevolutionary France. Princeton, NJ: Princeton University Press, 1984.
Kern, Stephen. The Culture of Time and Space, 1880-1918. Cambridge, MA: Harvard University Press, 1983.
Kickert, Walter J. M., Erik-Hans Klijn, and Joop F. M. Koppenjan. Managing Complex Networks: Strategies for the Public Sector. London: Sage, 1997.
Kupchan, Charles A. The End of the American Era. New York: Knopf, 2002.
Lamont, William, and Sybil Oldfield, eds. Politics, Religion, and Literature in the 17th Century. London: Dent, Rowman & Littlefield, 1975.
Landes, David. Revolution in Time: Clocks and the Making of the Modern World. Cambridge, MA: Harvard University Press, 1985.
Lasch, Christopher. The Culture of Narcissism: American Life in an Age of Diminishing Expectations. New York: Norton, 1979.
Le Goff, Jacques. Your Money or Your Life: Economy and Religion in the Middle Ages. New York: Zone Books, 1988.
Lifton, Robert Jay. The Protean Self. New York: Basic Books, 1993.
Lipset, Seymour Martin. American Exceptionalism: A Double-Edged Sword. New York: Norton, 1996.
Locke, John. Second Treatise of Civil Government. Chap. 5, "Of Property." Ed. Thomas P. Peardon. NY: Liberal Arts Press, 1952.
_____. Two Treatises of Government. Ed. Peter Laslett. Cambridge, U.K.: Cambridge University Press, 1967.
Lovelock, James. The Ages of Gaia: A Biography of Our Living Earth. New York: Norton, 1988.
Lowe, Donald M. History of Bourgeois Perception. Chicago: University of Chicago Press, 1982.
Lowe, P., and S. Ward, eds. British Environmental Policy and Europe. London: Routledge, 1998.
Lukacs, John. Historical Consciousness: The Remembered Past. New Brunswick, NJ: Transaction Publishers, 1994.
Macfarlane, Alan. The Origins of English Individualism. New York: Cambridge University Press, 1978.
MacPherson, Crawford. Democratic Theory: Essays in Retrieval. Cambridge, U.K.: Oxford University Press, 1973.

Manuel, Frank E., and Fritzie P. Manuel. Utopian Thought in the Western World. Cambridge, MA: Belknap Press of Harvard University Press, 1979.
Marcuse, Herbert. Eros and Civilization. Boston: Beacon Press, 1955.
Maren-Grisebach, Manon. Philosophie der Gren. Munich, Ger.: Olzog, 1982.
Marshall, T. H. Citizenship and Social Class. Cambridge, U.K.: Cambridge University Press, 1950.
Marty, Martin E. A Short History of Christianity. New York: Collins World, 1959.
Marvin, Carolyn. When Old Technologies Were New. New York: Oxford University Press, 1988.
Marx, Leo. The Machine in the Garden. New York: Oxford University Press, 1964.
McCann, Justin. The Rule of St. Benedict. London: Sheed & Ward, 1970.
McHugh, F. P., and S. M. Natale, eds. Things Old and New: Catholic Social Teaching Revisited. New York: University of America, 1993.
McKenzie, Evan. Privatopia: Homeowner Associations and the Rise of Residential Private Government. New Haven, CT: Yale University Press, 1996.
McLuhan, Marshall. Understanding Media: The Extensions of Man. New York: McGraw-Hill, 1964.
Melville, Herman. White-Jacket; or, The World in a Man-of-War. 1850. Oxford, U.K.: Oxford World's Classics, 2000.
Meyrowitz, Joshua. No Sense of Place: The Impact of Electronic Media on Social Behavior. New York: Oxford University Press, 1985.
Milberg, William, and Robert Heilbroner. The Making of Economic Society. Inglewood Cliffs, NJ: Prentice-Hall, 1980.
Miller, Perry. Errand into the Wilderness. Cambridge, MA: Harvard University Press, 1984.
Miringoff, Marc, and Marque-Luisa Miringoff. The Social Health of the Nation: How America Is Really Doing. New York: Oxford University Press, 1999.
Misgeld, Dieter, and Graeme Nicholson. Hans-Georg Gadamer on Education, Poetry, and History: Applied Hermeneutics. Albany: State University of New York Press, 1992.
Mishel, Lawrence, Jared Bernstein, and Heather Boushey. The State of Working American 2002/2003. Ithaca, NY: Cornell University Press, 2003.
Moore, Barrington. Reflections on the Causes of Human Misery and Upon Certain Proposals to Eliminate Them. Boston: Beacon Press, 1970.
Morgan, Edmund S., ed. The Diary of Michael Wigglesworth, 1653-1657. New York: Harper & Row, 1965.
Morris, Colin. The Discovery of the Individual, 1050-1200. New York: Harper Torchbooks, 1972.
Mumford, Lewis. The Culture of Cities. New York: Harcourt, Brace, 1963.
———. The Pentagon of Power. New York: Harcourt Brace Jovanovich/Harvest Book, 1964.
———. Technics and Civilization. New York: Harcourt, Brace, 1934.

_____. Technics and Human Development. New York: Harcourt Brace Jovanovich/Harvest Book, 1966.
Murphy, C. International Organization and Industrial Change: Global Governance since 1850. Cambridge, U.K.: Polity Press, 1994.
Newman, Peter W. G., and Jeffrey R. Kenworthy. Cities and Automobile Dependence: A Sourcebook. Aldershot, U.K., and Brookfield, VT: Gower Publishing, 1989.
Newton, Isaac. Mathematical Principles of Natural Philosophy. Book 3. NY: Philosophical Library. 1964.
Nisbett, Richard E. The Geography of Thought: How Asians and Westerners Think Differently . . . and Why. New York: Free Press, 2003.
Nivola, Pietro S. Laws of the Landscape. Washington, DC: Brookings Institution Press, 1999.
Nye, Joseph S., Jr. The Paradox of American Power. Oxford, U.K.: Oxford University Press, 2002.
Ong, Walter J. Orality and Literacy. London: Methuen, 1982.
Pagden, Anthony. The Idea of Europe: From Antiquity to the European Union. Cambridge, U.K.: Cambridge University Press, 2002.
Polanyi, Karl. The Great Transformation: The Political and Economic Origins of Our Time. Boston: Beacon Press, 1944.
Putnam, Robert D. Bowling Alone: The Collapse and Revival of American Community. New York: Simon & Schuster, 2000.
Quinn, James Brian. Intelligent Enterprise: A Knowledge and Service Board Paradigm for Industry. New York: Free Press, 1992.
Quinones, Ricardo J. The Renaissance Discovery of Time. Cambridge, MA: Harvard University Press, 1972.
Randall, John Herman, Jr. The Making of the Modern Mind: A Survey of the Intellectual Background of the Present Age. Cambridge, MA: Houghton Mifflin, 1940.
Rank, Otto. Beyond Psychology. New York: Dover, 1941.
Rees, Martin. Our Final Hour. New York: Basic Books, 2003.
Reeve, Andrew. Property. London: Macmillan, 1986.
Rhodes, Martin, Paul Heywood, and Vincent Wright. Developments in West European Politics. New York: St. Martin's Press, 1997.
Rieff, Philip. The Triumph of the Therapeutic. Chicago: University of Chicago Press, 1966.
Rifkin, Jeremy. The Age of Access. New York: Tarcher/Putnam, 2000.
_____. Algeny. New York: Viking, 1983.
_____. Beyond Beef. New York: Penguin, 1992.
_____. Biosphere Politics. New York: Crown, 1991.
_____. The Biotech Century: Harnessing the Gene and Remaking the World. New York: Tarcher/Putnam, 1998.
_____. The Emerging Order. New York: Ballantine, 1979.
_____. The End of Work. New York: Tarcher/Putnam, 1995.

———. Entropy. New York: Bantam, 1981.
———. The Hydrogen Economy. New York: Tarcher/Putnam, 2002.
———. Time Wars. New York: Holt, 1987.
Roosevelt, Theodore. The New Nationalism. 1910. Englewood Cliffs, NJ: Prentice-Hall, 1961.
Rose, Nikolas. Powers of Freedom: Reframing Political Thought. Cambridge, U.K.: Cambridge University Press, 1999.
Rossi, Alice, ed. The Family. New York: Norton, 1965.
Rousseau, Jean-Jacques. Basic Political Writings. Trans. and ed. Donald A. Cress. Indianapolis: Hackett Publishing, 1987.
———. On the Social Contract. Trans. Roger Masters. New York: St. Martin°Øs Press, 1978.
Rumford, Chris. The European Union: A Political Sociology. Oxford, U.K.: Blackwell, 2002.
Russell, J. C. Medieval Regions and Their Cities. Newton Abbot, U.K.: David and Charles, 1972.
Salamon, Lester, et al. Global Civil Society: Dimensions of the Nonprofit Sector. Baltimore, MD: Johns Hopkins Center for Civil Society Studies, 1999.
Schaff, Philip. America: A Sketch of Its Political, Social, and Religious Character. Cambridge, MA: Harvard University Press, 1855, 1961.
Scharpf, Fritz W. Games in Hierarchies and Networks. Frankfurt, Ger.: Campus Verlag, 1993.
Schlatter, Richard. Private Property: The History of an Idea. New York: Russell & Russell, 1973.
Scruton, Roger. A Dictionary of Political Thought. London: Pan, 1982.
Shafer, Byron E. Is America Different? Oxford, U.K.: Clarendon Press, 1991.
Shapiro, Michael J., and Hayward R. Alker. Challenging Boundaries: Global Flows, Territorial Identities. Minneapolis: University of Minnesota Press, 1996.
Shore, Cris. Building Europe: The Cultural Politics of European Integration. London: Routledge, 2000.
Siedentop, Larry. Democracy in Europe. New York: Columbia University Press, 2001.
Skaggs, Jimmy M. Prime Cut. College Station: Texas A&M University Press, 1967.
Smith, Adam. An Inquiry into the Nature and Causes of the Wealth of Nations. 1776. Ed. Edwin Cannan. London: Methuen, 1961.
Smith, Anthony D. Nationalism: Theory, Ideology, History. Cambridge, U.K.: Polity Press, 2001.
Smith, Dennis, and Sue Wright, eds. Whose Europe? The Turn Towards Democracy. Oxford, U.K.: Blackwell, 1999.
Soja, Edward W. Postmodern Geographies. London: Verso, 1989.
Sombart, Werner. Why Is There No Socialism in the United States? White Plains, NY: International Arts and Sciences Press, 1976.
Strauss, Leo. Natural Right and History. Chicago: University of Chicago Press, 1950.

Strayer, Joseph R. On the Medieval Origins of the Modern State. Princeton, NJ: Princeton University Press, 1970.
Tawney, R. H. The Acquisitive Society. New York: Harcourt, Brace, 1920.
Taylor, Charles. Sources of the Self. Cambridge, MA: Harvard University Press, 1989.
Taylor, Frederick. The Principles of Scientific Management. New York: Norton, 1947.
Thomas, Keith. Man and the Natural World: A History of the Modern Sensibility. New York: Pantheon, 1983.
Thomas, Lewis. The Lives of a Cell. New York: Bantam, 1975.
Thompson, Grahame, Jennifer Frances, Rosalind Levacic, and Jeremy Mitchell. Markets, Hierarchies & Networks. London: Sage, 1991.
Tichi, Cecelia. Shifting Gears. Chapel Hill: University of North Carolina Press, 1987.
Tilly, Charles, ed. The Formation of the National State in Western Europe. Princeton, NJ: Princeton University Press, 1975.
Tocqueville, Alexis de. Democracy in America. 1835, 1840. Trans. George Lawrence. New York: HarperCollins, 1988.
Tuan, Yi-Fu. Segmented Worlds and Self: Group Life and Individual Consciousness. Minneapolis: University of Minnesota Press, 1982.
Turner, Frederick Jackson. The Significance of the Frontier in American History. 1893. Tucson: University of Arizona Press, 1994.
Urry, John. Sociology Beyond Societies: Mobilities for the Twenty-First Century. London: Routledge, 2000.
Vernadsky, Vladimir. The Biosphere. Trans. David Langmuir. Ed. Mark McMenamin. New York: Copernicus Books, 1998.
Vibert, Frank. Europe Simple Europe Strong: The Future of European Governance. Cambridge, U.K.: Polity Press, 2001.
Wallach, Lori, and Michelle Sforza. An Assessment of the World Trade Organization. Washington, DC: Public Citizen, 1999.
Weber, Max. The Protestant Ethic and the Spirit of Capitalism. New York: Scribner, 1958.
Weber, Steven. Globalization and the European Political Economy. New York: Columbia University Press, 2001.
Wehler, Hans-Ulrich. Deutsche Gesellschaftsgeschichte, 1700-1815. Munich, Ger.: n.p., 1987.
Weiner, Antje. "European" Citizenship Practice. Boulder, CO: Westview Press, 1998.
Wesson, Robert. State Systems: International Pluralism, Politics, and Culture. New York: Free Press, 1978.
White, Lynn, Jr. Medieval Technology & Social Change. London: Oxford University Press, 1962.
Whitehead, Alfred North. Science and the Modern World. New York: Free Press, 1967.
Wiener, Norbert. The Human Use of Human Beings: Cybernetics and Society. New York: Da Capo, 1950.
Windolf, Paul. Corporate Networks in Europe and the United States. New York: Oxford

University Press, 2002.
Wolf, Charles, Jr., and Benjamin Zycher. European Military Prospects, Economic Constraints, and the Rapid Reaction Force. Santa Monica, CA: RAND Publications, 2001.
Wolf, Edward N. Top Heavy. New York: New Press, 2002.
Wright, Lawrence. Clockwork Man. New York: Horizon Press, 1969.
Wynne-Tyson, Jon. The Extended Circle. Sussex, U.K.: Centaur Press, 1985.
Zerubavel, Eviatar. Hidden Rhythms: Schedules and Calendars in Social Life. Chicago: University of Chicago Press, 1981.
Zielonka, Jan, ed. Europe Unbound: Enlarging and Reshaping the Boundaries of the European Union. London: Routledge, 2002.

옮긴이 **이원기**
한국외국어대학교 영어과를 졸업했다.
중앙일보에서 발행한 국제 시사 주간지 《뉴스위크》한국판의 창간 멤버로
번역 기자, 뉴욕 주재원, 편집장을 지냈다. 옮긴 책으로 『폭력의 시대』, 『아이디어의 미래』,
『인간은 왜 외로움을 느끼는가』, 『플랜데믹』, 『치매에서의 자유』 등이 있다.

유러피언 드림

1판 1쇄 펴냄 2005년 1월 18일
1판 27쇄 펴냄 2024년 6월 11일

지은이 제러미 리프킨
옮긴이 이원기
발행인 박근섭, 박상준
펴낸곳 (주)민음사

출판등록 1966. 5. 19 (제16-490호)
서울특별시 강남구 도산대로1길 62(신사동)
강남출판문화센터 5층 (우편번호 06027)
대표 전화 02-515-2000 / 팩시밀리 02-515-2007

한국어 판 ⓒ (주)민음사, 2005. Printed in Seoul, Korea

ISBN 978-89-374-2535-6 03300

www.minumsa.com

* 잘못 만들어진 책은 구입처에서 교환해 드립니다.